ANTIQUITÉS

ET

MONUMENTS

DU

DÉPARTEMENT DE L'AISNE

ANTIQUITÉS

ET

MONUMENTS

DU

DÉPARTEMENT DE L'AISNE

PAR

ÉDOUARD FLEURY

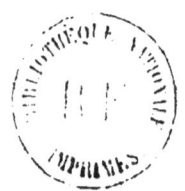

2ᵉ PARTIE

Accompagnée de 257 gravures par Édouard FLEURY

D'APRÈS DES DESSINS

DE MM. ÉD. FLEURY, AM. PIETTE, PILLOY, A. BARBEY, A. VARIN,
MIDOUX, PAPILLON, P. LAURENT, ETC.

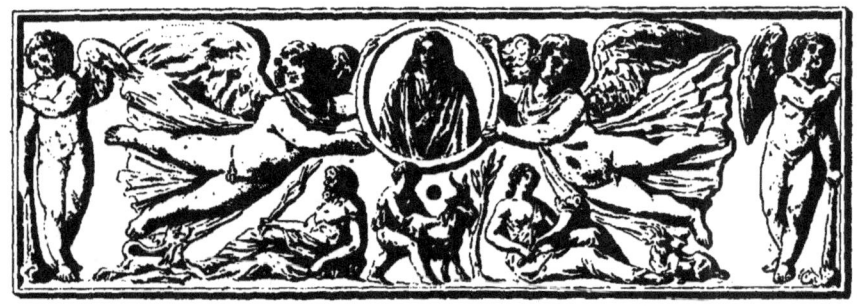

Tombeau gallo-romain de Saint-Médard de Soissons.

A PARIS

CHEZ H. MENU, LIBRAIRE, QUAI MALAQUAIS, 7

A LAON, Chez Mᵐᵉˢ PADIEZ et WIMY

A SAINT-QUENTIN, Chez M. TRIQUENEAUX-DEVIENNE, Rue CROIX-BELLE-PORTE, 32

DANS LE DÉPARTEMENT DE L'AISNE, CHEZ TOUS LES LIBRAIRES

1878

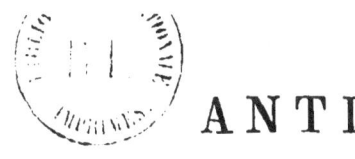

ANTIQUITÉS
ET MONUMENTS

DÉPARTEMENT DE L'AISNE

IV

ÉPOQUE GALLO-ROMAINE

(SUITE[1].)

8° LES PEINTURES MURALES.

C'est seulement du sol des villas que vont sortir les témoignages du bel art dont les Romains surent tirer un si grand parti pour la décoration des appartements de leurs luxueuses habitations : je veux dire la peinture appliquée sur des enduits à la chaux fraîchement (*fresca* en italien, à fresque[2]) posés sur les parois des murailles. Le sol des vieilles villes gallo-romaines, trop souvent remué, n'ayant rien conservé de ses plus anciens monuments en faveur desquels cependant les peintres décorateurs avaient dû prodiguer les trésors de leur palette, c'est donc aux champs qu'il faut demander des renseignements sur leur méthode et leur talent, et si nous trouvons leurs traces au Château d'Albâtre en plein voisinage de Soissons, c'est que ce monument, qu'elle qu'en ait été la destination, s'élevait hors des fortifications et dans la banlieue.

Il faut s'habituer à cette idée, à partir du moment où se place cette étude de l'art romain dans ses développements en Gaule et spécialement en Gaule belgique : quelque vif qu'ait été le chagrin inspiré par la défaite, si longtemps qu'aient duré la pensée, le désir et les essais de vengeance, à un moment donné le conquérant a eu raison enfin des soulèvements et de la résistance. A part les

---

1. Voir la première partie, de la page 173 à la page 251, et les gravures 88 à 136.
2. *Pictura udo tectorio,* Vitruve, VII, 3, 6. — Peut-être *pictura inusta* (Pline, XXXV, 31, 39), ou *encaustica* (id., id. ; Ovide, *les Fastes,* III ; Vitruve, VII, 9).

1

implacables rancunes de quelques patriotes résolus et de prêtres qui tentèrent des soulèvements au nom de la patrie humiliée, le malheur et la honte de l'invasion furent acceptés tacitement et avec résignation d'abord, avec facilité ensuite, et la politique si sage des Romains avait triomphé de tous les ferments de réaction, lorsque la totalité de l'enclave du département actuel de l'Aisne se couvrit de toutes les richesses dont je ne pourrai donner ici qu'une idée approximative.

Il ne faudra pas, d'ailleurs, se faire illusion sur leur âge et les croire contemporaines des premiers temps de la conquête, même du premier siècle, qui furent très-troublés, sans que notre histoire locale connaisse les détails sur place de la résistance et d'une lutte qui dura longtemps. Les Belges, parmi lesquels il faut compter les Suessions et les Véromanduens, si fiers, si guerriers, si voisins des Germains, appelèrent souvent ceux-ci à leur aide, et il avait fallu, douze ans avant J.-C., un vigoureux effort de Drusus pour chasser les bandes germaines de la Gaule qui leur fut interdite par un édit impérial. Plus tard, Tibère dut accourir d'Italie pour arrêter dans les provinces gallo-romaines du nord l'insurrection menaçant d'éclater après la défaite des légions de Varus en Germanie. Dès le temps d'Auguste, le druidisme, caché dans la profondeur de nos grandes forêts[1] des Ardennes, de Voas (*pagi laudunensis et suessionensis*), de Daule et du Tardenois (*pagus tardanensis*), de Retz (*pagus vadensis*): le druidisme, dis-je, commence à agiter souterrainement la vieille société gauloise. La Belgique se soulève pendant l'insupportable règne de Tibère, et le trévire Julius Florus qui, de concert avec l'éduen Sacrovir, tient dans sa main les contingents armés de soixante cités gauloises, divise les Belges, soulève les uns et met en danger la puissance de Rome, mais succombe dans les Ardennes, pendant que Sacrovir échoue dans Autun. De l'an 21 à l'année 40, les Germains renouvellent leurs incursions et ravagent les provinces belges. Si le règne de Claude fut le signal du retour de la paix et de la tranquillité dans le nord de la Gaule, les druides, cependant, y travaillent toujours et mystérieusement l'esprit des populations rurales dont la souffrance est extrême. Rien n'y est sûr, et ce n'est point encore le moment où le riche habitant des villes ira planter sa tente sous le ciel et la verdure des grands domaines que la misère et la ruine publique l'aideront à composer plus tard et si aisément. La campagne n'offre point assez de calme et de sécurité pour qu'on y sème ces villas de plaisance et d'habitation dont j'ai décrit les nombreux et splendides spécimens à Ciry, à Bazoches, à Blanzy, à Nizy, à Arlaines, partout.

En l'an 68 après J.-C., l'émotion est au comble. Vindex reprend l'œuvre des Sacrovir et des Florus, se soulève contre Nerva l'empereur de Rome, et proclame un empereur gaulois, Galba qui, après son succès, comble de bienfaits les provinces armées pour lui, mais traite durement les Belges et les Rèmes où les incitations de ses agents avaient été repoussées et que Tacite appelait antigalbiens. Toute la Gaule septentrionale se soulève et prend parti pour Vitellius acclamé en

---

[1] Lucain, montrant la joie et la réaction qui se manifestent par toute la Gaule au moment où César vient de partir pour l'Italie et s'apprête à combattre Pompée, interpelle les druides et leur dit : « Vous allez reprendre vos rites barbares, vos « sanglants sacrifices que la guerre avait interrompus, et quitter les bois profonds qui sont vos asiles : *Nemora alta remotis* « *incolitis lucis.* »

Germanie par les légions (année 69). Vitellius traite la Belgique en amie; mais, prises de terreur panique, ses troupes, pensant à une trahison, se ruent sur les populations, massacrent, égorgent, incendient et tout aussi brusquement s'arrêtent, saisies de honte, devant les populations demandant grâce en faveur de leur dévouement à la cause du nouvel empereur : l'ami a causé plus de mal que l'ennemi. Lorsque Vitellius a triomphé de Galba assassiné, d'Othon qui se suicide, il marche sur Rome avec son armée dont le départ donne le signal d'une nouvelle invasion des hordes germaniques, Tructères, Teuctères, Usipètes, Kattes, etc., etc.

En même temps, le batave Civilis fait son *pronunciamento* en faveur de Vespasien que les légions d'Orient viennent de faire empereur. Civilis se jette sur les légions des frontières. A la faveur de ces troubles politiques, l'agitation religieuse se remontre. Les druides sortent encore des forêts. Arminn et la prophétesse Velléda poussent les paysans à la révolte. Le drame est partout. Les bardes chantent les hymnes nationaux. Les prêtres du culte antique égorgent pour la dernière fois les victimes humaines à l'ombre du chêne sacré [1]. Le belge Classicus, le trévire Julius Tutor, le batave Civilis se rencontrent à Cologne et font alliance avec Sabinus, le faible mari de l'héroïque Éponine, lequel, sur les drapeaux de l'insurrection et de la coalition, a écrit cette légende patriotique : *Empire gaulois!* Cet empire gaulois est condamné à mort avant de naître. Pendant que Sabinus se fait battre à l'intérieur, les autres chefs se réunissent à Reims pour préparer l'unification de la patrie compromise par son partage antique entre tant de tronçons, une prétendue fédération qu'il s'agit de fondre en un grand ensemble puissant. Au lieu d'agir, on se dispute. Chaque grande ville veut devenir la capitale de l'empire futur et, en dernier résultat, le congrès de Reims se prononce contre la séparation d'avec Rome.

Les Belges seuls persistent à voter et à combattre pour leur autonomie; mais Classicus est battu. Tutor se sépare de lui. Les légions romaines investissent la Belgique à laquelle le proconsul romain Cérialis pardonne par une inspiration heureuse qui aide plus à la paix que l'effusion impolitique du sang, et, depuis Domitien (an 70) jusqu'à Hadrien (157), la Gaule septentrionale n'a plus d'histoire. Les druides ont disparu et leur antique religion nationale s'éteint peu à peu. Le pays s'est résigné. La lutte ouverte a dégénéré en opposition sourde, et cette opposition disparaît devant de sages concessions que la puissance impériale, maintenant acceptée et incontestée, a accordées aux désirs de la province et à sa soumission parfaite. En un mot, la Gaule belgique, comme le reste du pays, a pleinement subi et accepté, qu'on me passe l'expression, le joug éminemment civilisateur et progressif de la domination romaine qui, l'aveu est forcé, fut un témoignage de gravitation vers l'idée vraie de civilisation et de progrès à travers tous les malheurs, les passions et les incidents d'un grand événement politique.

Du midi au nord, la Gaule est triomphalement traversée deux fois par Hadrien, cet empereur

---

[1] *Et vos barbaricos ritus, moremque sinistrum*
Sacrorum, druidæ, positis repetistis in armis.
(Lucain, *Phar.*, lib. I.)

artiste qui promène par tout le monde romain sa cour de poëtes, de littérateurs, de peintres et de statuaires. Les monuments naissent sous ses pas. Revenant de l'île de Bretagne, il visite le nord et s'arrête à Reims, où son influence salutaire et artistique se fait sentir. Puis apparaissent les Antonins. La paix étant partout, l'art est partout. La Germanie se repose et prend des forces pour les invasions du siècle suivant. Plus d'invasions, plus de révoltes. La campagne est tout aussi sûrement et commodément habitable que les villes.

Voilà pourquoi l'archéologie enregistre si peu de monuments du premier siècle [1] et tant de débris du deuxième et du temps des Antonins qui recueillirent les fruits de la bonne administration de Trajan et d'Hadrien. C'est à cette période de paix qui ne finit qu'assez avant dans le troisième siècle et par conséquent dura environ cent ans, que je n'hésite pas à attribuer la construction de ces villas, petites ou grandes, maisons de plaisance ou simples fermes, qui se sont alors aventurées, sans risque, en dehors de l'enceinte de la ville et de sa protection immédiate, comme le fait un château de nos jours. On ne sentait point alors, et pas plus qu'aujourd'hui, le besoin de vivre sous l'aile d'une autorité dont le principe et l'action étaient aussi latents qu'incontestables. Ce siècle peut passer pour le plus heureux de l'ère gallo-romaine, à ne considérer que la diffusion générale des sciences et des arts, c'est-à-dire d'une civilisation que certains préféraient ou tout au moins subissaient comme préférable à l'antique indépendance presque sauvage et d'avant la conquête.

Ce fut probablement le Château d'Albâtre, dont la sécurité était assurée par le voisinage immédiat des remparts de Soissons et sans doute par sa fortification particulière, qui se décora le premier de ces peintures murales dont les témoignages existent si nombreux sur tous les points de ce curieux emplacement. Agrippa (né en l'an de Rome 690 et mort l'an 12 avant J.-C.) avait déjà introduit à Rome l'application de la peinture à la décoration des murailles de son palais et de ses thermes, s'il faut en croire Pline qui écrit (lib. XXXVI, § 64) : « *Agrippa certe in thermis quas* « *Romæ fecit, figlinis opus encausto pinxit; in reliquiis albaria adornavit* »; c'est-à-dire : il est certain qu'Agrippa, dans les thermes qu'il bâtit à Rome, peignit à l'encaustique les enduits de mortier de chaux et de marbre pilé ; autre part il fit poser des ornements de stuc en relief. Agrippa, qui a construit la grande voie *Cesarea* reliant Rome à Boulogne par Reims, Fismes, Bazoches et Soissons, commença sans doute le Château d'Albâtre et dut y introduire les produits des arts nouveaux et inaugurés par lui dans son palais de Rome. L'*opus figlinis* est évidemment le travail de l'ouvrier qui couvrait les murs (*paries*) de crépis ou enduits fins et unis propres à recevoir la peinture à fresque, et l'*albarium opus* désignait le travail plus artistique qui couvrait les voûtes et plafonds de moulures et de corniches saillantes, formées de stuc, de plâtre et parfois même de mortier, qu'on peignait lorsque ces ornements en relief étaient secs et solides. Lorsque j'enlevai, en décembre 1859, la mosaïque de Bazoches récemment trouvée dans l'axe des terrassements du chemin de fer de Soissons à Reims alors en construction, je trouvai, à la fois dans le plein cœur et autour des fondations de cette mosaïque dont je don-

---

1. M. de Caumont, *Abécédaire d'archéologie*, période gallo-romaine.

nerai le dessin en son temps, non-seulement des enduits peints à fresque, *figlinis opus encausto pictum*, mais des débris de l'*opus albarium*, un fragment très-fruste (fig. 137) d'une décoration courante ou frise d'oves en plâtre qui partait sans nul doute de l'astragale d'une colonne engagée, ou

d'un des pilastres soutenant le plafond ou voûte d'un appartement de la villa ou *basilica*, et se continuait sur les murailles, ainsi qu'on en voit un exemple au temple de Mars vengeur à Rome.

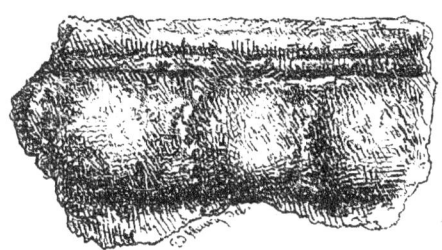

Fig. 137. — Oves en plâtre de Bazoches.

Je reviendrai tout à l'heure sur les débris d'enduits peints à fresque trouvés à Bazoches ; il me faut dire tout d'abord ce qu'étaient ceux qui sont venus du Château d'Albâtre à plusieurs reprises et tout récemment encore. En 1551, d'après Berlette, on y avait déjà trouvé « des offices voûtées et peintes ». De 1826 à 1840, suivant M. de La Prairie, les fouilles du génie militaire mirent à jour « des murs en briques ou « en moellons recouverts d'un enduit en chaux et grève très-fine et qui avaient reçu une

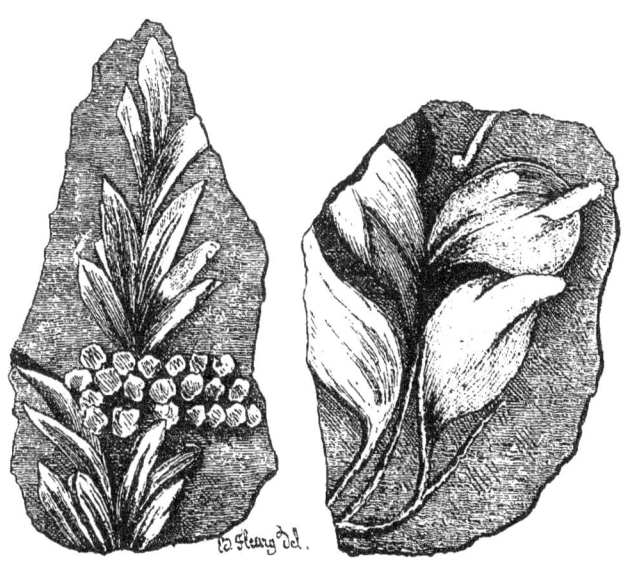

Fig. 138. — Peintures murales du Château d'Albâtre, à Soissons.

« couleur rouge dont la conservation était très-belle ». Au nord-ouest et au point J de la figure 96, *Plan de Soissons à l'époque gallo-romaine*, le travail de l'atelier national ouvert, de 1848 à 1849, sur l'emplacement du Château d'Albâtre, fit sortir de terre des fragments nombreux d'enduits peints (fig. 138), sur le fond vert olive très-clair desquels se détachaient des feuillages et des fleurettes pour l'un, et, pour le second des rinceaux portant de grandes feuilles et des sortes de fruits très-largement dessinés et traités à plusieurs teintes. La couleur en est grasse, claire, blonde et gaie. Les lumières s'obtiennent par d'épais empâtements. Ces deux fragments, que j'ai revus récemment chez M. de La Prairie, leur heureux possesseur, sont remarquables de tous points et surtout font regretter qu'on n'en ait pas gardé de plus nombreux et importants.

Il semble que ce soit la première fois qu'ait apparu chez nous un véritable décor artistique sur ces enduits peints qui sont sortis à toutes les époques de nos nombreuses villas gallo-romaines.

Au moins nos écrivains locaux n'ont-ils jamais signalé cette ornementation qui n'eût pas manqué de les frapper. A la villa de Ciry, on avait constaté des stucs, des colonnes peintes et des fresques, celles-ci devenues incolores[1], circonstance qui ne laisse pas que d'étonner, car partout les enduits peints de couleurs monochromes sont aussi nets, aussi vifs, même sortant des sols les plus humides comme à Bazoches, que si l'artiste romain venait d'en appliquer les tons solides. Les premières fouilles faites en 1851 à Nizy-le-Comte, sur l'emplacement du *Clair-Puits,* fournirent[2] des amas de fragments d'enduits peints à fresque, mais toujours d'un seul ton. Poussées sur la colline de la *Justice*[3], les fouilles commencèrent à rencontrer, comme indication plus utile, des fragments d'encadrements peints. Un grand morceau d'enduit coloré, formant évidemment bande, se détachait sur le fond rouge par une ligne d'un brun foncé, et suivie d'une autre brun pâle préparant un filet bleu ciel. Sur d'autres fragments d'autres bandes se détachant sur un champ bleu pâle, le décor se formait de

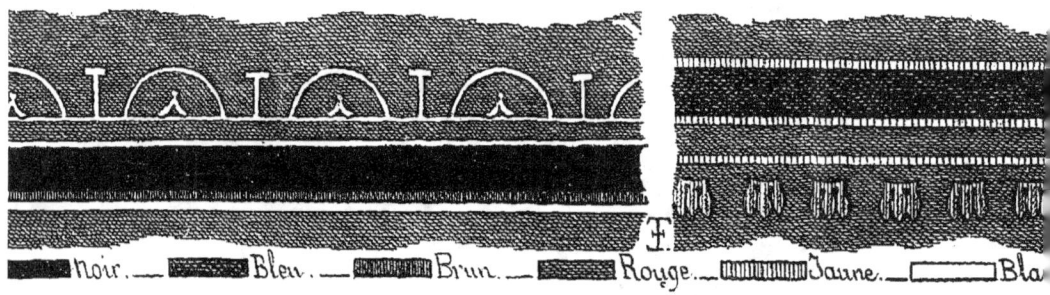

Fig. 139. — Encadrements de fresques au Château d'Albâtre.

filets plus ou moins larges de tons rouge vif, vert œillet, brun et noir intense. Les enduits peints sortis du *sepulcrum* de la villa d'Ancy avaient montré ces bandes d'encadrements faites de filets rouges, blancs et noirs. Au Château d'Albâtre, deux beaux fragments d'encadrement[4] (fig. 139) complètent heureusement ces renseignements sommaires[5] que m'avaient aussi fournis les ruines de la

1. Abbé Lecomte : *Époque romaine dans le canton de Braine,* t. II (p. 186) des *Mém. de la Soc. acad. de Soissons.*

2. Voir à la 1re partie, le plan du *Clair-Puits,* fig. 124, et les indications de la page 232.

3. Voir à la 1re partie le plan de Nizy-le-Comte, fig. 121, à la page 226.

4. Collection de M. Am. Piette.

5. « Sur les murs romains peints que j'ai observés, j'ai remarqué des bandes rouges sur fond blanc ; le vert d'eau, le « jaune tendre, le gros bleu sont les couleurs qui dominent... » M. de Caumont, *Abéc. d'arch. Époq. gal.-rom.,* p. 72.

villa du *Château Metro* dans les creutes de Paissy. Les fragments du Château d'Albâtre, sortis de terre en 1876 et pendant des travaux au bastion n° 9 de l'enceinte de Soissons, ne portent plus seulement et sur champ rouge des bandes d'encadrement : 1° jaune et bleu ciel, 2° filets blanc, jaune, noir et blanc, mais des dessins courants de motifs linéaires : 1° foliole jaune à trois pétales, 2° demi-cercles blancs ponctués au centre et séparés entre eux par des filets blancs aussi. Je donne (fig. 139) et à l'aide d'échantillons plus ou moins chargés de hachures, la gamme des tons de ces bandes d'encadrement que je crois inédites.

Si l'on a trouvé à Troyes des peintures murales à compartiments géométriques rappelant la décoration de beaucoup de mosaïques, si la maison de Pline à Rome était peinte jusqu'au plafond

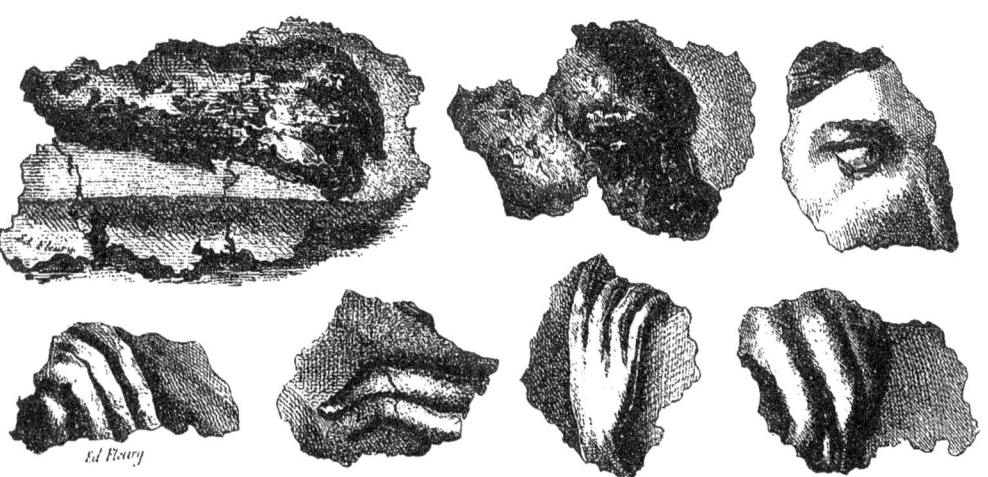

Fig. 140. — Débris de peintures murales de Nizy-le-Comte.

de représentations d'oiseaux perchant dans des branchages[1], nos fouilles départementales n'ont encore rien donné d'équivalent, que je sache ; mais celles de Nizy vont fournir à cette étude spéciale des détails bien autrement intéressants que je serai malheureusement forcé d'écourter, en renvoyant aux mémoires spéciaux que j'ai publiés il y a vingt-cinq ans[2].

L'emplacement de la villa de la *Justice* à Nizy-le-Comte livra sans hésiter, dès les fouilles de 1853, et au point sud-ouest du plan, figure 125, les indications les plus précises sur un grand ensemble de peintures murales. A l'angle de rencontre formé par les colonnades, les ouvriers signalèrent un mur tombé la face contre terre et qui, n'ayant en apparence rien de particulièrement intéressant, avait été négligé jusqu'à ce que, dans son voisinage immédiat, d'incroyables quantités de fragments d'enduits colorés, de toutes formes et de toutes grandeurs, forcèrent l'attention par leur décor. Sur

---

1. *Insidentesque ramis aves imitat a pictura*. Lettres de Pline, liv. V, lettre 8.

2. Tomes II, III, IV, V, des *Mém. de la Soc. acad. de Laon*, 1852, 53, 54. — *La Civilisation et les Arts romains dans la Gaule belgique*. In 8°. 1860.

le premier morceau se lisait facilement une portion de figure humaine, et sur un autre une main dont
les doigts allongés tenaient l'extrémité d'un objet alors impossible à déterminer (fig. 140). On eut
bientôt recueilli plusieurs autres débris contenant des parties soit d'autres mains, soit de vêtements
d'un très-beau gris violacé, soit de corps humains et agissants, une pointe de lance, des pattes et des
mufles de bête fauve d'une incroyable énergie, enfin des lignes comme de lointains de paysage.

Il était facile, non pas de rétablir encore en idée le tableau dont on n'obtenait que de minimes
et destructibles parties, mais de constater que sur la fresque à chercher et à trouver était peinte une
grande et vaste scène à personnages nombreux et espacés sur divers plans de perspective, à en
juger rien que par les proportions diverses des mains. Cette fresque avait dû être apposée sur le mur
tombé la face contre terre à la suite évidemment d'un incendie qui avait ruiné tout l'édifice et dont
les traces étaient partout : pierres calcinées, terre cuite et rougie par un feu violent, gros et nombreux charbons des poutres qui, en se consumant, avaient tiré la muraille et l'avaient fait tomber
dans l'intérieur de l'appartement, la face peinte sur le sol.

Le mur avait environ trois mètres de hauteur. On n'en avait pas encore délimité les dimensions
en long. On voulut le tâter. Les ciments en étaient détruits et les pierres venaient à la main ; mais les
enduits peints étaient friables, ne livraient que des débris presque à l'état pulvérulent, se séparant
au moindre contact et n'arrivant que par fractions infinitésimales. Il fallut renoncer à un essai qui
eût tout détruit et ruiné, et essayer d'avoir le mur par grands fragments avec, à la fois, sa peinture,
ses enduits, ses pierres desquelles on ne le délivrerait qu'après dessiccation complète de l'ensemble,
grâce à une longue exposition à l'air et au soleil du printemps : on était alors en novembre 1852,
et l'automne était excessivement pluvieux.

On attendit l'été de 1853 pour assurer le succès de l'entreprise dont je ne redirai pas ici tous
les détails et les péripéties à l'occasion desquelles il est utile d'emprunter quelques lignes au remarquable rapport qu'en 1856 M. Beulé, si compétent en œuvres d'art, présenta au comité des Sociétés
savantes du ministère de l'Instruction publique sur l'ensemble des fouilles de Nizy : « Ces efforts,
« cette persévérance pour arracher ces peintures à la destruction, les enlever, les fixer, leur redonner
« de la consistance, tous ces détails sont d'une lecture attachante et inspirent une véritable recon-
« naissance pour les hommes qui poussent à ce degré l'amour de l'art et le respect des choses
« antiques. » Il suffira de dire que, mis à découvert sur sa face peinte par un travail de galerie souterraine, dépouillé de son fardeau inutile de pierres, bardé de plâtre et de fortes planches reliées par
des cordages, chaque grand morceau, bien séché par le soleil de juillet et découpé dans l'ensemble,
fut amené sur le rebord de la fosse avec des succès variables, mais en somme relativement
heureux.

Le premier fragment, d'ailleurs peu intéressant et instructif, était peint d'une teinte vert pâle
presque uniforme et sur laquelle se détachaient des roseaux et des graminées. Bien que venu d'un
seul bloc avec sa chape de plâtre, il témoignait éloquemment de tout le dommage encouru par la
peinture lorsque le mur s'était affaissé jadis sur le sol. Il avait rencontré des pierrailles ici, là une

terre facile à enfoncer. Les pierres avaient repoussé et troué les enduits dont d'autres portions avaient fait relief, au contraire, en pénétrant dans la partie moins solide du sol. L'enduit s'était fendu partout et fissuré de façon qu'il quittait volontiers le plâtre. Un second carré n'apporta que des bordures d'encadrement. Un autre prouvait que la décoration de cette grande peinture n'était pas unitaire et devait se composer de panneaux de tailles diverses et entremêlés sans se faire suite ou pendants. Il montrait, dans un cadre noir et jaune, une urne ou vase apode de la famille des amphores (fig. 141) et d'un rouge vif se détachant sur un fond noir, mode de peinture qui rappelle

exactement le *monochromata* grec et étrusque, c'est-à-dire l'application d'un sujet ou dessin d'un seul ton sur un fond monochrome aussi, rouge sur noir, rouge clair sur rouge brique intense, etc., ce qui se voit sur tant de beaux vases précieux. Ce fragment avait l'avantage d'indiquer en partie le procédé du peintre antique. La muraille à décorer ayant reçu un premier revêtement de mortier grossier et composé d'éléments calcaires du sol, crayeux à Nizy, elle était enduite d'une seconde couche mince, cette fois très-fine et très-polie, d'un ciment sur lequel, frais encore, on posait un ton général, en termes techniques l'*impression*, sur lequel l'artiste dessinait et peignait son tableau. Ici l'*impression* qu'on aperçoit à

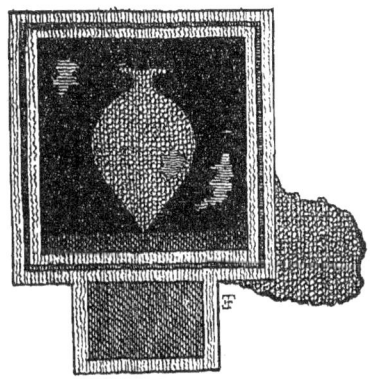

Fig. 141. — Fresque de Nizy.

travers deux écailles du fond noir sur lequel l'amphore rouge se détachait, était bleu pâle. Elle a été retrouvée sur d'autres fragments et aussi sur un des deux débris de la figure 139, bordures d'encadrement de fresques au Château d'Albâtre. Il est impossible de dire comment le petit carré peint à l'amphore se raccordait à l'ensemble de la grande peinture de Nizy.

Remis à un prochain voyage à Nizy, le sauvetage des derniers fragments préparés eut lieu en août 1853, par un temps magnifique et en présence du préfet de l'Aisne, de M. Laisné, conseiller général du canton de Sissonne, et d'une foule immense aussi attentive et intéressée qu'anxieuse. Les galeries sous le mur peint avaient été approfondies; les moyens d'extraction étaient mieux en rapport avec l'ampleur et la lourdeur des massifs emplâtrés à arracher de terre.

Le culbutage du premier morceau réussit à merveille. Il contenait (fig. 142) un groupe de trois Romains que l'on aperçoit sur la droite de cette figure. Le premier est armé d'un arc dont on reconnaît le bois courbé. Tous trois portent un bouclier rouge suspendu à leur bras gauche. Ils attendent les panthères que d'autres chasseurs vont pousser vers eux. Malheureusement, ce fragment se présenta dans un déplorable état de délabrement, divisé à l'infini et offrant l'apparence d'un jeu de patience à éléments disloqués et mal rajustés. Plusieurs parties manquaient. Aucun morceau n'était à son plan.

Sur un autre panneau moins grand, mais plus solide et qui s'est conservé intact depuis vingt-cinq ans, se voit, sur la gauche de la figure 142, un personnage barbu, visage de profil et regardant à droite. Il tourne le dos au spectateur. Il est vêtu d'un manteau rouge retombant à larges plis sur une tunique jaunâtre. Sa pose est altière et son corps bien campé; de la droite il tient la hampe d'une lance. A ses côtés, un second chasseur, un peu plus haut placé, est armé d'un épieu. Celui-là, dont il ne reste que la moitié, fait face au spectateur. De la manche courte de sa tunique blanche sort un bras vigoureux. Les plis de la *toga* jaune tombent de l'épaule sur le côté gauche.

A la droite de ce groupe, on avait eu un grand fragment montrant les corps incomplets de deux panthères. Le bouquet d'arbres qui forme repoussoir aux deux Romains de gauche, a fait place à

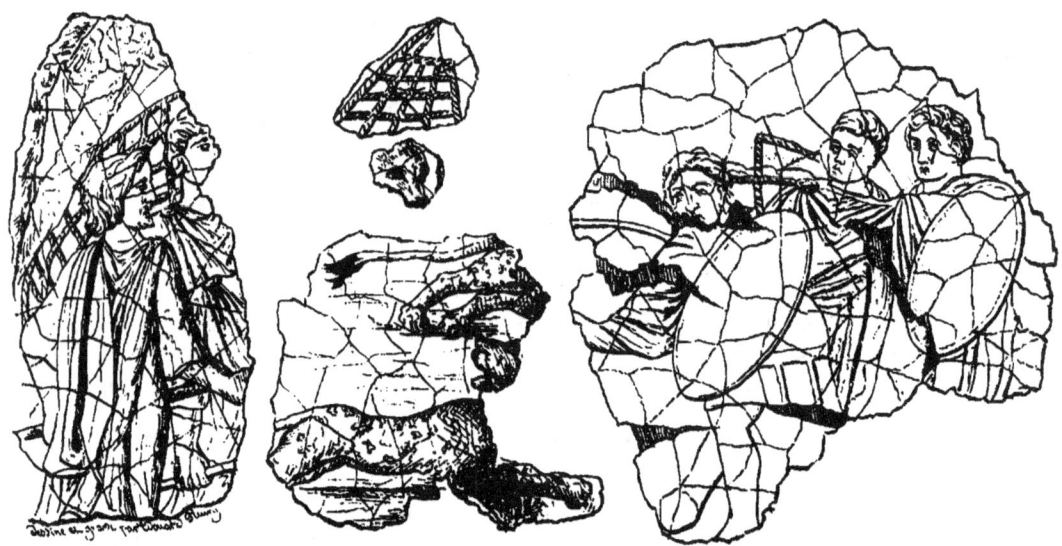

Fig. 142. — Fresques de Nizy. La chasse aux panthères.

une clairière, un jungle, d'une verdure éclatante. Au premier plan, une panthère au galop, le corps allongé dans un élan violent, retourne la tête avec fureur, la gueule ouverte et les dents prêtes pour le combat. Au second plan et en vif relief se dessine la partie postérieure d'une autre panthère, la queue relevée, les pattes de derrière pressant énergiquement le sol.

Évidemment, les premiers essais infructueux d'extraction avaient détruit d'autres corps de fauves. Le masque de la figure 140 se montrait trop puissant, les pattes trop énormes, les courbes tigrées des membres trop développées pour appartenir aux deux panthères peintes sur un des trois panneaux de la figure 142. Cette scène animée, enveloppée dans les rets [1] d'un immense traquenard,

---

1. Le *rete, retis*, DIKTUON (*longo meantia retia tractu*), apparaît, sur une fresque du tombeau des Nasons à Rome, attaché à des arbres et enfermant une vaste enceinte circulaire où des chasseurs et leurs chiens ont poussé un cerf et sa biche.

était peuplée d'autres chasseurs et d'autres animaux féroces plus grands et nombreux que ceux qui ont réapparu pour faire regretter ce qui est perdu.

A l'extrémité droite de la fresque, c'est-à-dire à peu de distance du groupe des trois Romains porteurs de boucliers et qui attendaient le choc des panthères poussées vers eux, le plus grand et lourd fragment bardé de plâtre donna beaucoup de peine et subit un sort bien fâcheux. Heureusement enlevé du fossé, déposé sur une grande table, il avait accompli convenablement une portion de son parcours, quand, trop pesant pour la force cependant des cinq hommes qui le soutenaient par derrière, il s'effondra entre leurs mains au grand effroi des spectateurs qui crurent à l'écrasement des ouvriers. On en fut quitte pour la crainte. Aplati, la face vers le ciel, il put être lavé, nettoyé et calqué, tout disloqué qu'il fût.

De larges zones ou bandes de couleurs le divisaient en trois compartiments inégaux. Dans le premier, le plus endommagé, se voyait un personnage de grandeur naturelle et complétement nu. Les traits étaient larges, beaux et jeunes. La tête de pleine face se couronnait de cheveux bouclés et flottant au vent. Cet éphèbe était assis ou plutôt appuyé sur un rocher, la jambe droite à peu près étendue, la gauche repliée, et un pied posé sur un relief de la pierre. Le bras droit manquait ainsi qu'une partie de la poitrine. Le bras gauche s'étendait presque horizontalement, et la main gauche tenait en l'air un massacre de cerf par sa longue ramure. C'est la figure dont la tête était la plus apparente, dont la couleur était la plus vive et le dessin le plus correct. La tête de cerf avait un beau ton brun clair. Est-ce le génie de la chasse? Ce fragment de peinture n'était pas transportable, aucun morceau n'adhérant à la chappe de plâtre. Je l'avais calqué pour essayer de le reconstruire plus tard à l'aide des morceaux soigneusement ficelés et numérotés à la fois sur mon dessin et sur l'enduit peint; mais l'entreprise n'a pu réussir, le calque s'étant perdu dans tout ce mouvement.

Une zone noire séparait ce panneau de celui que le musée de Laon possède. Sur celui-ci, plus solide, est peint un personnage encore de grandeur naturelle; mesuré de la tête à l'extrémité du pied gauche, il porte, si pliées que soient ses jambes, 1ᵐ,06. La figure est vigoureusement accentuée; traits nobles et beaux; large front; cheveux ondés et tourmentés par la brise, et d'un bandeau blanc quelques boucles tombent marbrant la joue gauche; regard fortement tourné à droite; bras levés en l'air. Les deux mains touchant à l'extrémité du tableau manquaient. La figure est presque entièrement nue, et une peau de panthère, dont les pattes se rattachent sur l'épaule droite, descend sur la poitrine, contourne le sein gauche, tombe sur la jambe gauche à moitié pliée en arrière, tandis que le genou droit est posé sur la terre. Le fond du tableau est d'un vert très-sombre et bordé en hauteur par de grandes bandes verticales et noires.

Les uns ont cru à une bacchante, les autres à un Hercule revêtu de la peau du lion de Némée et combattant l'hydre qu'il menace de sa massue tenue par les bras en l'air et avec un geste violent.

Si les petits fragments de la figure 140 séchés de suite, tranquillement, un à un et devant un feu doux, couverts à temps d'un inoffensif vernis à l'œuf, ont repris et conservé tout l'éclat de leur coloris antique et qu'on peut admirer et étudier dans une des vitrines du musée de Laon, il n'en a pas été de même des grands panneaux bardés de plâtre et conservés pendant dix ans dans ce milieu destructeur avant d'être insérés dans les murailles de ce musée. Pendant plus de cinq ans, il a constamment poussé à la surface peinte des efflorescences nitreuses qu'on n'a jamais pu arrêter, même en en mettant les fragments bardés sécher en plein soleil. Très-clairs et lisibles après les lavages, ils noircirent de plus en plus. Le restaurateur de la belle mosaïque de Nizy crut bien faire en passant ces peintures au vernis d'essence grasse, ce à quoi je répugnais. L'opération ne fit que les assombrir davantage. Aujourd'hui il est difficile de les lire ; mais les nombreux petits débris parlent haut de leur antique éclat.

On peut, sur leur attestation, se prononcer en toute sécurité sur le talent du peintre et le mérite de son œuvre. Il possédait beaucoup d'habitude de son art et une grande sécurité de main. Le débris de petite tête de la figure 140 est bien dessiné et peint avec beaucoup de hardiesse et de fermeté. Les tons, quoique promptement poussés à l'effet, sont nombreux, fins et bien posés. Il y a, pour obtenir les lumières, d'épais empâtements de couleur comme en faisaient, il y a vingt ans, certains oseurs de la peinture moderne. La palette de l'artiste brille par beaucoup d'éclat et de variété, ce qu'on peut remarquer dans les plis d'une toge grise dont j'ai parlé plus haut. Dans son rapport de 1856 au Comité des Sociétés savantes, M. Beulé se prononçait assez sévèrement sur l'incorrection de quelques parties de ces peintures, et il avait raison ; certains fragments des mains de la figure 140 en font foi. J'avais moi-même constaté, dans mon rapport au Conseil général de l'Aisne du 29 août 1853, ce défaut inhérent à toutes les peintures murales d'Italie et de Pompeï, incorrection signalée par M. de Saint-Non dans son *Voyage pittoresque à Naples et en Sicile*, et j'y disais : « Je partage l'avis de M. de Saint-Non sur l'incorrection du dessin des fresques romaines, incorrec- « tion qui se remarque à Nizy comme en Italie » ; mais j'ajoute aussi avec M. Beulé : « Si la beauté « des fragments (de la fresque de Nizy) est contestable, cela ne diminue en rien leur intérêt, et les « efforts de la Société de Laon pour relever et conserver ces fragments de vastes compositions n'en sont « pas moins louables. »

On a beaucoup discuté sur l'excipient dans lequel avaient été mélangées ces couleurs ineffa- çables, vivaces et que n'avaient pu altérer ni les agents chimiques du terrain, ni son humidité, ni des lavages répétés après la découverte. Pline disant positivement : *encausto pinxit*, il fallait chercher de quelle matière grasse se composait cet encaustique : miel, huile ou cire. Vitruve parle de couleurs à la cire sur les triglyphes des temples. On a trouvé, en Poitou, le tombeau d'un peintre avec tout un attirail de vases remplis de couleur, de vernis. Quels vernis ? L'analyse chimique de diverses portions de la fresque de Nizy n'a fourni aucune trace de corps gras ou onctueux, cire ou résine. Tout ce qu'on peut dire, c'est que la couleur a dû être préparée dans un bain de chaux nouvelle, et appli- quée sur le mur à enduit de chaux et de sable, de manière à produire une adhérence et un amal- game complets, de la dureté et, par conséquent, l'inaltérabilité de la peinture.

9° LES MOSAÏQUES.

Le sol des palais, des thermes et surtout des villas, a reçu, aux beaux temps gallo-romains, une opulente décoration polychrome qui complétait celle des parois murales et même de certains plafonds. L'*opus museum*, ou *musivum*, ou *musaïcum*, ou *mosaicum*, car les noms sont nombreux, offre à l'étude plus de témoignages même que l'*opus figlinum* et l'*opus albarium* ensemble. On trouve des cubes de mosaïque partout sur notre sol départemental, sans parler de ce qu'en ont vu nos prédécesseurs qui n'ont pas consigné publiquement leurs trouvailles, celles-ci ayant dû, comme nombre, importance et beauté, égaler tout ce qui a été recueilli dans nos pays depuis une trentaine d'années. Il a été ramassé des cubes jusqu'au sein du *Tombois* de Barbonval, preuve de l'existence d'une autre villa que celle de Blanzy. En pleine sépulture de Caranda, MM. Moreau, de Fère, ont récolté des cubes de mosaïque et qui semblent me donner raison quand je pense que Caranda est une villa romaine assise sur les bords de l'Ourcq et sur l'emplacement du moulin moderne. Ne pouvant donc tout dire, je me bornerai aux plus importantes parmi les trouvailles récentes.

Quelques lignes de technologie ne sont point inutiles ici pour faire connaître, à l'aide des fouilles successivement faites à Nizy, Blanzy, Vailly et Bazoches, la méthode de construction et les éléments de ces beaux pavages artistiques.

Quand la mode de la mosaïque s'introduisit à Rome sous Auguste, le sous-sol ou *substratum*, du pavage se construisait, d'après Vitruve, exactement comme celui d'une grande route, c'est-à-dire par trois couches successives posées sur la terre bien nivelée et battue, *pavimentum* : 1° le *stratumen*, lit de gros cailloux ou de pierrailles sans mortier ; 2° la *ruderatio* ou couche de mortier composé d'un tiers bonne chaux et de deux tiers pierres concassées ; 3° le *nucleus*, béton serré, fin et formé de grève ou sable et de chaux. C'est sur le *nucleus* encore frais qu'on posait les cubes devant former dessin. Ceux-ci étaient reliés ensemble et solidifiés par un coulis de ciment ou de chaux hydraulique. Si parfois, notamment dans les thermes ou bains, le *substratum* vit supprimer la *ruderatio* et diminuer l'épaisseur du *nucleus*, ce fut parce qu'on leur substitua, en tout ou en partie, les hypocaustes ou conduites creuses de chaleur [1] ; mais je n'ai vu nulle part, dans le département de l'Aisne, que ce dernier mode de construction ait été employé pour asseoir nos mosaïques. Toutes celles que j'ai vu fouiller et que j'ai enlevées moi-même à Nizy, à Blanzy, à Bazoches, avaient leur *substratum* formé des trois couches normales : *stratumen*, *ruderatio* et *nucleus*.

Généralement les cubes sont faits de marbre blanc, noir, bleu, jaune et brun ; mais le mosaïste romain utilisait toujours les ressources locales, ainsi à Bazoches, à Blanzy, la belle pierre blanche et

---

1. C'est ainsi qu'est construit le sous-sol de la belle mosaïque représentant les luttes de l'amphithéâtre entre bestiaires et animaux féroces, laquelle fut découverte en octobre 1860 sur le boulevard de Reims, entre la gare du chemin de fer et l'arc de triomphe de la porte Mars. (M. Loriquet, *Étude sur la mosaïque de Reims*, travail aussi complet que consciencieux. Un vol. grand in-8° (1862).

fine dite *cliquart*, et dans l'arrondissement de Vervins les marbres ardoisiers bleu foncé, presque noir, etc. Les rouges divers et les jaunes sont empruntés aux terres argileuses du pays poussées à plus ou moins de coloration par la cuisson ou par la présence naturelle d'une proportion plus ou moins forte d'oxyde de fer. A Terva (canton d'Hirson), on a vu apparaître des cubes de cuivre, probablement pour figurer l'or dans des tableaux compliqués dont nous ne pouvons nous faire d'idée faute de renseignements, et, à Blanzy, la nécessité d'imiter l'or des bijoux et les couleurs variées des étoffes sur le tableau de l'Orphée, força le maître mosaïste à sortir de sa gamme habituelle; alors il eut recours aux cubes de verre dorés et peints dans la masse, ce qui s'est vu à Soissons, à Vailly, à Reims, etc.

Le plus ancien document local où il soit, et encore très-vaguement, question de mosaïque romaine, c'est un passage de l'histoire manuscrite du Soissonnais Berlette (seconde moitié du XVIe siècle), qui rapporte qu'au moment où, en 1551, on éleva des fortifications du côté du Château d'Albâtre à Soissons [1], on trouva, entre autres curiosités, « ...plusieurs pièces de marbre, albâtre, « jaspe et porphyre de différentes couleurs, façonnées par petits carreaux, larges de demi-pouce, « comme pour faire pavés ». Cabaret, dans son histoire manuscrite aussi de Soissons, dit que, pendant les fouilles ordonnées sur l'emplacement toujours du Château d'Albâtre, et en 1762, « il est incroyable « combien on y trouva de petits morceaux d'albâtre, de marbre blanc, etc., de toutes couleurs ». Les curieux d'alors en remplirent leurs cabinets. Il est à regretter que ces deux écrivains n'aient donné une idée ni des proportions des mosaïques, ni de leur ornementation. Il faut arriver aux travaux modernes du génie militaire (1826-1836, etc.) pour obtenir des renseignements plus complets et substantiels.

Tout le sol du périmètre du Château d'Albâtre fournit des quantités de cubes de pierre blanche et noire, et parfois de matières vitrifiées ou volcaniques, ce qui prouvait que les pavages artistiques étaient nombreux dans ce riche palais. Aux environs du bastion de l'*Évangile*, face nord de la place, et auprès des fondations d'une vieille tour carrée, on eut, en premier lieu, une mosaïque de 7 mètres carrés (fig. 143) dont voici la description d'après M. de La Prairie [1] : ce pavage était formé de compartiments octogones et carrés. Dans chaque grand octogone sont inscrits alternativement un carré et un losange contenant des quatre-feuilles, des fleurs, des rinceaux de feuillages; une riche guirlande forme encadrement. Dans cette mosaïque il n'entrait que des cubes blancs, noirs et rouges. J'ajoute qu'avec la lourdeur de la guirlande d'encadrement et l'emploi de certains motifs de fleurons, ce pavage ressemble singulièrement à celui de Bazoches et pouvait appartenir, comme celui-ci, à une époque de décadence.

Une autre mosaïque où entraient plus de couleurs, pierre blanche, marbres noir et rouge, terre cuite rouge et jaune, fut découverte par M. de La Prairie, auprès du chemin de Saint-Crépin, entou-

---

1. V. notre première partie, fig. 96, page 193. *Plan de Soissons à l'époque romaine*, au point I, fouilles de 1851.
2. *Notice sur le Château d'Albâtre* dans les *Mém. de la Soc. arch. de Soissons*, t. VIII.

rant un espace vide, probablement un bassin d'eau vive. Ce vide, avec une bordure de cubes colorés, s'inscrivait dans un carré régulier de 2ᵐ,16 de côté. L'encadrement se formait d'un entrelacs de cordes, de bandes blanches, de grecques et de filets (fig. 144), et, dans chaque angle, un génie, évidemment un triton, à face et corps humains, à double queue et à pattes de saurien, de ses bras tendus se reliait à la bordure du bassin, en façon d'Atlante ou de cariatide.

Les mosaïques d'Arlaines et de Ciry n'ont point laissé de traces. Un fragment trouvé à Soissons et conservé dans le musée de cette ville, n'a pas d'originalité. A Vailly, les nombreux et très-variés débris trouvés, en 1838, pendant les travaux de nivellement du jeu de paume, méritent plus d'attention, ne serait-ce que pour montrer comment on laisse périr tant de beaux

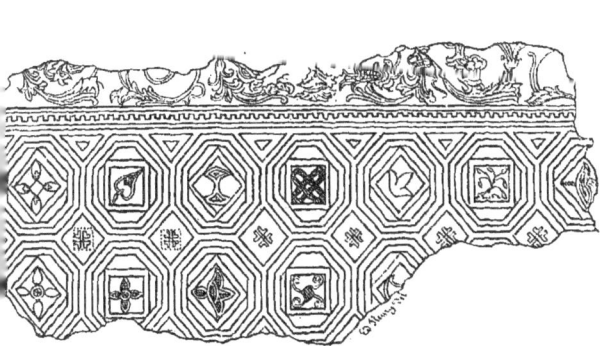

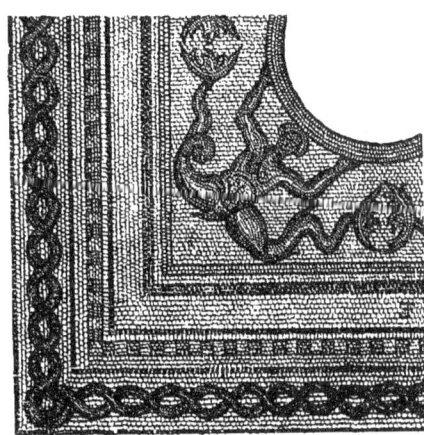

Fig. 143. — Mosaïque géométrique du Château d'Albâtre.

Fig. 144. — Mosaïque au triton du Château d'Albâtre.

restes antiques que le hasard se plaît tant de fois, et souvent si inutilement, à restituer et à détruire : *Etiam periere ruinæ!*

Une courte notice du docteur Destrez, médecin à Vailly, et datée de février 1849 [1], fournit quelques détails très-insuffisants sur cette découverte qui, surveillée convenablement, eût dû fournir de plus amples renseignements. Ces mosaïques pavaient quatre pièces contiguës, de 4 mètres carrés chacune, et entourées par un petit aqueduc de pierres dures, ce qui autorise à conclure, non pas peut-être à des salles de bains, mais à un petit cloaque évacuateur des eaux de lavage des pavages artistiques, et peut-être des eaux vannes et ménagères de toute l'habitation. Suivant M. Destrez, il n'y entrait que des cubes de trois couleurs, rouges, blancs et noirs. On y voyait représentés, dit-il, « des serpents d'une longueur et d'une grosseur plus qu'ordinaires, et qui sont « enlacés les uns dans les autres. Sur l'un des fragments était figurée une fontaine, allégorie de « l'établissement ». Je n'ai pas pu voir la soi-disant fontaine ; mais ce que je puis affirmer, c'est que

---

1. T. III des *Mém. de la Soc. arch. de Soissons*, page 2.

les serpents sont tout simplement ces motifs de câbles enroulés que présente déjà la figure 144, qu'on retrouvera sur la mosaïque de Bazoches, à Reims et dans beaucoup d'autres emplacements gallo-romains enrichis des beaux produits de l'*opus mosaïcum*.

Le docteur Destrez constatait qu'il resta en place beaucoup de fragments de mosaïque, quand le conseil municipal de Vailly, fort embarrassé de ceux qu'on venait d'enlever de terre et qu'il avait fait emmagasiner dans la halle, en fit cadeau à l'église dont le curé eut d'abord la bonne idée de prendre ces vieux et beaux débris sous sa protection et d'en orner une de ses chapelles. En attendant leur emploi, il les fit déposer sous un autel de bois. C'est là qu'ils furent oubliés pendant plus de vingt ans et que, prévenu de leur existence, je les retrouvai en 1860. Ces fragments étaient grands, solides, variés d'effet et de motifs. Il y avait des morceaux multiples de bordures très-diverses, des plate-bandes à champ blanc où s'apercevaient certains entrelacs que nous allons voir réapparaître à Blanzy, des rinceaux ou enroulements se combinant en motifs sans fin reliés par des anneaux, etc. Les tons étaient autrement nombreux que l'avait affirmé le docteur Destrez, et la gamme des couleurs comprenait le noir, le rouge foncé, le rouge clair, des jaunes variés, le bleu clair, le gris et le blanc jaunâtre du *cliquart*. Entre des filets noirs, blancs et rouges, se déroulait l'inévitable câble à cinq brins, noir, blanc, rouge clair, rouge intense et bleu cendré. Du reste, parfois les lignes, celles des rinceaux surtout, étaient incorrectes, mal menées, et les fleurons mal dessinés. On y sentait ou la décadence, ou la précipitation du travail, ou l'inhabileté de l'artiste. Cette mosaïque est à la belle pièce de Blanzy ce que les cippes funéraires de Nizy et de Sissonne seront aux stèles romaines du bon temps et prises pour modèle par les sculpteurs gaulois. Comme les mosaïques de Blanzy, de Nizy, de Bazoches, de Reims et de tant d'autres lieux, celles de Vailly portaient des traces d'incendie. J'en pus prendre des dessins à l'aide desquels furent recomposés les spécimens conservés au musée de Laon, seuls témoins vivants, quoique de seconde main, de ce qu'on posséda si longtemps à Vailly.

Il m'avait été promis que cinq des principaux fragments seraient posés dans une arcature vide d'une chapelle de l'église de Vailly, avec une inscription rappelant les dates de trouvaille et de pose. Les morceaux restants devaient être, de promesse certaine, répartis entre les trois musées de Laon, Soissons et Saint-Quentin, où rien n'en est jamais venu, et j'appris, il y a deux ans, que, fort embarrassés de leur trésor, les fabriciens de l'église de Vailly avaient tout donné à un habitant qui s'en était fait un pavage dans le vide-bouteille d'un petit jardin dominant juste l'emplacement du jeu de paume d'où ces fragments étaient sortis en 1838.

Les mosaïques du *Clair-Puits* de Nizy-le-Comte, dont j'ai fait mention plusieurs fois dans la première partie de ce livre (pages 230, 231, 232, et figure 124), sont au contraire restées en terre, bien qu'elles eussent été généreusement abandonnées à la Société de Laon par le propriétaire du sol et par un acte écrit. Les essais d'extraction que j'avais faits, en 1853, au nom de la Société académique de Laon, prouvèrent que si la plus grande des deux mosaïques était en apparence d'une excellente conservation quant à la pose des cubes et à l'intégralité du dessin, elle reposait sur un *substratum* manquant absolument de solidité. Les cubes venaient à la moindre pression. Les dessins se fragmentaient à l'infini. Il fallut se résoudre à la laisser en terre et à emporter, comme spécimens, deux morceaux encore un peu solides, soufflés et toujours prêts à perdre leurs cubes. La plus petite mosaïque n'avait pas non plus un seul cube adhérant à son gîte de ciment, et on dut se contenter d'en ramasser les éléments destinés à la recomposition d'un spécimen essayé et réussi plus tard, en effet, et qui appartient au musée de Laon. Tel en est le motif (fig. 145) extrêmement simple et dont le dessin rend inutile toute description : losanges en long et en travers, carrés vides ou à motifs linéaires, le tout encadré de filets noirs et blancs, bordés extérieurement par une assez large bande blanche. Les filets de séparation et les motifs sont faits de pierre blanche et le fond de marbre noir. Les cubes blancs, retaillés pour fabriquer le spécimen, exhalaient, à la cassure, une forte odeur d'assa fœtida. Ces cubes, d'ailleurs, étaient, les noirs comme les blancs, de taille très-petite. Cette mosaïque, ou plutôt ce qui en restait, avait, comme dimension, 6^m,32 sur 4^m,20.

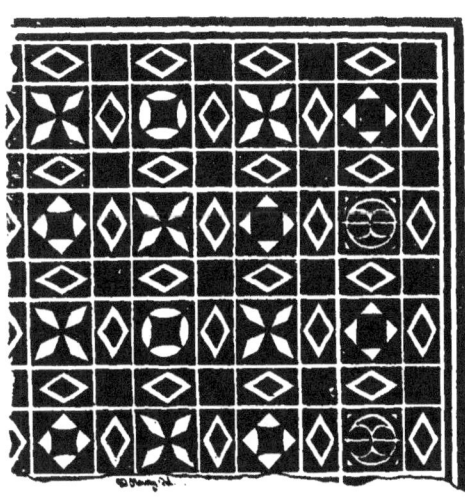

Fig. 145. — Petite mosaïque de Nizy.

Comme celle-ci, la seconde n'offrait que deux tons, le noir et le blanc; mais elle était bien autrement grande : 9^m,50 de longueur sur 4^m,42 de largeur, et son ornementation offrait plus de variété et de richesse. Je donne (fig. 146) le plus petit des deux fragments qui, séparés par une large zone et brisés probablement par la charrue, composaient l'ensemble. Le motif principal est une étoile à huit rayons formée par autant de losanges noirs encadrés de filets noirs aussi, dans un grand losange à champ blanc dont les pointes, formant d'autres losanges, s'ornent d'une feuille noire le plus souvent à trois pointes, quelquefois une seule, et s'enlevant sur champ blanc. Comme ornementation habituelle, on rencontre une bipenne[1], ou hache à deux tranchants rappelant la future francisque des temps mérovingiens[2]. Entre les losanges étoilés et comme raccord, des carrés se décorent de figures géométriques plus compliquées et variant agréablement l'ensemble. Certaines rappellent, avec leurs six pans

---

1. La bipenne était connue dans l'antiquité grecque dont les sculpteurs arment toujours la main des Amazones de la hache à deux tranchants.

2. A part les haches absentes, une mosaïque récemment trouvée à Feurs ressemble exactement à la plus grande de Nizy. Le motif principal consiste en polygones étoilés de huit rayons. Les grands carrés, au lieu d'être pourvus de motifs variés, sont échiquetés avec un petit carré au centre : tout le dessin ressort en blanc sur fond noir. Les motifs principaux se répètent aussi sur toute l'étendue du pavé dont l'effet cependant est moins séduisant à Feurs qu'à Nizy.

réguliers, la configuration des cellules d'abeilles, et, au centre, l'artiste a placé une fois un cube en perspective et dont on aperçoit trois faces. A première vue, le tableau apparaît régulier et symétrique, ce qui est vrai comme lignes ; mais l'étude plus attentive fait reconnaître des motifs très-variés, une ingénieuse fantaisie ayant présidé à l'œuvre du dessinateur. Le tout est encadré de filets plus ou moins larges, suivant qu'ils se rapprochent des lambris entre lesquels cette mosaïque était assise.

Évidemment, d'autres mosaïques paraient d'autres appartements de la villa du *Clair-Puits* ; mais elles étaient complétement détruites depuis longtemps, ou elles ne furent pas rencontrées dans les fouilles, cependant si attentives, qui furent faites sur cet emplacement. Là encore, beaucoup de cubes témoignaient des ravages profonds de l'incendie, et se montraient calcinés jusqu'à se réduire

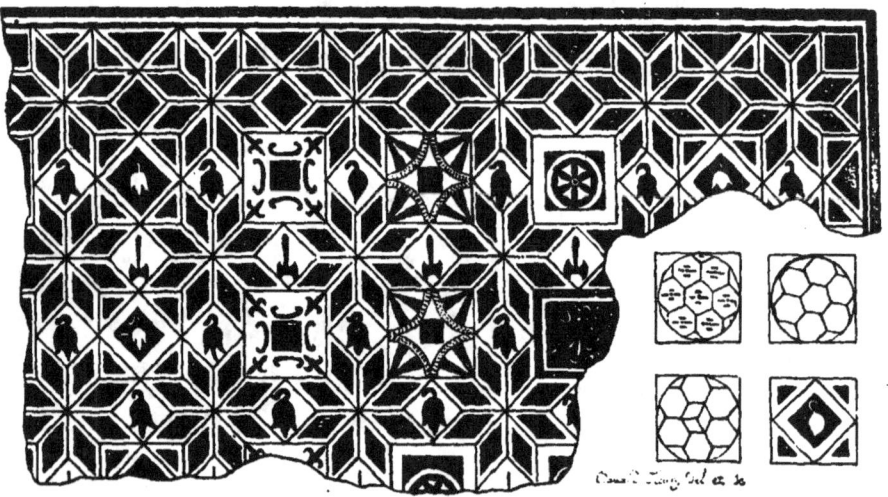

Fig. 140. — Grande mosaïque de Nizy.

en poudre fine sous la pression des doigts. Quant à l'emplacement de la *Justice,* si généreux en témoignages de l'application de la peinture sur les murailles, il ne laissa apparaître aucun de ces cubes de couleur qui dénoncent les pavages de mosaïque ; mais quatre ans à peine s'étaient écoulés depuis que l'absence de toute trouvaille avait fait abandonner les fouilles de Nizy, lorsque des travaux communaux entrepris pour arrêter des infiltrations malsaines dans la fontaine et le lavoir publics de Blanzy-lès-Fismes (canton de Braine) mirent fortuitement à jour de telles quantités de cubes de couleur que, averti de cet incident, je pus conclure à la présence de riches mosaïques retrouvées en effet dès les premiers coups de pioche. En août 1858 et grâce à la généreuse et très-large subvention accordée sur l'heure par le Conseil général de l'Aisne, je pus me mettre, sans perdre un instant, à l'œuvre de reconnaissance et d'extraction, œuvre si féconde en beaux résultats. Dans le département de l'Aisne, c'est le morceau capital du maître mosaïste romain.

Dans la première partie de ce livre (page 279 et figure 129, au chapitre VII consacré à nos

villas gallo-romaines), j'ai donné des renseignements sur le plan très-compliqué de l'appartement
où se trouvait, au milieu des traces du plus violent incendie, le bassin d'eau vive qu'entouraient les
mosaïques de Blanzy réapparaissant si brusquement après un ensevelissement de quinze ou seize
siècles. Le plan de cet appartement appartenant à un monument dont on ne pourra jamais, ce
semble, déterminer la destination, l'importance et l'étendue, consistait : 1° en un grand rectangle à
côtés inégaux encadrant le bassin excentriquement placé près de la face ouest du rectangle ; et 2° en
trois nefs ou hémicycles de largeurs et de profondeurs inégales aussi, le tout rempli absolument de
mosaïques polychromes, à motifs très-variés, et dans un état qui va de la conservation et de la
solidité les plus remarquables, jusqu'à la destruction la plus absolue, en passant par des restaurations antiques reconnaissables, et par la décomposition des cubes par un incendie qui jadis a
détruit les toitures dont les poutres ont brûlé sur la face du tableau, tandis que celui-ci s'enfonçait
par places sous le poids des énormes tuiles romaines signées par le potier Ivinoi (fig. 127).

Négligeant tous les détails de la recherche, je prends la mosaïque au moment où elle fut restituée
dans son état de dégradation lamentable, après l'enlèvement de l'énorme masse des matériaux
accumulés sur elle par la chute des toitures en flammes.

Le bassin a 3 mètres de diamètre et une profondeur d'un mètre environ. Son revêtement
intérieur se compose d'abord d'un étage de petites dalles de *cliquart* du pays, ensuite d'un second
étage, posé sur le premier, d'autres dallettes assez épaisses de marbre gris bleu, veiné de blanc et
de noir, que dans le commerce on appelle *Bleu-fleuri* et qui vient d'Italie. Le bord du bassin A du
plan 129 est formé par un cordon horizontal du même marbre, cordon et dalles énergiquement
reliés à la muraille d'enveloppe par une couche de ciment romain.

La décoration du rectangle (C. D. E. de la fig. 129), enveloppant le bassin, se composait
ainsi : au bord extérieur du bassin affleurait une belle bande circulaire dont le motif principal se
composait d'un motif de feuilles se répétant à l'infini, encadré entre un filet noir et rouge contre le
bassin ; vers l'intérieur du tableau, un champ monochrome jaune limité par des lignes noires, et,
aux angles, une branche de feuillages. L'encadrement courant et à bandes rectilignes du rectangle
comporte des filets multicolores enfermant une guirlande de feuilles, cette fois plus allongées et pointues, se réunissant trois par trois en bouquet à leur pédoncule, s'engendrant les unes les autres et
ainsi colorées alternativement : une jaune, une bleue et une jaune ; une bleue, une jaune et une
bleue. Cet encadrement a 1m,80 de largeur, en y comprenant les filets (fig. 147).

Au point C du plan 129, se voyait un groupe de trois grands animaux herbivores, un éléphant,
un cerf et un cheval, dans des feuillages aigus symbolisant une forêt d'oliviers. Au point D, un
personnage assis et jouant de la lyre, entre deux oliviers peuplés d'oiseaux de toute grosseur et de
tout plumage, paon à la queue constellée, perdrix, caille, perroquet. Enfin au point E, un sanglier,
un ours, une panthère et, plus bas, là où j'ai figuré un troisième côté de bordure, les griffes et la
queue d'un animal dont tout le corps manque. A gauche, la mosaïque calcinée ne laissait plus rien
voir et manquait complétement sur la face sud, comme le montre le plan 129.

C'est Orphée qui, par les sons enchanteurs de sa lyre, amène à lui les animaux les plus féroces tout aussi facilement que les plus doux de caractère. D'un côté, les frugivores, éléphant, cerf et cheval, arrivent la tête haute et pleins de confiance en la loyauté du divin musicien qu'entourent aussi les oiseaux du ciel ; de l'autre, les carnivores et les fauves s'approchent, la tête courbée vers la terre et comme domptés.

Orphée, qui est Thrace d'origine, porte, non pas comme on l'a cru tout d'abord, le bonnet tradi-

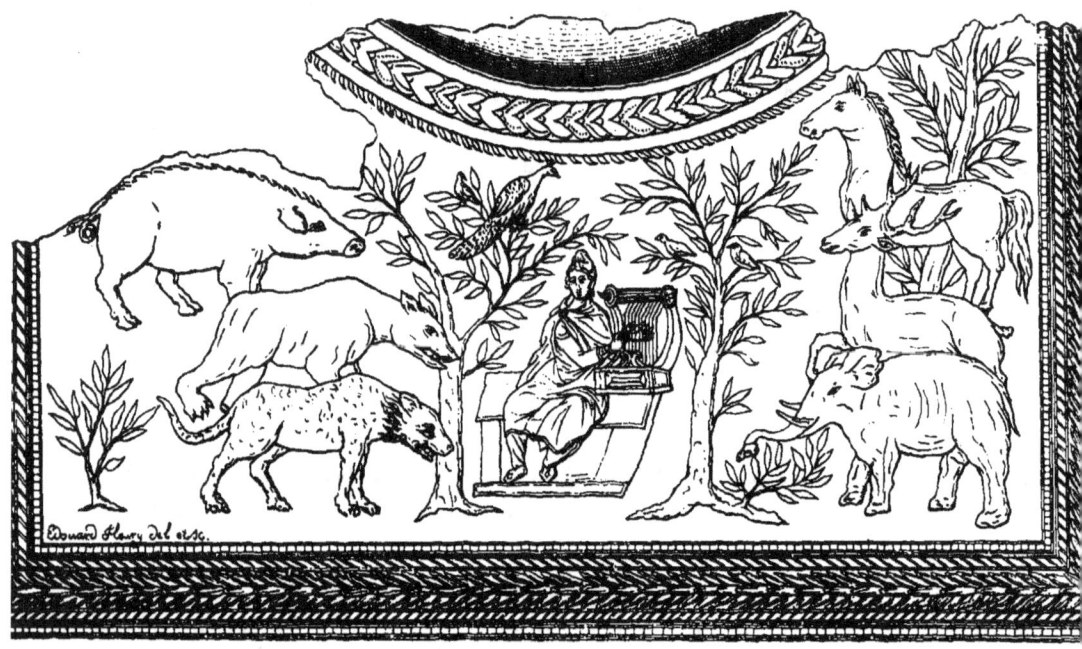

Fig. 147. — Mosaïque de Blanzy. Orphée. Encadrements et bassin de marbre.

tionnel de la Phrygie, mais l'ALOPEKIS, ou bonnet de peau de renard, coiffure nationale des guerriers et héros de la Thrace et qu'on leur voit toujours sur les vases peints. Les Amazones scythes portent souvent aussi l'*alopekis*. Le grand manteau thrace appelé *zeira* et rougeâtre de ton, enveloppe le divin musicien et se rattache sur l'épaule par une riche agrafe. La tunique, serrée à la taille par une ceinture, est verte. Les jambes sont ceintes d'une étoffe rouge enfermant la botte thrace en peau de faon d'un brun verdâtre et ornée sur le cou-de-pied par un bijou brillant. La tête est d'un beau style. Les yeux extatiques sont pleins de pensée. Les mains ne sont pas d'un dessin très-pur, bien que le mouvement des doigts s'indique d'une façon très-reconnaissable. De la main gauche passée derrière la lyre décacorde et pourvue d'une boîte harmonique, Orphée pince deux cordes à la fois, tandis que sa droite agite le *plectrum* dont il frappe une troisième corde.

Cette scène est simplement et largement agencée. Il ne faut point demander au mosaïste antique, pas plus qu'à son confrère le peintre en décorations murales, la perspective des formes et des tons; systématiquement peut-être, il en violait les lois. Ce qu'il faut louer là, c'est l'harmonie de l'ensemble, l'entente des moyens et surtout de la couleur au milieu des inextricables difficultés que présentait l'assemblage de cubes variés de formes, de pierre, de marbre, de terre cuite, de verre peint et doré, d'émail, car il y avait de tout cela dans le pavage découvert à Blanzy. Les ornements du bonnet, de l'épaule, de la ceinture, des brodequins du fils d'Apollon étaient faits, pour compléter et varier l'effet, de verres revêtus d'une feuille d'or à leur face postérieure. Pline, qui cite toujours Agrippa pour son initiative en fait d'art, dit que le gendre d'Auguste eût certainement introduit les cubes de verre dans les mosaïques de ses thermes de Rome, s'ils eussent été inventés de son temps [1], ce qui m'engage de plus en plus à penser que nos villas, enrichies de mosaïques à cubes de verres peints et dorés, n'appartiennent point au premier, mais au deuxième siècle de notre ère.

C'est au point B de la figure 129 (plan des emplacements à mosaïques de Blanzy) que fut rencontré, formant contre-partie et pendant au groupe d'Orphée et des animaux, un beau groupe d'habitants des profondeurs de la mer (fig. 148). Dans ce petit coin se serraient deux dauphins, deux huîtres, un beau coquillage tourné en spirale, deux poissons au museau arrondi, une espèce d'anguille de mer ou congre. Les marbres, silex et verres dont les trois poissons étaient composés donnaient à ces animaux une transparence vraiment remarquable et dont témoigne le seul débris qui ait pu être sauvé, tout le reste étant désagrégé. Il faut remarquer que ce sont là tous poissons à mœurs

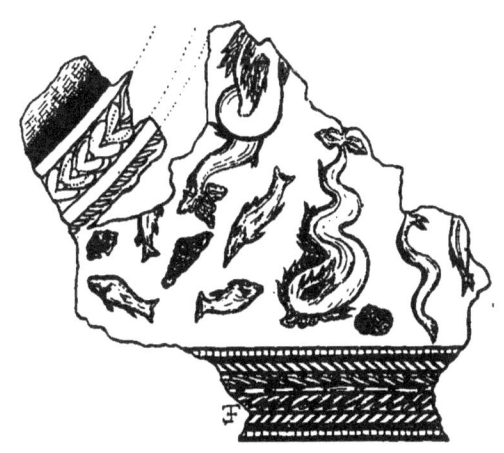

Fig. 148. — Mosaïque de Blanzy. Les poissons.

paisibles et que leur groupe fait justement pendant, place pour place, à celui des animaux frugivores et inoffensifs. Tout le reste du tableau maritime a disparu, ce dont témoigne le plan n° 129; mais cette correspondance exacte des animaux et poissons à mœurs douces n'autorise-t-elle pas cette supposition : au groupe de l'ours, de la panthère et du sanglier, il y a lieu de penser que, à droite du tableau, correspondait un groupe de squales, requin et narval par exemple, et que pour pendant Orphée avait Amphitrite, la reine des mers, ou mieux, à mon avis, Arion jeté à l'eau par les matelots, recueilli par un dauphin qu'attire la douceur de son chant de mort, et forçant aussi, par les sons de son violon magique, les monstres marins à le suivre ? Ce serait alors la symbolisation en deux parties de la Musique dans la personne de ses adeptes les plus célèbres dans l'antiquité ou, si la pensée s'élève plus haut encore, de l'Harmonie qui préside à la nature entière et en soumet tous les éléments à sa loi : la terre représentée par ses animaux, l'air par ses oiseaux, la mer par ses poissons[1].

C'est l'inclinaison du sol vers le sud-ouest et l'établissement en pleine mosaïque d'une rue fréquentée par l'agriculture, qui ont ruiné à fond la partie ouest du grand tableau. L'hémicycle du nord (G. H du plan 129) a vu la majeure partie de son pavage, surtout sous la grange Fontaine, détruite par l'incendie, bien que quelques fragments se soient conservés frais (fig. 149). L'hémicycle de l'est se montre bien autrement endommagé, et c'est avec grande peine que j'ai pu retirer un fragment de son curieux décor (fig. 150).

Pour juger de l'ampleur de la grande composition centrale à l'Orphée, il suffira de dire : 1° que la bordure du rectangle au nord du bassin avait plus de 11 mètres de long, à en juger d'après un point de repère placé par le mosaïste lui-même juste au milieu de cette bande. La même bordure, sur le

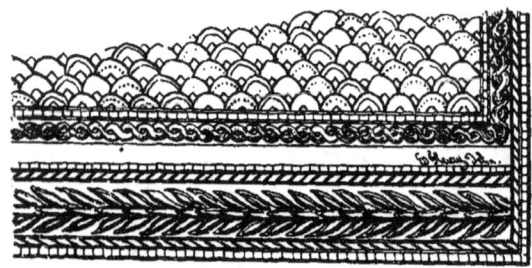

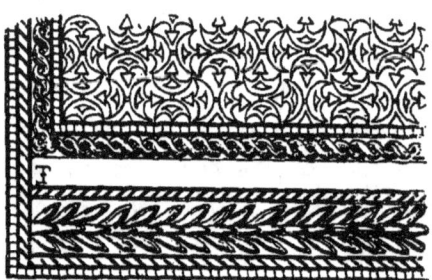

Fig. 149. — Mosaïque de Blanzy. Hémicycle nord.   Fig. 150. — Mosaïque de Blanzy. Hémicycle est.

côté est, fut connue sur une longueur de 6m,50 et devait avoir en tout 7m,40 à 7m,50, ce qui donne déjà 82 mètres carrés en superficie, sans compter les mosaïques inscrites dans les trois hémicycles du nord, de l'est et de l'ouest, et le plan pourrait bien en comporter un quatrième sur la face du sud, à moins que l'on admette que l'appartement prenait jour au midi et sur la belle vallée de Fismes.

Le *substratum* ou sous-sol, excessivement épais et solide, n'a offert à l'extraction de difficultés sérieuses qu'à cause même de cette solidité et du poids à déplacer ; mais, grâce à beaucoup de soins et à la subvention qui permettait de ne rien négliger, l'opération réussit à souhait, et, dans le courant de septembre 1858, six énormes voitures d'agriculture entraient triomphalement dans Laon avec leur charge précieuse.

1. Le mythe d'Orphée charmant les animaux paraît avoir tenté plusieurs fois les mosaïstes romains. Une mosaïque trouvée en 1859, à Vienne (Isère), représentait le même sujet traité en quinze petits tableaux carrés, disposés par trois sur cinq bandes et alternant avec dix quarts d'octogone ornés de fleurons, le tout enveloppé par un encadrement monochrome rehaussé d'un semis de couleur. Le musée de Lyon a aussi une mosaïque à l'Orphée, mais d'une composition et d'un faire assez peu remarquables. De même à Aix, en Provence, M. de Caumont cite, au musée de Rouen, une mosaïque représentant Orphée entouré d'animaux et d'oiseaux, tableau qui fut trouvé, en 1838, dans une villa de la forêt de Brotonne. Tout cela n'a pas la valeur du tableau de Blanzy qui fait l'ornement et l'honneur du musée de Laon.

Dans sa session de 1860, le Conseil général, sur un rapport que je lui présentai, voulut bien voter une somme de deux mille francs pour les frais de restauration et d'établissement de la mosaïque de Blanzy dans le musée de la ville de Laon où les visiteurs peuvent à leur aise admirer le grand et beau tableau de l'Orphée dont une image aussi restreinte que celle de la figure 147 ne peut donner qu'une idée très insuffisante.

Un an juste plus tard, en octobre 1859, les terrassements du chemin de fer de Soissons à

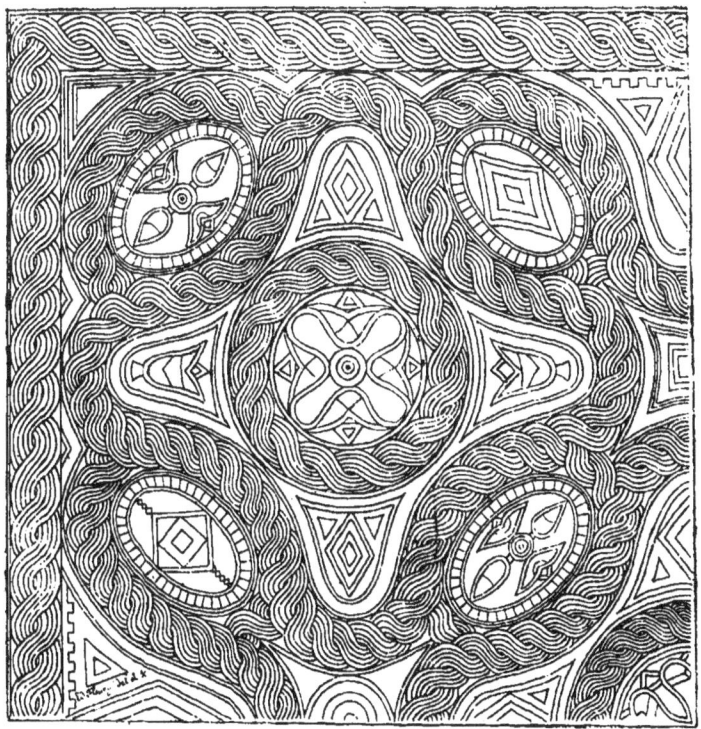

Fig. 151. — Mosaïque de Bazoches. Partie de la composition.

Reims atteignaient, dans l'axe des fouilles, en pleine prairie sur les bords de la Vesle et à un demi-kilomètre de Bazoches, un large fragment de mosaïque un peu ébréchée à l'ouest et formant un carré de 5^m,30 sur le côté complet et de 4^m,50 environ sur le côté entamé, c'est-à-dire présentant une surface d'un peu plus de 28 mètres. Les ingénieurs du chemin de fer, en avertissant le préfet, abandonnaient au département la propriété de cet objet d'art et demandaient qu'on le fît enlever au plus tôt. Chargé de cette opération, je ne pus qu'en constater la complète impossibilité. L'état extérieur du pavage artistique était assez satisfaisant; le grand compartiment central à figures géométriques (fig. 151) n'avait que de légères lacunes. A l'ouest, la bordure polychrome à grands rinceaux avait péri presque complétement, abordée sans précautions par les terrassiers qui ne s'attendaient pas à

cette trouvaille. Celle de l'est avait moins souffert ; mais il était facile de voir que le *substratum* se
trouvait partout en fort mauvais état. Assis sur un sol rendu très-spongieux par le voisinage immédiat de la Vesle, rivière sans bords et sujette à de fréquents débordements, il était tassé inégalement
et avait enfoncé le sous-sol par son poids. Ainsi la bordure du nord présentait une différence sensible de niveau sur l'ensemble qui penchait vers l'angle nord-est où se remarquait une fissure pénétrant profondément dans les couches diverses de béton et de ciment d'assiette. Les cubes sortaient
facilement de leurs gîtes. Au travail d'extraction, toutes les couches du *substratum*, le *pavimentum*
formé de sable fin, le *stratumen* épais de 15 centimètres et formé de pierres minces et longues posées
sur une pointe dans le sable, la *ruderatio* épaisse de 10 centimètres et composée d'un mortier de sable
et de chaux germée, le *nucleus* ou ciment rouge épais d'un centimètre avec sable quartzeux et
brique pilée, tout fut trouvé fissuré, saturé de la boue fine des débordements, par conséquent pourri
et tout prêt à la désagrégation au premier mouvement. Deux fragments de peu d'importance purent
être encaissés, mais tombèrent en décomposition à l'ouverture de leurs cadres. Tous les cubes furent
recueillis et entrèrent dans la composition d'un notable spécimen conservé au musée de Laon.
J'avais pu prendre sur place, et avant tout travail, un calque complet pointé en couleur.

La figure 151, qui représente à peu près un huitième de la composition de la mosaïque à dessins linéaires et géométriques de Bazoches, dispenserait de toute description si, unitaire dans ses
grandes lignes et ses principales dispositions, elle ne variait beaucoup dans ses détails. A proprement parler, elle contient un seul grand compartiment de forme très-régulière, mais où le regard
ne se retrouve qu'avec peine, tant les lignes y sont multiples, tant les courbes y sont nombreuses
et diverses, tant les entrelacements y paraissent inextricables, bien que les principaux éléments y
soient faciles à distinguer, lorsque l'œil a pris enfin son parti dans ce dédale plus apparent que
réel. Un enroulement de câble sert d'encadrement, ce câble que nous retrouvons pour la troisième
ou la quatrième fois et qui est essentiellement romain, en attendant qu'il devienne mérovingien. Une
rosace orne le milieu, et quatre autres les quatre côtés du tableau, ne différant entre elles que par
les fleurons de leur centre. Sur les côtés de ces rosaces, seize ovales, ou figures ellypsoïdes, se dis-
posent de façon à former dans le carré principal quatre carrés symétriques. Ceux-ci sont remplis par
des motifs carrés à côtés rentrants, par des triangles, par des figures innommées dont l'ornementation intérieure se varie toujours. Cet entassement des courbes les plus dissemblables et de raccor-
dements très-divers, ce jeu de compas ingénieux se développe dans un réseau interminable de
cordes enroulées qui tournent partout, enlacent l'ensemble, se relient sans fin, souvent assez maladroitement, et composent un trompe-l'œil dont le crayon ne sort qu'après une longue étude et de
fréquentes erreurs.

La gamme des couleurs se compose de sept tons : un blanc éclatant, un blanc gris, deux jaunes,
un rouge vif, un gris ardoisé et un noir, le tout formant un ensemble agréable à l'œil et n'ayant
rien de heurté. Le ciment brun de jonction, posé à joints plus larges que dans tout autre pavage de
mosaïque, paraît avoir, dans l'intention de l'artiste, joué son rôle comme élément de coloration.

Détail étrange et qui confirme les remarques faites à Vervins dans les fondations du théâtre romain et à Chevennes dans celles de l'église, la mosaïque de Bazoches reposait sur les débris d'un édifice antérieur et ruiné par l'incendie : les pierres du *stratumen* étaient calcinées presque toutes. Des fragments d'enduits peints, rouges, verts, blancs, gardaient des traces de ces baguettes d'encadrement à filets multicolores dont il a été si souvent question dans le chapitre précédent consacré aux peintures murales, gisaient partout et portaient aussi des traces de feu. Quelques fouilles ramenèrent de gros morceaux de bois carbonisé et des tuiles noircies par la fumée. Un terri, ou pavage de terre pilonée, était couvert de cendres. Il y avait donc là les traces de deux monuments dont l'un était assis juste sur les ruines de l'autre et les avait utilisées. Le premier aura péri pendant les troubles du IIIe siècle, et le second lui aura succédé, construit à une époque de décadence où les artistes, notamment le mosaïste de Bazoches, ne savaient déjà plus faire simple et tranquille. C'est des ruines du premier monument que provenait le fragment de plâtre à oves qui est représenté sur la figure 137.

Depuis la découverte de la mosaïque de Bazoches réarrivant au jour en 1859, notre sol ne nous a plus fourni de traces de ces pavages artistiques qui se sont rencontrés, si beaux et si variés, en un si court espace de temps [1].

10° STATUES ET OBJETS D'ART DIVERS.

Les statues, dans toute l'acception de ce mot, ne paraissent s'être montrées que sur l'emplacement du Château d'Albâtre à Soissons, et j'ai donné dans la première partie de ce livre (pages 204 et suivantes, et figure 102) des détails nombreux sur ce beau groupe du Niobide et de son pédagogue, qui n'a réapparu parmi nous un moment que pour nous quitter promptement et à toujours.

Est-on autorisé à affirmer sans qu'il puisse rester de doute qu'ils appartenaient, comme on l'a cru, à une statue plus grande que nature les deux beaux fragments de bronze qui, en 1860, sortirent de terre, — notre terre si riche en antiquités de tout âge et de toute sorte, — au lieudit le *Bois des huttes,* commune de Bucilly (canton d'Hirson)? Des bûcherons venaient de découvrir des substructions parmi lesquelles se rencontrèrent des poteries, des tuiles et des meules évidemment romaines. Ces deux fragments gisaient parmi ces débris qui ne manquent pas d'intérêt. Ils y étaient seuls de leur métal et de leur art, se ressoudant exactement par un rivet de l'un et par le trou qu'on remarque sur le second sous l'aile attachée à la statuette. Ces deux beaux fragments forment l'ensemble gravé sur la figure 152.

---

1. Pour ne rien oublier, si c'est possible, il faut citer la découverte, en 1692 et au fond du puits de la maison d'un avocat de Soissons nommé Antoine Quinquet, d'un « *beau pavé à la romaine* », au dire de Rousseau Desfontaines, chroniqueur soissonnais, cité par MM. Henri Martin et Paul Lacroix dans leur *Histoire de Soissons* (t. I, p. 59, en note) ; mais, sans parler de l'absence de tout détail, il semble que le fait soit assez peu sérieux, si l'on tient compte de la profondeur en terre, 4 mètres environ, où aurait été trouvé ce « *pavé à la romaine* ». Toujours selon MM. Henri Martin et P. Lacroix, une mosaïque aurait été signalée, en 1793, sur l'emplacement du Château d'Albâtre de Soissons, ce qui n'a rien d'improbable, mais ce qui aussi ne nous apporte aucun renseignement utile.

Le premier consiste en une statuette de génie ailé dont la tête est fruste. Les ailes étendues, les vêtements volant au vent indiquent qu'il plane dans les airs. Aux cheveux longs et retroussés sur le sommet et derrière la tête, au gonflement des seins, aux formes prononcées des hanches, à la robe serrée sous la gorge et aux plis flottants, on reconnaît facilement une femme. C'est probablement une Victoire diptère qui tenait dans sa main droite ou une épée, ou plutôt une palme dont on aperçoit l'extrémité. La main gauche qui pendait sur la hanche est brisée. La statuette mesure 17 centimètres du chignon à la plante du pied droit, et 195 millimètres de la main droite à l'extrémité de l'aile. Le deuxième fragment, auquel ses brisures donnent une forme très-irrégulière et qui porte 24 centimètres dans sa plus grande longueur et environ 15 de largeur, est une plaque affectant une courbure toute particulière, comme si elle avait été moulée sur une poitrine humaine qu'elle aurait été destinée à couvrir et à protéger. Elle fait penser à un morceau de cuirasse. Exempte de tout ornement sur la partie droite, elle montre à gauche et en relief fort saillant des rin-

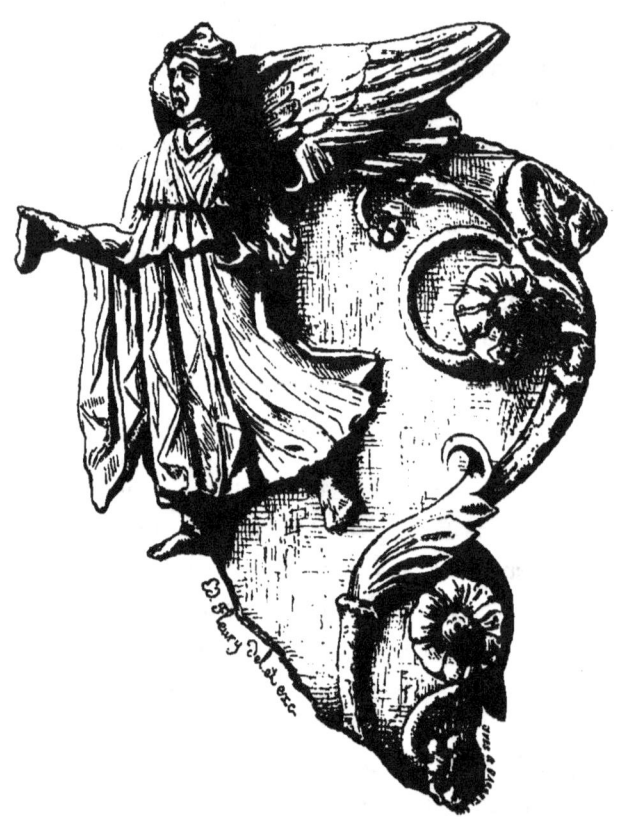

Fig. 152. — Fragment de statue en bronze de Bucilly.

ceaux de feuillages et des fleurons d'une rare élégance de dessin et très-purs et vifs de lignes. En haut, elle conserve encore le rivet qui l'attachait au premier fragment par le petit trou rond sous l'aile, et en bas un restant d'autres rivets et à la fois deux trous d'attache.

Le temps et les agents chimiques du sol ont donné à ce bronze une patine superbe qui, par places, laisse apercevoir des traces de dorure.

Comme destination, on s'est accordé à croire que c'était là une de ces plaques, ornées aussi de Victoires et de génies ailés, qui décorent la poitrine saillante du poitrinal des cuirasses portées par des empereurs romains dont les statues se voient dans les musées d'antiques. Ce ne peut être un ornement de casque, lequel eût été d'une lourdeur énorme, si on tient compte de l'épaisseur de la plaque qui seule a 3 à 4 millimètres sur ses bords et 6 ou 7 aux reliefs des rinceaux, épaisseur presque doublée par la superposition du fragment portant la statuette. Mais que faisait là dans ce bois perdu, dans ce lieu désert, une statue de bronze qui a laissé des restes aussi beaux? Quel fut jadis cet emplacement romain qui s'est tout à coup révélé par des bronzes aussi parfaits, par des tuiles et des poteries? C'est encore une de ces énigmes dont le mot ne se trouvera probablement jamais.

Si les grands débris de statues de marbre ou de bronze manquent, les statuettes et les figurines de métal abondent. Je ne dirai pas et pour cause : sont conservées ; nous savons déjà que celles du Château d'Albâtre sont absentes. Nizy a fourni, en 1861, un tout petit bronze qui a trouvé asile au musée de Laon : c'est un génie enfant et debout, aux ailes déployées, à la chevelure ondée. Il est nu et tient dans ses mains un petit vase qu'il semble présenter à un personnage absent. Cette figurine appartenait donc à un groupe. La tête est un peu fruste, et le tout est très-mollement traité. Une petite fibule, de bronze aussi, aussi recueillie à Nizy, montre un cavalier romain au galop et d'art médiocre.

On conservait, en 1787, dans l'babaye de Notre-Dame de Soissons, et entre autres antiques provenant peut-être du Château d'Albâtre, deux charmants petits bronzes perdus aujourd'hui sans nul doute (fig. 153), mais dont un dessin nous a été conservé dans le *Voyage pittoresque en France* (province de Picardie) par de Laborde. Ces jolies figurines, qui se faisaient pendant, représentaient un centaure et une syrène dressée sur sa queue.

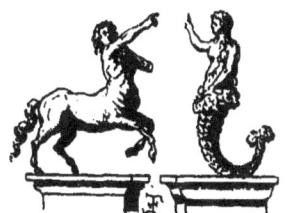

Fig. 153. — Statuettes de bronze à Notre-Dame de Soissons.

Des pâtures de Versigny il est sorti, il y a quelques années, une statuette de bronze dont on a dit alors beaucoup de bien. A la même époque environ, le terroir bocager de Buironfosse (canton de La Capelle), localité où aucun autre vestige romain n'a été signalé, que je sache, a laissé venir au jour une très-remarquable statuette en bronze d'un faune; elle a fait longtemps l'honneur d'une riche collection et a été vendue à un amateur qui l'a princièrement payée, mais l'enlève à son pays d'origine.

Pour épuiser cette série d'antiques recueillies dans notre sol, il semble que ce serait ici la place de parler de la trouvaille, dans l'enclave du département de l'Aisne, d'un certain nombre de statuettes en bronze et bas-reliefs en pierre représentant des divinités : Jupiter, Isis, Minerve, Mercure, Apollon, Éros, etc., le tout reparaissant à des époques diverses et sur des points souvent très-éloignés les uns des autres; mais un chapitre entier devant être consacré aux culte, religion et superstitions de l'époque gallo-romaine, je courrais risque d'introduire de la confusion en des sujets qui se touchent de si près et ne gagneraient rien à être cités deux fois. Je me bornerai donc à quelques détails sur quelques débris de sculpture trouvés à Nizy-le-Comte, au lieudit la *Justice*. C'est tout d'abord un fragment de statue de marbre, le pouce d'une main s'appuyant contre un objet qui peut être ou une branche d'arbre, ou la hampe d'une lance; c'est ensuite une petite tête de femme, aux cheveux ondés d'où tombe un voile, aux yeux levés vers le ciel, aux traits empreints de mélancolie. Le nez et la joue ont été entamés par la pioche des fouilleurs; mais cette mutilation n'a pas ôté à la figure sa distinction et son caractère de tristesse. Le cou est finement attaché, les ondes des cheveux d'un beau style. Cette statue était taillée dans la pierre, et la petite tête mesure environ 16 centimètres de hauteur. J'ai dit, en traitant des villas, que celle de la *Justice* à Nizy longeait l'ancienne voie romaine de Reims à Bavay, le n° 1 de l'*Itinéraire* dressé par M. Am. Piette; qu'une route départementale s'était, vers 1858, superposée par places à cette vieille chaussée, et qu'une grande quantité de débris antiques avaient été jetés dans les fondations de la voie moderne. Tel aurait été le sort qui attendait la pierre votive représentée sur la figure 87, et celui que subit une statue retrouvée pendant les travaux de construction de la route départementale. Les ouvriers en firent d'abord un banc pour le temps des repas, et enfin ils la brisèrent et l'enfouirent dans le macadam. Sans parler des nombreux fûts de colonnes, des chapiteaux et des bases d'ordre toscan, on avait retrouvé, à la *Justice,* des frises sculptées en feuilles d'eau, une tête colossale d'Apollon dont je parlerai en son temps, des débris d'autel sculptés, enfin un singulier fragment de sculpture dont la forme, le travail et la dimension ne disent pas clairement la destination. On croirait voir une colonne creuse dont l'extérieur, largement taillé en façon de palmette, offre la représentation d'une aigle aux ailes éployées. Ce débris est d'assez grande dimension, 50 centimètres sur 45. Les extrémités en étaient taillées en volute dont plusieurs morceaux ont été recueillis. On s'est demandé à quoi pouvait appartenir cette sculpture. Dans son rapport de 1856 sur les fouilles de Nizy, M. Beulé, sans prétendre résoudre cette question, émettait l'hypothèse que cette espèce de colonne creuse pouvait avoir servi à orner l'orifice d'un puits ou d'un réservoir pour les eaux. Le diamètre du tube creux est trop étroit et suffirait seulement pour une conduite d'eau. Peut-être était-ce la gargouille d'un chéneau à antéfixes, et l'un de ces antéfixes, il faut peut-être le retrouver dans un masque grotesque sorti de la fouille d'un des puits de l'*impluvium* de la villa de Nizy. Ce masque est taillé dans une pierre dure et à gros grains. Le haut de la tête, la partie droite du front, les cheveux et l'encadrement de la figure manquent, ainsi que le bas de la barbe. L'arcade sourcillère droite a été écrasée comme le nez dont la partie proéminente a porté la première dans le choc ou dans la chûte. La bouche est belle et les lèvres finement taillées sous leur encadrement de moustaches qui vont se mêler à une barbe partagée en deux fortes boucles sur le menton. Singularité ou faute de dessin, les yeux ne se trouvent point sur le même plan; le gauche, qui n'a pas souffert est plus bas que le droit assez endommagé. L'œil gauche est perforé, à la romaine, pour le regard, tandis que le droit ne paraît pas, dans sa détérioration, présenter le même vide, et il semble que le regard en soit tourné à droite quand le gauche regarde en sens contraire. La joue droite est plus proéminente et gonflée que la gauche, la narine gauche plus inclinée que la droite. La bouche se contourne en un rictus bizarre. Tel qu'il est, ce masque sourit d'un côté et se renfrogne de l'autre.

Je ne m'occuperai plus ici des deux représentations quatricéphaliques ramenées du fond du puits de la *Justice* et dont j'ai décrit et dessiné un spécimen.

J'ai déjà parlé d'intailles romaines, pierres précieuses gravées, toujours des chatons de bague ou camées, trouvées l'une à Pommiers et dans l'intérieur de ce camp occupé par des civilisations si diverses, deux dans le périmètre mal délimité encore du Château d'Albâtre ; je n'y reviendrai pas. D'autres pierres gravées, mais sans grande valeur, sont recueillies dans des cabinets d'amateurs.

MM. Henri Martin et P. Lacroix citent, dans leur *Histoire de Soissons* (t. I, p. 63 et en note), une bague, ou anneau de bronze, qu'ils paraissent avoir vue et qui, selon eux, serait sortie de l'emplacement du château de Crise, (point X de la fig. 96, *Plan de Soissons*, page 193 de notre 1re partie). Cet anneau portait gravés ces mots :

Non tituli pretium, sed amantis accipe curam.

Ces écrivains voient là un hexamètre latin avec une faute de prosodie, et un gage d'amour « d'une Gauloise à quelque officier de l'empire « envoyé des bords du Tibre sur ceux de l'Aisne. » La Gauloise affolée d'amour n'eût pas gratifié ce grand seigneur militaire d'un gage bien précieux, une bague de laiton, et le mot *amantis* appartient aussi bien à un homme qu'à une femme. L'archéologie sérieuse comporte peu les interprétations romanesques.

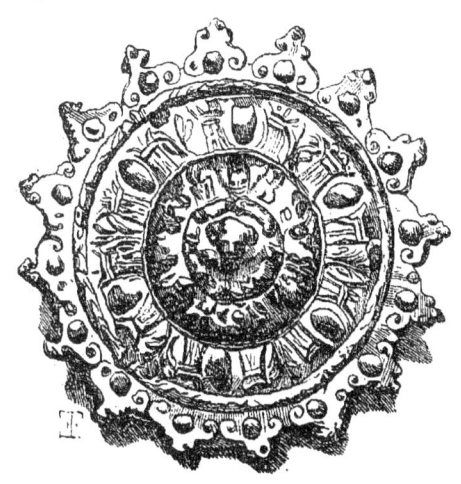

Fig. 154. — Plaque de bronze de Cugny.

Je connais, d'ailleurs, peu de bijoux qu'on puisse sûrement attribuer à l'époque gallo-romaine. Cependant je crois de ce temps une belle plaque de bronze fondue et reciselée sur fonte (fig. 154), laquelle provient du cimetière mérovingien du *Jardin-Dieu*, à Cugny, (canton de Saint-Simon). Cimetière mixte serait plutôt l'appellation vraie à donner à la nécropole de Cugny ; car on a trouvé[1], dans son voisinage immédiat, d'assez nombreuses monnaies romaines du 1er au IVe siècle, des vases en terre rouge qui ne sont pas mérovingiens, et, de l'avis de M. Gomart qui le premier a publié cette belle plaque, elle appartient bien plutôt à l'art romain qu'à l'art franc dont les témoignages, si nombreux dans les tombes du *Jardin-Dieu*, ne se rapportent en rien au décor de cette plaque qui pourrait bien avoir appartenu à un riche harnais de cheval. La tête de bélier qui orne le centre du médaillon est un motif qu'on retrouve souvent en Grèce et en Italie.

Tout, jusqu'aux poids des balances, devenait un objet d'art entre les mains du fondeur romain. Ainsi, en traitant de la villa de Chambry (1re partie, page 249, fig. 136), j'ai donné le dessin d'un

1. M. Ch. Gomart, *Étude sur la sépulture antique de Cugny*, dans le XIIIe vol. des *Mém. de la Soc. acad. de Laon.*

remarquable poids pour cette balance dite aujourd'hui *romaine*, une tête de soldat casqué d'un travail très-remarquable. Il est bon de signaler un autre poids en bronze, cette fois pour balances à deux plateaux, trouvé dans ce canton de Braine si privilégié comme antiquités. On sait que ces poids étaient faits en fonte de bronze ou de fer, en marbre, en granit, en diorite, en pierres diverses, pourvu qu'elles fussent dures, solides et lourdes. Au centre, ils portaient toujours la marque de leurs valeurs, I, II, III, IV, V, etc., pour signifier une, deux, trois ou cinq livres, et la valeur des onces était représentée par des points dont le nombre était aussi en rapport avec le nombre d'onces. M. Mazure, ancien notaire à Braine, antiquaire distingué et collectionneur actif, possédait un poids de bronze de deux onces avec inscription en lettres d'argent insérées dans le métal du poids ; elle était ainsi conçue : *MAXIMI AUG. DEN. MAG. PUB.* IIII, et on l'a ainsi traduite : *Maximianus Augustus. Denarii magni publici quarta pars* ; Maximien Auguste, quatrième partie d'un grand denier public

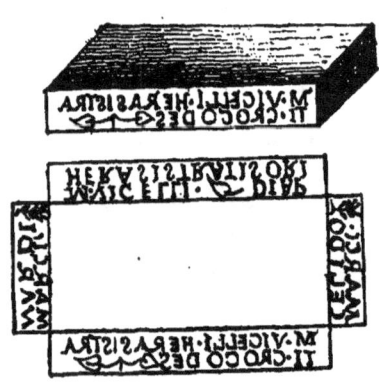

Fig. 155. — Cachet d'oculiste de Terva.

(traduction de M. l'abbé Lecomte). Les uns pensent que ce poids fut trouvé à Braine[1]. M. A. Piette[2] attribue aussi la trouvaille à la plaine de Chassemy ; mais M. l'abbé Lecomte[3], qui écrivait en un temps plus rapproché de la découverte, c'est-à-dire en 1848, se prononce nettement pour Longueval, en donnant, d'ailleurs, des détails assez probants : un maréchal de Longueval, à qui ce poids fut présenté, l'essaya d'une assez singulière façon. Pensant qu'il était fait de métal précieux, il voulut le briser d'un coup de marteau sur son enclume et ne réussit qu'à l'aplatir, en en changeant un peu la forme primitive et ronde, et en faisant sauter un petit bélier qui servait de pied.

Bien que ce ne soit pas là un objet d'art, je crois ne pas devoir passer sous silence la pierre sigillaire d'un médecin-oculiste romain trouvée sur l'emplacement probablement d'une villa nommée Terva — nom essentiellement latin, — qui se trouvait sur le terroir actuel de La Hérie (canton d'Hirson) et que des débris assez nombreux signalent comme une station romaine. Un jardinier fit sortir de terre, en 1846, ce petit monument assez rare dans sa spécialité. C'est un parallélipipède de pierre schisteuse et noire (fig. 155), de 50 mill. de longueur sur 23 de largeur et 8 d'épaisseur. Sur ses quatre côtés, en creux et à l'envers, se trouvent ces diverses inscriptions : M. *Vicelli, Herasistrati, Diapsori.* — *Marci, Nardi.* — M. *Vicelli, Herasistrati, crocodes.* — *Marci, Celido,* inscriptions qu'il faut compléter de la sorte : *Marci Vicelli Herasistrati Diapsoricum.* — *Marci Nardinum* — *Marci*

---

1. *Répert. arch. du canton de Braine.* 1862.
2. *Itin. gallo-rom. dans le département de l'Aisne,* page 135.
3. *Époque romaine dans le canton de Braine,* étude déjà plusieurs fois citée dans ce livre. (1848.)

Vicelli Herasistrati Crocodes. — *Marci Chelidonium* [1]. L'archéologie connaît une soixantaine seulement de ces cachets d'oculistes romains, formés tous de pierre taillée en forme de petites tablettes, et
sur lesquelles sont gravées des inscriptions en creux et à rebours; ils servaient à marquer, avant
la cuisson, les petits vases destinés à contenir les collyres employés par le médecin spécialiste qui les
avait inventés ou les vendait. Ici l'oculiste s'appelle Marcus Vicellus Hérasistratus, et son nom
n'était pas encore connu des archéologues. Les collyres sont : 1° le *Crocodes,* de *crocus,* safran,
bon contre les granulations des paupières enflammées ; 2° le *Diapsoricum* destiné à guérir l'obscurité
qui envahit les yeux dans la maladie qu'on appelait *scabies, nigritia,* et le spécialiste Sichel pense
qu'il y entrait des astringents métalliques, oxydes de zinc ou de cuivre, propres à combattre la con-
jonctivité palpébrale chronique qu'on nomme catarrhale et angulaire, et dans laquelle les paupières, à
eur point de commissure, deviennent le siège d'érosions gênantes ; 3° le *Nardinum,* contre le cours
accéléré des humeurs dans les yeux ; 4° le *Celidonium* ou plutôt *Chelidonium,* collyre fait avec le suc
de la plante appelée chélidoine ou vulgairement *éclaire* dans nos campagnes. D'autres cachets déjà
connus d'oculistes et dont les inscriptions ont été recueillies par les grands recueils d'épigraphie
romaine, servent à expliquer et à commenter celui de Terva, et on y trouve la destination tout écrite
des quatre collyres indiqués par notre pierre sigillaire, laquelle a été donnée par M. A. Piette au
musée de Laon : *Crocodes ad cicatricem,* les gerçures, ou *ad aspritudines,* les granulations ; —
Diapsoricum ad caliginem, contre les obscurités, ou *ad claritatem,* pour l'éclaircissement de la
vue; — *Nardinum ad impetum,* contre le flux d'humeur; — *Chelidonium ad claritatem.*

Je crois qu'il y aurait un danger pour un livre comme celui-ci : ce serait d'afficher la prétention
d'entrer jusque dans les détails infimes; mais un chapitre destiné à présenter un inventaire des objets
d'art restitués par notre sol et qui enrichissent la liste de nos beaux débris de l'époque romaine, pourrait-
il ne pas rappeler ici le souvenir de la curieuse statuette de bronze d'un grand personnage gaulois
représenté sur la figure 103 (1re partie); du manche de bronze du couteau trouvé dans le camp
de Saint-Thomas (1re partie, fig. 28) ; du caducée d'or de Chassemy, formé d'un enlacement de
serpents autour d'une tige et enrichi de rubis, lequel fut fondu aussitôt que trouvé, perte
irréparable pour l'archéologie (1re partie, page 87)? Ne faut-il pas citer une curieuse chaîne appartenant à la collection de M. de La Prairie, laquelle est formée d'un tissu de minces fils de fer et
offrirait à nos bijoutiers modernes un curieux modèle d'ingéniosité, de solidité dans la souplesse,
de vitalité malgré son vieil âge, et c'est dans ce style que furent tissées les précieuses et solides cottes
de mailles empruntées par le premier moyen âge aux Sarrasins.

Il faut encore citer ce coffret de plomb de Bohain que j'ai dessiné en la figure 112 de mon
premier volume (page 217), et qui contenait plusieurs *unguentaria* ou vases à parfums transformés
en lacrymatoires accompagnant des cendres humaines, résultat de la crémation aux temps romains.
C'est une *cista,* ou coffret quadrangulaire, ornée, sur ses quatre côtés, d'un épisode d'une course en

---

1. M. Am. Piette, t. IV de la *Soc. acad. de Laon,* 1854.

char : l'*auriga* excite du fouet les chevaux de son quadrige lancé à toute vitesse dans le cirque. Je
ne fais pas de doute que ce précieux coffre (de la collection de M. Lemaire, à Bohain,) ne soit un prix
de course et qu'avant sa mort, l'ancien vainqueur et lauréat n'ait ordonné que ses restes mortels
fussent enfermés dans cette *cista*, témoignage de son adresse et de son énergie. J'aurai encore
l'occasion de revenir sur ce curieux reste d'antiquité ; il n'a pas dit pour nous son dernier mot.

11° VASES.

J'ai donné déjà bien des spécimens de l'art du potier de terre, cet art si ancien, si naturel à l'homme, si
utile et même si indispensable pour lui qu'on en retrouve les traces chez les peuplades préhistoriques
les plus anciennes, celles qui ont, selon toute apparence, occupé notre sol les premières et qui ont
pétri à la main, tourné au doigt, sur le genou et avec tant de peine, ces vases noirs ou rougeâtres,
grossiers, mal campés et dont les débris sont si nombreux dans les emplacements à silex. Le progrès
était déjà sensible dans les manifestations attribuables à l'âge de bronze. Les produits de notre Gaule
septentrionale, retrouvés dans les riches nécropoles de Chassemy, Caranda et Sablonnières, affectaient des formes compliquées, savantes, des tendances à la décoration artistique, et les planches qui
compléteront bientôt le splendide album édité par MM. Moreau et illustrant leurs fouilles intelligentes
et productives, assureront la démonstration. Arrivent les Romains, et le dernier mot de la perfection dans l'art de terre va se dire et sortir partout de notre sol. La science de la forme et du
décor n'ira pas plus loin, ce qui sera prouvé même par ces débris dont on se raille en les classant
ironiquement parmi les richesses de l'*École des pots cassés*. On va voir ce qu'elle sait réunir de
renseignements précieux.

La poterie de métal a dû fournir aux fouilles intentionnelles, ou favorisées par le hasard, de
splendides produits dont beaucoup ont disparu, — par exemple les plats d'argent de Fleuricourt (canton de Sissonne) aussitôt vendus que trouvés, — mais aussi dont certains nous sont restés comme témoignages de la richesse et du goût de leurs propriétaires : témoin le beau bassin d'argent en forme de
bouclier dont ces sortes d'ustensiles portaient le nom, *discus* ou en vieux romain *iscus*, ce vase
ciselé et niellé, venu du Château-d'Albâtre (fig. 101 de la 1ʳᵉ partie,) et qui est conservé au musée
de Soissons ; témoins les vases variés et aussi beaux que nombreux des trouvailles de Goudelancourt-
lès-Pierrepont (fig. 108) et d'Étreux (fig. 110). Vieil-Arcy, Chambry, pour ne pas encombrer ces pages
par trop d'exemples, en ont fourni de très-beaux au musée de Laon ; le vase de Vieil-Arcy, en forme
de buire sans anse, est décoré d'un semis de points d'argent. Comme trouvaille récente, il faut citer
celle qui fut faite, en septembre 1876, dans des fouilles près du bastion 9 des remparts de Soissons, c'est-à-dire en plein emplacement du Château-d'Albâtre, de deux grands bassins en cuivre,
dont le plus grand, en forme de patère et, quoique de forme sphérique, orné de gaudrons
concentriques, présente à l'intérieur (fig. 156) le dessin d'une coquille dont le pédoncule touche à la
circonférence, dont les ramifications s'épanouissent sur toute l'ampleur du fond du vase, en s'ornant

d'un fleuron au centre ; il porte comme diamètre une largeur de 0^m,31, et a une hauteur de 0^m,08. Le second, aussi large, haut de 0^m,04 seulement, est veuf de tout décor. Ils ne sont pas fondus, mais faits au marteau, c'est-à-dire au repoussé.

J'ai donné (1re partie, pages 214 et 215, fig. 110) la description détaillée, mais le dessin trop réduit de l'anse très-remarquable d'un beau et grand vase de bronze trouvé à Étreux (canton de Wassigny) en 1861. La base de cette anse, si ingénieusement décorée, si finement ciselée sur fonte, s'épanouissait pour montrer la figure d'un petit génie ailé. Le même vase absolument, en bronze aussi et pourvu d'une anse tout aussi remarquable, est sorti de terre au terroir de Couvron (canton de Crécy-sur-Serre) dans des circonstances dont on connaît insuffi-

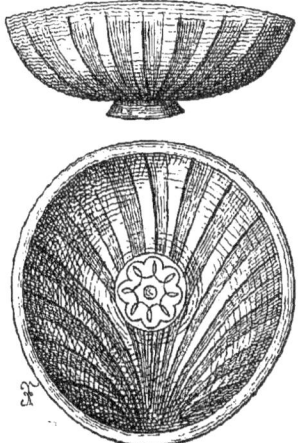

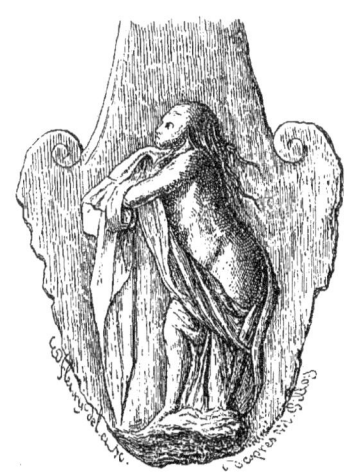

Fig. 156. — Vase de bronze du Château-d'Albâtre.   Fig. 157. — Anse d'un vase de bronze trouvé à Couvron.

samment les détails. Cette anse appartient à la collection de M. Pilloy, agent-voyer d'arrondissement à Saint-Quentin et qui m'a fait un croquis de son développement caudal (fig. 157). On y voit une baigneuse dont les pieds plongent encore dans l'eau et qui s'essuie à l'aide d'un peignoir dont les longs plis enveloppent la partie inférieure de son corps. La tête a subi quelque frottement et le travail paraît un peu mou et un peu lâché, bien que l'ensemble soit gracieux.

Entre autres vases de fonte métallique, mais sans valeur d'art, il faut citer deux *ollas*, ou marmites, de Dhuizel (canton de Braine), et celle du Château-d'Albâtre dans la collection de M. de La Prairie, à Soissons.

La poterie de terre cuite est bien autrement riche en témoignages de tout ordre, de toute grandeur, de toute couleur et de toute valeur. Ses produits peuvent se diviser en deux classes principales : les noirs, rougeâtres et jaunes, et les vases franchement rouges, lustrés et de cette belle famille qu'on a appelée *samienne*, parce que l'île de Samos fut jadis un grand centre de fabrication et de vente[1], et bien que le secret et l'élégance de cette industrie se fussent bientôt généralisés en Italie.

Généralement les vases noirs, quelque élégants de forme qu'ils soient, les gris, jaunes et d'un rouge indécis, sont privés de décor artistique, bien que peut-être on pourrait citer quelques exceptions. La terre noire est toujours d'un ton intense et franc comme celui de l'ébène, très-peu épaisse et lustrée. Le hasard a fait sortir, il y a quinze ans, d'une carrière à terre argileuse auprès de Vaux-sous-Laon, un long vase noir qui est un modèle de genre comme couleur et forme. J'ai donné le dessin (fig. 28 de la 1re partie) d'un très-remarquable pot de terre jaune trouvé au camp dit de

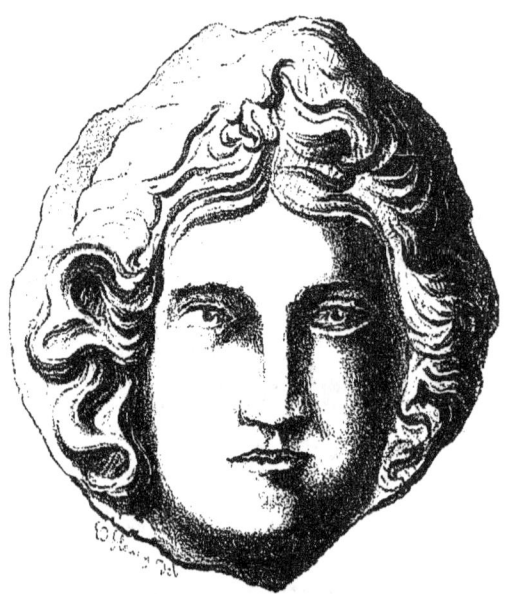
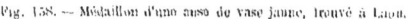
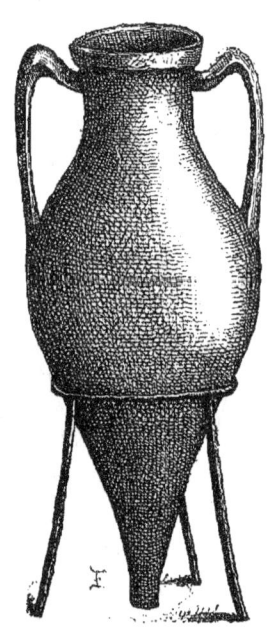

Fig. 158. — Médaillon d'une anse de vase jaune, trouvé à Laon.   Fig. 159. — Amphore du camp de Mauchamps.

César ou du *Wié-Laon*, à Saint-Thomas. Étreux et Goudelancourt-lès-Pierrepont en ont fourni aussi de très-beaux au musée de Laon et à la collection de M. Hidé, de Bruyères. Je parlais d'exceptions dans l'absence à peu près habituelle de décor sur les vases noirs ou jaunes ; en voici une remarquable. Un certain nombre de vases de terre romaine furent ornés de médaillons élégants à la base des anses, c'est-à-dire à leur rencontre avec la panse. C'est un ornement de ce genre que présente (fig. 158) un fragment de terre cuite et jaune trouvé dans l'ancienne rampe de Laon vers le faubourg d'Ardon. Il est dessiné ici de grandeur naturelle et très-finement modelé.

En terre rougeâtre et en terre jaune aussi parfois, on a fabriqué ces grandes et belles amphores à formes archaïques et un peu massives dont j'ai reconstitué un dessin (fig. 159) à l'aide

1. Pline, L. XXXV. — Plaute : « *Ad rem divinam quibus opus est samiis vasis utitur.* »

de divers fragments, col, anse, partie de la panse, culot en pointe, sortis en 1862 des fouilles pratiquées, sur les ordres de l'empereur Napoléon III, sur la colline de Mauchamps, débris dont j'ai déjà
fait mention dans la première partie de ce livre, à la page 180, et qui furent recueillis sur le flanc
gauche de la cuvette du fossé près de la porte G du plan (fig. 88). Un magnifique et grand exemplaire d'amphore, mais d'un patron plus fin, plus élancé que celui de la figure 159, appartient au
musée de Laon et a été tiré, vers 1838, des terrains fouillés sur le terroir de Presles-et-Boves
(canton de Braine) pour l'établissement du canal latéral à l'Aisne. Une amphore de semblable taille
et forme exactement appartient à M. de La Prairie et provient d'une trouvaille faite à Hameret,
dépendance d'Aizy (canton de Vailly) ; une autre l'accompagnait, mais paraît n'avoir pas laissé de
traces. L'amphore de M. de La Prairie porte en haut d'une des anses un cachet de fabricant, mais
illisible. Une amphore entière aussi, mais de moindre taille, a été trouvée sur le terroir d'Arrancy.
On me signala, en 1862, une amphore enterrée dans un champ appartenant au lieudit *la Justice,* à
Nizy-le-Comte, là où les fouilles de 1851 à 1855 avaient été si productives. Je crus à une piste
nouvelle et j'y courus. C'était une fausse joie, bien que ce petit événement archéologique ne manquât
pas d'intérêt. On n'avait que la moitié de l'amphore dont les dimensions étaient énormes, car elle était
d'un diamètre de 0ᵐ,65 au moins à la partie de son ventre qui paraissait après l'enlèvement de la
terre qui la recouvrait. Évidemment elle était haute d'au moins 1ᵐ,40 lorsqu'elle était intacte.
Après avoir perdu une partie de sa panse et son culot pointu brisés intentionnellement sans nul
doute, on l'avait enfouie, la tête ou le goulot en bas, dans la fosse préparée. Sa vaste capacité,
capacitatem ventris, a dit Phèdre, était bourrée d'ossements humains, mâchoires, humerus, tibias,
mêlés à de la terre. Autour de ce vase vraiment mortuaire, chaque coup de pioche amenait aussi la
découverte d'ossements nombreux, mais dont aucun n'offrait de traces d'incinération. L'amphore,
qu'il eût été bon de rapporter avec ces restes funèbres d'un temps où l'on ne brûlait déjà plus les
morts, était comme pourrie d'humidité et tomba en décomposition et par plaques au fur et à mesure
qu'on la débarrassait de terre ; rien ne vint qui fût bon à conserver. La fouille, du reste, ne pro-
duisit aucun autre résultat.

J'ai aussi ramassé des fragments d'amphores dans le camp-refuge de Pommiers, parmi les silex
taillés et non loin de débris mérovingiens. A la famille svelte des amphores appartient le joli petit
vase apode (fig. 113 de la 1ʳᵉ partie) sorti de la nécropole mixte de Mons-en-Laonnois qui,
fouillée peu scientifiquement et non à fond, a dû garder bien des secrets.

La terre argileuse, poussée au gris, au jaune et au rouge indécis par la cuisson, a toujours
été employée dans la confection des vases servant aux usages communs et habituels. Sur l'emplacement de la *Justice* à Nizy où nous sommes toujours forcés de revenir, on a eu plusieurs fragments
d'un immense vase gris, probablement une jarre, un *dolium,* faite d'argile locale où le potier a introduit
beaucoup de fragments concassés de craie comme liaison, n'ayant pas de grains de quartz à sa disposition. La courbe des morceaux ayant été mesurée, il ne devait pas porter moins de 0ᵐ,85 de
diamètre. Son épaisseur comme paroi est de plus de 0ᵐ,25. Du haut en bas, il se décorait de nom-

breuses bandes parallèles et plissées, dont les parties creuses avaient été produites par l'application vigoureuse du pouce de l'ouvrier sur la terre encore fraîche. Ces bandes sont uniformément larges de 0ᵐ,03 et séparées entre elles par un intervalle de 0ᵐ,015. Ces cordons forment relief et doivent avoir été posés après que le corps de cet immense vaisseau eut été tiré du moule. Au Château-d'Albâtre, on a eu un fragment important d'une grande jarre de terre grise à une anse et qui ressemble à un vase à conserver les liquides.

Les fouilles menées à fin par la Société archéologique de Vervins en 1873, au lieudit *la Planchette*, aux portes de Vervins et entre les chemins ruraux qui conduisent à Thenailles et à Rabouzy, ont fourni les matériaux qui ont servi à la reconstitution des quatre vases réunis sous la figure 160.

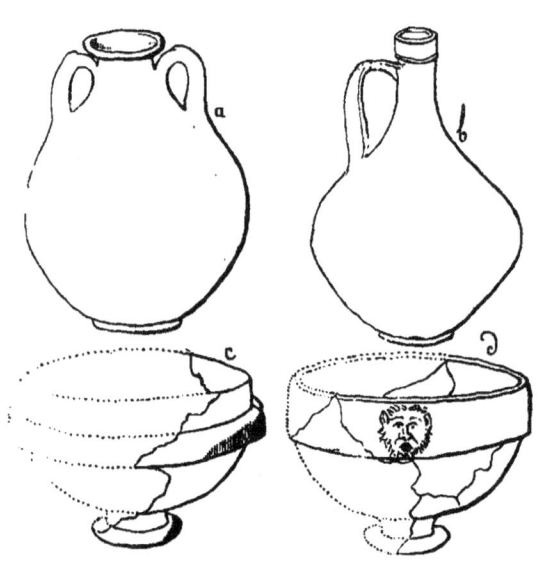

Fig. 160. — Vases romains de La Planchette à Vervins.

A est une espèce de grande jarre à deux anses et de terre rendue un peu rose par la cuisson. Elle mesurait 0ᵐ,65 de hauteur sur 0ᵐ,40 de largeur à la partie la plus développée de sa panse, et pouvait être d'une contenance d'environ 35 à 40 litres. C'est ce que certains archéologues appellent vase *à conserver*. Le second, *B*, était de moindres proportions et fait de terre grise. Aussi ces vases sont-ils tous deux sans décor. Quant à *C* et *D*, ce dernier ressemblant à un bol moderne, leur terre est rouge, lissée, *samienne* en un mot, et tous deux avaient reçu une ornementation artistique : *D* se décore d'un mufle de lion, motif fréquent et sans grande originalité, qui se retrouve sur cinq à six fragments ramassés sur l'emplacement du Château-d'Albâtre par M. de La Prairie, tandis que le fragment qui a servi à restituer *C* montre en très-vif relief une partie du corps d'un Hercule [1].

La plus grande partie de la belle vaisselle de table des riches va se composer des vases les plus divers de forme, mais toujours faits de terre dite de Samos, c'est-à-dire rouge vif et lustrée, et ces vaisseaux, si nombreux et toujours si élégants de formes, se montreront couverts de rinceaux, de charmants motifs linéaires, de représentations humaines et des divinités de l'Olympe romain, de chasses, de jeux du cirque et de l'amphithéâtre.

Comme spécimen de vases à décors de rinceaux et de feuillages, je ne puis donner rien de plus

---

1. Rapport de M. Papillon sur les fouilles de *la Planchette*. Tome II des *Mem. de la Soc. arch. de Vervins*, 1873.

gracieux et de plus riche que ce grand bol (fig. 161) recueilli dans une tombe à incinération de la nécropole de Chassemy.

Les collections de M. Am. Piette se sont enrichies d'un beau fragment recueilli par lui à Vervins, où se voit un génie ailé présentant une palme à un personnage debout, et d'un autre fragment, cette fois de Soissons, où s'aperçoit une baigneuse au torse nu, aux hanches entourées d'une draperie, et qui développe le linge dont elle va se servir en sortant de l'eau.

Les vases où sont dessinées des scènes cynégétiques sont nombreux. Sur un beau et grand bol de la villa d'Ancy, le chasseur fait face, l'épieu à la main (fig. 162), à un sanglier qui fond sur lui. Un ample fragment de vase rouge de Bazoches (fig. 163) fait apercevoir des lévriers poursuivant un marcassin et des oiseaux entre des branchages qui symbolisent la forêt, scène reproduite dans

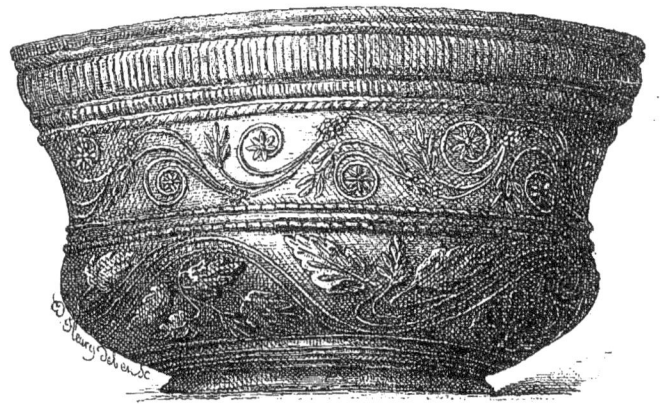

Fig. 161. — Vase rouge de Chassemy.

les mêmes proportions et exactement avec les mêmes détails sur un fragment venu du Château-d'Albâtre, ce vase évidemment issu du même moule que celui de Bazoches. Un autre débris encore venu du Château-d'Albâtre montre (fig. 164) des chiens poursuivant aussi des oiseaux et des animaux des bois. Une panthère qui fuit, un lion tenant tête à un sanglier, se lisent sur un autre débris de Soissons (fig. 165). Un fragment de poterie rouge de Terva d'où est arrivé le cachet d'oculiste, met en scène un lion, un cerf, un onagre, un écureuil, etc., et une panthère frappant l'air de sa queue apparaît sur un fragment ramassé à Comin dans l'emplacement romain pointé 2 sur le plan de cet intéressant plateau (fig. 8 de la 1re partie). Des morceaux de vases ornés de chasses au lièvre et au cerf sont sortis du canal de l'Aisne pendant les opérations de dragage entreprises en 1874. Le chasseur, *venator*, dont la représentation apparaît moins souvent que celles des animaux qu'il poursuit, se montre cependant sur deux tessons du Château-d'Albâtre, ici armé du *venabulum* ou épieu dont il tourne la pointe vers un sanglier absent, tandis qu'on aperçoit la queue et les pattes du chien, là tenant un arc détendu de la main gauche et de la droite les pattes d'un gibier dont la plus grande partie fait défaut.

Les jeux du cirque où se trouvaient en présence des belluaires et des animaux féroces, sont souvent dessinés sur les vases rouges. J'ai déjà cité (1re partie, page 231) la rencontre à Nizy, et sur l'emplacement de la villa du *Clair-Puits*, d'un fragment de poterie rouge où se voyaient aux prises des lions et des gladiateurs, sujet qui décore la grande mosaïque des promenades de Reims

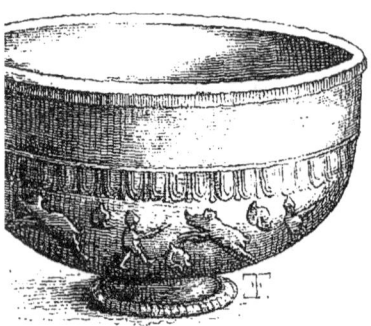

Fig. 162. — Vase d'Ancy. Chasse au sanglier.

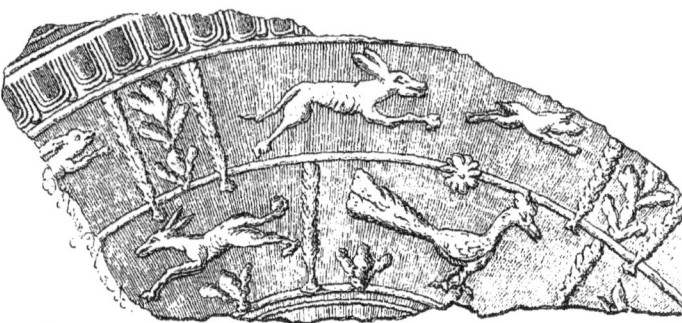

Fig. 163. — Vase de Bazoches. Chasse au lévrier.

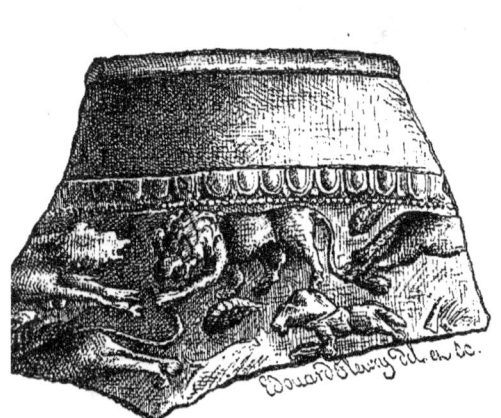

Fig. 165. — Vase de Soissons. Chasse aux bêtes fauves.

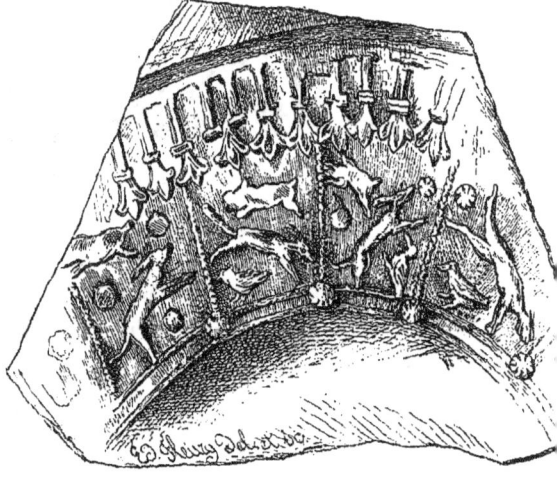

Fig. 164. — Vase de Soissons. Chasse au lévrier.

et parfois des tombeaux. Le Château-d'Albâtre a fourni à la riche collection de vases romains du cabinet de M. de La Prairie trois fragments remarquables dont deux eussent mérité la reproduction, si je les avais connus plus tôt. Sur le premier et dans deux encadrements perlés, c'est une *venatio* ou combat dans l'amphithéâtre entre un bestiaire qui se couvre d'un bouclier pointu par en bas et échancré par en haut, *pelta lunata*, et qui va frapper de son court poignard un ours ou molosse s'élançant debout pour dévorer son adversaire. Sur deux autres fragments appartenant sans doute à un même vase, un bestiaire renversé à terre, avec son bouclier tombé à ses pieds, perce de son coutelas recourbé le ventre d'un animal méconnaissable qui par un élan exagéré a dépassé le gladiateur et saute par-dessus lui, scène dramatique malheureusement incomplète.

Nous allons même assister aux luttes des vrais gladiateurs entre eux. M. de La Prairie a joint à son étude savante sur le Château-d'Albâtre un curieux dessin ,où se voient deux gladiateurs combattant sous les arcades d'un portique et marchant l'un sur l'autre [1]. Il est probable que, si nous avions le vase entier au lieu d'un seul fragment, d'autres figures de gladiateurs en d'autres attitudes et postures, avec d'autres costumes, nous eussent été restitués. Ce fragment est cependant digne d'intérêt. Le gladiateur à la droite du spectateur appartient à la catégorie de ceux que Sénèque nomme *Trax, Trex, Thraces,* parce qu'ils portaient l'armure offensive et défen-

sive des guerriers de cette nation : le coutelas à lame large, recourbée et à pointe acérée, la *sica* dessinée en défense de sanglier, faite pour frapper un coup terrible de bas en haut, et que les Romains tenaient pour une arme de traître, de brigand, d'où *sicarius,* sicaire ; le bonnet thrace auquel, sur la figure 166, il ne manque que la plume habituelle du sommet ; le bouclier thrace, *scutum,* qu'adopta l'infanterie romaine lorsqu'elle abandonna à la cavalerie la *parma* ou *clipeus,* petit bouclier rond reparaissant plus tard au moyen âge sous le nom d'écu. La jambe droite est protégée par une moitié de

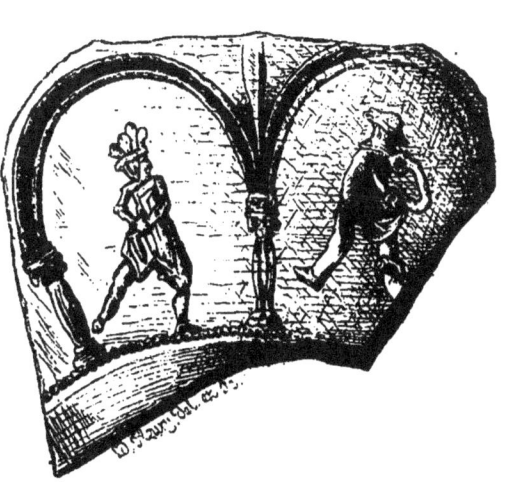

Fig. 166. — Vase de Soissons. Combat de gladiateurs.

haute botte de cuir. D'habitude, c'était un *Mirmillio* qui combattait contre le *Thrax.* Nous reconnaissons bien sur le gladiateur de gauche le bouclier carré, l'épée courte et droite, *gladius,* et la botte des *Mirmillions;* mais le casque à panaches n'appartenait ni à ces derniers, ni à aucune des classes des combattants de l'arène.

Pline nous apprenant que les représentations plastiques des combats de gladiateurs ne dataient que du temps de Néron, c'est une raison de plus pour que j'attribue seulement au IIe siècle la plupart des vases et des objets d'art que j'ai à décrire dans cette étude des temps gallo-romains.

Voici maintenant une représentation de ces luttes athlétiques qui composaient une partie des jeux publics de la Grèce et de Rome. Il s'agit du pugilat ou boxe dont nous voyons deux paires

1. Sur un vase rouge trouvé dans les ruines romaines de Néris, un gladiateur tient un glaive de la droite et de la gauche se couvre la tête d'un bouclier. Le *Catalogue of the museum of London, Antiquities,* page 35, mentionne un vase rouge avec le même décor qu'à Néris.

d'acteurs, les *pugiles*, dans des portiques simulant une décoration théâtrale (fig. 167), se faisant face dans des attitudes diverses, les poings démesurément grossis par le ceste de cuir et de fer, arme terrible sous laquelle les combattants succombaient souvent. Cette frise a été copiée sur un beau et grand bol rouge appartenant à la riche collection de MM. Moreau et sorti d'une des nombreuses tombes gallo-romaines de la nécropole de Sablonières. C'est encore un athlète que cet homme nu, mais cette fois supérieurement dessiné et campé qui, fendu à fond sur un vase de Soissons, n'a pas d'arme apparente et se trouve en face d'un trophée peut-être composé des prix destinés aux vainqueurs.

Je parlais plus haut de vases rouges à décors de rinceaux. Le Château-d'Albâtre en a fourni au cabinet de M. de La Prairie une nombreuse et incroyable variété comme ornementation : semis de fleurettes enfermées dans des bandes courantes de feuilles d'oliviers, rinceaux tantôt ténus et tirés

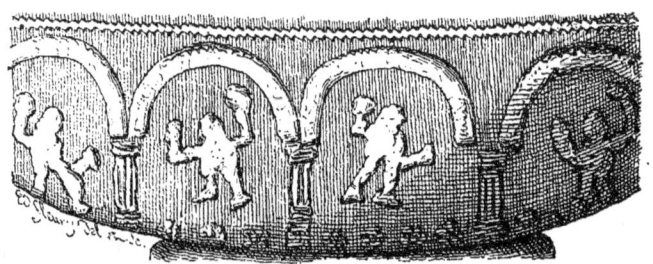

Fig. 168. — Le pugilat. Vase de Sablonières.

de loin avec feuilles profondément laciniées, tantôt grassement enroulés et enfantant de larges feuilles épanouies en éventail. Parfois ces rinceaux enferment des médaillons où s'étalent orgueilleusement des cygnes et des paons, oiseaux très-décoratifs; parfois dans ces cadres finement ciselés apparaissent des figures humaines : ainsi un homme nu, le glaive court en main et se couvrant du *scutum* ou bouclier carré, et je le prends encore pour un gladiateur. Le décor se différencie à l'infini, et je n'ai point encore parlé des vases rouges où les dieux du polythéisme romain et leur culte se montreront bientôt dans un des chapitres qui va suivre.

Je donne, non pas comme un type rare, mais au moins comme sortant de ceux que j'ai montrés jusqu'ici, cette jolie patère rouge à feuilles épaisses et charnues au bout d'un long pédoncule ; elle vient de Nesles auprès de Château-Thierry (fig. 168). Goudelancourt-lès-Pierrepont en avait fourni d'équivalentes. Un morceau de vase rouge aussi, ramassé à Vervins, offre, sous une frise de dauphins, un décor courant et très-amusant de lapins affrontés deux par deux. Je note dans la collection de M. de La Prairie : 1° un fragment de vase rouge sur lequel s'enlève, en relief très-haut et tout à fait exceptionnel, l'image d'une portion de corps humain, torse, jambe et pied gauches, et de la partie postérieure d'un lion au repos et couché en avant du personnage ; à la dimension et à la saillie de ces corps vivants, il semble que ce vase, dont il n'est venu que ce petit morceau, ait dû posséder des dimensions tout à fait insolites ; 2° un autre débris sur lequel des dessins géométriques, étoiles à rayons aigus et à feuilles épaisses, sont, au contraire, traités en creux, ce que je crois très-rare.

Comme pièces rouges tout unies, nous avons d'abord une très-belle soucoupe plate et dont les bords, peu élevés, tombent à angle droit sur le pourtour de l'assiette, celle-ci venant toujours du Château-d'Albâtre ; ensuite les beaux et grands débris signés et fournis par le dragage du canal à Berry-au-Bac (1re partie, page 248, fig. 135) ; enfin des vases nombreux de diverses provenances dans le département de l'Aisne.

Ce sont ces vases rouges, veufs de décor, qui fournissent à peu près exclusivement les signatures de potiers gallo-romains, la poterie décorée n'en ayant presque jamais, et les vases jaunes et noirs que très-rarement. J'ai publié (fig. 135) trois de ces signatures. M. de la Prairie a donné les suivantes dans sa notice sur le Château-d'Albâtre : OSBI. MANUS. — Q. M. S. (initiales). — L. TETTI. SAMIA (vase samien). — TARVA. — T. A. — OF.PRIMI. — SEX. AVILLIMANI. — ON. — ... RUS. — VIDVSIM. — ... ATRG. — IVL et IVLIVS — OF.PRI abréviation d'un nom signalé un peu plus haut... — OF.IVLVM. — ABADR. — LAT. SEC. — OF.FIRM. — CRESTIO. — SILVAVI. — ATEL. — PRIMI. — VITALIS. — LICIN. — FIRMO. — OF.AA. — IO..V. — OF.FEIGN.

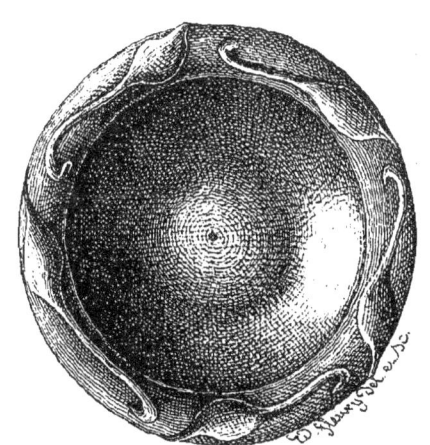

Fig. 168. — Coupe de Nesles.

Plusieurs fois la lettre F et une fois l'accouplement FE., abréviatifs de *fecit* (il a fait), suivent les noms des fabricants de vases, dont l'un a même inscrit, nous l'avons vu, le nom qualificatif de cette poterie, SAMIA, sur son cachet : ainsi COSSIRVSF. — CARITIF. — FITTIVS FE. TAVRVSF. — IERTIVSF. — IO. F. — SIMPRONIVSF. D'autres fois, l'abréviation OF pour *Officina*, fabrique, précède le nom du potier ; ainsi nous avons plus haut OFPRIMI pour *Officina Primi*, fabrique de Primus, OFPRI où le nom de Primus est aussi abrégé, OFIVLVM, OFFIRM, etc.

M. de la Prairie ne cite que deux fragments noirs signés : le premier T. A, le second IVLIOS; est-ce le IVLVS qui apparaît deux fois dans l'alinéa précédent avec son nom tronqué?

La plupart de ces noms sont romains au moins d'apparence et semblent autoriser à penser que ces vases rouges étaient importés d'Italie en Gaule. Cependant, comme on sait que bien des noms gaulois ont été romanisés et que souvent des clients ont pris les noms de leurs patrons, il ne faudrait pas nier systématiquement, et sur une indication aussi insuffisante, que les Gaules aient eu leurs fabriques de poteries rouges répandues plus peut-être qu'on ne le croit généralement. Notre archéologie nationale a constaté, en effet, des traces probantes de cette industrie à Paris, dans notre Midi surtout, et aussi sur notre ancienne frontière rhénane, à Laon même et lors des fouilles de 1835 à 1845 pour l'établissement des murailles de la citadelle sur le front nord de la place et très-près des tours romaines alors non démolies, (V. 1re partie, p. 195 à 197). Le génie militaire, en creusant dans le chemin couvert mit à jour à la fois des gisements d'argile propre à la poterie et des fragments si nombreux de vases rouges qu'on dut conclure à un atelier céramique. Terre argilo-sableuse et vases rouges étaient également pénétrés de ce gravier quartzeux à grains rougeâtres, verdâtres ou blancs, ceux-ci translucides, qu'on trouve dans nos couches siliceuses et nommées *arènes*, lesquelles recouvrent l'argile aquifère d'où sort notre premier horizon de sources à la base de nos stratifications du calcaire grossier. M. Melleville a donc pu écrire alors, sans trop s'avancer [1], que les nombreux débris de poterie épars sur le sol autour de la citadelle de Laon pouvaient provenir d'une fabrique élevée par des potiers gallo-romains sur cet emplacement même et pour la confec-tion des produits de laquelle ils ont employé les terres argileuses qui affleurent en cet endroit, non pas que ces terres, bien que chargées d'oxyde de fer, aient pu prendre directement et naturellement dans la cuisson la belle coloration samienne, car cette coloration est artificielle et due à un procédé dont nous n'avons plus le secret.

Le nom évidemment gallo-romain d'un des villages du Laonnois, Urcel (canton d'Anizy), nous montre que, dès ces vieux âges, on fabriquait dans cette localité à gisements argileux des poteries qu'on ne peut affirmer samiennes, c'est-à-dire rouges et fines, mais qui durent évidemment ali-menter la contrée. Urcel vient d'*Urceus*, vaisseau de terre et à anses [2], d'où le diminutif *Urceolus*, petit vaisseau, racine probable *Orca*, grand vase de terre pour conserver [3]. Dans les titres du cartulaire de l'abbaye de Saint-Martin de Laon, Urcel s'appelle en 1165 *Urceals* [4] où l'étymologie *Urceus* est évidente, et, de nos jours, les fabriques de poterie commune sont encore aussi nombreuses qu'actives à Urcel et dans les environs. Il faut dire que, dans un essai aussi intéressant qu'intelligent sur les étymologies des noms des villes et communes du département de l'Aisne, travail bien fait, mais trop tôt fait, M. Melleville assigne pour étymologie à Urcel le mot latin *Ursus*, ours [5]; mais l'ours n'existait plus depuis bien longtemps dans les Gaules au moment où César y arriva. Il ne nomme pas l'*ursus* à côté du grand ruminant *urus*; de plus, le nom Urcel a conservé le C d'*UrCeolus* et non l'S d'*UrSus*, et de plus on fabrique encore aujourd'hui à Urcel des vaisseaux et vases de poterie commune, *OrCa*, *UrCeus*, *UrCeolus*, comme aux temps gallo-romains.

1. T. IV des *Mém. de la Soc. acad. de Laon*, p. 378.
2. *Dict. d'ant. rom. et grecques*, par Antony Rich. Page 61.
3. Id. Id. P. 438.
4. *Dict. topog. de l'Aisne*, par M. Matton.
5. *Bull.* de la Comm. dép. des antiquités de l'Aisne. P. 31.

On a pensé aussi qu'on devait trouver des fabriques antiques de poteries d'usage habituel à Silly-la-Poterie et Veuilly-la-Poterie, villages du canton de Neuilly-Saint-Front; mais là le qualificatif *la Poterie* n'apparaît sur les titres qu'en 1534 pour Veuilly, et vers 1580 pour Silly. Veuilly pourrait bien être, d'ailleurs, une ancienne villa romaine, et le radical *villa* y est facilement reconnaissable.

On m'en voudrait de ne pas consacrer quelques mots à deux des plus curieuses terres cuites qui soient sorties des flancs de notre sol. Ce sont les vases à inscriptions bachique et

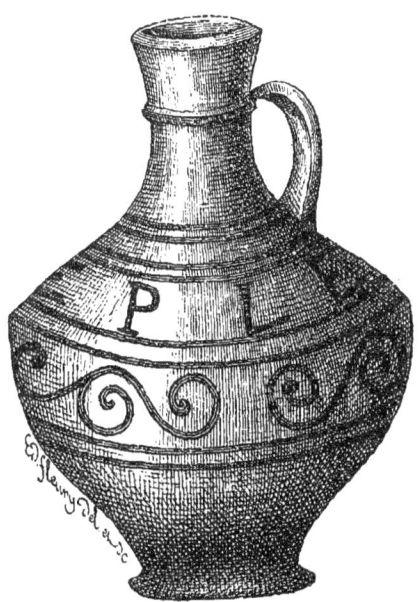

amoureuse de Sablonières, aux portes de Fère-en-Tardenois. Tous deux ils sont faits de terre rouge clair et décorés d'inscriptions sur leur panse entre des filets et des rinceaux. Le premier est une sorte de petite cruche pourvue d'une

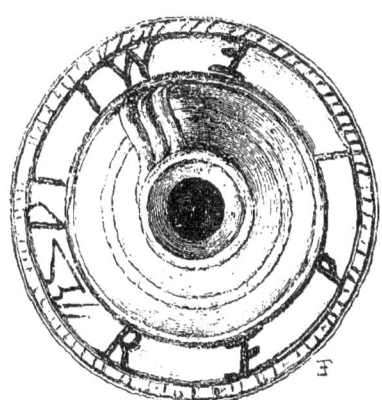

Fig. 169. — Cruche à inscription, de Sablonières.

Fig. 170. — Développement de l'inscription.

anse elle a 0^m,20 de hauteur et 0^m,15 de diamètre à son plus grand renflement abdominal (fig. 169). Sous un double cordon de filets naissant sous l'anse, on lit (fig. 170) cette inscription : REPLE MI.I, qu'on semble autorisé à reconstituer ainsi : REPLE MIHI, l'H du mot *mihi* ayant été détruit par l'humidité ou par les agents chimiques du sol, de même que l'L du mot *reple* a été détérioré sensiblement. Dans ce cas, les traits indécis qui précèdent l'R de REPLE (fig. 170) serviraient à séparer le commencement et la fin de la légende. Donc celle-ci se traduirait tout naturellement ainsi : « *Remplis ce pot pour moi.* » Une autre interprétation n'admet pas que l'H de *mihi* soit absent, mais bien que cette lettre n'a jamais existé, et que la syllabe MI est là comme une contraction de MIHI; le second I s'accouplerait alors à l'O mal dessiné (fig. 170) qui serait une lettre et non une partie du motif mal défini qui formerait séparation entre la tête et la queue de l'inscription. On aurait ainsi une exclamation, un cri de joie bachique : IO! l'équivalent de *Evhoé Bacche*, qui fut longtemps en Grèce le cri de ralliement des plus infâmes réunions du culte dyonisiaque, et il faudrait lire : REPLE MI, IO! (*Bacche* sous-entendu). L'inscription était tracée à la barbotine bleu foncé sur rouge ; mais, à l'air, le bleu a rapidement passé au noir.

Quant au second vase à inscription sorti des tombes gallo-romaines de Sablonières, il est de même hauteur que le précédent, mais se montre plus svelte de taille, n'ayant plus que 0^m,11 de développement à la panse qui se tire de loin par une courbe gracieuse naissant sous le goulot et venant mourir élégamment à l'étranglement d'où part le pédoncule (fig. 171). Pour tout le monde,

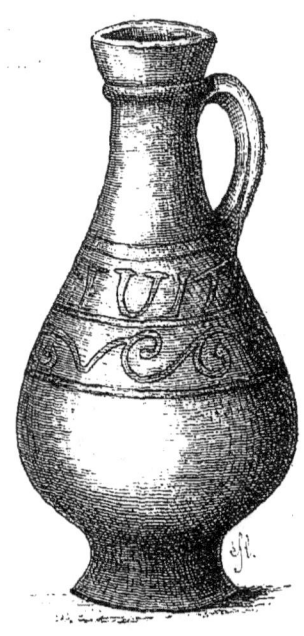

Fig. 171. — Pot à inscription, de Sablonières.

c'est encore là un pot à boire ; mais on ne s'accorde pas non plus sur le vrai sens de la légende. Ceux-ci y lisent : AMO TE, VITA, c'est-à-dire : *Je t'aime* (ô *vin*, *vinum* étant sous-entendu), *toi qui es ma vie*. Ce serait un propos d'ivrogne. Alors l'X recroiseté qui accompagne le mot VITA ne serait tenu que pour une indication de terminaison de phrase. D'autres croient que c'est un vase à légende amoureuse et qu'un amant pouvait offrir à sa maîtresse, ou un futur à

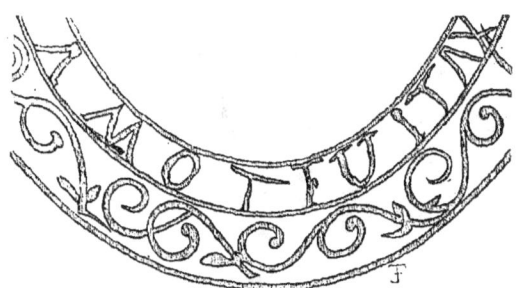

Fig. 172. — Développement de l'inscription.

sa fiancée, comme cela se faisait au siècle dernier dans nos campagnes. Dans cette hypothèse, on ne sous-entendrait plus *vinum*, et la légende voudrait dire, en s'adressant à la jeune fille à qui l'on offrait ce gage d'amour : *Je t'aime, toi qui es ma vie,* ou bien, selon d'autres encore : *Je t'aime pour la vie;* mais, dans ce cas, il y eût eu là un solécisme, et il eût fallu écrire sur le pot : AMO TE AD VITAM. Enfin, suivant une dernière opinion, l'X recroiseté appartient bien à la légende et complète le mot VITA qu'il faut lire VITAX; ce serait le petit nom d'une Gauloise à laquelle s'adresserait la déclaration : *Je t'aime, Vitax,* et ce nom, — nous ne connaissons pas, il s'en faut de beaucoup, tous les noms ou d'hommes ou de femmes de race gauloise, — ne serait certes pas plus extraordinaire que celui de Caraniusa, cette dévote d'origine indigène et que nous verrons tout à l'heure dédier à Mercure, son dieu de prédilection, *Meliori Deorum,* une statuette aux yeux d'argent retrouvée à Corbeny (canton de Craonne), il y a quelque trente ans.

Quoi qu'il en soit, il est bon de faire remarquer d'abord que ces sortes d'inscriptions ne sont pas inconnues de l'archéologie[1], ensuite que les vases inscrits de Sablonières sortent d'un sol où l'art de terre fut jusqu'à nos jours fertile en semblables manifestations et joyeusetés qu'on peut appeler essentiellement gauloises. Nos potiers campagnards du dernier siècle étalaient sur leurs étagères, et côte à côte, des vases à légendes ou amoureuses ou bachiques. Sur les uns se lisaient ces déclarations ardentes, mais fragiles comme la céramique elle-même : *Je t'aime pour toujours,* ou bien : *A toi pour la vie,* AMO TE, VITA, ou *Rosalie,* ou *Flore,* ou *Marie,* tandis que sur les autres on voyait s'étaler cette phrase plus joviale et gaillarde que menaçante : *Ma femme, remplis le pot, ou je le casse !*

En parlant du cimetière gallo-romain de Soissons, nous en verrons aussi sortir un vase noir et bachique avec ce fragment d'inscription à la barbotine blanche : VINUM.

La poterie de verre de l'époque gallo-romaine ne se rencontre pas aussi fréquemment[2] et elle n'est pas aussi artistique que les produits céramiques qui jonchent, on l'a vu, les emplacements de nos villas et à peu près partout où apparaissent les débris de grandes tuiles et les vestiges d'habitations de l'âge dont nous nous occupons. Notre sol départemental en a cependant laissé sortir quelques curieux spécimens. Ainsi, je rappellerai les petites fioles et bouteilles renfermées dans la ciste ou coffret de plomb de Bohain (fig. 111); la jolie topette avec marque de fabrique de Saint-Clément (fig. 114 et 115). Nos musées départementaux ont aussi quelques-uns de ces fragiles vaisseaux, et j'ai déjà dit (1re partie, page 216) quelques mots de la verrerie d'Etreux recueillie au musée de Laon. Je citais (1re partie, page 146) la destruction, à la villa d'Ancy, d'un grand vase de verre qui contenait des débris d'ossements calcaires. Dans le même ordre de trouvailles mortuaires, il faudra citer deux belles ampoules, l'une en verre blanc et un peu ébréchée au collet, la seconde (fig. 173) en verre bleuté non irisé, et qui contenait des cendres et des débris d'ossements ayant subi l'incinération, toutes deux trouvées, en novembre 1871, en creusant des fossés dans le marais de Sissonne, aux environs du hameau du *Bel-Air,* à 100 mètres environ du canal de la Souche. Avec ces ampoules furent recueillis aussi une jolie petite coupe de verre en forme de patère, et le couvercle en verre d'un autre vase. Le tout gisait à moins d'un mètre de profondeur, auprès de trois cippes mortuaires dont je m'occuperai bientôt. Je donne aussi (fig. 174) le dessin de petits *unguentaria* recueillis, l'un à Soissons et enfermé, détail curieux, dans un vase à type gaulois et archaïque, un second à Sablonières; le premier affectant une forme d'ampoule, les autres de flacons ou bouteilles, tous trois destinés à renfermer des eaux parfumées, des huiles odorantes, ou bien des

---

1. M. Henri du Cleuziou, dans son livre sur *La Poterie gauloise,* cite, p. 252 et suiv., un certain nombre de pots à boire avec ces inscriptions : *AMO TE, — REPLE ME COPO MERI, — VIVE, VINUM,* etc. La collection Campana du Musée du Louvre a des vases à parfums et à boire qui portent des légendes singulières, inattendues et simulant des exclamations inspirées aussi par l'ivresse et l'amour.

2. M. de Caumont, dans l'époque gallo-romaine de son *Abécédaire d'archéologie,* ne s'occupe pas de la poterie de verre.

pommades pour la chevelure, tous trois aussi procédant directement de ces petits vases à odeurs que la vieille Grèce et les sépultures italo-grecques ont prodigués aux musées et collections particulières.

De la riche et intéressante sépulture de Sablonières, il n'est pas venu moins de quatre-vingts vases de verre antique de toutes tailles, de toutes formes et de toute valeur. Je donne (fig. 175) onze types très-variés, et certains très-originaux, de cette belle collection qu'il faut citer avec admiration chaque fois qu'on lui fait un emprunt profitable. On trouve réuni sur cette planche les minuscules *unguentaria* ou *alabastra*, les flacons, les gobelets à boire à base plate, les gobelets apodes et à bases pointues comme celles d'un cornet, ou ombilicales, ou

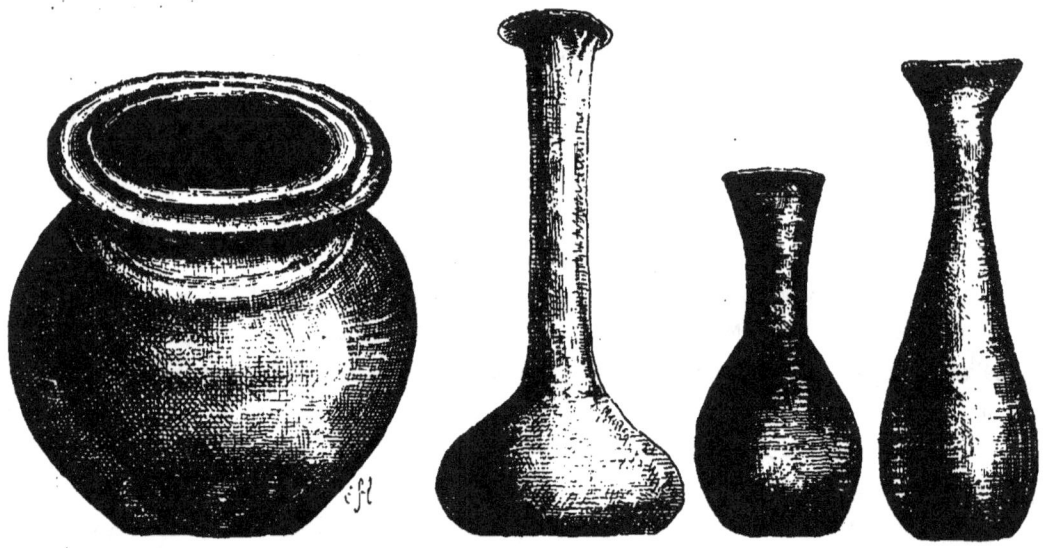

Fig. 173. — Ampoule de verre de Sissonne.   Fig. 174. — *Unguentaria* de Soissons, de Sablonières, etc.

boutonneuses ; un barillet élégant signé au-dessous du nom de FRATI ou ERATI ; une carafe mignonne ; un verre allongé comme un de nos verres à vin mousseux. MM. Moreau possèdent deux spécimens intacts de ce type de vases gallo-romains. La paroi est lisse pour ceux-ci, ondée pour ceux-là, à cannelures pour d'autres, décorée tantôt de stries en creux et tantôt de cordons et moulures en saillie. Je n'ai pas pu, ce qui est regrettable, reproduire tous les spécimens empruntés aux portefeuilles de MM. Moreau : gobelets à pied de plusieurs formes, tasses apodes ou arrondies, ou ellypsoïdes, vases sans nom décorés de gouttelettes de verre bleu soudées à la paroi blanche, etc., etc.

Il faut noter tout spécialement un accouplement très-compliqué de deux parties de vase, l'une sphérique et l'autre hémisphérique, reliées entre elles par un étranglement cantonné de plusieurs tubes creux qui mettent en communication les portions supérieure et inférieure de ce vase auquel on ne peut appliquer d'appellation spéciale. Ce doit être un gobelet, ou peut-être

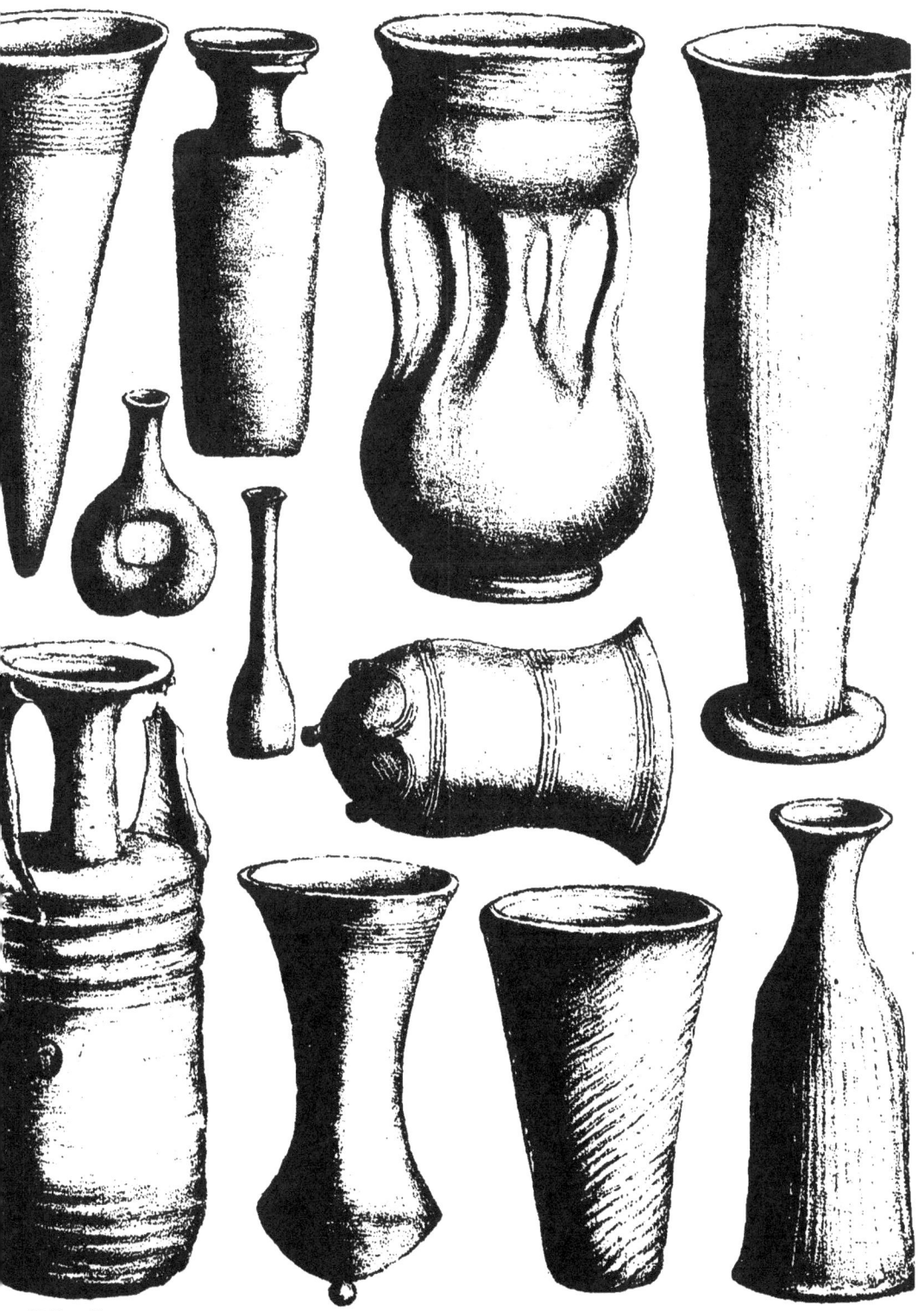

Fig. 175. — Verrerie et gobeleterie gallo-romaine de Sablonières.

une de ces difficultés techniques comme en fabriquèrent beaucoup, il y a deux siècles environ, les verriers de Bohême ou de Venise assez mal inspirés par un désir de produire un chef-d'œuvre de complication plutôt que de bon goût.

L'irisation, qui détruit ou diminue la transparence primitive, est aux vases de verre antique ce que la patine est aux objets de bronze, non-seulement un élément de beauté, mais encore une preuve d'authenticité, lors même qu'on ne serait pas sûr de l'origine comme nous le sommes ici. La bouteillerie de la collection de MM. Moreau réunit les tons les plus variés de cette irisation produit d'un séjour prolongé en terre. Tous ces beaux objets, cherchés avec tant de soin et de patience, recueillis avec tant de précautions, sont, à part le tonnelet dont une des anses est brisée, dans un parfait état de conservation et composent un ensemble dont plus d'un musée de grande ville serait jaloux.

Les fouilles de Nizy-le-Comte à la Justice ont fourni deux fragments de vases qui, tout modestes qu'ils fussent de taille et d'aspect, ont vivement attiré l'attention des archéologues par la nature, la coloration diverse et la translucidité des émaux métalliques dont ils étaient revêtus à l'intérieur. La pâte de ces deux fragments est grise, finement malaxée, comme feuilletée et appliquée à plusieurs couches. L'extérieur des vases offrait la couleur grisâtre et générale de la terre employée; mais, à l'intérieur, l'un était revêtu d'une mince couche d'émail d'un gris charmant, tandis que l'autre était enduit d'une forte épaisseur d'émail bleu foncé, superbe, transparent, mais craquelé comme le sont certains émaux de vases chinois et japonais très-recherchés à cause de cette singularité que les potiers et émailleurs de l'Asie ont pu produire à volonté. Il semble que les archéologues et les chercheurs n'ont point vu ou au moins ne signalent pas d'émaux semblables dans l'antiquité romaine, bien que les Gaulois connussent les secrets et l'utilité de l'art de l'émailleur. Les vitrines du musée de Laon renferment aussi un petit vase de verre provenant, sans qu'on puisse l'affirmer, des sépultures de Versigny (canton de Lafère), apode, terminé en pointe et garni d'un cordon qui paraît fait d'émail grossier, mais qui peut être tout simplement un fil de verre coloré dans la masse et soudé au chalumeau

12° LES ARMES.

Jusqu'ici, l'ample étude que je consacre aux temps gallo-romains leur a été tout à fait spéciale. Il va falloir que ce chapitre fasse un pas en arrière et remette un instant en scène l'élément gaulois d'avant la conquête. On a dû remarquer que je n'ai ni parlé, ni donné la représentation des armes des Belges avant l'arrivée de César. Pour ne pas faire un double emploi, j'avais réservé ce sujet pour plus tard. Je ne croyais pas et je n'admets pas qu'on puisse affirmer que les Gaulois abandonnèrent à toujours la forme de leurs armes par ce seul fait qu'ils furent vaincus et du jour même où s'accomplit la défaite. Il leur arriva ce qui était arrivé aux Crétois, aux Baléares, aux Numides, etc., qui, une fois vaincus et soumis, prirent place dans les armées romaines, chaque peuple avec ses armes et sa manière spéciale et nationale de combattre, celui-ci fournissant son contingent d'archers habiles, celui-là ses frondeurs fiers de frapper toujours le but, cet autre sa cavalerie fougueuse. Les Gaulois, et ici spécialement les Belges, tous admis à titre d'auxiliaires, — et quels auxiliaires ! — apportèrent leur armement préféré, qu'ils conservèrent et que les Romains, si habiles à tout utiliser, durent sans doute leur laisser volontiers.

Or, la poésie latine nous a appris avec détails, — et l'histoire locale les lui emprunte avec reconnaissance, — en quoi consistaient l'armement et l'habileté guerrière de nos hommes du Nord juste au moment où César vient de les voir à l'œuvre de la lutte sanglante, a apprécié leur valeur et va les quitter en croyant avoir assuré sa conquête. Lucain, dans sa *Pharsale*, a déjà mis en scène, nous l'avons vu plus haut, les druides s'apprêtant à prêcher la révolte aussitôt que César se sera engagé à fond dans la guerre civile en Italie. Dans un dénombrement à la façon

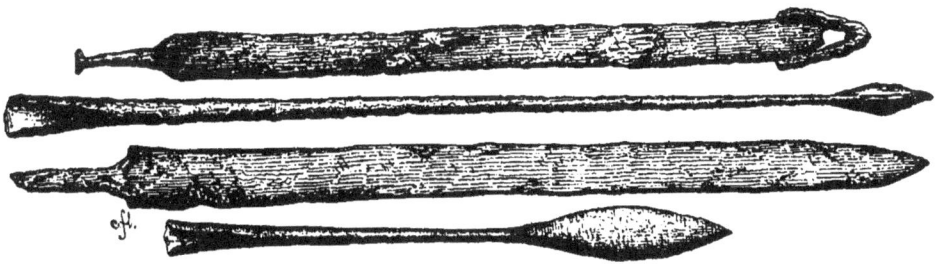

Fig. 176. — Épées et javelines gauloises, de Caranda.

d'Homère, il passe en revue l'armée de la future révolte : les Parises si adroits cavaliers, *optima gens flexis in girum Sequana frenis*, les hommes de Reims si habiles à lancer le javelot, *optimus excusso Leucus Rhemusque lacerto*, et il avait cité avant tous et en première ligne les guerriers du Soissonnais qui manient avec tant d'agilité leurs longues armes, *longisque leves Suessiones in armis*[1]. Or, voici qu'au moment voulu, la nécropole de Caranda nous a fourni la preuve archéologique que le poëte nous a convenablement décrit le côté extrinsèque et caractéristique, c'est-à-dire la dimension, *longisque in armis*, de l'attirail de guerre de nos Suessions au moment précis de l'invasion romaine, ces armes à l'aide desquelles le roi Divitiac, avec ses Belges et ses Parises, avait conquis une partie de la Grande-Bretagne, ces armes à l'aide desquelles la légion de *l'Alouette*, levée en Gaule par César, tailla en pièces les auxiliaires gaulois de Pompée, ces vaillants vaincus dont les beaux corps blancs et athlétiques attristaient César qui les contemplait avec regret jonchant le champ de bataille de Pharsale (48 ans avant J.-C.).

Une des deux épées de Caranda (fig. 176) a 75 centimètres de lame et 12 de soie, en tout 88 ; la plus courte, 64 de lame et 9 de soie. Tite-Live (liv. xxxvii, 17) complétait Lucain en appelant ces épées gauloises : *prælongi gladii*, ces épées que Végèce et Tacite nomment *spatha*, du grec SPATHE, et qu'ils décrivent comme pourvues de deux tranchants, longues de façon à ce que, leur pointe étant posée à terre, leur lame atteignît la hanche d'un guerrier de taille moyenne. Or on sait que les Gaulois étaient de haute stature. La spathe était renfermée dans un fourreau, *vagina*, de métal suspendu à des chaînes qui tombaient de la ceinture sur la cuisse gauche.

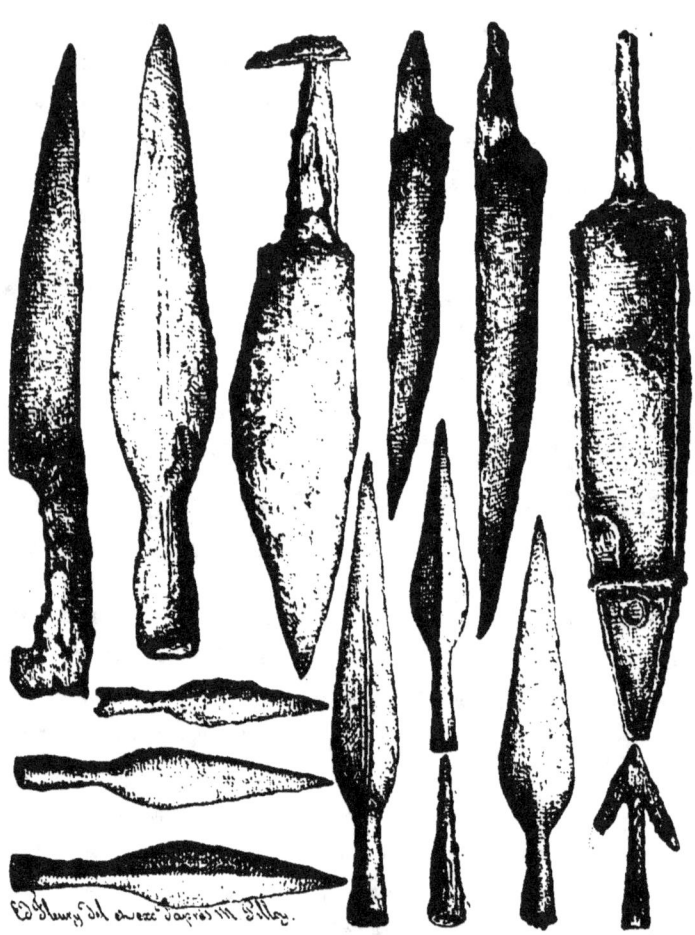

Fig. 177. — Armes gauloises de Caranda.

Quant aux javelines ou dards (*lancea*, *pilum*), la figure 176 nous montre le plus long de deux fers de javeline présentant une dimension totale de 1^m,04 de sa fine pointe à l'extrémité de la douille, et comme le bois de ces sortes d'armes avait juste le même développement que le fer, ce mince javelot portait une longueur totale de 2^m,40, et peut-être davantage[1]; car

---

1. Diodore de Sicile (V, 30) dit : « Les Gaulois ont des lances (LONKE, LONKIS) ayant un fer d'une coudée de long « et quelquefois plus encore. Leur largeur atteint presque deux palmes, car la lame de ces saunions (SANION) n'est pas

il ne semble pas que ces rapports du fer au bois aient été rigoureusement réglementaires. Le second fer (fig. 176), de pointe plus ample et amygdaloïde, n'a que 54 centimètres de longueur, ce qui est déjà énorme. La planche XIII de l'album de Caranda nous montre un fer de lance d'une longueur de 24 centimètres; c'est le plus grand de ceux que je reproduis sur la figure 177 qui comprend des fers de dards et javelots de formes et de tailles assez diverses, sans qu'on ait cependant rencontré à Caranda de ces pointes à lames ondulées (*materis*) dont parle Diodore de Sicile[1], et ressemblant par conséquent à celles de certaines pertuisanes et hallebardes du moyen âge.

Le fer de flèche à ailerons, qui se remarque au bas et à droite de la figure 177, rappelle si exactement certaines pointes élégantes de flèches de silex taillées à appendice caudal et à ailerons aussi, dont j'ai donné de remarquables spécimens en la figure 34 de la page 67 de la première partie de ce livre, que je n'hésite pas à y voir une arme des plus vieux temps de la civilisation gauloise, et non de ceux qui ont immédiatement précédé ou suivi la conquête, ce qui me sert, comme l'ont fait certains·vases archaïques, à établir une fois de plus l'absence de synchronisme dans l'élément gaulois de la sépulture mixte de Caranda.

Celle-ci, bien que moins riche en armes que les sépultures voisines de la Marne, ce que j'ai déjà constaté, a d'ailleurs fourni plusieurs types variés de lames en fer de couteaux, coutelas, poignards, ustensiles de ménage ou de guerre. Un poignard à lame triangulaire dont le manche est pourvu encore de son appendice servant d'arête, comme d'écrou ou rivet; il a conservé son fourreau de bois que l'oxyde a presque rendu ferrugineux. Un second poignard finissant en pointe (*acinaces*) a aussi sa gaîne ou étui formé d'une mince plaque de métal garni sur la face et les côtés par des bandes en relief (fig. 177). Ce sont ces poignards, presque de forme asiatique, que les Gaulois, suivant Strabon et Diodore de Sicile (liv. v, 30) portaient à la mode persane, suspendus sur la hanche droite aux chaînes de bronze ou de fer qui s'attachaient à des ceintures dorées ou argentées.

La collection de M. de Saint-Marceau, de Limé, possédait un fragment de pommeau d'épée en ivoire sculpté et qui avait été trouvé[2] dans le sol de la ville gallo-romaine du Pont d'Ancy près Braine.

Nos fouilles départementales n'ont pas, d'ailleurs, complété pour nous le mobilier militaire que les anciens historiens accordent aux Gaulois, les cuirasses et cottes de mailles en fer décrites par Diodore de Sicile, les beaux casques restitués par les cimetières gallo-romains de la Marne, les boucliers longs, étroits et plats, cités par Tite-Live (*vasta scuta*, XXXVIII, 17, *lata et ea ipsa plana*, XXXVIII, 21). De ces boucliers, il pourrait cependant bien avoir survécu des *umbos*

« moindre que celle de notre glaive, et elle est un peu plus longue. De ces lames, les unes sont forgées droites, les autres
« à courbes ondulées, de sorte que non-seulement elles coupent en frappant, mais de plus elles déchirent la blessure quand
« on les retire. »

1. Voir la note 1 de la page précédente.

2. *Catalogue de géologie, d'archéologie, d'objets d'art et de curiosité réunis au château de Limé.* In-8°, p. 15. 1863.

(OMPHALOS), pointes ou cones de fer ou de bronze que l'on nous semble attribuer trop facilement
et arbitrairement aux boucliers des seuls guerriers franco-mérovingiens, tandis que l'*umbo* romain
était toujours fait de fer, le bouclier gaulois seul portant la pointe ombilicale en bronze. La
planche xviii de l'album de Caranda présente trois de ces *umbos* en fer que j'inscrirais volontiers
pour romains, en attendant plus ample discussion.

13° MONNAIES ET MÉDAILLES.

Considérées comme antiquités et objets d'art, les monnaies des Romains ne devraient point
être oubliées dans un livre consacré aussi spécialement que celui-ci à l'inventaire de nos antiquités
départementales. On a trouvé toujours et partout dans notre sol et à sa surface, isolées ou
formant de petits groupes, et souvent même composant par leur masse de vrais trésors, des
monnaies romaines de tout métal, de toute grandeur, de toutes dates des Haut et Bas Empires,
et à des degrés divers d'altération, de conservation ou de valeur soit intrinsèque comme métal,
soit d'appréciation comme rareté. Ces trouvailles, s'entassant les unes sur les autres, sont si
nombreuses, et encore faut-il dire qu'on ne les a pas toutes signalées et constatées, qu'elles
ne constitueraient ici qu'une longue nomenclature, non pas même une série de procès-verbaux utiles
comme description. Ce que nous voulons seulement établir, c'est la fréquence, surtout depuis
quarante ans, de ces sortes de découvertes où la numismatique, d'ailleurs, ne rencontre que de rares
occasions de glaner et de s'enrichir; c'est l'énorme quantité de monnaies romaines qui ont circulé
dans notre enclave départementale, qui ont été enfouies dans notre sol sous l'influence de la terreur
inspirée par des événements nombreux autant que graves et que nous ne soupçonnons même
pas, qui y sont entrées accidentellement aussi et en sortent grâce aux hasards des travaux de
défrichement, de culture, de bâtisse, etc., toujours sans qu'on s'y attende. C'est un grand fait
enfin, mais dans les détails duquel on comprendra que nous ne puissions nous perdre.

14° RELIGION, CULTE, SUPERSTITIONS.

Il nous faut pénétrer maintenant dans l'Olympe gallo-romain, et dès le premier pas nous
sommes arrêtés par une difficulté sérieuse au seuil de ce panthéon compliqué d'éléments divers
et parmi lesquels le vainqueur lui-même et ses fameux Commentaires ont jeté tout d'abord une
certaine confusion. Ainsi César, dans son livre VI où il traite des mœurs et de la religion nationale
des Gaulois, affirme que ceux-ci se prétendent descendre de *Di patre* (*ab Dite patre prognatos*,
vi 18) que certains auteurs croient être Pluton, tandis que d'autres, se rappelant que le Zeus grec,
le Jupiter romain, compte parmi ses nombreux surnoms celui de *Diespiter*, pensent au maître
des dieux du paganisme. César ajoute que les Gaulois honorent Apollon, Mars, Jupiter, Minerve
et surtout Mercure, dont le culte lui semble national. Il eût dit vrai en spécialisant cette théogonie
à la Gaule méridionale, à ce qu'alors on appelait *la Province*, contrée civilisée par l'émigration

grecque depuis plusieurs siècles et romanisée à fond depuis longtemps déjà. Là on adorait les dieux venus d'Asie Mineure et plus tard adoptés par la Grèce et par Rome.

Ce qui était vrai pour le Midi ne l'était pas pour le Nord[1], où le druidisme régnait encore en maître lorsque les Romains y apparurent. Les vieux dieux de la Gaule n'y avaient point encore été assimilés, identifiés à ceux du vainqueur. Hésus, ou plutôt le vieil *Hu-le-fort*, ne s'est point encore transformé en Jupiter ou en Mars, Bélenn en Bélénus ou Apollon qui descendait lui-même de l'antique Baal assyrien et arrangé à la grecque : Baal, Apollon, Bélenn, tous trois dieux de lumière et d'harmonie, conservateurs de la vie et de la santé, par conséquent bienfaiteurs de l'humanité. Le farouche Teutatès, à qui l'on sacrifiait des victimes humaines, n'est point encore devenu le pacifique Mercure de probité fort douteuse et présidant aux routes et aux transactions commerciales, et Diane la Scythique n'avait pas non plus pris alors la place de la non moins implacable Taranis de Gaule. Lucain, un poëte pourtant, est bien plus explicite que César l'historien; il connaît les dieux du druidisme; il en cite exactement les noms; il précise leur caractère et leur spécialité d'attributions; il sait qu'ils n'attendent que l'occasion de se remontrer au grand jour aussitôt que César aura regagné l'Italie, aussitôt que les bardes pourront réciter publiquement et sans danger les carmes sacrés, et quand les druides feront, à l'ombre des vieux bois, leurs incantations magiques :

> Et quibus immitis placatur sanguine diro
> Teutates, horrensque feris altaribus Hesus,
> Et Taranis scyticæ non mitior ara Dianæ.

Évidemment, le druidisme, et nous l'avons déjà montré, ne céda pas si facilement la place. La théogonie nationale et antique ne s'évanouit pas sur l'heure au premier contact de la religion du conquérant. Celui-ci tout d'abord ne s'occupa guère de questions de dogmes et de culte, et ne se montra intolérant que le jour où les prêtres gaulois, plus patriotes que l'aristocratie indigène, s'efforcèrent de remuer le peuple, de l'encolérer et de le lancer contre le vainqueur au nom du vieux polythéisme transformé en instrument de réaction et de lutte. La réformation religieuse ne s'implanta donc point d'un seul effort sur le sol dont nous nous occupons, pas plus que n'y germèrent et poussèrent immédiatement la civilisation et les arts du conquérant, nous le savons.

La donnée historique étant donc rectifiée, étant admise une transition plus ou moins lente

---

1. En un autre endroit de ses *Commentaires*, César dit aussi des Gaulois qu'à l'égard de leurs dieux ils ont *à peu près les mêmes idées que les autres nations* : « *De his eamdem* FERE *quam reliquæ gentes habent opinionem.* » C'est fort vague et peu précis. Si aujourd'hui il semble que, pour trop d'archéologues et d'historiens, les affirmations de César fassent loi et qu'il n'y ait plus rien à discuter après lui, les savants du XVIIIe siècle gardèrent plus d'initiative et laissèrent percer leurs doutes, si même on ne peut dire leur droit à nier, quand l'étude et la critique réclamaient leurs priviléges sacrés. Ainsi dom Martin, dans son livre *La religion des Gaulois tirée des plus pures sources de l'antiquité*, p. 333, liv. I, disait en 1727 et très-courageusement: « César vit tout en Gaule avec des yeux romains... Il ne sut de la religion que ce qui se pouvait « savoir en gros... Il ne faut pas attendre de lui de grandes lumières sur la religion des Gaulois qu'il n'entendoit peut-être pas, « ou du moins dont il s'embarrassoit fort peu... »

et qui prépara la fusion complète des deux religions l'une dans l'autre, il faut montrer que les représentations de divinités vraiment gauloises, belges et nationales, nous manquent archéologiquement, et notre sol ne nous a pas fourni les images de Hu, de Teutatès, de Taranis, retrouvées seulement dans les vers de la *Pharsale*, conservées là comme dans un musée d'antiques pour les besoins des studieux et des érudits, et dont certains oseurs en fait d'étymologies croient avoir cependant retrouvé la trace dans quelques noms de nos villages. Ainsi dans Aizy (canton de Vailly) ils voient la racine *Hu*, le nom d'Hésus, tout comme *Zeus, Jou, Jovis,* aurait donné son nom à Jouy qui confine immédiatement à Aizy, de sorte qu'Aizy serait le même nom que Jouy, comme Hu (Hésus) correspond directement à Jupiter. Juvigny viendrait aussi de *Jovis*.

C'est à peu près aussi peu sérieux que l'affirmation par la vieille archéologie de l'existence à Laon et à Soissons de collèges de druides. Ce n'est point improbable; mais si elle prétend à l'honneur d'être prise pour une science, l'archéologie doit présenter mieux que des hypothèses appuyées sur de vieilles traditions légendaires. L'abbé Lebœuf croyait à d'autres collèges de druides à Droizy et à Taux du canton d'Oulchy. Suivant un vieil historien de Soissons, la racine du nom de Droizy se trouverait dans *Derw* (celtique), *Dru*, chêne, d'où *druide* d'abord et ensuite *Drusy,* vieille appellation qu'on aurait, prétend-on, donnée jadis au village de Droizy, ce qui ne paraît pas prouvé si l'on s'en rapporte à l'excellent *Dictionnaire topographique* de M. Matton où l'on ne trouve pas *Drusy,* mais *Truceie in pago suessionici* en 593 (Guibert de Nogent), *Trucia* (dans Aymoin), *Droisiacus* en 1138, *Droseius* en 1139, *Droisy* en 1226, et tous ces noms avec preuves solides d'origine.

La légende de Taux est plus hardie. Le chroniqueur soissonnais Regnault et l'abbé Lebœuf, celui-ci de seconde main, faisaient venir le nom de Taux du *Thau* hébraïque, ce qui a été réessayé même de nos jours, le Thau qui serait devenu plus tard la croix, un vieux symbole se fondant dans un nouveau. De plus, les druides auraient adoré sur la butte rocheuse de Taux une Vierge qui devait enfanter, et ils lui auraient élevé des autels, *Virgini pariturae,* de sorte que le druidisme était un précurseur immédiat du christianisme, un messager direct de la bonne nouvelle [1].

Les documents archéologiques ne manqueraient même point à ces belles inventions. En 1730, en démolissant un vieux bâtiment faisant partie de l'Hôtel-Dieu de Soissons, on trouva, dit Le Moine, écuyer, porte-manteau du roi Louis XV et auteur d'une *Histoire des antiquités* de la ville de Soissons (t. I, p. 98) ; on trouva, disons-nous, « une ceinture de druide enfermée dans « une boîte de chêne cachée sous une poutre à laquelle elle paraissoit servir de soutien. Cette cein- « ture étoit d'argent doré, flexible et ployante par le moyen d'un grand nombre de charnières

---

[1]. S'il est à peu certain que César nous a mal renseignés sur le vrai caractère du druidisme et de ses divinités, les archéologues des XVIIᵉ et XVIIIᵉ siècles ne se sont pas moins singulièrement trompés en pensant, à la suite de plusieurs pères de l'Église, que les druides professaient des croyances conformes aux doctrines judaïques. On a parlé aussi de ressemblances pythagoriciennes, brahmaniques, persiques, même avec le problématique Numa le Romain. Il faut prendre ses précautions contre ce mysticisme à l'aide duquel on compromet les origines sérieuses et nationales.

« surchargées d'agraffes de même métal émaillées, et sur ces agraffes étoient gravés différents sujets
« concernant les sacrifices. De cette ceinture pendoient, à des chaînes d'argent, et de distance en
« distance, nombre d'anneaux de différentes grandeurs, et d'un côté une espèce de platine double
« dans laquelle s'inséroit un couteau de sacrificateur. Cette antique attira les regards des sçavans;
« mais les administrateurs de l'Hôtel-Dieu, qui n'étoient rien moins qu'antiquaires, la vendirent à
« des juifs. »

Avec Le Moine il faut vivement regretter la perte de ce curieux débris des vieux âges ; mais il
est peu probable que, venu jusqu'à nous, il ait été pris par la critique pour une ceinture de druide
avec couteau propre à égorger les victimes humaines.

L'archéologie locale manque donc absolument de
documents et renseignements sérieux sur la religion gauloise au moment où son fanatisme cruel
allait se laisser absorber plus ou moins facilement
et volontiers par un polythéisme plus tolérant, plus
doux et par conséquent relativement progressif,
lequel avait consenti tout d'abord à laisser aux vaincus leur culte, leurs rites et leurs pratiques, mais
qui prit ensuite les mesures nécessaires pour en
finir avec les croyances archaïques, soit par la persuasion et l'exemple, soit par la force quand il fut
établi que la tolérance devenait dangereuse.

Le premier monument authentique que nous
connaissions des manifestations officielles du polythéisme romain sur notre sol départemental, c'est
la pierre inscrite au nom d'Isis Myrionyme, Isis

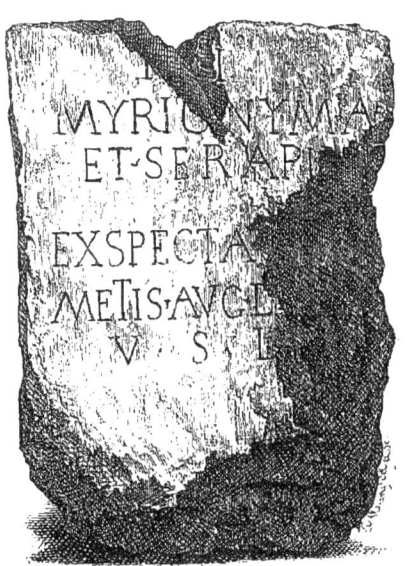

Fig. 178. — Inscription d'Isis, à Soissons.

aux mille noms, qui fut trouvée, en 1635, dans l'enceinte de l'hôtel-dieu de Soissons (point T
du plan des enceintes de Soissons. Fig. 96, 1re partie). Longtemps perdue au milieu des
décombres du jardin et reparue au jour en 1821, mais avec des détériorations et lacunes qui
n'existaient pas au XVIIe siècle, cette pierre, d'une contexture très-dure, d'une hauteur de 0m,96
sur 0m,75 de largeur et d'épaisseur, laisse lire aujourd'hui (fig. 178) : I-I MYRIONYMAE. ET.
SERAPI. EXPECTA.. METIS. AUG. D. V. S. L., inscription dont l'abbé Lebœuf, dans sa
fameuse dissertation sur le Soissonnais antique, proposait cette lecture : ISI MYRIONYMÆ ET
SERAPI EXPECTATUS HERMETIS AUGUSTI Dispensator, Vovit, Sacravit, Locavit, avec cette
traduction : A Isis Myrionyme et à Serapis, Expectatus, dispensateur d'Auguste Hermes, voua,
consacra et plaça (cette pierre sous-entendu). Expectatus serait alors un nom propre, et dispensateur le titre officiel d'un fonctionnaire commis à l'intendance des villes césariennes par Auguste
surnommé Hermès.

D'après une autre explication plus simple qui paraît dominer à l'heure actuelle, la pierre consacrée à Isis Myrionyme et à Serapis appartiendrait aux premières assises d'un temple dédié à Isis et dont les fondations furent ouvertes en présence de l'empereur Auguste attendu à Metz à son retour de Bretagne, l'an 26 avant J.-C. Lorsqu'il passa à Soissons, on aurait sans doute prié ce prince de poser la première pierre du futur temple d'Isis, sorte d'honneur qu'on réserve toujours à de grands personnages. Alors il faudrait lire : *Isi Myrionimæ et Serapi, expectatus* (attendu) *Metis, Augustus* ou *divus* ou *dedit* ou *dicavit, vovit, sacravit, locavit* (*istam petram* sous-entendu). C'est là la proposition du docteur Godelle, de Soissons, qui retrouva la pierre en août 1821 et en publia, avec une courte légende, le seul bon dessin qu'on ait de ce curieux monument, dessin lithographié par le peintre Hoyer et que je reproduis plus haut.

Cette dernière version ne manque pas de probabilités. On sait qu'Auguste était grand partisan de la fusion des deux cultes. Son scepticisme lui avait bien permis [1] d'élever dans le Midi un temple à *Circius* (*Kirk* en gaulois), personnification du terrible Sirocco qui désolait [2] jadis comme aujourd'hui la *Province* en concurrence avec le non moins brutal vent du Mistral. Pour faire compensation, Auguste put bien consentir à poser la première pierre d'un temple dédié à Isis et à Sérapis, ces dieux égyptiens que Rome avait adoptés avec autant de facilité dans son Olympe à hospitalité banale.

Isis Myrionyme est, d'ailleurs, la bien nommée, et la qualification que lui donne la pierre votive de Soissons répond exactement à la description d'Apulée qui, faisant parler cette divinité panthée à Lucius, dans l'*Ane d'or,* lui prête ce langage : « C'est moi dont toute la terre adore la « divinité qui n'est qu'une en elle-même, *mais sous différents noms,* avec des cérémonies diverses, « selon les différents points de vue sous lesquels on m'envisage. » A Pessinonte, on la nommait la Mère des Dieux, Minerve à Athènes, Vénus à Paphos et en Chypre, Diane en Crète, Proserpine en Sicile, Cérès à Éleusis, là Junon, plus loin Hécate, et en Égypte la REINE ISIS, ce qui veut tout dire. Quand on la trouve comme à Soissons associée à Sérapis, c'est le mythe de la fécondation de la terre par l'ardeur du soleil, de l'élément féminin et passif par l'action de l'élément masculin : c'est la fécondité, c'est la Nature. C'est à la fois la femme et la mère conservatrices, et en cette qualité on l'adorait souvent sous la forme d'une nourrice allaitant tantôt un seul de ses fils, Horus (fig. 179), tantôt ses deux enfants à la fois, Horus et Harpocrates (fig. 180). Le type à un enfant fut découvert en 1852 dans le bois dit *des Nuées* qui fait partie de la *Haie d'Aubenton* dans le canton de la Capelle. En abattant un très-vieux chêne âgé en apparence d'au moins trois cents à trois cent

---

1. Sénèque, l. V, c. 17 *Divus certe Augustus templum illi Circio, quum in Gallia moraretur, et vovit et fecit.*

2. En italien *Scirocco*, vent humide et chaud puisqu'il vient d'Afrique, lequel souffle du sud-est avec une incroyable violence, amenant, sous un ciel à teintes de plomb, des orages violents et des pluies torrentielles. Le Mistral, au contraire, est un vent sec qui, prenant naissance sur les côtes de l'Ouest, aborde les Cévennes tout chargé d'eau, et, traversant les défilés de ces montagnes, s'y débarrasse de son excès de pluie alors devenu vent du nord, il brutalise et dessèche les plaines du Languedoc et de la Provence, en faisant sentir son âpreté tempétueuse jusqu'à Cannes et Nice même. Par un ciel admirable de pureté, le Mistral soulève d'affreuses tempêtes dans le golfe de Lyon et autour des îles d'Hyères.

cinquante ans, on trouva, sous les racines de cet arbre vénérable et magnifique, dix à onze petites statuettes dont deux seulement furent sauvées, me furent apportées et ont été déposées au musée de Laon. La première, celle et la seule dont je vais m'occuper pour l'instant, est faite de plâtre ou plutôt de terre devenue blanche au feu. Elle a onze centimètres de hauteur. Elle représente (fig. 179) une femme assise dans un fauteuil et dont la tête a disparu. Cette femme tient dans ses bras un enfant qui tette. Elle est vêtue, à l'exception du sein où l'enfant boit, d'un manteau l'enveloppant très-exactement, à plis très-larges et tombant avec raideur sur les pieds chaussés de souliers pointus. Le fauteuil sur lequel la femme repose semble fait de roseaux serrés et réunis par

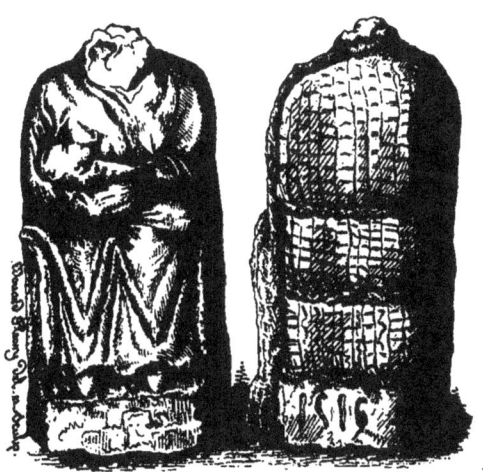
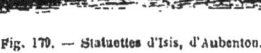
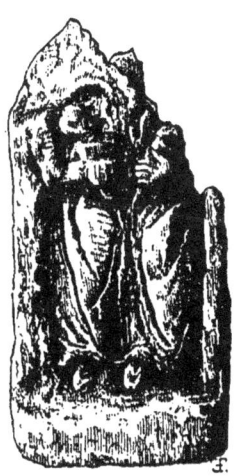

Fig. 179. — Statuettes d'Isis, d'Aubenton.   Fig. 180. — Isis, de Nizy.

trois traverses horizontales qui partagent le dossier en quatre parties, la supérieure arrondie par en haut, les deux médianes égales entre elles et la quatrième formant soubassement. Sur la portion postérieure de la base ou socle, se voit très-nettement écrit deux fois le mot *Isis, Isi,* en caractères majuscules tracés à la pointe sèche et plus ou moins profondément, ce qui explique leur différence de conservation. Sur la face gauche du piédestal est une lettre qui peut être un O ou un P ayant perdu une partie de sa haste.

De pareilles statuettes d'Isis allaitant un seul enfant sont sorties plusieurs fois de notre sol, d'abord à Nizy-le-Comte pendant les fouilles de 1853[1], ensuite en 1855[2] à Barenton-Cel (canton de Crécy-sur-Serre). Là, c'est un buste intact, mais privé de tête et de jambes, d'une figurine d'Isis aussi en terre blanche. A la *Justice* de Nizy-le-Comte, ce sont plusieurs débris très-reconnaissables à l'enfant et au fauteuil canné de la *Bonne déesse,* de l'Isis que certains archéologues ont

1. T. 4 des *Bull. de la Soc. acad. de Laon,* p. 525.
2. T. 6 des *Bull. de la Soc. acad. de Laon,* p. 388.

appelée *la Maternité gauloise* ; une fois, une petite tête à chevelure ondée et bien connue ; une autre fois, une partie du fauteuil.

Un troisième fragment est plus intéressant parce qu'il nous offre (fig. 180) le type plus rare de l'Isis allaitant deux enfants, le reste de la figurine n'ayant, d'ailleurs, rien d'intéressant qu'une dimension un peu supérieure à celle du type de la figure 179.

Ces petites représentations se rencontrent aussi dans le reste de la France [1], et avec assez de fréquence. Les uns les prennent pour Latone allaitant Apollon et Diane, les autres pour Junon-Lucine, déesse des enfantements, toutes deux qui, nous le savons, sont des incarnations d'Isis. Partout on les tient pour des *ex-voto* que les femmes en couches, ou joyeuses d'une délivrance heureuse, achetaient pour les offrir à la déesse de la maternité, et comme ces figures, lorsqu'elles n'ont qu'un enfant au sein, rappellent singulièrement certaines statuettes de la Vierge avec l'Enfant Jésus, de cette ressemblance il est arrivé de singulières méprises, même de la part de savants assez nombreux [2]. Isis passant pour guérir tous les maux, cette *Bonne déesse*, il se pourrait bien faire que ces figurines ne fussent pas toujours des *ex-voto* de femmes grosses ou accouchées, mais des amulettes utiles pour ou contre toutes les maladies.

Une statuette d'Isis en fonte de fer et d'une certaine taille, paraît-il, fut trouvée entre Hirson et Saint-Michel, il y a quelques années ; elle représentait une femme nue et appliquant sa main sur sa mamelle droite et très-développée, Isis ou Cybèle étant souvent figurée avec les mamelles gonflées de lait. Ici, on est moins sûr de l'attribution. La statuette en fonte d'Hirson, étant aplatie sur sa partie postérieure, s'appliquait peut-être à la paroi d'une de ces petites chapelles portatives qu'on appelait *ædicula* et dont un spécimen nous a été donné par l'intaille du Château-d'Albâtre (fig. 100) où se voit représenté un jeune faune cytharède assis devant un petit autel portatif près duquel se dresse un trépied chargé des vases à libations.

En décrivant le Château-d'Albâtre de Soissons (1re part., page 201), et en parlant d'une belle statue de femme nue et dépourvue de tête, qui est sortie de terre au XVIe siècle et fut longtemps gardée au palais épiscopal, je disais que les anciens « avaient soupçonné que c'était la figure d'Isis ». La nudité complète de ce marbre et l'absence des attributs isiaques ne semblent pas permettre d'accepter cette attribution, et on pense plutôt à une Vénus, à une Charite, qu'à la *Bonne déesse*.

Pour compléter l'ensemble des renseignements sur le culte isiaque, il est bon de rappeler que, si Soissons peut avoir eu son temple de la *Bonne déesse*, l'abbaye de Saint-Médard, qui touche aux murailles de l'*Augusta Suessionum*, se vantait de posséder, au nord-est de son enceinte, un bois jadis consacré à Isis, puisqu'il en portait le nom. Enfin le musée de Laon renferme un joli petit bas-relief en pierre tendre où l'on voit représentée Cybèle couronnée et tenant entre ses bras

---

1. M. de Caumont en signale la fréquence et en a publié quatre spécimens, deux à un enfant, deux avec les jumeaux. *Abéc. d'arch.*, édit. de 1870, p. 386 et 387.

2. V. M. de Caumont, *Abéc. d'arch.*, p. 386, et t. III du *Bull. de la Soc. acad. de Laon*, p. 339.

une corne d'abondance richement garnie de fruits, d'épis et de fleurs ; toujours la fécondité symbolisée par les productions de la nature, toujours l'Isis Myrionyme et panthée.

C'est en 1859 et pendant des travaux de carrière sur l'un des promontoires qui dominent le vallon de Jouy (canton de Vailly), qu'apparut aux yeux étonnés des ouvriers le bas-relief faisant le sujet de la figure 181, lequel a semblé donner raison à la vieille opinion cherchant et trouvant dans le nom du maître des dieux l'étymologie de celui du village, centre antique et certain d'un culte tout spécialement s'adressant à Jupiter. Cette pierre fut trouvée dans une excavation remplie de décombres noircis par le feu. A la description faite deux ans après la trouvaille par un archéologue trop connu par ses excès d'imagination pour qu'il ne faille pas prendre avec lui toutes les précautions possibles, cette excavation ressemblerait à une crypte, *cretta, cryptæ,* taillée dans la roche, profonde d'environ trois mètres, pourvue d'une estrade ou autel placé au fond du souterrain et auquel on aurait accédé par trois degrés trèsusés et détériorés ; sur la dernière de ces marches on aurait vu gravée une inscription immédiatement détruite, comme si les ouvriers eussent voulu compliquer le problème. Elle aurait été ainsi recomposée par les ouvriers auxquels la mémoire serait revenue au bout de deux années, c'est-à-dire en 1861 : L. M. C. C. I. X, et ainsi interprétée par le savant archéologue : *Lucius,* 1209, ce qui tendrait à faire croire que le paganisme

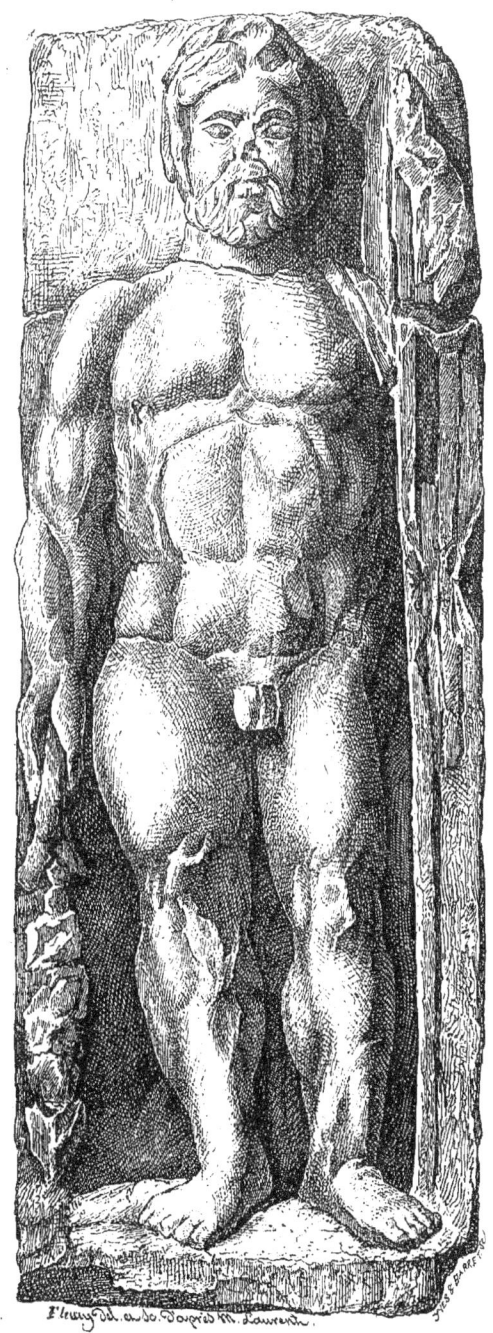

Fig. 181. — Jupiter, bas-relief de Jouy.

aurait bien pu ne pas disparaître absolument de nos contrées avant l'an mil, mais se perpétuer dans quelques familles, au moins à l'aide de certaines vieilles superstitions qui, en 1209, auraient attiré l'attention de l'autorité religieuse et diocésaine, et les représentants de celle-ci auraient livré, à ce moment, le *sacellum* extérieur aux flammes, après avoir marqué de cette date maudite l'autel cryptuaire condamné à disparaître pour toujours sous les décombres de l'incendie. Que si cette hypothèse quelque peu hardie n'était pas admise par impossible, la science ne resterait point en défaut; elle transformerait en O le second C de l'inscription L. M. C. C. I. X, et elle vous fournirait cette autre version non moins ingénieuse que la précédente : *Lucius, miles cohortis IX*, Lucius, soldat de la IX⁰ cohorte, et c'est ce Lucius, intrépide initiateur, qui aurait introduit en Gaule le culte et le nom de Jupiter[1] : Aizy, *Hesus* — Jouy, *Jou, Jovis, Joviacum*, suivant l'affirmation du savant en question, tandis qu'au *Dictionnaire topographique* de M. Matton, il n'est pas une seule fois question de *Joviacum*, mais de *Joi*, 1147 (Cartul. de Braine), *Joiacum*, 1184 (cart. du chap. de la cath. de Reims), *Joy*, 1322 (cart. de l'abb. de Saint-Crépin-le-Grand, de Soissons).

Ce savant homme est mort depuis peu. Dieu veuille le tenir en paix et nous délivrer pour toujours d'une pareille archéologie !

Quoi qu'il en soit, le Jupiter de Jouy fut acheté pour quelques sous par un cabaretier du village qui eut la bizarre idée d'en faire une enseigne pour son débit de boissons et le sauva ainsi du sort commun à ces sortes de débris, c'est-à-dire de la ruine. Alors, de la fenêtre du cabaret le bas-relief passa au musée de Soissons.

Il est haut de 0ᵐ,80 environ et large de 0ᵐ,50, tout à fait nu, couronné de lauriers et appuyé sur le bâton (*sceptrum*) de commandement, emblème d'autorité royale et par conséquent très-souvent attribué à Jupiter par les artistes de l'antiquité. De la droite il tient un foudre dont il dirige la pointe aiguë vers le socle, c'est-à-dire vers la terre[2]. C'est le produit d'un art procédant avec brutalité, mais non sans un certain sentiment d'intelligence du sujet. C'est énergiquement campé et traité.

L'énergie ne sera certes pas la qualité que nous aurons à louer dans une statuette de bronze trouvée, en 1872, sur le *terroir* de Landouzy-la-Ville (canton d'Aubenton), au lieudit *le Fond-Pré* et parmi un amas de tuiles romaines brisées et de débris d'habitations détruites évidemment par un violent incendie. La statuette (fig. 182) ne formait pas un tout complet au moment de la trouvaille : la figurine, son attribut et le piédestal ne se tenaient point, mais ont pu facilement être réunis pour former l'ensemble antique. La main droite de la figurine manque et devait tenir le

---

1. M. Calland, *Mém. sur le Jupiter de Jouy*, dans le t. XV des *Bull. de la Soc. arch. de Soissons*, pages 88 à 105.

2. Jupiter se voit souvent représenté tenant d'une main la foudre et de l'autre un sceptre ou bâton de commandement. (Voir dans Montfaucon, *Antiquités expliquées*, les planches IX et X du tome I, consacrées au Jupiter trouvé, au dernier siècle, dans un caveau de Notre-Dame de Paris et qui, si nous ne nous trompons pas, se voit aujourd'hui au musée de Cluny.)

sceptrum probablement, peut-être la foudre. La gauche s'appuie sur une roue portée elle-même sur une sorte de colonne où certains voient un gouvernail de navire. Sur le piédestal on lit cette inscription : I. O. M. ET. N. AUG. qu'à la Société des Antiquaires de France, où cette statuette fut présentée le 6 mai 1874, on déchiffra ainsi : *Jovi Optimo Maximo et Numini Augusti*, ou *Numinibus augustis*, suivant la leçon de l'éminent épigraphiste M. Léon Régnier. La laideur et la vulgarité des traits du personnage, son expression bestiale, l'attribut de la roue assez insolite bien qu'on l'ait déjà vu à un Jupiter de bronze re-

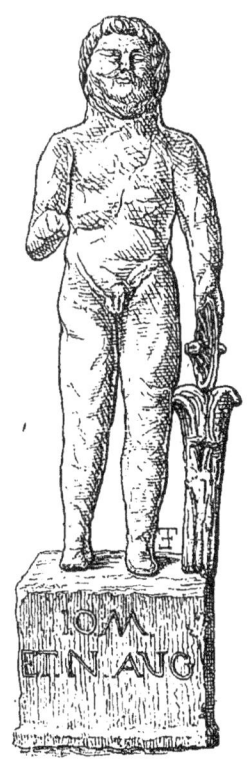

trouvé à Saint-Dizier en 1774, firent d'abord douter de l'authenticité de la figurine de Landouzy-la-Ville et de la possibilité d'attribution. La docte assemblée conclut cependant à l'incontestabilité d'antiquité, nos campagnards ne se livrant pas d'habitude à la contrefaçon et à la fabrication des débris archéologiques, et de plus le texte de l'in- scription étant affirmatif de la personnalité de la figure. On a, d'ail- leurs, sur un autel sculpté trouvé à Cambekfort, en Angleterre, d'abord les mêmes attributs, la roue et la foudre, la roue présente et la foudre absente, mais probable, et ensuite la même légende exac- tement : *Jovi Optimo Maximo et Numini Augusti*. Mais que dire de cette mollesse du modelé, de ces contours flasques et ronds, de cette absence de muscles et d'ossature? Ce n'est pas là de l'art romain, mais un pastiche, et mal réussi, sortant sans doute des doigts d'un artiste gaulois s'essayant à imiter un modèle italien et déjà fort médiocre peut-être, tendance à l'imitation dont semble témoigner aussi un fragment de pierre sculptée trouvé à Laon, à la pointe de l'abbaye de Saint-Vincent et parmi d'autres débris d'origine évidem- ment gallo-romaine. Cette sculpture offrait, au milieu d'arabesques sans grâce, une figure de profil ayant un œil de face au milieu de la joue, comme on le retrouve sur bien des monnaies gau- loises [1].

Fig. 182. — Jupiter de Landouzy.

Ce n'est certes pas un artiste romain qui a modelé, ciselé et fondu cette horrible femelle d'un quadrumane de Darwin, trouvée à Surfontaine (canton de Ribemont), il y a une trentaine d'années, et dans les fondations de l'église qu'on reconstruisait alors. Elle fut, à peu près au moment même de la trouvaille, recueillie par M. Amédée Piette, de Soissons, de la collection duquel je n'ose pas dire qu'elle fait le plus bel ornement (fig. 183), et qui m'a permis d'en prendre les prémices. Je ne sais pas si d'autres débris sont, en même temps qu'elle, sortis des substructions du monument antique sur lequel reposait l'ancienne église de Surfontaine. Ce qu'on peut affirmer à coup sûr,

1. M. Duchange. *Essai sur la Plaine*, dans le tome VI des *Bull. de la Soc. acad. de Laon*, page 187 (mars 1856).

c'est qu'un emplacement évidemment romain est indiqué à Surfontaine par le voisinage immédiat
de la chaussée de Reims à Arras, n° 444 des Itinéraires de M. Am. Piette et qui passe à Berry-au-Bac,
Corbeny, Veslud, Athies, à Mesbrecourt et Catillon (*Castellum*), du canton de Crécy, pénètre dans
le canton de Ribemont entre Renansart et Fay-le-Noyer, et touche Surfontaine, où cette voie porte
encore aujourd'hui le nom significatif de *Chemin romeret*, *Via Romanorum* sur d'anciens titres, en se
bordant partout de débris significatifs d'époque. Cette statuette, d'une nudité appartenant seulement
aux personnages héroïques, ne peut être que gallo-romaine, mais d'un modeleur gaulois pensant

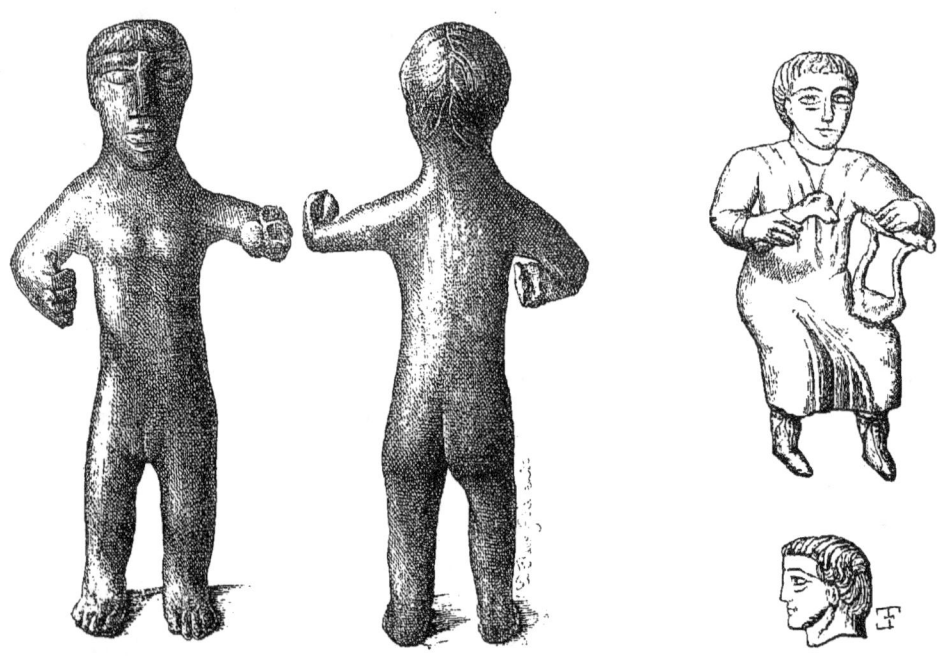

Fig. 183. — Déesse gauloise, de Surfontaine.   Fig. 184. — Apollon, de Cilly.

travailler dans le goût romain. C'est bien la sœur du Jupiter de Landouzy-la-Ville comme hideur et
faire grossier. Les pieds et les mains sont bien les pattes du singe darwinien dont je parlais plus haut.
Le sexe s'accuse exagérément; mais les seins sont petits et atrophiés comme ceux des déesses
sculptées par les préhistoriques dans la paroi crayeuse des grottes de Baye. Cette déesse de Surfontaine, car on peut affirmer une divinité, peut-être une Vénus gauloise, un idéal de beauté rêvé
par l'artiste, tient une pomme à la main qui l'a probablement reçue d'un Pâris de la mythologie
belge. Je lisais dernièrement qu'on retrouve parfois des Vierges du moyen âge ayant à la main
une pomme qu'elles présentent à des Enfants Jésus, et qu'on croit retrouver un symbole dans cette
pomme de la sculpture chrétienne, une représentation parlante de notre mère Ève et du péché
originel. Que peut bien vouloir dire la pomme tenue par la femelle d'orang trouvée sous l'église de
Surfontaine, et quel est ce mythe, ce symbole, ce problème archéologique dont l'X est à trouver?

Elle nous semble aussi de la même origine, c'est-à-dire gauloise, cette statuette de dieu cytharède (fig. 184) qui nous vient de Cilly (canton de Marle) et fut trouvée en 1841 [1]. Elle a environ 0ᵐ,07 et demi de hauteur. Elle est assise; mais le siège manque. De la main gauche tenant sa lyre appuyée sur sa cuisse, le dieu va la frapper d'un *plectrum* à tête d'animal, de chien peut-être. Il est vêtu de la saie, *sagum*, que les Romains empruntèrent aux Gaulois, et chaussé de brodequins à côtés montants, laissant la cheville à nu et lacés par devant. Si c'est un Apollon, l'un des grands dieux du paganisme, ce n'est pas celui de Grèce ou d'Italie dont les artistes eussent donné à cette divinité sa nudité traditionnelle. Il nous représente plutôt ce Bélenn, Bélénus gaulois, divinité d'un Olympe encore mal déterminé et dans laquelle se confondit le véritable Apollon avec ses attributs, et aussi l'Horus égyptien, ce Bélus enfin, dont le nom écrit à la grecque présente, dit-on, le nombre 365, c'est-à-dire des jours de l'année. Le faire est flasque, l'exécution incorrecte et grossière, quoique préférable à celles des figurines 182 et 183, et cependant le profil donné au bas de la gravure est romain. Il semble qu'il faille encore penser à l'œuvre de quelque artiste indigène et affublant le nouveau dieu d'origine complexe, à la fois du costume national des Gaulois, d'un visage à la romaine et d'un instrument emprunté à la musique grecque, témoignage d'un certain trouble dans les idées.

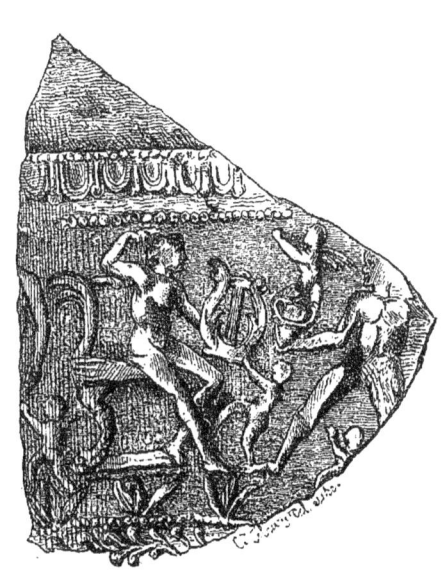

Fig. 185. — Vase à l'Apollon, du Château-d'Albâtre.

M. le docteur Rousseau, d'Hirson, parle [2], mais sans entrer dans les détails de trouvaille et d'art, d'une statuette de bronze provenant de substructions romaines rencontrées sur le terroir de Mondrepuis et parmi lesquelles on a aussi recueilli quelques monnaies romaines en or, personnage aussi couvert d'une tunique ou saie, les jambes nues et portant dans la main droite un objet qui peut être un *plectrum*; mais l'objet courbé tenu par la main droite n'était point reconnaissable. M. le docteur Rousseau soupçonne une cythare et croit à un Bélénus ou Apollon gallo-romain. Avec le beau fragment de coupe rouge, *patina* (fig. 185), qui appartient à la collection de M. de La Prairie, de Soissons, et lui vient du Château-d'Albâtre, il n'y a pas place pour le

---

1. *Bull. de l'anc. Soc. arch. de l'Aisne,* année 1842, p. 20. — *Bull. de la Soc. acad. de Laon,* t. II, p. 342 (juillet 1852). Communication de M. Bretagne.

2. Mémoire sur les antiquités du canton d'Hirson, dans le tome II des *Mém. de la Soc. arch. de Vervins,* p. 156, (octobre 1874).

doute : c'est le véritable Apollon grec, assis dans une large cathèdre à dossier à jour et sans bras, de la main droite élevée par un geste inspiré se préparant à toucher les cordes d'une lyre soutenue par un petit génie, tandis qu'un homme nu et fièrement campé présente au dieu un vase apode à libation et soutient un génie adorateur, scène très-peuplée, très-animée et qui nous entraîne loin de l'art barbare dont nous venons de donner forcément trop de spécimens.

Les premières fouilles de Nizy fournirent, sur l'emplacement de *la Justice*, la tête, plus forte que nature, d'une statue entière traitée en bas-relief et qu'on peut sans trop de hardiesse regarder comme la représentation de la divinité sous la protection de laquelle le Romain Lucius Magius avait mis le proscœnium du théâtre de Ninittaci. (V. 1ʳᵉ partie, fig. 87, p. 171, *Pierre votive au nom d'Apollon.*) Cette tête pourrait, à la barbe qui l'enveloppe, être niée comme ayant appartenu à une effigie d'Apollon, si l'on ne savait que le Bélénus, à la différence de l'Apollon grec, est très-souvent porteur d'une grande barbe. Il en est de même du Mercure gaulois qui est barbu quelquefois, pour ne citer qu'une de ces divinités dont les noms et les attributs ont été profondément modifiés par l'adoption des peuples vaincus. La tête d'Apollon, recueillie au musée de Laon, rappelle exactement, à la dimension près et moins la perforation de la bouche, le type colossal et bien connu du masque apollonien, barbu aussi, qui fermait l'ouverture du fameux oracle de Polignac dans le Vélay. La statue à laquelle appartenait la tête venue de Nizy devait avoir au moins 2ᵐ,50 de hauteur. Ce masque est empreint d'un grand calme et taillé largement, brutalement, à la façon du Jupiter de Jouy. C'est de l'art purement romain.

Suivant César, le culte de Mercure, ou de Teutatès qui équivalait en Gaule au Mercure de Grèce et de Rome, était très-répandu dans les pays nouvellement conquis. En accordant droit de cité et de bourgeoisie à ce sauvage enivré de sang humain, les Romains vont exiger de lui qu'il abandonne à la fois son nom terrible et ses déplorables habitudes, *immitis placatur sanguine diro Teutates*. Le polythéisme romain, dont les dieux sont d'humeur aimable et de mœurs très-faciles, ne recevrait point dans son empyrée un cannibale dont il faut et dont on va refaire l'éducation, si nous en croyons l'affirmation de la gauloise Caraniusa de Corbeny, près Craonne, ce pays cependant si plein des effrayants et sanglants souvenirs des âges de pierre, mégalithique, de bronze et de la plus vieille Gaule. M. le vicomte de Courval envoyait au congrès archéologique tenu à Laon en août 1858 par les Sociétés de l'Oise, de la Somme, de la Marne et de l'Aisne, une charmante statuette de bronze de Mercure, trouvée en 1831 à Corbeny et parmi des substructions avec six autres figurines de Mercure et de la Fortune, de bronze aussi, mais de moindre valeur, enfin tout un laraire où Mercure et la Fortune vivaient en compagnie, de même qu'on les voit accouplés sur une intaille antique, symbole du succès par l'éloquence, la persuasion ou le commerce. Le Mercure de Corbeny avait des yeux d'argent ; — est-ce encore un symbole ? — et c'était bien le meilleur de tous les dieux possibles, *meliori deorum*, à ce qu'assure la dévote et enthousiaste Caraniusa, car elle avait fait graver cette inscription éjaculatoire sur le piédestal de son idole adorée : CARANIVSA. MELI. DIO. M. V. L. S. M., c'est-à-dire : CARANIUSA. MELiori. DIorum (pour *deorum*). *Mercurio. Votum. Libenter. Solvit. Merenti* : Caraniusa a, de sa volonté, acquitté ce vœu au meilleur des dieux, à Mercure qui le mérite.

Un autre petit Mercure a été trouvé dans les murailles d'un caveau découvert à Vervins sur l'emplacement du *Verbinum* gallo-romain et non loin du théâtre auquel ce livre a consacré une étude spéciale. D'après une communication contenue au dernier volume des Bulletins de la Société archéologique de Château-Thierry, on aurait aussi récemment recueilli une figurine en bronze de la même divinité sur le terroir de cette ville. Là, les détails manquent encore. Les travaux du génie au rempart près Saint-Jean-des-Vignes de Soissons, ont fait jadis apparaître une pierre où l'on avait cru voir une figure de Mercure.

Si l'on en croit le témoignage de personnes qui ont assisté aux premiers travaux du génie à ces mêmes remparts de Soissons sous la Restauration et sur le front touchant au Château-d'Albâtre, on aurait alors recueilli aussi dans ce sol si riche une très-jolie statuette de Bacchus, haute de 0^m,30, de belles proportions, de travail très-soigné, laquelle fut sur l'heure expédiée sur Paris par la direction des travaux.

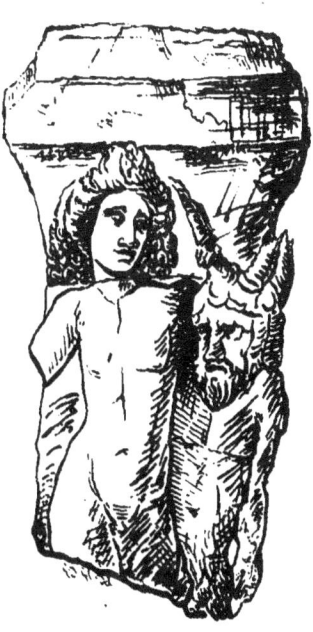

Fig. 186. — Autel de Bacchus, à Jeantes.

Comme preuve du culte de Bacchus dans nos contrées, nous possédons un monument qui ne fournira pas matière à contestation : c'est un fragment d'autel sculpté (fig. 186) trouvé, vers 1860, sur le terroir de Jeantes (canton d'Aubenton), au lieudit l'*Éreule* (l'érable), et avec des vestiges romains assez nombreux, épingles en ivoire, fragments de fresques à ton rouge, débris de poteries de diverses couleurs, parmi lesquels un joli fragment de *prefericulum*, ou vase à libations, orné d'une tête de lion. La pierre, qui est un calcaire gris d'excellente qualité, mesure 0^m,55 de hauteur, 0^m,25 de largeur et 0^m,16 d'épaisseur. Elle forme par en haut comme une espèce de chapiteau, ou plutôt de dais, avec une saillie recouvrant les deux personnages, l'un jeune, l'autre vieux, cornigère et barbu, tandis que le premier est imberbe et couronné de pampres et de grappes de raisins. De toute certitude il faut voir là une représentation de Bacchus accompagné de son précepteur le joyeux Silène, tous deux mutilés et dont les parties perdues ont été vainement recherchées[1] dans le champ où très-probablement s'élevait, du moins on l'a pensé, un *sacellum, œdiculum*, ou petite chapelle consacrée à Bacchus-Dyonisios. Pourquoi un *sacellum* dédié au dieu du vin dans cette contrée qui, de toute probabilité, n'a jamais dû en produire, quoique le

---

1. M. Ed. Piette, de Vervins. Communication à la Soc. acad. de Laon, en juin 1861. (T. XII, p. 295.)

village de Vigneux (canton de Rozoy), *Viniacus*, *Vinoit*, *Vignoit* au XII° siècle, s'élève à peu de distance de Jeantes?

On ne pourrait nier la présence et la culture de la vigne dans la contrée de Château-Thierry, ville qu'avoisine la commune de Brasles sur le territoire et sur le sol de laquelle un moissonneur fit fortuitement, en juillet 1867, la découverte du très-remarquable bronze que j'ai dessiné et photogravé d'après une bonne phothographie, et qui fut décrit, dans le Bulletin de la Société archéolo-

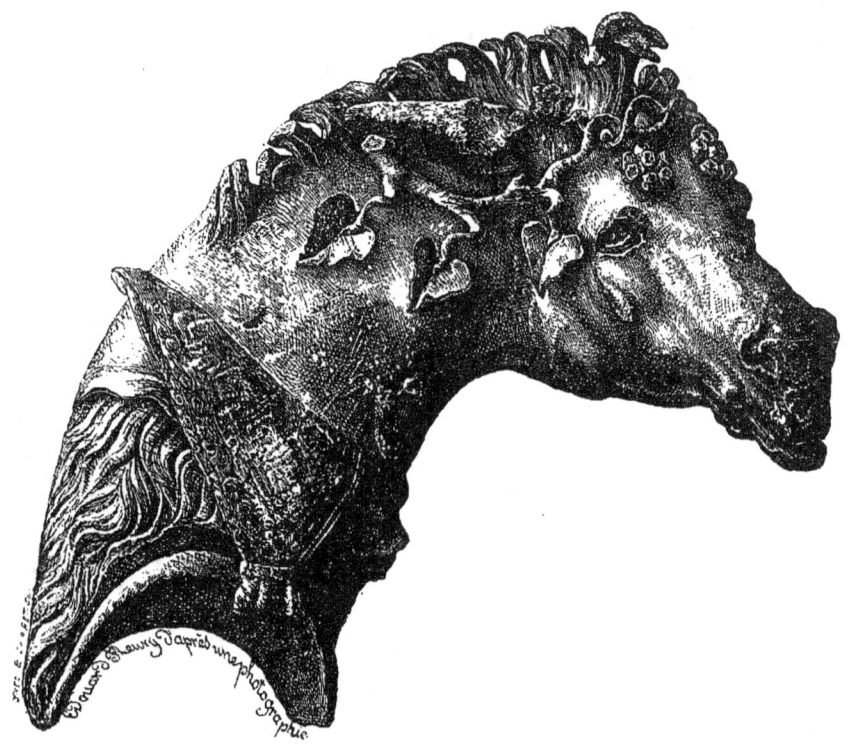

Fig. 187. — L'Âne bachique (?) de Brasles.

gique de Château-Thierry, sous ce titre : *l'Ane bachique de Brasles*[1]. On ne reconnaît pas là la tête d'un âne, mais celle plutôt d'un cheval, tête très-fine, très-intelligente, empreinte d'une expression d'attention que jamais masque d'âne n'a affectée. Pourquoi *Ane bachique?* Il n'y a là ni pampres ni raisins, mais bien une branche de lierre qui court entre les oreilles penchées de l'animal et se rattache à la crinière tressée. On pourrait répondre à cette objection que le lierre était aussi bien que la vigne un attribut de Bacchus et lui était consacré comme le saule et le platane; mais ce n'est plus un attribut parlant et démonstratif par sa seule présence comme une branche de pampres, et s'il n'est point impossible qu'on ait élevé un *sacellum* à Bacchus sur le terroir de Jeantes, où cependant et

1. Communication de M. A. Barbey, année 1866, 2° fascic., p. 37, avec une planche lithographiée.

très-probablement il n'a jamais été planté de vigne, ce n'est pas une raison pour que tout débris antique soit tenu pour bachique à Brasles, par cela seulement que l'on s'y livra jadis à la viticulture, témoin les quelques ceps que l'on rencontre encore sur les pentes où fut trouvé le remarquable bronze représenté sur la figure 187.

Il est vrai que si nous consultons Montfaucon, nous trouverons au Supplément, tome I, page 161 et planche 62, exactement la même représentation d'une tête soi-disant d'*Ane bachique* tirée, dit cet auteur, du cabinet de M. du Tilliot, amateur à Dijon. Cette tête, de même grandeur que celle de Brasles, mais gravée de droite à gauche, se couronnait de lierre aussi avec quatre bouquets de graines sur le front, s'ornait au cou du même harnais plus facile à dessiner qu'à décrire, et de la même tête de panthère en avant de la chabraque ; mais la dénomination risquée par l'ancienne archéologie n'oblige en rien la nouvelle qui se contente d'admirer là une antique de valeur sérieuse, un petit monument enfin qui dépasse comme art tous ceux de même métal que notre sol a livrés à l'étude jusqu'ici. La tête est creuse, en haut relief, reciselée sur fonte et longue de $0^m,16$ de l'extrémité du nez à celle du cou qui se termine en une section demi-circulaire indiquant que ce bronze s'appliquait sur un manche, hampe, haste, ou bras de fauteuil, enfin sur un objet quelconque taillé, lui, en relief destiné à s'adapter à cette section travaillée en creux. Un passage de la xɪᵉ satire de Juvénal, cité par M. A. Barbey dans sa notice, nous apprend qu'aux temps sévères des Fabius et des Caton, les lits romains portaient pour tout ornement une tête de bronze d'âne couronnée et dont s'amusaient beaucoup les enfants :

> Sed nudo latere ut parvis frons ærea lectis
> Vile coronati caput ostendebat aselli,
> Ad quod lascivi ludebant ruris alumni.

Le beau bronze de Brasles peut à la rigueur passer pour un ornement de dossier de lit ; mais alors il faut absolument nier l'*Ane bachique,* et de plus il ne peut être attribué aux temps des Fabius et des Caton, mais à coup sûr à la meilleure époque de l'art romain rénové par l'art grec, c'est-à-dire au ɪᵉʳ ou au ɪɪᵉ siècle de l'empire. L'art de ciseler n'ira pas plus loin comme perfection et ne fait pas penser à la République. Croyant peut-être à de l'or et pour essayer le métal, l'inventeur a brisé les oreilles de l'animal, quel qu'il soit, et une partie de crinière ; puis par places et par le frottement il l'a dévêtu de sa magnifique patine ; enfin il a couru le vendre à Paris.

Comme souvenir du dieu Mars, encore un des douze grands dieux de Rome, et soit qu'il réclame pour lui seul ou partage avec Jupiter l'honneur de succéder au terrible Hu le Fort, nous avons : 1° un joli débris de coupe rouge provenant de Soissons et sur laquelle on voit le dieu de la guerre, nu et la tête casquée, s'appuyer sur sa lance ; 2° sept à huit morceaux d'une des poteries les plus intéressantes qu'aient fournies les fouilles de Nizy-le-Comte à *la Justice,* c'est-à-dire d'un assez grand vase en terre noire très-fine et dont la décoration consiste en lettres et rinceaux non pas produits par le moulage comme d'habitude, mais par l'application, au pinceau, d'une pâte liquide, très-fine, — *la barbotine,* — et remarquable tant par son beau ton blanc éclatant que par l'épaisseur parfois de ses reliefs. A l'endroit où le col du vase se rattache à la panse, se voit un mince cordon tremblé sous lequel se creuse une série de lignes de petits points formant un motif courant. Immédiatement au-dessous, vient une légende en capitales romaines de la plus belle époque. Deux fragments, dont les cassures se rajustent exactement, donnent un M et un A. Il manque ensuite un ou plusieurs mor-ceaux dont, à en juger par la courbe du vase, la dimension était juste ce qu'il fallait pour contenir une lettre de la largeur de celles que nous possédons. Trois autres morceaux, se rajustant encore, laissent lire un T ébréché et un I. Sans aller trop loin chercher nos suppositions, on peut admettre que la lettre manquante est un R, que le mot entier donnerait MARTI et que le vase était votif (fig. 188).

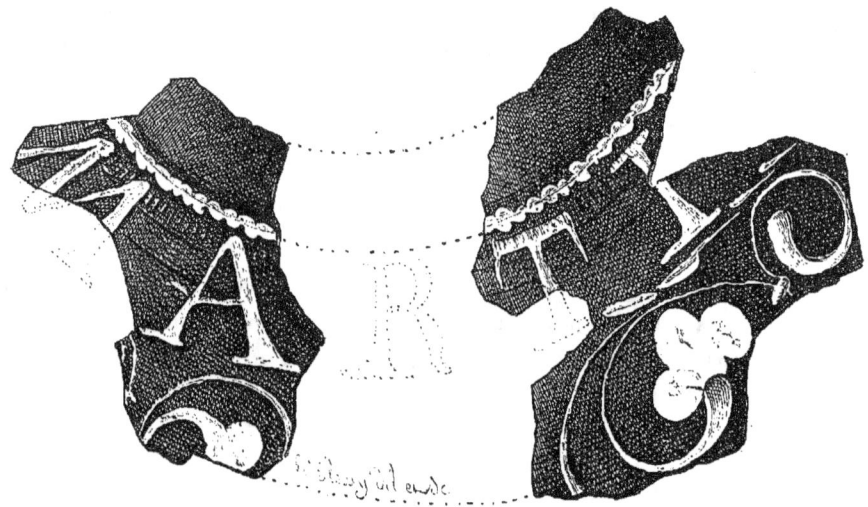

Fig. 188. — Vase dédié à Mars, de Nizy-le-Comte.

Sous l'inscription, la panse s'élargit et s'orne de rinceaux d'un goût très-pur, d'une grande finesse, hardiment déroulés et plus en relief que l'inscription. La recherche la plus attentive et minutieuse n'a rien fourni de plus que les quelques fragments déposés au musée de Laon, mais a prouvé que ce type n'était pas unique à Nizy; car, à la fin des fouilles de 1852, le sol de *la Justice* avait encore restitué plusieurs fragments de même fabrication et à motifs identiques et blancs sur noir, appartenant à un vase de plus petite taille.

Les traces du culte de Junon font défaut; mais voici celles de la dévotion à Diane (fig. 189) sur un vase du Château-d'Albâtre, et de Minerve sur un grand et beau fragment de vase samien (fig. 190) venu de Saint-Quentin (collect. G. Lecoq), au type de Minerve armée et casquée. On a eu à Barenton-sur-Serre une médaille de plomb avec cette légende incomplète : MINER. E.. IX...

Éros ne pouvait manquer à cette revue de l'armée céleste. Sur un fragment de vase rouge encore de Saint-Quentin (fig. 191), il apparaît, voletant au-dessus de son autel, à une dévote qui lui va sacrifier l'oiseau amoureux par excellence, une tourterelle, semble-t-il, tandis qu'à gauche, un génie femelle et qui plane offre un objet fruste et indéfinissable. La collection de M. de Saint-Marceau, de Limé, s'était enrichie d'une jolie statuette, en marbre blanc, d'un Cupidon (fig. 192) un peu

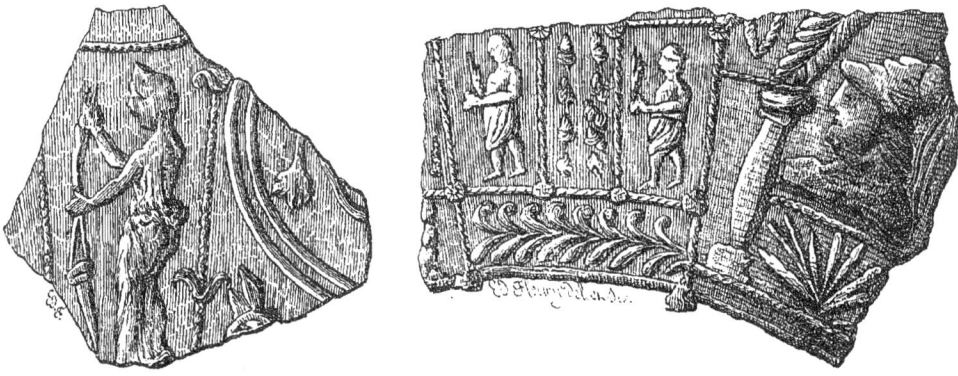

Fig. 189. — Vase de Diane, de Soissons.

Fig. 190. — Sacrifice à Minerve, de Saint-Quentin.

mollement traité, malheureusement fort mutilé et représenté, comme l'ont fait si souvent les sculpteurs de l'antiquité, gambadant et se réjouissant des tourments qu'il cause par le monde. Vers 1830, il

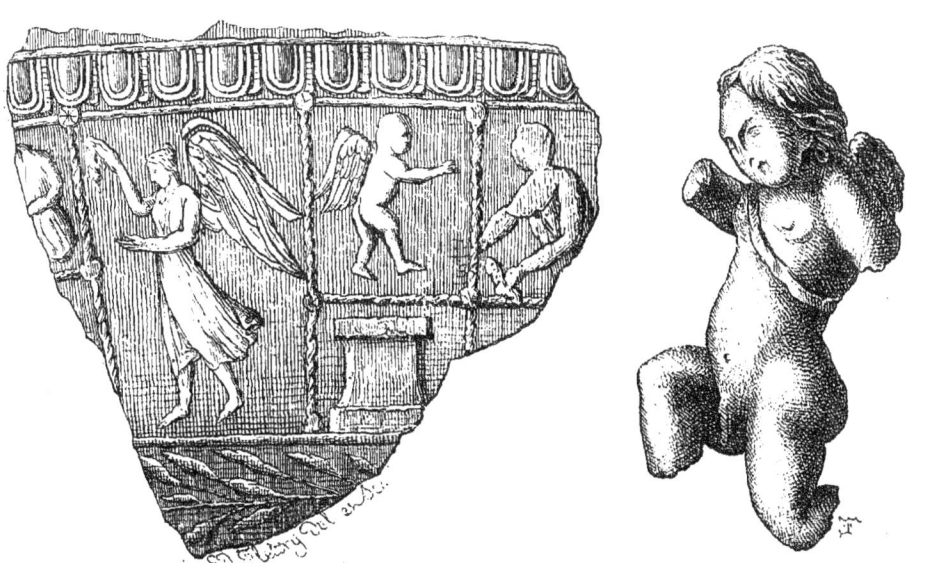

Fig. 191. — Sacrifice à l'Amour, de Saint-Quentin.

Fig. 192. — Statuette de l'Amour, à la ville d'Ancy.

est sorti du Château-d'Albâtre, à Soissons, un bronze d'Éros, haut, paraît-il, d'environ 0^m,25, et qui fut immédiatement adressé au ministre de la guerre, les travaux se faisant alors par le génie militaire.

M. de Caumont[1] dit qu'il a rencontré très-fréquemment des statuettes de terre blanche à la représentation de Vénus anadyomène, toujours nue, toujours la tête abondamment fournie d'une chevelure
qu'elle soutient de la main droite, tandis que de la gauche elle relève une draperie. Je n'ai jusqu'à
présent vu ce type d'idole populaire qu'une seule fois. Il sortait (fig. 193) de dessous les racines du
chêne antique qui restitua, dans la *Haie d'Aubenton*, l'Isis dessinée plus haut en la figure 178[2]. La
statuette de Vénus a 0^m,14 de hauteur, et, après M. de Caumont, plus n'est besoin de la décrire. Les
traits de la figure sont très-effacés, la gorge un peu détruite, la hanche proéminente, les deux
jambes coupées au-dessus de la malléole. Cette coupure est très-nette, et la figure n'a jamais porté

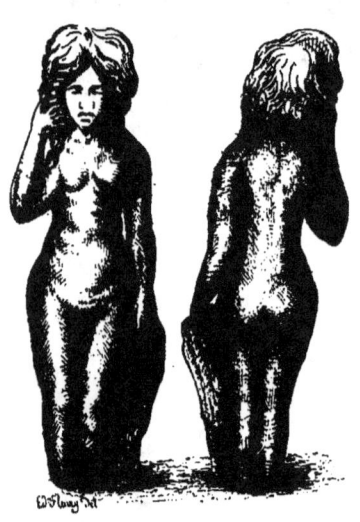

Fig. 193. — Vénus d'Aubenton.

sur un socle. Faut-il prendre pour une Vénus ou pour
une Cybèle une statuette en bronze arrivée des environs
de Soissons, mais sur laquelle je manque de renseignements précis, et qui était assise nue et drapée dans un
voile qui lui couvrait la tête, se moulait sur la gorge et
retombait sur les pieds? et qu'est devenue cette antique
après la trouvaille?

Appartenaient-elles au culte de Vénus et à ses mystères paphiques, ou à celui d'Éros, ou à celui de Dioni-
sios, dieu des bacchanales nocturnes et éhontées, ces
représentations phalliques que deux fois déjà (V. la
1re partie de ce livre, *Enceinte des villes romaines*,
page 197, et *Villas*, page 245) j'ai montrées apparaissant dans les emplacements gallo-romains, à Laon par
exemple et à Arlaines? A Laon, c'est un petit Anubis
cynocéphale et phallique en bronze qui sort du sol de l'*Es-
planade*, sous les murs de la citadelle. A Arlaines, c'est d'abord une terre cuite modelée en emblème
priapique, et plus loin se rencontre un autre phallus tenu par une main, tous deux de bronze. La
collection de M. G. Lecoq, de Saint-Quentin, renferme aussi une petite statuette phallique de bronze
provenant de cet arrondissement. Je ne crois pas qu'il faille voir, dans la diffusion de ces emblèmes
qui blessent nos habitudes modernes, autre chose qu'un symbole arboré plus hardiment qu'on ne
pourrait le faire de nos jours : celui de création, de génération, de perpétuation des races. Ce sont
là peut-être des amulettes répondant à cette bizarre superstition qui pousse certaines femmes dési-
reuses d'avoir des enfants à aller, en toute simplicité de cœur et d'intention, tirer la corde des cloches
d'églises devenues des centres de grands pèlerinages, et que nous pourrions nommer, si nous ne
voulions éviter tout soupçon de chercher le scandale.

1. *Abéc. d'arch.* Époq. gall.-rom. V. *Céramique*, p. 584. Édit. de 1870.
2. Voir sur les statuettes d'Isis à un ou deux enfants, déesses ou nourrices, sur celles de Vénus, etc., le livre de
M. Tudot sur les figurines en argile de l'Allier, 1870.

La superstition est de tous les temps; ainsi chez les Gaulois des sépultures de Chassemy, lesquels se faisaient enterrer avec de petits anneaux en bronze dans lesquels sont passés ou une tige d'encrine, ou un fil de bronze tordu en spirale, ou une dent de castor percée d'un trou pour la suspension. Nous avons connu des amulettes aux sauvages préhistoriques; nous en retrouverons presque d'identiques dans les sépulcres mérovingiens; le moyen âge a eu ses médailles et enseignes de plomb, et il ne faudrait pas chercher bien loin la trace moderne et vivante des bezoards, des anneaux qu'on fait passer encore aujourd'hui devant la figure de certains Saints ressemblant fort à des idoles.

Ce chapitre ne serait pas complet s'il ne traitait pas en quelques lignes la question des divinités topiques : les unes qui sont les génies familiers des lieux, comme la déesse *Arduenna* (les Ardennes), le dieu *Vosège* (les Vosges), une rivière, un vent général, etc.; les autres qui ressemblent à d'anciens dieux locaux, d'ordre infime par conséquent, à peine dégrossis, mal venus, culte qui est à une religion ce qu'un patois est à une langue. Ce culte, cette dévotion, ne sortaient pas d'un canton, d'une ville, d'un simple village; ils ne s'étendaient jamais au loin, et les dieux à qui on les adressait étaient toujours destinés à être absorbés dans la suprématie de divinités plus complètes et qui persisteront à trôner dans un Olympe vieilli et démodé, jusqu'à ce que celui-ci s'affaisse enfin et s'écroule sur lui-même, ce qui ne sera plus long.

Ces déités topiques ou locales ne sont point nombreuses dans nos contrées, et l'archéologie ne nous en a conservé qu'un bon spécimen à nom évidemment gaulois, probablement d'avant la conquête. C'est la déesse Camiorice (*Camiorica*) restituée, en 1845, par une très-curieuse pierre, un cippe mortuaire, trouvée aux environs de la porte Saint-Christophe à Soissons. J'en réserve l'étude un peu plus détaillée pour le chapitre consacré aux sépultures gallo-romaines, et, pour l'instant, je me contente de la copie de l'inscription gravée sur une face du cippe : DEAE. — CAM. — IORI — CE. VO — TUM, *Dédié* ou *voué* à la déesse Camiorix, Camiorice, ou *Camiorica*. Par derrière est sculptée la représentation d'un Gaulois mort en se recommandant à la protection de la divinité qu'il a préférée pendant sa vie. Une archéologie un peu vieillotte a fait de cette image mortuaire une sorte de Mercure gaulois, mais féminin, et de Camiorice la patronne du commerce, en invoquant comme trop souvent la science plus qu'empirique de l'étymologie : *Camiorice* ou *Camiorica*, de *camiare*, *cambiare*, négocier, *camium*, *cambium*, échange, négoce. De là à d'autres singularités, il n'y avait que la largeur d'une interprétation; la déesse Camiorice devint la personnification de l'idée représentée par le caducée de Mercure, celle de la paix que le trafic et le négoce fécondent. Camiorice, c'est donc la Fortune. Vinrent les épigraphistes dont l'un, pensant qu'au moins un mot était tronqué, proposa cette leçon : DEAE. — CAMINESI. — ORICE. — VOTUM; *Vœu d'Orica à la déesse Caminesi.* Un second fit un effort plus robuste d'imagination et lut: *Divo. Esculapio. A. Curato. AMIORICE. VOTUM, Au divin Esculape vœu par Amiorix guéri.* Orica étant une femme et Amiorix un homme, il y en a donc pour tous les goûts. Depuis cette lutte remarquablement fantaisiste et comique, on est revenu au simple, c'est-à-dire à la lecture : DEAE

CAMIORICE VOTUM, et le fameux Mercure a cédé la place à la représentation d'un Gallo-romain mort et qui va faire sa réapparition tout à l'heure et juste à propos.

Comme accessoires religieux, on rencontre souvent les petites cuillers de bronze, *simpulum,* à l'aide desquelles on faisait l'essai du vin destiné aux libations, ou *cochlear* à puiser de l'encens. Trois très-belles simpules en bronze doré sont sorties, vers 1850, d'une fouille pratiquée dans les anciens fossés des remparts de Chauny et m'ont été apportées plus tard à dessiner, sans que je puisse dire ce qu'elles sont devenues. Les collections particulières en contiennent plusieurs autres.

Enfin, ce serait peut-être ici l'occasion de parler des origines et de l'apparition du christianisme dans nos contrées; mais il faudrait revenir sur cette importante question à l'occasion des monuments chrétiens que fourniront nos sépultures gallo-romaines. Nous renvoyons donc ce sujet au prochain chapitre.

15· SÉPULTURES ET RITES FUNÉRAIRES.

Ce dernier des chapitres consacrés à nos antiquités gallo-romaines ne sera pas le moins pourvu d'intérêt, la tombe continuant à nous livrer certains de ses mystères et bien des renseignements utiles, dont les derniers attesteront nettement et avec originalité la défaite de ce polythéisme qui vient de faire défiler devant nous ses nombreuses divinités, et le triomphe du christianisme qui ne va même pas vouloir mêler, à Sablonières, la dépouille mortelle de ses adeptes aux sépultures des païens incinérés.

L'incinération, puisqu'ici ce mot tombe naturellement de la plume, entra-t-elle au nombre des rites funéraires des Belges ou Gaulois du nord? Oui, si l'on en croit la fameuse phrase par laquelle César généralise pour toute la Gaule sans exception l'habitude de l'ustion. Non, si nous en croyons les témoignages unanimes et archéologiquement probants que, chez nous au moins, c'est-à-dire chez les Rèmes et les Suessions, nous ont fournis et en si grand nombre les sépultures si bien étudiées et fouillées à fond du département de la Marne et celles de l'Aisne : Chassemy il y a dix ans, Caranda en 1873, et Sablonières depuis 1875. Ainsi l'exposition rétrospective ouverte, au printemps de 1876, dans le palais archiépiscopal de Reims, abondait en témoignages éloquents des habitudes d'inhumation chez les populations champenoises d'avant la conquête, et dont les chars de bois à roues légères n'étaient pas plus démonstratifs des atteintes du feu que les squelettes retrouvés en entier avec leur ossature entière blanchie par le temps. Le catalogue, dans la nomenclature des expositions de MM. Morel, Fourdrignier et Auguste Nicaise, ne nous atteste pas la présence exceptionnelle d'un seul mort incinéré; les exemples d'inhumation habillée y sont nombreux. A Chassemy, M. Édouard Piette, de Craonne, a retrouvé le squelette entier d'un guerrier gaulois enterré avec son char, ses armes, ses joyaux et ses vases; mais sa fosse n'était pas la seule qui fournît l'exemple et la preuve de l'inhumation. Grâce aux détails que ce savant m'a prodigués avec tant de complaisance, j'ai pu décrire exactement, dans la première partie de ce livre, page 103, le spectacle

ordinaire offert par le mort gaulois dans chaque tombe où se retrouvaient ces beaux vases que j'ai
décrits et dont les formes appartiennent, à peu près en commun, aux sépultures à la fois de Chassemy, Sablonières et Caranda (fig. 79, type archaïque, et 78, types perfectionnés et déjà artistiques). J'y disais : « Les Gaulois y inhumèrent leurs morts sans les brûler... Les corps y étaient
« étendus horizontalement, les deux jambes l'une contre l'autre, et les deux bras aux côtés.
« La bouche était toujours fermée. Les vases étaient placés à la tête, parfois aux côtés avec les
« armes, parfois aux pieds, mais ne contenaient jamais ni cendres, ni ossements calcinés.
« Quand on trouvait à Chassemy des sépultures à ustion, le vase était toujours de forme romaine.
« (Voir la fig. 161.) Les renseignements sur Caranda et Sablonières sont concordants. N'a-t-on
« pas, comme exemples certains, les deux inhumations couchées des chars de Sablonières et de
« Chassemy? »

Cependant, si l'on admet que César n'a pu se tromper, il faudrait croire qu'à son arrivée dans
la Gaule, et il n'excepte nommément ni les Rèmes, ni les Belges, les corps des morts y étaient
brûlés sur un bûcher avec tout ce que le défunt aimait pendant sa vie : ses esclaves, ses clients,
ses chevaux. L'affirmation est précise, impérative, absolue, et voilà textuelle la phrase des Commentaires de bello gallico, lib. VI, cap. xix : « *Funera sunt pro cultu Gallorum magnifica et*
« *sumptuosa; omniaque, quœ vivis cordi fuisse arbitrantur, in ignem inferunt, etiam animalia ;*
« *ac paulo supra hanc memoriam servi et clientes, quos ab iis dilectos esse putabant, justis funeribus*
« *confectis, una* CREMABANTUR. » Pomponius Mela, l. III, cap. ii, ajoute : « *Cum mortuis*
« CREMANT *et defodiunt apta viventibus olim ;* » ils brûlent et enfouissent avec les morts tout
ce que ceux-ci aimaient pendant leur vie. Diodore de Sicile, l. V, c. xxviii, ajoute même ce détail :
on envoyait aux défunts des nouvelles dont, passés à la seconde vie, ils prendraient connaissance
à l'aide de lettres à leur adresse qu'on jetait dans les flammes du bûcher.

Ce qui était vrai autre part, dans le midi, dans *la Province*, ne l'était pas chez les Belges, où il
faudrait s'inscrire en faux contre le spectacle, toujours le même, offert par nos sépultures de Chassemy et de Sablonières, au sein desquelles non-seulement les morts gaulois, se prouvant par leurs
vases et leurs armes, ne sont point livrés à la crémation, mais où l'on ne brûle pas non plus leurs
chars à Sablonières et à Chassemy, ni leurs chevaux retrouvés entiers à Chassemy, ni leurs animaux
favoris réapparaissant à Sablonières d'où MM. Moreau ont tiré le squelette entier d'un chien de
grande taille et au museau pointu, probablement un levrier. Et cependant César a écrit : « *In*
« *ignem inferunt, etiam animalia.* » On comprend que nous n'essayerons pas de mettre d'accord les
affirmations en sens contraire, celle d'un texte écrit qui a pu comporter des exceptions locales, et
par ce mot nous entendons provinciales, régionales, et celle des faits nombreux acquis grâce aux
découvertes modernes et multipliées dans les départements limitrophes de la Marne et de l'Aisne,
faits que nul historien ne pourra anéantir, quel que soit le degré de confiance qu'on ait été habitué
à lui accorder.

Maintenant le vaincu adopta-t-il les rites funéraires importés par le vainqueur, comme il adopta ses mœurs, ses arts, son culte religieux? Cela ne fait pas doute. A quel moment précis la fusion fut-elle complète? Nul ne pourrait résoudre la question ainsi posée. Ce qu'on peut raisonnablement admettre, c'est la transition qui ne se remarquera pas dans la circonstance présente seulement, mais que j'ai déjà montrée s'exerçant entre les époques de la pierre taillée et de la

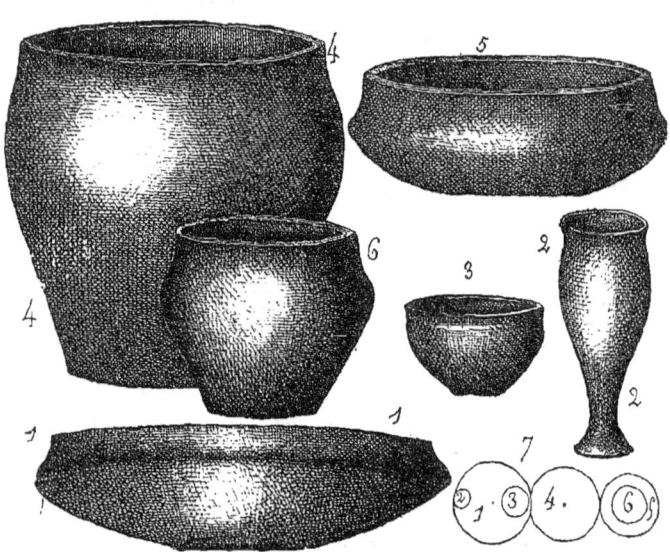

pierre polie, entre celle-ci et l'âge du bronze par les dolmens, entre l'âge du bronze et l'ère celtique par les vieux vases non tournés, mais faits à la main, entre les premiers tombeaux gaulois et les sépultures d'avant la conquête par les vases à formes grecques, ou étrusques si on l'aime mieux, entre l'indépendance gauloise et la conquête romaine par les vases de forme gau-

Fig. 194. — Vases gaulois des sépultures par incinération, de Chassemy.

loise qui vont apparaître à Chassemy et, cette fois, avec des cendres et des débris d'ossements incinérés, de sorte que ce livre — et ce phénomène s'y continuera jusqu'à nos jours, — présentera l'aspect d'un grand ensemble unitaire où il n'y aura jamais interruption brusque et abîme creusé,

saut par-dessus l'abîme et brusque suture, mais où toutes les manifestations des civilisations s'engendreront facilement au contraire, doucement et par demi-teintes, en procédant du faible au fort et du fort au faible, comme par une série de losanges et à la manière d'un *crescendo* et *decrescendo* musical et rossinien où le point de raccordement se dissimule savamment.

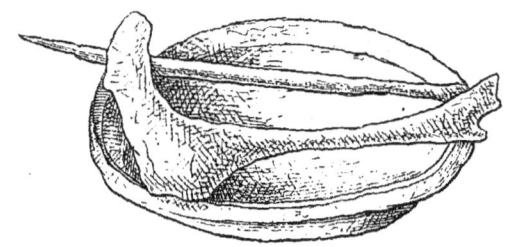

Fig. 195. — Vase à incinération de Chassemy.

Ainsi j'emprunte à l'album de M. Édouard Piette les vases de la figure 194. Ils sont grossiers, faits de terre noire et épaisse, de forme habituelle avant la conquête, et ils se rangent aux côtés du mort à la façon archaïque suivant l'indication cotée n° 7 sur cette figure 194. Auprès d'eux étaient placés, comme aux temps purement gaulois, les parties osseuses et non brûlées d'un quartier de porc. Dans d'autres sépultures, les cendres de l'incinéré contenaient des monnaies gauloises, toujours dans le voisinage d'os d'un morceau de porc déposé là comme offrande mortuaire, d'après les vieux rites qui tendaient à disparaître. Dans les sépultures purement gauloises de Somme-Tourbe dans la Marne, on a rencontré des ossements de gallinacés, probablement des poules; à Chassemy, un vase avec cendres d'ustion, possède aussi des ossements de poule ou de coq (fig. 195), et certainement ces vases ne ressemblent pas à ceux que les Romains importèrent d'Italie et dont j'ai publié plus haut tant de spécimens fragmentés et illustrés, ou entiers et à parois veuves de tout décor. La belle coupe rouge de la figure 161 trouvée à Chassemy est démonstrative de cette importation et du peu de parenté, même indéfiniment lointaine, avec les vases noirâtres de la figure 194. Si les Gaulois se sont décidés, probablement assez vite, à déserter leurs rites nationaux de sépulture avec couronne de vases autour de la tête du défunt, cinq quelquefois comme à Sablonières, il y a eu certainement un temps d'hésitation et de transition dont témoignent les figures 194 et 195, et peut-être le potier tourna-t-il longtemps encore ses vases, populaires surtout, dans les formes des types archaïques, avant d'apprendre à faire romain.

Admettons la fusion complète des rites funéraires et des formes artistiques à un moment donné et difficile à préciser. Il nous faut maintenant chercher les emplacements mortuaires où elle s'est accomplie. Ils sont de deux sortes. Les villes et les grandes agglomérations de populations ont eu leurs vastes cimetières qui ne peuvent se conduire comme ceux des villas ou palais et habitations rurales isolées.

La ville d'*Augusta Suessionum* se créa un cimetière, ou l'un de ses cimetières, au point S. de la figure 96 : *Plan de Soissons à l'époque gallo-romaine.* Il avoisinait le rempart actuel du front sud-ouest de Saint-Jean-des-Vignes, et on en a reconnu l'emplacement pendant les travaux d'un ouvrage avancé qui commande la grande route de Paris (n° VIII des Itinéraires gallo-romains de M. Am. Piette). Là, la crémation ne domine pas en maîtresse absolue, ce que nous constaterons ailleurs et plus d'une fois. Les fouilles, qui ont duré plusieurs années, paraît-il, fournirent plus de deux cents vases contenant des cendres et ossements calcinés, sans parler des monnaies romaines dont les dernières sont de Constantin, ce qui explique comment on trouva aussi dans cette nécropole les traces nombreuses de sépultures par ensevelissement prouvées par les débris de cercueils en bois, plus de trois cents, dit-on, et larges de 0ᵐ,60 sur 2 mètres de long. Un sarcophage était fait de plomb. Du sein des sépultures païennes sortirent des lampes de terre cuite, des verreries, des pots à boire transformés, comme à Sablonières, en vases funéraires et sur l'un desquels on lisait le mot VINUM en lettres blanches à la barbotine. Le musée de Soissons a hérité de quelques-uns de ces curieux objets.

Chassemy eut aussi son grand cimetière mixte comme Caranda et Sablonières. Les sépultures par incinération de Chassemy se sont principalement concentrées au nord et sur la portion de la *Fosse Chapelet* qui s'éloigne le plus de la Vesle et borde le chemin de Bourfeaux (fig. 48).

L'élément romain, relativement à la richesse des témoignages des autres civilisations, ne s'est pas montré très-nombreux dans la nécropole de Caranda : cent tombes environ sur plus de deux mille. C'est lui qui, par la profondeur de ses fosses, un mètre et demi, a jeté le plus de désordre dans la sépulture de l'âge des silex taillés qu'il a dérangés, bousculés et ramenés à toutes les hauteurs de la tranche du sol remué à fond, et même sur la surface de la terre. Les tombes romaines sont disséminées un peu partout à Caranda.

Au contraire, Sablonières a concentré (fig. 196) en deux grands groupes très-distincts ses sépultures gallo-romaines. Étant donné le grand périmètre ponctué du cimetière (fig. 196), la partie AA du plan est affectée aux sépultures païennes et à incinération, et la partie CC à celles à ensevelissement. Ces dernières nous donneront plus de détails à leur vraie date. Quant à la partie spéciale aux incinérations, elle présente un spectacle bien fait pour attirer un instant l'attention. Il n'y a pas là de vraies tombes à proprement parler, comme à Caranda par exemple où une pierre marquait la place de la fosse; à un certain endroit qu'on délimiterait en pensée par deux lignes très-longues et enveloppant un espace large de 3 à 4 mètres, le sol, à une faible profondeur, est comme calciné et noir de cendres et de charbons. Il semble qu'on ait entretenu là et longtemps les bûchers où l'on brûlait publiquement les morts. Rome avait eu de ces grands emplacements à brûler, *ustrina, ustrinum*. Aux deux points BB de la partie A de la nécropole de Sablonières (fig. 196), on constate la présence

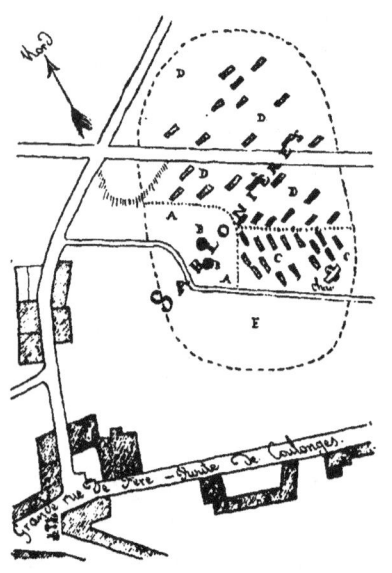

Fig. 196. — Nécropole mixte de Sablonières.

de deux grands trous profonds, larges et remplis de charbons, de débris d'ossements calcinés, et d'innombrables fragments de vases de toutes tailles, formes, couleurs et épaisseur. Quelle qu'ait été l'habileté de la personne chargée, depuis quatre ans, de la restauration des vases de la collection Moreau, elle n'a pu rapprocher et ressouder même deux fragments de cette vaisselle brisée. Faudrait-il croire que les chrétiens, ainsi que je l'ai fait pressentir plus haut, auraient repoussé systématiquement, rituellement, la pensée de coucher leurs morts, promiscuité compromettante et odieuse, parmi les cendres des païens et des persécuteurs?

On ne trouve pas d'incinérés parmi les ensevelis de la partie CC du plan de Sablonières, de même qu'on ne trouve pas de tombes à inhumations dans la partie AA. C'est là un fait qui mérite une attention sérieuse. Il est certain que les premiers chrétiens évitèrent toujours avec soin de confondre les restes de leurs frères avec ceux des païens, et que, dès le principe, ils eurent leurs sépultures. Ainsi dans le recueil des inscriptions de Muratori on voit un Romain nommé Jucundus déclarer qu'en se faisant chrétien, il a renoncé à son droit à un tombeau païen, probablement de famille, *jus ollarum*, et l'a vendu à un esclave de Drusus (1ᵉʳ siècle, sous le règne de l'empereur Claude). Maintenant on pourra objecter que le rite de l'incinération a commencé à décliner dès le temps de Pline lui-même (IIᵉ siècle) qui constate cette tendance, que beaucoup des sépultures à ensevelissement de Sablonières ont fourni des vases païens, et que les vrais ensevelissements chrétiens aux points CC de Sablonières ne peuvent dater que de la fin du IIIᵉ siècle au commencement du IVᵉ. L'objection a une véritable valeur; mais la séparation évidente des deux emplacements mortuaires de Sablonières n'en a pas moins une cause qu'il faut chercher.

Quincy-Basse, sur la pointe de la montagne de la *Bataille* (canton de Coucy); Nouvion-le-Vineux et Vorges du canton de Laon; Mons-en-Laonnois, Chaillevet et Lizy, du canton d'Anizy; Voyenne, du canton de Marle; Verly, du canton de Wassigny; Chavignon, du canton de Vailly; Cugny, du canton de Saint-Simon; Arcy-Sainte-Restitue, du canton d'Oulchy, et tant d'autres localités dans nos contrées, eurent leurs cimetières romains prouvés par leurs débris démonstratifs d'époques, mais mêlés à des monuments des mœurs et des arts évidemment mérovingiens.

Il a été bien souvent question des antiquités romaines qui sont sorties du sol sur l'emplacement d'Ancy du terroir de Limé (canton de Braine), emplacement que l'archéologie a toujours considéré comme celui d'une *villa*. Cette attribution pourrait bien recevoir quelque atteinte par la découverte en mai 1866 d'une sépulture qui ne parut pas manquer d'une certaine ampleur incompatible, en apparence, avec l'idée d'une simple habitation aux champs, quelque riche qu'elle ait pu être. La charrue avait signalé une grande quantité de poteries, et des fouilles poussées avec soin[1] fournirent bientôt des vases, amphores, cruches, bols, pots à boire, etc., tous remplis de cendres, de débris d'ossements et de charbons. Certains étaient renfermés dans des urnes de pierre à deux compartiments parfois, d'autres fois à un seul que recouvrait une brique ou une pierre plate. Un vase de terre cuite, noire à l'intérieur et, à l'extérieur, pourvue d'une couverte ou engobe rouge, était fermé par un fragment de grande tuile à formes romaines, et reposait dans un coffret ou *cista* de bois pourri, mais dont les coins et ornements de cuivre n'étaient pas sans quelque valeur artistique. Un petit caveau était formé de six tuiles, quatre pour les côtés, deux pour les fonds et le couvercle, et contenait des cendres, une petite cuiller en os, deux fibules et un de ces *unguentaria* que des archéologues s'obstinent à nommer « fioles lachrymatoires ». Ce sont bien là les témoignages de sépultures à incinération; mais on trouva aussi des squelettes entiers et des clous, ce qui annonçait des cercueils, c'est-à-dire des ensevelissements avec vases, par conséquent postérieurs aux rites de la crémation et appartenant aux IIᵉ et IIIᵉ siècles. C'est un témoignage de plus de cette transition qu'on n'a pas toujours su reconnaître.

---

1. *Cimetière gallo-romain de l'ancien Vicus d'Ancy*, par S. Prioux, 1864.

On n'a pas retrouvé les cimetières de certaines localités cependant importantes comme Bazoches, Arlaines, Ciry, Blanzy, etc. Il en est de même à Nizy que les Itinéraires romains considèrent cependant comme un point nécessaire à marquer sur les cartes, cette ville à deux noms, *Minaticum* et *Ninittaci,* et où des fouilles poursuivies pendant plus de quatre ans n'ont pas suffi pour obtenir le dernier mot à dire par cet emplacement si curieux.

Ayant longtemps cherché le cimetière, je n'en ai jamais trouvé trace. Il a existé cependant, puisqu'il en est arrivé des témoignages qui, jadis placés dans les murailles des maisons modernes du village, parlaient haut d'archéologie et d'importantes découvertes à faire, en forçant l'attention des plus indifférents par leur caractère bizarre. C'étaient de grossières sculptures (fig. 197) représentant, dans des proportions assez exiguës, — la plus haute, celle à trois personnages, ayant environ 0^m,60, en tous sens; — représentant, dis-je, des figures humaines peu profondément fouillées, très-frustes pour la plupart, certaines même assez difficiles à reconnaître. Ces pierres, ou cippes, ont été élevées autrefois sur des tombes dont elles marquaient l'emplacement. Elles sont le produit du ciseau inhabile et rudimentaire d'ouvriers gaulois prétendant imiter sans doute la statuaire romaine qui s'était tant de fois manifestée sur les stèles ou pierres mortuaires. La pose des effigies y est peu artistique. Dans les pierres toujours creusées en forme de voûte, mais que parfois un marteau moderne a équarries pour les faire entrer dans les murs des maisons de Nizy, un personnage se montre généralement enfermé dans un cintre, toujours raide et guindé, toujours la tête et les jambes nues, toujours enveloppé dans un manteau descendant au-dessous du genou et dont les plis, peu nombreux et partant des épaules, se croisent sur la poitrine pour aller se fixer invariablement sous le bras droit. Toutes ces figurines portent dans leurs mains sortant d'une longue manche, un objet assez difficile à reconnaître et que généralement on prend pour une bourse, et cette bourse, d'après une interprétation dont je ne prends pas la responsabilité, symboliserait l'avarice innée et constatée, prétend-on, de nos pères les Gaulois, explication assez peu acceptable, ce semble, en ce sens qu'il est difficile de croire qu'un peuple, accusé d'un défaut, d'une faiblesse si l'on veut, ait voulu raconter et perpétuer sur ses propres monuments funéraires, sur la dépouille mortelle de ses enfants et pour les générations futures, les souvenirs d'un vice dont il aurait eu conscience au point d'en avoir voulu plaisanter lui-même. Si c'est vraiment une bourse, elle serait plutôt et plus probablement l'emblème de la rançon à payer pour l'âme au moment où elle va pénétrer dans le séjour du repos éternel.

La comparaison de ces quatre petits monuments et d'autant d'autres qui sont restés à Nizy maçonnés dans l'intérieur de bâtiments d'exploitation rurale, leur comparaison, dis-je, avec de semblables pierres sculptées et évidemment romaines permet d'affirmer leur destination funéraire. Montfaucon nous fournit, en effet, de nombreux débris de cippes provenant de tombeaux gallo-romains et ressemblant exactement aux nôtres, à la perfection près de la forme et de l'art. La comparaison avec des cippes traités par les artistes romains pourrait ne pas suffire, si, dans le livre encore de Montfaucon, nous ne trouvions des stèles gauloises, c'est-à-dire presque aussi brutales et

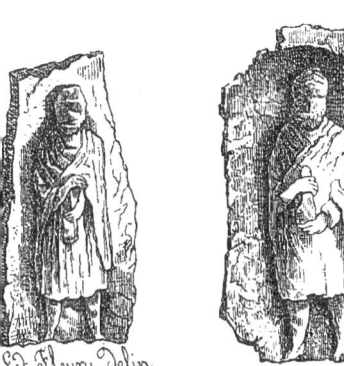
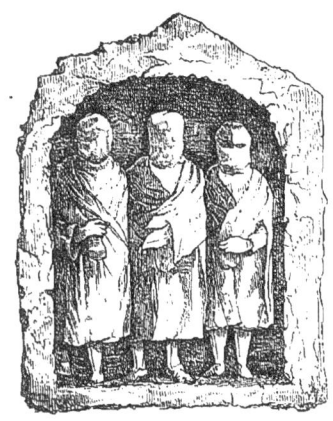
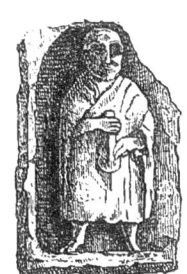

Fig. 197. — Cippes gallo-romains de Nizy-le-Comte.

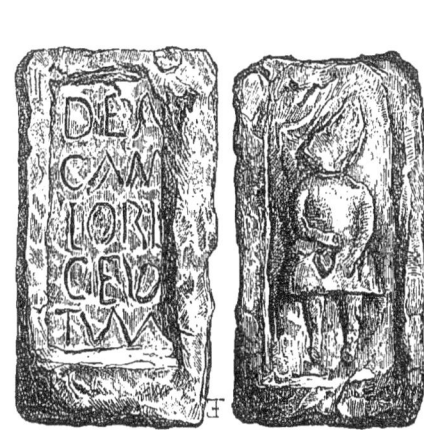

Fig. 199. — Cippe dédié à Camiorix (Soissons).

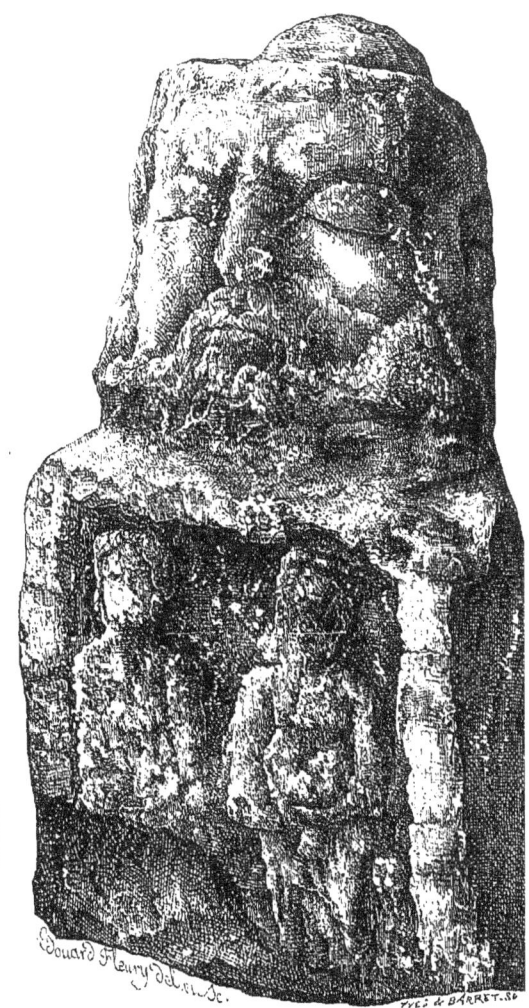

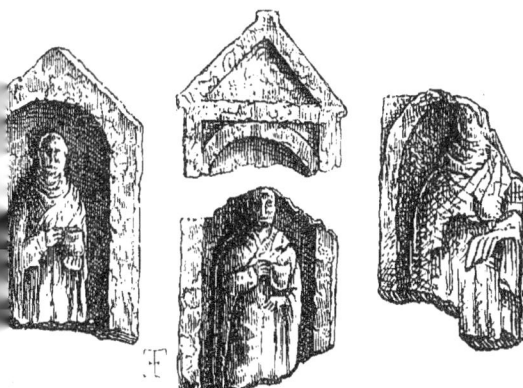
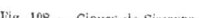

Fig. 198. — Cippes de Sissonne.

Fig. 200. — Cippe tricéphalique de la Malmaison. (D'après une photographie.)

barbares que celles de Nizy, portant les mêmes effigies grossières et de plus l'inscription à initiales sacramentelles : D. N. *Deo Numini.*

Parmi les sept ou huit cippes de Nizy-le-Comte, un seul offre la réunion de trois hommes probablement de la même famille, probablement enfermés ensemble dans la même tombe ; il appartient au musée de Laon, ainsi qu'un des spécimens à personnage unique. Un ouvrier — gaulois quoique français, — avait eu la singulière idée de transformer à coups de ciseau une autre de ces vieilles figurines habillées et portant une bourse sur le ventre, en un personnage nu et tenant un attribut phallique et assez effronté, et cette représentation devenue priapique, il l'avait insérée dans le montant ou pied-droit d'une porte, justement à la hauteur de l'œil de chaque personne qui entrait. On a pu un instant se tromper sur l'authenticité du monument aujourd'hui absolument nié, au moins comme souvenir priapique.

Des cippes romains montrent des personnages tenant ou des instruments de métiers, des scies, des marteaux, des tenailles, d'autres avec des coffrets ou portant des oiseaux sur le poing, d'autres avec un seau ou des vases, l'un même avec une buire dans une main et dans l'autre un vase où il verse le contenu de sa petite cruche. A Marteville (canton de Vermand), on eut un cippe à l'effigie d'un Gaulois pilant dans un mortier [1], sans doute un apothicaire. A Sissonne, les figurines de deux pierres mortuaires trouvées en 1871 dans le marais du *Bel-Air,* à un mètre de profondeur et en creusant un fossé, tiennent toutes les deux un gobelet à hauteur de poitrine (fig. 198). Une troisième, sortie en 1872 du même emplacement, avait le même attribut. A part une différence de détail, celui de l'encadrement dessiné en fronton au lieu de l'être en cintre, c'est le même faire, le même type à Sissonne qu'à Nizy, deux localités fort rapprochées d'ailleurs, ce qui autoriserait à croire que toutes ces pierres, ayant exactement la même date de fabrication, pourraient bien sortir du même atelier. Il en serait de même pour le cippe tricéphalique de la Malmaison dont il va être question, la Malmaison avoisinant intimement Nizy et Sissonne qui est le chef-lieu de leur canton commun. A côté des trois cippes sortis du marais de Sissonne, gisaient des vases gallo-romains de terre noirâtre et les deux jolies ampoules dont l'une, qui contenait des cendres et des os calcinés, je l'ai dit, est représentée sur la figure 173. Malheureusement ces pierres mortuaires de Sissonne, qu'il eût été intéressant de conserver, ont été abandonnées toutes fraîches sur le sol humide du marais où la gelée les a trouvées et les a fait tomber en décomposition. On semble autorisé à penser que le marais du *Bel-Air* pourrait bien contenir encore d'autres vestiges de même nature et qu'il fut jadis le cimetière des habitants gallo-romains de Sissonne, nom à racine celtique, si l'on en croit certains étymologistes.

Rapprochons maintenant des cippes de Nizy et de Sissonne la pierre votive de la déesse Camiorica, de Soissons (fig. 199), et si, d'un côté, nous y lisons l'inscription dédicatoire, de l'autre nous y trouvons l'effigie, aussi reconnaissable qu'à Nizy, du défunt tenant la bourse, mais habillé

---

1. Dom Grenier, *Introduction à l'histoire de la Picardie,* p. 247.

du *Sagum* et non drapé dans un manteau, détail de costume qui ne suffirait pas pour détruire l'idée de l'identité et d'une ressemblance intime entre tous ces petits monuments. Lorsque l'archéologie locale ne connaissait que celui de Soissons rencontré au point U du plan de Soissons aux temps gallo-romains (fig. 96), le long de la route de Paris (n° VIII des Itinéraires, page 190 de la 1ʳᵉ partie), entre le cimetière S et le Château-d'Albâtre GG, il était peut-être permis de croire à l'image ou de la divinité hermétique Camiorica, ou de Mercure lui-même et portant la *crumena* ou poche de cuir qui contenait l'obole avec laquelle il payerait le passage des âmes qu'il était chargé de conduire au Tartare ou aux Champs-Élysées ; mais pourrait-on admettre que tous les huit cippes de Nizy fussent gravés systématiquement à la représentation de Mercure comme divinité appartenant à un rite funèbre, et surtout qu'on eût pensé à sculpter trois Mercure sur la stèle à trois personnages de la figure 197 ? Pour faire repousser cette supposition, il suffit de rappeler que sur le cippe de Marteville cité plus haut, on voit représenté un homme agitant un pilon dans un mortier, et que Montfaucon cite d'autres pierres mortuaires où des femmes gauloises apparaissent. Une des pierres de Nizy-le-Comte réunit purement et simplement, et non dans une intention symbolique, trois effigies de défunts, et celle de La Malmaison (fig. 200) en montre deux dans sa cavité formant tableau et pourvue d'un cadre carré en forte saillie. Évidemment, et détail nouveau, une des figures est toute nue, l'autre semblant vêtue. La figurine de droite tient toujours la bourse symbolique, tandis que l'état de dégradation de la seconde permet seulement une supposition à ce sujet.

Mais ce qui force l'attention cette fois, c'est l'apparition d'une tête tricéphalique qui ne peut appartenir qu'à une divinité. Quelle divinité ? La tête à trois faces de la figure 200 ne pouvait les montrer toutes à la fois sur un dessin. Ici, celles de face et de droite (droite de celui qui regarde), sont très-apparentes et reconnaissables, deux fronts, deux nez, deux bouches, deux mentons barbus et trois yeux dont l'un est commun aux deux faces visibles. Celle non apparente de gauche présente les mêmes phénomènes. L'ensemble est couronné en haut par un appendice dont il est difficile d'expliquer la nature et où certains ont voulu voir une coiffure se terminant en tête de bélier, comme ils avaient voulu voir un coq entre les mains du personnage nu sculpté dans le tableau de l'étage inférieur de la pierre. C'est ainsi que la stèle de La Malmaison a été représentée sur une lithographie datée, d'après certains détails, de 1830 à 1835, signée « le capitaine Richoux », et sortant des ateliers de Lemercier et Cⁱᵉ, à Paris. On y voit le tricéphale coiffé d'une couronne surmontée d'un ornement bizarre, dessiné de façon à montrer les trois têtes à la fois, ce qui, en perspective est impossible, et la petite figurine nue du bas, amincie, svelte, presque élégante, tient un coq sur son bras gauche. J'ai dessiné ma figure 200 d'après une photographie prise sur le tricéphale de La Malmaison couvert encore de végétations verdâtres, de sa lèpre engendrée par le temps, c'est-à-dire dans toute sa vérité sévère et même brutale. Il allait alors partir de Laon pour prendre place dans les salles du musée de Saint-Germain où je l'ai trouvé lavé, bien blanc, tout rajeuni, mais n'ayant plus ce grand caractère que le temps, sa rouille et sa patine impriment aux débris antiques. Tel qu'il est ici et tel qu'il a été dessiné sur nature et à mon intention par M. Am. Varin, graveur à Crouttes, personne ne lui verra ni tête de bélier en guise de bonnet, ni coq aux mains du petit défunt.

Ce qui frappera, c'est le calme impassible qui règne sur cette triple face au front aplati, aux yeux fermés, aux lèvres serrées dans leur encadrement de barbe. Les procédés de gravure dont je fais usage m'ont presque permis de rendre exactement l'état verruqueux des détails de la pierre au moment où, sale et moussue, elle a été soumise à l'objectif photographique.

D'après certains renseignements, ce tricéphale serait sorti de l'éventrement d'une butte, — certains affirment un tumulus — qui se trouvait sur le terroir de La Malmaison. La légende de la lithographie signée par le capitaine Richoux dit qu'on a trouvé cette pierre non pas dans les entrailles, mais « auprès » de cette butte, et elle ajoute que celle-ci se nomme « la *Vieille motte* », motte de *meta,* borne, si l'on s'en rapporte à Guibert de Nogent.

On a dit encore de cette pierre tricéphalique, les uns que c'était un Mercure trismégiste, mais trismégiste ne signifie pas tricéphalique, les autres qu'elle offre la représentation du Mercure gaulois qui a succédé à Teutatès, lequel a succédé lui-même au Thaut ou Thot égyptien et phénicien. Je ne me hasarderai ni à combattre ni à approuver ces sortes d'hypothèses, tout en croyant à une représentation religieuse, et, rencontrant, dans le catalogue de l'exposition rétrospective de Reims en 1867, la mention de « cinq pierres sculptées représentant une divinité tricéphale de l'époque gau- « loise » dans les vitrines du savant M. Duquesnel, de Reims, je me contenterai d'imiter la réserve modeste avec laquelle le catalogue ajoute : « Divinité non encore déterminée. » Cependant il est utile de consigner ici une observation qui doit avoir sa valeur : les cinq tricéphales de M. Duques- nel furent trouvés dans le pays des Rèmes; le tricéphale cippique de La Malmaison sort du *pagus laudunensis* appartenant aux Rèmes, comme les deux quatricéphales de Nizy-le-Comte dont l'un est décrit et dessiné dans la première partie de ce livre, pages 165 et 166, figure 82, ces huit sculptures si voisines les unes des autres qu'elles doivent peut-être représenter une même divinité topique, locale, cantonale, c'est-à-dire spéciale à une contrée, les idoles quatricéphaliques de Nizy pouvant être, à leur grossièreté, tenues pour plus vieilles, je l'ai dit, que les tricéphaliques qui sont gallo-romaines pour sûr [1].

Les sépultures de cette dernière époque se montrent souvent isolées. Parmi celles-ci je veux citer avant tout celles dont les traces se rencontrent assez fréquemment dans la forêt de Saint-Michel (canton d'Hirson) et dans les villages qui l'avoisinent. Ce sont des urnes formées de deux fragments de pierre dure (fig. 201 et 202), — une seule urne jusqu'à présent se formant de trois frag- ments, lesquels ne sont pas liés par du ciment, mais juxtaposés seulement. Creusés chacun à

---

1. L'étrange et très-intéressante galerie des antiquités cambodgiennes au musée de Compiègne offre plusieurs divinités ou tricéphaliques ou à quatre têtes. Un groupe énorme, effrayant, montre même un quatricéphale surmonté d'un tricéphale. — Dans une petite église villageoise des environs de Senlis, j'ai rencontré tout récemment une console extrêmement curieuse; un faisceau de colonnettes retombe sur un culot à représentation tricéphalique, une tête de face étant flanquée d'une tête de profil à droite et d'une autre à gauche. Cela semble appartenir à la fin du XIIIe siècle.

peu près hémisphériquement, ils renferment dans leur cavité un petit vase de poterie fine, grisâtre, de forme sommaire et ventrue, lequel contient toujours des cendres et des ossements humains calcinés. Elles sont taillées, comme les meules romaines, dans ce poudingue granitoïde appelé dans la contrée *pierre à sel* et *sarrazine*. On en a recueilli un certain nombre, il y a vingt-cinq ans environ, dans la forêt[1] aux environs de Maquenoise (fig. 201), et plus récemment (fig. 202) dans une sorte de retranchement dit *le Fort-d'Artoise,* au plateau de *Gratte-Pierre* (commune de Saint-Michel) qui confine à la frontière de Belgique. Au lieu d'être toujours carrées comme forme extérieure, on en connaît qui présentent tout à fait la figure d'une sphère creuse[2], au dire de M. le docteur Rousseau, d'Hirson, qui croit à la sépulture de soldats romains[3], sans doute à cause de la proximité du camp de Maquenoise, lequel a pu recevoir et abriter les troupes envahissantes au sein de ses retranchements à formes préhistoriques (v. fig. 30, 1re partie, page 59). Les paysans gaulois de la contrée

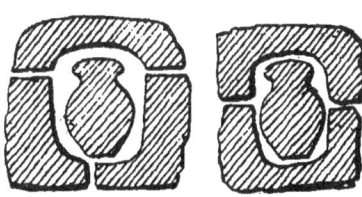
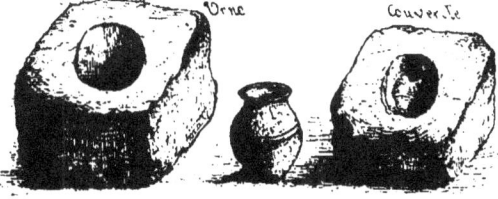

Fig. 201. — Urnes de pierre de la forêt de Saint-Michel.

Fig. 202. — Urnes de pierre de Saint-Michel.

ont pu aussi tailler ces urnes grossières lorsqu'ils se convertirent aux rites funéraires de l'incinération, et la forme des vases est plutôt gauloise que romaine. Ce serait alors un témoignage de l'époque de transition retrouvée à Chassemy. La forme de ces urnes, ou tout au moins de leurs fragments séparés, les a fait prendre pour des mortiers antiques à concasser les grains par des archéologues qui ne les ont pas vues en place et munies de leur petit vase de terre grise, à base étroite, serrés au collet et munis d'une panse assez développée. Dans le pays et à cause de l'usage habituel qu'on en fait lorsqu'on en découvre, on les nomme *bacs à poules.*

La forêt de Bohain (arr. de Saint-Quentin) a eu aussi ses sépultures isolées, une au moins, celle qui, découverte en 1860, renfermait le curieux coffret ou *cista* orné d'un quadrige sur ses quatre faces et dont j'ai donné, sur les figures 111 et 112 de la première partie de ce livre, le dessin, ainsi que celui des vases de verre qui l'accompagnaient. Auprès de lui se voyaient aussi des poteries noires et une monnaie romaine très-fruste. Le tout était renfermé dans un petit caveau formé par cinq grès bruts et couverts eux-mêmes par un amoncellement de cailloux. Ce sont eux qui attirèrent

1. *Bull. de la Soc. acad. de Laon,* t. II, p. 49, 1853.

2. Le musée de Saint-Germain, certaines sépultures du Poitou, de la Creuse, etc., ont fourni de ces globes soit de pierre, soit de terre cuite, et qui, composés de deux pièces, parfois de trois, renfermaient des vases remplis de débris humains incinérés. (V. M. de Caumont, *Abéc. d'arch. romaine,* pages 144, 146 et figures.)

3. *Bull. de la Soc. arch. de Vervins,* t. II, p. 155, 1874.

l'attention et décèlèrent la sépulture par le bruit qui en sortit au contact du choc de la charrue. Le sol recélait un silex taillé que j'ai dessiné aussi, non pas que je l'aie cru démonstratif de contemporanéité, de nombreux silex, notamment la magnifique lame de couteau de la figure 10, et d'autres silex taillés également remarquables étant sortis de la terre à Bohain, grattoirs et disques de toute beauté, hache polie, etc. Quant aux cailloux formant couvercle à la sépulture, le terrain d'alluvion les produit là à foison, et à ce petit amas il ne faudrait pas assigner comme cause ce rite funéraire qui, en Bretagne, consistait à faire jeter par chaque passant une pierre qui s'ajoutait à celles apportées là depuis longtemps de façon à former un véritable amoncellement. Le petit caveau mortuaire de Bohain était, d'ailleurs, creusé dans la terre.

C'était aussi la position d'une autre petite sépulture découverte, en 1823, dans la forêt du Nouvion et à peu de distance de ce bourg. Elle consistait encore en une sorte de caveau formé par la réunion de quatre grosses pierres taillées brutalement et au centre desquelles on avait déposé des vases de verre remplis de cendres et accompagnés de quelques débris romains, notamment un fragment de miroir métallique. Nos forêts doivent cacher bien d'autres sépultures isolées et semblables. Dans les *Usages* de Neuve-Maison, village bocager du canton d'Hirson, sur la rive gauche de l'Oise, et sous une grosse pierre enterrée, apparut une « fiole » de verre remplie d'ossements brûlés et dispersés sur l'heure, tandis qu'on emportait le vase[1].

Les verreries jouent un grand rôle dans les sépultures gallo-romaines. On les a vues apparaissant plusieurs fois déjà à la ville d'Ancy, avec une grande bouteille remplie de cendres et de débris incinérés ; à Sissonne, avec deux belles ampoules ; à Sablonières, avec des spécimens aussi nombreux que curieux. En creusant, en 1674, des fossés et en élevant des murs de fortification au nord de la place de Saint-Quentin, on découvrit plusieurs tombeaux évidemment gallo-romains à en croire leurs monnaies et leurs poteries, parmi lesquelles furent recueillis deux très-grands vases de verre, puisque, au dire d'Hémeré[2], « ils étoient de la contenance de trois septiers ». Ils contenaient des cendres, des charbons, des ossements et quelques menues monnaies, l'obole à payer à Caron. Quelques-uns de ces vases de verre étaient, ajoute Hémeré, renfermés dans des urnes de pierre si bien ajustées qu'à peine apercevait-on le point de la jonction entre les deux parties qui les composaient. Ces verreries n'ont pas là un caractère et une destination mortuaires. On ne les fabriquait pas dans le but d'entrer nécessairement dans les tombes, comme l'a cru et affirmé l'ancienne archéologie. Ces vases de verre, de même que tous ceux de terre cuite, appartenaient au ménage du défunt et ne devenaient des *ollæ ossuariæ* ou *funerariæ* qu'au moment où l'on y enfermait, après la crémation du cadavre sur le bûcher, les cendres qu'on allait déposer dans le caveau improvisé ou préparé d'avance, isolé ou appartenant à une grande réunion de sépultures, c'est-à-dire un véritable cimetière. C'est ainsi que l'immense amphore de Nizy-le-Comte retrouvée, je l'ai dit plus haut, sur la

---

1. Docteur Rousseau, *Étude sur les antiquités du canton d'Hirson*, 1874.
2. *Augusta Viromanduorum vindicata et illustrata.*

lisière de l'emplacement de la *Justice,* quatre ans après la cessation des fouilles, est devenue une urne mortuaire, une *olla ossuaria*[1].

A Geny (canton de Craonne), nous allons rencontrer dans un vrai *sepulcrum* non plus une *olla funeraria* d'occasion, mais un véritable cercueil d'argile, une vraie bière de terre cuite, un *loculus* spécialement fabriqué pour sa triste destination. C'était au lieudit *Bellevue,* au sommet du promontoire qui domine l'abbaye de Cuissy et toute la vallée de l'Aisne. Pendant des travaux de recherche et d'exploitation de carrières en 1826, on mit à jour une quarantaine de tombes qui évidemment n'ont pas été scientifiquement étudiées, ou dont l'étude n'a pas été rendue assez publique pour que les résultats constatés pussent être sérieusement utiles. Cependant un de ces nombreux tombeaux a laissé comme souvenir cette particularité fort curieuse : il avait pour couvercle une véritable dalle de terre cuite assez fine et de ton rougeâtre, et cette dalle *litterata*, c'est-à-dire marquée à l'estampille de son fabricant, portait plusieurs fois répété en creux le nom INIVOI que nous avons vu appliqué (fig. 127, première partie, page 238) sur deux ou trois grandes tuiles ramassées au sein de l'entassement de débris incendiés qui recouvraient la mosaïque de Blanzy. C'était à Geny comme à Blanzy la même empreinte rectangulaire avec son cadre et ses beaux caractères en relief formés par l'apposition énergique d'une matrice gravée en creux. La dalle de terre cuite avait des rebords saillants qui lui permettaient d'encadrer exactement le cercueil, comme le fait un couvercle pour le corps d'une boite. M. Am. Piette[2] ne dit pas de quelle matière, pierre ou terre cuite, était fait le corps du *loculus ;* il nous apprend seulement que, comme toujours, on ne trouva pas l'explication simple, une marque de fabrique et un nom d'artisan, mais toute une inscription dont chaque lettre du nom du potier *Inivoi* commençait un mot, inscription à lire ainsi : INTRA. ILLUSTRIS. VIR. OPTIMUS JACET; là, d'autres, prenant l'estampille à l'envers, y lisaient IOVINI, sans faire attention qu'ils renversaient ainsi à la fois le V et l'N. En 1841, sur le même emplacement de la montagne de Geny, un éboulement signala un caveau, un vrai *sepulcrum*, enterré à une profondeur de deux mètres et dont la voûte venait de s'écrouler. On y accédait par sept ou huit marches de pierre larges d'un mètre et hautes de 0^m,20 environ. Le *sepulcrum* contenait quelques débris d'ossements, deux monnaies romaines, l'une de bon argent, l'autre de bronze et percée d'un trou au centre, un amulet ou porte-bonheur. Un vase de terre noire, malheureusement écrasé, portait à sa partie supérieure comme une couronne de godets au nombre de six, lesquels semblaient destinés à recevoir les bougies d'un petit luminaire.

Si à Nizy-le-Comte le cimetière ne fut pas retrouvé, on paraît avoir eu une sépulture isolée à

---

1. Circonstance encore plus curieuse : le cinquième volume des *Mémoires de la Société des Antiquaires du Centre* (1875, pages 38 et suivantes) constate la découverte à Fontillet (Cher) de dix amphores plantées ensemble dans une fosse mortuaire et toutes remplies, au tiers de leur capacité, de cendres mêlées de charbons, restes évidents d'un bûcher funéraire, ou plutôt de plusieurs bûchers funéraires. Il y avait probablement eu là tout près un *ustrinum* comme à Sablonières. Un débris d'os, phalange d'un doigt d'homme de grande taille, fut soumis à l'analyse et trouvé pourvu des preuves d'ustion.

2. *Itinér. gallo-romains dans le département de l'Aisne,* chemin xx dit *Voie de la Barbarie,* p. 256 et 257.

l'ouest du village moderne, à l'extrémité sud de la *Justice* et le long de la voie romaine de Reims à Bavai, comme il arrive souvent le long des grandes chaussées sortant de Rome ; là, on trouva deux vases qui contenaient des cendres.

Il pourrait bien se faire que les deux puits enfermés dans le grand bâtiment de la *Justice* à Nizy, et figurés **E** dans l'*impluvium* et **D** à sa gauche (fig. 126, p. 235, 1ʳᵉ partie), fussent des puits funéraires comme M. l'abbé Baudry en a, pour la première fois en 1859, trouvé au Bernard, comme M. Baudot en a fouillé à Beuvray en 1869, et M. le docteur Charpignon à Orléans

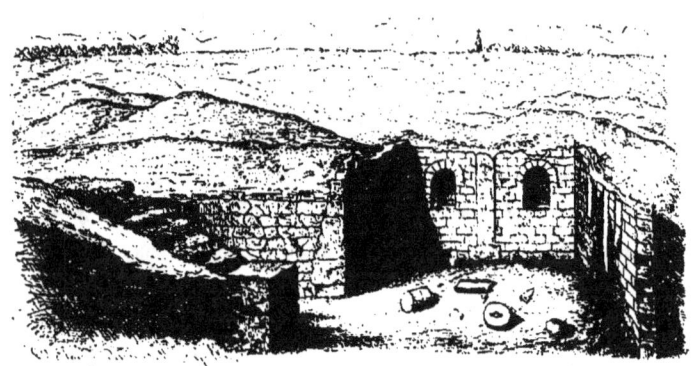

Fig. 203. — Vue perspective du *sepulcrum* de la Planchette, à Vervins.

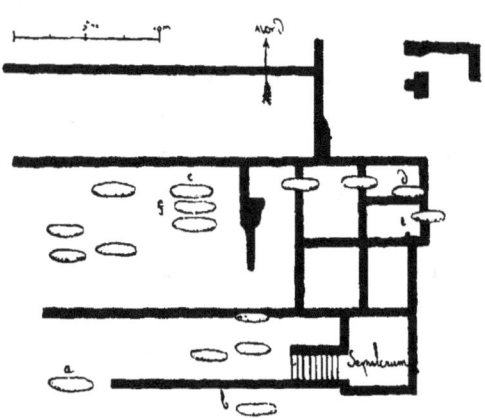

Fig. 204. — Plan du *sepulcrum* de la Planchette, à Vervins.

en 1871, etc. Au moment des fouilles entreprises à Nizy de 1851 à 1855, on n'était pas encore sur la trace des puits contenant des sépultures. Ceux de Nizy, interrogés cependant avec soin, ne furent peut-être pas questionnés jusque dans leurs dernières profondeurs. Aujourd'hui on peut rappeler seulement que, comme au Bernard où, avant d'arriver aux dépouilles humaines enfouies à neuf mètres, on trouva un entassement chaotique d'os de ruminants, de solipèdes, de carnivores, de poteries romaines, etc.; on peut rappeler, dis-je, que des puits de la *Justice* à Nizy il sortit, en des fouilles reprises à deux fois et menées jusqu'à la couche aquifère, des pierres de toutes les dimensions, des débris de sculpture, tête de femme, masque grimaçant, doigt de marbre, encoignure d'autel, etc., les deux quatricéphales dont l'un a disparu, etc., et, à 9 mètres de profondeur, sous des pierres, on tomba sur un lit assez épais de très-fortes coquilles d'escargots et de petits cadavres de rongeurs, rats, souris, loirs ou belettes. Les coquilles d'escargots étaient toutes vides, mais complètes et bien conservées. Le lit pouvait avoir une épaisseur d'au moins 0ᵐ,50 sur toute la largeur du puits d'où il vint aussi des défenses de sanglier. Mes notes et articles d'alors ne parlent pas d'ossements humains ou 'entiers ou fragmentés. Au reste, la recherche ne fut pas poussée, je le répète, dans le sens de puits funéraires.

Peut-être faut-il en voir dans des puits trouvés au xviiie siècle à Saint-Quentin et auprès d'un emplacement brûlé et ressemblant à un *ustrinum* habituel [1].

Une étude, cette fois très-sérieusement faite et poussée à fond, montrera un côté nouveau des sépultures gallo-romaines au temps de l'incinération. Nous allons voir les villas romaines, peut-être ne faudrait-il pas généraliser, mais plutôt écrire : certaines des villas romaines possédant un véritable *ollarium, colombarium,* leur sépulture de famille, *sepulcrum familiare,* non pas située comme

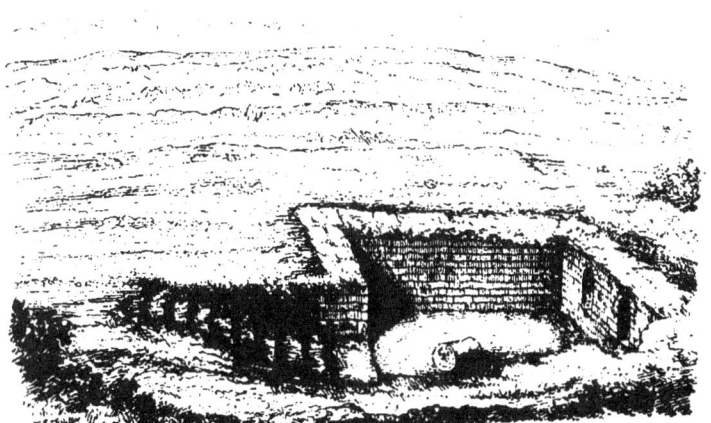
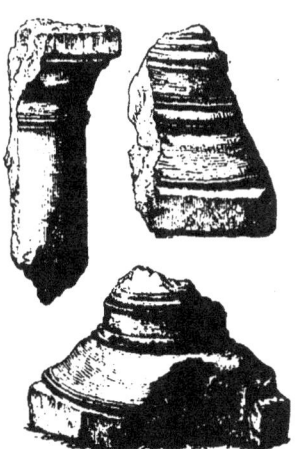

Fig. 205. — Vue et détails du *sepulcrum* de la villa de Proix.

en Italie au rez-de-chaussée, mais dans le sous-sol prouvé par un escalier de quelques marches. Deux exemples absolument identiques nous étant fournis, l'un à Vervins, l'autre à Proix (canton de Guise), par des découvertes se suivant à peu de distance, même presque simultanées, je crois devoir publier en regard les unes des autres les figures à l'aide desquelles les ressemblances s'établiront et se prouveront ainsi d'elles-mêmes.

La première de ces curieuses découvertes date de 1873 et marque la naissance de la Société archéologique de Vervins. Aux portes mêmes de cette ville, au lieudit *la Planchette* situé entre deux chemins, est un emplacement déjà indiqué à l'attention par les débris romains qui parsemaient le sol ; des recherches bien faites permirent de délimiter toute l'enceinte (fig. 203) et le plan d'une habitation romaine, isolée, d'une certaine importance et qui ne pouvait être qu'une villa dont je signalais l'apparition à la fin de la première partie de ce livre (page 251). Le plan (fig. 204) offre

1. Hémeré, *Augusta Virom. vindicata et illustrata,* chap. xii. De cet emplacement il vint, au dire de l'auteur, de très-beaux vases, des monnaies romaines bien conservées, et le tout se dispersa comme toujours, sans utilité comme trop souvent. Hémeré ajoute avec tristesse et raison : « Toutes ces curiosités auraient dû être recherchées, recueillies avec « soin et exposées dans une galerie publique, pour ne pas laisser disperser et disparaître ces ornements de notre cité. En « cela nos pères se sont rendus coupables d'une extrême négligence. »

l'ensemble d'une construction longue d'environ 30 mètres, large de 20 et orientée de l'est à l'ouest [1].
N'ayant point ici à m'occuper de la villa en elle-même, je me contente d'indiquer sur son plan
l'emplacement exact du *sepulcrum* ou caveau qui fut retrouvé rempli de terre et de décombres :
incroyable quantité de grandes tuiles, hypocaustes, nombreux fragments de vases de terre rouge
grise, noire, vases dont j'ai donné des spécimens plus haut (fig. 161), ferraille sans valeur, ossements humains parmi lesquels une phalange de doigt de femme passé dans une bague, etc. Dans
la couche de décombres épaisse de 0m,20, gisait une meule de pierre à côté d'un petit tas de grains
de blé mêlé d'orge et d'avoine, le tout carbonisé. Le pavage se formait d'une aire ou terri où l'on
avait noyé comme liaison des parties de marne dure, des fragments de tuiles et de vases. La voûte
ou plancher avait disparu ; la hauteur du caveau, du sol à cette voûte, devait être de 2 mètres
environ, et sa forme rectangulaire avait deux côtés de 4m,20 sur deux autres de 3m,64. Les murailles
étaient faites de parements de craie du pays bien rejointoyés à l'aide d'un ciment rougeâtre. La
vue perspective (fig. 203) ne peut offrir que trois parois ; mais toutes les quatre possédaient ces
niches qu'on a appelées *colombaria* quand elles étaient semi-circulaires comme les niches des colom-
biers antiques, ou *ollaria* quand, pourvues de plus de hauteur, elles pouvaient recevoir les jarres
d'une certaine taille, les *ollæ cinerariæ* où, après la crémation sur le bûcher, on enfermait les cendres
des morts et les débris d'ossements non détruits par le feu. Ici les niches de *la Planchette* sont des
ollaria ; elles ont 0m,70 de hauteur, 0m,40 de largeur et 0m,30 de profondeur, et elles pouvaient
facilement recevoir chacune deux urnes. Deux niches étaient pratiquées dans la muraille regardant
le sud, deux dans celle voyant l'ouest, une dans la façade vers l'est percée par l'escalier de descente,
et une aussi sur la face vers le nord où se constatait une petite excavation ou soupirail. L'escalier
montre huit degrés dont le nombre a pu être plus considérable jadis.

Pendant le printemps de 1876, des ouvriers carriers occupés à la recherche de grès pour pavage
sur le sommet d'une butte qui, assise sur le terroir de Proix (canton de Guise), commande la vallée
de l'Oise, tombèrent sur des ruines antiques qui, déblayées, étudiées avec soin, dessinées enfin [2],
fournirent le dessin de la figure 205, c'est-à-dire d'un caveau mortuaire, *sepulcrum familiare,* exactement semblable à celui de la *Planchette* à Vervins, à quelques variantes près dans la position des
niches à urnes cinéraires et dans la trouvaille des débris. La figure 205 donne sur la droite les
moulures de chapiteaux et de bases de colonnes appartenant sans nul doute à la décoration de la
cour intérieure de la villa à laquelle appartenait ce caveau. Celui-ci avait quatre mètres en tous
sens ; par conséquent il était destiné à recevoir seulement les restes mortels des détenteurs peu nombreux de ce petit domaine rural. Les moulures de ces débris d'architecture ressemblent exactement à
celles de la colonnade qui entourait l'*impluvium* de Nizy-le-Comte, ce qui autorise à attribuer au
IIe siècle la date de construction de la villa de Proix détruite plus tard dans ces cataclysmes dont les

1. *Bull. de la Soc. arch. de Vervins.* 1re année, p. 145 et suiv. Planches III et IV.
2. M. Peigné-Delacourt, *J. César, ses itinér. en Belgique.* In-8e avec carte et planches, 1876, à Péronne.

traces se retrouvent sur tous nos monuments de l'époque gallo-romaine (v. notre 1ʳᵉ part., p. 251).
Ce sont les moulures aussi de colonnes à Soissons, au théâtre de Champlieu et aux arènes de Senlis.

J'ai donné (1ʳᵉ part., p. 243, et fig. 130 à 132) des détails sur les curieux objets trouvés,
en 1864, dans un caveau découvert à Chalandry (canton de Crécy) et appartenant aussi à une
villa, à mon avis du moins. Le plan du caveau n'a pas été joint aux dessins des produits de la
trouvaille; mais tout indique là encore un *sepulcrum familiare*. J'ai déjà fait pressentir que je con-
cluerais dans le même sens pour ce petit souterrain de la *Ville d'Ancy* qu'on prit d'abord (1ʳᵉ part.,
p. 246) pour une citerne, sur les faces des murailles duquel on constata trois ouvertures qui sont
des *ollaria*, et dans le terreau noir duquel aussi furent ramassés tuiles, briques, débris de peintures
murales, statuette d'Éros (fig. 192), ossements polis et troués (fig. 134) que certains antiquaires
appellent *flûtes des tombeaux*, que d'autres prennent pour des gonds de porte, et qu'on fabriqua
en grand, paraît-il, à Reims où en certains endroits on en eut de quoi charger des tombereaux. La
découverte d'objets gallo-romains à Barenton-sur-Serre, de laquelle j'ai dit quelques mots plus haut,
semble aussi indicative d'un *sepulcrum* de villa.

Plusieurs fois déjà nous avons noté des cimetières de transition, c'est-à-dire qui contenaient
des sépultures d'époque incontestablement gallo-romaine, les unes avec preuve d'incinération, les
autres avec témoignages d'ensevelissement dans des cercueils de bois : ainsi à Soissons et à Sablonières, pour ne noter que les exemples les mieux établis et tout à fait probants. Est-il possible de
fixer une date certaine à la cessation des rites de la crémation? On croit généralement que l'usage
de brûler les corps morts avait pris fin vers le milieu ou tout au moins vers la dernière partie
du IIIᵉ siècle. Quant à ce qui regarde spécialement nos contrées, une telle affirmation recevrait plusieurs démentis de découvertes, en plein Soissonnais, de tombes à incinérations appartenant pour
certaines à la pleine moitié du IVᵉ siècle et à la domination des empereurs chrétiens. A Pasly dont
nous avons tant parlé dans la première partie de ce livre, et en jetant, il y a une quinzaine d'années, la fondation d'un pont sur l'Aisne auprès de la voie romaine qui conduisait de Soissons à
Saint-Quentin (nᵒ XVIII des *Itin.* de M. A. Piette,) on rencontra une pierre creusée, recouverte d'une
petite dalle plate et renfermant trois vases avec cendres mortuaires, ossements calcinés, et deux
monnaies impériales, l'une de Constantin mort en 337, la seconde à l'effigie de Licinius, collègue
de Constantin qui le fit étrangler en 324. On a encore trouvé à Pommiers un autre petit vase
cylindrique, véritable urne, avec couvercle conique et devanture sculptée en forme de cartouche
carré, laquelle urne, découpée, semble-t-il, dans une colonne de marbre blanc, contenait un vase
élégant d'une hauteur de 0ᵐ,25 sur 23 de diamètre, accoté de deux autres de moindre taille, le plus
grand renfermant des ossements calcinés et des médailles de Probus (276-282) à Licinius (307-334);
l'urne appartient au musée de Soissons. On incinérait donc encore dans la seconde moitié du
IVᵉ siècle, mais par exception très-probablement.

Si Pline nous apprend que, déjà de son temps, certains personnages importants de Rome et d'Italie
renonçaient à la crémation et voulaient que leurs corps fussent enfermés dans ces *solias,* sarco-

phages de marbre ou de terre cuite dont la famille de Scipion n'avait cessé de faire usage pour
déposer ses morts ; si, d'un autre côté, les chrétiens qui dominaient dans tout le monde romain,
adoptèrent dès le 1er siècle et firent triompher dans le IVe les rites de l'ensevelissement dans des bande-
lettes d'abord et plus tard dans des linceuls de lin blanc,

> Candore nitentia claro
> Prætendere lintea mos est[1],

il faut admettre aussi l'existence en ce même moment de nombreux partisans du vieux polythéisme
païen et leurs essais de réaction et de protestation tentés même jusque dans la tombe.

Cet antagonisme de deux religions dont l'une expire nous met donc en présence du christianisme
ayant résolûment pris pied sur notre sol départemental où, depuis longtemps déjà, il a jeté de profondes racines, soit qu'il y ait fait sa première apparition peu de temps après la séparation des
apôtres et des disciples du Seigneur, soit, ce qui est plus probable, qu'il ne s'y soit implanté sérieusement que dans le courant du IIIe siècle, sujet intarissable de discussion où la spécialité archéologique de ce livre nous défend de prendre part ; mais, sans y entrer à fond, il ne serait point
déraisonnable de penser que les premiers germes des doctrines nouvelles purent être importés, au
1er siècle, dans la province lyonnaise, non par des compagnons de Jésus le crucifié, non par des saints
problématiques, apocryphes même, aux noms légendaires, aux actes soulevant le doute et la critique,
même la négation absolue, mais par des fonctionnaires arrivant de Rome déjà convertis, par des
soldats appartenant aux troupes de renfort. Des bords de la Méditerranée aux plaines forestières
de la Gaule belgique, spécialement du pays des Suessions, la distance n'était ni immense, ni infran-
chissable surtout pour les idées qui cheminent vite, et cette distance put être franchie plus ou moins
tôt. Je ne crois pas à la prédication audacieuse, ardente, au grand jour et qu'affirment certains
écrivains en parlant des premiers temps du christianisme, mais à l'infiltration lente, patiente,
successive, des principes nouveaux et importés de loin. Tout d'abord, ces doctrines, tour à tour
tolérées et persécutées, ne purent pas former de si tôt des groupes bien importants d'adeptes.

Mais le fait de la conquête à peu près générale et complète de nos contrées par elles, est accompli
à un moment donné de la domination romaine encore incontestée, bien que compromise. Ce fait étant
acquis, il faut en chercher les témoignages dans les monuments sinon démonstratifs, au moins indicatifs
d'une date à peu près certaine. Ces monuments précieux, c'est encore la tombe qui nous les fournira.

Reportons-nous au plan de la grande nécropole mixte de Sablonières (fig. 196). La sépulture
à ensevelissements dans des cercueils en bois démontrée par les clous se délimite, à droite, par CC, on
le sait déjà. C'est d'une de ses tombes qu'est venue une magnifique fibule d'argent, traitée au
repoussé (fig. 206) et qui nous offre la représentation, non d'un triomphe, comme on l'a dit, mais
d'une adlocutio, allocutio, harangue militaire, scène fréquemment reproduite sur les monuments
romains, sur les colonnes Trajane et Antonine, sur des arcs de triomphe, sur des monnaies et

----

1. Prudence, dans son hymne *In obsequiis defuncti.*

des médailles. Si d'habitude ces monuments montrent l'armée romaine symbolisée par quelques fantassins et des cavaliers vexillaires, sur notre figure 206 cette armée est absente ; mais le général en chef, en la circonstance, présente l'empereur monté debout sur un bige dont les chevaux empanachés s'écartent pour laisser voir le char, et l'acteur principal fait un geste d'orateur. La scène se passe dans un champ encadré de perles. Évidemment, c'est un empereur chrétien, puisqu'il porte dans sa main gauche une haste surmontée du globe crucifère et représentant le monde, c'est-à-dire l'Empire régénéré par la croix, globe et croix que l'on retrouve encore au IXᵉ siècle entre les mains de Charlemagne, au XIᵉ siècle et sous la même forme exactement sur les sceaux et bulles des empereurs byzantins de la famille Comnène. La fibule de la figure 206 reposait sur la poitrine d'un mort et servait à y attacher les extrémités d'un manteau. Elle se composait d'un flan ou disque de cuivre que recouvrait une mince feuille d'argent traitée à l'envers et au poinçon. Le dessin en est d'un grand style, bien qu'on y sente déjà, notamment dans les chevaux, des signes évidents de décadence. On est autorisé à y voir l'effigie ou de Constantin le Grand, ou de son fils Constantin II (317-337), qui eut, pour sa part dans l'héritage paternel, l'Espagne et les Gaules, et résida à Trèves. Cette plaque, sur laquelle le maître ou de l'Empire ou des Gaules est représenté dans l'exercice de son pouvoir suprême, fut sans doute une marque de distinction donnée soit à un guerrier célèbre, soit à un fonctionnaire d'ordre élevé. C'est une médaille d'honneur ou de dignité.

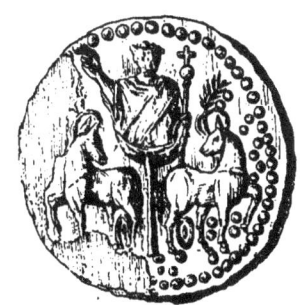

Fig. 206. — Fibule chrétienne de Sablonières

Les archéologues ne sont plus aussi complétement d'accord sur la religion à laquelle il faut attribuer décidément le bas-relief en pierre dure et fine dont le musée de Soissons possède une partie, bas-relief reproduit par Caylus dans son *Recueil d'Antiquités*, t. XIV, au titre des *Antiquités gauloises*, page 387, planche XVIII, plus tard par dom Martenne, enfin par de Laborde dans son *Voyage pittoresque en France*, au chapitre *Picardie*. C'est ce dernier ouvrage qui m'a fourni le dessin que je reproduis sur la figure 207.

Caylus dit que le dessin qu'il donne, — il est très-incorrect, il faut le constater, — lui a été envoyé de Soissons. Le bas-relief, qui avait six pieds de long, ou un peu plus, était alors encastré dans une muraille au-dessus d'une porte dans l'enceinte de l'abbaye de Saint-Médard-lez-Soissons. L'écrivain s'étonne qu'une pierre présentant autant « d'idées » du paganisme n'ait pas été détruite par les premiers chrétiens. Dans les petits génies à torches renversées, il voit des Amours. Pour lui, l'enfant à la chèvre est un emblème du pays riche et tranquille qu'un fonctionnaire défunt, représenté dans un médaillon supporté par d'autres Amours voltigeant, a pu gouverner tranquillement. La déesse à la corne d'abondance serait la rivière d'Aisne, *Axona*, qui féconde un pays fertile. Le trou placé sous le médaillon aurait été destiné à introduire les libations dans le tombeau. Tout, en un mot, serait donc païen et romain, attributs, symbole et style ; cependant Caylus n'est pas peu gêné

tant par les vêtements du personnage encadré dans le médaillon et qui lui semblent chrétiens, que
par le geste des doigts levés comme pour bénir à la grecque; il faut donc, pense-t-il, qu'on ait
retouché ce portrait postérieurement à la date de naissance de la sculpture.

Dom Grenier, qui a vu lui-même ce monument, nie le remaniement; tout le bas-relief faisant
partie d'un sarcophage païen, serait d'un même faire et d'une même main, et le trou sous le portrait servait à fixer des fleurs. Pour l'évêque de Soissons, Brûlart de Sillery, qui appartenait à
l'Académie des inscriptions[1], il affirme que, de son temps (fin du xviiiᵉ siècle), le peuple de Soissons
avait donné à ce trou le nom de *Trou d'Isis*, cette déesse chère aux Soissonnais et qui jadis aurait
rendu des oracles par cette bouche mystérieuse. L'abbé Lebœuf[2], qui nie l'exactitude du dessin
donné par dom Martenne[3], voit un poisson là où à gauche dom Martenne a représenté un chien et
les graveurs de de Laborde une chèvre accroupie. Dans l'ensemble de la sculpture, l'abbé Lebœuf
croit retrouver des traces du culte druidique.

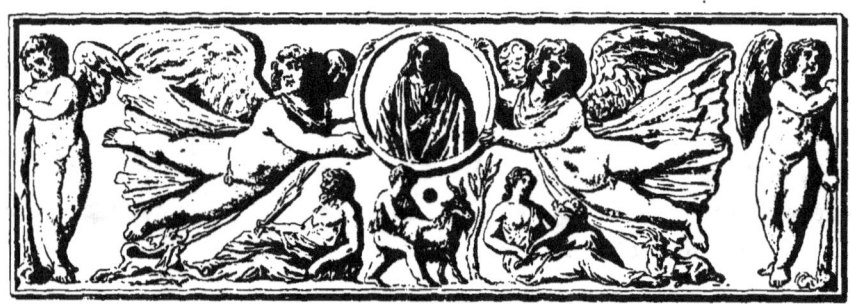

Fig. 207. — Tombeau romain, à Saint-Médard.

Si j'avais à choisir entre toutes ces grandes autorités, je ne prendrais parti pour aucune d'elles.
J'admettrais franchement pour chrétienne cette sculpture et ne me sentirais nullement gêné par la
présence d'emblèmes païens. Je donnerais à ce sarcophage une date rapprochée de la fin du ivᵉ siècle,
moment où l'art, en décadence prononcée cependant, produisait encore des choses remarquables,
témoin tous les tombeaux chrétiens du midi des Gaules et ceux dont je parlerai bientôt. Ici l'archéologie appellerait à son aide l'histoire et les mœurs bien connues d'un temps de réaction contre
la folie furieuse que le christianisme avait ressentie, sous Théodose le Grand, contre le polythéisme
dont il avait brisé, détruit, incendié les monuments, et mes inductions, je les puiserais dans le plus
grand poëte de ce temps.

Au mariage d'Honorius, fils de Théodose, avec Marie, fille du grand ministre Stilicon qui,
vandale d'origine, défendit si vaillamment l'empire contre les invasions des barbares; à ce mariage,

1. Tome III de l'*Hist. de l'Acad. des Inscrip.*
2. *Dissert. sur l'anc. Soissons*, p. 105.
3. *Voyage hist.*, p. 46 du 2ᵉ voyage, vers 1724.

dis-je, célébré dans les dernières années du IV° siècle, Claudien d'Alexandrie, le plus grand écrivain de la décadence romaine, célébra, dans son poëme *De laudibus Stiliconis,* les merveilles de cette noce impériale. Il nous montre le palais chrétien du fils de Théodose envahi par des bandes d'Amours et des troupes de Nymphes accourues, aux ordres de l'antique et toujours nouvelle Vénus, pour préparer l'appartement des jeunes époux et leur lit nuptial; nous voguons donc en pleine mythologie. Dans les vieux temps romains, une matrone, la *pronuba,* accompagnait toujours la jeune mariée jusqu'au *lectus genialis,* en lui prodiguant les encouragements et les enseignements sur ses devoirs conjugaux. En la circonstance présente, la *pronuba* invoquée et introduite par Claudien, c'est Vénus elle-même. La déesse de la volupté chez les polythéistes accourait, entourée des Charites païennes, pour accompagner et instruire la vierge chrétienne. Cet épithalame, versifié par un catholique, ressemble, en certains passages, à une licencieuse chanson de noce à vers obscènes et fescéniens. Les vieux dieux démodés des vents apparaissent dans ce singulier pastiche digne d'Ovide, et le poëte force au silence les tapageurs et les violents, en encourageant les timides et les voluptueux. » Silence, « orageux Aquilon! Silence, impétueux Eurus, et toi, bruyant Auster, silence! Zéphire a seul droit « de régner sur une année de bonheur! »

A chaque page de ce poëme qui fut récité publiquement et applaudi par les admirateurs de cette œuvre vraiment remarquable, les dieux de l'Olympe sont évoqués à côté des souvenirs des héros de la Rome païenne, et on s'étonne du contraste étrange dont est frappé l'esprit au souvenir si récent de la lutte implacable à la suite de laquelle le polythéisme succomba sous l'étreinte et les efforts du monothéisme. Constantin, le premier des empereurs chrétiens, n'était mort que depuis soixante ans à peine. Théodose, descendu dans le tombeau en 395, avait consacré toute sa vie à l'anéantissement du paganisme, et c'est de son temps, — il y avait de cela vingt ans à peine, — que les chrétiens avaient commencé à assaillir, ruiner et raser les temples des anciens dieux, à briser leurs statues, à organiser enfin ce pillage et ce désordre réactionnaires que le gouvernement lui-même fut forcé d'arrêter par des lois et des mesures sévères. La tolérance avait repris ses droits seulement à la fin du IV° siècle où l'on voit les deux sociétés, la païenne et la chrétienne, vivre plus fraternellement à côté l'une de l'autre. La persécution pendant trois siècles n'ayant pas eu raison du christianisme, les chrétiens comprirent qu'il en serait de même pour le paganisme qui peut-être puiserait aussi de nouvelles forces dans la persécution, et on se résolut à lui laisser le temps de mourir paisiblement de sa belle mort. En 397, on ne voit pas sans quelque surprise le païen Florentinus devenir préfet de Rome et un autre païen, Flavianus, revêtir la même dignité en 399. C'est à peu près le moment où Stilicon arrête d'une main vigoureuse la nouvelle religion sur la pente de la violence, professe l'impartialité pour tous les sujets fidèles à l'Empire et ne tient compte ni de leur culte, ni de leurs croyances, mais de leur utilité et de leur dévouement.

A mon sens, le tombeau de Soissons aux attributs polythéistes est du temps où Claudien ressuscite et galvanise pour un instant, et pour en faire des poncifs d'art et de poésie, des divinités vieillottes et inoffensives; de ce temps où un certain scepticisme gouvernemental apaise habilement les discordes, ou tout au moins les assoupit. La figure qui, sur la dalle de pierre conservée jadis à Saint-Médard, bénit à la chrétienne, ne peut donc me frapper de stupéfaction en s'entourant de génies et d'attributs mortuaires du passé, lesquels, en ces temps de ferveur néophytique, sembleraient devoir tout naturellement être relégués à jamais dans le magasin aux accessoires et décors païens, moisissure et solitude d'où la Renaissance les tirera de nouveau, dix siècles plus tard, pour les remettre à neuf, les repeindre, les redorer, afin d'en faire un de ses lieux communs de prédilection.

Je crois, mais je ne l'affirmerais pas, qu'elle sortait d'un tombeau des environs de Braine, cette curieuse intaille (fig. 208) qui appartint au cabinet de Jardel, de Braine, très-savant antiquaire du dernier siècle. Cette pierre gravée, et très-sensiblement agrandie sur mon dessin, formait sans nul doute le chaton d'une bague antique et très-intéressante par son originalité. Elle représentait une scène de conjuration. Un magicien, une espèce de Mithra, au costume bizarre,

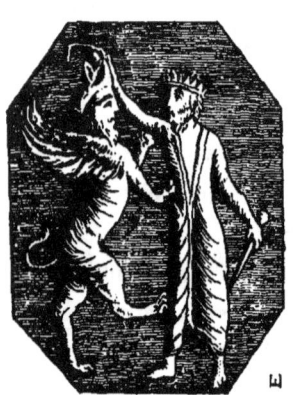

Fig. 208. — Abraxas de Braine.

à la main armée d'un bâton qui commande aux esprits infernaux, à tête couronnée d'un diadème à pointes et semblable à celui de Pluton, saisit par sa mitre un être fantastique, ailé, à tête humaine ressemblant à celles de certaines sculptures assyriennes et à corps léonin. C'est là évidemment un de ces *abraxas* ou amulettes dans lesquels les gnostiques, secte très-répandue jusque bien avant dans le ive siècle, avait confiance en vue de la réussite de ces enchantements auxquels ces hérétiques, successeurs des simoniens, étaient accusés de se livrer. Cette pierre gravée et aux angles abattus avait environ 0^m,02 de large. Tout en affirmant qu'elle appartenait aux collections de Jardel, nous ne savons ni comment elle lui parvint, ni même si elle existe encore.

Nous possédons de meilleurs renseignements, quoique bien incomplets cependant, sur deux sarcophages antiques, cette fois incontestablement chrétiens et qui, figurés sous les numéros 209 et 210, appartiennent aux derniers temps de l'ère gallo-romaine, qu'on les croie sculptés ou au ive ou au ve siècle. Au moment où éclata la tempête iconoclastique de 1793, on les voyait encore, tous deux montés sur des piliers qui ne leur appartenaient pas, enfermés dans une des chapelles de l'église abbatiale de Notre-Dame de Soissons où ils étaient l'objet d'une vénération toute particulière. Ils passaient pour être, l'un le tombeau de saint Drausin (fig. 109), l'autre celui de saint Woué, saint Drausin vingt-deuxième évêque de Soissons et mort en 674 ou 675, et saint Woué, ou Voël, moine écossais et reclus à Soissons où il décéda vers 700. Il est évident que ces dates mortuaires ne s'accordent pas avec le style des deux sarcophages. Mabillon, qui les vit et en parle en témoin oculaire[1], ne s'y est point trompé ; il attribue à ces deux monuments une origine plus ancienne, trop

---

1. *Annales ordinis S. Benedicti*, t. I, p. 622.

ancienne même, car il croit à des tombeaux des premiers chrétiens du Soissonnais : « *Qui tumuli* « *videntur esse primorum illius urbis christianorum.* » L'archéologie proteste contre cette attribution et ne voit là que des monuments chrétiens du IVᵉ ou Vᵉ siècle, ainsi que je l'ai dit plus haut[1]. Après la mort de saint Drausin arrivée en 674, et son inhumation dans la basilique de l'ancienne abbaye de Notre-Dame, il se fit, d'après les vieux historiens du Soissonnais, des miracles sur sa tombe où accouraient de nombreux dévots, et, circonstance assez étrange, tous les duellistes venaient passer la veillée des armes, en prière et à genoux, à côté de la dépouille mortelle du saint évêque qui fit toujours, au dire des légendes, triompher le bon droit. Un prince écossais, avant de livrer bataille à son compétiteur, arriva en personne supplier saint Drausin de lui

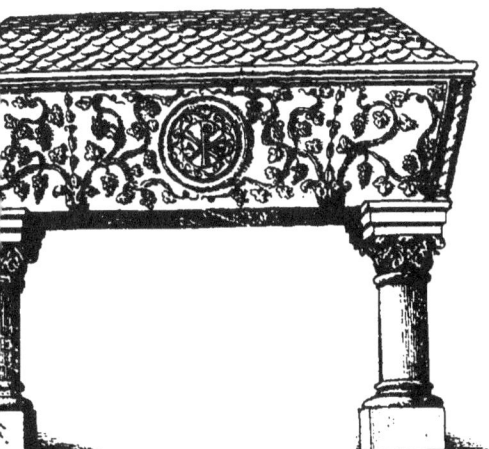

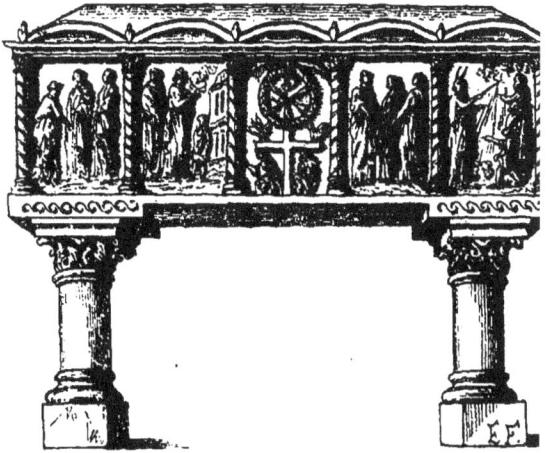

Fig. 209. — Tombeau de saint Drausin, à Notre-Dame de Soissons.

Fig. 210. — Tombeau de saint Woué, à Notre-Dame de Soissons.

être favorable. Plus tard, c'est-à-dire en 1165, saint Thomas, le grand évêque de Cantorbéry, pria aussi sur le tombeau de saint Drausin. Telle fut enfin l'affluence des visiteurs à Notre-Dame de Soissons qu'il fallut en rebâtir l'église. Fondé en 656 par Gertrude, femme du terrible Ebroïn, maire du palais, en dehors de la ville et dans l'ancien *suburbium* ou faubourg gallo-romain, le monastère de Notre-Dame, souvent menacé par l'inondation, avait été reporté dans la ville en 664, et son église, devenue trop petite, fut reconstruite vers 686, sous l'épiscopat d'Adalbéron, et dans des proportions plus considérables. En 689, on y fit solennellement la translation des reliques de saint Drausin. On les déposa dans l'antique et superbe sarcophage gallo-romain qui est dessiné en la figure 209, honneur semblable qu'on accorda, mais seulement au commencement du VIIIᵉ siècle, au reclus saint Woué. Les Mérovingiens n'en firent pas d'autres. Bientôt nous les verrons remplir leurs cercueils de

1. M. de Caumont, qui a publié de nombreuses représentations de pareils tombeaux exactement, les attribue aussi aux IVᵉ et Vᵉ siècles et aux règnes des enfants et successeurs de Constantin, même d'Honorius mort en 423, c'est-à-dire à la fin de la domination romaine. (*Abécéd. d'arch. gallo-romaine*, p. 150. — *Abécéd. d'arch. relig.*, p. 44 et 45.)

vases romains en verre, en terre rouge et samienne, blanche, jaune, etc., tous objets qui troublent les archéologues et les gênent dans leurs conclusions.

Le couvercle, en forme de toiture à imbrications[1], du tombeau dit de saint Drausin, ne lui appartient pas, cela se voit de suite. Le vrai couvercle n'existait même plus, paraît-il, avant la Révolution. Les pèlerins dans leur ferveur l'avaient si bien gratté pour en obtenir des parcelles qu'ils avalaient comme spécifique à leurs maux, qu'il en était devenu méconnaissable et tout ruiné. Le corps du sarcophage, haut d'un mètre et long de deux, est fait de marbre. La décoration de la face antérieure se compose de rinceaux courants de pampres et de raisins enveloppant le monogramme de Christ avec l'Alpha et l'Oméga entre les bras du *Signum Christi*. La face postérieure est ornée de bâtons rompus, ou cannelures en spirales, ou *strygilles* à cause de leur ressemblance avec ces instruments des baigneurs romains. La planche publiée par dom Mabillon dans les *Annales bénédictines* nous montre les petits côtés du sarcophage ornés, l'un d'un monogramme encore et dans des rinceaux de feuillages, le second d'une rosace entre deux gerbes d'épis.

Ce sépulcre, sauvé par Alexandre Lenoir[2] et entré dans le musée des Grands-Augustins, fut, après la destruction de cette collection, transporté au Louvre, ou plutôt contre un mur où il subit longtemps les fâcheux effets des intempéries et de l'humidité. L'État eût bien mieux fait de l'envoyer à Soissons et d'en faire cadeau au musée de cette ville à laquelle il appartenait de droit.

Quant au sarcophage dit de saint Woué (fig. 210), il n'a pas même été aussi favorisé du sort. Il a disparu sans laisser de traces, et l'archéologie l'a perdu pour toujours. Plus riche d'ornementation que celui de saint Drausin, c'était, au dire de Le Moine[3], « un des monuments d'antiquité les « plus rares et les plus précieux de tous ceux qui existent dans le Soissonnais ». On ne peut juger de sa valeur par le dessin que j'en donne d'après une gravure du *Voyage pittoresque* de de Laborde dont les artistes se sont permis bien des licences. Le dessin publié par Mabillon est plus incorrect encore et plus inexact, si c'est possible ; l'imitation du style antique n'y apparaît en aucune façon. Il est assez difficile de reconnaître les vrais sujets des quatre scènes qui décorent la face antérieure du sarcophage. A droite, Moïse frappe de la verge le rocher d'où la source s'élance pour rafraîchir les Hébreux dans le désert[4], et le second compartiment montre trois personnages qui paraissent ou symboliser le sacrement du mariage, ou représenter les *Sponsalia* de la Vierge et de saint Joseph. Au centre, le monogramme du Christ, *Chrisimus* ou *Acrisimus*, ou *Signum domini*, accolé encore de

---

1. Le tombeau de l'empereur Honorius (384-423) à Ravenne porte aussi un couvercle en forme de toit imbriqué.

2. C'est Alexandre Lenoir, le créateur du musée des Grands-Augustins, qui, en introduisant le tombeau de saint Drausin dans son intelligente collection, l'a pourvu d'un couvercle du même temps et du même art.

3. *Hist. des Antiq. de Soissons*, t. II, p. 87.

4. Moïse frappant le rocher (Exode XVII, 6) est un sujet qu'on trouve retracé parmi les bas-reliefs d'un très-grand nombre de sarcophages de l'Italie et de la Gaule. (Voir Millin, *Midi de la France*, atlas pl. 54-56, etc. Voir aussi M. de Caumont.) Le même sujet se constate sur des pierres gravées, sur des médailles, même sur des vases de verre. Il figure évidemment le Sauveur et encore saint Pierre faisant jaillir de la pierre qui était Jésus-Christ (*petra autem erat*, etc., Épit. I aux Corinthiens, 4) les eaux de la vie éternelle et les sources de la vraie doctrine.

l'*Alpha* et de l'*Oméga* comme à peu près sur tous les sarcophages chrétiens dans les Gaules, est enfermé dans une grande couronne feuillagée et domine une croix sur les branches de laquelle reposent deux colombes affrontées ; la croix est entourée de deux soldats romains, l'un appuyé sur un bouclier et paraissant endormi, l'autre faisant un geste de la main droite. Le monogramme est soulevé en l'air par un oiseau qui plane.

La partie de gauche, dans la gravure de de Laborde (fig. 260), ne ressemble en rien à ce que le graveur Giffar, employé par Mabillon, a entendu représenter à la même place dans les *Annales bénédictines*. Dans de Laborde, je crois reconnaître au moins une scène du Nouveau Testament, la Visitation ; dans Mabillon, c'est une scène de baptème. Plus près du monogramme dans de Laborde, deux femmes, dont l'une porte un vase à parfums, s'approchent d'un édifice ; dans Mabillon, quatre personnages, dont trois debout et un agenouillé, font croire à la confession ou, si l'on veut, à la femme adultère aux genoux du Christ. En résumé, les commentateurs, dom Mabillon, le P. Poupart dans sa dissertation de 1710 sur ces tombeaux, n'ont jamais pu se mettre d'accord sur ces sujets, certains y voyant « des histoires de l'Ancien et du Nouveau Testament[1], d'autres « différentes circonstances de la vie de saint Woué ou quelques miracles faits par ce saint pendant « sa vie, ou après sa mort », écrit Le Moine qui ne prend pas parti et ajoute qu'un vieil historien de l'abbaye Notre-Dame de Soissons avait affirmé depuis longtemps que « les figures ornant le « tombeau de saint Woué sont plus grandes et mieux faites que celles qui se voient sur le tombeau « de saint Drausin, et que du reste ces figures paraissent extrêmement anciennes... » Pour achever ce qui regarde le sarcophage de saint Woué, sur un de ses petits côtés la planche des *Annales bénédictines* montrait la scène, cette fois très-reconnaissable, des enfants dans la fournaise ardente, et sur l'autre celle de Daniel dans la fosse aux lions, sujet qui sera si souvent traité un peu plus tard, c'est-à-dire aux témps franco-mérovingiens, sur des croix, surtout sur de grandes boucles à ceinturon trouvées dans le Jura suisse, en Bourgogne et en Savoie.

Un troisième tombeau de marbre, tout aussi antique, mais qui ne paraît pas avoir mérité autant d'attention et de regret pour sa sculpture, était de même conservé dans l'abbaye Notre-Dame avant la Révolution. Les chroniqueurs soissonnais disent que c'était celui d'un saint Leudard qui, à la fondation de ce monastère, y exerçait la profession de boulanger.

On a écrit que « l'on ne rencontre guère les sarcophages chrétiens que dans le midi de la « France et surtout dans le département des Bouches-du-Rhône[2] ». En voilà trois à la fois à Soissons, un vivant, deux disparus, mais tous trois également authentiques. Le musée de Compiègne offrait au Congrès de la Société archéologique de France réunie à Senlis il y a quelques mois, un quatrième sarcophage de marbre, immense, magnifique et qui servit longtemps de cuve baptismale.

---

1. Des sarcophages en marbre et toujours avec le *Chrisimon* montrent : à Aix, le Passage de la mer Rouge ; à Cahors la Résurrection de Lazare ; à Cahors encore, la Multiplication des pains, etc., etc., tous appartenant aux derniers temps de la domination romaine.

2. M. C. Gomart, *la Crypte et le tombeau de saint Quentin*, page 39 du t. III des *Études Saint-Quentinoises*.

Les collections de la Société archéologique de Senlis en possèdent un plus petit et très-simple. Ils ont bien le même art, la même ornementation, le même symbolisme, la même matière que ceux du Midi, de plus le même âge, tous attestant l'influence artistique des IVe et Ve siècles, et l'on peut même affirmer leur provenance. C'est dans le Midi, dans les marbres blancs d'Italie ou des Pyrénées, que les artistes de la décadence romaine les ont taillés. C'est le Midi qui les a semés, pendant une même période de temps, par toute la France et les a envoyés jusque dans notre Gaule belgique, dans le Soissonnais et le Beauvaisis qui en contenaient de précieux spécimens, et de leur présence comme de celle de la fibule d'argent repoussé au globe couronné d'une croix, fibule trouvée à Sablonières (fig. 206), on peut conclure que, si nos contrées n'ont pas été christianisées aussi vite que la *Province*, elles l'étaient assez complétement et profondément au IVe siècle, pour que nos grands personnages civils et militaires aient été inhumés dans les magnifiques tombeaux creusés et sculptés dans le Midi juste à cette époque, témoin l'admirable catafalque conservé dans la cathédrale de Reims et où le corps du grand général Jovin, mort à Reims en 370, fut enfermé. Cette fois, la date se précise.

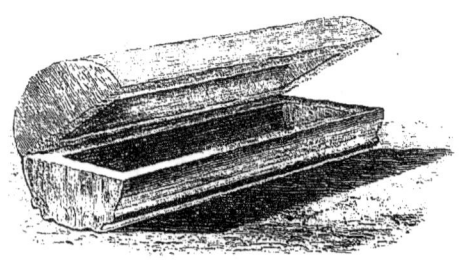

Fig. 211. — Sarcophage de saint Quentin.

Si du *pagus suessionensis* nous descendons vers le *pagus viromanduensis*, pour parler la langue de ces vieux âges, nous trouverons aussi des sarcophages extrêmement intéressants, bien que leur date de fabrication ne soit pas aussi bien établie et qu'elle prête davantage à la discussion.

Le premier est celui où, suivant la légende de saint Quentin, le corps de ce martyr, mis à mort en 303 sous Dioclétien, aurait été enfermé après avoir été retrouvé par sainte Eusébie en 358 dans la Somme où Rictiovare l'avait fait précipiter pour en faire disparaître toute trace. Ces précieuses reliques étaient restées cachées pendant cinquante ans sous les eaux de la rivière. Ce sarcophage, qu'il appartienne ou non à saint Quentin martyr, est actuellement enfermé dans une crypte romane bâtie vers 835 et qui se trouve sous le chœur de la collégiale de Saint-Quentin. J'aurai l'occasion de revenir sur cette crypte. Quant au sarcophage, il est taillé dans un fragment de tambour ou fût d'une colonne cannelée de marbre blanc-jaunâtre, laquelle provenait sans doute d'un temple païen renversé en ces temps de réaction dont j'ai déjà parlé, et pendant lesquels le paganisme subit une persécution cruelle et d'une durée de près de quarante ans, de Jovien à la fin du règne de Théodose. Pour recevoir le corps du défunt, quel qu'il ait été, le fragment, ou tambour de colonne (fig. 211), fut scié dans le sens de son axe, et chaque moitié fut creusée, à l'intérieur, en forme d'auge carrée et profonde de 0^m,45 environ, en tout un vide quadrangulaire de 0^m,30 à 0^m,35 de profondeur. Les cannelures de la colonne d'ordre ionique ou corinthien ont été complétement rabattues sur la partie destinée à former couvercle et de façon à la rendre hémisphérique et unie ; mais on aperçoit encore des traces de ces nervures sur la partie inférieure du sarcophage. Il mesure en longueur 2ᵐ,15 et 0ᵐ,58 de diamètre. Il est absolument veuf de tout décor ou dessin. Rien donc n'aide ici la discussion de date, d'âge précis et d'art de ce singulier monument qui, selon toutes les probabilités, est bien un tombeau du IVᵉ siècle. Il fut enterré profondément dans le sol d'une petite chapelle bâtie par sainte Eusébie et, selon la légende, au sommet de la colline de l'*Augusta Viromanduorum*, à l'endroit même où s'éleva plus tard la collégiale de l'antique abbaye dédiée à saint Quentin.

A la place du mot probabilité de fabrication au IVᵉ siècle, on semble même autorisé à écrire certitude, quand on voit saint Éloi, évêque de Noyon, rechercher anxieusement, en 654, le tombeau de saint Quentin dans toute la chapelle de Sainte-Eusébie, et retrouver enfin, à dix pieds de profondeur, un sarcophage qu'il tint à première vue pour très-ancien : « *Reperit cumbum sane veterri-* « *mum.* » Saint Ouen, auteur de la *Vie de saint Éloi*, ajoute que ce grand évêque reconnut ce tombeau pour être vraiment celui de saint Quentin, « *tegentem corpus sacratum* », ce qui fut prouvé

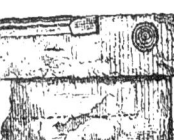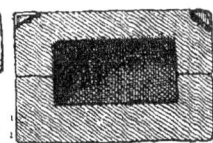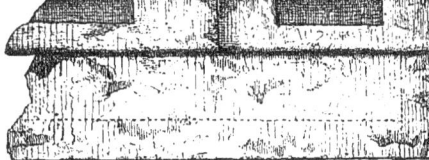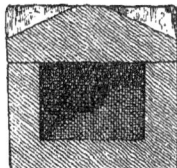

Fig. 212. — Sarcophage antique, à Saint-Quentin.   Fig. 213. — Sarcophage antique, à Saint-Quentin.

pour lui par une odeur suave qui en sortit quand on l'ouvrit, et par l'apparition subite d'une lumière resplendissante comme celle du jour, laquelle éclaira longtemps la fosse avec un éclat presque insupportable pour l'œil. N'ayant point à nous occuper de l'opinion de saint Éloi et du miracle auquel il assista, mais du monument archéologique qu'alors il tira du sol, je constaterai qu'un second sarcophage du même âge et de la même famille sortit, en 1865, d'une fouille entreprise sous le chœur de la collégiale de Saint-Quentin, pour interroger et reconnaître le sous-sol de cet emplacement qui devait renfermer, pensait-on, des vestiges des états divers par lesquels le monument avait passé pendant sa longue vie de quinze siècles et ses nombreuses transformations.

L'attente ne fut pas trompée. Huit anciens dallages furent reconnus. On fit des trouvailles importantes dont je n'ai point à m'occuper ici, et la plus importante de toutes fut obtenue, au fond de la fouille, sous une mosaïque probablement mérovingienne et dont je parlerai en son temps, et contre le mur de la crypte romane dont j'ai dit un mot plus haut. Là on rencontra deux sarcophages (fig. 212 et 213) remplis de terre brune où gisaient des fragments de vases de terre noire et des ossements décomposés.

Le tombeau de la figure 212 est fait de deux pierres exactement d'égales dimensions, couvercle et auge, creusées chacune dans la même forme carrée et à la même profondeur, ainsi que le

montre la coupe de droite de la figure 212. Le fût de colonne du sarcophage de la figure 211 est
scié en deux parties égales, de même que le sarcophage (fig. 212) se compose de deux parties
pareilles et symétriques. Ce sont les deux frères, avec cette seule différence que l'un est carré et fait
de pierre, et l'autre cylindrique et fait de marbre. Le couvercle de celui de la figure 212 s'orne de
moulures et d'une rosace où se constatent encore quelques traces de coloration rouge. Le corps du
second sarcophage, fait de pierre aussi, n'a rien qui mérite attention; mais son couvercle, composé
de deux grandes dalles épaisses, affecte la forme d'un toit à doubles rampants, avec des parties
taillées en creux où semble apparaître le dessin d'une croix (fig. 213). Tous deux, d'ailleurs, ont été
maltraités par les ouvriers qui ne s'attendaient pas à les rencontrer[1].

Dans cette crypte que plus haut j'ai montrée s'élevant au IXᵉ siècle et qui, dans une de ses
trois petites chambres sépulcrales et à plein cintre renferme le sarcophage attribué à saint Quentin,
deux autres tombeaux de pierre, que l'on croit reconnaître pour provenir des carrières de Crouy
près Soissons, sont aussi conservés et ont contenu, dit-on, les restes des deux martyrs saint Victo-
rien et saint Cassien, compagnons de saint Quentin. Leurs couvercles, taillés en forme de toits à
deux égouts et à sommet tronqué, peuvent être gallo-romains, bien qu'on les tienne[2] pour avoir été
taillés au moment où la crypte fut inaugurée, c'est-à-dire vers 835.

Dans la niche qui contient le sarcophage dit de saint Quentin, on a lancé, inséré parmi les
assises de la maçonnerie deux pierres qui paraissent de la plus haute antiquité. L'une ne possède
qu'un encadrement à moulures sans image au centre. La seconde (fig. 214) montre, dans un cadre
rectangulaire, une croix carrée et pattée, c'est-à-dire à membres égaux et s'élargissant en partant
du centre de leur rencontre. Cette croix est montée sur une haste, ou pédoncule, accotée de moulures
et couronnée par un double cordon de billettes plates au premier étage, et à tête de diamant au rang
inférieur. Le relief est assez vif. La croix mesure 0ᵐ,19 sur 0ᵐ,07. Pour plusieurs, cette sculpture
serait gallo-romaine et appartiendrait aux temps où le christianisme était établi sans conteste sur
notre sol et où l'art romain florissait encore, quoiqu'en pleine décadence. On leur répond qu'on ne
connaît pas de manifestation officielle, artistique et sculpturale de la croix avant le milieu du Vᵉ siècle,
ce qui ne semble guère admissible, quand on se dit que le besoin de cacher les symboles chrétiens
pendant trois siècles de persécution, n'était plus en situation dès que le chef de l'État eut abjuré le
culte polythéiste. Le *Labarum* constantinien devait arborer résolument, et dès les premières années du
IVᵉ siècle, la croix au sommet de la haste où était appendue l'étoffe de pourpre sur laquelle se bro-
dait en lettres d'or le *Chrisimon* monogrammatique formé d'un P inscrit au centre d'un X oblique.
Si les classificateurs en archéologie[3] persistaient dans leur erreur, le poëte Prudence, qui écrivait vers

---

1. M. Pierre Bénard, *Mém. sur des découv. arch. faites dans le sous-sol de la colleg. de Saint-Quentin*, 1867,
avec plusieurs planches et gravures dans le texte.

2. M. C. Gomart, *la Crypte et le tombeau de saint Quentin*, dans le t. III des *Études Saint-Quentinoises*. Je tiens
de M. Gomart les dessins des figures 211 et 214.

3. Par exemple, le chevalier Rossi affirme qu'aucun monument de date certaine ne présente, avant le Vᵉ siècle, soit

la fin du IVᵉ siècle, leur donnerait le démenti le plus formel dans un vers qui suit la description du *Labarum* de Constantin :

Christus purpureum gemmanti textus in auro
Signabat Labarum. Clypeorum insignia Christus
Scripserat. *Ardebat summis cnux addita cristis.*

Ce dernier vers prouve évidemment que tous les soldats de Constantin portaient une croix sur le haut du cimier de leurs casques, *summis cristis.*

Eusèbe (*Vita Const.*, VII) va plus loin et précise historiquement une circonstance solennelle où la croix se dressa officiellement en face des étendards antiques de la Rome païenne. Dans les plaines d'Andrinople et en 323, Constantin, l'empereur chrétien, va livrer bataille à Licinius, l'empereur païen et persécuteur. Le *Labarum* apparaît et « partout où la « croix fut portée, la victoire la suivit, » dit Eusèbe. J'invoque une fois de plus la fibule de Sablonières (fig. 206) avec empereur portant le globe crucigère, laquelle appartient à l'un des deux Constantin, plus probablement au second qui résida si longtemps à Trèves, ville si voisine de la Champagne et de la Brie, par conséquent de Fère-en-Tardenois et de la nécropole de Sablonières.

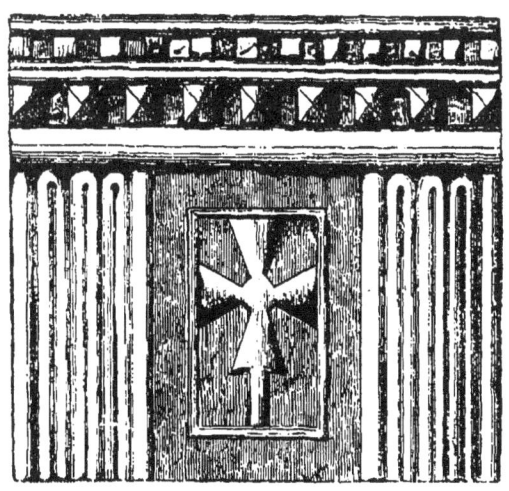

Fig. 214. — Pierre dans la crypte de Saint-Quentin.

D'autres archéologues croient que la pierre sculptée de la figure 214 appartient aux temps où fut bâtie la crypte de saint Quentin, c'est-à-dire au plein IXᵉ siècle. On pourrait leur objecter d'abord que cette sculpture ne rappelle en rien l'art de cette époque, ensuite qu'elle est là, dans cette maçonnerie, comme un accident, à mon avis par la volonté de cette règle du *per modum continui* dont j'aurai si souvent à parler bientôt. En résumé, je ne répugne nullement à conclure à un travail romain du IVᵉ siècle ou du Vᵉ.

Il semble que ce serait ici et naturellement l'occasion de chercher les traces des chapelles, églises ou basiliques primitives qui ont dû succéder aux temples du paganisme. Rien ne se perdant

la croix *immissa* ou romaine, à ligne verticale plus longue que la ligne horizontale, soit grecque à côtés égaux. Boldetti ne cite qu'un seul exemple de la croix en *tau*, daté de 370. Les catacombes ne montreraient la croix, dit-on, que sur des tombeaux du milieu du Vᵉ siècle, et tous les tombeaux avec croix appartiendraient à des temps plus jeunes.

complétement, rien ne disparaissant absolument sans laisser de traces, témoin ces vieux âges appelés préhistoriques et qui nous ont livré tant de précieuses reliques depuis si peu de temps, n'est-on pas autorisé à penser que les premiers monuments chrétiens, ceux des derniers temps gallo-romains, ont conservé pour nous, sinon de grands ensembles, au moins quelques débris intéressants comme renseignements? Ces témoignages d'un art de transition n'existent-ils plus nulle part, ou bien ne savons-nous plus les reconnaître? Le moment n'est point encore venu de poser et d'étudier ces questions que je renvoie aux prochains chapitres. Ce qu'il faut constater seulement au point et à l'époque où ce livre est arrivé, c'est qu'il est prouvé historiquement qu'une chapelle a été fondée dans la seconde moitié du IVᵉ siècle et sur la colline où s'asseoit encore aujourd'hui la grande et intéressante collégiale de Saint-Quentin, et que cette chapelle a reçu, profondément enfouis dans son sein, des sarcophages évidemment gallo-romains. Ce sera le point de départ d'une étude sérieuse sur les origines de notre art roman et national.

P. S. — Au moment de mettre sous presse, on me communique un renseignement extrêmement neuf et qui me paraît tenir à l'histoire des inhumations gallo-romaines et en même temps de la céramique si riche de ces beaux temps. Sur le plateau qui pousse, à l'est, le puissant promontoire

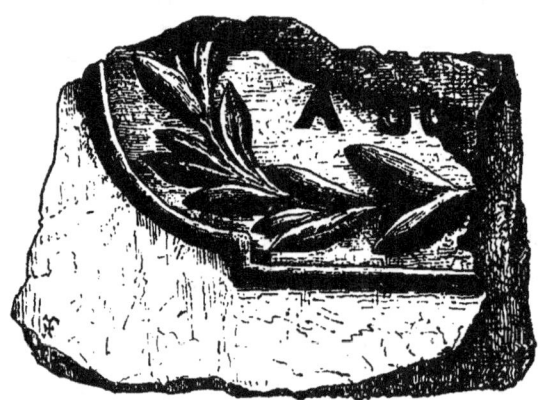

Fig. 215. — Fragment du couvercle d'un *loculus* en terre cuite, de Branges.

au-dessus de Braine et de la vallée de la Vesle, ainsi qu'un autre cap sur les flancs duquel se profilent les villages souterrains de Lesges et de Tanières; sur ce plateau qui sert à l'ouest de falaise à l'Ourcq, M. Frédéric Moreau, père, de Fère-en-Tardenois, prévenu par un cultivateur de Branges (canton d'Oulchy), vient de constater la présence de débris gallo-romains, tuiles à rebords, tessons de vases rouges, etc., qui semblent indiquer la présence d'une villa non encore indiquée jusqu'ici et fondée sur ce sol riche et profond d'où la vue s'étend sur un immense et magnifique paysage. On vient de trouver là un fragment de terre cuite (fig. 215), plat, épais de 0ᵐ,05, large sur un sens de 0ᵐ,95 et de 0^m,70 sur un autre. Sur une de ses faces planes se voient en relief et enfermées dans un cartouche trois lettres incomplètes, un A isolé, le jambage comme d'un J ou d'un S, et une fraction d'O, ces lettres encadrées par une portion de palme formée de bouquets à trois et quatre feuilles lancéolées et au pédoncule desquelles pointent deux graines ou fruits. C'est bien romain : dessin, caractère et fabrication. On a cru tout d'abord à une brique timbrée d'une marque de fabrique et d'un nom de potier. Je crois plutôt à un fragment de cippe avec inscription mortuaire, ou de couvercle d'un de ces *loculi* en terre cuite dont j'ai parlé plusieurs fois. Le commencement de la moulure qui forme cadre ou cartouche porte 0^m,084 en longueur et 0^m,043 en largeur, ce qui permet de lui supposer un développement d'au moins 0^m,20 de longueur et de 0^m,08 en hauteur, puisque le segment de cercle à gauche n'a point encore subi de diminution en hauteur et en touchant au bord supérieur du fragment de poterie. Il semble que ces dimensions ne peuvent jamais être celles d'une brique, de quelque taille qu'on la suppose. Quel que soit l'avis qu'on adopte, cette antique tient bien sa place ici et semble annoncer un emplacement nouveau et intéressant à étudier.

Je crois aussi très-nécessaire la reproduction d'un article déjà très-vieux et très-oublié du journal l'*Argus soissonnais* où, en novembre 1844, M. Calland signala à l'attention des savants la découverte d'un de ces emplacements à brûler les morts, *ustrinum, ustrina,* qu'on a soupçonnés en dehors de l'enceinte romaine de Saint-Quentin et dont il semble qu'il faille affirmer la présence à Sablonières (voir la page 76 du présent volume). L'*ustrinum,* ou champ à crémation, retrouvé à Soissons par les travaux du génie, se compose, comme celui de Sablonières, de nombreuses fosses ayant parfois jusqu'à 6 à 7 mètres de profondeur et 9 à 10 de diamètre. Elles contenaient un mélange étrange et confus de terre noircie, de cendres, de charbons, d'ossements humains et d'animaux, de débris de poteries, tuiles et vases, de clous, de ferrailles oxydées où l'on a cru reconnaître des armes, des monnaies à l'effigie d'empereurs romains, même de médailles d'origine gauloise, mais illisibles. Tout cela ressemble à ce que MM. Moreau ont rencontré à Sablonières dans les fosses BB du point AA du plan-figure 196, et cette coïncidence force l'attention, rien ne devant être perdu en ces matières si neuves.

Voilà entassés bien des détails et bien des dessins. Si l'on me reprochait cette prodigalité et de m'être trop étendu sur l'époque gallo-romaine, il me faudrait répondre qu'il n'est aucun de ces éléments d'étude qui ne mérite l'attention et l'intérêt, aucun qui ne serve et concoure utilement à reconstituer par la description et l'image un passé glorieux et artistique dont l'ensemble et l'ampleur étaient à peine entrevus jusqu'ici, et dont les détails se perdaient dans trop de livres, de mémoires et de brochures à peu près impossibles à centraliser dès maintenant, bien qu'ils ne se soient occupés que d'un seul département, une presque centième partie de la Gaule à l'époque romaine. Un débris de cet âge, un outil, une arme, un vase, un fragment de sculpture, un bronze patiné par le temps, tout ce que la terre a soigneusement gardé pour nous pendant quinze cents ans, tout ce que la tombe nous a révélé de ses mystères heureusement conservateurs, servent à revivifier des souvenirs qui ne sont pas sans grandeur. Ces épaves, ces reliques des siècles avaient besoin d'être rapprochées et condensées pour fournir leur vraie, sinon leur complète signification archaïque et artistique. Que ces antiques s'égarent et disparaissent une fois de plus, qu'elles quittent nos musées ou nos collections particulières, celles-ci si mobiles, leur souvenir ne périra plus. L'homme studieux et rempli de cette *vénération du lointain* déjà connue dans l'antiquité romaine, pourra les retrouver à sa volonté, à son heure, dans les pages de ce livre où elles sont numérotées, classées et rangées comme dans un catalogue. Que de richesses sorties jadis et jusqu'à nous de notre sol départemental, et qui n'ont pas laissé même une trace, même le plus fugitif des souvenirs, parce que l'on n'a pas dressé à temps un semblable inventaire !

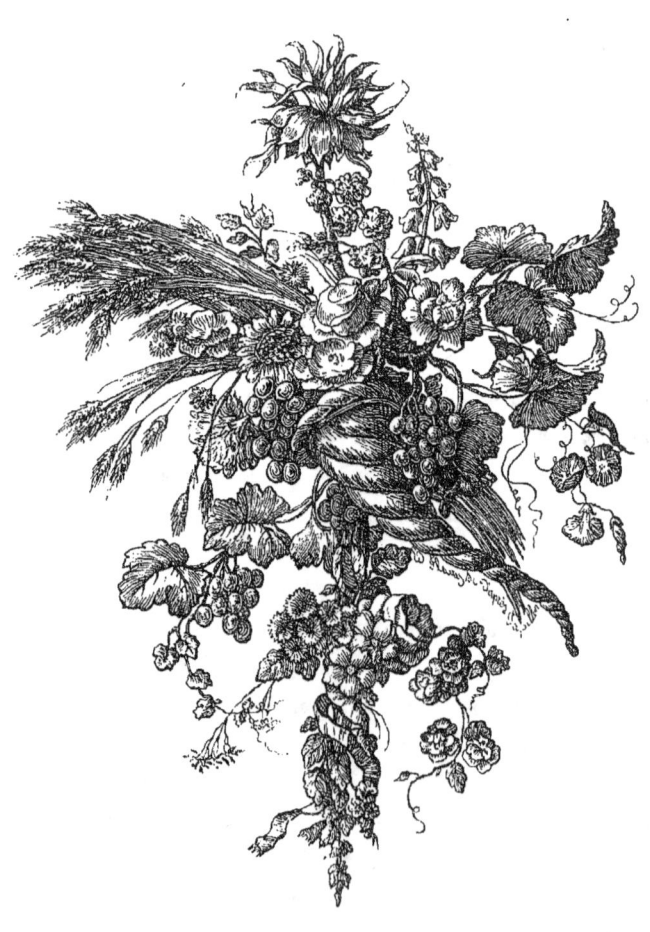

V

ÉPOQUE FRANCO-MÉROVINGIENNE

L'existence chancelante de l'empire romain était menacée depuis longtemps par des hordes innombrables, féroces, errantes, innomées et qui tourbillonnaient sur elles-mêmes dans les vastes contrées s'étendant à l'est et au nord de l'Asie et de l'Europe, contrées mal connues des géographes grecs et romains. Il était impossible de ne pas prévoir depuis longtemps aussi les dangers qu'annonçaient leurs mouvements mal compris et qu'on persista à tenir pour fortuits et désordonnés, bien que les incursions fréquentes des Germains dans la Gaule belgique eussent dû servir de leçons. Dès le Iᵉʳ siècle, il avait fallu en tenir compte et, au IIIᵉ, toute la frontière rhénane dut être garnie de forteresses et de grands camps dont nous avons fait l'étude en leur temps.

D'un autre côté, à l'exemple des Romains d'Italie, les Gallo-Romains s'étaient habitués à la mollesse, à des mœurs plus efféminées de jour en jour. Septime Sévère, cet *Arabicus, Parthicus, Adiabenicus,* que nous avons vu, dans la première partie de ce livre, réparer les chaussées romaines, en compléter le réseau, y poser des bornes à son nom et à celui du fou Caracalla, avait couvert la Gaule, et notamment les provinces du Nord, de ses soldats, de ses généraux et fonctionnaires qui bâtirent les splendides et délicieuses villas dont j'ai parlé si souvent. Établi sur le sol, s'y étant enrichi par l'exaction, tout ce monde officiel perdit à la fois l'amour de la patrie italienne et le ressort nécessaire pour tenir tête aux incursions germaines. Semblables aux hordes arabes du désert, celles d'Allemagne apparaissaient sans qu'on s'y attendît, disparaissaient aussi vite, chargées des dépouilles de la contrée pillée, mise au saccage, incendiée, ruinée. C'est ainsi que s'expliquent ces traces innombrables d'incendies que nous avons constatées sur tant de nos emplacements de villas, de constructions gallo-romaines, jusqu'au sein de leur sol parfois calciné comme à Nizy, de telle sorte que la terre, quand elle contient un peu d'argile, forme des masses considérables, compactes, dures, solides et rougies par la cuisson. Le musée de Laon contient un curieux spécimen de ces terres cuites, ramassé sous le mur peint à fresque des galeries de l'*impluvium* de Nizy, et la mosaïque de Blanzy présentait des quantités de cubes de marbre convertis en chaux par l'action d'un feu intense.

A force d'y revenir, les envahisseurs entamèrent les provinces septentrionales, s'y implantèrent et s'y taillèrent çà et là d'assez beaux domaines dont, à la fin, on ne put les chasser, où il fallut les tolérer, en se contentant de leur demander leur assistance contre les nouvelles peuplades de barbares attirées et alléchées par ce succès. C'est l'histoire des Lettes et des Francs qui dépouillèrent les Gallo-Romains de nos contrées et plus tard devinrent leurs alliés contre les Huns d'Attila, au moment où l'orage, qui grossissait depuis des siècles, éclata dans tout son paroxysme de violence.

Les empereurs chrétiens, qui habitèrent longtemps Trèves d'où ils surveillaient ou contenaient avec des chances diverses les invasions parties d'Allemagne, se sentirent à la fin sérieusement menacés et se retirèrent dans la Narbonnaise, où ils se crurent plus en sûreté. Sous Honorius, qui avait abandonné de vastes territoires aux Burgundes, la marée montante de l'invasion contre laquelle on ne résistait plus que mollement livra tout le pays aux Goths, aux Alains, aux Vandales, ceux-ci qui s'écoulèrent par la Gaule, et, au nord, aux Francs-Saliens ripuaires (*riparioli, riparii, ripuarii*), c'est-à-dire riverains du Rhin. Les Francs appartenaient à la famille teutonique. Ils descendaient des côtes de la mer du Nord. Ils s'étaient établis déjà, vers la dernière moitié du IIe siècle, dans les contrées baignées par les bouches du Rhin. Ils quittèrent ce fleuve plus tard et se rapprochèrent insensiblement des frontières belges qu'enfin ils violèrent bien souvent, s'engageant jusqu'à l'Escaut, la Sambre et la Somme, en menaçant l'Oise et l'Aisne elle-même. Honorius, qui s'était sauvé à Ravenne, y mourut en 423, certain que la Gaule serait bientôt, et tout entière et à toujours, perdue pour l'Empire.

Le Romain Aétius, on peut dire le dernier vrai Romain d'origine et de cœur, accourut d'Italie avec les légions de Valentinien III, battit les Goths devant Arles en 425, les Burgundes en 426, en 428 les Francs qui abandonnèrent alors les deux Belgiques, pour y rentrer une centième fois et s'y fixer en 447, et alors définitivement sous les premiers rois chevelus. Bientôt ils passent l'Escaut, noyant dans le sang Tournai et Cambrai, poussant jusqu'à la Somme, c'est-à-dire en plein *pagus viromanduensis*. Forcés par Aétius à se confiner momentanément entre la Meuse et l'Escaut, c'est de là qu'ils reviennent chez nous, tantôt comme alliés des Romains qui luttent contre Attila et plus tard contre les Goths, tantôt pour leur propre compte et comme envahisseurs, lorsque le comte de Soissons Égidius eut été assassiné par Ricimer en 464.

À la mort de Childéric, roi des Francs, décédé à Tournai après avoir pris une part très-active aux affaires et à la lutte en plein cœur de la contrée dont ce livre s'occupe, tout le pays de Cambrai, des bords de la Sambre à l'Escaut, et celui qui borde la Somme d'Amiens à Saint-Quentin, appartenaient aux Francs-Saliens dont les chefs se liguèrent avec Clovis, le jeune fils de Childéric, pour envahir enfin le Laonnois et le Soissonnais, et l'armée de Siagrius fut anéantie dans une de nos localités sur le nom et l'emplacement de laquelle nos historiens ne sont pas encore d'accord jusqu'ici. Le Vermandois, la Thiérache, le Laonnois, le Soissonnais, la Brie, toute la contrée enfin qui s'étend entre l'Escaut, la Somme, l'Oise, l'Aisne et la Marne, souffrirent alors des maux horribles. Parcourus dans tous les sens par les hordes immigrantes, ils furent une fois de plus pillés, ravagés, ruinés à fond, livrés au feu et à l'égorgement.

C'est alors que périt tout ce qui avait été respecté par les premières invasions. C'est alors qu'achevèrent de disparaître toutes ces villas et emplacements gallo-romains au nord et au midi, Nizy, Blanzy, Bazoches, Arlaines, pour ne citer que les noms illustres. Chaque général, chaque soldat prit à sa guise une part des dépouilles des vaincus. Tous ceux qui luttaient encore furent ruinés et réduits en esclavage. Quelques habiles, et il en est en tous temps, surent flatter les vainqueurs et conserver leur fortune. Ainsi l'Aurelianus d'Arlaines, dont j'ai parlé en décrivant sa villa, capta la confiance du grand chef des conquérants et négocia le mariage de Clovis le païen avec Clotilde, la nièce du catholique Gondebaud, le chef ou le roi des Burgundes. Si les villas gallo-romaines passèrent aux généraux d'ordre inférieur, Clovis confisqua le domaine impérial avec ses palais qui plus tard de mérovingiens deviendront carlovingiens, nous le verrons, succession non interrompue entre ces grandes propriétés gauloises et rurales dont parle César et les fiefs de la seconde race de nos rois.

En réalité et mis à part les détails de la conquête par les enfants innombrables et turbulents de la haute Germanie, tels sont les principaux traits généraux d'un grand fait historique qui va rénover la face du petit pays devenu brutalement, dramatiquement, le vrai noyau, le vrai centre de notre plus vieille France, un centre bientôt de puissante attraction pour le reste de la Gaule. En un mot, les Francs complètent, à la fin du vᵉ siècle, la conquête de nos contrées aux limites de laquelle ils s'étaient établis solidement en 460 par la prise de Cambrai pour certain, et probablement par celle d'*Augusta Viromanduorum*.

Dès ce moment-ci, il faut admettre que l'assimilation du vainqueur et du vaincu, ou l'absorption de l'élément envahisseur par l'élément envahi, ce que je crois tout aussi volontiers, fut rapide et complète. Si la conquête s'était montrée violente, sauvage, impitoyable, sanguinaire même, ces excès appartenaient à la horde et aux circonstances elles-mêmes, mais non aux individualités qui composaient la nationalité conquérante. Le Franc barbare cachait un homme facile à civiliser et dont le caractère était doux et commode, droit, loyal, ami de ce qui brillait et du confortable, par conséquent très-disposé à se fixer sur ce sol agréable, fertile et pittoresque qu'il avait si longtemps désiré. L'historien grec Agathias le Scholastique, qui vivait dans le viᵉ siècle et a laissé une histoire du règne de Justinien écrite vers 560, fournit sur les Francs des renseignements utiles et expliquant suffisamment leurs succès et leur appatriation facile dans nos contrées. A ce sens et bien qu'on ait déjà utilisé le passage où Agathias se prononce si chaleureusement en faveur de nos pères les Francs, je crois devoir le reproduire intégralement comme un des éléments à peu près ignorés chez nous de notre histoire locale :

« Les Francs », écrit Agathias, « ne sont point sauvages comme la plupart des autres barbares ; « mais, en beaucoup de choses, ils ont adopté la police et les lois romaines. Leurs contrats, leurs « mariages se font de la même manière. Dans le culte divin, ils ne s'écartent pas du rite romain. Ils « ont au sein des villes une magistrature, un évêque ; ils célèbrent leurs fêtes avec des cérémonies « semblables aux nôtres. Pour des barbares, ils me semblent très-civilisés et très-policés. » Voilà l'influence morale, religieuse, et par conséquent historique, du vaincu sur le vainqueur, je ne dirai pas indiquée, mais établie. Voici maintenant, et par contre, tout aussi catégoriquement exposée la part d'influence extérieure, artistique, linguistique, par conséquent archéologique, que le vainqueur va exercer à son tour sur le vaincu, et rien ne peut être plus précis que la curieuse phrase où se montrent l'intelligence de l'historien, sa rectitude de jugement et l'intensité de son observation engendrant une sympathie dont nous sommes heureux. Agathias continue : « Entre eux (les Francs) « et nous, je ne trouve de différence que celle qu'apportent leur mode de se vêtir et l'usage « d'une langue qui leur est propre. Certes, j'ai pour eux l'admiration la plus vive, tant à cause des « divers avantages dont ils sont doués, qu'en raison de la justice et de la concorde dont ils observent « religieusement le maintien. »

Peut-être pourrait-on objecter qu'en parlant de concorde, l'historien grec a forcé un peu la note; ce n'est pas là le point brillant d'une lumière bien pure et destinée à fixer l'attention pendant et sur les temps mérovingiens, et Grégoire de Tours n'est point, sur ce sujet, tout à fait d'accord avec son confrère Agathias. Celui-ci, d'ailleurs, a dépeint plutôt le caractère de l'homme privé que celui du chef politique.

Quoi qu'il en soit, une révolution profonde et un fait politique se sont accomplis et sont acquis à l'histoire et à l'archéologie, la première de ces sciences qui explique et asseoit l'autre sur des bases solides. Les peuplades germaniques ont renversé la domination romaine et ont ruiné ses monuments, en anéantissant jusqu'au souvenir de son art auquel elles vont substituer le leur. Elles ont exercé sur nos origines nationales une influence immense dont il faut tenir un compte sérieux. Si tout d'abord elles ont paru accepter les mœurs romaines, c'était par la nécessité politique de ne point effrayer les vaincus, de ne pas les pousser à la résistance et au désespoir. C'était dans un intérêt bien compris de fusion et d'un désir de progrès pour elles-mêmes et dont elles avaient conscience; mais si la partie élevée et intelligente de cette jeune société, qui venait de s'introduire si violemment dans la vieille civilisation gallo-romaine, se convertit au christianisme avec Clovis dont le baptême n'est qu'un acte politique comme le fut la conversion de son successeur le huguenot Henri IV, le populaire restera païen sinon dans son culte extérieur, du moins dans son cœur, dans son culte mystérieux de *Sax Oten*, des pierres et des arbres. La loi germanique ne cédera pas toute la place au code romain. La langue teutonique combattra la langue romaine à laquelle la première n'empruntera que ce dont elle aura besoin pour se faire comprendre et accepter par les masses gallo-romaines, et il faudra plusieurs siècles pour qu'une vraie langue nationale se dégage de ces deux éléments hostiles.

Il en sera de même pour l'esthétique et pour l'art. L'art saxon va confisquer tout d'abord l'art romain. Au viiie siècle, les influences apportées de Byzance compliqueront la situation qui ne fournira son dernier mot que juste au moment où la langue française donnera son premier signe de vie, c'est-à-dire au xiie siècle, pendant lequel surgira de toutes pièces l'*opus francigenum*, l'architecture ogivale.

Pour nous résumer en peu de mots, la civilisation romaine et son grand art ont sombré dans

VASES ET POTERIES MÉROVINGIENS.

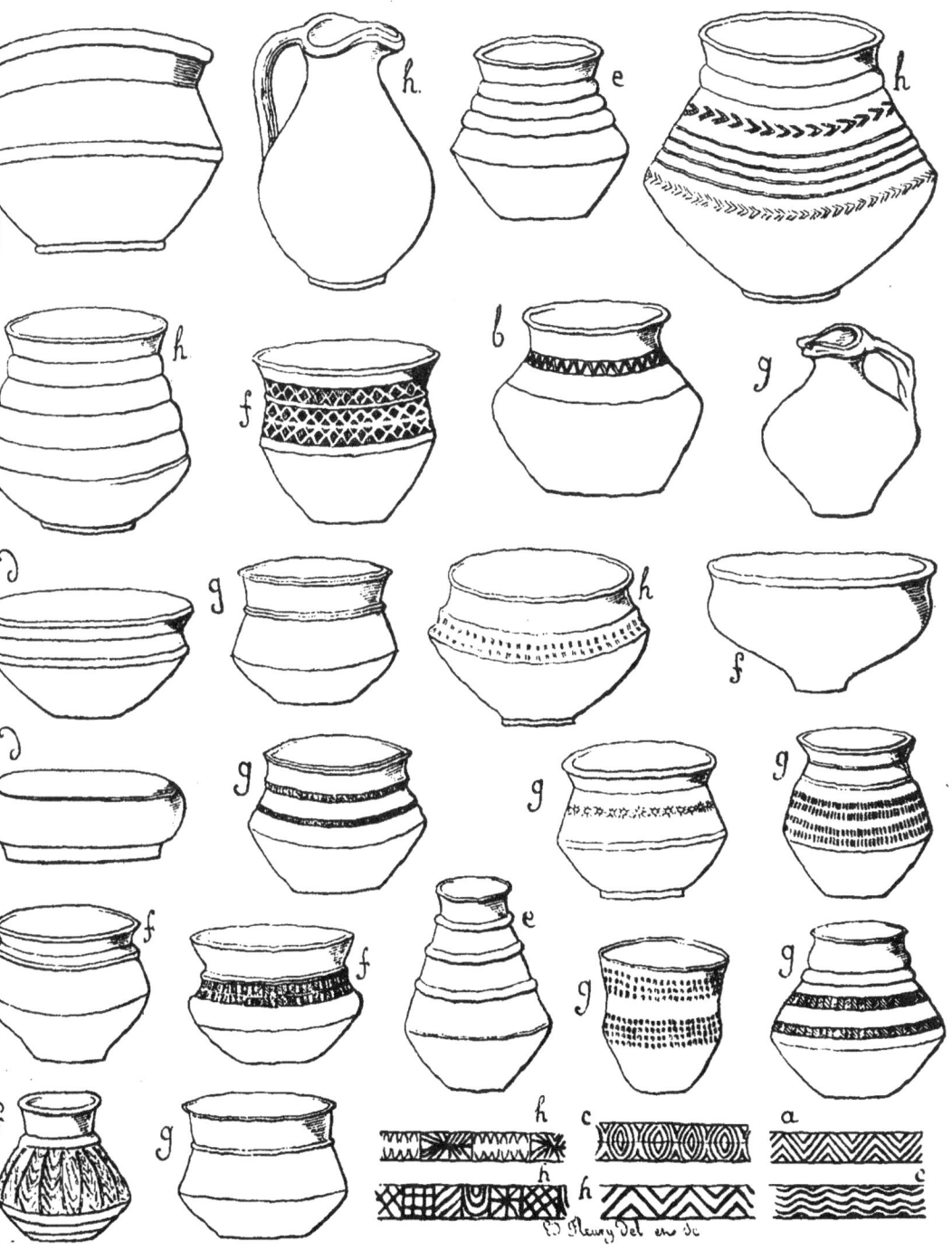

Fig. 216. — Poteries et vases mérovingiens. (D'après des dessins de MM. Pilloy, A. Pietto, Papillon.)

A. Décor d'un vase d'Arcy-Sainte-Restitue. — B. Vase de Brio. — CC. Décor de vases de Chaillevet. — DD. Vases de Lizy. — EE. Tugny-et-Pont.
— FF. Vendhuile. — GG. Verly. — HH. Vases et décors de vases à La Planchette (Vervins).

un immense cataclysme politique, social, moral et religieux, du sein et des ruines duquel va sortir toute une société nouvelle. L'élément germanique et païen, représenté par Clovis, ne sera plus désormais refoulé au delà du Rhin, et, vainqueur incontesté, il tend la main à l'élément gallo-romain et chrétien qui a fait son *pronunciamento* décisif en la personne d'Aurelianus, et ce personnage va demander aux Burgundes une vierge catholique, la jeune et belle Clotilde introduite par l'entremetteur dans le lit du *Konung* franc. Ces circonstances romanesques montrent comment les races les plus déterminément hostiles, comment les conquérants et les conquis, tour à tour et réciproquement absorbés et absorbants, se réconcilient souvent, d'abord pour oublier des faits irrépa-

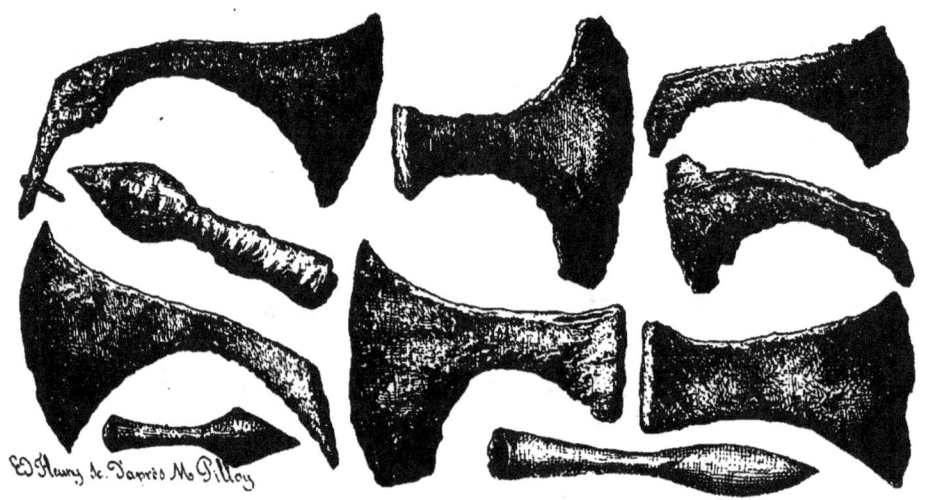

Fig. 217. — Francisques et fers de flèche, de Caranda.

rables, ensuite pour préparer des temps nouveaux à l'aide de concessions aussi sérieuses que nombreuses et durables.

Ce qu'il y aura là d'étrange, c'est que l'esthétique seule se refusera à ces concessions qui semblent une nécessité du temps. La littérature romaine agonise. Sidoine Apollinaire tournait encore en 470 des épîtres, des épithalames et des panégyriques en vers latins agréables bien qu'emphatiques; mais, cent ans plus tard seulement, Grégoire de Tours ne parle plus qu'un latin sauvage. L'art romain disparaît absolument de la Gaule belgique ainsi que des autres provinces où un nouveau goût barbare, c'est-à-dire étranger et étrange à la fois, va se manifester dans tout ce qui sortira de la tombe, forme et fabrication des poteries (fig. 216), des armes (fig. 217 et 218), des bijoux (fig. 219 et 220), des sarcophages eux-mêmes. Les cimetières étant donc la seule et vraie source où il faut aller puiser ce que nous savons depuis si peu de temps des mœurs et de l'art franco-mérovingien, c'est par leur étude que la partie esthétique de ce chapitre doit donc débuter.

Avant tout, il est bon de constater ce détail important et général. De tout temps, les hasards de la culture et des fouilles ont mis à jour de grands tombeaux de pierre rectangulaires comme forme d'ensemble, avec ces modifications typiques du rectangle parfait : plus de largeur à la tête

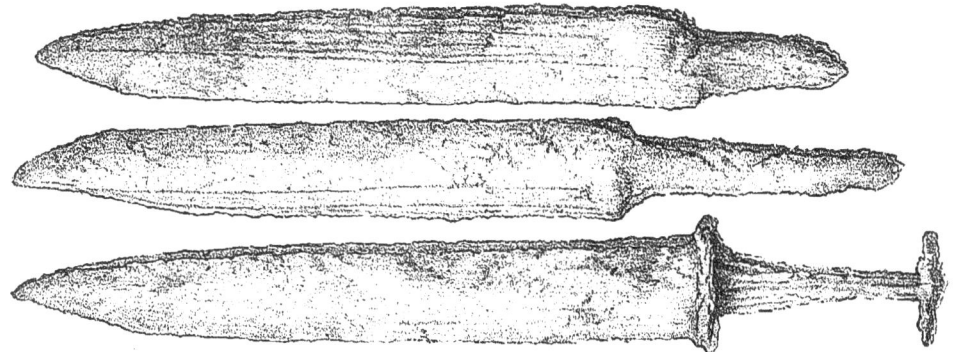

Fig. 218. — Scramasax ou sabres de Caranda.

qu'au pied, et plus de hauteur en avant qu'en arrière. Quand le sarcophage est isolé, l'endroit où il a été rencontré a gardé le nom de *l'Homme mort* ou de *l'Hommée*. Si on a déterré en une ou plusieurs fois de ces tombes en forme de bac ou d'auge, l'emplacement mortuaire s'appelle *les Luziaux*, ou

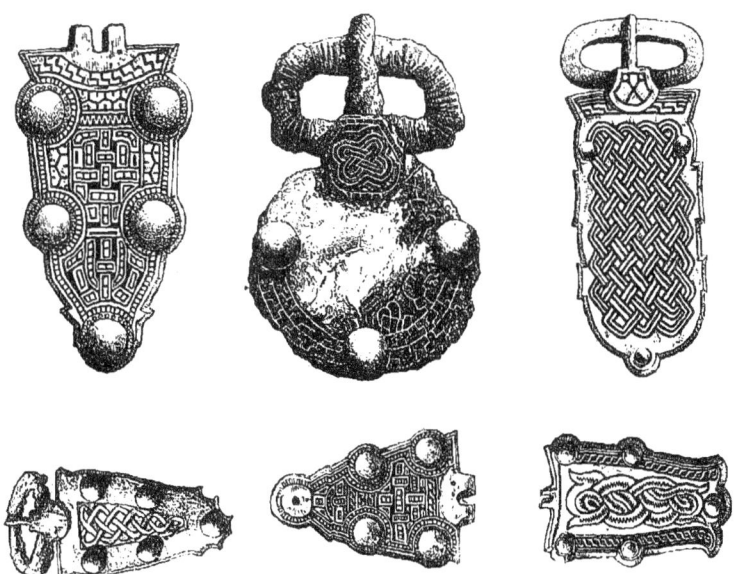

Fig. 219. — Boucles et plaques mérovingiennes de Vorly, Lizy, etc.

Terre à *Luziaux*, ou *Champ à Luziaux*, ou *le Tombois*, ou *le Tomboir*, ou *la Mortée* et *Morteau*. *Tomboir*, *Mortée*, *l'Homme mort*, s'expliquent eux-mêmes. Les *Luzeaux*, *Luziaux*, *Luzel*, en patois picard, ont une étymologie plus savante. Les uns les font venir de *lugere*, en latin pleurer, ce qui n'a rien d'improbable, et les autres de *loculus*, tombeau de pierre ou de terre cuite au moment où l'on commence à ne plus incinérer, *locellus* diminutif de *loculus*, petit tombeau. Les catacombes de Rome sont pleines de *loculi* souvent superposés. Le mérovingien Carloman, fils de Charles Martel et qui mourut en 755 à Vienne, en Dauphiné, fut transporté en Italie, à l'abbaye du Mont-Cassin qu'il avait restaurée, et fut enterré dans un luziau de métal doré, *in loculo aureo*, de sorte que nos sar-cophages rectangulaires de pierre étaient encore appelés des *loculi* au VIIIe siècle, avant de s'appeler *luzels* en vieux français roman du XIIe siècle, et *luziaux* dans notre patois local et picard.

Nous n'avons sur nos nécropoles mérovingiennes aucun renseignement utile à espérer avant 1830. L'archéologie du commencement de notre siècle, qui se faisait gloire de s'appeler *celtique*, a confondu dans cette appellation des débris de tant d'époques différentes, depuis les haches polies et *celtiques* jusqu'aux garnitures métalliques de seaux mérovingiens qu'on appela des couronnes *celtiques*, que des trouvailles très-précieuses et significatives ne portèrent pas leurs fruits et servirent seulement à compliquer un incroyable gâchis archéologique où certains érudits persistent encore à rester plongés, mais dont les éléments divers sont enfin scientifiquement et à peu près complétement dégagés aujourd'hui, isolés, classés et reconnaissables, grâce aux habitudes d'analyse qui heureusement ont prévalu et font de l'archéologie non plus un ensemble incohérent d'hypothèses empyriques, d'affir-mations sans preuves et appelant immédiatement le doute et même la négation, mais une science avec laquelle il faut désormais compter sérieusement. Elle n'est pas complète; mais chaque jour elle tend à se compléter grâce à l'analyse.

A partir de 1830, un savant non sans valeur, M. Lemaistre, inspecteur des poudres et salpêtres à La Fère, s'enquit autour de lui de tout ce qui sortait du sol, fit lui-même des fouilles, catalogua, décrivit ce qu'il rencontrait, et il rencontra évidemment des sépultures mérovingiennes parmi des cimetières mixtes qu'alors on appela toujours romains, de même qu'on appelait encore druidiques les dolmens signalés alors sur plusieurs points du département de l'Aisne, par exemple celui de Saint-Gobain dont j'ai parlé en ma première partie, page 150. Ainsi M. Lemaistre croyait à l'origine romaine de la sépulture de Nouvion-le-Vineux (canton de Laon) où, au lieudit le *Bois-des-Morts*, on avait ren-contré des cercueils de pierre superposés parfois jusqu'à trois; de celle de Chavignon (canton de Crécy) où, dans des sépulcres de pierre aussi, on voyait les squelettes d'adultes et d'enfants avec les bras croisés à la chrétienne et sur la poitrine; de celle de Liez (canton de La Fère) où alors et même encore aujourd'hui on intitule gallo-romains des sépulcres de pierre, à cause de leurs caractères extrinsèques : forme rectangulaire du tombeau sans chevet à la tête, assiette sur le penchant de la colline, toutes circonstances probantes d'origine franco-mérovingienne, on le verra bientôt. On en a dit autant des sépultures de Maizy (canton de Neufchâtel), de Beaurieux (canton de Craonne) où tout était exclusivement mérovingien, tombes de pierre en forme d'auge, sabres de fer dits scramasax, haches franciques, boucles et plaques de ceinturons et de baudriers, grains de verre coloré dans la masse et de terre cuite émaillée. La curieuse nécropole mixte des temps romains et mérovingiens de la montagne de *la Bataille*, au-dessus de Quincy-Basse, sur la route de Laon à Coucy, laquelle fut cependant trouvée à une époque très-rapprochée de nous, c'est-à-dire vers 1850, troubla profondément l'archéologue, cependant intelligent, qui en dessina les produits. Le vase samien et fin ne lui paraissait pas de la même famille que le vase gris-noir à stries et brutal. Les plaques et contre-plaques de fer oxydé ne lui semblaient pas appartenir au harnais militaire d'un

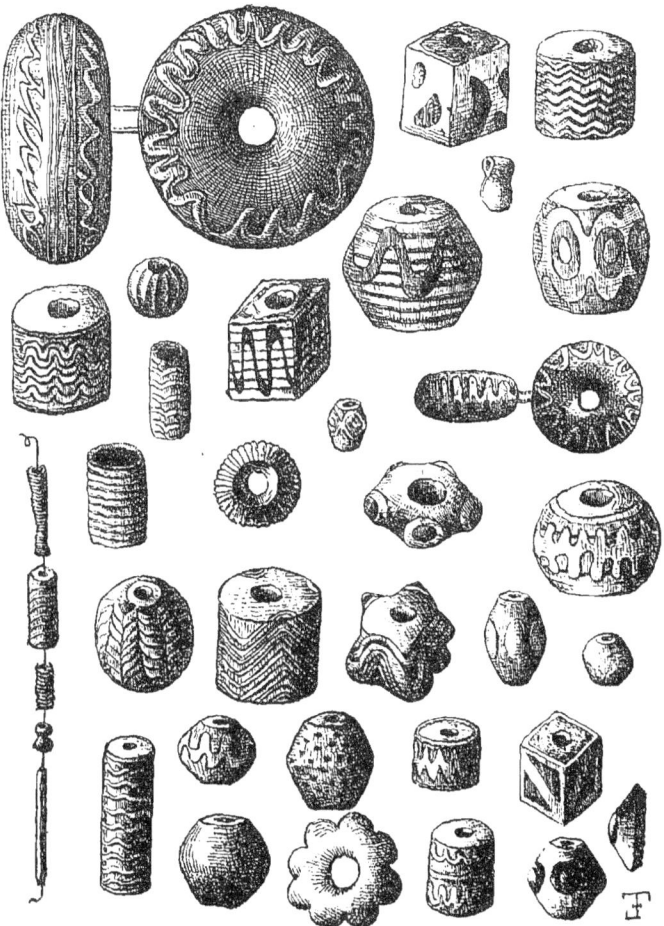

Fig. 220. — Grains de colliers en verre et terre cuite, de Chaillevet, Lizy, Yerly, Vervins, etc.

légionnaire romain, et l'auge de pierre tendre ne pouvait être un sarcophage du Haut ou du Bas-Empire.

M. Lemaistre a laissé une classification curieuse et instructive des sépultures qui apparurent de son temps et des objets qui en sortirent. Cette nomenclature prouve déjà qu'alors, c'est-à-dire il y a cinquante ans, on trouva dans le département de l'Aisne autant de centres d'inhumations mérovingiennes non encore spécifiées scientifiquement, qu'on en a mis à jour depuis qu'on sait les reconnaître grâce aux publications allemandes et aux livres de M. l'abbé Cochet [1], de MM. Baudot [2], Troyon [3], etc., par conséquent grâce à plus d'expérience. Telle est cette liste :

THIERNY (commune de Presles, du canton de Laon). coutelas à trois rainures au côté gauche du mort; plaque de fer carrée à clous de fer sur la hanche. par conséquent de baudrier. — NOUVION-LE-VINEUX (canton de Laon), sabres et poignards courts, certains placés sous la tête du mort; belles boucles et agrafes de bronze, ovales, carrées, moulurées, à dessins zigzagués; autres à émaux cloisonnés et diversement coloriés; boutons de verre; cercle de bronze. probablement un bracelet, orné de deux serpents à yeux de verre violet, à corps guillochés, à queues faisant charnières; aiguilles et styles romains employés, ainsi qu'on le verra souvent, comme aiguilles pour chevelure de femme; poteries grise, jaune et noire. peu solides; quelques monnaies romaines comme on en

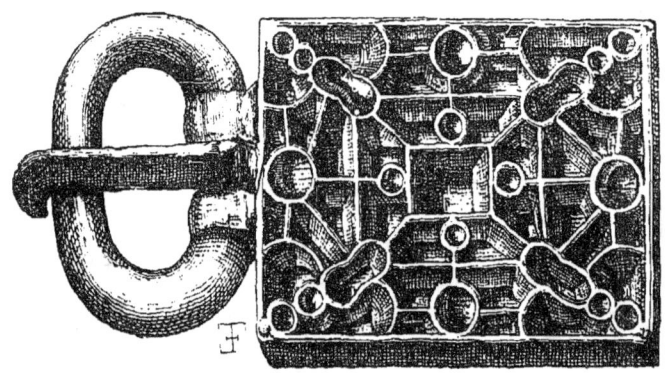

Fig. 221. — Plaque mérovingienne de Versigny.

trouvera tant dans les sépultures mérovingiennes, ce qui a porté un désordre profond dans les idées des anciens archéologues. — PRESLES près Laon; sépulcres de pierre avec boutons et fibules. — CHAVIGNON (canton de Vailly), sabre sur la cuisse; vases et poteries à la tête des morts, parfois à leurs côtés. — CUISSY (canton de Craonne). coutelas; plaque; bouton carré en terre cuite; grains de verre pour colliers. — SAINT-GOBAIN (canton de Lafère), poignard et hache en fer aux côtés du squelette; grains de verre à dessins multicolores; vase noir en dehors, à engobe rouge à l'intérieur. — LIEZ (canton de Lafère), lance placée dans le bras gauche du mort; fer de javelot. — VERSIGNY (canton de Lafère), lame de fer; boucle de bronze; plaques de ceinturon avec émaux et verroteries de couleur; vases gris. C'est de là que nous est venue la magnifique plaque de bronze où l'on peut étudier à son aise l'arrangement ingénieux (fig. 221). l'armature, le cloisonnement à compartiments soudés, dans lesquels l'orfèvre mérovingien insérait, sertissait ses verres

1. *La Normandie souterraine*, l'Étude sur le tombeau de Chilpéric, etc.
2. *Mémoire sur les sépultures mérovingiennes de Bourgogne.*
3. *Descriptions des tombeaux du Bel-Air.*, etc.

et émaux colorés, ses cabochons variés qui faisaient de cette belle plaque un objet d'art des plus intéressants, un sujet d'étude de technologie. Elle appartient aux collections du musée de Laon auxquelles, si je ne me trompe, elle a été donnée par M. Lemaistre lui-même. — ARCY-SAINTE-RESTITUE (canton d'Ouchy), lames d'épée et poignards en fer (fig. 222); agrafes et boucles de

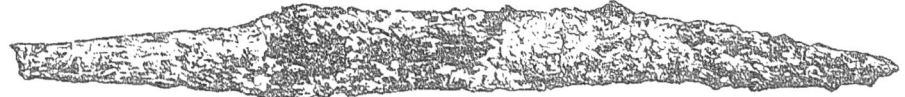

Fig. 222. — Scramasax ou sabre, à Arcy-Sainte-Restitue.

bronze argenté et ciselé; vases noirs (fig. 223); tombes en pierre et en forme d'auge. Je donne le scramasax et les deux vases d'Arcy-Sainte-Restitue comme ne laissant rien à désirer à titre de types incontestables.

Dans cette nomenclature qui pour nous est exclusivement mérovingienne, M. Lemaistre a

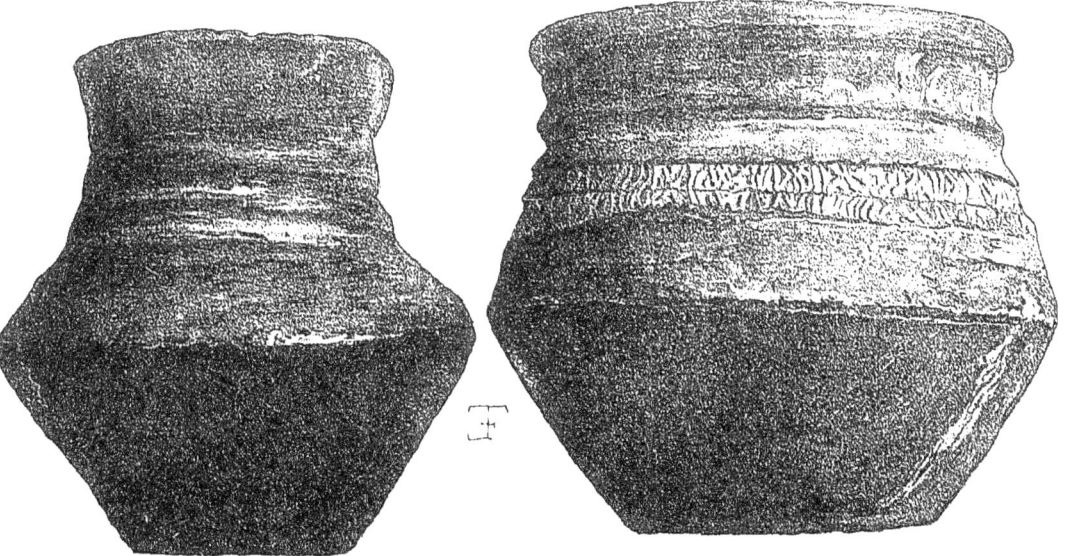

Fig. 223. — Vases noirs et mérovingiens d'Arcy-Sainte-Restitue, dessinés d'après des photographies.

introduit le nom des cimetières romains, par exemple à Vermand, à Saint-Quentin, dans lesquels d'ailleurs et probablement des tombes franques ont été déposées.

En réalité, il doit y avoir peu de cimetières absolument et exclusivement mérovingiens. Nos villages et centres d'habitation ne s'étant jamais déplacés, ou tout au moins n'ayant jamais subi que des déplacements peu considérables, leurs cimetières sont à peu près toujours restés à l'endroit où

nos plus anciennes populations les avaient établis aux temps préhistoriques. J'ai montré cette circonstance dans l'occupation du terrain mortuaire par la nécropole archaïque à Chassemy
(fig. 48, page 88, 1ʳᵉ part.), à Caranda, à Sablonières (fig. 196, page 176, 2ᵉ part.), où
toutes les civilisations s'entassent les unes sur les autres, les unes parmi les autres, se déplacent
et se bousculent mutuellement et sans précautions pour les morts des vieux âges antérieurs,
se cantonnent rarement, bien que Chassemy ait son groupe d'incinérés romains concentré plus
spécialement à l'ouest, bien que Sablonières, au-dessus de ses morts de l'âge de pierre, offre
une certaine séparation entre les Gallo-Romains de la crémation et ceux de l'ensevelissement, tandis
que les Mérovingiens semblent plus spécialement parqués à part. Cependant la même nécropole est
commune à tous, à Sablonières aussi bien qu'à Chassemy. De même que Fère-en-Tardenois et Chassemy sont restés fidèles au voisinage de leurs cimetières antiques, le bourg ne s'est développé qu'au
moyen âge et dans la direction de son château, et le village s'est accru seulement de nos jours et
le long de la route moderne pour toute modification géographique, laquelle est motivée par des
causes et des éléments qui datent seulement de quelques siècles à Fère, et de quelques années
à Chassemy.

La sépulture considérable d'Arcy-Sainte-Restitue, qui n'a été que tâtée et doit être très-
opulente, est mixte, comme celle de Quincy-Basse à la montagne de *la Bataille*, comme celle de
Voyenne (canton de Marle) où les deux éléments romain et franc sont intimement mêlés et ont servi,
à peu près par égales parties, à former la belle collection de M. Lefèvre, de Bruyères près Laon.
A Chaillevet, j'ai rencontré des cippes romains servant de couvercles à des tombes mérovingiennes.
La sépulture mérovingienne de Vorges, à *la Croix Matras*, ouverte un instant seulement pour être
close immédiatement et promettant d'importants résultats, confine à un emplacement gallo-romain
riche en débris de vases rouges et démonstratifs d'époque. Ces exemples pourraient être multipliés s'il
en était besoin. Le cimetière de Mons-en-Laonnois, au sud-ouest du village, au bois *Catillon* et en
avant de Vaucelles, possède une série de jolis vases romains de la famille des amphores (v. fig. 113,
page 217 de la 1ʳᵉ partie), et des tombeaux avec armes et bijoux mérovingiens, et le couvercle
de ces sépulcres est timbré à la croix et à bords ciselés. Le cimetière de Chevennes (canton de
Sains) possède des débris des deux âges. A Verly, la coupe mortuaire, ouverte pour le redressement
d'un chemin vicinal, est des plus intéressantes et montre superposées toutes les sépultures couronnées, à leurs dernières stratifications funéraires, par l'église à peu près moderne et qui domine la
contrée.

Comme aux temps gallo-romains, il y eut, à l'époque mérovingienne, de grands cimetières aux
abords des villes, bourgs et villages à populations nombreuses et agglomérées, et des sépultures isolées aux environs des habitations rurales, fermes ou villas à l'écart. Nous en visiterons où la quantité d'armes retrouvées, par exemple à Verly (canton de Guise), semble indiquer des habitudes guerrières qu'elles tiennent ou du caractère des habitants, ou des nécessités de situation, Verly étant un
passage, une route d'invasion, tandis qu'à Chaillevet j'ai retrouvé seulement une lame de grand

poignard, ce qui semble indiquer des mœurs plus douces et une population plus particulièrement agricole.

Dans certains cimetières se rencontreront des boucles, plaques et contre-plaques, fibules, bagues et bijoux marqués à la croix. Ce symbole manquera tout à fait dans d'autres. En tirera-t-on la conclusion que ces derniers appartiennent à la période franque d'invasion par les païens, et que

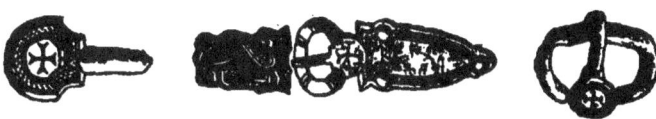

Fig. 224. — Plaques et boucles avec croix, à Chaillevet et Lizy.

dans les premiers on trouve seulement les restes mortels des Mérovingiens convertis au christianisme? Peu partisan des classifications absolues et démuni d'exemples assez nombreux dans un sens ou dans un autre, je m'abstiendrai de tirer de ce fait des conséquences que des trouvailles futures pourraient bien renverser.

Les conditions topographiques des cimetières varient suivant les localités, on le comprend. Il n'est pas nécessaire de dire que ceux des villages situés dans les plaines sont assis aussi en terrains plats, le monticule étant toujours occupé lorsqu'il s'en rencontre. Quant aux cimetières des villages de notre système de collines, tantôt ils occupent la hauteur et souvent l'extrémité aiguë des promontoires, l'ancienne acropole des préhistoriques, et tantôt on les trouve assis plus bas sur un ressaut de la déclivité. M. l'abbé Cochet, dans sa *Normandie souterraine,* nous apprend que bien souvent les sépultures franques des contrées qu'il a plus spécialement étudiées, étaient posées à la base des collines. Dans le département de l'Aisne, à part celle de Pommiers, j'en connais peu qui soient ainsi situées, les mots base de colline étant pris dans l'acception absolue de leur sens grammatical. En réalité, les sépultures mérovingiennes, avec leurs positions au haut et à mi-côte de nos promontoires, et enfin dans la plaine, remplissent parfaitement toutes les conditions topographiques qu'indique un passage de l'évêque Durand de Mende s'exprimant ainsi en parlant d'antiques sépultures des habitants desquelles on ne savait même plus déjà le nom à la fin du XIIe siècle : « *Olim* « *apud veteres, nobiles sepeliebantur in montibus, sive in eorum medio, sive in radicibus.* »

Je vais étudier les trois conditions topographiques dans lesquelles se trouvent les sépultures de l'époque dont je m'occupe en ce moment, étant, comme le savant et regretté M. de Caumont, de l'avis que la période mérovingienne n'est pas suffisamment connue au point de vue archéologique, qu'il y a là une mine non encore épuisée et où l'on peut trouver par conséquent des matériaux utiles à la préparation d'un grand ensemble national et à la synthèse de ces temps à peine soupçonnés, malgré les travaux dont ils ont été l'objet depuis trente ans.

Le Laonnois offre plusieurs spécimens typiques de cimetières francs assis au sommet de notre système de montagnes et dans d'admirables positions. Celui de Chaillevet (canton d'Anizy), que j'ai fouillé en 1863, occupait une des pointes avancées de cette immense butte isolée qui, commençant à Laniscourt, village de Creuttes, se prolonge en cuve au-dessus de Mons-en-Laonnois si riche en emplacements souterrains et à silex, tourne brusquement vers l'ouest en dominant Chaillevet, Chaillevois où le *Château-Montceau* et la position préhistorique avec silex taillés forment cap, couronne Lizy où un ancien cimetière, mérovingien aussi, nous arrêtera, et revient, en regardant le nord, se relier à l'ermitage de Laniscourt, station souterraine, par des pentes où, à Montarcène, j'ai signalé les haches taillées des plus vieux âges (fig. 2, *Hache de Montarcène et couteau de Chaillevois*, 1re partie, page 23), ainsi que la *Creutte Mainon* à deux étages faisant face à la butte de Sauvrezis si riche en charmants outils de la pierre polie. Chaillevet et Chaillevois sont bâtis à quelques pas l'un de l'autre, à l'entrée d'un de ces fréquents et profonds vallons que les courants diluviens ont creusés partout dans les flancs de nos collines. Ces deux villages jumeaux et occupant des situations également heureuses sont défendus contre les vents du nord et de l'est par les deux promontoires avancés entre lesquels le vallon s'étale et que les eaux ont arrondis en les léchant. Le plateau de la colline bizarrement découpée n'a là que peu d'épaisseur, surtout à la pointe de droite qui domine Chaillevet et regarde le plein midi d'été, c'est-à-dire Urcel, Laval et la vallée de l'Ailette.

C'est sur la pointe extrême de ce promontoire que les populations antiques ont choisi l'emplacement de leur sépulture au-dessus du paysage le plus vaste, le plus splendide et le plus pittoresque que l'on puisse imaginer. De quelque côté qu'il porte la vue, le spectateur jouit d'un spectacle intéressant, varié et qu'il ne peut se lasser d'admirer. Sous ses pieds, les villages bien groupés de Chaillevet avec sa cendrière et sa fabrique d'alun en pleine exploitation, et de Chaillevois dont l'église du xiie siècle offre un remarquable type de ces monuments religieux qui commencent là pour se multiplier dans le Soissonnais et le Laonnois. A deux pas et un peu sur la gauche, la ravissante église de Saint-Julien, classée historiquement, dresse son svelte profil à clochers multiples sur une butte sablonneuse placée là comme pour lui servir de piédestal issu des beaux bois du parc de la *Grand-Maison*. Plus à gauche et tout en haut de la montagne, le clocher carré et roman de Montbavin termine le premier plan.

A gauche de la butte du *Chétaie* qui sépare Bourguignon de Mons-en-Laonnois, le second plan se forme de la montagne qui sert de ligne de partage aux bassins de l'Ardon avec ses belles prairies et de l'Ailette qui arrive du canton de Craonne. Au pied de cette montagne transformée en musée monumental, on entrevoit, blottis dans la verdure et dénoncés par les clochers de leurs églises si remarquables et où j'aurai l'occasion d'aller chercher mes types d'architecture religieuse, les villages, si voisins l'un de l'autre, d'Urcel, Laval, Nouvion, Presles, Vorges, Bruyères, Parfondru, Veslud, ces deux derniers se perdant déjà dans les lointains de gauche. A droite, c'est la montagne qui, couronnée par la tour de Pinon blanchissant dans la forêt, s'enfonce et ramifie dans les cantons de Vailly, d'Anizy et de Coucy dont malheureusement on n'aperçoit pas le donjon. Ce second plan, si vaste, si divers et animé, se prépare admirablement par la vallée intermédiaire pleine de bosquets, de prairies peuplées de proies communales, de fabriques et d'ouvriers, du bruit

et de la fumée du chemin de fer qui touche à Chaillevet, de villages et de châteaux : Chivy étendant dans le marais ses longues lignes blanches de maisons; Étouvelles qui borde l'antique route
abandonnée et déserte aujourd'hui; le château de Mailly qui pique d'un point blanc et joyeux
les bois de Laval; le hameau de Saint-Charles et sa poterie de terre réfractaire; l'aluminerie et
les tas noirs des lignites d'Urcel, juste au point de rencontre des deux ruisseaux de l'Ardon et
de l'Ailette.

Au troisième plan à gauche, c'est l'énorme butte de Laon dont la majestueuse cathédrale avec
ses quatre tours et les clochers de l'ancienne abbaye de Saint-Martin se profilent sur les lointains où
la grande rue d'Athies se laisse encore apercevoir et lire, quand on ne peut déjà plus deviner Coucy-
lès-Eppes et Montaigu qu'à leurs buttes pointues et rappelant en petit certaines aiguilles des Cévennes
dans la Haute-Loire et la Lozère.

Au fond, l'œil se perd dans des lointains qui s'enfoncent dans les Ardennes et au delà de la
rivière d'Aisne. S'il revient à droite, il s'égare dans la vallée de l'Ailette dont la montagne recèle,
au-dessus de Filain, la ferme de Saint-Martin qui réserve à l'archéologie une surprise, un monument
inattendus, une relique de notre plus vieil art roman, la chapelle de Sainte-Berthe aussi curieuse
qu'ignorée, aussi ignorée que si elle était cachée dans un désert à deux cents lieues de nous. Plus
loin et à la crête de la montagne, on entrevoit la ferme de *la Royère* par où les Russes regagnèrent la
vallée en se retirant sur Laon après la bataille de Craonne, le 10 mars 1814, et enfin la ferme de
Malval dont les toitures scintillent au loin sous les derniers rayons du soleil couchant.

Jamais mourants ne purent souhaiter pour leurs dépouilles un asile plus poétique que le
sommet du promontoire qui sépare Chaillevet de Chaillevois. Jamais vivants, — car il était établi au
sommet de la montagne le village antique d'où descendit en des temps ignorés l'émigration qui peupla
les deux villages modernes du vallon; — jamais vivants, dis-je, ne purent désirer pour s'y fixer un
site plus grandiose, plus attrayant, plus complet dans son ensemble et ses détails. Tout y est :
l'espace, la forme et la couleur. Qu'on y ajoute le mystère du passé à interroger, de l'histoire à
refaire, de la curiosité à satisfaire, et l'on me pardonnera l'enthousiasme qui me sépare de nos
Mérovingiens auxquels, d'ailleurs, je reviens pour ne plus les abandonner.

A la différence de certains terrains aux noms significatifs et féconds par eux-mêmes en révéla-
tions, comme les *Champs à Luziaux* et les *Tombois*, l'extrémité du cap de Chaillevet n'avait rien qui
pût appeler forcément l'attention de l'archéologue et du chercheur. Elle s'appelait *la Butte du Moulin.*
Un moulin à vent et en bois se dressait là, il y a trente ans environ. Les habitants du pays sont
d'accord pour lui attribuer une origine fort ancienne. La *Butte du Moulin* fut formée par des rapports
de la terre qu'on prit sur place, et on voit encore les fossés circulaires d'excavation qui durent être
creusées jadis en pleine sépulture ; mais ce travail et les trouvailles de sarcophages, s'il en fut trouvé
adis, sont tellement anciens qu'ils n'ont laissé aucun souvenir dans la mémoire des habitants et
lans les traditions locales. C'est cependant dans le voisinage immédiat de cette butte factice, et même
:ontre les fossés d'où sortit la terre dont on les composa, que furent mises à jour les premières tombes

lorsque, pendant l'hiver de 1862 à 1863, le fermier de ce petit domaine voulut niveler la *Butte du Moulin* pour en transporter les terres dans des parties du champ qu'il se proposait d'améliorer. Les premiers coups de bêche mirent à nu un squelette aux côtés duquel apparut un petit pot noir. Une autre tombe creusée dans le *cran* fournit un mort avec une plaque de bronze. On eut des grains de verre coloré dans une troisième, et dans une quatrième un cercueil de pierre. Poursuivies par curiosité et au hasard, les fouilles produisirent toujours des résultats plus ou moins importants. L'école de Chaillevois possédait alors un instituteur très-intelligent et qui conseilla au fermier de conserver soigneusement ces reliques pour en faire profiter le musée de Laon. C'est par cet instituteur que je fus prévenu. Les fouilles prirent alors un caractère plus sérieux, et j'aurai l'occasion de donner plus loin quelques détails sur ce qu'elles offrirent de plus intéressant, de tout particulièrement important même.

C'est ce même instituteur qui me fit en même temps connaître le *Champ à Luziaux* de Lizy (canton d'Anizy), et me mit en relations avec un petit cultivateur à la connaissance duquel étaient arrivés des bruits d'anciennes trouvailles de tombes en pierre rencontrées dans un champ situé sur la hauteur au-dessus du village. Lizy est très-voisin de Chaillevois et de Chaillevet et bâti au pied de la même butte ou pâté tertiaire isolé. Il est séparé de Merlieux par un promontoire à la pointe duquel le cimetière mérovingien, exactement orienté comme celui de Chaillevet, est posé regardant le sud-sud-ouest, la pente légèrement inclinée de l'est à l'ouest. Moins grandiose et magnifique qu'à Chaillevet, le paysage très-remarquable et gracieux cependant présente une partie de la vallée de l'Ailette de l'est à l'ouest jusqu'aux environs de Coucy. On a devant soi le beau parc de la forêt de Pinon, à sa droite la petite ville d'Anizy avec sa prairie semée de fermes, de bouquets d'arbres et de frais détails. Du premier coup, la sépulture s'affirma et ses produits furent à ce point remarquables qu'ils attirèrent l'attention et amenèrent une intervention regrettable pour l'unité et la direction des fouilles, et finalement l'émigration de la plupart des objets trouvés qui seront étudiés à leur vraie place comme classification.

La pointe extrême de la montagne de *la Bataille* au-dessus de Quincy-Basse (canton de Coucy) offre encore, à une très-courte distance des promontoires de Chaillevet et de Lizy, un remarquable exemple de sépulture romano-franco-mérovingienne au haut de nos montagnes. Là encore le spectacle est splendide, moins peut-être qu'au *Tombois* de Barbonval (canton de Braine), d'où la vue s'étend sur toute la vallée de l'Aisne, depuis les Ardennes jusqu'au fond du Soissonnais. La nécropole du camp de Pommiers (canton de Soissons), dont j'ai tant de fois parlé et où les morts et les débris de toutes les civilisations sont entremêlés, a fourni des témoignages mérovingiens au sein du camp préhistorique du *Villet* qui, du haut de son cap, commande la rivière d'Aisne et un paysage de toute beauté.

Il serait inutile de multiplier ces exemples de sépultures posées au sommet de chaînes d'ensemble et de détail. Il est temps de passer à l'étude de celles qu'on a constatées sur les pentes. Une des plus curieuses, — elle est typique en la circonstance, — c'est celle qui, à Brie (canton de

Lafère, s'asseoit à tiers de côte au-dessus du village (fig. 225), regardant le plein nord, et à la limite du bois qui tapisse le reste de la pente jusqu'aux larris ou terrains vagues du sommet. En A de la figure 225, on aperçoit la sépulture sur un petit plateau étroit et nommé *le Poyer*, nom qui pourrait avoir une signification locale équivalant à *Tomboir* ou *Luziaux*. C'est en abattant un hêtre au moins deux fois séculaire que les tombes furent découvertes, les énormes racines de cet arbre gigantesque ayant amené avec elles, et en sortant de terre, une pierre plate qui évidemment était taillée de main d'homme, et quelques ossements, ce qui fit retrouver plusieurs tombes de pierre plus larges à la tête qu'au pied, et toutes contenant des squelettes avec armes et vases significatifs d'époque.

Le cimetière de Vorges affectait une position identique à deux tiers pente du *Mont-Pigeon* vers le marais. Celui de Nouvion-le-Vineux était posé plus haut, au lieudit le *Bois-des-Morts*, sur la déclivité de la montagne et faisant face à la sépulture de Chaillevet.

La figure 226, *Plan de la sépulture mérovingienne de Verly*, nous montre, dans l'emplacement pointillé qui enveloppe l'église et touche à quelques maisons, le cimetière occupant le sommet et l'est d'une colline qui domine le Noirieux, petite rivière dont la falaise de

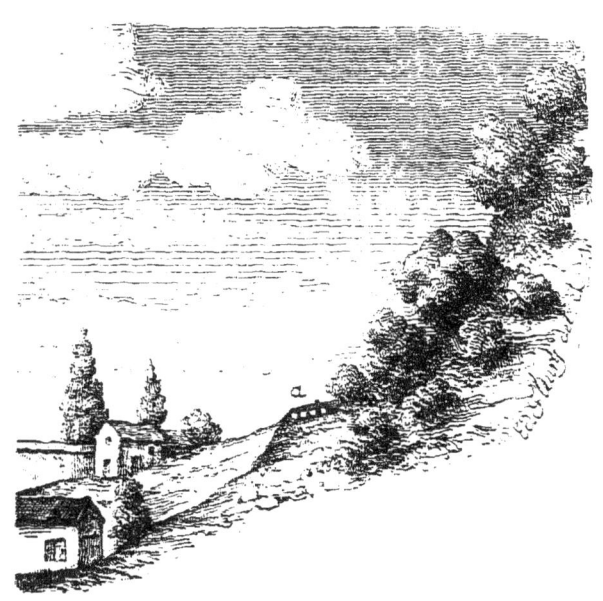

Fig. 225. — Sépulture mérovingienne de Bexy.

grève est riche en débris de la faune préhistorique, en dents fossiles d'éléphant surtout. Le promontoire s'indique énergiquement, formé d'un côté par la vallée du Noirieux, de l'autre par une dépression du sol au sud-est. Telle était la quantité de fragments de vases rencontrés de toute antiquité sur ce promontoire, que la voie conduisant à la rivière avait été nommée *Rue-aux-Tessons*, et le redressement de ce chemin qui amena la découverte du cimetière antique sous le cimetière moderne, date de mai 1861. Cette trouvaille fut fertile en produits intéressants sur lesquels j'aurai à revenir; mais, comme toujours, ils se dispersèrent et se perdirent en très-grande partie avant que j'eusse pu, un an plus tard, en sauver les dernières épaves. Heureusement un jeune archéologue plein d'intelligence et d'ardeur, M. Pilloy, alors agent-voyer dans l'arrondissement de Vervins, avait pu, de son côté et non sans peine, recueillir à temps d'assez nombreux objets et prendre, avant la fin des travaux, assez de notes pour écrire et dessiner une intéressante brochure [1].

A Wimy (canton d'Hirson) et au lieudit *la Justice,* un autre cimetière découvert quelques années plus tôt, c'est-à-dire en 1857, était assis sur la déclivité aussi d'une colline exposée au midi, dans un sous-sol rocheux et où, depuis une quinzaine d'années, on exploitait pour les chemins une importante carrière de cailloux de quartz blanc et gris, et de grès schisteux dont la stratification se nomme *cran* dans le pays. Sous une mince couche de terre arable, les carriers avaient trouvé d'assez nombreux squelettes toujours couchés dans des tombes taillées dans le *cran.* Aucun sépulcre de pierre n'avait été rencontré; mais les vases, bijoux et armes fournissaient des indications certaines de dates. Là encore tout était mérovingien [2].

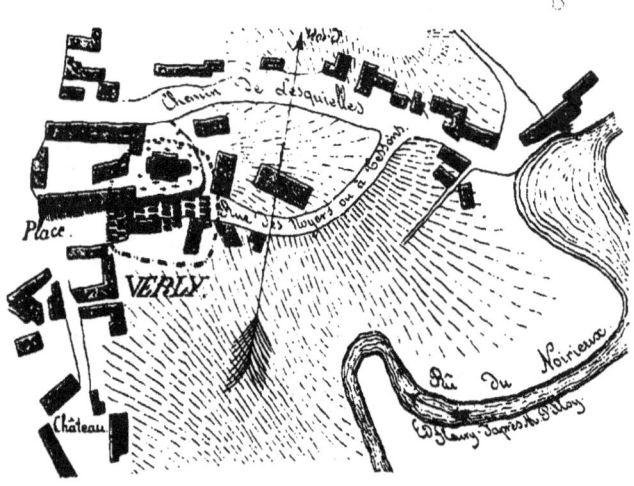

Fig. 226. — Plan de la sépulture de Verly.

Nous connaissons la situation de la grande nécropole de Caranda, au lieudit *les Hommées* de la colline siliceuse qui, sur le terroir de Cierges, regarde le plein ouest. Cette sépulture mixte et de tous les âges a concentré, au sommet de la colline et sur une surface d'à peu près trois hectares, ses 2,600 sépultures apparentes : celles des préhistoriques partout; 300 de gaulois à l'extrémité ouest du plateau, creusées par groupes alignés et à 0^m,30 seulement de profondeur; 100 gallo-romaines, disséminées au hasard et un peu de tous les côtés, et profondes d'environ 1^m,15; enfin près de 2,200 franco-mérovingiennes formant, à la suite des gauloises, un cimetière remarquable par son ensemble et par la régularité de ses fosses, profondes d'environ 0^m,60 quand elles sont taillées dans le sol, la fosse étant beaucoup plus creuse quand le corps a été inhumé dans un sarcophage, ce qui est rare, puisque, d'après les notices accompagnant l'album magnifique de MM. Moreau, Caranda n'a pas offert plus de trente cercueils en pierre, sans parler de quelques autres en plâtre.

1. *Mémoire sur la sépult. mérov. de Verly,* avec six planches, dans le tome XIII (juin 1862) de la Soc. acad. de Laon.

2. M. Papillon, *Antiq. franques et mérov. de Voyenne et de Wimy,* dans le tome XI de la Soc. acad. de Laon. (Mars 1860.)

Quant au grand emplacement mortuaire de Sablonières, il occupe plutôt le fond d'une vaste cuve formée par des collines siliceuses se dessinant en moitié d'amphithéâtre, que les pentes elles-mêmes de ces collines qui font falaise à l'Ourcq dominé par le *Grès-qui-va-boire* (fig. 56, page 107 de la première partie). Le plan de cette nécropole (fig. 196) montre comment les Mérovingiens ont à peu près isolé leurs morts dans l'emplacement relativement considérable et marqué DD sur la gravure.

Pour montrer un exemple d'une sépulture mérovingienne en terrain tout à fait plat, il faut aller le chercher à Voyenne (canton de Marle), village important bâti sur la rive droite de la Serre et à deux pas de l'ancienne chaussée romaine, — Voyenne de *Via,* — de Coucy à Vervins par Crépy, Barenton-sur-Serre, Froidmont, Marle, etc. (n° xxxvii des Itinéraires de M. A. Piette.) C'est encore l'ouverture d'une carrière de cailloux de grosse grève pour les chemins qui, en 1852 et sur des alluvions dominant la rivière d'une hauteur de 2 mètres environ, fit apparaître, dans un sous-sol très-sec et très-sain, tout un cimetière mixte, gallo-romain et franco-mérovingien, au sein duquel les vaincus et les vainqueurs ont déposé successivement leurs morts. Les inhumations en rase campagne sont donc les plus rares, les Mérovingiens ayant toujours systématiquement cherché, même dans les plaines, un ressaut et un accident de terrain, un monticule si peu élevé qu'il fût.

Il y a vingt ans à peine, on se plaignait du petit nombre de sépultures incontestablement mérovingiennes qu'on avait jusque-là trouvées dans le département de l'Aisne, où la période de 1850 à 1859 avait été si féconde en découvertes de débris importants de l'époque gallo-romaine. Les années qui suivirent ne fournirent plus rien de romain, mais se marquèrent, au contraire, par la multiplicité des apparitions de sépultures et d'objets appartenant à la civilisation succédant immédiatement à celle qui venait de succomber sous les efforts des rois chevelus de notre première race, civilisation et arts qu'il ne faudrait pas, d'ailleurs, tenir comme ayant été apportées en Gaule dans tout leur développement, et avec leur maximum d'intensité, par les barbares germains, de quelque nombreux noms qu'ils s'appellent.

Dores et déjà, il est nécessaire d'admettre que cette manifestation artistique eut, comme toute mode quelconque, ses débuts sauvages et brutaux, ses progrès, sa perfection, perfection relative il faut le dire, mais typique, sa décadence et sa mort.

L'art commence obscur, brutal; c'est le cas des sépultures franques que nous verrons, comme à *la Planchette* de Vervins, se superposer aux nécropoles romaines superposées elles-mêmes aux cimetières gaulois et préhistoriques. Le vase funéraire y est grossier, et grossières les boucles des premiers conquérants et des sujets des premiers rois mérovingiens. Nous ne pouvons pas, nous ne savons pas encore les reconnaître sûrement; cependant on les soupçonne. C'est la naissance et la jeunesse; c'est la fin du v° siècle et le vi° en partie.

La conquête est parfaite. La sécurité se complète. La richesse arrive. La civilisation fait un pas, comme aussi l'art, qui ne marche jamais sans elle. Le mobilier des sarcophages mérovingiens s'enrichit de ces belles plaques ciselées, damasquinées, doublées d'or et d'argent, pourvues des dessins ingénieux que nous rencontrerons bientôt sur des bijoux nombreux. Après les boucles de fer des Francs, la joaillerie magnifique des Bourguignons qui l'enseignèrent et la transmirent à leurs voisins. Dans la forme artistique alors à la mode (fig. 227 et 228), c'est une amélioration

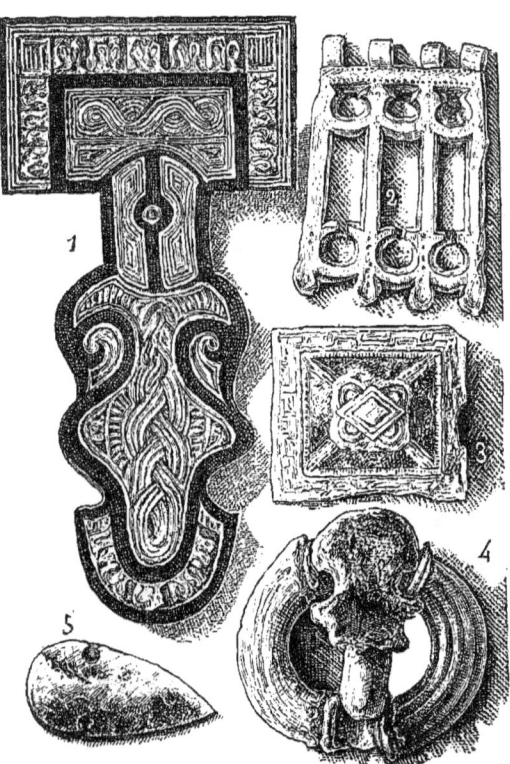 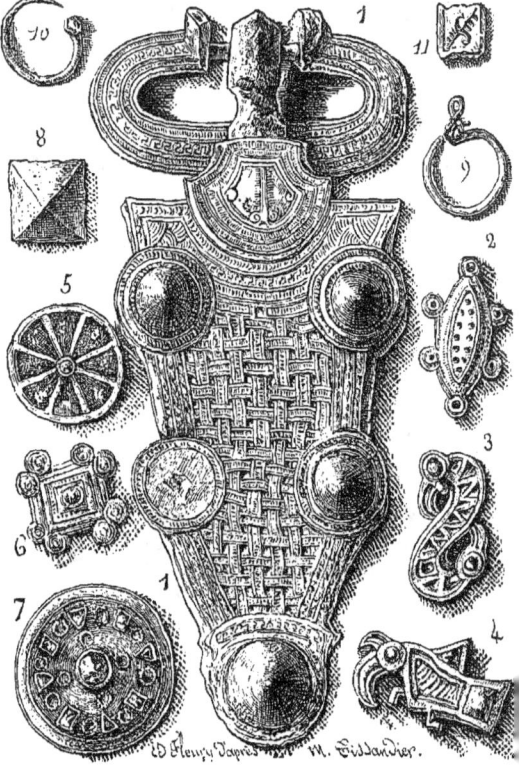

Fig. 227. — Bijouterie mérovingienne de Caranda.

1. Plaque et contre-plaque de ceinturon, ciselées et argentées. —
2. Boucle à jour. — 3. Fibule. — 4 Boucle de bronze.
— 5. Ferret ou ornement en bronze de lanière ou de ceinture.

Fig. 228. — Bijouterie mérovingienne de Caranda.

1. Plaque et boucle ciselées. — 2. Fibule d'épingle. — 3. Fibule de bronze.
4.-5. Fibules gravées et en relief. — 5.-7. Fibules à émaux cloisonnées. —
8. Bouton de bronze en relief. — 9.-10. Boucles d'oreilles. —
11. Fragment d'ornement de bronze, avec caractères runiques ou monogramme.

de la matière et du style qui s'exerce sur celle-ci. C'est la seconde partie du VIe siècle, tout le VIIe et le VIIIe. C'est l'art adulte puissant et à son apogée.

Comme partout et comme toujours, on se fatigue cependant de la même habitude et d'une formule vieillie, usée et démodée. Les artistes grecs, chassés par les empereurs iconoclastes et appelés par Charlemagne, introduisent en France et en Italie d'autres combinaisons graphiques, d'autres dessins, d'autres formules artistiques qui peu à peu font leur chemin. Le grand empereur reçoit comme cadeaux des califes des étoffes dont les splendides décors compléteront la révolution commencée. L'œil des artistes et bientôt leur main et leur crayon s'habitueront à ces formes nouvelles.

L'étude des ornements des manuscrits le prouvera tout à l'heure, en venant en aide à la démonstration définitive que je tirerai bientôt d'une remarquable, mais trop peu nombreuse collection de boucles et armes de l'époque carlovingienne, tous objets sortis d'une tombe de Landifay (canton de Sains). Une influence nouvelle tendra donc à se substituer à l'influence ancienne qui cependant défend pied à pied son terrain. L'art mérovingien agonise et disparaît enfin dans le IXe siècle. Pendant tout le temps qu'il a duré, c'est l'art mérovingien. On ne peut lui assigner d'autre nom.

Avant de pénétrer dans les détails infinis et minutieux de cette époque encore insuffisamment connue et dont les manifestations certaines, agglomérées et probantes ne datent vraiment que de dix-huit à vingt ans dans le département de l'Aisne, il était bon de bien poser cette théorie de la civilisation et des arts mérovingiens. Elle nous dispensera d'entrer dans les discussions d'âge des objets qui passeront sous nos yeux, cet âge étant impossible à déterminer à l'heure qu'il est et en l'absence de toute certitude archéologique en fait de chronologie et de choix entre trois siècles, les VIe, VIIe et VIIIe. Cette théorie, du reste, servira plus tard à relier cette époque à l'époque carlovingienne au moment où celle-ci fera à son tour ses démonstrations archéologiques rénovatrices et tendant à un grand progrès.

Donc les découvertes de sépultures incontestablement mérovingiennes se sont multipliées de nos jours dans l'enclave du département de l'Aisne, les unes très-importantes, les autres sans résultats bien neufs ou considérables, les unes étudiées à fond, les autres s'étant signalées seulement par l'apparition de quelques objets isolés, armes, vases ou bijoux, mais, pour des raisons qui s'indiquent d'elles-mêmes, n'ayant pas été fouillées systématiquement et savamment, d'autres encore ayant été fermées aussitôt qu'ouvertes, par conséquent étant déjà presque oubliées. Je vais en essayer une rapide nomenclature. Bien que je sache qu'elle ne puisse être que fort incomplète, elle sera utile comme indications.

ARRONDISSEMENT DE LAON : Mons-en-Laonnois, Monampteuil, Chaillevet, Lizy, Vauxaillon, (canton d'Anizy). — Vivaise, Loizy, Vorges, Presles, Nouvion-le-Vineux, Ardon (canton de Laon). — Saint-Gobain, Liez, Versigny, Brie, Anguilcourt-le-Sart, Montceau-les-Leups (canton de Lafère). — Remies, Couvron, Assis-sur-Serre (canton de Crécy-sur-Serre). — Sissonne (canton de Sissonne). — Coucy-la-Ville, Quincy-Basse, Nogent-sous-Coucy (canton de Coucy). — Craonne, Cuissy-et-Geny, Beaurieux, Geny, Bourg, Colligis (canton de Craonne). — Guignicourt, Maizy, Concevreux, Pontavert, Roucy (canton de Neufchatel). — Caumont (canton de Chauny). — Voyenne (canton de Marle).

ARRONDISSEMENT DE SOISSONS : Soissons, Pommiers, Belleu (canton de Soissons). — Cœuvres, Saconin, Osly-Courtil (canton de Vic-sur-Aisne). — Buzancy, Arcy-Sainte-Restitue (canton d'Oulchy). — Aizy, Laffaux, Chavignon (canton de Vailly). — Chassemy, Barbonval, Merval, Limé, Cerseuil, Mont-Notre-Dame (canton de Braine).

ARRONDISSEMENT DE SAINT-QUENTIN : Saint-Quentin avec deux sépultures, Rouvroy (canton de Saint-Quentin). — Nauroy, Vendhuile (canton du Catelet). — Cugny, Montescourt, Tugny-et-

Pont (canton de Saint-Simon). — Moy (canton de ce nom). — Vermand, Caulaincourt, Marteville (canton de Vermand). — Prémont (canton de Bohain). — Sery-les-Mézières (canton de Ribemont).

ARRONDISSEMENT DE VERVINS : Vervins avec deux sépultures (canton de ce nom). — Verly (canton de Wassigny). — Hirson, Wimy, Effry (canton d'Hirson). — Chevennes, Landifay (canton de Sains). — La Neuville-lès-Dorengt (canton du Nouvion).

ARRONDISSEMENT DE CHATEAU-THIERRY : Château-Thierry (canton de ce nom). — Caranda de Cierges, Sablonières près Fère (canton de Fère-en-Tardenois). — Bonnes, Chouy (canton de Neuilly-Saint-Front). — Chézy-l'Abbaye (canton de Charly).

En tout quatre-vingts emplacements mortuaires bien prouvés et se répartissant ainsi dans nos cinq arrondissements : celui de Laon, 37; — de Soissons, 17; — de Saint-Quentin, 12; — de Vervins, 8; de Château-Thierry, 6.

Je répète que cette nomenclature, toute nombreuse qu'elle paraisse au premier abord, est loin d'être complète et qu'elle présente de nombreuses lacunes. Quelques soins que j'aie apportés à étudier les sources, des noms ont pu et ont dû m'échapper, et bien des trouvailles ou ont été célées volontairement, ou n'ont pas été signalées dans les innombrables volumes, brochures et notices dans lesquels j'ai puisé si laborieusement mes renseignements.

Malheureusement ils sont bien rares sur certains de ces emplacements que j'ai cités plus haut. Je veux, à l'occasion de cette pauvreté, citer quelques exemples.

D'un cimetière probable à Effry il n'est venu, en 1876, qu'un magnifique scramasax pourvu, ce qui est rare, d'une belle garniture de fourreau. Une commission de la Société académique de Saint-Quentin, nommée pour retrouver un emplacement de colonie romaine et agricole signalée à Prémont, trouve, assis à mi-côte sur la pente sud de la colline, des sépulcres de pierre calcaire faits de fragments réunis les uns contre les autres; on signale des objets intéressants et on ne les décrit pas. Les sépultures de Merval en 1850, de Rouvroy et de Saint-Quentin se signalent seu-

---

1. Quel que soit mon désir de citer mes sources et de rendre à chacun sa part dans l'étude et dans la découverte, on comprend qu'à chaque détail de cette monographie encombrée de détails, je ne puisse couvrir la moitié de mes pages de noms et de renvois aux notices et volumes où j'ai complété mes renseignements. Je veux suppléer à ce qui n'est pas un oubli, mais une nécessité, par une courte indication bibliographique utile, d'ailleurs, à consulter sur l'époque mérovingienne dans le département de l'Aisne. Je veux citer entre autres : 1° M. Papillon, Notices sur les cimetières de Wimy, Voyenne, Chevennes, Vervins; 2° M. Pilloy, Sépultures de Verly et Lizy; 3° M. Ed. Fleury, Sépultures de Brie, Anguilcourt-le-Sart, Chaillevet, Barbonval, etc., etc.; 4° M. C. Hidé, Sépulture de Vorges; 5° M. Lemaistre, Sépultures de Nouvion, Presles, Chavignon, Vivaise, etc.; 6° M. Grégoire, Sépulture de Quincy-Basse; 7° M. Fournaise, Sépultures de Roucy, Pontavert; 8° M. Marchand, instituteur, Sépulture de Coucy-la-Ville; 9° MM. Moreau, Sépultures de Caranda et Sablonières; 10° M. Calland, Sépultures de Pommiers et de Saconin; 11° M. Ch. Gomart, Sépulture de Cugny, etc., etc. — Les Mémoires et Bulletins des Sociétés archéologiques et académiques de Soissons, Laon, Saint-Quentin, Vervins et Château-Thierry, abondent en documents intéressants au plus haut chef. Comme collections riches en témoignages des temps franco-mérovingiens, il faut visiter celles de MM. Moreau, de Fère-en-Tardenois, Lefèvre, à Bruyères, près Laon, de Mme la marquise de Saint-Chamans, à Couvron, et les musées de Laon, Soissons et Vervins. Des objets ne manquant pas de valeur sont dispersés çà et là dans des cabinets d'amateurs.

lement par les trouvailles de sépulcres en pierre à forme d'auge large à la tête, étroite au pied.
Je ne sais rien encore de Caulaincourt. De la sépulture de Marteville située sur la pente d'une
colline au pied de laquelle passe l'Aumignon, à peu de distance de Vermand, on ne connaît que
les grandes quantités de sépulcres de pierre tendre et poreuse qu'on croit provenir d'une carrière
du Santerre appelée le *Mortemet*, et le nom de ce lieudit autorise à penser que là il existait une
fabrique de sarcophages en pierre. Moy, au sommet d'un coteau qui domine l'Oise, a fourni
quelques tombes en pierre avec morts aux bras en croix sur la poitrine. A Montceau-les-Leups,
trouvaille, en 1876, d'une francisque à large tranchant, énorme de taille, et d'un grand éperon
de fer; mais absence absolue de renseignements sur la richesse et la topographie de l'emplacement. Peu ou point d'étude sur le cimetière découvert, vers 1841, au pied de la colline de
Beaurieux, d'où il sortit en abondance tombes en pierre, scramasax, francisques, boucles, fibules
et verroteries. On a signalé des tombes de pierre à Liez et sur le penchant de la colline qui domine
le village. Le *Bois-des-Luziaux* de Saint-Gobain, planté sur le penchant de la colline au haut de
laquelle sont posés le village et les débris insignifiants de l'ancien château féodal des Coucy
transformé en manufacture de glaces, s'est signalé, il y a un demi-siècle, par la trouvaille d'une
quarantaine de cercueils en pierre sur les morts et les objets desquels il n'y a plus même une tradition locale. Pas d'autres renseignements sur le cimetière de Remies, au *Champ-des-Luziaux*, qu'un
beau et immense fer de javelot, une hache et une boucle trouvés dans deux tombes de pierre.

Il serait inutile et oiseux de multiplier les exemples de ce manque de renseignements sur
de semblables sépultures qui, étudiées à fond et décrites avec plus de soin et d'intelligence,
eussent probablement fourni des notions et des détails bons à conserver et à utiliser.

Dans l'intérêt de l'avenir des recherches à poursuivre, il est bon de s'arrêter un instant sur
les noms des lieudits où se sont rencontrées des sépultures mérovingiennes soit d'ensemble, soit
isolées par groupes. Certains lieudits sont fertiles en promesses. Le nom de *Luziau, Luziaux,* s'est
fait voir plusieurs fois déjà dans ce chapitre, soit seul, soit accompagné d'un substantif qui le
caractérise; ainsi : le *Bois-des-Luziaux* à Saint-Gobain, le *Champ-des-Luziaux* à Vendhuile, le
Champ-à-Luziaux à Lizy, à Remies, à Sissonne sur un plateau dominant les fermes de Geoffré-
court, etc., etc. Toute la Picardie [1], le Vermandois, le Soissonnais, le Laonnois, connaissent le
mot *Luziau* et sa signification démonstrative d'un cimetière contenant des tombeaux de pierre
taillés dans une forme donnée; le *luziau* est donc ce sarcophage, et presque toujours ce sarcophage est mérovingien. Le nom de Luzoir, village du canton de la Capelle, pourrait bien venir
du mot *Luziau, Altare de Luzoir* en 1148, *Luzorium* en 1169, *Luzoit* en 1261.

Les *Tombois,* ou *Tomboirs,* ou *Tombais,* ou les *Tombes,* sont spécialement indicatifs d'une
réunion de vieilles sépultures connues depuis un temps très-reculé, immémorial. Vendhuile, qui
a déjà son *Champ-des-Luziaux,* a aussi son *Tombois* comme Barbonval, comme Beauvois du

---

1. *Luzel, luzeau, luzel, luzier,* cercueil, du roman *Luizel* et *luzel.* (Abbé Corblet, *Glossaire du patois picard.*)

canton de Vermand a son hameau des *Tombes*, son *Tombois*, sa *Plaine des Tombes*, qui doivent probablement être mérovingiennes puisque, au lieudit *l'Enfer*, on a eu un cercueil de pierre, il y a un certain nombre d'années, comme la *Tombelle* à Saint-Gobain et la *Tombe* au-dessus des marais de Montchalons, et celle-ci, dans les anciens titres du XIII° siècle, gardait encore le nom germanique du personnage probablement important qui y fut enterré dans une petite enceinte de pierres, *ad tumbam* [1] *Rainouardi*, 1235, et *Bonda Rainouardi*, 1253. (Cartulaire de Foigny, folios 126 et 168.)

Sous le titre de *Fosses-des-Morts*, les campagnards des environs de Château-Thierry désignent les sépultures dont plusieurs enferment les cercueils et le mobilier funéraire des temps mérovingiens. Laffaux est absolument mérovingien en son *Champ-des-Morts* assis à un kilomètre et sur un promontoire au-dessus de ce village, entre l'ancienne route royale de Soissons et les communes de Margival et de Nanteuil-la-Fosse dont le nom me parait indicatif au plus haut degré. Vendhuile multiplie ses dénominations funèbres avec le *Chemin-des-Morts* qui conduit au *Champ-des-Luziaux*, comme la *Rue-aux-Tessons* (tessons, fragments de vases et de poterie) conduisait au cimetière mérovingien de Verly. Nauroy possède aussi son *Chemin-des-Morts*, portant trace d'un cimetière mérovingien d'où il est venu des cercueils de pierre employés aujourd'hui comme auges à pourceaux et caniveaux servant d'évacuateurs à des eaux ménagères. Un de ces cimetières, établi sur une terrasse ou palier de la pente de la montagne qui en haut porte Geny et en bas se borde par le marais de Moulins (canton de Craonne), se dénonce par des débris de sépulcres de pierre ornés d'entrelacs, par des ossements nombreux, par des vases significatifs et par le nom de son lieudit *l'Homme mort*. La pointe siliceuse où a été trouvée la sépulture mixte de Caranda a nom *l'Hommée* qui équivaut, je l'ai déjà dit, à *l'Homme mort*. Vorges a aussi ses *Hommées* qu'on connait dans bien d'autres villages du Laonnois. Des *Hommées*, réunions d'hommes morts, à *la Bataille*, il n'y a qu'un effort à faire pour trouver un cimetière mérovingien; ainsi en est-il de la montagne de *la Bataille* au-dessus de Quincy-Basse dont la nécropole, laissant apercevoir ses cercueils béants dans les tranchées de la route de Coucy, était connue depuis longtemps, ce qui prouve l'ancienneté du nom de ce lieudit et du hameau voisin *la Bataille*. Dès les plus vieux temps, on a toujours cru à un cimetière ouvert après un combat, chaque fois qu'on déterrait des tombes réunies en grand nombre, et la vieille archéologie qui n'allait jamais à l'explication simple, mais se lançait toujours dans les hypothèses épiques, s'est souvent égarée avec la tradition légendaire et locale. Elle ne s'est pas dit qu'on n'inhumait jamais dans des sépulcres de pierre les victimes d'une rencontre ou d'un grand accident de guerre, et elle n'a pas un instant pensé à un cimetière de village, nos villages qui n'ont jamais changé de place, si ce n'est pour descendre du faite au pied des montagnes, ce qui est arrivé si souvent et presque partout, je l'ai déjà montré plusieurs fois, dans nos contrées accidentées et montueuses. Cette erreur trop commune s'est surtout manifestée à Maizy, où l'on ne vit dans le cimetière antique,

---

1. M. Malton, *Dict. topog. de l'Aisne*, p. 271.

découvert il y a quarante ans, que têtes coupées et fracassées, membres rompus et armes de combat; l'oxydation des lames était due au sang; chaque scramasax ébréché par la rouille l'avait été par un choc d'épée.

Faudrait-il chercher un cimetière ou un ensevelissement mérovingien au *Sépulcre* de Passy-en-Valois (canton de Neuilly-Saint-Front), au point culminant de la montagne et à l'endroit que la carte du dépôt de la guerre nomme le *Signal du Sépulcre?* C'est bien là une de ces pointes élevées où les Mérovingiens aimaient à placer leurs sépultures.

Du reste, on en trouve d'incontestables dans les lieudits les plus insignifiants en apparence: *le Bacancourt* à Château-Thierry, *le Patry* à Chouy, *les Binards* à Jouy, *les Moizy* à Vauxaillon, pour ne citer que quelques exemples. Si on trouve, à Limé, par exemple, des sépulcres mérovingiens aux lieudits *les Martroys, la Justice,* c'est que jadis les criminels subissaient toujours leur supplice au haut d'un mamelon, d'une colline, comme la colline et le mamelon avaient souvent été choisis jadis par les Mérovingiens pour recevoir la dépouille de leurs morts. *Martroys* et *Justice* ne sont donc point indicatifs de cimetières franco-mérovingiens et carlovingiens.

Si les Gallo-Romains de Caranda et de Sablonières se faisaient enterrer la tête au sud et les pieds vers le nord, les Germains envahisseurs réimportèrent en Gaule une mode à laquelle avaient obéi longtemps les vieilles populations autochthones d'avant la conquête. On les trouve partout, et des deux côtés du Rhin, inhumés tête à l'ouest et pieds tournés à l'est [1]. Généralement nos morts mérovingiens regardent le plein est d'équinoxe; ainsi à Verly, Sissonne, Voyenne, Limé, Montescourt, Caumont, Pontavert, Château-Thierry, Arcy-Sainte-Restitue, Roucy, Chaillevet, Lizy, Pommiers, etc.

Dans certaines sépultures, l'orientation vers l'est plein n'est pas aussi absolue. Elle va du sud-ouest vers le nord-est, par exemple à Vendhuile, à Chouy et à Vorges. Des savants, voyant l'orientation varier du nord-est au sud-est en passant par l'est, ont supposé qu'on se guidait sur le soleil des diverses saisons, c'est-à-dire plus au nord dans l'été, dans l'hiver plus au midi, ce qui n'est point admissible pour celles de nos sépultures en lignes inflexibles commençant au nord et finissant au midi, c'est-à-dire où le mort regardait invariablement l'est équinoxial. Si la ligne est déviée parfois, c'est pour suivre l'inclinaison du terrain qui commande alors la sépulture et cause une exception à la règle d'orientation normale. Comme exceptions sérieuses, on cite: 1° un squelette d'une tombe de Cugny enterré les pieds vers le nord et la tête au sud, suivant les rites gaulois de la conquête; 2° un squelette de Verly ayant les pieds tournés vers l'ouest et la tête à l'est, absolument le contraire de ce qui se voit partout.

Si l'épaisseur des sépulcres de pierre a exigé des fosses creusées assez à fond dans la terre, les simples fosses où devaient reposer les pauvres et les défunts qui n'avaient pas tenu une grande place dans la société, étaient peu profondes. Les notices de l'album de MM. Moreau nous

---

1. Voir les livres savants des Allemands sur les sépultures franques, ceux de MM. Cochet, Baudot, Troyon, etc.

apprennent qu'à Caranda les Gaulois étaient enterrés à 0^m,30, les Gallo-Romains à 1^m,50 et les Mérovingiens à 0^m,60 ainsi qu'à Sissonne, le tout en moyenne. Les fosses sans sépulcre sont taillées à 1^m,30 dans le tuf à Château-Thierry; c'est la profondeur *maxima*. A Coucy-la-Ville, la profondeur varie de 0^m,25 à 0^m,30; mais peut-être les eaux pluviales ont-elles emporté quelque peu de terre vers les pentes. C'était aussi à une profondeur de 0^m,30 seulement que les Mérovingiens de Pommiers étaient enterrés. Lorsque je fouillais, en 1863, la sépulture de Chaillevet, je trouvai très-variable la profondeur des fosses, et elle était en rapport avec la petite quantité de terre végétale qui recouvrait le sous-sol calcaire-marneux. Parfois des corps se rencontraient à fleur de terre. Si à l'extrémité de la colline s'inclinant du nord au midi, la couverte de la sépulture était plus épaisse, c'est que les pluies y avaient ramené du haut plus de poussière fixée ensuite par l'engazonnement.

Quant à la profondeur en terre des fosses où l'on descendait des sépulcres de pierre, on la trouve de 1^m,50 à Chouy; à Pontavert, ces sépulcres sont enterrés sous 0^m,50 de terre au sommet de la colline siliceuse, et en bas à 1 mètre, parce que les sables ont glissé sur la pente.

Après la présence des sarcophages et du mobilier funéraire spécial à cette époque, après l'orientation, la disposition des sépulcres et des fosses en grandes lignes parallèles est un des caractères typiques auxquels une sépulture mérovingienne peut se reconnaître. Celle de Saconin, assise au haut d'un mamelon élevé de 80 mètres au-dessus du vallon, montra quinze alignements, chaque ligne comptant une vingtaine de tombeaux, les alignements étant assez espacés entre eux pour avoir pu recevoir quelques autres fosses qu'on avait creusées au hasard et sans ordre. La figure 203 (*Plan de la sépulture de Verly*) montre, dans la *Rue-des-Tessons* et auprès de son église, un exemple de ces alignements funéraires. Vendhuile avait plusieurs lignes parallèles à une distance entre elles de 0^m,50 seulement, toutes, à l'instar de celles des cimetières francs des bords du Rhin, allant du nord au sud [1], et les tombes séparées par un espacement de 0^m,25 à 1^m,50 environ. Montescourt avait ses alignements qu'on semble retrouver, à *la Planchette* de Vervins, dans la disposition des quinze ou seize tombes disséminées dans le périmètre de cette villa gallo-romaine; le plan de *la Planchette* (fig. 204 et page 87 du présent volume) montre, en A B C D E F, ces alignements reconnaissables surtout en A et en C F, ce qui se lirait mieux si on avait découvert toutes les fosses qui jadis ont dû exister probablement en dehors de l'enceinte de la villa. A Chaillevet qui n'a pas été entièrement fouillé, trois alignements parallèles, allant du nord au sud, par conséquent regardant le plein est d'équinoxe, ont été reconnus; les tombes s'y serraient d'assez près et s'y dénonçaient par une moindre dureté de la terre au-dessus de l'inhumation. L'enceinte circulaire du cimetière de Lizy avait aussi ses lignes de tombes.

On vient de voir que tel était le mode d'enterrement à Vendhuile où, cependant, il faut signaler

---

1. M. Namur, dans une étude sur *les Tombeaux gallo-francs du Luxembourg*, dit que « les morts, couchés sur le « dos, avaient les pieds tournés à l'est, et les cercueils formaient des rangs plus ou moins alignés du nord au sud ».

une exception très-originale; dans cette sépulture, on a constaté plusieurs fosses communes et circulaires, d'un diamètre de quatre mètres environ et où une certaine quantité de squelettes sont naturellement et forcément disposés en rond, la tête contre la paroi et les pieds au centre. Ces fosses banales, que les carriers du pays nomment *saloirs*, avaient subi jadis ces violations que j'aurai à constater bientôt et si souvent; les morts sont rarement à leur place et on y trouve toujours de vingt à vingt-quatre têtes. La sépulture à *Luziaux* de Sissonne, toute couverte de fragments de cercueils en forme d'auge, aurait eu, si l'on en croit les vieillards qui ont assisté aux découvertes, ses tombes rangées en demi-cercle et toutes orientées du levant au couchant, ce qui demande une preuve autrement établie que sur des affirmations de village [1].

Il est temps d'étudier ces sépulcres et ces tombes dont l'orientation et les alignements sont bien déterminés. Leur forme typique ne le sera pas moins. Comme configuration générale, on peut les comparer à nos baignoires modernes, larges à la tête, étroites aux pieds, avec cette différence que les deux extrémités d'une baignoire sont arrondies, tandis que celles des coffres mortuaires des

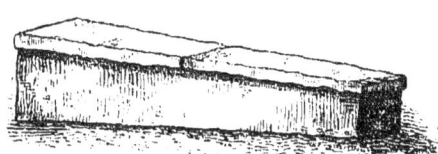

Fig. 229. — Sépulcre mérovingien, de Brie.

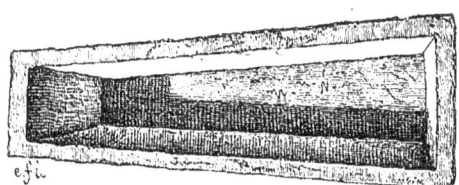

Fig. 230. — Intérieur de sépulcre mérovingien, à Quincy-Basse.

Mérovingiens sont aplaties et se raccordent à angles aigus avec leurs deux faces latérales et longues. Il faut ajouter que leurs parois sont presque toujours un peu plus élevées à la partie large pour la tête qu'à la partie étroite pour les pieds. En voici deux bons spécimens comme coupe extérieure dans la figure 229 représentant un sépulcre de Brie, et comme coupe intérieure dans la figure 230 représentant un sépulcre de Quincy-Basse. Ce sont là les lignes habituelles non-seulement dans nos contrées, mais à peu près partout en France et en Allemagne. Parfois, cependant, on rencontre des variantes dans cette forme générale. Ainsi, dans la sépulture de Quincy-Basse, on a eu, ce qui s'est vu ailleurs quoique très-rarement, un sépulcre dont le côté auquel la tête s'appuie, a été entamé (fig. 231) par une étroite ouverture, et celle-ci est expliquée par le désir d'évacuer les liquides de la putréfaction, ce qui ne paraît guère acceptable, à moins qu'on n'affirme l'inclinaison sensible du coffre de pierre dans le sens de la tête; mais quelle est la nécessité de perdre en terre ces liquides [2]?

---

1. M. de Florival. Note sur la sépulture de Sissonne, dans le tome XXI des *Mémoires de la Soc. acad. de Laon*, page 504, 1876.

2. Plusieurs fois en France, par exemple à Troyes, on a rencontré des sépulcres de pierre percés au fond, et à peu près vers leur milieu, d'un trou qu'on s'accorde à regarder comme un émissaire évacuateur des liquides cadavériques. Je ne vois pas d'exemple semblable dans les sépultures du département de l'Aisne.

Un sépulcre de Chevennes a sa partie vers la tête entamée vigoureusement et en deux ressauts (fig. 232), ce qui devait nécessiter un couvercle taillé de façon à correspondre exactement aux échancrures du coffre, et on se demande la raison de cette complication. On comprend mieux celle qui fut prise pour un des nombreux sépulcres de pierre trouvés à Pontavert en 1851 et dont le couvercle, formé d'une dalle très-épaisse, reposait dans des rainures pratiquées sur les bords du sarcophage ainsi fermé hermétiquement comme une boîte, d'après la remarque de M. Fournaise, alors instituteur à Roucy et qui étudia cette nécropole avec un soin et une intelligence à citer avec éloges. On peut encore noter cette bizarrerie qui consista à cercler à l'aide de bandes de fer très-épaisses plusieurs coffres de pierre d'aspect grossier, appartenant à la sépulture mérovingienne de Versigny. Une auge de pierre à Chaillevet était absolument rectangulaire, ce que je ne constate nulle autre part dans nos contrées.

Les dalles de couverture affectaient nécessairement la forme du coffre lui-même, c'est-à-dire moins de largeur aux pieds qu'à la tête. Généralement le couvercle est plat, ce que montre la

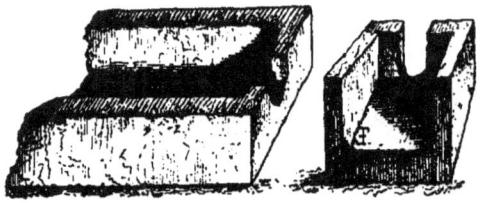
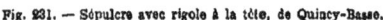
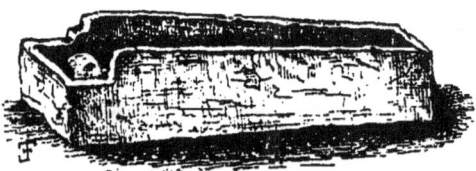

Fig. 231. — Sépulcre avec rigole à la tête, de Quincy-Basse.   Fig. 232. — Sépulcre de Chevennes, d'après un dessin de M. Papillon

figure 225. Cependant on le rencontre deux fois s'arrondissant un peu à Château-Thierry et à Caumont, probablement pour donner un peu plus d'épaisseur et de solidité à la dalle. A Chaillevet, j'en ai rencontré une non plus seulement bombée et renflée au centre, mais dessinée en forme de toit à deux pentes (fig. 233) ou chanfreins, ce qui est fréquent ailleurs, mais très-rare dans l'Aisne.

Ces sépulcres de pierre, en forme de baignoire ou d'auge si l'on veut, ont de tout temps attiré l'attention par leurs formes caractéristiques. Guibert, abbé de Sainte-Marie de Nogent-sous-Coucy qu'il gouverna vingt ans, de 1104 à 1124, date de sa mort, raconte que, de son temps, on trouva sous les murs de son monastère un vieux cimetière dont on ne se souvenait plus et rempli de grandes tombes de pierre qu'alors on ne savait déjà plus à qui attribuer. Un manuscrit daté de 1680 et conservé à Château-Thierry parle de la découverte, auprès de cette ville et pendant le xive siècle, de nombreux tombeaux en pierre « qu'on venoit voir par admiration des pays voisins, « à cause de leur grandeur extraordinaire ».

Cette taille des coffres mérovingiens n'a cependant rien de vraiment surprenant, d'après ces données puisées au hasard dans mes renseignements sur les sépulcres de pierre : *Château-Thierry*, longueur depuis 1^m,10 jusqu'à 2 mètres ; largeur à la tête, 0^m,52 à 0^m,55, et aux pieds, 0^m,38 à 0^m,47 ; hauteur sous couvercle, 0^m,30 à 0^m,32 ; profondeur de 0^m,15 à 0^m,23. — *Montescourt,* longueur, 1^m,90, à 2 mètres; largeur à la tête, 0^m,67, et aux pieds, 0^m,40. — *Caumont,* longueur en dedans œuvre, 1^m,80 à 2 mètres; largeur à la tête, 0^m,60, et aux pieds, 0^m,35 à 0^m,40; épaisseur des parois, de 0^m,07 à 0^m,10. — *Pontavert,* longueur de 2 mètres à 2^m,33 avec rétrécissement aux pieds; hauteur à la tête, 0^m,50, un peu moins à l'extrémité opposée. — Un cercueil d'enfant à Coucy-la-Ville a 1 mètre de longueur, et un autre d'adulte 1^m,85.

Voici une nomenclature écourtée des communes où des sépulcres de pierre ont été trouvés, sans parler ici des autres tombes de plâtre, de pierrailles, et des fosses creusées à même dans le sol siliceux, calcaire, marneux, etc : Vendhuile, Verly, Caranda de Cierges, Sablonières de Fère, Nogent-sous-Coucy, Limé, Montescourt, Caumont, Vorges, Merval, Pontavert, Osly, Mont-Notre-Dame, Pommiers, Bourg, Saconin, Château-Thierry, Chevennes, Saint-Quentin, Vervins, Arcy-Sainte-Restitue, Soissons, etc., etc.

De toutes ces sépultures, la plus riche en coffres de pierre est sans contredit celle d'Arcy-Sainte-Restitue où, au pied d'un mamelon de sable, gît un amoncellement énorme de débris de tombeaux de pierre et en forme de baignoire. On estime cet entassement à plusieurs milliers de sépulcres et de dix à quinze mille le nombre des tombes, problème des plus curieux à poser à notre archéologie locale, nécropole immense, richissime et dont il faudrait confier l'étude et

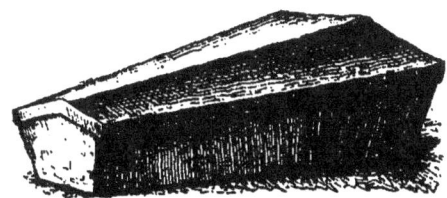

Fig. 233. — Couvercle de sépulcre, de Chaillevet.

la fouille à la patience, à la méthode et à la libéralité de MM. Moreau. J'ai dit déjà que le cimetière de Caranda qui vient ensuite comme importance, a plus de 2,200 tombes mérovingiennes d'où il n'est sorti qu'une trentaine de coffres de pierre plus étroits à la tête qu'aux pieds. Sablonières a aussi fourni les mêmes pierres creusées en auge et en nombre de près de soixante-dix. Saconin en a montré récemment une certaine quantité et en avait donné davantage il y a cinquante ans. Les notes de M. Fournaise parlent d'une grande quantité de coffres de pierre tirés de terre par la charrue à Pontavert et de 1842 à 1850. Bourg, Osly, Mont-Notre-Dame, Monampteuil, n'en ont montré que d'isolés ou de réunis par petits groupes. L'église de Chevennes en conservait trois sous son ancien pavage et une dans le cimetière contre un des latéraux. Voyenne et Limé n'ont chacun qu'un coffre de pierre. Il y en avait très-peu sur l'emplacement de l'ancien *Verbinum,* aux environs du théâtre.

Dans les arrondissements de Saint-Quentin et de Vervins où le calcaire tendre et solide en même temps manque absolument, l'archéologie a dû plusieurs fois se demander d'où venaient les grands sarcophages taillés dans un seul bloc de pierre. Pour Saint-Quentin, on croit aux provenances des carrières de Saint-Gobain et de Saint-Nicolas-aux-Bois du canton de Lafère, le gisement calcaire le plus voisin. Pour les tombes formées de fragments réunis on propose les cliquarts du Catelet et du Santerre. Le Soissonnais, riche en gisements calcaires, ne les a pas toujours assez tendres et résistants pour ne pas gêner les recherches d'origine. On paraît cependant penser qu'il a pu y avoir à Cerseuil (canton de Braine) une fabrique de sépulcres de pierre, d'où le nom du village, Cerseuil venant de *cersolium*; *sersolium* en bas latin cercueil, prétendent certains étymologistes [1] (*Cersoïlus* au IXe siècle, *Cerseolus* en 1147, *Cersolium* en 1221, *Cercueil* en 1710 [2]). Bien plus, on trouva, un jour, trois de ces cercueils dans le village lui-même et en des circonstances un peu oubliées aujourd'hui, et on eut l'étrange fantaisie de les proposer et de les faire admettre au classement historique par l'État, et cela dans un département où l'on rencontre ces petits monuments par milliers. Quoi qu'il en soit, on a proposé donc [3] l'origine des carrières de Cerseuil pour les sépulcres du Mont-Notre-Dame, de Limé, de Pommiers, de Saconin même, à l'autre bout de l'arrondissement de Soissons.

L'archéologie et la géologie, fraternellement appuyées cette fois l'une sur l'autre, sont mieux d'accord pour présenter ensemble les vieilles et superbes carrières de Colligis (canton de Craonne) comme ayant fourni à une partie du Vermandois, à la Thiérache, au Laonnois et à des villages même du Soissonnais, les grands sépulcres taillés dans une pierre blanche, douce, tendre à l'outil, serrée cependant de grain, et dont tous les caractères extrinsèques enfin sont facilement reconnaissables. Roucy, qui n'a qu'un calcaire de médiocre qualité, et Pontavert auraient été chercher leurs coffres mortuaires à Colligis, selon M. Fournaise. Les maçons de Brie, de Chaillevet, de Barbonval affirment la même provenance pour leurs cimetières, et aussi M. Hidé pour les sépultures de la *Croix-Matras* à Vorges, les montagnes de Barbonval, de Vorges et de Mons-en-Laonnois n'ayant pas le calcaire en semblables stratifications. M. Papillon et M. Pilloy, si profonds dans la notion de notre géologie départementale, affirment la même origine pour les sépulcres de pierre de Verly au fond de l'arrondissement de Vervins, de Chevennes en plein canton septentrional de Sains, de Voyenne à deux pas de Marle, et de Loizy auprès de Laon; et cette affirmation s'appuie sur le fait archéologique le plus curieux et le mieux établi : la carrière de Colligis a sa galerie ou fabrique de sarcophages perdue dans ses immenses profondeurs où le carrier le plus habitué aux mystères de ce dédale courrait le risque de s'égarer s'il ne se créait, de distance en distance, des points visibles de repère sur les parois des galeries de circulation.

La carrière de Colligis a un ou deux kilomètres de profondeur et peut-être vingt ou trente de replis tortueux et de détail. C'est une immense caverne dans le labyrinthe inextricable de laquelle l'histoire et l'archéologie peuvent évoquer d'intéressants souvenirs. C'est là qu'à deux reprises les populations de vingt villages, toute une vallée, vinrent chercher un abri contre la ruine, les dangers

---

1. Le dictionnaire de basse latinité de Ducange ne contient les mots ni de *cersolium* ni de *sersolium* voulant dire *cercueil*, d'où et tout naturellement un doute sérieux sur la valeur de cette étymologie.

2. M. Matton, *Dict. top. de l'Aisne*, p. 53.

3. M. Calland, Mémoires sur les sépultures mérovingiennes de Pommiers et de Saconin, dans les *Bull. de la Soc. arch. de Soissons*. C'est à M. Calland qu'il faut rendre la paternité de l'étymologie de *Cerseuil* dans le prétendu mot bas latin de *cersolium* ou *sersolium*, cercueil.

et les sévices que la guerre apporte. De 1590 à 1594, la carrière de Colligis fut habitée par des milliers de paysans qui redoutaient autant les gens du roi que les soldats de la Ligue. En 1814, dix mille personnes et dix mille bestiaux vécurent, pendant cinq semaines, de mars à mi-avril, dans ces galeries dont l'asile ne fut pas violé par les Cosaques, qui n'osèrent s'y aventurer. Les parois de la roche ont encore leurs inscriptions gravées et commémoratives de ces deux grandes et malheureuses époques.

Comme je visitais, en 1858, cette belle carrière pour la décrire dans un livre que j'allais rééditer [1], les ouvriers qui me servaient de guides me conduisirent, à travers des couloirs abandonnés depuis très-longtemps, vers une galerie qu'on m'avait signalée sous le nom de *Galerie des cercueils*. Au milieu d'un entassement incohérent de roches brisées soit par la pioche des carriers, soit par les effondrements de la voûte ou ciel de carrière, on apercevait six ou sept pierres à peine dégrossies sur leurs côtés, taillées à peu près carrément, c'est-à-dire un peu plus larges à la tête qu'au pied et creusées en forme d'auge. Elles avaient environ 1^m,60 à 1^m,80 de longueur, 0^m,60 en largeur. Leur excavation est profonde de 0^m,50 à 0^m,60. Il était évident qu'elles n'avaient pas été destinées à recevoir les corps d'hommes de grande taille, mais de femmes ou de jeunes gens non encore arrivés à leur développement complet, puisque les sépulcres des hommes ont toujours deux mètres de longueur au moins, ce qu'on a vu plus haut. Le bloc de roche où le travail antique les découpait n'était pas assez large et ne pouvait fournir les deux mètres voulus après le dégrossissement à l'épannelage; on s'en était donc servi dans le sens industriel et économique pour en tirer tout le parti possible en y taillant des cercueils plus petits. L'une d'elles, très-courte, était sans nul doute destinée à un enfant. Cinq de ces tombes adhéraient encore, par leur partie inférieure, au lit d'où le ciseau et les pesées de l'ouvrier ne les avaient point détachées, ce qui assignerait, ce semble, une cause violente à l'abandon de la galerie, un affaissement du plafond dont on voyait les traces à l'entrée de cette chambre à une seule issue principale et à deux couloirs très-bas dont on ignorait la direction.

Les carriers modernes montraient, comme preuve d'une grande antiquité, les traces de l'outil de leurs prédécesseurs d'il y a plus de mille ans. Ces empreintes différaient essentiellement de celles que laisse sur la roche le travail actuel, ces dernières plus larges et en même temps plus aiguës. L'aménagement des galeries archaïques ne ressemble pas non plus à celui d'aujourd'hui. Il n'y avait pas à se méprendre sur la destination de ces blocs ouvrés et non encore détachés tous de la stratification. Celui qui a vu une seule fois une de ces tombes de pierre que l'on rencontre partout et si nombreuses dans nos contrées, ne peut se méprendre sur la date des six à sept pierres creusées de la *Galerie des cercueils* dans la carrière de Colligis. Cette roche, si tendre et poreuse, si facilement perméable à l'eau dont elle avale son équivalent en poids, ne peut être préparée pour

---

1. Édouard Fleury, *Histoire de l'Invasion de 1814 dans les départements du Nord-Est de la France*, 1 vol. in-8°, 2° édit. 1858.

des bacs, pour de véritables auges. Les carriers du village, qui n'étaient point de grands archéologues, ne s'y étaient pas trompés et avaient donné son vrai nom, la *Galerie des cercueils*, à la
chambre et aux produits creusés par leurs prédécesseurs.

Il y a quelques semaines, j'ai voulu revoir la *Galerie des cercueils* de la carrière de Colligis, et
j'ai fait demander mes guides de 1857. Ils étaient morts tous deux. Ce qui est plus étonnant, c'est
non-seulement que la notion de cette chambre aux tombeaux était absolument perdue, mais
encore l'on ne savait plus le chemin pour y accéder. Heureusement deux jeunes carriers, étrangers
au village, avaient, un jour et par hasard, pénétré jusque dans cette partie oubliée de la carrière
et s'offrirent à m'y conduire. J'y ai tout revu dans le même état qu'il y a vingt ans : six tombeaux
dégrossis, deux à peine entamés, quatre creusés, dont deux détachés du lit de la carrière, et un
enfin à peine indiqué par quelques tailles d'outil. Il y a bien là une tombe d'enfant de 1^m,20
environ. Les autres n'ont pas plus de 1^m,60 à 1^m,80 de longueur, et tous sont plus larges de 0^m,05
environ à la tête qu'aux pieds.

J'ajoute qu'en avant même de l'immense carrière de Colligis et sur la pente qu'elle borde,
on a retrouvé, au lieudit *la Chapelle*, il y a une quarantaine d'années, un vieux cimetière renfermant une grande quantité de cercueils de pierre, mais sur la fouille et les objets desquels il n'est
rien resté dans les souvenirs locaux.

Dans les contrées où le calcaire ne se trouve point, comme à Château-Thierry par exemple,
on a construit des sarcophages à l'aide d'un coulis de plâtre qu'on a solidifié en y mêlant de la
grève et des pierrailles fines. C'est en redressant la route de Soissons en 1862 qu'on a retrouvé
la sépulture mérovingienne contenant d'un côté quelques sépulcres en pierre et de l'autre, à une
distance d'une dizaine de mètres, ceux de plâtre qui renfermaient ou un, ou deux, ou même
trois cadavres. Leur peu d'épaisseur indique d'abord qu'ils n'étaient pas transportables, ensuite
qu'ils ont été construits sur place, en présence des morts qu'ils allaient renfermer. La fosse était
creusée dans le tuf et suivant la forme et l'orientation réglementaires. Le plâtre, provenant de la
montagne même de Château-Thierry d'après sa nature, était gâché et appliqué à la truelle contre
les parois de la fosse tout frais encore et si disposé, par conséquent, à se mouler sur le corps solide
qu'on allait y déposer, qu'on trouva l'enduit gypseux d'un des sépulcres conservant encore l'empreinte assez bien accusée des membres du mort. Une autre particularité à noter, c'est que,
probablement pour sécher l'enduit de plâtre ou le consolider, on l'avait, à l'intérieur du cercueil,
revêtu d'un ciment rouge et pulvérulent de brique pilée et qui se détacha au moindre attouche-
ment[1]. On n'a pas trouvé là de couvercles faits de sulfate de chaux dont la lourdeur et le peu
d'adhérence moléculaire n'auraient pas assuré la durée de la dalle de couverture. Dans le cimetière
mérovingien du faubourg Saint-Martin, à Saint-Quentin, des sarcophages de plâtre, mêlés aussi

---

1. Une notice de M. Arnaud (1844) sur des cercueils de plâtre trouvés dans la cathédrale de Troyes montre un de ces
sarcophages ayant ses parois intérieures revêtues aussi d'une couche de cendre grise, et dans le mortier de plâtre on avait,
comme liaison, introduit de nombreuses parcelles de charbon de bois

à des coffres de pierre tendre, avaient, pour cette même raison, des couvercles faits d'une seule dalle de pierre. Roucy et Pontavert, Saconin, Chézy-l'Abbaye, avaient aussi des tombeaux de plâtre comme on en a eu en Normandie, d'après M. l'abbé Cochet [1]. De Caranda, il est aussi sorti plusieurs sépulcres de plâtre que la notice de l'album de MM. Moreau pense avoir été appliqué frais sur les planches d'un premier cercueil de bois dont on aurait reconnu des traces appréciables. Ce fait me paraît unique jusqu'ici.

A Limé, un squelette a été trouvé étendu purement et simplement dans un lit de mortier de chaux non pas même moulé en façon de sépulcre. La nécropole de Caranda avait non-seulement ses sépulcres de plâtre, notamment celui d'un enfant, mais encore des coffres mortuaires d'une nature et d'un aspect tout particuliers et au sujet desquels il s'est élevé une discussion dont le dernier mot ne semble pas dit. Au premier aspect, leur aspect rugueux pouvait les faire prendre pour des pierres de calcaire oolithique; mais cette roche ne se trouve que bien éloignée de Caranda, et elle est très-dure et compacte, tandis que la matière des cercueils en question est peu consistante et ne résiste pas à la pression des doigts. Les uns ont cru que les Franco-Mérovingiens des bords de l'Ourcq, manquant de calcaire tendre, fabriquèrent leurs cercueils avec un ciment ou mortier dans lequel entraient les éléments fins des grèves des ruisseaux du pays. D'autres, au contraire, croient que c'est là une roche naturelle et composée de très-petits fragments de gravier roulé, de mollusques briozoaires, surtout de foraminifères et enfin de petites spicules, le tout empâté et soudé dans un ciment naturel très-liquide et caverneux. Ce serait donc un travertin de formation récente et semblable à ce que, dans le Laonnois, on appelle *pierre burge,* laquelle est en pleine formation, par exemple dans la montagne de Vorges et à Nouvion-le-Vineux, etc. Seulement, le gisement du travertin où les tombes de Caranda auraient été taillées et creusées n'a point encore été trouvé et n'est signalé nulle part dans le pays. La question reste donc entière et en litige.

Lorsque les Mérovingiens ne rencontrèrent ni blocs de pierre solide, ni éléments capables de composer des ciments et mortiers pouvant résister à la pression de la terre et durer longtemps, force leur fut de se contenter de fragments de la roche qu'ils avaient sous la main. Ils formèrent alors, comme à Pontavert, et au fond et sur les côtés des fosses, des revêtements de cliquart, pierre plate et longue, dure et sonore, dont nous avons vu le mosaïste romain se servir avantageusement pour composer ses cubes blancs et polis à Blanzy, à Bazoches et à Vailly. Le

---

1. Les trouvailles de sépulcres de plâtre, la plupart attribués aux époques mérovingienne et carlovingienne, ne sont pas rares. On en a trouvé en 1852 dans le département de l'Aube, ce que constate le procès-verbal du Congrès archéologique de France tenu à Troyes en 1853. En 1846, les fouilles faites pour les fondations de la Bibliothèque de Sainte-Geneviève de Paris firent apparaître de grandes auges de pierre, et on pourrait citer plusieurs autres exemples. Les lois burgondes ordonnaient que nul ne fût enseveli « *nisi in offo, vel in petra, vel in plastro* ». Les cercueils de pierre et de plâtre furent employés, mais avec d'autres formes qui font reconnaître l'époque, jusqu'en pleins XIIe, XIIIe et peut-être XIVe siècles, et le *Spicilége* de dom Luc d'Achery montre, au XIIe siècle, Maurice, archevêque de Rouen, recommandant dans un de ses statuts l'usage des cercueils de plâtre ou de bois dans toutes les inhumations, « *vel in terra, vel super terram*, in plastro, « *in trunco, vel aliocumque modo* ».

couvercle du tombeau se composa de même avec plusieurs fragments de dalles grossièrement équarries. La sépulture de Château-Thierry, outre ses auges de plâtre et de pierre d'un seul morceau, avait des cercueils et des couvercles faits de plusieurs pierres ; ainsi de Vendhuile, où l'on trouve des sépulcres fabriqués avec des pierres prises sur place dans la carrière même ; ainsi de *la Planchette,* à Vervins, où l'on a formé une aire et de petits murets à l'aide des gros cailloux trouvés dans le sol de la sépulture ; ainsi du *Jardin-Dieu,* à Cugny ; ainsi de Limé, à *la Butte-des-Croix* où beaucoup de tombes sont simplement formées de deux rangées de moellons à peine équarris et rapprochés à sec.

Il faut noter ces détails dans la confection des tombes : à Pontavert, plusieurs cadavres sont maintenus en place par des pierres posées des deux côtés du corps. Une grosse pierre ronde est mise en guise de coussin sous la tête des morts à Pontavert, à Limé et à Sissonne dans une seconde sépulture où toutes les fosses sont creusées dans le sable, où l'on n'aperçoit traces ni de pierres ni de bois et où les vases sont bien mérovingiens ; il en est de même à Caranda, et là un fragment de tuile remplace parfois la pierre. J'ai rencontré deux ou trois fois, à Chaillevet, de petits tas de pierres sur le milieu des tombes et recouverts seulement par quelques centimètres de terre.

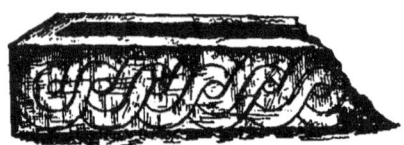

Fig. 234. — Sépulcre ciselé, de Geny.

Les nécropoles mérovingiennes connurent aussi des inhumations dans des cercueils de bois ; car, à *la Planchette* de Vervins ainsi qu'à la *Rue-aux-Tessons* de Verly, et à Voyenne encore, on a recueilli un certain nombre de grands clous de fer n'ayant pu servir qu'à retenir les planches de coffres en bois.

A peu près dans tous les emplacements mortuaires que j'ai cités plus haut, on a rencontré de nombreux ensevelissements dans de simples fosses creusées dans le sol quel qu'il fût, craie, marne, calcaire ou sable. Les morts étant, à Caranda, enterrés très-près les uns des autres, les pieds de celui-ci touchant presque la tête de celui-là, une pierre plate placée de champ séparait ces nombreuses fosses où dormaient les morts de médiocre condition.

Il est, d'ailleurs, certain que l'inhumation en pleine terre prouve l'homme de basse extraction, comme la tombe faite de morceaux de pierre prouve une position intermédiaire, comme le sarcophage de plâtre ou de calcaire prouve la supériorité de la fortune ou des fonctions ; mais, dans cette dernière catégorie, il y a aussi des distinctions à établir, suivant que le tombeau est simplement taillé ou illustré de ciselures et de motifs linéaires appartenant à l'art du temps. Dans ma carrière de fouilleur de sépultures, j'ai rencontré deux spécimens intéressants de fragments de sépulcres ciselés sur leurs faces extérieures, la première fois au *Tombois* de Barbonval, où j'avais fait mettre à part un des côtés longs d'un sarcophage décoré d'un dessin d'entrelacs que je ne me hasarde pas à reproduire, mon calque ne s'étant point retrouvé et la pierre ayant elle-même disparu, lorsque je m'en enquis à une nouvelle visite. J'ai retrouvé à peu près le même motif (fig. 234) sur un sépulcre de l'*Homme mort* à Geny; ce fragment, assis sur d'autres débris du même style, assure un horle descendant en talus sur un sentier qui longe cette sépulture fertile en promesses. On reconnaît bien là l'entrelacs de câbles que les Mérovingiens empruntèrent aux mosaïques gallo-romaines; car elles n'avaient pas dû toutes périr pendant les troubles et les ruines de l'invasion. Un des deux couvercles de sépulcres trouvés à Mons-en-Laonnois se montre orné sur les tranches d'un motif ondé et courant (fig. 235), sans parler de la croix pattée qui se voit sur la face de ce couvercle. Un autre couvercle de tombeau de pierre de la nécropole de Voyenne présentait sur la tranche une ornementation d'entrelacs courants, ce qui se voit aussi sur un fragment de dalle de

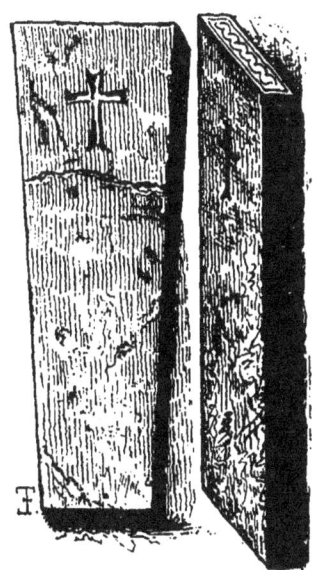
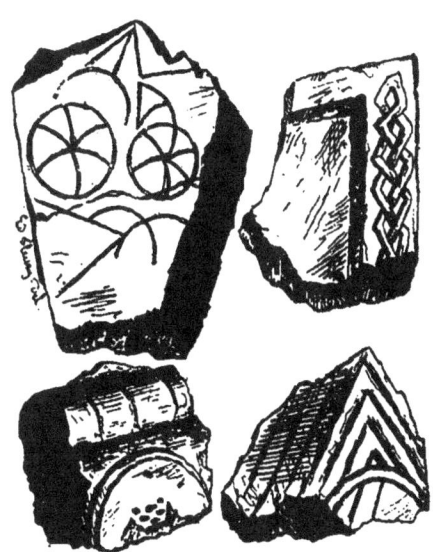

Fig. 235. — Couvercles décorés de sépulcre, à Mons-en-Laonnois.   Fig. 236. — Fragments de couvercles de sépulcre, à Chaillevet.

recouvrement de Chaillevet (fig. 236). La même figure présente en bas deux autres fragments bizarrement sculptés et ciselés, tous deux provenant encore du cimetière de Chaillevet; leur configuration autorise à penser à des stèles gallo-romaines utilisées par les Mérovingiens; ces fragments formaient couverture de tombeaux avec d'autres pierres. Le quatrième fragment en haut et à gauche de la figure 236 mérite encore plus d'attention, d'abord par le motif fretté de sa tranche, ensuite par les figures géométriques qui ont été tracées à la pointe sèche sur la face de la dalle si petite qu'il faut la supposer recouvrant un cercueil d'enfant. Ce sont des cercles complets segmentés par un jeu de compas, des demi-circonférences vides ou qui se coupent entre elles, des arcs se soudant aux sections des cercles, des triangles appointés à ces circonférences ou s'y appuyant, étranges combinaisons dont on cherche vainement le sens et qui ressemblent à des figures cabalistiques. Pommiers a plusieurs fragments de couvercles de tombes de pierre recueillis par le musée de

Soissons et qui offrent des combinaisons de même style, bien que moins compliquées, dans des circonférences gravées avec peu de creux ; ainsi un cercle à deux lignes concentriques inscrit un
point central et un petit triangle hors centre. Un autre couvercle toujours de Pommiers est timbré
d'une rosace à trois compartiments, le tout encore gravé au trait, et tous ces couvercles sont plus
larges en haut qu'en bas, signe d'époque commune, la rosace de Pommiers ressemblant exactement
à celles de deux couvercles de sépulcres de Sablonières (fig. 237), dont je dois les croquis à la
complaisance de M. Frédéric Moreau père, et dans les figures desquels s'aperçoivent des traces
de couleur rouge. La figure 237 montre un troisième fragment de dalle de couverture avec un
décor au trait se composant d'un rectangle partagé par une ligne droite en deux compartiments,

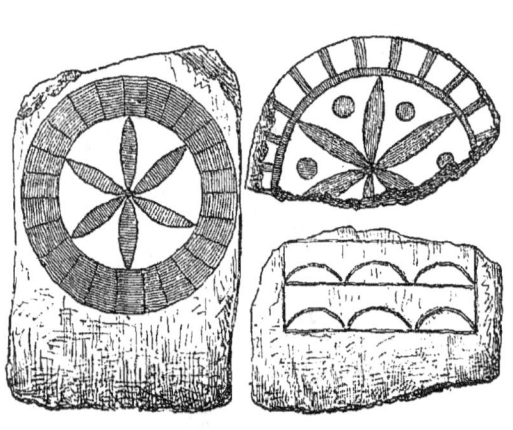

Fig. 237. — Couvercles de sarcophage, à Sablonières.

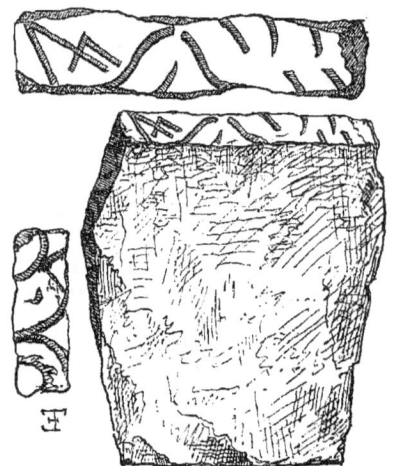

Fig. 238. — Couvercle inscrit de sépulcre, à Quincy-Basse.

chacun contenant trois arcs aboutés par une pointe. Cette fois, ces dessins sont compréhensibles ;
mais que veut dire le décor qui se lit sur deux des tranches d'une dalle de recouvrement (fig. 238)
venue du cimetière de *la Bataille* à Quincy-Basse, et qui ne paraît pas entière ? En haut et sur le
côté gauche de la figure 238, j'ai grandi les deux tranches inscrites de façon à les mettre en plus
complet relief et à aider à l'interprétation. Il ne semble pas que ce soient là des figures géométriques
du genre de celles qui se lisent sur la dalle de Chaillevet et sur celles de Sablonières (fig. 236 et
237). On a cru y reconnaître une sorte d'M appartenant à un alphabet étranger et les queues de
lettres scindées ; alors il faudrait croire que cette dalle ne serait qu'un fragment de cippe ou stèle
des temps gallo-romains sciée, dans le sens de la hauteur, en plusieurs tablettes qui servirent de
couverture à des coffres mérovingiens ; car la sépulture de Quincy-Basse est mixte évidemment et
montre les uns à côté des autres des vases rouges incontestablement romains et des vases gris et
noirs à décor franc, exactement comme à Voyenne. Si ce sont là des traces d'inscription en langue
étrangère, il était bon de chercher ce que pouvait être cette langue. Or, l'histoire locale et générale

sait que la XXVe légion occupa longtemps le *pagus suessionensis*, la ville de Soissons elle-même et ses environs. Le recueil des inscriptions de Gudius nous donne le nom de cette légion qui s'appelait *la Cyrénaïque*. Par conséquent, elle pouvait avoir son centre de recrutement dans la Cyrénaïque qui s'étendait au levant du grand syrthe d'Afrique jusqu'à la Marmorique, c'est-à-dire en avant de la Lybie maritime, et occupant la place actuelle du pays de Barcah entre Tripoli et l'Égypte, une contrée enfin habitée jadis par les colonies des Phéniciens. D'un autre côté, *la Notice des dignités de l'Empire* nous apprend qu'un corps considérable de troupes sarmates avait,

aux derniers temps gallo-romains, ses quartiers (*castra stativa*) entre Reims et Amiens, c'est-à-dire en plein Soissonnais et à la portée des frontières si souvent attaquées par les Lettes, les Francs et autres Germains. La stèle intacte, s'il y a stèle, a-t-elle donc marqué la tombe d'un officier d'auxiliaires soit africains, soit sarmates, ou bien portait-elle des caractères mérovingiens du ve, ou vi[e] ou viie siècle? On comprend que nous n'essayions pas de chercher la solution de ces problèmes qu'il suffit de poser?

Au nombre des dalles que leur ornementation recommande à l'attention, la figure 235 nous a déjà montré celles qui sont sorties de la sépulture de Mons-en-Laonnois marquées toutes deux de croix un peu allongées et pattées, c'est-à-dire ayant des bras s'élargissant à leur extrémité. Caranda avait deux couvercles semblables (fig. 239) avec croix pattées aussi[1],

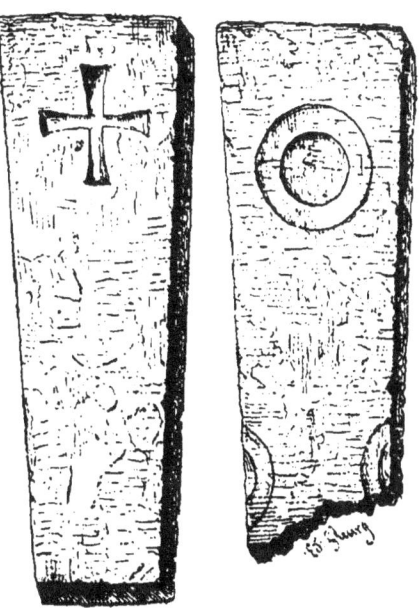

Fig. 239. — Couvercles de tombe, à Caranda.

mais de forme tendant plus sensiblement au carré parfait, c'est-à-dire à la croix grecque. Tous deux et un troisième avec cercles concentriques en haut et demi-cercles en bas (fig. 239), étaient faits de ce ciment factice ou de ce travertin naturel que j'ai signalé plus haut. La religion des Francs-Mérovingiens n'étant pas mise en discussion à partir du moment où Clovis reçut le baptême à Soissons, il est inutile de chercher sinon entre les vi[e] et ixe siècles la date de ces monuments funéraires que nous rencontrons à Château-Thierry avec une croix cette fois gravée à la face postérieure de la dalle de couverture et de façon à ce qu'elle se juxtaposât exactement sur la face du

---

1. Les croix, soit coulées en bronze, soit ciselées en creux sur les sarcophages, soit sculptées en relief sur les pierres tumulaires que nous verrons bientôt apparaître, ont toujours les extrémités de leurs quatre membres tendant à s'élargir. C'est un signe d'époque. (V. la figure d'une petite croix en bronze trouvée à Beire-le-Château près Dijon, dans le Mémoire de M. Baudot sur les sépultures mérov. de la Bourgogne, page 252.)

défunt couché sur le dos. On a trouvé aussi à Pommiers et à Saconin une croix, mais à six branches, gravée en creux sous les grossiers et robustes couvercles de pierre et juste à l'endroit correspondant à la tête des défunts, de sorte qu'elle reposait à peu près sur leurs fronts et entre leurs yeux. Il faut, d'ailleurs, remarquer que ces emblèmes, signes, marques et dessins, ceux-ci symboliques ou non, se rencontrent extrêmement rarement dans nos sépultures.

Celles-ci une fois bien connues dans leur situation et leur orientation, dans la forme, la matière et la décoration de leurs sépulcres, il est temps de s'occuper de ceux qu'on confia à ces tombes pour le repos éternel, croyait-on, repos si souvent troublé par l'avidité et la cupidité d'abord, ensuite par des ensevelissements postérieurs, enfin par l'archéologie elle-même qui cherche jusqu'au sein des mystères de la mort l'extension de ses notions sur un passé et sur des siècles dont tout à l'heure encore on ne savait rien ou presque rien.

Généralement parlant, les Francs-Mérovingiens pratiquèrent l'inhumation habillée, rite mortuaire adopté par presque toutes les nations antiques. Aujourd'hui nous rendons toujours à la terre le corps à peu près aussi nu qu'il l'était en arrivant au monde ; mais les premiers chrétiens, au dire des Pères de l'Église, pensaient autrement que nous et s'ensevelissaient dans leurs plus beaux habits, « *vestimentis dignis induti* ». Quant aux pratiques mérovingiennes au sujet de l'inhumation habillée, elles s'appuient solidement sur des témoignages historiques et sur des preuves fournies par l'histoire et l'archéologie. Chilpéric, roi de Soissons, mort en 584, fut enseveli avec ce splendide mobilier mortuaire qui servit à fixer solidement les vraies dates et origines de l'art mérovingien, et Grégoire de Tours nous apprend[1] que Sigebert, roi d'Austrasie, mort en 654, fut enterré dans la pourpre de ses habits et bijoux royaux. Tels furent les excès où fut poussée cette mode vaniteuse et visant plus au faste qu'au vrai respect de la mort, que les conciles, et notamment celui d'Auxerre, durent défendre de confier aux tombeaux les défunts parés de leurs plus beaux vêtements. Déjà saint Jérôme s'écriait à la fin du IVe siècle : « Est-ce que les cadavres ne peuvent pourrir que dans la soie ? » Ces enfouissements d'étoffes et d'armes précieuses, de bijoux d'or et d'autres matières de grand prix, furent une des causes, et non pas la moins active, de ces violations des tombeaux que je constaterai bientôt et si nombreuses. On eut plus d'intérêt parfois à voler les morts qu'à voler les vivants, et les lois burgondes d'abord, les capitulaires ensuite édictèrent les peines les plus sévères contre les déterreurs de cadavres. « *Qui sepulcra violaverint puniantur, tam ingenii quam servi,* » lit-on dans un capitulaire de Charlemagne et de Louis le Débonnaire. Partout en France et en Allemagne, on constate les empreintes que les étoffes ont laissées visibles et ineffaçables sur des lames d'épée, ou des fers de lance, ou des croissants de francisque. Une tombe de Voyenne nous offre un intéressant exemple de traces d'un tissu empaté dans l'oxyde ferrugineux d'une hache à formes mérovingiennes. Verly possédait un fer de flèche avec empreinte d'une étoffe à tissu grossier, et une lame de sabre de Nouvion-le-Vineux montrait aussi imprimée sur sa rouille la contexture d'un tissu de toile.

---

1. *Histor. Franc.*, liv. VI. c. XLVI.

Une des tombes de *la Planchette* à Vervins nous a restitué toute la parure coquette d'une jeune mérovingienne qui a pu être très-jolie pendant sa vie, mais dont le squelette grimaçait horriblement bien qu'il s'ornât (fig. 240) : 1° de boucles d'oreilles formées d'un fil de bronze tordu en spirale et sur lequel étaient enfilées des sortes de petites clochettes en bronze aussi ; 2° d'un collier de treize grains de verre opaque de toutes couleurs et à dessins en creux, dont le plus gros, cotelé en forme de melon et central probablement, était bleu et pendant sur la poitrine ; 3° de deux fibules en bronze et à charnières placées l'une à la hauteur d'épaule et l'autre sur le sein du côté opposé, la première ronde et pourvue de trois gros clous, la seconde ajourée par des dessins bizarres et paraissant représenter des poissons ; 4° d'un ferret ou pendant d'aiguillette et d'une petite boucle ; 5° d'un

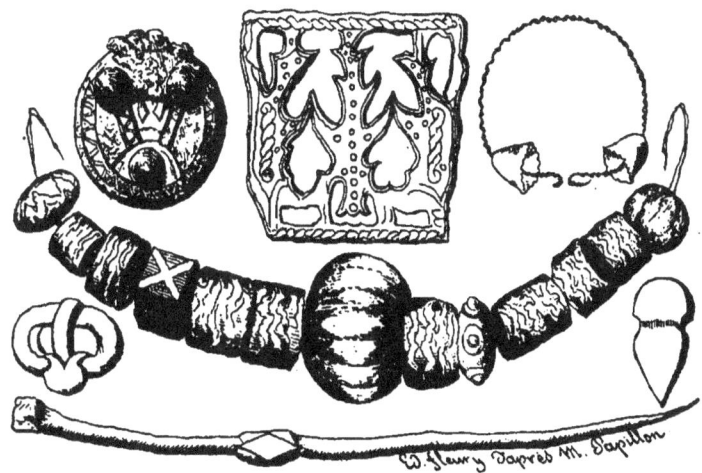

Fig. 240. — Parure d'une jeune Mérovingienne, à la *Planchette* de Vervins.

petit vase aux pieds. Dans la circonstance présente, les Pères du concile provincial d'Auxerre n'eussent point tonné contre l'abus du luxe. La plus belle fille de la tombe ne peut, d'ailleurs, donner que ce qu'elle a, et on ne peut accuser celle de *la Planchette* d'avoir rien celé aux attentives recherches des archéologues qui ont fouillé le cimetière mérovingien de Vervins.

Dans cette ville antique, on a donc enseveli une jeune fille avec ses modestes atours. Comme contre-partie, voici un autre détail, à Coucy-la-Ville, de l'ensevelissement habillé, et dans une tombe non violée, d'un tout jeune homme dont la taille, d'après le développement du corps et des membres, indique douze à quinze ans au plus. A cet enfant qui n'a pas eu le temps de devenir un guerrier, ses parents ont donné cependant comme parure virile et mortuaire : 1° un petit scramasax long seulement de 0m,50, dont 0m,33 pour la lame et 0m,17 pour la poignée, la pointe tournée vers les pieds, le tranchant contre la cuisse gauche ; 2° un petit poignard posé sur l'abdomen et à lame très-oxydée ; 3° un petit pot noir aux pieds, comme la jeune fille de *la Planchette* en avait un aussi.

Si les étoffes des vêtements facilement destructibles ne se retrouvent jamais et ne s'indiquent que par des empreintes sur la rouille des armes, celles-ci, quelque profondément oxydées qu'elles se montrent souvent, subsistent encore et indiquent la place habituelle que leur donnent les rites de l'enfouissement. La lance, dénoncée par son fer, repose, comme à Liez, à gauche dans le bras plié, et le fer est tourné la pointe en haut, contrairement aux indications de la gravure où M. Sidens-chmidt a représenté le guerrier franc des bords du Rhin couché dans son cercueil de pierre et tenant

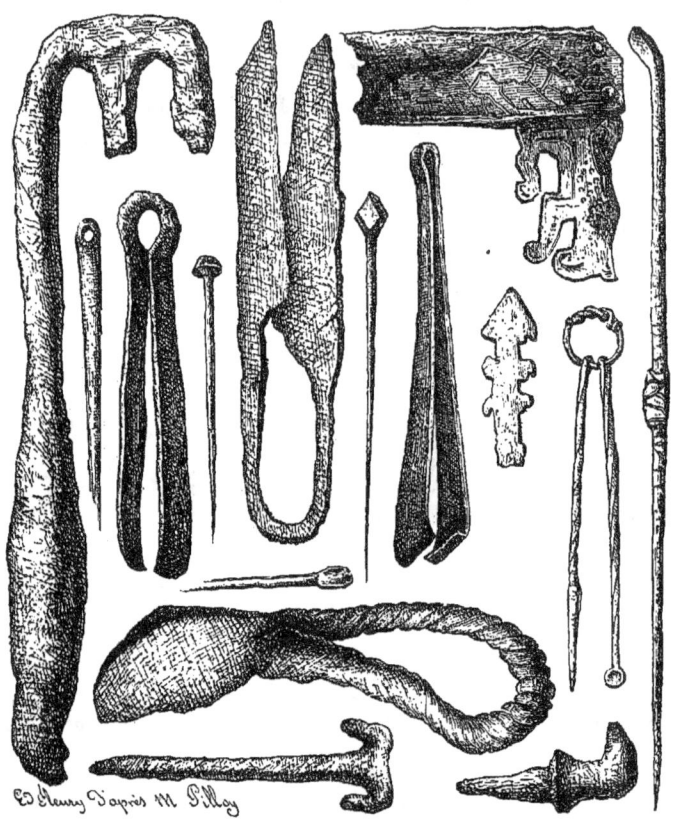

Fig. 241. — Objets mobiliers dans les tombeaux mérovingiens de Caranda et Vorly.

Clés en fer. — Ciseaux en fer. — Pince à épiler en fer. — Pince à épiler en bronze. — Garniture en bronze d'entrée de fourreau. — Clou à crochets en fer. — Épingles en bronze pour cheveux. — Grosse aiguille en bronze. — Cure-oreille en bronze. — Anneau avec cure-dent et cure-oreille. — Grande épingle en bronze à cheveux, probablement un style romain.

sa lance la pointe en bas et contre son pied gauche, gravure bien connue en archéologie mérovingienne et que je reproduirai tout à l'heure (fig. 242) pour les besoins de la comparaison. Quand le mort a une épée droite et à deux tranchants, ce qui prouve un personnage important, un officier sans doute, elle repose au côté gauche, la poignée à hauteur de main, et la pointe près de la tête, comme à Verly. Sur le bassin se trouve la plaque de ceinturon, au côté gauche les plaque et contre-plaque de baudrier. La lame de poignard gît à droite et à hauteur de ceinture, quelquefois sous la tête, par exemple à Nouvion-le-Vineux et à Lizy. Au ceinturon de cuir dont on a parfois des fragments, on trouve souvent pendue soit une bourse dont le fermoir de fer n'est pas rare, soit une espèce de sac ou aumônière qui renferme des clés (fig. 241), une trousse de petits instruments, pinces à épiler de bronze ou d'acier, ciseaux, épingles à cheveux, cure-oreille, cure-dent, briquet de fer et pierre à feu, etc., tous objets que nous aurons encore occasion de rencontrer.

Quant à la position des corps eux-mêmes dans leurs sépulcres de pierre ou dans les tombes creusées en pleine terre, lorsqu'il n'y a pas eu violation des sépultures, cela va sans dire, à peu près toujours les squelettes sont étendus sur le dos ; la face est tournée vers le ciel (fig. 242), et rarement on les trouve assis (fig. 243), ainsi qu'ils sont représentés sur des gravures typiques, très-connues déjà en archéologie, je le répète, mais que je dois à mon tour publier comme renseignements généraux et étrangers servant à contrôler ceux qu'a fournis notre sol départemental.

D'après M. l'abbé Cochet [1], tous les squelettes des sépultures qu'il a fouillées dans la Normandie

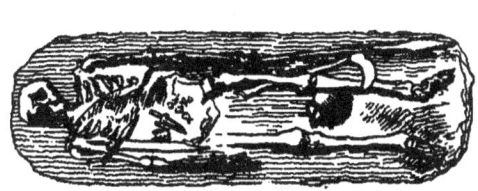

Fig. 242. — Lo Franc de Seltzon.   Fig. 243. — Sépulture assise des bords du Rhin [2].

avaient les bras alignés le long du corps, comme les morts, d'ailleurs, des tombes franques des bords du Rhin et de la figure 242. Jamais leurs mains n'étaient jointes ni sur la poitrine, ni sur l'abdomen. Il cite même un auteur grec qui reprochait aux peuples latins d'inhumer leurs morts à la façon des païens et de ne pas joindre leurs mains en croix comme les Orientaux : « *Mortuos sepeliunt* « *manibus eorum nequaquam constitutis in modum crucis.* » L'écrivain cité par M. l'abbé Cochet ignorait sans doute que les peuplades préhistoriques de Suède avaient jadis, dans leurs dolmens à sépultures assises dont j'ai donné un exemple en la figure 68 de la page 131 de ma première partie, enterré leurs morts avec les bras croisés sur la poitrine, sans se douter qu'elles seraient imitées, bien des siècles plus tard, par les chrétiens dans une intention religieusement symbolique et non prévue par les sauvages du Nord. Je dois, d'ailleurs, relever dans les livres de M. Cochet quelques exceptions à la règle absolue qu'il pose, par exemple à Oissel, où un squelette se présente avec les bras croisés sur la poitrine.

Le mémoire de M. Baudot (*Les Sépultures bourguignonnes des temps mérovingiens*) nous montre

---

1. *Normandie souterraine et Sépultures gauloises, romaines, franques, etc., en Normandie.* Passim.

2. Ces deux gravures sont tirées des mémoires de M. Lindenschmith sur les sépultures franques des bords du Rhin.

plusieurs cercueils de la sépulture de Coulmier-le-Sec timbrés d'une croix en creux à quatre branches
égales, et contenant des squelettes qui, n'ayant jamais subi de dérangement dans leur position primitive, étaient étendus sur le dos, les mains placées sur l'abdomen, ce qui s'est vu aussi chez nous
à Chevennes (fig. 244). Ce n'est point encore là le *in modum crucis,* pas plus qu'à l'Isle-Adam (Oise),
où on a eu des morts avec les mains sur les genoux.

Au contraire, dans nos cimetières franco-mérovingiens, le *in modum crucis* est, avec la position horizontale, la règle générale, jusqu'ici du moins. Comme le montrent le tombeau à deux
squelettes de Brie (fig. 245) et les deux sépulcres de pierre de Mons-en-Laonnois (fig. 246), les morts

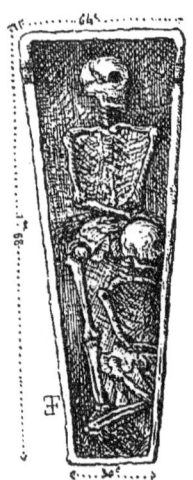

Fig. 244. — A Chevennes.

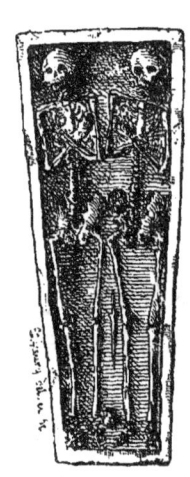

Fig. 245. — A Brie.

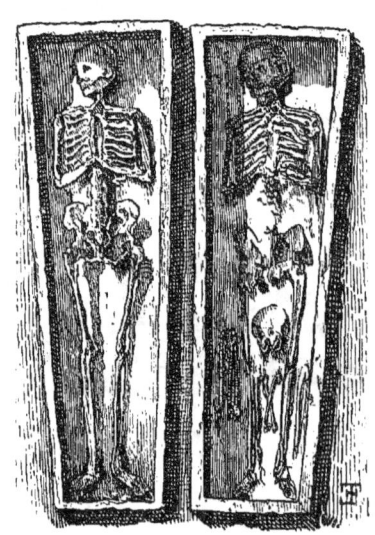

Fig. 246. — A Mons-en-Laonnois.

sont étendus sur le dos, face au ciel, jambes rapprochées et bras croisés non sur l'abdomen, situation
prêtant au doute à Chevennes (fig. 244), mais sur la poitrine, position parfaitement significative à
Brie et à Mons-en-Laonnois (fig. 245 et 246). Un enfant d'une tombe en pierre de Chavignon
avait aussi les bras en croix.

Je n'ai pas rencontré et je ne vois pas signaler, dans les nombreux mémoires et notices que j'ai
eu à étudier, de squelettes avec bras alignés le long du corps. Comme exception, des morts se sont
montrés à Chaillevet les bras croisés sur l'abdomen, et, comme originalité, les os de leurs avant-bras
sont verdis par l'oxyde des boucles de ceinturon; mais à Lizy et à Mons-en-Laonnois, cimetières si
voisins de celui de Chaillevet, tous les cadavres ont les bras croisés sur la poitrine. Autre exception
très-rare à la position des corps dans les tombes, un squelette à Verly et un autre à Coucy-la-Ville
ont les jambes non pas allongées, mais ramassées ou croisées l'une sur l'autre. Il ne faudrait pas
regarder comme une exception encore l'inclinaison de la tête soit vers la gauche à Chevennes (fig. 244),

soit vers la droite à Mons-en-Laonnois (fig. 246). La tête, toujours lourde relativement et en raison du nombre et de la forme resserrée de ses os, s'est penchée naturellement dans le sens où la décomposition a eu plus vite raison des muscles et tendons. Des auteurs ont cependant écrit, et leur opinion est admissible, que cette inclinaison de la tête des morts d'alors pourrait être intentionnelle et qu'on leur aurait voulu donner dans la tombe l'attitude paisible et abandonnée du sommeil dans un lit.

J'ai déjà signalé l'exception plus rare de nos sépultures à morts assis, lesquelles sont aussi moins fréquentes dans les provinces rhénanes et dans les nécropoles normandes et burgondes. Le squelette s'offre alors avec l'épine dorsale courbée, la tête venue en avant[1] et reposant sur les genoux ramassés en l'air, les tibias allongés, les pieds étendus horizontalement et presque touchés par les bras (fig. 243). Verly, Château-Thierry, la Planchette de Vervins et Chevennes ont chacun une sépulture assise. Chouy possède deux squelettes repliés sur eux-mêmes, ainsi que Vendhuile. J'ai aussi rencontré à Chaillevet, en 1863, une sépulture assise. Une tombe de pierre n'avait pas plus d'un mètre en long et avait été tout d'abord considérée comme celle d'un enfant ; mais on dut changer d'avis à l'inspection du squelette appartenant à un adulte arrivé à tout son développement. Les ossements des omoplates et des arrière-bras étaient plus haut placés que la tête penchée en avant et prouvaient que le mort avait été adossé assis contre la paroi la plus large du sépulcre dont la contre-partie était atteinte par les phalanges des pieds.

Des archéologues ont pensé que la sépulture assise était réservée aux femmes. Pourquoi le beau sexe aurait-il eu ce singulier et déplaisant privilége? De plus, un squelette de Seltzen, assis dans sa tombe, possède sa collection d'armes de guerre. Bien des problèmes archéologiques ne recevront pas de sitôt leur solution.

En poussant à fond l'étude des tombeaux et fosses des temps mérovingiens, on les voit souvent contenir deux et même trois corps. Sur la figure 225 (Vue pittoresque de la sépulture de Brie), on aperçoit en A et sur un palier de la montagne quatre tombes alignées face au midi. En arrière, et ne paraissant pas sur la figure 225, se trouvait un cinquième sépulcre pourvu d'un couvercle formé par deux dalles épaisses ; il était calé avec des rognons durs de cette pierre siliceuse qu'on appelle têtes de chat dans le pays. Fermé avec un très-grand soin, ce coffre n'avait pas reçu ces infiltrations sablonneuses qui encombraient les quatre tombes en ligne, remplissage que, d'ailleurs, on constate partout. Il contenait (fig. 245) deux squelettes intacts, bien complets, posés exactement comme ils l'avaient été, il y a si longtemps, au moment où on leur avait donné l'inhumation. Très-serrés l'un contre l'autre, l'un s'inclinait à droite, l'autre à gauche, tous deux un peu penchés sur le côté. Entre eux deux et à leurs pieds gisait un vase qui parut vide. Plus haut, entre les deux

---

1. Dans les sépultures assises d'Unterwinden, de Chrisnach, de Seltzen près Mayence, des Saxons envahisseurs de l'Angleterre à East-Ridingen (Yorkshire), dans celles de Normandie, on trouve, dans les fosses à squelettes assis, les têtes tombées à droite, ou à gauche, ou sur les vertèbres, ou sur les genoux, tandis que les ossements des jambes sont toujours bien alignés, ceux des avant-bras et des mains touchant les pieds.

squelettes et à la hauteur des genoux, reposait une lame oxydée, longue de 0^m,50 environ, large de 0^m,05, et tranchante sur un côté seulement. Le mort de droite avait encore une partie de son ceinturon de cuir dont la boucle en bronze ornementé gisait sur le col du fémur. Le mort de gauche portait une ceinture à boucle de fer et très-simple. Les sutures d'un des crânes indiquaient par leur complet rapprochement un homme ayant dépassé la quarantaine; l'autre crâne était d'un homme beaucoup plus jeune.

J'ai dessiné (fig. 247) trois des crânes des sépultures de Brie. Pas un ne ressemble à l'autre. Le n° 1 a un grand front et le derrière de la tête presque rond. Le n° 2 a le sinciput plus aplati, et le n° 3 montre un front étroit et fuyant; sa boîte osseuse se déprime par dessus et la partie occipitale est presque rectiligne. De semblables différences se remarquaient entre plusieurs crânes que j'avais rapportés du *Tombois* de Barbonval en 1858. Sont-ce là les vaincus ou les

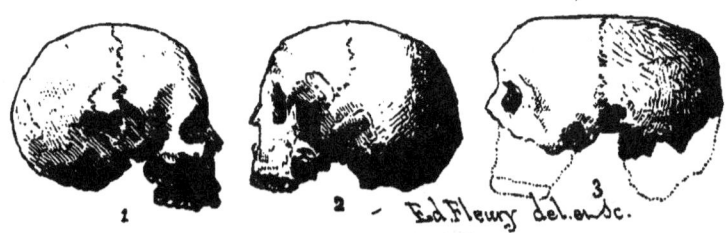

Fig. 247. — Crânes des sépulcres de Brie.

vainqueurs? N'est-ce pas plutôt cette race mélangée et hybridée dont les têtes si dissemblables de formes s'étaient rencontrées dans les sépultures préhistoriques? Je l'ai déjà montré.

Pour en revenir aux sépultures à plusieurs morts, Roucy, Pontavert, Montescourt, en ne citant que quelques exemples, possédaient des tombes à deux squelettes. Un sépulcre de Montescourt en avait jusqu'à trois. Lorsqu'on reconstruisit, en 1875, une partie de l'église de Chevennes, on trouva, sous les fondations d'un des latéraux, et même dans le cimetière et contre la muraille de l'édifice, quelques grandes auges de pierre renfermant des ossements humains. Une fouille d'étude, poussée sous le pavage dans l'intérieur de l'église, amena la découverte d'une nouvelle tombe qui, cette fois, contenait deux cadavres singulièrement juxtaposés, ou même superposés, l'un d'un homme d'apparence âgée, étendu sur le dos et les bras en croix, l'autre accroupi, assis sur le côté gauche et comme sur les genoux du premier, la tête tombée de côté, tout le corps replié sur lui-même, et probablement déposé dans le sépulcre avant que la rigidité cadavérique se fût déjà emparée des muscles. La place occupée par le second squelette était si peu considérable que ses pieds n'atteignaient pas la pierre. De pareils faits s'étant déjà rencontrés, on leur a cherché une explication dans l'inhumation en un même tombeau d'un homme mort déjà depuis plus ou moins de temps, et de sa femme qu'à cause de l'étroitesse du coffre on dut plus tard placer assise et de côté sur les genoux de son mari.

On sait, comme fait historique et incontestable, que le roi Dagobert, mort en 638, et sa femme

Nanthilde furent enterrés ensemble à l'abbaye de Saint-Denis et dans un même cercueil de pierre richement sculpté.

D'après les notes jointes à l'album Moreau, il ne paraît pas qu'au sein des tombes de pierre et des fosses innombrables des inhumations mérovingiennes à Caranda, on ait rencontré de doubles ensevelissements. Je parle de ceux qui furent accomplis à un même moment, ou à peu près, car il est temps de faire apparaître ces envahissements de la tombe, ces violations dont nos sépultures vont fournir tant d'exemples et dont nous trouvons de nombreux témoignages dans les monuments de notre législation nationale.

Je puise le premier exemple de ces invasions de la tombe à Mons-en-Laonnois et dans la figure 246 qui nous offre, au sein du sépulcre de pierre de droite, l'insertion d'une tête et de deux os longs entre les jambes et les cuisses d'un squelette accoté aussi d'ossements longs à droite et à gauche, au dernier tiers de la tombe. Évidemment ces restes funèbres ont été déposés là avec précaution, et ils appartenaient sans doute à un premier occupant qu'on dérangea plus tard, mais avec un soin respectueux, pour lui donner un compagnon. Déjà, en 585, l'autorité religieuse avait dû s'occuper de ces envahissements multipliés, puisqu'en cette année-là le concile de Mâcon constate qu'à chaque instant on trouve d'anciennes sépultures réouvertes par des gens qui brisent les ossements des morts et les dérangent sans précautions pour donner leur place à de nouveaux cadavres sans la permission du maître de la sépulture. Pour arrêter de pareils attentats, un des canons du concile édicte qu'en vertu des décrets, les corps ainsi indûment introduits dans les tombeaux en seront rejetés : « *Secundum legum decreta, superimposita corpora de eisdem tumulis rejectentur.* » Je ne trouve pas trace d'une semblable attention entourant l'inviolabilité de la tombe dans les plus vieux actes de la province de Reims recueillis par le cardinal Gousset [1], c'est-à-dire dans ceux des vi[e], viie et viiie siècles; mais cette trace, nous la constaterons au ixe.

Cependant la plupart de nos sépultures mérovingiennes gardent les preuves les plus nombreuses et éloquentes des excès dont se plaignaient à juste titre les Pères du concile de Mâcon. A Limé, horrible bouleversement des cadavres, ainsi que dans les sépulcres de Voyenne, de Belleu, de Château-Thierry où les couvercles sont brisés ou disjoints, les ossements étendus soit pêle-mêle, soit épars sur le sol et en dehors des tombes. A Saconin, on a rencontré dans les cercueils de pierre ici jusqu'à quatre ou cinq morts superposés, là un seul corps, mais avec plusieurs têtes, de sorte que les ouvriers prétendaient que jadis on « mettait là les guillotinés », et la plupart des vases étaient brisés. Un sépulcre de Coucy-la-Ville contenait quatre ou cinq fémurs, un autre un crâne surmonté d'un sacrum. L'introduction à l'album de Caranda y constate aussi ces violations. Des tombes de pierre à Monampteuil furent retrouvées, il y a quelques mois, absolument vides [2].

---

1. *Les Actes de la prov. ecclés. de Reims,* 3 vol. in-4°, 1847.
2. M. l'abbé Cochet (*Normandie souterraine,* p. 209) dit que, dans les divers cimetières qu'il a visités et fouillés, les ossements occupent presque constamment leur place naturelle, ce qui semble assez extraordinaire, vu le nombre et la généralité des termes des décrets lancés partout contre les violateurs de sépultures.

Parfois cependant, et comme à Mons-en-Laonnois, les envahisseurs procèdent avec moins de brutalité; ainsi à Laffaux, où les ossements des premiers occupants sont déposés aux pieds du dernier
enseveli ; ainsi à Chaillevet où les plus vieilles dépouilles mortuaires se trouvent arrangées en ordre
dans les coffres de pierre retrouvés autour de la *Butte-du-Moulin.*

Quoi qu'il en soit du caractère violent ou précautionné de l'usurpation des anciens tombeaux
par de nouveaux morts, cette superposition d'un cadavre sur un autre cadavre avait été défendue
par la loi salique et plus tard par les capitulaires carlovingiens, nous l'avons dit plus haut. On lit
dans un de ces antiques documents : « *Si quis mortuum hominem, aut in nauffo, aut in petra,*
« *quæ vasa sarcophagi dicuntur, super alium miserit, culpabilis dicetur.* » On punissait également
celui qui jetterait hors d'un sépulcre des ossements pour y substituer un autre mort : « *Ut nullus*
« *ossa mortuorum de sepulcris audacter ejiciet.* »

Le désir de s'approprier purement et simplement un cercueil sans frais et sans dépense, ne fut
pas la cause principale du désordre apporté dans les sépultures. La cupidité y fit bien plus de
ravages, je l'ai déjà indiqué. Les morts des grandes et opulentes familles emportant toujours avec
eux leurs bijoux les plus précieux, parfois des trésors, on fouilla les cimetières souvent pour retrouver,
plus fréquemment pour voler ces richesses dont sont veuves des tombes par exemple de Laffaux,
de Coucy-la-Ville, etc. Au ix° siècle, les instructions épiscopales recommandaient aux prêtres de
poser cette question aux pénitents qui demandaient à être entendus en confession : « N'as-tu
« pas pillé un tombeau ? »

Voici une preuve locale et textuelle de cette coutume criminelle de dépouiller les morts *propter
cupiditatem.* En 857, Hincmar, archevêque de Reims, adressait à tous les évêques suffragants de
sa province une série de statuts dont le second traite des sépultures en général, et en particulier
« *de sepulcris non violandis* [1] ». Il y ordonnait que chaque prêtre eût à veiller, s'il voulait se réjouir
en face de Dieu et du siècle, à ce qu'aucun corps de chrétien ne fût enlevé de son sépulcre et à ce
que ces sépulcres ne fussent ni brisés ni encombrés par d'autres corps. Puisqu'il est cruel de chasser quelqu'un de sa maison, il est sacrilége, écrivait l'archevêque de Reims, d'arracher par avidité,
« *propter cupiditatem* », sans dévotion et irreligieusement, quelqu'un à ce sépulcre où il pensait
se reposer en paix, en attendant la résurrection au jour du jugement dernier : « *Ut in adventu justi*
« *judicii resurgat, in pace quiescens debuerat expectare.* »

Si bien des tombes violées ne nous ont rien fourni de leur mobilier mortuaire, ou presque
rien, par exemple à Laffaux d'où il n'est venu que quelques vases, à peine une lame et pas de
bijoux, la masse des objets recueillis jusqu'ici et conservés dans nos collections publiques et
d'amateurs, est cependant assez considérable et variée pour compléter un ensemble archéologique
vraiment digne d'intérêt.

LES VASES. — La poterie mérovingienne nous a déjà fourni, comme types parfaits de formes, de

---

1 *Actes de la prov. ecclés. de Reims,* par Mgr Gousset, t. I, p. 245.

matière et d'ornementation, les vases d'Arcy-Sainte-Restitue (fig. 223) et, comme exemples de variétés dans ces formes et décors, les nombreux spécimens de la figure 246. Cette poterie est, d'ailleurs, si bien connue et sa notoriété est telle qu'elle n'a pas besoin d'une longue description.

La terre, assez grossièrement malaxée, est le plus habituellement faite de pâte noirâtre dans la masse, grise moins souvent, rougeâtre et jaune moins fréquemment encore. Très-souvent ces vases portent des traces de l'action du feu, comme s'ils avaient servi à des usages culinaires et de la vie de ménage, ce qui est probable. Jamais ils ne présentent de traces de vernis ou d'émail stannifère.

A la différence de la belle poterie romaine, la forme en est assez peu variée et ne paraît avoir jamais tendu ambitieusement vers l'élégance. Leurs lignes générales sont celles (fig. 216) d'un pot à peu près tourné sur un même patron : goulot ou orifice circulaire, col serré sous l'ouverture et s'élargissant pour rejoindre la panse plus ou moins évasée et se rapprochant plus ou moins d'un pied rarement faisant saillie. Sur la figure 223, le vase de gauche est le type du pot veuf de tout autre décor qu'un triple boudin, de même que celui de droite est le type du pot agrémenté de cordons plus ou moins nombreux, dont plusieurs motifs, A C H, sont donnés au bas de la figure 246, ornements

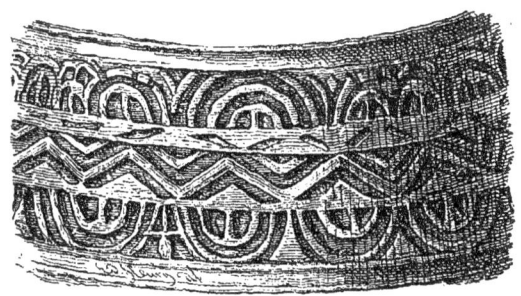

Fig. 248. — Décor d'un vase mérovingien de Caranda.

linéaires et toujours peu compliqués : raies, filets, stries, imbrications, moulures, nattes, rubans, entrelacs, dentelures, losanges, chevrons, billettes, damiers, arêtes de poisson, croix de Saint-André, etc. Comme spécimen caractéristique de ce style ornemental, je ne puis mieux choisir que ce fragment du dessin assez compliqué (fig. 248) qui décore d'une triple zone la panse d'un beau vase de Caranda parfaitement reproduit en couleur par M. Pilloy sur la planche XLIV de l'album édité par MM. Moreau. Ce décor s'appliquait à la roulette et au tour de potier sur la pâte encore fraîche, et ces motifs réapparaîtront soit sur les bijoux de fabrique mérovingienne, soit sur les chapiteaux de nos plus anciennes églises romanes, ce que je compte établir un peu plus tard.

La planche où sont réunis (fig. 246) vingt-quatre vases sortis de nos sépultures mérovingiennes, nous montre d'abord quelques pots à panses surmontées d'une sorte de goulot conique zoné de godrons à plusieurs étages E E H, ensuite deux petites bouteilles ou cruches G H de terre et pourvues chacune d'une anse ; cette anse est rare et ne se voit qu'aux vases à orifice pincé en goulot pour l'issue du liquide. Chaillevet a fourni deux de ces petites bouteilles de terre (fig. 249), l'une grise, l'autre gris-verdâtre, épaisses de formes, lourdes de matière et toutes deux sans anses. Caranda a donné aussi un vase gris à anse mais sans goulot, un assez grand vase noir à anse et avec goulot, tous deux sans autre décor que des dépressions ou moulures circulaires obtenues sur la tournette par l'ébauchoir appuyé avec une certaine force. Comme forme exceptionnelle, je cite, à Wimy, deux tasses noires fabriquées en abattant la partie supérieure de deux pots plus hauts, et toutes deux percées d'un trou au fond et à la façon de nos pots à fleurs modernes et drainés en dessous par un ou plusieurs orifices.

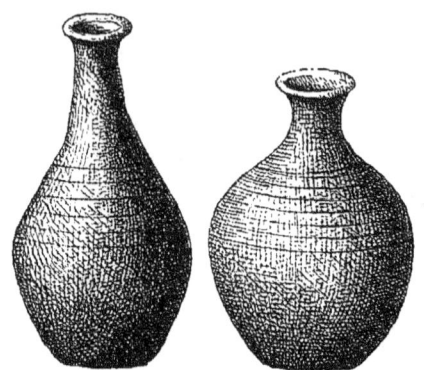

Fig. 249. — Bouteilles en terre, de Chaillevet.

La position et le nombre des vases dans les tombeaux varient beaucoup. Un grand nombre de morts ont été inhumés sans poteries, comme à Mons-en-Laonnois (fig. 246). Certains ont un pot entre les jambes, un peu au-dessus des pieds, d'autres un pot sous les pieds. A Pontavert, on a eu jusqu'à trois vases dans le même sépulcre : un aux pieds, un à droite et un à gauche de la tête. A Chaillevet et dans la fouille faite avec le plus grand soin, la plupart des squelettes ont été trouvés possédant deux vases, l'un à la tête, l'autre entre les deux pieds. Il n'y a qu'un seul vase, pourtant, entre les deux squelettes de Brie (fig. 247). Les femmes et les enfants des sépulcres de Pontavert avaient des vases comme les hommes.

On a souvent rencontré dans les tombeaux de cet âge des vases de verre à forme assez remarquable et aussi variés de décor que de coloration. Ceux de Lizy (fig. 250) en montrent deux spécimens divers : une petite cloche de verre verdâtre à cannelures peu profondes et à mince

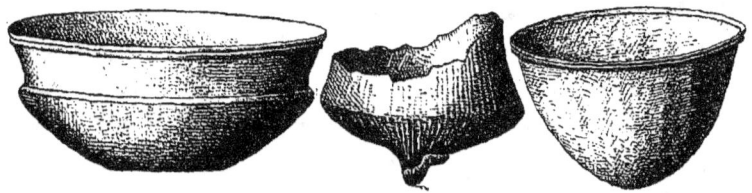

Fig. 250. — Vases de verre et de terre des tombes de Lizy.

bourrelet formé de deux filets, et encore une clochette terminée en bouton, cannelée sur la panse élégamment rétrécie et colorée en jaune éclatant. Le musée de Laon possède quatre de ces verreries, ou rougeâtres ou à tons violacés, venues de Versigny, deux avec filets d'émail. Voyenne en a fourni un certain nombre; mais je crois ces verreries gallo-romaines, ces nécropoles étant mixtes pour sûr[1]. Les plus remarquables des vases de verre de Voyenne sont : 1° une coupe apode en

1. L'abbé Cochet constate que les vases de verre, si nombreux dans les sépultures romaines, sont extrêmement rares

forme de cloche, verre fort et blanc, à rubans de verre blanc opaque; 2° coupe évasée; 3° ballon, *ampulla*, de verre commun et ressemblant aux ampoules de verre avec traces d'incinération trouvés à Sissonne (fig. 173); 4° petite coupe fine en forme de bol.

LES ARMES. — Le nom et les dessins des armes des guerriers francs-mérovingiens ont apparu bien des fois déjà dans ces pages où j'ai donné plus haut les franciques et les dards de Caranda (fig. 217), les scramasax de Caranda encore (fig. 218), et ceux d'Arcy-Sainte-Restitue (fig. 222). Voici deux types de francique (fig. 251) ou hache à tranchants en forme de croissant, venues, celle de gauche de Coucy-le-Château, celle de droite d'Assis-sur-Serre, la francique, cette arme terrible avec laquelle Clovis fendit un jour la tête au soldat qui lui refusait le vase de Soissons

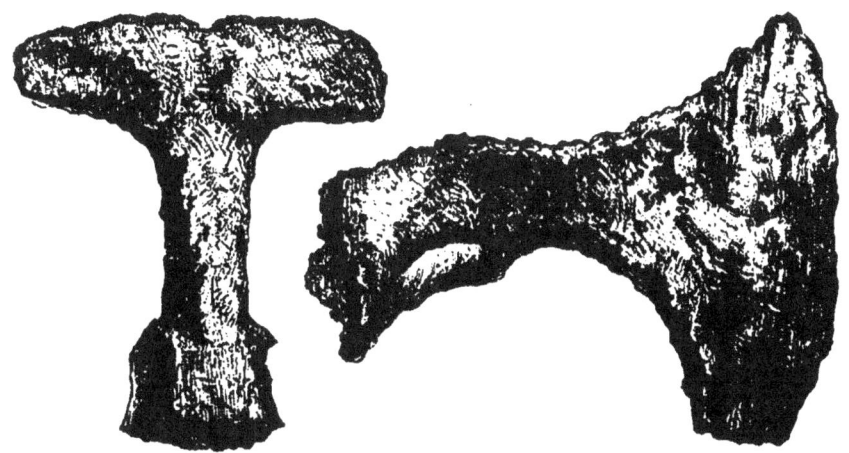

Fig. 251. — Haches mérovingiennes de Coucy-le-Château et d'Assis-sur-Serre.

et, dans une autre occasion, à ses compétiteurs vaincus, Raghemaker, roi de Cambrai, et Ticker, frère de celui-ci. Les deux pointes de la hache de Coucy sont abattues carrément, et la tête dans le trou de laquelle le manche de l'arme était fixé est équarrie en forme de marteau. Le tranchant de celle d'Assis est abattu aussi en dessous, mais la pointe d'en haut se prolonge en arrière en façon d'arc de cercle. Ces deux spécimens ont leurs représentants exacts dans la collection des franciques de Caranda (fig. 217) dont la nécropole fournit encore à cette figure d'autres haches très-élégantes à emmanchement, d'abord très-minces et s'élargissant en deux courbes gracieuses pour former l'arc du tranchant. C'était là la forme de deux jolies petites hachettes de Chouy. Cugny et Voyenne avaient aussi leurs haches à croissant rappelant de plus ou moins près la cognée de nos bûcherons, et je ne suis point éloigné de croire qu'elles servaient aussi bien dans les mains de l'ouvrier pour le travail de la vie civile et industrielle, qu'entre celles du soldat en temps de bataille. Le

dans les cimetières mérovingiens. Le mélange des vases de verre et de terre indique, suivant le savant abbé, un âge plus voisin de la première période que de la seconde.

tranchant pouvait abattre un arbre comme un membre de guerrier, et la contre-partie plate enfoncer un clou tout aussi bien qu'un crâne.

Les franciques étaient de poids très-divers. Le musée de Laon s'est enrichi récemment d'une de ces haches venant de Montceau-les-Leups et qui, d'après ses dimensions et son poids énorme [1], ne pouvait appartenir qu'à un guerrier de stature athlétique. Vendhuile ne possédait pas de haches parmi son assortiment d'armes de guerre.

Sidoine Apollinaire (liv. IV, *epist.* 20) nous fait une peinture effrayante des guerriers francs à chevelure blond fauve épandue sur le dos, à pieds chaussés de bottines de peau velues, à jambes nues, aux courts vêtements descendant seulement au jarret, aux glaives suspendus à de riches baudriers parés d'ornements brillants. Ces glaives droits, longs d'environ 0^m,70, à lame évidée et à double tranchant, indiquent probablement des chefs qui ne s'en séparaient jamais, même à table, ou peut-être encore des cavaliers, je l'ai dit. Ils sont rares dans toutes les sépultures, excepté à Anguilcourt-le-Sart qui en a fourni un certain nombre. On en a eu à Voyenne avec leur garniture de fourreau, anneau plat d'argent ciselé, et même en d'autres sépultures de la contrée avec l'extrémité de leur fourreau.

Quant aux scramasax, avec leurs lames oxydées, avec leur tranchant unique ayant pour contre-partie un dos épais, avec leurs doubles, triples ou quadruples rainures longitudinales et parallèles (fig. 218) qu'une science complicatrice regarde comme des conduites ou réceptacles à poison stupéfiant, ils sont devenus des lieux communs en archéologie, tant ils se montrent nombreux et forgés dans la même forme banale. Nous savons qu'ils se portaient au côté gauche et suspendus au ceinturon. On ne peut plus en parler que pour en signaler l'absence dans une sépulture. Si Cugny possédait de nombreux sabres et de rares épées, si Vendhuile et Anguilcourt-le-Sart mal fouillé ont fourni quantité de lames à un tranchant, Vorges n'en a pas donné. Ce qui caractérise la sépulture de Lizy, c'est la rareté des lames de métal et des haches : une francisque et deux scramasax. A Chaillevet, il n'a été rencontré qu'un seul de ces couteaux-poignards popularisés maintenant sous ce nom de scramasax que nous a transmis Grégoire de Tours. De telle sorte qu'au milieu de cette époque batailleuse et essentiellement guerrière, à côté de toutes ces nécropoles si riches en instruments de guerre et de mort, ces deux cimetières voisins de Chaillevet et de Lizy semblent ceux d'une tribu ignorant sinon les bruits de guerre, au moins ses modes et ses usages destructeurs, puisqu'on n'y a retrouvé qu'à l'état d'exceptions la hache germanique et les scramasax, et rarement les fers de lance, javelots et flèches simples ou barbelées. Sur ces morts de Chaillevet, on ne trouvait, non pas à la ceinture comme d'habitude, non pas sous la tête comme en des exceptions que j'ai notées plus haut à Coucy-la-Ville par exemple, mais aux pieds; on ne trouvait, dis-je, que ces petits couteaux en fer si communs dans toutes les sépultures de l'époque dont je m'occupe ici, lesquels appartiennent aux squelettes des femmes comme à ceux des maris, couteaux aiguisés d'un seul côté, de vraies alumelles,

---

1. M. Baudot a eu, venant des sépultures de la Côte-d'Or, une francisque qui ne pesait pas moins de 1,500 grammes.

longs de 0ᵐ,08 à 0ᵐ,16, ne fermant pas et qu'on portait enclos dans leur gaîne suspendue à la ceinture du côté gauche. Avec un étonnement croissant, on constatait, à chaque apparition de cadavre à la pointe de Chaillevet, l'absence de toute arme offensive, lorsque, le soir de la dernière fouille dans une tombe interrogée par acquit de conscience, on mit enfin la main sur le seul sabre qui soit sorti de ce cimetière pacifique. Cette arme était intacte, complète, sans ébréchure. L'oxydation qui, partout ailleurs et dans toutes les sépultures connues, détruit le fer presque à fond, ou tout au moins le modifie sensiblement, n'avait endommagé ni la lame, ni la soie de ce coutelas. D'habitude, les lames de scramasax ont de 0ᵐ,40 à 0ᵐ,64 de longueur, longueur que l'abbé Cochet fixe à 0ᵐ,50 en moyenne. Celle de Chaillevet n'en avait que 0ᵐ,36 à peine. C'était donc une des plus petites que l'on connaisse. Sa largeur, à son milieu, était de 0ᵐ,05, largeur habituelle, ce qui la faisait paraître massive, eu égard à son peu de dimension en long. Le métal de la soie avait conservé l'empreinte très-visible du bois de sa garniture.

Voilà donc connues la lame, la soie et la garniture de celle-ci; mais il nous manque encore une partie essentielle et constitutionnelle de toute épée, de tout sabre, la poignée qui fixe et forme cette garniture, poignée que l'archéologie ne connaissait pas jusqu'ici, que nous ne retrouvions ni dans celles de nos nombreuses sépultures départementales d'où nous sont venues tant de lames complètes ou fragmentées de scramasax, ni en Normandie, ni en Bourgogne, ces deux contrées cependant si bien fouillées, si profondément étudiées par MM. Cochet et Baudot. L'abbé Cochet n'en parle nulle part. M. Baudot constate qu'il a souvent trouvé

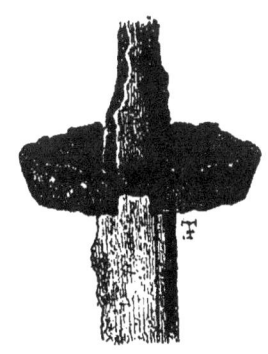

Fig. 252. — Garde ou fer do scramasax à Mons-en-Laonnois.

quelques débris de bois de garniture collé au fer de la soie, mais qu'ayant découvert plus de deux cents lames du grand coutelas à un tranchant, il n'a jamais aperçu trace de leur gaîne ou poignée. Un dessin de grandeur nature d'un scramasax de la sépulture de Mons-en-Laonnois, dessin que l'ancienne Société archéologique de l'Aisne devait au crayon habile de M. Victor Petit, permet de combler cette lacune. La figure 252 montre cette poignée sous la forme d'un anneau de fer très-oxydé, de forme ellypsoïde et échancré sur une de ses faces pour être fixé par un crochet au bois de garniture de la soie, garniture dont on reconnaît la forme renflée au renflement de l'anneau lui-même qui a 0ᵐ,11 à son plus large diamètre d'ouverture et 0ᵐ,092 à son plus étroit. Reste encore indécise la question de savoir si la garniture de bois de la soie, solidifiée par ce robuste anneau, portait une vraie garde ou appendice en croix et faisant saillie qui appuyait et protégeait la main du guerrier. A Caranda, on a eu un anneau à peu près semblable.

A ce propos, l'inspection de ces sortes de couteaux-poignards ne me semble pas imposer la conviction que ces lames aient été réservées exclusivement aux besoins de la guerre, ce que j'ai déjà dit des francisques. Ce serait là une arme bien courte et avec laquelle on ne pouvait frapper que *d'estoc,* c'est-à-dire de la pointe, et au moment seulement où deux ennemis se seraient pris corps à corps, tandis que le scramasax me paraît bien mieux fait pour couper de *taille*, à cause de son seul côté affilé et du poids que lui donnait son dos épais et massif. L'ancien sabre-poignard de nos fantassins était moins une arme d'attaque et de défense qu'un moyen portatif d'abattre un obstacle ou les bois nécessaires soit au campement, soit à la cuisine en campagne.

De même, je me refuse, cette fois très-nettement, à croire que les stries parallèles et longitudinales des scramasax aient servi toujours et systématiquement à recevoir le poison probablement stupéfiant qui devrait rendre constamment mortelles les blessures faites par cette arme[1]. On me paraît, en affirmant[2] cette horrible mode, avoir mal compris les deux passages où Grégoire de Tours dit que, par excès de précautions, Frédégonde fit empoisonner plusieurs de ses victimes. L'historien des Francs raconte ainsi la première circonstance où l'horrible reine fit empoisonner les poignards dont elle arma, en 586, les assassins de l'évêque Prétextat éventré dans sa cathédrale de Rouen, « *cum « validis cultris quos vulgo* scramasaxos *vocant, infectis veneno, utraque latera ei feriunt*, avec ces « forts couteaux qu'on appelle *scramasaxes* infectés de venin, ils lui transpercent les flancs[3]. » Dans la seconde circonstance plus dramatique encore, Frédégonde va faire égorger son beau-frère Sigebert, le roi d'Austrasie. Les deux sicaires seront encore armés de scramasaxes qui seront empoisonnés aussi, non par habitude nationale, mais pour que la victime, dans le cas où elle ne succomberait pas sous les coups, ne survive pas à ses blessures infectées par le poison : « *Fredegundis duos « cultros ferreos fieri præcepit quos etiam caraxari*[4] *profundius et veneno infci jusserat, scilicet si « mortalis adsultus vitales non dissolveret fibras, vel ipsa infectio vitam velotius extorqueret*[5] ; « Frédégonde fit faire deux couteaux de fer dont elle ordonna de graver plus profondément les « rainures et qui seraient empoisonnés, de sorte que si les coups n'étaient pas mortels, l'infection « par le venin amenât plus vite la mort. » Les textes sont donc formels contre une habitude nationale et témoignent d'une perversité personnelle et heureusement exceptionnelle. J'ajoute, de plus, que toutes les lames de scramasax ne sont pas munies de rainures parallèles gravées dans le sens de leur longueur et près du dos. Un des couteaux-poignards de Caranda n'a pas de rainures caraxées, et un autre en montre cinq (fig. 218). Elles n'existent pas, par exemple, dans l'unique lame de scramasax trouvée dans la sépulture de Chaillevet et dont la position auprès du mort auquel elle avait appartenu, est aussi à noter. Celle-ci n'était point passée dans le ceinturon au côté gauche du squelette comme toujours, ni posée le long du buste à droite, ce qu'on voit excep-

---

1. M. Baudot ne croit pas à l'empoisonnement des rainures do scramasax, mais sans donner d'autre raison que l'étroitesse et le peu de profondeur habituelle de ces rainures.

2. M. l'abbé Cochet, *Normandie souterraine*, pages 237-241.

3. Grégoire de Tours, *Hist. Franc.*, liv. IV, c. xlvi.

4. Beaucoup d'antiquaires nomment les scramasax *armes caraxées*, du mot *caraxari* employé par Grégoire de Tours, et leur opinion est que ces rainures caraxées sont toujours destinées à contenir du poison.

5. Grégoire de Tours, *Hist. Franc.*, liv. VIII, c. xxix.

tionnellement, mais placée le long de la cuisse droite et la pointe en bas. De plus, ce cadavre avait un petit couteau à hauteur de ceinture, et deux petits vases noirs, l'un placé à droite de la tête, l'autre entre les pieds.

Pour en finir, je renvoie à la figure 245 (tombeau de Brie), qui montre une lame de poignard droit placée à hauteur des genoux, entre les deux squelettes et au-dessus du petit pot mortuaire. Un petit poignard long seulement de 0^m,19 se voyait remplaçant le scramasax habituel au côté gauche d'un squelette de Coucy-la-Ville, et sa pointe était aussi tournée vers la terre. S'il faut en croire M. Calland, bibliothécaire de la ville de Soissons, membre de la Société archéologique de Soissons et qui, en août 1865, fit des fouilles assez productives dans le cimetière mérovingien de Pommiers, parmi les objets rouillés qui furent recueillis dans une des très-nombreuses tombes de cette sépulture, on aurait trouvé « les débris informes d'un petit poignard conçu dans « les conditions les plus atroces. Il était armé de « chaque côté de crochets placés en sens inverse, de « façon à lacérer les chairs en entrant et à les déchirer « encore en sortant. Pour peu que cette arme fût em- « poisonnée, comme c'en était alors l'habitude », ajoute M. Calland[1], « la blessure qu'elle ouvrait était infail- « liblement mortelle ». Je ne reviendrai pas sur ce que j'ai dit de cette prétendue habitude d'empoisonner les grands poignards dits scramasax et les petits, s'il fallait en croire M. Calland. Je ne crois guère non plus à son poignard barbelé, mais bien plutôt à des destruc- tions par l'oxyde de quelques parties minces de la

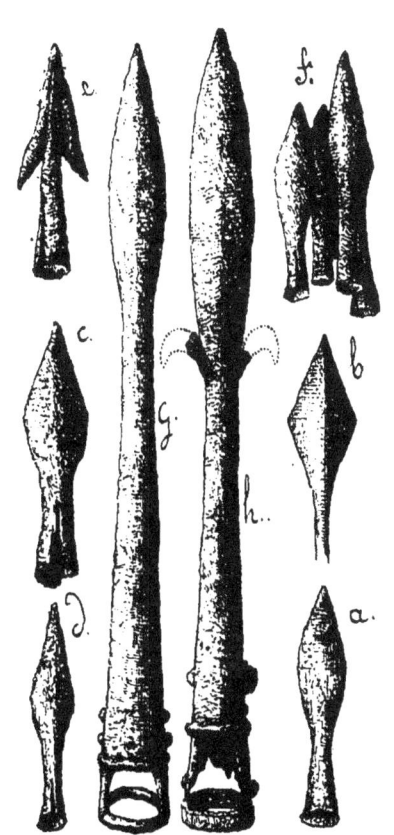

Fig. 253. — Fers de flèche et de javelot mérovingiens.

lame d'un couteau dont la présence à Pommiers n'est point extraordinaire, bien qu'ici il fût bon de la noter. Quant aux petites lames de fer qu'on rencontre en si grand nombre dans les tombes de cette époque, il n'y a rien de particulièrement intéressant à en dire, si ce n'est qu'elles se montrent de tailles et de formes peu variées. On en trouve même sur des squelettes de femmes, je l'ai fait voir plus haut, et on doit les prendre au moins autant pour des ustensiles de ménage que pour des armes et de vrais poignards.

1. Bull. de la Société arch. de Soissons, t. XIX, p. 304.

Les fers de lance sont généralement plats avec renflements sur la ligne médiane; ainsi à Chouy. Ils affectent plusieurs formes et des longueurs diverses. On peut même à peu près poser en principe qu'ils ne se ressemblent jamais entre eux. Il n'y avait donc pas d'uniformité dans l'armement. En général ils sont myrtiformes. Plusieurs fers de lance en forme de feuilles diverses et de saule surtout, de cœur allongé, de losange étiré, même de carrés longs, amincis et apointés par le bout, ont été trouvés à Voyenne et en assez grand nombre à Caranda. On voit qu'à Vendhuile la lance était placée, je l'ai dit, la pointe vers la tête et non aux pieds comme dans les sépultures rhénanes. Était-ce une exception chez nous, ou une règle de notre rite funéraire? Je manque, d'ailleurs, de renseignements sur la direction de cette arme dans d'autres cimetières du pays. La douille d'une lance de Verly avait conservé des débris de son manche de chêne.

Les fers de flèche sont indifféremment ou carrés comme les carreaux d'arbalètes du moyen âge, ou triangulaires, ou myrtiformes comme à Caranda A de la figure 253, ou losangés comme à Caranda B, à Verly C, à Arcy-Sainte-Restitue D où le losange est très-allongé. Il est venu d'Anguilcourt-le-Sart un assez rare spécimen de fer barbelé E, qui ressemble beaucoup à un fer de flèche des sépultures de Charnay (Côte-d'Or) publié par M. Baudot; c'est probablement un petit angon. On trouve assez souvent des paquets de fers de flèche oxydés par la rouille, par exemple F à Sablonières, nous le verrons plus tard, et à Anguilcourt-le-Sart, ce qui tendrait à prouver qu'on vidait dans la fosse tout le contenu du carquois du défunt.

Les javelots sont aussi de longueur et de forme très-diverses. Il en est d'une dimension démesurée et minces en raison de leur longueur. Une magnifique pièce de collection, c'est un fer de javelot bien conservé, long de 0^m,61 y compris la douille, et qui vient, au musée de Laon, de la sépulture à peine touchée de Montceau-les-Leups.

Dans notre arsenal départemental d'armes mérovingiennes, possédons-nous le *hang* national, l'angon, le javelot à appendices recourbés, sorte de harpon qu'au dire de Sidoine Apollinaire (*Paneg. maj.*), les guerriers francs lançaient à l'aide d'une cordelette, l'*amentum* des Romains, sur l'ennemi dans les vêtements ou dans les chairs duquel cette arme pénétrait et s'accrochait profondément par un de ses appendices? Le lancier attirait son adversaire en le forçant à courber la tête, et il le livrait privé de résistance à un autre soldat qui le pourfendait avec sa francisque, ou le faisait prisonnier. Cet angon était très-employé par les premiers barbares qui envahirent les Gaules. Son rôle est parfaitement indiqué dans ces quatre vers d'un poëme anonyme qui traite de la première expédition d'Attila [1] :

> Insertum triplici gestabat funo tridentem,
> Quem post terga quidem stantes socii tenuerunt.
> Consilium fuit, dum cuspes missa sederet
> In clypeo, cuncti pariter traxisse tuderent.

---

1. *De prima exped. Attilæ in Gallia, ac de rebus Waltarii, Aquitaniæ principis, carmen illustratum et adunctum*, cité par Aug. Thierry, *Lettres sur l'Hist. de France*, liv. VI.

Dans un épisode de combat, le soldat à l'angon va lancer son fer à trois pointes, *tridentem,* à l'aide d'une cordelette solide à trois brins, *triplici fune,* et l'arme sera solidement enfoncée dans le bouclier de l'adversaire. Pendant que celui-ci essaiera de dégager son bras de l'armature intérieure du bouclier, les compagnons du lancier qui se tiennent derrière lui, *post terga,* tireront sur le cordeau tous à la fois et ramèneront leur proie [1].

Agathias nommera tout à l'heure cette arme terrible par son vrai nom national, ce javelot à une pointe et à deux crochets, dont il donnera une excellente description qu'il faut restituer entière ici, d'abord parce qu'elle va s'appliquer en partie à une arme toute nouvelle pour l'archéologie, si je ne me trompe, et si récemment sortie d'une de nos sépultures mérovingiennes que je ne la connais que depuis quelques semaines seulement et qu'elle m'a forcé à interrompre l'impression de ce volume pour l'y faire entrer utilement et à sa vraie place.

Théodebert, roi d'Austrasie (534-548), petit-fils de Clovis par son père Thierry ou Théodoric Ier, joua un rôle considérable aux premiers temps de la dynastie mérovingienne ; il lutta avec succès contre les Ostrogoths, contre Justinien lui-même qu'il alla combattre en Italie et qu'il menaça d'aller chercher même à Constantinople. Le roi franc a passé les Alpes avec une armée composée de soldats grands de taille, solides et effrayants d'aspect, mais dont l'équipement sordide, incomplet, incohérent, force à se rappeler cette autre armée française mal habillée, mal équipée, affamée et qui, sous les ordres du jeune Bonaparte, apparut tout à coup, en 1796, dans cette même Lombardie que Théodebert envahissait douze cent cinquante ans plus tôt. Cette ressemblance d'identité de position, d'inanité de ressources, de confiance des deux chefs d'armée dans leur génie, dans le génie national, dans la valeur de leurs soldats, est frappant et touchant au plus haut point.

C'est ici qu'apparaît Agathias, l'écrivain grec officiel [2] et dont j'ai déjà utilisé les renseignements, littérateur correct, habitué à la vue de troupes couvertes d'armures brillantes d'or et d'argent, luisantes au soleil, d'uniformes méthodiques, d'engins de guerre savants, d'une cavalerie nombreuse, d'une armée enfin dont s'enorgueillit une civilisation vieillie et qui s'amuse à la perfection de l'extérieur, tout en étant certaine avec raison qu'un aussi grand instrument de guerre qu'une armée doit une portion de sa puissance et de son utilité à l'homogénéité, à l'ensemble, à la méthode de son armement.

Quoi qu'il en soit, les bandes bourguignonnes de Théodebert ont fait leur apparition sur les versants méridionaux des Alpes, « pleines d'espérance, et chacun armé à sa façon, *arma ut cuique* « *suum visum erat apparebant.* Là brillent des haches acérées et nombreuses, *secures multæ acue-*

---

1. C'est ainsi que les envahisseurs des Tuileries, pendant l'affreuse nuit du 12 août 1792, en usèrent vis-à-vis des Suisses qui gardaient le palais de Louis XVI. Avec le fer crochu des hallebardes d'apparat dont ils s'étaient emparés, les faubouriens de Santerre harponnaient, dans les rangs des derniers défenseurs de la royauté expirante, leurs victimes qu'ils tiraient violemment à eux et qu'ils égorgeaient à coups de sabre.

2. *Agathiæ Scholastici, de imperio et rebus gestis Justiniani imperatoris, libri quinque, ex bibliotheca et interpretatione Bonaventuræ Vulcani,* in-4°. *Parisiis e typographia regia.* 1560. Magnifique exemplaire relié aux armes et appartenant à la Bibliothèque municipale de Laon.

«¯ *bantur* [1], là les javelots nationaux, *patria hastilia* [1], qu'ils appellent angons, *quæ ipsi αγγονας vocant.*

« Ici on aperçoit des boucliers brisés qu'ils ont raccommodés, car tout leur est bon, *facileque ipsis*
« *omnia instrucbantur.* Tout cet armement est vulgaire, *vilis*, et abject, *neglecta*, bien que cette
« nation (les Burgundes) ne manque pas d'ouvriers de divers métiers ; mais il est simple et se
« répare facilement, s'il vient à s'endommager. Ils ne connaissent pas les cuirasses et les bottes de
« fer. La plupart n'ont rien qui garantisse leur tête, et peu combattent sous la protection d'un
« casque ; *capita plerique eorum non muniunt, pauci vero galeis tecti pugnant.* »

De cette phrase d'Agathias on a conclu à tort que les Francs combattaient toujours tête nue
et cheveux volant au vent, ce qui est aussi vrai que le Gaulois allait toujours sans vêtements à la
bataille ; ainsi l'exception, soit fanfaronne, soit de circonstance comme dans le cas de l'invasion de
l'Italie par les Burgundes, a été prise pour la règle. Cependant Agathias s'était très-clairement
expliqué : « Peu de ces Francs se servent du casque ; peu se couvrent la tête d'un casque, *pauci*
« *galeis tecti pugnant.* » Les Italiens et les Autrichiens de Mélas auraient-ils été autorisés à croire
que jamais les soldats français ne portaient de souliers, parce qu'en 1796 nos demi-brigades,
descendant en Lombardie, n'avaient pas de chaussures, et que certains hommes portaient aux
pieds les sabots qu'ils trouvaient aux villages ?

« La plupart n'ont pas de vêtements qui leur couvre la poitrine et le dos, » poursuit Agathias,
« et tous ont des braies ou caleçons soit de toile, soit de cuir, *braccis sive femoralibus* [3] *alii lineis,*
« *alii coriaceis cincti.* Ils n'ont que très-peu de chevaux, car leur coutume habituelle et nationale,
« *familiaris patriaque,* est de combattre à pied, ce à quoi ils sont parfaitement exercés, *optime exer-*
« *citati.* L'épée, *ensis* (le scramasax de Grégoire de Tours), pend à la cuisse gauche sous le bou-
« clier. Ils n'ont ni arcs, ni frondes, ni traits qu'on lance de loin ; mais ils font toute leur affaire,
« *rem gerunt,* avec leurs haches, *ancipitibus, securibus,* et avec leurs angons, *angonibus.* »

C'est ici qu'il faut suivre attentivement la description qu'Agathias a donnée de l'angon,
description qu'il a poussée jusqu'aux détails les plus minutieux, parce que l'arme dont il parlait
était toute nouvelle pour lui et parce qu'il la voulait faire bien connaître à ses contemporains et
aussi à l'histoire.

Et cependant cette description a été mal comprise et a jeté une grande indécision sur le véritable caractère de l'angon, à propos duquel les archéologues ne sont point encore d'accord à l'heure
qu'il est. Voici comment Agathias s'exprime : « L'angon est une lance ni tout à fait courte, ni tout à fait
« longue, *sunt angones hastæ* [4] *neque admodum parvæ, neque admodum magnæ,* mais qui servent à

---

1. *Securis* (en grec *KELEKUS*) est la vraie hache de bataille ou de sacrifice avec long et fort manche de bois. C'est la
francisque des envahisseurs des Gaules.

2. *Hastila,* de *hasta,* lance, pique à percer. *Hastile,* à proprement parler le bois d'une lance, mais par extension la
lance elle-même. En réalité, diminutif de lance.

3. *Bracca, braccæ,* long pantalon descendant à la cheville. *Femoralia,* courtes culottes ou caleçons couvrant les cuisses
et serrées au-dessus des genoux.

4. *Hasta* est le vrai terme latin qui, en technologie, représente le mieux l'idée de lance ou pique longue destinée à

« lancer ou à frapper suivant les besoins, et elles sont parfaitement accommodées pour la charge à
« fond, *impetus faciendus.* » La charge à la hache et à l'angon était donc aussi chère, habituelle et
favorable à nos pères les Francs que la charge à la baïonnette à nos fantassins modernes.

« Ces angons s'allongent en une douille de fer qui ne laisse voir que peu du manche de bois
« ainsi recouvert de fer presque jusqu'en bas, *usque adeo vix tota imæ hastæ cuspis,* de manière à
« ne pouvoir être entamé, ni brisé à coups d'épée, » écrit M. Aug. Thierry, qui a mieux compris que
certains archéologues le rôle et la fabrication de l'angon dont Agathias achève ainsi la description :
« *Supra vero ad extremitatem spiculi*[1], mais tout en haut et à l'extrémité du fer alors dessiné en
« forme d'épi, des pointes en façon de crochets font saillie de chaque côté, *adunci*[2] *quidam mucrones*
« *utrinque proeminent, ex ipso spiculo instar hamulorum*[3] *reflexi* », ajoute avec insistance Agathias
qui craint d'avoir été mal compris, « *et deorsum vergentes,* et ces appendices s'épanouissent hors
« du fer en façon de petit hameçon se retournant en dessous. »

Ainsi construit avec cette infernale habileté, l'angon lancé, nous dit Agathias, s'accroche
à tout ce qu'il atteint. Celui qu'il frappe ne peut facilement l'arracher, car les efforts eux-mêmes
pour l'expulser font pénétrer les hameçons plus avant dans les chairs dont la plaie s'appro-
fondit, s'exacerbe et devient mortelle; « *obstant enim acuminati illi hamuli altius carni inherentes,*
« *et acerbos cruciatus excitant, adeo ut etiam si hostem nequaquam lethale vulnus accepisse contingat,*
« *ex eo tamen intereat.* » Si le bouclier est percé ou accroché, son propriétaire fait de vains efforts
pour extirper l'angon, se découvre et peut être atteint dans les parties que le bouclier ne
protège plus : il attaque vainement à coups d'épée l'angon dont la haste de bois est défendue
par sa longue douille de fer. Abaissant vivement alors l'extrémité de l'angon et l'assurant du
pied, « *proculcans imam hastam* », le guerrier franc force son ennemi à se baisser, à se découvrir, privé de tout pouvoir, « *neque munitum nactus* », et il le tue facilement en lui fendant le
crâne avec sa hache, ou en lui perçant la gorge avec un autre javelot, « *facile trucidat,*
« *sive securi frontem feriens, sive alia hasta jugulum trajiciens* ». Tel est l'armement du Franc, dit
Agathias en terminant son récit si clair, si saisissant et pittoresque, « et c'est ainsi qu'il est outillé
« pour le combat, *ita ad prœlium apparantur* ».

Il semble qu'il n'y ait pas là place pour le moindre doute : l'angon, ou lance nationale

---

armer les fantassins composant le fond solide des armées antiques, les hommes de la phalange chez les Grecs du temps
d'Alexandre, de la légion chez les Romains. Il ne faut la confondre en aucun cas avec les *pilum, jaculum, venabulum,*
javelots, javelines, dards, traits à lancer au loin par les troupes légères, ou épieux pour la chasse de la grosse bête. *Lancea*
ne répond pas tout à fait à notre mot lance et indique une arme servant à la fois de pique à pointer et de trait à lancer.

1. *Spiculum* en latin, *LONKE* en grec, fer barbelé en forme d'épi d'une lance, d'une flèche, donc fer avec barbes,
comme on en voit un spécimen sur l'arc de Constantin à Rome; mais ces barbes, *mucrones,* étaient beaucoup moins longues
et développées que celles des angons mérovingiens.

2. *Aduncus,* recourbé en crochet (Cicéron); *nasus aduncus,* nez crochu (Horace). *Mucro,* en général toute pointe
d'arme ou d'instrument aigu, surtout d'épée, *cuspis* étant la pointe d'une flèche, d'un javelot, d'une lance : *hastæ cuspis,*
quelques lignes plus haut.

3. *Hamulus,* diminutif de *hamus,* hameçon.

des Francs, est un javelot de taille moyenne, à fer : 1° pointu par en haut ; 2° dont la pointe ramifie à droite et à gauche en deux appendices en forme de harpons, d'hameçons recourbés en dedans et en bas ; 3° dont la douille de fer très-allongée cuirasse le manche ou haste de bois presque jusqu'en bas de ce manche. Trouvant ces fers crochus et barbelés en façon d'épis dans des sépultures suédoises et norvégiennes, des archéologues anglais[1] ne s'y étaient pas trompés, et sans hésitation les avaient appelés angons, *angones*, ANGONAS, à la suite d'Agathias et de son traducteur du XVI° siècle. Ainsi de M. Namur[2], ainsi de M. Wily à qui M. l'abbé Cochet présentait, sinon avec négation absolue, du moins avec un doute équivalent presque à un refus de croire, un fer barbelé trouvé dans une tombe d'Envermeu ; ainsi du même M. Wily qui rencontra dans le Musée d'artillerie de Paris un de ces fers à deux harpons que l'abbé Cochet publia[3] et que je reproduirai (fig. 254) aussi pour les besoins de ma démonstration ; ainsi de M. Widranges à qui une sépulture franque de Lorraine fournit encore un de ces fers[4].

Si les savantes publications de l'abbé Cochet ne témoignent que d'un doute et de la volonté de ne pas prendre parti, M. Baudot, tout en croyant depuis longtemps à l'angon, a compliqué la situation archéologique en écrivant ceci[5] : « Agathias nous a dit que c'est au bas du fer que « les crochets de l'angon sont placés » ; et il a donné pour des angons semblables à ceux décrits soi-disant par Agathias deux fers de javelot sortis des sépultures de Charnay et porteurs de deux crochets « recourbés de haut en bas, lesquels prennent naissance au-dessus de l'ouverture de la « douille, l'un à 0^m,31 et l'autre à 0^m,36 au-dessous de la pointe. Ces deux fers, » ajoute M. Baudot, « sont plus remarquables que les autres, parce qu'ils paraissent se rapporter à la description que « fait Agathias de l'angon, *ces angons*, dit-il, *qui sont des lances de fer dont le haut est pointu,* « *tandis que le bas est muni de crochets recourbés comme des hameçons.* »

Il y a là une erreur matérielle. Les mots *imæ hastæ,* bas de la haste de bois ou manche, s'appliquent à la douille couvrant ce manche de ses *laminis ferreis* que l'ennemi ne doit jamais pouvoir couper à coups d'épée, « *neque ense amputare* », tandis que les crochets, appendices, hameçons, naissent du sommet de la pointe : « SUPRA VERO *ad* EXTREMITATEM *spiculi adunci quidam* « *mucrones utrinque proeminent* ».

S'en suivrait-il nécessairement que les javelots de Charnay à hameçons tenant à la douille, c'est-à-dire au bas du manche des javelots dessinés par M. Baudot, ne soient pas des angons, parce qu'ils ne répondent pas absolument à la description du grec Agathias ? Je pense qu'en leur déniant ce nom, on risquerait de tomber aussi dans l'erreur. Il est certain que les angons des

1. *Remarks on the angon or barbed javelins of the* Franks, *as described by Agathias.* Akerman, p. 6.
2. Publications de la Société de Luxembourg, t. III, p. 35, planche IV, fig. 20.
3. *Normand. soul.,* p. 351.
4. *Mém. de la Soc. philom. de Verdun,* t. III, p. 231, pl. III, fig. 39.
5. *Mém. sur les sépult. des Barb. de l'époq. mérov. découvertes en Bourgogne et particul. à Charnay,* p. 130, pl. II, fig. 8 et 11.

soldats austrasiens de Théodebert portaient leurs dangereux harpons à l'extrémité de leur pointe, *cuspis;* mais est-ce à dire que l'angon ne souffrit jamais de modifications et qu'il fut sacramen- tellement et toujours armé en haut de ses appendices crochus? Les guerriers francs endossaient par- fois des harnais plus brillants que ceux des bandes de Théodebert et coquettement ornés de boucles à plaques émaillées; faudrait-il refuser d'admettre l'origine mérovingienne de leurs boucles à plaques carrées, parce qu'Agathias n'en aurait décrit que de rondes? Je ne le crois pas. L'angon ayant été inventé et confectionné dans un but qui s'indique et s'explique, il s'agit de savoir si ce but ne put pas être atteint par un javelot à hameçons placés à la base de la douille, tout aussi bien que par une javeline à crampons naissant à la pointe. La réponse est facile : ce but, celui de s'ancrer profondément dans le cuir du bouclier de l'ennemi, dans l'étoffe de son vêtement, dans la chair de son corps, était rempli aussi bien par des crochets posés tout au bas du fer, pourvu que ce fer ne fût pas très-long et s'adaptât à une hampe au contraire allongée, robuste et qui aurait reçu sa cuirasse de fer, *laminis ferreis.* A mon avis, le javelot décrit et dessiné par M. Baudot peut donc être admis comme un angon, bien qu'un de ses détails diffère de ceux fournis par l'intéressant récit d'Agathias qui n'a pas connu toute la Gaule et n'a, d'ailleurs, entendu parler que de ce qui se passa et constata en Italie de son temps.

J'irais même plus loin, et je tiendrais très-volontiers pour un instrument de la famille de l'angon la faucharde à crampon, crochet, hameçon, que je décrirai un peu plus loin à gauche de la figure 256 (*Faucharde et poignard de Vendhuile*). Si ce n'est pas là le harpon de l'angon, le *hamulus* d'Agathias, on ne trouverait aucune explication plausible à donner à la présence de cet appendice du fer d'une arme qui pouvait servir à accrocher, retenir, blesser ou ramener un ennemi.

L'angon à deux crochets au bas du fer nous manque complétement, au moins jusqu'ici, dans les sépultures du département de l'Aisne; mais l'une d'elles vient de nous fournir tout récem- ment l'angon à un seul crochet en haut de la pointe, notre angon qui cependant ne ressemble qu'à moitié à celui d'Agathias. Il est sorti, en décembre dernier, du cimetière mérovingien de Couvron dont j'ai déjà prononcé le nom et qui est assis, au lieudit *la Fortelle,* sur un lambeau de sable inférieur dominant de quelques mètres seulement la plaine entre la station de Crépy (chemin de fer du Nord) et le village de Couvron. Il est à peu près également éloigné du village et de la station. Le nom de *la Fortelle* indiquerait plutôt un château du moyen âge qu'un cimetière de la première race de nos rois; cependant les ruines féodales ne se sont pas dénoncées jusqu'ici, que je sache. Ce cimetière était mixte évidemment, car il en est sorti un vase gaulois, des tuiles romaines, des vases rouges samiens, surtout ce beau et grand vase de bronze dont j'ai donné l'amortissement d'anse, une baigneuse appuyée sur un rocher et si délicatement modelée (fig. 157, page 33, plus haut).

L'an dernier, les travaux de culture à *la Fortelle* mirent à jour, pendant l'été, un cercueil de pierre de formes mérovingiennes qui contenait quelques objets, vase noir, scramasax, boucle, etc., le tout porté au château de Couvron et offert à Mᵐᵉ la marquise de Saint-Chamans dont l'intérêt fut vivement excité, à ce moment surtout où l'on parlait beaucoup des trouvailles de Sablonières et de Caranda. Les récoltes enlevées, des fouilles furent faites avec soin, méthode et précautions, et à l'entrée de l'année 1877, le château de Couvron possédait déjà une assez nombreuse collection que j'avais été très-gracieusement invité à visiter, mais que, entraîné par les préoccupations de l'impression de ce second volume, je pus voir seulement en juillet dernier. Il y avait là, notamment et précieusement rangés dans des vitrines, un vase gaulois de terre blanche et fine, affectant la forme d'un creuset; quelques petits vases romains, bols et soucoupes de terre rouge dite samienne, des *unguentaria* en verre oxydé; un très-bel œnochoé de terre grise et avec anse; une assez grande quantité de monnaies romaines, petits et grands bronzes (les plus belles avaient été emportées à Paris,) et une superbe médaille d'or à fleur de coin de Magnence, usurpateur, compétiteur de Constance et mort à Lyon en 353. En fait d'antiquités mérovingiennes, la collection de Mme la marquise de Saint-Chamans comptait une certaine quantité de scramasax de tailles diverses; beaucoup de petites lames de couteau, dont une venant d'un de nos rares poignards à deux tranchants et très-aigus; une vingtaine de petits vases noirs, à stries ou sans décor, et tous d'ailleurs de la forme trop connue pour arrêter l'attention; plusieurs boucles à plaques seulement, la plupart rondes de forme, quelques-unes montrant les traces d'argenture sous la rouille qu'on n'avait pas essayé d'interroger; deux *forcipes* ou ciseaux, dont le plus intéressant est dessiné sur ma figure 254; il fait encore ressort, malgré l'oxyde qui a profondément soudé les deux lames du second; des styles de bronze et des aiguilles en os; enfin un seul collier avec dix-sept grains dont un d'ambre, mais informe, amulet ou non, et seize grains de pâte opaque de verre diversement coloré avec insertions de dessins variés et habituels. A côté de ce collier est suspendue une boule de résine jaune, percée au centre et provenant de dessous les racines d'un très-vieil arbre abattu non loin de *la Fortelle;* cette boule est grosse comme une petite noix, très-bien et sphériquement fondue; elle servait de grain à un collier, et j'ai déjà signalé ces bijoux faits de résine; la matière de ce grain se reconnaît facilement à l'odeur *sui generis* qui s'en dégage au frottement.

Là n'était pas le plus intéressant de la trouvaille. Mes yeux avaient été vivement et rapidement frappés par quatre armes de fer très-oxydé, mais dont les formes, parfaitement apparentes sous la rouille, étaient toutes nouvelles pour moi et forcèrent exclusivement mon attention par leur originalité (fig. 254). Parmi elles, j'y reconnus de suite en A l'angon qui n'avait pas encore fait son apparition dans le département, et, en s'y montrant, il affectait une singularité qu'aucun livre spécial à l'archéologie ne semble avoir encore constatée. C'est une moitié de l'angon en forme d'épi d'Agathias, car il n'est pourvu que d'un hameçon, *hamunculus,* au bout de la pointe, et sa douille, fortement renflée et ouverte par en bas n'aurait pas couvert, *laminis ferreis,* un manche de bois fort allongé, le fer entier portant en longueur seulement 0^m,28 au maximum. Comme élément utile de comparaison, j'ai dessiné, à droite et en haut de la figure 254, sous le chiffre 1 l'angon d'Envermeu publié par M. l'abbé Cochet et qui ressemble exactement à celui de Greiss (Luxembourg), et avec le chiffre 2 l'angon du Musée d'artillerie de Paris avec sa douille longue, forcée et repliée. L'angon à un seul harpon de Couvron [1] ressemble plus au fer d'Envermeu qu'au fer de Paris, bien qu'on y retrouve facilement le type commun à ces trois armes. L'abbé Cochet [2] donne les longueurs des angons connus au moment de sa publication : celui de Suède, 0m,40; celui du musée de Paris, 0m,36;

celui de Norvége, 0m,20; celui d'Envermeu, 0m,13, et celui de Greisch, 0m,09. L'angon de Couvron, si la science lui conserve ce nom, ce qui me paraît probable, tiendrait la bonne moyenne avec sa longueur de 0m,27 à 0m,28.

Pour épuiser de suite ce qui regarde l'angon, je dois signaler deux beaux et grands fers de javelot myrtiformes, trouvés à Lizy et que j'emprunte aux numéros 9 de la planche B, et 13 de la planche C consacrées par M. Pilloy aux objets sortis en 1863 de cette sépulture [3]. Ils sont tous deux de la même taille et de la même coupe (fig. 253), tous deux se ressemblant, si ce n'est que G ne possède pas les amorces de deux crochets ou hameçons que H montre à peu près à tiers de fer, sous son développement foliacé avec renflement sensible au centre. Ces harpons ont été dévorés par l'oxyde, et je ne me suis pas hasardé à montrer tout le développement qu'ils ont pu posséder jadis. Est-ce là un véritable angon? La

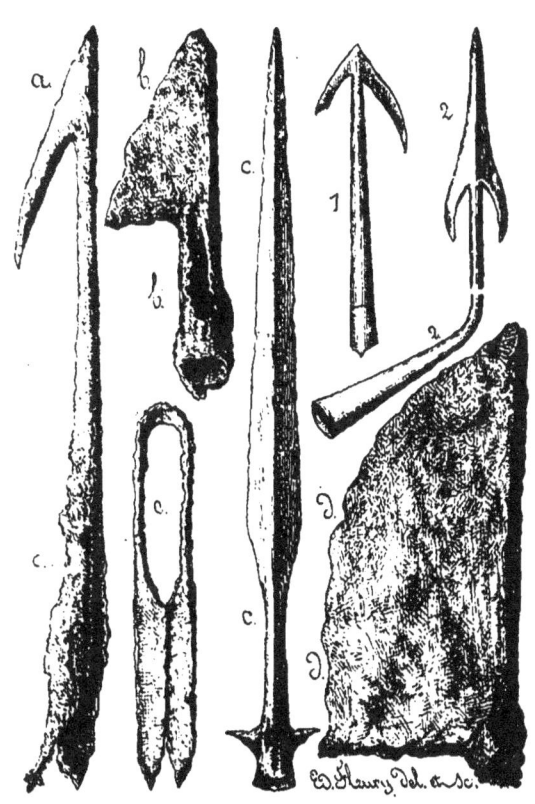

Fig. 254. — Angons, javelots, ciseaux, armes de Couvron, et angons divers.

A, angon.— B, fer de lance.— C, javeline.— D, couperet de Couvron.
1. Angon de Envermeu et de Greiss (Luxembourg).
2. Angon du Musée d'artillerie de Paris.

1. Dans une excursion archéologique que je viens de faire dans le département du Lot, j'ai visité, le 11 août 1877, le *Puy d'Yssolu*, l'un des nombreux emplacements proposés comme pouvant être l'ancien oppidum gaulois appelé *Uxellodunum* par César. Si le *Puy d'Yssolu* est ou n'est pas le glorieux *Uxellodunum* où la nationalité gauloise lutta si héroïquement en expirant, il ressemble à beaucoup de nos promontoires de l'Aisne, ces acropoles où j'ai montré toutes les civilisations se succédant sur ces hauteurs si faciles à la défense. On y trouve quelques silex taillés, des débris noirs et grossiers des plus vieilles poteries, des débris de pierres sculptées de monument gallo-romain, des armes et des triens d'or mérovingiens. J'ai vu là, non sans étonnement, un petit fer de flèche pointue par en haut, pourvue d'un seul crochet et ressemblant trait pour trait à l'angon de Couvron, A de la figure 254; cette pointe de flèche porte de 0m,05 à 0m,06. L'usage du crochet est donc plus général qu'on ne le pense, et le harpon s'appliquait à la flèche comme à la javeline.

2. *Norm. sout.*, p. 325.

3. *Bull. de la Soc. acad. de Laon*, t. XIV et XV.

réponse affirmative n'aurait rien d'attentatoire à la probabilité. Dans ce cas et les hameçons partant du centre, il en faudrait conclure que chacun, forcé à fournir sa prestation militaire à la volonté du chef de l'État, restait libre de s'armer à sa guise, « *ut cuique visum erat* », pour employer l'expression d'Agathias lui-même. On forgeait donc son angon ou on le faisait forger comme on l'entendait, en ce temps où l'unité ne paraît pas régner bien sévèrement en fait d'armement et d'équipement militaire, puisque nous connaissons des scramasax de toutes tailles, à une, deux, trois et quatre stries, des fers de flèche carrés, rectangulaires, losangés, etc., etc. Le type de l'arme étant donné, il se variait sans que personne pensât à y reprendre. Pourvu qu'on obéît au premier appel, qu'on entrât vite dans les rangs et qu'on montrât de l'ardeur aux coups et au pillage, on ne s'inquiétait pas si l'angon avait ses harpons en bas, au centre ou en haut, mais s'il pointerait bien et serait assez solide pour ramener l'ennemi qu'il accrocherait; si le scramasax était rayé ou non, mais s'il était lourd et tranchant; si la francisque était épaisse de formes ou élégante de profil, mais si le bras qui la brandirait était assez nerveux pour fendre d'un coup une tête jusqu'aux dents; si la flèche E de la figure 253 était du type de Charnay [1] ou d'ailleurs, c'est-à-dire d'Anguilcourt-le-Sart, mais si l'arc qui la lancerait la ferait voler droit et vite au but, une poitrine d'homme à perforer profondément et à déchirer en une plaie incurable.

Pour en revenir aux armes de Couvron (fig. 254), on y trouve encore en *B* une moitié de fer triangulaire de lance avec sa douille, comme en *A* on avait eu une moitié d'angon. Le côté droit est épais et le fer diminue insensiblement de force pour se dessiner en taillant de courbe elliptique. C'est encore une forme dont je ne trouve nulle part l'équivalent, ni dans les dessins des livres de M. l'abbé Cochet, ni dans ceux de M. Baudot, ni à Caranda, ni à Sablonières. Dimensions : de la pointe à l'extrémité de la douille, $0^m,14$; $0^m,08$ de la pointe à la base du triangle, et $0^m,035$ pour cette base triangulaire. Nulle part non plus je n'ai rencontré cet énorme fer que je crois appartenir à un couperet de cuisine plutôt qu'à une véritable arme de guerre, et qui est coté *D* sur la figure 254; il a $0^m,21$ de longueur sur le côté épais à gauche et $0^m,11$ de largeur à sa base. Il me paraît avoir dû s'emmancher non à l'aide d'une douille creuse, mais d'une soie qu'on entrait de force dans un manche ou poignée de bois.

Je crois aussi très-rare le long et très-élégant fer de javelot de Couvron dessiné en *C* de la figure 254. Ses lignes se tirent de loin par des renflements bien préparés et s'épanouissant à la douille en deux appendices pointus, bien conservés et qui ne permettent pas un instant de penser à des hameçons d'angon. C'est la première fois qu'apparaissent ici ces appendices dont je ne vois pas le but et l'utilité. Ce beau fer de javeline porte en longueur $0^m,60$, dont $0^m,38$ de la pointe au premier renflement, et $0^m,22$ de ce renflement à l'extrémité de la douille. Au renflement, la largeur est de $0^m,055$; elle est de $0^m,08$ des extrémités aiguës d'un appendice à l'autre. Le javelot de Couvron a pour frère à peu près comme dimensions, forme et élégance, un autre beau fer

---

1. Voir dans M. Baudot la flèche équivalente de la planche III, *loco citato*.

trouvé, en 1873, à Remies, village très-voisin de Couvron et, comme celui-ci, appartenant au canton de Crécy-sur-Serre. La ligne longitudinale du fer de Remies se prolonge en courbe continue, au lieu de se casser à angle obtus comme à Couvron, et les deux ardillons du bas manquent à la douille ; de plus, il n'est long que de 0^m,52.

On a le droit de se demander aussi ce que c'est que cette arme de fer triangulaire et pourvue d'une douille (fig. 255), et dont deux exemplaires sont sortis l'un de la sépulture de *la Fortelle* à Couvron, et le second de celle du *Villers* à Vivaise. Ils appartiennent, l'un au musée de Saint-Germain, c'est le plus parfait des deux, et le second au musée de Laon. La base du triangle est large de 0^m,12 et la hauteur, moins la partie saillante de la douille, n'en a guère que 0^m,08. On n'est pas d'accord sur la vraie destination de cet objet. Sa forme l'a fait prendre par les uns pour un fer de petite bèche ou houlette, tandis que les autres y voient un fer de lance. La pointe est trop acérée, les deux côtés trop amincis et tranchants, le fer trop mince et s'amortissant trop en pointe pour faire songer à une houlette qui porte toujours un fer à tranchant carré, et le tout est trop petit pour une bèche.

Enfin il faut signaler les deux armes de la figure 256, qui ont été trouvées à Vendhuile il y a trente ans, décrites et dessinées, par conséquent conservées pour la science, par M. Am. Piette, de Soissons.

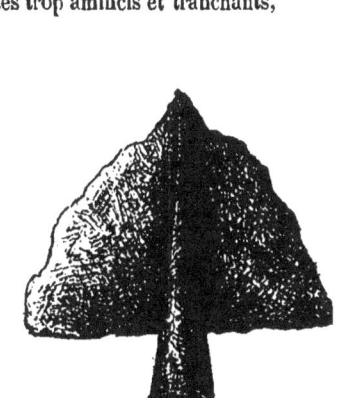

Fig. 255. — Fer triangulaire de Couvron.

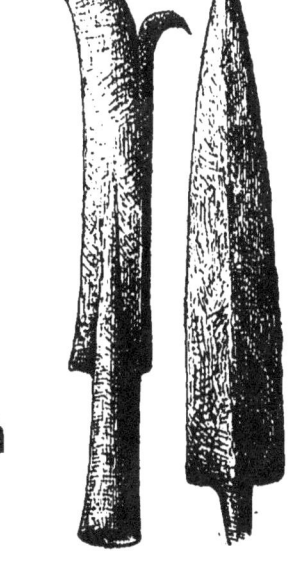

Fig. 256. — Faucharde et poignard de Vendhuile.

C'est d'abord une lame de petit poignard en fer à deux côtés tranchants, comme un autre poignard trouvé à Nouvion-le-Vineux pourvu de deux côtés affilés, ce qui est très-rare, et celle, de forme très-originale, d'une lance sans pointe, mais s'amortissant en façon de serpe et ressemblant aux *fauchardes* du moyen âge ; de plus, cette courbure a comme contre-partie, et tourné dans l'autre sens, un petit crochet coupant comme le côté dessiné en serpe. Je crois cette forme très-rare partout, sinon tout à fait nouvelle. Il me semble la reconnaître dans la lame courbe et emmanchée qui, sur la figure 240 (Sépulture *assise, le Franc de Seltzen*), se voit reposant sur la jambe gauche du mort, tandis que le bâton d'emmanchement est passé sous le fémur. Seulement cette arme, — ce pourrait bien être, à Seltzen, simplement une faux, — ne possède pas le crochet de la faucharde de Vendhuile (fig. 256). Cette dernière sépulture a livré de beaux fers de javelot losangés.

Des armes défensives il ne nous reste presque rien. On a prétendu que le guerrier franc combattait toujours tête nue, ce qui est aussi vrai que le Gaulois allait toujours sans vêtements à la bataille, et l'exception fanfaronne a été prise pour la règle. Nous ne savons rien, d'ailleurs, de la coiffure de guerre du Mérovingien, rien de sa cuirasse, s'il s'en faisait forger de métal. Le bouclier s'établit péremptoirement par son ombilic de fer que l'archéologie appelle *umbo,* partie centrale, bombée et terminée en pointe à l'extérieur, creuse à l'intérieur et de façon à recevoir la main gauche qui présentait le bouclier en avant, en saisissant vigoureusement la traverse de fer rivée sur deux points et à la circonférence de l'arme. Une des planches de l'album de M. Moreau nous offre, sous trois aspects, un umbo de fer trouvé à Caranda (fig. 257) : A, l'umbo vu de pleine face extérieure et laissant apercevoir les bouts de la traverse; B, la face intérieure et creuse pour recevoir la main, et la traverse plus large au centre qu'aux extrémités pour présenter à cette main un point

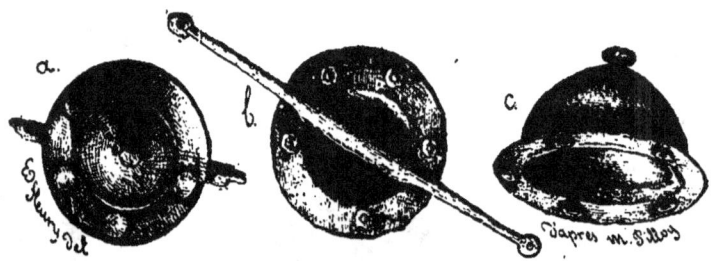

Fig. 257. — Umbo de bouclier mérovingien, à Caranda.

d'appui solide; C, l'umbo vu de trois quarts et montrant à la fois : 1° la bande circulaire et plate par laquelle cinq rivets le fixaient au corps du bouclier; 2° la cavité intérieure; 3° sa forme convexe extérieurement; 4° et le bouton, parfois un cône finissant en pointe aiguë[1], qui décorait le sommet de l'umbo, par conséquent du bouclier lui-même. Cette dernière arme devait être rare chez nous comme partout, d'ailleurs, ainsi que le constatent les renseignements arrivés de Normandie, de Bourgogne, etc., et chez nous je n'en retrouve pas autre part qu'à Caranda.

Je dois ranger, sinon parmi les armes, au moins parmi les pièces du matériel et du harnais de guerre, ces grandes et massives plaques et contre-plaques qui, formant boucle, servaient à attacher soit le baudrier suspendant, au côté gauche du Mérovingien pendant sa vie et après sa mort, l'épée du chef, soit le ceinturon supportant le scramasax du simple soldat et ses objets de toilette et de ménage[2]. Cependant le travail de l'orfèvre s'étant exercé sur ces lourdes masses de fer, je les rangerai dans l'article spécialement consacré à la bijouterie et à l'orfévrerie mérovingiennes.

---

1. Comme un umbo de Bretenières (Côte-d'Or). M. Baudot, *Sépult. bourguig.* — Autre umbo à pointe conique à Gamay. (*Id., id*).

2. Mézerai, *Hist. de France,* 1643-1651. Lebeau, *Hist. du Bas-Empire,* 1757.

LA BIJOUTERIE ET L'ORFÉVRERIE. — L'abondance des détails est telle en ce sujet qu'un livre comme celui-ci doit nécessairement se montrer très-sobre de ces descriptions que l'image rend, d'ailleurs, presque superflues, et encore faudra-t-il se résoudre avec regret à ne pas trop prodiguer les dessins.

Le baudrier, presque toujours en cuir, parfois fait d'étoffe épaisse dont le tissu a laissé des traces sur la rouille des métaux, se décorait toujours richement, à ce que nous apprend Grégoire de Tours, dont la véracité est attestée par nos sépultures. Il s'ornait surtout de grosses agrafes de fer

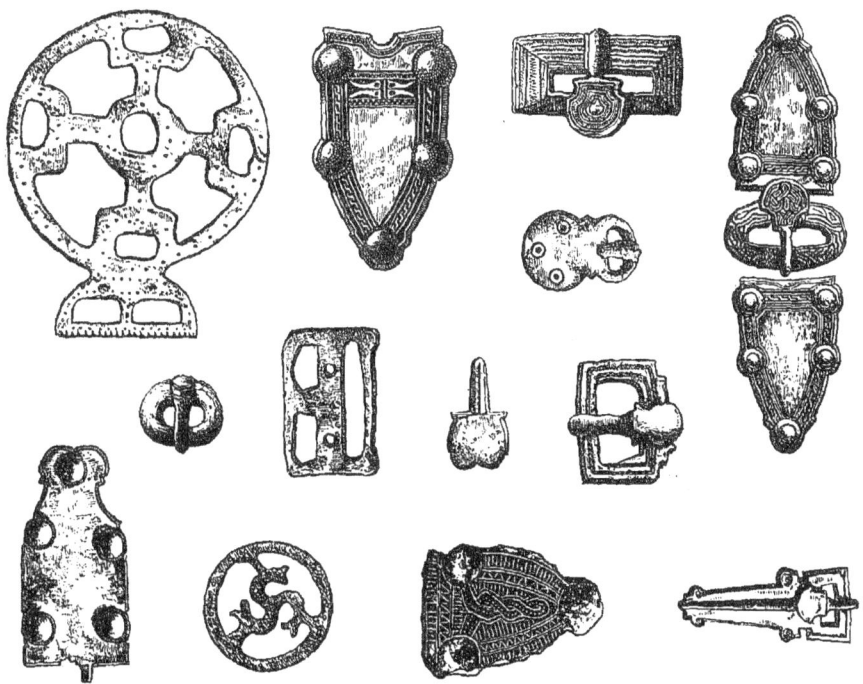

Fig. 258. — Boucles, plaques et rouelles diverses, de Lizy, Chaillevet, Verly, Quincy-Basse, etc.

ou de bronze parfois sans aucun décor, parfois ornées de ciselures au burin, mais souvent aussi plaquées d'or et d'argent, ou plus simplement étamées. Cet étamage et ce placage s'illustraient de dessins très-compliqués dont les deux figures 227 et 228, *Bijouterie mérovingienne de Caranda,* ainsi que la gravure 219, *Plaques et boucles diverses,* suffisent pour donner une idée, en ajoutant que tous les motifs gravés par la roulette du potier mérovingien autour de la panse de ses vases de terre, se reproduisent sur les produits de l'orfèvre, doreur, ciseleur et émailleur à la fois. La ceinture, de cuir aussi, se fermait par une boucle moins lourde et large évidemment, mais qui n'en devenait pas moins et fréquemment un objet d'art, soit par sa matière précieuse, soit par sa décoration plus précieuse encore, et de cette ceinture tombaient de petites aiguillettes ou courroies plus ou moins nombreuses auxquelles s'attachaient de menus objets divers à l'aide de nombreuses boucles, petites aussi, de sorte qu'on en a de tout métal, de toutes formes (fig. 258) et de toutes grandeurs, depuis la grande boucle à plaque et contre-plaque de Caranda, laquelle est longue de 0^m,37 et large de 0^m,08[1], jusqu'à la boucle presque microscopique. Les plaques carrées de diverses dimensions (fig. 259) se rencontrent très-fréquemment aussi, comme à Lizy par exemple, à Vendhuile, à Caranda où deux boucles de fer étamé, peut-être argenté, sont adhérentes à deux parties bien conservées de ceinturons de cuir sur lesquels sont aussi restés appliqués ces petits ornements métalliques dont deux spécimens sont représentés sous le n° 5 de la figure 227 et sur la figure 240,

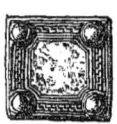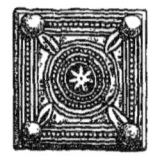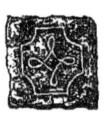

Fig. 259. — Plaques carrées de Lizy, etc.

lequel ornement se retrouve très-fréquemment avec la même forme générale dans les sépultures mérovingiennes.

A la guillochure, à la damasquinure, à la ciselure, souvent aussi au filigrane d'or et d'argent très-employé par l'orfévre mérovingien, il faut ajouter l'utilisation de l'émaillerie que les Gaulois d'avant la conquête avaient inventée et dont les produits colorés étaient fusibles à un feu de très-médiocre intensité. J'ai donné sur la figure 221 la curieuse carcasse, avec cloisonnement, d'une plaque de Versigny en bronze sur lequel apparaissent des traces de dorure. Ce beau bijou a perdu tous ses émaux; mais ses gîtes ou alvéoles ont conservé assez de traces de matières colorées pour qu'on puisse, en imagination, recouvrir cette plaque de ses tons divers. Au centre, le gîte carré avait reçu un émail bleu. Quatre gîtes ronds placés au milieu de la ligne formant bordure avaient aussi contenu un émail bleu et convexe en forme de cabochon. Douze petites alvéoles rondes s'ornaient d'autant de ces perles d'un blanc opaque qu'on retrouve à chaque instant dans la joaillerie mérovingienne, et des émaux rouges étaient cloisonnés dans les gîtes triangulaires, quadrangulaires et curvilignes qui complètent l'ensemble du dessin de sertissement. Caranda avait aussi un grand et charmant bouton rond à émaux cloisonnés et dont toutes les alvéoles avaient perdu leurs éléments colorés.

Comme un type très-remarquable de l'alliance de l'argenture, de la ciselure et de l'émaillerie, je puis citer une remarquable boucle à plaque sans contre-plaque qui est sortie, en février 1860, d'un des cercueils trouvés à la *Croix-Matras,* entre Vorges et Bruyères, dans le cimetière mérovingien qui domine la route de quelques mètres. Le motif central (fig. 260) se compose d'une croix pattée oblongue, accotée et soutenue par deux griffons affrontés, debout et ailés, le tout dans un encadrement natté. L'émail sur lequel s'enlèvent la croix et ses supports est d'un ton bleu tirant

_____

1. Dans les belles planches de M. Baudot (pl. IV, V, VI), je trouve représentée de grandeur naturelle une boucle avec plaque et contre-plaque ayant 0^m,36 de longueur sur une largeur de 0^m,084. Une boucle avec plaque seulement et ornements dorés a 0^m,24 de développement sur 0^m,174. Ce devait être effrayant de lourdeur.

sur le vert. Les collections de Sablonières et de Caranda (fig. 227 et 228) foisonnent de boutons, de fibules, de plaques à émaux cloisonnés avec introduction soit de cabochons en verre coloré, soit de perles en relief dans le sertissage du cloisonnement accompagné tantôt de filigranes d'argent ou d'or, tantôt de fines ciselures au burin.

Ne pouvant citer toute cette intéressante joaillerie, je note en courant quelques détails seulement. *Château-Thierry :* une belle agrafe en bronze et une boucle avec ciselures; une plaque avec insertion de petites perles de verre rouge et bleu, et aussi avec traces de dorure et de filigranes d'un travail élégant. — *Montescourt :* superbe plaque à décor circulaire de torsades ou d'entrelacs s'amortissant en deux petites têtes d'animaux affrontés. — *Cugny :* boucle en bronze argenté avec croix pattée perdue dans des ciselures. — *Coucy-la-Ville :* jolie fibule d'un diamètre de 0^m,04, de bronze argenté, avec croix carrée et formée par cinq verroteries bleues et rouges, une grosse et sphéroïde au centre, quatre de forme triangulaire, la pointe tournée vers la perle centrale et la base à l'extérieur, le tout encadré dans quatre demi-cercles filigranés et en relief dans des dessins gravés en creux. — *Voyenne :* agrafes, fibules, boucles, bracelets de fer damasquiné, de bronze argenté ou doré, rehaussés de gros clous de cuivre, de ciselures, d'émaux, de verroteries de couleur, des fibules rondes, carrées, oblongues, pleines ou évidées, dessinées en formes d'oiseaux, de mains humaines, à perles de verre ou plaque d'émail. — *Wimy :* fibules en or, enrichies de filigranes, de pierres et d'émaux de tons divers, objets précieux recueillis dans les collections artistiques du collège de Vervins. — *Versigny :* bracelet en bronze doré représentant deux serpents ciselés et avec yeux de perles de verre violet, ces serpents qui passeront dans la bijouterie et l'illustration des manuscrits de l'époque carlovingienne. — *Mons-en-Laonnois :* bijoux damasquinés d'argent; petite fibule dorée avec filigranes d'or; grande boucle circulaire avec endentures et à croix formée par cinq cabochons, un central et rond de verre bleu, quatre pour les bras, triangulaires et de couleur verte, bordure dessinée par huit gros cabochons alternativement verts et bleus, et par quatre petites perles plus foncées, le tout perdu dans un dessin de filigranes sur un fond d'or; un bracelet de bronze piqué de petits points gravés en creux et dorés au fond. — *Lizy :* fibule argentée avec verres translucides recouvrant un paillon coloré qui les aide à ressembler à des grenats et dont l'ensemble figure une croix; une plaque en bronze à bords découpés, à petites têtes de clous en relief, couverte entièrement d'un dessin d'entrelacs typiques d'époque, avec boucle à chaton portant une croix de Saint-André gravée en creux; petite fibule représentant en vif relief un bœuf encorné, dont le flanc et la croupe s'ornent de petits émaux noirs, rouges, jaunes et ronds, et les yeux creux sont veufs de semblables pierres. Je donnerai plus loin la figure de ce petit bœuf d'après M. Pilloy, qui a raison de l'appeler un véritable joyau[1]; une autre fibule figurant un serpent à deux têtes ornées de verroteries rouges dans un sertissage accompagné de ciselures, etc., etc.

---

1. Mém. sur la sépult. mérov. de Lizy dans le tome XIV des *Bull. de la Soc. de Laon*, p. 212.

J'en passe, et des meilleurs. J'aurai d'ailleurs à signaler d'autres détails où s'établiront l'invention, l'ingéniosité, l'habileté de main de nos artistes mérovingiens auxquels notre orfévrerie moderne a emprunté bien des formes et des modèles, depuis que les tombes des vi°, vii° et viii° siècles nous ont révélé tout un art qui n'est pas sans mérite et surtout sans originalité, art démonstratif d'une école et d'une époque sur lesquelles on ne peut plus se tromper aujourd'hui.

Parmi ces signes caractéristiques, il faut noter entre autres de gros clous toujours de bronze, à tête unie ou ciselée, surtout l'entrelacs de cordes, câbles et nattes, dessiné moelleusement en courbes allongées ou angulaires, ou carrément à angles droits, clous et entrelacs dont j'ai donné plusieurs exemples tirés des sépultures de Chaillevet, Lizy, Verly, etc., sur la figure de la page 111,

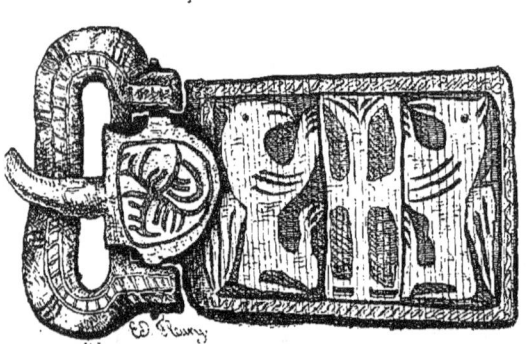 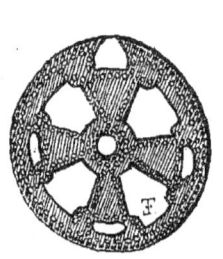 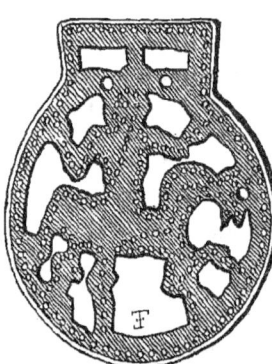

Fig. 260. — Plaque émaillée de Vorges.   Fig. 261. — Plaque ajourée de Lizy.   Fig. 262. — Plaque au chevalier
de Quincy-Basse.

plus haut. Caranda en a offert de très-intéressants spécimens qu'il aurait été bon de reproduire, si la place ne me manquait.

Parmi ces boucles de baudrier et de ceinturon, il en est que leur coupe et leur décor rendent intéressantes à un plus haut titre que leur perfection relative. Je signale tout d'abord celles qui sont découpées à jour et dont la figure 258 a fourni deux spécimens arrivés à la fois de Lizy et de Caranda, le premier montrant une croix pattée dans un encadrement ponctué ; le second, un serpent à trois têtes, aussi dans un cercle ponctué, et se reliant au cadre du médaillon, motifs qui se rencontrent à Caranda et à Lizy, exactement dans les mêmes conditions de dimension, d'arrangement et de ponctuation obtenue à l'aide d'un poinçon et d'un coup de marteau. Ce serpent à deux, trois et quatre têtes, s'est rencontré si souvent que certains y ont cru voir un symbole emblématique. Je crois tout simplement à un motif courant d'ornementation, comme plus tard la fleur de lis l'est devenue sur tant de carreaux émaillés des xiii°, xiv° et xv° siècles, sans que personne soit autorisé à y voir un emblème de la souveraineté ou du domaine royal.

La figure 227, *Bijouterie mérovingienne de Caranda,* nous avait montré un autre type très-original de boucle découpée en façon de herse et ajourée. Sur une troisième plaque à jour de

Lizy se montre une croix pattée et encore décorée de ce pointillé au poinçon (fig. 261) qui se constate une fois de plus sur une boucle de Quincy-Basse découpée en une forme d'homme à cheval (fig. 262). Un second spécimen de ce cavalier est sorti d'une tombe de l'arrondissement de Saint-Quentin, et j'en ai vu le dessin dans les portefeuilles de M. Charles Gomart. Il semble d'abord que ce décor au pointillage ait été réservé aux plaques ajourées, ensuite qu'on obtenait à l'emporte-pièce le découpage et l'enlèvement du champ de la boucle. Ces broches à jour ne sont pas très-nombreuses.

Celles qui s'ornent de petites têtes ou masques humains sont bien plus rares encore. La première qui ait fait son apparition dans nos contrées provient de l'emplacement mérovingien *des Chéneaux* à Château-Thierry, et fut trouvée vers la fin de 1866. Elle était de bronze et présentait, dans les ciselures habituelles, quatre petites têtes humaines du plus horrible dessin, vues de face et disposées en croix ou, si l'on veut, en carré, les mentons au centre. Ce singulier bijou fut, à cette époque, le sujet d'une discussion où furent mises en présence l'hypothèse, la seule vraie, d'une origine méro-vingienne avec l'abbé Cochet pour champion, et celle d'une origine gauloise d'avant la conquête. Bien que le savant, expérimenté et heureux fouilleur des sépultures normandes soutînt que la boucle était franque et qu'il en avait trouvé d'à peu près équivalentes [1] comme dessin et décor, à cela près que les boucles de la vallée de l'Eaulne ne présentaient qu'une tête, de l'autre côté on prétendait que les quatre têtes de la boucle de Château-Thierry étaient gauloises pour certain, puisqu'elles répondaient exactement au passage de Strabon racontant qu'au dire de Posidonius d'Apamée qui avait voyagé .dans les Gaules au moment de l'invasion des Cimbres et des Teutons vaincus par Marius, « les Gaulois avaient l'usage de suspendre au poitrail de leurs chevaux, en revenant de la « guerre, les têtes des ennemis qu'ils avaient tués et d'exposer ensuite ces têtes au-devant de la porte « de leurs maisons ». Comme il n'y avait ici rien qui rappelât l'art gaulois et que la boucle à quatre têtes de Château-Thierry avait été rencontrée dans un milieu exclusivement mérovingien, on se rabattit sur les Huns qui, tranchant aussi les têtes des vaincus et se faisant des coupes dans des crânes, pouvaient bien avoir orné leurs boucles de simulacres de têtes coupées. En réalité, il faut encore abandonner ces hypothèses épiques et voir là tout simplement un motif décoratif, quelque bizarre qu'il soit, et que nous retrouverons, comme manifestation artistique de l'époque, sur des chapiteaux d'édifices religieux. Rencontrant une de ces mêmes images sur une plaque ronde de Charnay (Côte-d'Or), M. Baudot croyait aussi à une tête de mort. Je ne vois qu'une figure humaine, très-laide, d'un trait grossier et sauvage, — c'était ainsi qu'on dessinait alors, — et qui dans les arts plastiques tient juste la place que tenaient dans l'architecture romaine les bucrânes et les ægicrânes, motifs non moins singuliers et bizarres, mais très-décoratifs. Ainsi je trouvais un ægicrâne non pas sur une frise, un autel ou un tombeau romains, mais décorant le centre de

---

1. Des boucles mérovingiennes avec petites têtes humaines ont été trouvées aussi à Angy, près Clermont (Oise), à Melun, etc.

la belle boucle en bronze (fig. 154) sortie d'une des tombes gallo-romaines du *Jardin-Dieu* de
Cugny.

Des deux boucles de bronze trouvées en 1867 ou 1868 sur le terroir de Buzancy (canton
d'Oulchy), il y a vraiment lieu de s'occuper seulement de celle que je représente sur la figure 263,
bien que la première soit digne aussi d'attention par sa dimension, son excellent état de conservation, ses beaux motifs d'entrelacs et de ciselure enveloppant une croix sur le médaillon de l'ardillon
d'attache [1]. La boucle de Buzancy diffère de celle de Château-Thierry, — je ne parle pas du décor
général, — en ce sens que, au lieu des quatre faces humaines placées en carré et aboutées par les
mentons, elle ne montre réunies que trois de ces petites têtes posées en un triangle dont les mentons
forment le centre au milieu de la plaque décorée d'un premier rang de chevrons, d'un second de
bâtons rompus en façon d'entrelacs, et de trois gros clous ciselés posés deux et un. Cependant on

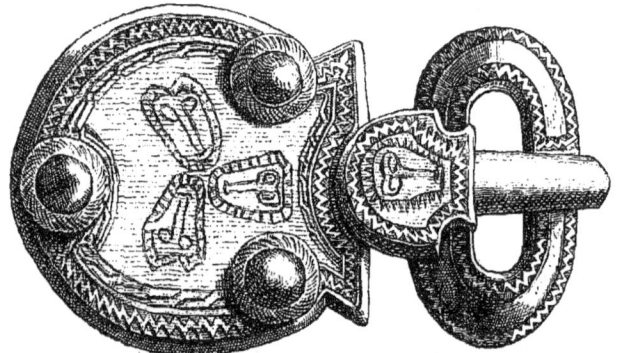

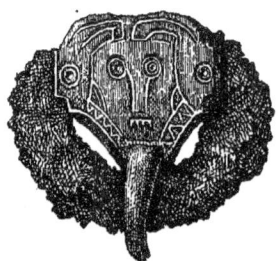

Fig. 263. — Plaque à quatre têtes, de Buzancy.

Fig. 261. — Plaque à une tête,
de Caranda.

pourra la nommer aussi boucle à quatre têtes, car une quatrième face du même dessin exactement
et de la même taille est ciselée en creux, comme les trois autres, sur le médaillon de l'ardillon ou
crochet de fermeture. La boucle de Buzancy a obtenu le même honneur que la plaque de Château-
Thierry, celui de susciter les interprétations, et le mémoire de M. Hachette [2] constate que cette
explication fut alors présentée : « La position respective des trois clous et des trois têtes pourrait bien
« être symbolique, et on s'est demandé si ces trois têtes et ces trois clous n'étaient pas une protes-
« tation contre l'arianisme, cette hérésie si répandue au IVe siècle. » Il faut prendre garde à ces
tendances au mysticisme et aux excès d'un symbolisme complicateur. On n'a que trop d'occasions
de risquer des hypothèses et de soulever la discussion, on le verra bientôt. Il ne peut être, d'ailleurs,
question en la circonstance ni du IVe siècle, ni de l'art gallo-romain, mais d'une sépulture franco-

<hr>

1. Cette belle boucle et celle que je dessine sur la figure 263 ont été gravées par M. A. Varin, artiste du plus haut
talent, dans les *Bull. de la Soc. arch. de Château-Thierry*, fascicule de 1870-1871. Cette gravure accompagnait une
notice de M. Hachette sur la boucle à trois têtes de Buzancy.

2. *Bull. de la Soc. arch. de Château-Thierry*. Loc. cit.

mérovingienne ouverte après la conquête par Clovis au commencement du vi⁰ siècle, et les deux belles boucles de Buzancy me semblent appartenir à la période que j'appelle de progrès et que j'enferme entre le vii⁰ siècle et la fin du viii⁰. Quant aux clous, il suffit de jeter les yeux sur la figure 249, *Boucles et plaques de Verly, Lizy, etc.,* pour s'assurer qu'on les trouve sur toutes les boucles représentées là et qu'ils n'y forment tout simplement qu'un décor fort goûté, lesquels clous se multiplient à cette époque et s'emploient en nombre variable, par conséquent sans signification symbolique.

Une quatrième boucle à face humaine nous est fournie par l'album de Caranda (planche xxx) inépuisable en types utiles pour la démonstration. Il n'y a là qu'une broche sans plaque. Le corps

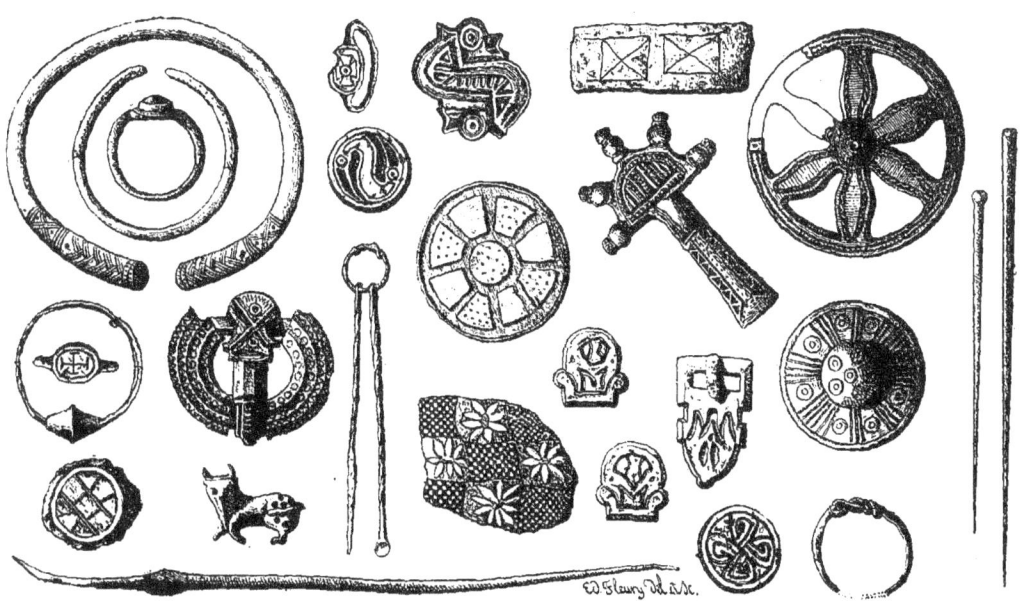

Fig. 265 — Bagues, bracelets, bijoux, etc., de Lizy, Verly, etc.

en fer de la broche est très-oxydé. L'ardillon à chaton plat est fait de bronze et offre dans son champ à encadrement ciselé une tête (fig. 264) de la même forme générale que celles de Buzancy, mais plus grande, et mieux et plus vivement accusée par les tailles du burin.

A côté des vases, des armes et des broches simples, ou des boucles mariées soit à des plaques, soit à des contre-plaques, il faut citer les nombreux petits objets qui se trouvaient pendus à la ceinture de beaucoup de morts mérovingiens, hommes, femmes ou enfants : clefs petites et grandes, mobilier de toilette comme pinces épilatoires, cure-dents et cure-oreilles, longues épingles de cheveux en bronze, bagues, boucles d'oreilles, bracelets, etc., etc., dont j'ai déjà dit un mot plus haut et dont témoigne la figure 241, *Objets mobiliers des tombeaux mérovingiens.* Les représentations de cette figure, je les complète par celles de la gravure 265, où quelques détails sont à noter en quelques lignes. Un joyau dessiné en façon de serpent à deux têtes avec insertions d'émaux vient de Verly et a été retrouvé dans la même forme à Caranda, mais sans tête de ce dragon qui pour moi n'est pas symbolique, mais prodigué comme motif décoratif par les manuscrits de ce temps comme par la bijouterie. Les deux torques gaulois fournis par Lizy ont servi de bracelets à des Mérovingiennes qui ont pensé qu'il ne fallait pas laisser perdre ces vieilleries, mais les utiliser à leur toilette. J'ai signalé plus haut, page 171, le petit bœuf à émaux de Lizy encore. Dessinée dans une boucle d'oreille, une bague est timbrée à la croix, de même qu'un autre anneau plus haut, tous trois de Lizy toujours et d'où viennent encore une toute petite fibule avec serpents et trois ferrets ou bouts de lanière montrant des caractères sur lesquels je reviendrai bientôt. Au milieu et au bas de la figure 265, au-dessus du style romain, transformé en épingle à cheveux et par conséquent employé comme objet de toilette de même que les torques gaulois, on aperçoit un fragment de grain de pâte vitreuse et à compar-

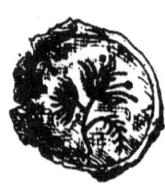
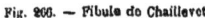

Fig. 266. — Fibule de Chaillevet.

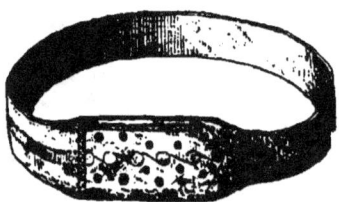

Fig. 267. — Bracelet de Chaillevet.

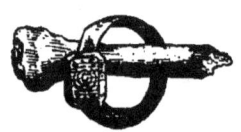

Fig. 268. — Bague avec doigt de squelette, à Versigny.

timents ou alternativement composés de carrés à damier et à fleurons, grain sur lesquels j'aurai à revenir en parlant des colliers tout à l'heure.

La figure 244, citée quelques lignes plus haut, montrait comme fournies par Caranda deux de ces petites pinces épilatoires qu'on rencontre si souvent dans les sépultures mérovingiennes. Ces pinces ont leur histoire écrite dans les épîtres du poëte Sidoine Apollinaire qui nous a conservé ce curieux détail ethnique : les envahisseurs francs avaient le système pileux si développé que la forêt de poils qui leur couvrait la face envahissait jusqu'à leurs narines et leurs oreilles qu'il leur fallait débarrasser quotidiennement de ces végétations encombrantes et gênant l'usage des appareils auditif et olfactif. Sidoine Apollinaire[1] dit d'abord : « *Pilis intra narium antra fructificantibus, quotidiana* « *secessio*, les poils fructifiant dans les fosses nasales exigeaient un arrachement quotidien; » et il ajoute plus loin : « *Tonsor barbam genas adusque surgentem forcipibus evellit;* le barbier coupait « avec les forceps la barbe qui envahissait les joues et au delà. » Les forceps (*forcipibus*), ce sont les ciseaux dont j'ai dessiné trois spécimens, un sur la figure 254, et deux sur la planche 241 et à côté des pinces à épiler, celles-ci complétant la besogne de ceux-là.

Je note en courant une ravissante fibule de Chaillevet avec fleurages de filigrane (fig. 266), le beau bracelet ciselé de Chaillevet encore (fig. 267), composé d'une mince lame de bronze formant

1. *Caii Sollii Apollinaris Avernorum episcopi opera.* Epist. lib. 1, opist. III. 2. Citations déjà faites par M. l'abbé Cochet, *Norm. sout.*, p. 256.

ressort et se refermant spontanément quand le bras était passé dans ce bijou qui est une espèce de porte-bonheur; les longues épingles de cheveux de Caranda avec tête ciselée et émaillée (fig. 241), et de Voyenne, dont l'une offre une petite croix dans un cadre carré au centre de l'épingle; de beaux boutons et des bracelets à Pommiers; à Vendhuile, deux clés en fer, l'une de 0ᵐ,06, et l'autre recourbée et longue de 0ᵐ12; les ciseaux de *la Planchette* de Vervins (fig. 240), et ceux qu'on a trouvés à la ceinture de plusieurs femmes des tombes de Pontavert et de Lizy.

Enfin je ne dois pas oublier de nombreuses bagues de Caranda, de Verly, de Lizy, de Chaillevet, etc., celles surtout de Versigny d'où elles vinrent au nombre de trois, toutes en bronze dont deux coulées et à facettes, toutes trois trouvées passées à des doigts de squelettes (fig. 268), l'un de ces doigts annulaires étant verdi et comme minéralisé par l'oxyde de cuivre [1]. Le musée de Laon tient ces trois bagues de la générosité de M. Lemaistre, inspecteur des poudres et salpêtres à Lafère.

Avant de quitter définitivement les remarquables produits du bijoutier-joaillier mérovingien, il faut s'arrêter un instant sur quelques-uns d'entre eux, boucles, plaques, fibules et bagues, lesquels au centre de leur ornementation, par exemple les trois ferrets de la figure 265, lesquels, dis-je, ont laissé, à la place des simples croix, apercevoir des sigles, ou caractères, ou monogrammes, ou emblèmes, ou symboles singuliers, étranges même et dont l'apparition force l'étonnement et la recherche. Ainsi je trouve dans la sépulture de Chaillevet deux boucles avec plaques à entrelacs et dont les ardillons montrent sur leurs châtons des signes hiéroglyphiques et véritablement indéchiffrables pour nous (fig. 269), monogrammes, contractions, ou sigles employés comme signes abréviatifs soit de phrases ou de noms propres, peut-être de formules magiques et cabalistiques. Il semble qu'on ne puisse croire à des runes ou caractères des langues septentrionales, scandinave ou saxonne. Sur la figure 270, j'ai beaucoup grandi en B et F les dessins bizarres des deux boucles à plaque de Chaillevet et de la figure 269, afin de les mettre en plus vif relief et d'en permettre l'étude plus facile. J'ai usé du même procédé pour les sigles G. H. de Lizy, pour D de Sablonières et pour le dessin E d'une boucle de Verly, bien que celui-ci me paraisse trop simple pour appartenir à la famille des sigles ou hiéroglyphes compliqués B. C. D. F. G. H. de la figure 270 et des quatre de la figure 271, *Boucles et bagues de Caranda.* Une bague de bronze trouvée dans un tombeau mérovingien de Wimy présentait sur son chaton un hiéroglyphe de la même nature et tout aussi mystérieux; je l'ai reçu trop tard pour faire graver cette bague. La plaque émaillée de Vorges (fig. 260) montre aussi sur le médaillon de l'ardillon de fermeture un dessin très-compliqué et assez grand pour que je n'aie pas dû lui donner des formes plus amples, en vue de la recherche à faire. J'ai montré ces petites images et n'ai pu obtenir de renseignements satisfaisants sur leur vraie signification. On a parlé de runes ou caractères des plus vieux alphabets du nord. M. Baudot [2],

---

1. M. l'abbé Cochet cite aussi de ces bagues passées aux doigts qu'elles ont verdis par leur oxyde.
2. *Mém. sur les sépult. mérov. de la Bourgogne,* page 176 et suivantes.

ayant trouvé à Charnay une boucle avec une inscription à l'envers de la plaque et illisible pour lui,
s'est adressé à la Société des Antiquaires du Nord qui lui a adressé les alphabets des anciennes runes
saxonnes, et je n'y trouve rien qui réponde en quoi que ce soit aux caractères gravés sur le bronze
de nos boucles et bagues de Sablonières, Caranda, Lizy, Chaillevet, Vorges et Verly. Est-ce là un
moyen mystérieux d'exprimer une idée, un nom ou une croyance à cacher, un signe enfin de

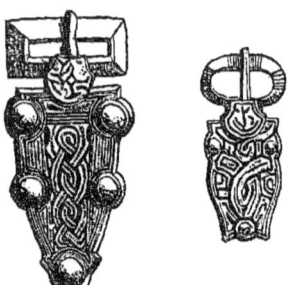

Fig. 269. — Boucles de Chaillevet, avec caractères
hiéroglyphiques.

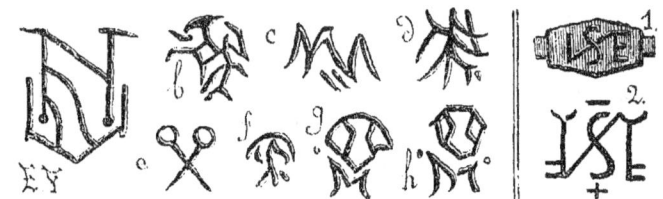

Fig. 270. — Monogrammes ou sigles mérovingiens, à Sablonières, Chaillevet, etc.

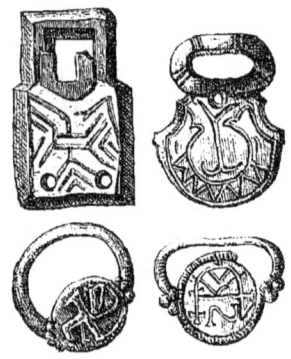

Fig. 271. — Boucles et bagues, de Caranda,
avec sigles.

langage idéographique? Les sépultures de Normandie et celles
de Bourgogne[1] n'ont rien fourni de semblable, ce qu'il faut dire
aussi du vaste ensemble de nos sépultures franco-mérovingiennes
du département de l'Aisne et d'où il ne nous est venu rien
d'équivalent. Pour expliquer cette absence assez singulière, peut-
être faut-il se dire qu'on n'a pas assez cherché à débarrasser les
objets trouvés de leur rouille qui doit couvrir bien des secrets.

Quant à l'accouplement de lignes qui se remarque par sa
taille à la gauche de la figure 270 et dont l'A indicatif n'est pas
venu à la gravure, il est moins embarrassant à expliquer, ainsi
que celui de la bague vue de face qui est dessinée en bas et à
droite de la figure 271. Tout le monde y reconnaîtra sans peine
deux de ces monogrammes dont j'ai dessiné, à la droite de la
figure 270, deux spécimens : I. monogramme composé des
trois lettres capitales romaines N. S. E, rencontré à la fois
à Gamay (Côte-d'Or) sur une bague en argent, en Normandie, en Suisse, en Angleterre, et dont la
signification n'a pas encore été déterminée, et II, dans une sépulture gallo-romaine des environs de
Bordeaux sans que le sens en ait été non plus deviné jusqu'ici. Tout semblerait indiquer que la
bague de Sablonières, à monogrammes de capitales romaines, est latine, c'est-à-dire gallo-romaine.

1. M. de Sarcus, cité par M. Baudot (loc. cit., p. 291), a cependant communiqué, en 1857, à la Commission archéologique de la Côte-d'Or une bague en bronze sur le chaton de laquelle s'aperçoit un petit dessin qui se rapproche de ceux de
mes figures 269, 270 et 271, et que M. de Sarcus a tenu, comme je le fais ici, pour une réunion de caractères hiéroglyphiques et indéchiffrables, au moins dans l'état de nos connaissances actuelles.

et a appartenu à un Mérovingien qui en aurait fait usage comme d'un cachet. Ainsi on voit des intailles antiques servir de sceaux jusquedans le courantdu XIIIe siècle à des abbés et à des chevaliers. Charles Martel avait pour sceau une bague antique à tête de Minerve, et Charlemagne signe avec un Jupiter-Sérapis barbu. Guy, prieur de Coincy (canton de Fère-en-Tardenois), authentique un acte avec son contre-sceau portant une intaille antique à face de Minerve casquée et portant l'égide. Jean, abbé de Saint-Vincent de Laon, appose sur un titre de 1278 son contre-sceau où figure un faune. Jean de Ribemont, clerc (1294), à pour contre-sceau Omphale portant la massue d'Hercule, et André, archidiacre de Soissons (1189), applique sur ses actes un contre-sceau montrant une Léda couchée et toutenue[1]. Je pourrais emprunter à notre histoire départementale plusieurs autres exemples de cet usage des pierres gravées et antiques par les Mérovingiens; je me bornerai à en aller chercher un en pleine sépulture mérovingienne de chez nous, à Caranda d'où il est sorti trois bagues à chatons formés d'intailles romaines : la première avec une petite Victoire distribuant des couronnes, la seconde avec une Diane chasseresse, de la droite tenant un arc et de la gauche tirant une flèche du carquois jeté sur son épaule, tandis qu'un chien debout s'appuie sur une jambe de la déesse. Sur le chaton de la troisième bague se voient deux petites têtes affron-tées et de travail romain. (Pl. XXXVI de l'album de MM. Moreau.)

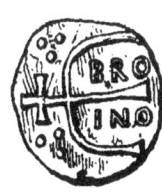

Fig. 272. — Revers d'une monnaie d'Ebroin.

Quant au monogramme de la bague de Caranda dessinée à droite et en bas de la figure 271, il est dû à l'orfévrerie et à la gravure mérovingiennes, et pour s'en assurer il suffit de jeter les yeux sur la figure 272 qui représente le revers d'une monnaie du fameux Ebroin, Soissonnais de naissance, maire du palais sous Clotaire III et son fils Thierry Ier, et mort assassiné en 681. J'ai grandi beaucoup cette monnaie qui est incontestablement un de nos monuments départementaux et qui sert à ma démonstration. La bague et la monnaie, quoique différant dans les détails, appar-tiennent au même type général et d'époque, la monnaie datant la bague qui, au lieu d'un nom complet, ne montre qu'un S initial de nom propre.

Colliers. Après la bijouterie vient la verroterie. Les perles de verre et de terre cuite ont été trouvées en grand nombre dans nos cimetières mérovingiens, à quelque époque qu'ils aient été fouillés; ainsi à Nouvion-le-Vineux, Pontavert, Beaurieux, Chaillevet, Lizy surtout, etc., etc. J'ai multiplié les nombreux spécimens des produits curieux de la verrerie de ces vieux temps sur mes figures 220 *Grains de collier en verre et en terre cuite*, et 241 *Bijoux d'une Mérovingienne à la Planchette* de Vervins. Ces représentations graphiques suffisent pour donner une idée de la variété de ces grains comme dimensions, formes et motifs d'ornementation. Il en est de très-gros ayant la taille d'une noix, et de microscopiques, ceux-là ainsi qu'à Lizy fins comme des grains de blé, les autres à peine comme une tête d'épingle et que les enfants employés à Sablonières et à Caranda savaient retrouver dans les terres déjà bouleversées par les fouilles. Généralement le verre de ces barillets, cubes,

1. *Inventaire des sceaux de l'Artois et de la Picardie*, par M. G. Demay, 1877. Pages 9, 10 et 11.

melons, tambours allongés ou aplatis, tubes cassés à des longueurs diverses, perles, figures polyédriques, à facettes saillantes, à côtés rentrants, etc., la forme du carré et du tonneau dominant; ce verre, dis-je, était opaque la plupart du temps. Est-ce sa vraie nature, ou cet aspect terreux ne lui a-t-il pas été donné par les agents chimiques du sol? Quoi qu'il en soit, certains de ces grains sont restés très-transparents; ce sont les unicolores, rouges, verts et bleus, ce qui tendrait à faire croire que l'opacité générale de la matière tiendrait au procédé d'introduction de la pâte vitreuse ou argileuse, ou du mastic dont se composaient les ornements incrustés, cercles, spires, zigzags, étoiles, ponctuations, végétations qu'on incrustait plus ou moins profondément dans le verre du grain amené à la température nécessaire pour qu'on y pût tracer les stries ou gîtes de ces pâtes multicolores et auxquelles le verrier savait donner des formes parfois assez compliquées, très-nombreuses et originales. La pâte rouge domine comme matière du grain lui-même, et la jaune dans les insertions d'émail, verre ou mastic de l'ornementation. Les filets de décor ne furent pas toujours déposés dans des gîtes préparés au moulage du grain, ou gravés plus tard. M. Pilloy, dans sa description du cimetière mérovingien de Verly, signale un gros grain de verre brunâtre dont les filets de décor blancs et ondés ne sont pas incrustés dans les stries habituelles, mais faits d'un émail blanc appliqué au pinceau et rendu solide et adhérent par une seconde cuite. L'originalité de ces dessins a toujours frappé les ouvriers trouveurs. On se préoccupait à Wimy de l'absence des grains de collier et, pour aider les souvenirs des carriers, on les leur décrivait. « Oui, » répondaient-ils, « ce sont des grains de chapelet qui sont marqués de lignes à l'entour, « comme des cordes de tambour ». Il était dès lors certain que Wimy avait eu ses verreries typiques d'époque.

Nouvion-le-Vineux a fourni jadis des grains de collier en résine, comme Lizy en a aussi donné un en 1863, grain foré, informe et de couleur rose. Plusieurs perles d'ambre jaune ont été constatées çà et là, à Lizy, par exemple, où tout un collier était composé de perles d'ambre et où on a rencontré beaucoup de morceaux d'ambre forés, des amulets probablement, l'ambre dont l'usage avait cependant été défendu, parce que cette matière servait aux incantations dont la mode païenne survivait en dépit des exhortations du clergé.

Les tombes de Lizy ont restitué quelques pièces de collier qu'on peut citer comme typiques et curieuses[1] : un grain sphérique de pâte presque noire et orné de palmes jaunes; un autre formé d'un noyau de pâte rouge autour duquel se contourne une bande zébrée de noir et de blanc, et il est fait en forme de toton; un grain de verre jaunâtre avec appendice en forme d'aile; un fort fragment de gros grain de la grosseur d'une petite noix, composé de cubes réunis par un ciment rouge, d'un dessin très-fin représentant alternativement sur les cubes des roses à six et sept pétales noyées dans un fond bleu intense, et des damiers composés avec des fils ténus de verre jaune et noir. (Voir la figure 265,

---

1. M. Pilloy, *Mém. sur les sépult. mérov. de Lizy*: 1° dans le t. XIV des *Bull. de la Soc. acad. de Laon*, juillet 1863; 2° dans le t. XV, 1864.

Bagues, bracelets, bijoux de Lizy. Ce fragment est au centre de la figure au-dessus de la grande épingle en bronze.)

Les collections de verroterie ne se portaient pas toujours au cou; à Lizy, il a été trouvé, dans la première fouille que je dirigeais en 1863 et dès les premiers coups de pioche, une tombe de 1ᵐ,20 de long, complétement remplie d'infiltrations de terre enveloppant le petit squelette d'un enfant avec bras en croix sur la poitrine et qui portait au poignet gauche un petit torque en bronze, de forme et de décor gaulois, et sur lequel avaient été enfilés onze grains de collier d'une grosseur et d'une beauté peu ordinaires. Ils ont été dessinés par M. Pilloy sur une des trois planches lithographiées qu'il a consacrées à la sépulture de Lizy, et j'en ai reproduit quelques-uns parmi les spécimens nombreux de la figure 220. Il y avait là quatre barillets de pâte rouge zigzaguée, deux grains plats avec empâtement de mastic multicolore qui les rendait pentagonaux, un cube rouge tacheté de jaune, trois grains ovales rayés ou zonés de tous les tons, enfin un barillet à tranche ondée de noir et de blanc. La sépulture de Voyenne a aussi fourni des bracelets ornés de semblables verroteries. On a signalé de ces grains dans la main même des morts ou sur les os du bassin ; on les croit mis là volontairement et à titre d'amulets. Ne serait-il pas plus simple de penser que, comme à Lizy, ils se sont éparpillés tout naturellement lors de la destruction du fil de lin ou de métal qui les suspendait, et avant que la tombe se fût complétement remplie par les infiltrations du sol?

On a dit que cette abondance des grains de collier en verre de toute couleur était très-touchante d'unanimité et descendait de l'habitude romaine d'inhumer les femmes avec leurs colliers de perles précieuses : « *Funerari me volo... et inferri mihi... ex ornamentis lineas duas ex mar-* « *garitis et viriolas ex smaragdis,* » avait dit une dame romaine dans son testament arrivé jusqu'à nous. Je vois chez les Mérovingiens une passion de sauvages modernes pour cette verroterie multicolore que les peuplades de l'Afrique moderne paient par leur or et poids pour poids, que les Peaux-Rouges de l'Amérique russe se procurent en livrant leurs plus belles pelleteries et leurs fourrures précieuses. C'est un goût barbare pour ce qui brille, qu'il faut constater et ne pas admirer, dont il faut tenir compte comme tendance d'époque, mais qui ne peut exciter un grand enthousiasme, même comme art.

Ici nous allons pénétrer dans un ordre d'idées répondant à celles sur lesquelles j'ai eu à m'exprimer plusieurs fois, et parmi lesquelles il ne me faut marcher aussi qu'avec les plus grandes précautions. Il s'est rencontré, enfilés à ces colliers de perles de verre et de pâte argileuse diversement colorée, des objets inattendus, bizarres et qu'on a tous rangés dans la classe des amulets ou objets de superstition. Ainsi le bracelet du squelette d'enfant à Lizy avait, parmi ses perles vitreuses, un moule ou empreinte calcaire d'une coquille fossile du genre Cytherea, assez commun parmi les fossiles des terrains recouvrant les assises supérieures du calcaire grossier de nos montagnes[1].

---

1. *Cytherea elegans*, Aubigny, Craonnelle; *Cytherea tellinaria*, Aubigny, Craonnelle, Roucy, etc. (D'Archiac, *Descr. géolog. du dép. de l'Aisne,* page 236.)

Il semble qu'il faille voir là un objet qui a dû amuser un instant cet enfant pendant sa dernière maladie et que les parents, en souvenir de cette joie des jours suprêmes, auront enfermé avec lui dans sa tombe, et ce n'est pas là un amulet. Faut-il en voir sérieusement dans les grains d'ambre jaune de Lizy à formes bizarres ? C'est assez probable, puisque la religion chrétienne en a défendu l'usage. On se sent aussi assez disposé à croire que la superstition n'est pas étrangère à l'apparition fréquente, parmi les perles de colliers et bracelets de nos sépultures mérovingiennes, de monnaies romaines percées au centre, et on en a trouvé semées aussi aux côtés du mort. A Anguilcourt-le-Sart, une médaille romaine était ainsi percée. Au collier de Lizy où se voyait le grain de verre avec cubes à roses et à damiers, pendaient, mêlées aux perles, trois médailles romaines percées près de la tranche, une de Marc-Aurèle, une de Constantin-le-Grand et la troisième de Maximien Hercule, de même qu'à Saint-Vincent-de-Nogent auprès de Neufchâtel (Normandie), le long de la route de Dieppe à Beauvais, on avait trouvé, en 1834, une monnaie en argent de Domitien percée au-dessus du buste et pendue à un collier placé au cou d'un mort enterré en pleine craie. M. l'abbé Cochet cite encore trois monnaies trouées appendues à un collier d'Envermeu, une autre illisible à Londinières. Un bracelet de Seltzen avait une médaille au type de Constantin. M. Baudot cite d'autres exemples de monnaies trouées comme les quatre que le squelette du roi Childéric portait au cou. Les riches Grecs du Bas-Empire portaient des monnaies d'or d'Alexandre le Grand, enchâssées dans leurs baudriers et cousues sur leurs vêtements, comme préservatifs contre les chances fatales, ce qui faisait écrire à saint Jean Chrysostôme : « Que dire « de ceux qui se servent de ligatures et d'amulettes et qui entourent leur tête et leurs pieds de « médailles d'Alexandre! » Nos Mérovingiens continuaient donc ces habitudes, en s'entourant dans la tombe de monnaies romaines si communes encore de leur temps.

Évidemment, c'est là une coutume d'époque, et il faut dire résolûment une superstition d'époque, superstition comme chez les partisans du polythéisme antique, superstition qui des païens passa aux premiers chrétiens, puisque dans les catacombes de Rome des corps de martyrs ont été trouvés portant au cou des médailles percées et frappées au Chrysimon, superstition enfin dont nous retrouvons les traces jusqu'au sein de nos populations. Il n'est pas rare, en effet, d'y rencontrer encore aujourd'hui des personnes qui ne se mettraient point à un jeu d'argent sans porter sur elles un sou troué. Ce sou troué étant de nos jours un amulet, un porte-bonheur, il n'y a rien d'extraordinaire à ce que les Mérovingiens aient cru à la médaille romaine percée.

En pénétrant plus avant dans ce sujet scabreux, nous rencontrons une difficulté plus sérieuse et qu'il faut aborder franchement et avec décision. Dès notre première fouille à Lizy, nous trou-vâmes, M. Pilloy et moi, et à la ceinture d'un guerrier de grande taille et pourvu d'une lance à fer près de la tête, tout le petit mobilier d'une bourse dont on eut aussi le fermoir : monnaies romaines cette fois non percées, une espèce de vrille, un morceau informe de silex pyromaque sur lequel se distinguaient très-nettement les dentelures résultant de la percussion, et une tige de fer ou d'acier de 0^m,10 de longueur, recourbée à l'une de ses extrémités, sorte d'outil que, il y a trente ans, on trouvait dans le sabot de la cheminée de chaque maison de la campagne et dans la poche de chaque fumeur. Cet outil était un briquet à l'aide duquel on tirait le feu de ce silex. Ce briquet, M. Calland en avait ramassé, dans les tombes mérovingiennes de Pommiers, un spécimen qu'il n'avait pas hésité à nommer et à spécifier. Tous les écrivains spéciaux en ont rencontré de semblables dans les sépultures mérovingiennes : M. Baudot en Bourgogne, briquet de fer et pierre à feu taillée comme nos anciennes pierres à fusil; M. Cochet à Envermeu, silex portant traces de percussion par le briquet de fer, tige recourbée ou anneau; M. Rigollot dans les environs d'Amiens, pièce de fer et caillou pyromaque; M. Troyon, en Suisse et en Bavière; M. de Widranges, dans le grand-duché de Luxembourg et auprès de Bar-le-Duc; M. Akermann, à Salisbury en Angleterre. Ici, le briquet de fer et son silex à feu sont hors de toute contestation, ce silex ne pouvant jamais être attribué à la classe des pierres taillées de l'époque préhistorique; mais trois produits de ces temps primitifs apparaissent brusquement et pourvus de leurs formes et de leur travail connus.

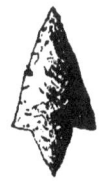
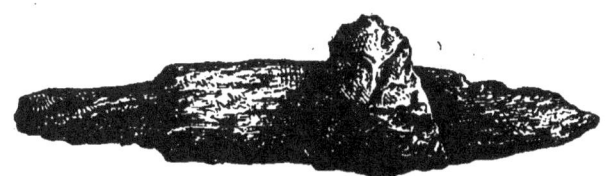

Fig. 273. — Flèche de silex dans une tombe de Lizy.

Fig. 274. — Silex taillé, soudé par la rouille à une lame de scramasax, à Caranda.

D'abord, dans la tombe de Lizy où gisaient le briquet et son appendice de silex, c'est une flèche, une vraie et très-jolie petite flèche taillée, de l'époque néolithique, flèche dont je donne ici l'image (fig. 273), flèche que j'avais déjà reproduite sous la lettre P de la figure 34 de mon premier volume, page 16, *Pointes de flèche à appendices et oreillons*. L'étude de cette planche 34 fournirait bien des équivalents à cette petite pointe de Lizy, et cette jolie famille est riche en spécimens élégants et typiques. Il est bon de constater de suite avec le Mémoire de M. Pilloy[1] que la tombe où fut trouvée cette pointe de silex néolithique n'était pas faite de pierre, mais simplement creusée en terre : « A un mètre plus loin vers le nord, nous (M. Pilloy et moi) avons mis à jour une sépulture « double, *toujours sans tombe de pierre.* » Dans la terre d'une autre fosse de Lizy, on trouva aussi deux fragments de petites lames aiguës.

Du sein d'une des tombes creusées de même dans la terre sur les rampes de la colline de Caranda, il sortit une rareté que j'ai dessinée en la figure 272 et d'après la planche XXI de l'album de MM. Moreau, c'est-à-dire un fragment de silex taillé marié par l'oxyde de fer à une lame de scramasax ou poignard mérovingien. Semblable phénomène se présenta à Sablonières en juillet 1876, juste le lendemain d'une visite d'étude que j'avais faite à cette intéressante nécropole mixte, et ce

1. Tome XIV du *Bull. de la Soc. acad. de Laon*, page 215.

accouplement d'une arme mérovingienne et d'un silex préhistorique soudés par la rouille séculaire s'était aussi accompli non dans un coffre, auge ou sépulcre de pierre, mais dans une fosse taillée en plein sable, ce qui doit être encore soigneusement noté. On en a tiré cette triple conclusion : en fait, le silex taillé soudé au scramasax est contemporain de cette arme de fer; le scramasax étant mérovingien, les Mérovingiens ont donc fait usage du silex taillé; et, en principe, ces silex taillés ayant un *caractère votif*[1], ont été jetés, *semés intentionnellement*, dans la tombe de leurs morts par les populations mérovingiennes non-seulement de Caranda, mais de la généralité du pays : « Un fait capital, inconnu ou négligé jusqu'ici, se dégage donc de l'exploitation du cimetière de « Caranda : *c'est la persistance, jusqu'à l'époque mérovingienne, de l'usage traditionnel de jeter* « *dans la fosse mortuaire des silex bruts et taillés*[2]. »

Si, retournant la proposition, on disait : « De la juxtaposition des silex et des armes de fer « dans le cimetière de Caranda il faut tirer la preuve que ces scramasax, attribués jusqu'ici aux « Mérovingiens et à tort, appartiennent aux époques préhistoriques et sont contemporains des silex « travaillés, » on raisonnerait avec la même justesse. On aurait fait exactement ce que font les savants dont je combats l'idée sur mon terrain départemental et à l'occasion d'un fait double et spécial au département de l'Aisne. Pour établir le synchronisme du silex taillé et du scramasax, ils concluent du scramasax au silex. En sens inverse, on pourrait conclure du silex au scramasax, ceux-ci affirmant que les gens aux scramasax utilisaient le silex qu'ils taillaient, ceux-là soutenant que le sauvage préhistorique qui taillait le silex marchait au combat avec un scramasax de fer lui battant la cuisse gauche et nue, tous aussi sages et logiques les uns que les autres.

On a dit à propos de Caranda que toutes les tombes de cette nécropole étaient remplies de silex « en plus ou moins grand nombre et que *le travail du silex s'est donc perpétué dans une très-longue* « *période.*[3] » Allant même plus loin, on appuyait cette affirmation de principe et de doctrine par des autorités historiques, et, dans une séance de la Société archéologique de Château-Thierry, son vice-président M. de Vertus disait que, « *suivant un usage général*, le silex était déposé dans la tombe « tout à la fois comme instrument de sacrifice afin de se tirer du sang, et aussi comme signe sacré « et emblème du feu. C'était un usage constant chez les anciens Juifs, les Perses, etc., de déposer « la pierre sacrée sur la tombe du parent, de l'ami[4] »

Sans se préoccuper des rites funéraires des Perses et des anciens Juifs, il faut accepter comme certaine la présence de nombreux silex taillés dans les tombes, ou gauloises ou romaines, ou mérovingiennes de Caranda, mais aussi essayer d'établir les circonstances qui les y ont fait entrer et savoir si ces circonstances ne détruisent pas péremptoirement les conséquences qu'on base sur la présence de ces silex dans ces tombes de tous les âges.

---

1 et 2. Milescamp. *Le Cimetière de Caranda et la coïncidence de l'usage des instruments de pierre avec ceux de bronze et de fer jusqu'à l'époque mérovingienne.* Broch. in-8, pages 10 et 11, 1875.

3. M. Milescamps, *loco citato*, page 10.

4. *Bull. de la Soc. arch. de Château-Thierry*, fascicule de 1875, 1er juillet 1875, page 17.

Là, il y a tombes et tombes : celles creusées en plein terrain siliceux et celles de pierre naturelle ou factice. La notice d'introduction à l'album de Caranda nous a déjà appris, mais il est nécessaire de le redire, que l'ensemble de ces tombes montait au nombre de plus de 2,600, dont 300 de Gaulois et profondes en terre de 0^m,30 ; 100 de Gallo-Romains ayant 1^m,50 de profondeur ; et 2,200 de Francs-mérovingiens et carlovingiens, profondes de 0^m,60, le tout en moyenne. Parmi les 2,200 fosses mérovingiennes, il y en avait, nous apprennent MM. Moreau, et il faudra retenir encore cette circonstance, une quarantaine avec insertions de sépulcres de pierre, plâtre, ciment ou travertin, lesquelles s'enfonçaient en terre d'au moins 1^m,50. D'un autre côté, il est bon de savoir que les ensevelissements des préhistoriques se présentaient toujours presque à fleur de sol, quand ils n'étaient pas violés. De plus, la butte de Caranda fut le centre d'une station d'habitation des primitives populations dont j'ai ramassé les armes et outils sur la surface du sol jusqu'aux environs de l'Ourcq et du moulin que ce ruisseau fait tourner, exactement comme je les ramasse à la surface du sol dans les stations du Laonnois et du Soissonnais.

Ainsi les fosses et inhumations de toutes les époques préhistorique, celtique, gauloise, gallo-romaine, franco-mérovingienne et carlovingienne, ne sont pas là seulement en présence et juxtaposées, mais mêlées et entremêlées jusqu'au désordre, s'étant insérées, enterrées, enfoncées les unes dans les autres et en un incroyable gâchis d'où la science ne se tire qu'à l'aide de l'étude la plus sévère, de la critique et de la méthode les plus consciencieuses, et de la science moderne de l'analyse aidée de l'archéologie et de l'ethnologie, surtout enfin de l'expérience qu'apporte la notion de faits authentiques et nombreux. On peut facilement apprécier et comprendre le trouble profond qu'apportèrent dans le cimetière préhistorique la taille en pleine terre de 2,600 fosses creusées, depuis 30 centimètres jusqu'à 1^m,50 et plus de profondeur, dans le sol qui contenait soit les silex de la station super-terranéenne, soit ceux de la nécropole souterraine?

En enterrant leurs morts sur les flancs de la colline de Caranda, les Celtes, Gaulois, Romains et Gallo-Romains, Francs de la première race et de la seconde, non-seulement bouleversaient les silex qu'ils ne connaissaient plus, de même que nous ne les connaissons que depuis bien peu d'années, mais ils les mettaient à toutes profondeurs, en répandant sur les cadavres de leurs morts la terre provenue de la fosse et pleine elle-même de pierres ouvrées. Pour établir que les Mérovingiens chrétiens, puisque leurs sépultures sont pleines de témoignages de la foi nouvelle, se servaient de silex taillés « *dont le travail s'était perpétué chez eux* », et qu'ils les utilisaient dans leurs rites mortuaires *intentionnellement*, systématiquement, votivement, dans une « *habitude qui avait persisté* « *jusqu'à eux* », il aurait fallu trouver ces silex non pas seulement dans le sol retourné par tant de siècles, mais surtout dans les sépulcres mérovingiens de pierre pourvus de vases, scramasax, boucles et broches, fibules, bijoux et colliers typiques et connus comme appartenant sans conteste à l'époque et à l'art que ce livre étudie en ce moment. Il faudrait en plus prouver que ces sarcophages de Caranda n'ont jamais été fouillés jusqu'ici, tandis que MM. Moreau nous apprennent « en toute « conscience que les tombes de pierre et de plâtre de Garanda, plus étroites à la tête qu'aux pieds

« (et appartenant à des Mérovingiens), lesquelles avaient un caractère monumental, avaient sans doute
« appelé la curiosité des spoliateurs, car leurs couvercles étaient brisés, les ossements déplacés; les
« armes et les bijoux avaient disparu[1]. » S'il n'y est pas resté de bijoux, ce qui se comprend, les
violateurs de sépultures auraient dû dédaigneusement y laisser les silex dont ils n'avaient que faire.
Les tombes en pierre de Caranda n'ont donc jamais renfermé de silex taillés qu'on y retrouverait
si les Mérovingiens les y avaient jetés, en obéissant à ce rite mortuaire, à cette coutume nationale
qu'on leur attribue sur la foi d'un seul fait, car la brochure de M. Milescamp avait paru en 1875,
et la trouvaille d'une seconde lame de fer épousée par un silex à Sablonières ne s'accomplissait
qu'en juillet 1876. Or d'un fait unique il n'a jamais été permis de conclure à une habitude nationale
et d'époque.

On a prévu et redouté l'objection qui serait faite sans nul doute, à savoir que s'il y a des silex
au sein de la sépulture et des ensevelissements de Caranda, ces silex proviennent de la station
préhistorique et à cailloux taillés sur laquelle la nécropole mixte s'est assise. Aussi s'est-on efforcé
de la détruire par avance, en disant qu'il n'y a pas eu de station préhistorique à Caranda et que
les habitants de cette station prétendue n'y ont jamais taillé de silex, puisque « le silex ne se ren-
« contre ni à Caranda, ni aux environs, dans le sable qui forme le sous-sol du cimetière ». Il y a
là d'abord une erreur en fait de géologie. Au sommet extrême de la butte de Caranda, on trouve,
affleurant et dépassant le sol, une couche de ce grès quartzeux dans lequel les préhistoriques se
sont souvent taillé des outils et de belles pointes de flèche dont à chaque instant j'ai retrouvé
des spécimens en pleines stations du Laonnois et du Soissonnais. S'il fallait, d'ailleurs, n'affirmer une
station préhistorique que quand on lui trouve un sous-sol à gisement de silex propre à fournir des
outils, il faudrait rayer de la liste de nos emplacements préhistoriques absolument tous les noms
des localités des arrondissements de Soissons, Laon, Château-Thierry et d'une partie de celui de
Vervins, d'où sont venus d'innombrables et incontestables silex taillés et sur le terroir desquelles
j'ai constaté, dans la première partie de ce livre, tant de villages souterrains tous pourvus de silex
taillés et polis, mais aussi tous dépourvus de gisement ayant fourni la matière première de ces petits
monuments que le temps ne peut attaquer et détruire.

Si la nécropole de Caranda occupe le haut et les pentes supérieures d'une butte ou colline,
celle de Sablonières, nous le savons, a été trouvée, tout au contraire, à peu près au fond d'une
cuve formant la base d'un amphithéâtre s'ouvrant vers le sud-ouest. Cette différence de situation
explique comment on ne trouve pas le silex travaillé à la surface de Sablonières, quand le sol en
montrait une certaine quantité à nu sur les pentes de Caranda. Les eaux pluviales enlevaient le sable
vers le moulin de Caranda et dénudaient les silex, tandis qu'elles recouvraient ceux-ci d'alluvions
siliceuses au fond de la cuve de Sablonières qui probablement en a eu à sa surface autant que
Caranda, puisque la même cause, c'est-à-dire la promiscuité des sépultures et les fouilles faites pour

1. Album de Caranda. Introduction. Notice sur la planche 1er, *Plan de Caranda.*

et par les inhumations de toutes les époques, a profondément troublé là aussi la nécropole préhistorique. Ainsi on ne peut pas plus s'étonner, à Sablonières qu'à Caranda, que le hasard de cette promiscuité et de ces mouvements de terre qu'elle a occasionnés à une profondeur variable, aient troublé les antiques ensevelissements préhistoriques si voisins de la surface, et aient amené la rencontre d'un silex ouvré avec une lame de sabre ou de couteau, en opérant leur union intime dans le ciment ferrugineux de la rouille.

Ce qui nous semble plus étrange que cette union adultère, c'est que l'on n'ait pas fait attention qu'elles se sont pratiquées plusieurs fois dans ces deux mêmes sépultures, d'abord à Caranda entre un fer de javelot et un fer de francisque tous deux mérovingiens (pl. XXI de l'album de MM. Moreau), une seconde fois à Sablonières entre plusieurs fers de flèche réunis en faisceau par l'oxyde (fig. 253 plus haut), et une troisième fois à Sablonières encore, si je ne me trompe, entre un fer de javelot et une ferraille ronde taillée en forme de flan et que je crois être une médaille romaine.

En résumé, cette présence de nombreux silex et ces soudures de silex avec des armes mérovingiennes, constatées à la fois à Caranda et à Sablonières, ont prouvé ceci seulement : ces deux nécropoles mixtes furent placées et ouvertes en pleins terrains préhistoriques qu'elles ont profondément remués, retournés, bouleversés, en enfouissant les silex à toutes les profondeurs de la tranche mortuaire, par conséquent en permettant et expliquant leur rencontre fortuite avec des débris d'âges postérieurs.

Si l'on a trouvé à Lizy trois silex, — je ne parle pas de la pierre à feu du briquet, mais de la pointe de flèche convexe et des deux fragments à un côté ouvré seulement, — c'est que la sépulture de Lizy est très-voisine des emplacements préhistoriques du *Château-Montceau* à Chaillevet et de Mons-en-Laonnois, cette dernière station qui m'a fourni tant des jolies flèches de la famille de celle de Lizy représentée sur ma figure 272, flèches enfin que j'ai dessinées sous les lettres H I K M de ma planche 34 à la page 67 du Iᵉʳ volume.

Si les nécropoles de Caranda et de Sablonières montraient normalement dans leur tombes ou gauloises, ou romaines, ou mérovingiennes, celles-là dont nous nous occupons spécialement; si elles montraient normalement, dis-je, des exemples de ces mariages entre armes de silex et de fer, et même simplement ces silex dans leurs sépulcres de pierre, pourquoi nos cimetières mérovingiens si bien étudiés de Verly, de Wimy, de Vendhuile, de Voyenne, de Brie, de Chaillevet, de Pommiers, de Saconin, etc., sont-ils veufs de ces silex qu'ils n'ont jamais fournis à leurs chercheurs, ni en masse, ni isolés ? C'est qu'ils ne sont pas assis, comme à Caranda, sur des stations préhistoriques, ou dans le voisinage plus ou moins immédiat de ces sépultures. Si, un jour, on fouille sérieusement le cimetière mérovingien de la *Croix-Matras* à Vorges, on pourra peut-être, et sans trop de surprise, y trouver des silex, parce qu'il existe une station préhistorique sur la pointe du *Mont-Pigeon* qui domine cette sépulture, comme celle-ci domine un emplacement à débris romains; et je répète qu'au milieu des silex des stations préhistoriques, j'ai trouvé vingt fois des tessons de tuiles et de vases romains, des fragments de faïence de tous les âges et même de porcelaine moderne, sans que personne soit autorisé et ait songé à conclure à la contemporanéité et au synchronisme de ces épaves du passé et de ces débris d'aujourd'hui.

Rencontrant des silex taillés dans les sépultures de Charnay (Côte-d'Or), M. Baudot en constate simplement la présence, en faisant remarquer qu'ils appartiennent « à l'âge primitif si « éloigné de nos sépultures barbares. » Plus tard, on lui signale des haches de silex poli reposant dans un terrain de Pagny-la-Ville où apparurent des tombes mérovingiennes ; il se garde bien de conclure et se contente de se poser ces questions : « Ces haches se trouvaient-elles là par l'effet « du hasard ? Ou bien les a-t-on placées avec intention près des cadavres de ces guerriers barbares ? » Et le savant et consciencieux écrivain se hâte de répondre avec raison : « C'est là une question qu'il « n'est guère facile de résoudre lorsque l'on n'a pas observé soi-même les circonstances de la décou- « verte. » On peut admettre que ces haches de Pagny-la-Ville gisaient de toute antiquité dans ce sol où des Bourguignons établirent leur cimetière, et le hasard prépare aux savants bien d'autres textes et occasions à gloses, à dissertations et à discussions. A supposer qu'on ait déposé ces haches intentionnellement, M. Baudot croit que ce serait « à cause des idées superstitieuses que « les barbares y attachaient. » Je serais moi-même très-disposé à penser que la flèche bi-convexe de Lizy, retrouvée par hasard sur le plateau de la montagne qui en a tant fourni de semblables à M. Pilloy et à moi-même, aura bien pu être déposée dans la tombe à titre d'objet extraordinaire, d'amulette, en un mot d'objet équivalant à l'ambre pour les incantations magiques, superstition qui s'attachait, même en plein XVIᵉ siècle, aux silex taillés et qui se constata publiquement dans des procès faits alors à des sorcières d'Écosse. Les haches polies de silex ont de tout temps passé pour des pierres de tonnerre qui préservent de l'incendie les maisons au-dessus desquelles on les expose, et saint Jérôme, racontant, dans une de ses lettres, que la peste venait d'éclater à Rome, écrivait qu'on voyait voler par les airs de petites flèches de silex dont l'atteinte était mortelle pour tous ceux qui en avaient été frappés. Elles n'avaient jamais volé dans l'espace et n'avaient jamais frappé personne ; mais on ramassa, en ce temps de mortalité épidémique, quelques-uns de ces silex à formes singulières et auxquels on n'avait jamais fait attention jusque-là, ou qu'on avait dédaignés en temps ordinaire. On en ignorait l'origine vraie et on les crut miraculeux. Cela suffit alors pour que la terreur publique les transformât en instruments de la colère céleste.

Philosophiquement et historiquement, ces superstitions s'expliquent avec une certaine vrai-semblance, sinon avec facilité, par la succession des matières premières qui ont, dans la série des temps, servi les unes après les autres aux usages de la guerre, de l'agriculture et de la vie civile et domestique. Le cuivre ou le bronze succéda au silex, comme le fer remplaça le bronze, et à chaque mouvement, ou cycle, ou âge (l'âge de la pierre, l'âge du bronze, l'âge du fer), un

---

1. M. Boucher de Perthes, t. II, p. 286, dit : « Ces pointes en pierre, auxquelles on attachait des idées de fatalisme, « passaient d'une génération à une autre. » (Voir, sur les superstitions attachées aux silex, Pline, Isidore de Séville, etc.)

certain souvenir respectueux et reconnaissant s'attacha à la matière abandonnée, après avoir rendu tant de services, pour une matière qui en rendrait de plus grands et de plus nombreux. Le progrès ne condamnait pas la reconnaissance. Chez plusieurs peuples on retrouve des traces de ce sentiment, soit dans des rites consacrés par les religions, soit dans des superstitions qui procèdent directement de ce bon sentiment et s'ancrent profondément dans l'esprit des populations.

Quant à ce qui regarde le silex taillé, les Hébreux, qui ont aidé les Pharaons égyptiens à ériger les pyramides de granit et qui, par conséquent, ont débité et travaillé ces durs matériaux avec des outils de fer et d'acier, avaient introduit le couteau de silex dans le rite hygiénique, bien plus que religieux, de la circoncision [1]. Les Juifs, après le passage du Jourdain, célèbrent cet événement en dressant douze grandes pierres prises dans le lit du fleuve [2], bien qu'ils vécussent en un temps bien éloigné déjà de ceux qu'on nomme mégalithiques. A une époque bien autrement éloignée des souvenirs préhistoriques, les Romains usaient de couteaux de silex pour châtrer les eunuques et pour accomplir certains sacrifices ; ainsi Régulus, partant pour son ambassade de Carthage, était accompagné d'un prêtre muni de couteaux de silex. Il en fut de même pour le bronze quand on l'abandonna pour le fer. Les magiciennes grecques coupaient avec une faucille de bronze les herbes magiques dont elles composaient leurs philtres, et elles trituraient dans des vases d'airain aussi leurs odieux et criminels mélanges. C'était avec un soc d'airain que les augures traçaient l'enceinte des villes étrusques, avec des couteaux de bronze que les prêtres sabins coupaient leur chevelure.

Si l'on ne se décide pas, ce que je crois, à regarder les silex retrouvés dans le sol de Caranda, tant de fois retourné, comme un témoignage d'habitudes religieuses dans les rites funéraires, que pensera-t-on de la présence normale, mais cette fois dans des fosses mérovingiennes de Caranda non violées, de ces nombreuses pierres, car il y en a plus de deux cents, « à formes « étranges, couchées à plat entre les jambes », que le savant M. Quicherat décrivait devant la Société des Antiquaires de France dans sa séance du 10 février 1875 [3]? C'étaient des calcaires recueillis évidemment à cause de leur découpure singulière, et régularisés, au dire de M. Quicherat, soit par le frottement, soit au ciseau, en forme l'un de bêche, un autre de tête penchée sur l'épaule, un troisième d'écusson ou cartouche, etc., et leur hauteur variait de $0^m,35$ à $0^m,60$.

Je donne ici (fig. 275) six spécimens de ces pierres bizarres recueillies par MM. Moreau dans un grand nombre de tombes de Caranda et de Sablonières incontestablement mérovingiennes. Elles se trouvaient toujours entre les jambes des squelettes et remplaçaient le petit vase noir habituel. La

---

1. *Exode*, chap. iii, v. 25 : « Séphora prit une pierre très-aiguë et circoncit la chair de son fils. »

2. Josué, chap. iv, v. 8 et 9 : « Les enfants d'Israël prirent du milieu du Jourdain douze pierres selon le nombre des « enfants d'Israël, comme le Seigneur le leur avait commandé, et, les portant jusqu'au lieu où ils campèrent, ils les dres- « sèrent en ce lieu. — Josué mit aussi douze autres pierres au milieu du lit du Jourdain, et elles y sont restées jusque « aujourd'hui. » (Trad. par Lemaistre de Sacy.)

3. *Bull. de la Soc. des Antiq. de France*, 2e trim. de 1875, page 74.

description de M. Quicherat doit être modifiée en ce sens que la plupart de ces pierres, — il en a été recueilli deux cents au moins, si je ne me trompe, — ne sont pas retouchées par la main de l'outil de l'homme, mais se montrent en l'état exact où elles se sont formées par la concrétion de molécules de pâte calcaire isolées au sein du milieu siliceux, absolument comme certains rognons de silex se sont formés par attraction moléculaire dans certaines poches ou vides de la puissante agglomération de

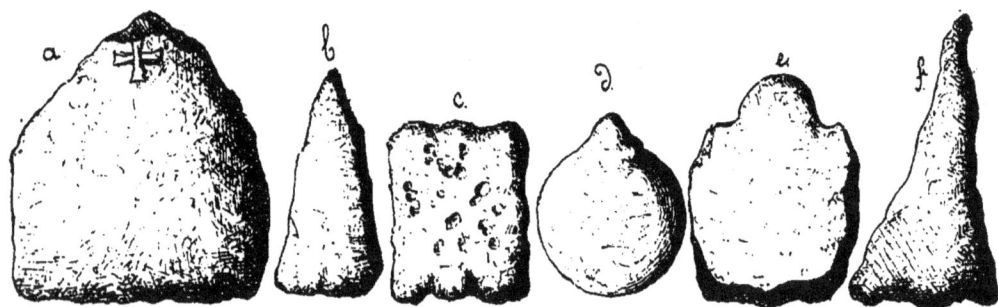

Fig. 275. — Pierres dans les tombeaux de Caranda et de Sablonières.

nos craies d'âge secondaire. Il en est de travaillées, par exemple les A, C, E de ma figure 275, et de non travaillées, B, D, et F. B et F affectent les formes de triangles ou de pyramides. Comme accidents naturels, C, qui est rectangulaire et à bords brisés par le travail humain, est trouée comme une écumoire. Une de ces pierres étranges, celle-là recherchée pour son étrangeté, et provenant d'un vrai banc calcaire, est encore attachée à un moule du *Cerithium giganteum* si fréquent dans plusieurs couches du troisième étage de notre calcaire grossier [1]. Caranda étant placé plus haut que les stratifications de ce calcaire, ses populations antiques ont dû aller chercher ce fragment à moule de cérithe géant beaucoup plus bas dans la vallée de l'Ourcq où les bancs calcaires n'affleurent qu'à la hauteur de Cugny-lès-Crouttes et à Wallée (canton d'Oulchy). On a trouvé de ces pierres [2] non-seulement dans les tombes, mais à côté et en dehors des fosses.

Leur grand nombre et leur position toujours la même entre les jambes du mort ne permettent pas de penser ici à un accident, à une singularité, mais bien à une coutume locale. J'écris avec intention le mot *locale*, parce qu'aucune autre sépulture mérovingienne du département de l'Aisne, ou même de France, que je sache, n'a présenté jusqu'ici ce phénomène mortuaire dont Caranda et Sablonières semblent présenter seuls la spécialité exceptionnelle, mais voulue et systématique dans ses nombreux exemples. Pourquoi là plutôt qu'ailleurs, et que veulent dire ces pierres à formes inattendues,

<hr />

1. A Comin, Craonne, Glennes, Laon, etc., partout. (D'Archiac, *loco citato*, p. 261.)

2. J'en ai trouvé moi-même de tout à fait semblables, mais plus minces encore et affectant les formes les plus étranges dans le sous-sol argilo-siliceux du plateau de Monthenault (canton de Craonne); j'y ai recueilli un spécimen offrant exactement la forme d'un pied ou des profils géographiques de la botte de l'Italie méridionale. A Monthenault comme à Caranda, c'est encore de la bouillie calcaire qui s'est ainsi concrétée en s'isolant au sein d'un milieu étranger et antipathique.

ou sans formes, si l'on veut? Pourquoi à Caranda encore, la petite pierre debout qui sépare les pieds des morts d'une ligne de la tête des morts de la ligne parallèle et suivante? Doit-on laisser passer sans attention ces petits tas de pierrailles amoncelées sur les fosses de Chaillevet?

Il semble, en se rappelant l'amour entêté que les paysans des temps mérovingiens ont persisté à montrer pour le culte antique des pierres, culte que le clergé d'alors prohibe et poursuit par toute la France avec la même obstination aussi; il semble, dis-je, qu'on puisse rattacher la présence de ces calcaires bizarres dans les sépultures de Caranda aux pratiques superstitieuses du culte des pierres que, dès la fin du IVᵉ siècle, on proscrit, qu'on brise, qu'on renverse en terre, témoin le dolmen de Berry-au-Bac poussé dans une fosse d'où il sortit en 1861, nous le savons, pour être débité en pavés.

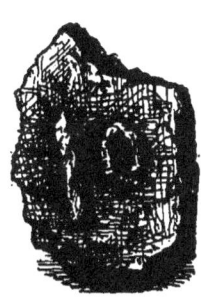

Fig. 276. — Le pas de Saint-Martin, à Pommiers.

Lorsque les prêtres ne brisent pas, de peur des colères populaires, les menhirs, les dolmens, les alignements et autres pierres sacrées autour desquelles on pratiquait des processions, même des sacrifices de victimes [1], le christianisme les consacre à la Vierge, à des saints, ou bien il y plante des calvaires comme à Tanières, et Verneuil (canton de Craonne) possède son lieudit la *Pierre Saint-Marcoul*. Si une pierre énorme possédait un accident naturel où l'imagination effrayée des paysans voyait une quasi-forme de mains, de pieds, c'était la griffe du diable, ou le pied d'Odin, *Sax Oten;* alors on y allait en procession la nuit, et, pour couper court à ces superstitions païennes, « *de his qui* « *paganorum inveniuntur imitari* [2], » on consacrait cette bizarrerie à un saint quelconque, à saint Martin, le grand saint de l'époque, par exemple à Pommiers où un quartier de roche, descendu de son lit de carrière sur les pentes des larris, présentait l'accouplement de deux figures d'un pied humain et d'un fer à cheval (fig. 276). Saint Martin à cheval avait apparu là; d'où toute une légende. On avait aussi la pierre Saint-Martin à Autrèches, village de l'ancien Soissonnais et appartenant aujourd'hui au département de l'Oise. La superstition n'était plus païenne, mais elle était chrétienne et sans danger [3].

Saint Onésime, septième évêque de Soissons, fut un des plus déterminés proscripteurs du culte des pierres pendant la seconde moitié du Vᵉ siècle [4]. Ce qu'il ne renversait pas, il le consacrait par une de ces croix gravées qu'on aperçoit sur la grosse pierre de Caranda à gauche de la figure 275.

---

1. Procope, historien grec qui mourut vers 665, écrit positivement que certains descendants des barbares envahisseurs immolaient encore de son temps, et quoique chrétiens, des victimes humaines : « *Non ita christiani sunt isti barbari, ut* « *multos priscæ superstitionis ritus observent, humanas ostias aliaque impia sacrificia divinationibus adhibentes.* »

2. Concile de Reims en 630. (Voir mon Iᵉʳ volume, p. 97.)

3. « On a vénéré de tout temps ces grès énormes, ces pierres sacrées qu'on voit près des églises de Neuilly-Saint-« Front, à Bitry, etc. Ce sont, il est vrai, selon la croyance populaire, des saints qui y ont touché, qui s'y sont reposés, qui « y ont laissé l'empreinte de leurs pas, comme sur la pierre *Saint-Martin* à Autrèches; mais la confiance qu'on a en leur « vertu plus que problématique, ne rappelle que trop les erreurs grossières de nos pères avant leur conversion à la foi. » (L'abbé Péchœur, *Annales du diocèse de Soissons*, t. I, p. 85.)

4. Leroux. *Hist. de Soissons*, t. I, p. 114. — M. l'abbé Péchœur, *loco citato*.

Un prêtre qui ne pouvait empêcher les néophytes d'insérer des pierres brutes dans les fosses de Caranda a pu exiger que celle-ci fût marquée du symbole le plus éloquent du christianisme. J'en ai vu, dans la collection de MM. Moreau, une autre que le travail du marteau avait découpée aussi en forme de croix grossière. Certaines portent des traces de stries ou lignes longitudinales et horizontales en manière d'encadrement et qu'il n'est pas plus facile d'expliquer.

Ces résistances, de la part à la fois des vieux Gallo-Romains et des envahisseurs germains, à abandonner les uns les pratiques du polythéisme, les autres le culte de la pierre, forcèrent le clergé catholique à toutes sortes de précautions. Si on signa de croix les monolithes qu'il était dangereux de renverser, on posa une petite chapelle au pied d'un arbre sacré qu'on n'osa abattre. On ne pouvait combler les fontaines magiques : on les consacra à saint Pierre ou à la sainte Vierge comme partout. Celle de Corbeny où Mercure, si cher à Caraniusa, faisait des miracles, fut mise sous l'invocation de

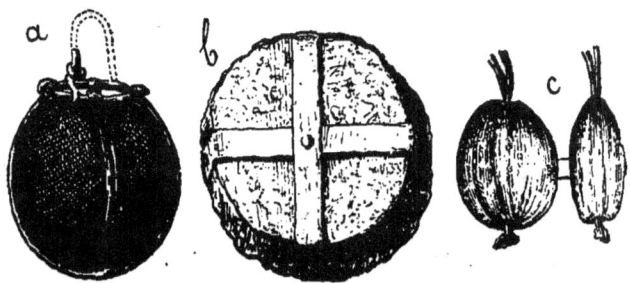

Fig. 277. — Amulettes mérovingiens.

saint Marcoul qui continua les miracles, et de Marcoul à Mercure il n'y a que l'épaisseur d'une substitution aisée de deux ou trois lettres, ce qui n'a jamais gêné les étymologistes. Aux environs de Senlis, un petit édicule en forêt était le centre d'un important pèlerinage où s'entassaient les ex-voto de pierre les plus curieux et les plus nombreux[1] : une jambe tordue, un membre atrophié, un sein cancéreux, une représentation d'enfant malingre, ou bien démesurément grossi, etc., etc. Aux temps chrétiens, le même pèlerinage continua et amena l'entassement aussi considérable d'ex-voto toujours de pierre, toujours aussi mal tournés; et si aujourd'hui les ex-voto du même genre ne sont plus faits de pierre, on voit, dans les grands centres de pèlerinages, des yeux d'émail, des jambes, des bras, des seins de plâtre, des béquilles de bois, des vaisseaux de carton, des sauvetages de noyés sur toile, et des cœurs d'or.

Les théories sont devenues des processions; les feux de l'équinoxe d'été des feux de Saint-Jean ; les Jupercales de février la Chandeleur, fête des chandelles, bénédiction des cierges, fête de la Purification de la Vierge fixée au 2 février, solennité créée par le pape Gélase pour remplacer les

___

[1]. Voir, dans le dernier numéro de la *Revue archéologique* (août 1877), un très-curieux article sur le musée de Capoue et ses terres cuites votives: figurines, têtes, pieds, mains, phallus, etc.

odieuses pratiques des lupercales, d'après les bollandistes et aussi dom Martenne (*De antiquâ ecclesiæ disciplinâ*, XV, 2.). La fête de la Circoncision fut fixée au 1er janvier pour remplacer les rites impurs du culte de Janus qui souillaient les calendes de janvier, et dans les anciens missels dom Martenne rencontre la messe de la fête de la Circoncision sous le titre de *Missa ad prohibendum de idolis*.

Je ne puis abandonner le chapitre des superstitions sans donner la représentation de trois objets (fig. 277) sortis toujours des tombes mérovingiennes, et qu'on paraît s'accorder à tenir pour des amulets, bien que, pour deux d'entre eux, je demande à faire mes réserves. Ce sont : 1° A, boule de matière ferrugineuse — on pense que c'est un fragment de fer météorique, autrement dit d'aérolithe ou pierre tombée du ciel, — venue de Caranda. Elle est sertie de deux cercles d'argent se coupant à angles droits sous la boule, par conséquent la partageant en quatre parties

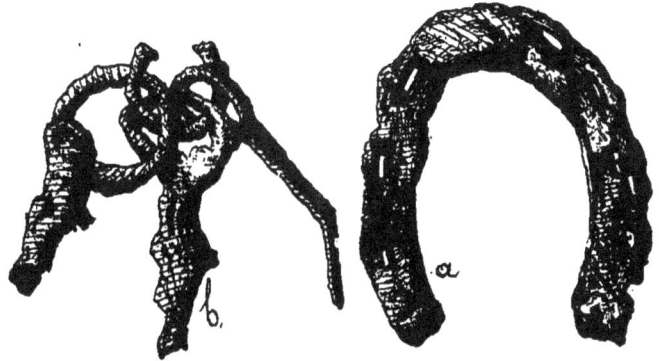

Fig. 278. — Fer à cheval et mors, de Verly.

égales, et enfin se reliant au sommet pour former une bélière à l'aide de laquelle cette boule se suspendait tombant sur la poitrine du mort. On n'est pas d'accord, cependant, sur la position habituelle de ce joyau, amulette ou porte-bonheur. On a découvert une semblable boule dans une sépulture du Nord ou du Pas-de-Calais, et on affirme qu'elle était pendue à la ceinture. — 2° B est un noyau de granit gris-blanc, discoïde, enchâssé dans une zone de fer à laquelle ce noyau est relié par deux minces lames d'argent se coupant en croix avec un petit clou d'argent au centre de rencontre. Cet amulet vient d'une tombe mérovingienne de Pont-à-Bucy (canton de Lafère), et j'en dois la communication amicale à M. Pilloy qui a eu, dans la même sépulture, un autre amulet composé d'une lentille de verre sertie dans une attache de bronze. — 3° En C sont deux grains de verre passés à des fils métalliques, mais que je ne tiendrais pas pour des objets de superstition, n'y voyant que des verroteries habituelles.

Quelques menus objets sortis encore de nos sépultures mérovingiennes ne mériteraient plus d'être cités maintenant, s'il ne fallait essayer de compléter cette nomenclature déjà si longue : des éperons à Caranda, une serpette à Lizy, un mors et quatre fers à cheval (fig. 278) trouvés par M. Pilloy dans les épaves sorties de la sépulture de Verly. Ils ont 0m,11 de longueur sur 0m,10 de

largeur, et ont dû appartenir à un animal de taille moyenne. Ce que cette trouvaille offre de particulier, c'est qu'elle semble contredire, autant qu'un fait unique peut le faire, une affirmation que
j'ai trouvée dans un des fascicules publiés par la Société archéologique de Château-Thierry, à
savoir, que les Mérovingiens ne ferraient pas leurs chevaux, ce qui revient à dire qu'ils les chaus-
saient de sabots de fer comme le faisaient les Gaulois d'avant la conquête, ce que tendrait à indiquer la trouvaille d'un squelette de cheval non ferré dans une tombe gauloise de Chassemy. (V. p. 162
du premier volume.) Non-seulement le dessin du fer à cheval de Verly, mais les sept trous dont
il est percé sont en contradiction formelle avec l'opinion que je viens de rapporter. Les sept trous,
ici, sont oblongs et non carrés comme on les fore aujourd'hui, et des crampons se voient aux deux
extrémités du fer.

Comme mobilier mortuaire des tombes mérovingiennes, il ne me reste plus qu'à dire un mot
des nombreuses monnaies romaines qu'on y retrouve à l'exclusion presque absolue, du moins
dans le département de l'Aisne, des monnaies de nos rois de la première race [1]. Comme exception
à cette règle, je ne vois guère que la trouvaille faite en 1862, dans le cimetière mérovingien *des
Chéneaux*, à Château-Thierry, d'une monnaie de très-petit module, de bas argent, sur laquelle
restaient les traces d'une croix et qui paraissait appartenir à la famille des médailles monétaires,
supposition impossible à contrôler, la pièce étant très-fruste et rongée d'oxyde. On a eu à Cugny
une médaille de Trajan et d'autres plus jeunes; une de Justinien à Caumont, non dans la tombe
elle-même, mais sur un de ses côtés; plusieurs à Lizy que j'ai toutes citées plus haut; à Montescourt un Caracalla au pseudonyme de *Antoninus Marcus Aurelius*, quelques-unes à Château-
Thierry, à Nouvion-le-Vineux, etc. A peu près partout, l'apparition de ces témoins des âges antérieurs avait suffi pour autoriser à conclure à l'origine gallo-romaine de la sépulture en masse. Ainsi
avait fait M. Lemaistre à Nouvion-le-Vineux, ce qui peut paraître excusable en 1830, mais ce qui
ne se comprend plus quand les trouvailles sont de date récente comme celle de Château-Thierry, à
la sépulture de laquelle ville on assigna comme âge probable « l'ère gallo-romaine », lisait-on alors
dans un article de l'*Écho de l'Aisne* de Château-Thierry. Là monnaie de Caracalla trouvée dans
une tombe de Montescourt fut regardée par M. Héré, alors président de la Société académique de

---

1. A propos de la rareté des monnaies des rois mérovingiens dans les sépultures de leur temps, l'abbé Cochet (*Normandie souterraine*) émet cet avis : « On peut affirmer qu'en général les Mérovingiens ne laissaient d'argent dans leurs
« tombes que par mégarde. De nombreuses observations et une expérience réitérée m'autorisent à le penser. » Cependant
dans le cimetière mérovingien de Lucy de la vallée d'Eaulne, le savant abbé trouva dans une bourse, à la ceinture d'un
mort, cinq petites pièces d'or (tiers de sol d'or) appartenant à des ateliers divers et, d'après les numismates les plus
autorisés, à une période de soixante ans, de 640 aux premières années du VIIIe siècle. — M. Namur (*Bull. de la Soc.
du Luxembourg*, t. VIII, p. 4), cite quelques monnaies mérovingiennes, entre autres un triens de Childebert Ier
(500-553) trouvé à Lôde (Belgique) entre les dents d'un squelette. — M. Baudot (*Sépult. bourguig.*) est très-précis et
dit que les pièces monétaires sont si rares qu'il n'en peut signaler que deux en or trouvées à Charnay. Si elles sont si
rares, c'est que les Mérovingiens n'en faisaient pas un usage habituel et s'en servaient plutôt comme ornement que
comme objets d'échange et de commerce; à Charnay, il a eu trois monnaies gauloises, quatorze romaines et ces deux
monétaires.

Saint-Quentin [1], « comme la plus intéressante des découvertes faites dans ce lieu de sépulture, « parce qu'il lui donnait une date et le faisait remonter au II° siècle de l'ère chrétienne ». Or, tout était mérovingien à Montescourt, sépulcres de pierre, forme, alignement et orientation, position des cadavres, armes et bijoux, vases et positions des poteries entre les ossements des jambes.

Un bronze de Constant, troisième fils de Constantin, dans le cimetière de Vendhuile, n'avait pas trompé M. C. Gomart. Une monnaie de Justinien à Caumont fut prise par M. Capaumont, auteur de la trouvaille en 1862, pour un témoignage non de l'occupation romaine, mais de la superstition dont saint Jean Chrysostome nous parlait tout à l'heure, pour un fétiche enfoui. Quand on a trouvé, dans plusieurs de nos sépultures mérovingiennes, des monnaies gauloises comme à Vendhuile par exemple, personne ne crut à un cimetière d'avant la conquête, et M. Pilloy, constatant la présence de six médailles à faces impériales dans les tombes de Lizy, disait avec raison : « Nous n'avons pas besoin d'ajouter que ces pièces ne donnent aucune date à la sépulture ; « elles étaient déjà un objet de curiosité pour les Francs, qui s'en paraient à leurs colliers ou brace- « lets [2]. » Ainsi à un collier de bronze, récemment trouvé dans une sépulture mérovingienne d'Arcy-Sainte-Restitue, pendait, enfilée par un trou, une médaille romaine à profil impérial. Lorsque nous trouvons à Cugny, et à Voyenne surtout, des vases et des débris de formes romaines en même temps que des armes et des bijoux mérovingiens, nous disons que la sépulture est mixte et non pas qu'elle est en entier ou exclusivement soit romaine, soit franque. Si nous retirons de Chaillevet ou de Saconin des fragments de grandes tuiles à rebord, nous ne concluons pas à un cimetière gallo-romain, mais à l'habitude de se servir de ces tuiles à une époque d'où les ont bannies des classificateurs prétendant que l'usage des *tegulæ* et *imbrices* a cessé dans le IV° siècle. Si dans les sépultures de ces deux mêmes villages de Saconin et de Chaillevet on rencontre ces débris, ici de cippes romains à formes reconnaissables (fig. 236), et là de stèles à cannelures, c'est qu'on a voulu utiliser de bons matériaux et non parce qu'on vivait aux temps gallo-romains.

En résumé, l'absence des pièces mérovingiennes et l'abondance des pièces romaines prouve qu'on frappa peu des premières et qu'on utilisa, comme monnaie courante et légale et comme bijouterie aussi, ces dernières, dont la fréquence, même en nos temps modernes, est encore un sujet d'étonnement.

J'ai donné plus haut la liste des quatre-vingts cimetières mérovingiens qui m'ont fourni les innombrables détails de cette notice dont je ne soupçonnais pas moi-même l'ampleur et la richesse au moment où je la commençais. Je n'ai donc pas droit de m'étonner qu'un membre intelligent [3] d'une de nos plus intelligentes Sociétés départementales ait écrit cette phrase à un moment où tous

1. Procès-verbaux du Congrès tenu à Laon par les Sociétés d'Amiens, Noyon, Reims, Soissons et Laon en 1858, séance du 1er septembre, page 67 du tome X des *Bulletins de la Soc. acad. de Laon.*

2. *Bull. de la Soc. acad. de Laon,* t. XIV, p. 211.

3. M. Calland. *Notice sur le cimet. de Saconin,* t. XX de la Soc. arch. de Soissons, p. 91, avril 1866.

ces documents étaient isolés et certains inconnus : « Les Francs ont été bien clair-semés sur notre
« sol, à voir ces rares sépultures éparses dans nos contrées. Comment les quelques barbares dont
« elles contiennent la poussière ont-ils pu vaincre et mâter ces Gaulois, la terreur des nations, et que
« le plus grand capitaine des temps antiques, César, n'avait pu soumettre qu'après dix années de
« lutte obstinée? » Les voilà connues ces sépultures! Elles sont bien moins rares que la science le
pensait en 1866. Le travail de synthèse n'était pas fait alors. Il ne l'est pas à cette heure même, et
il offre encore bien des lacunes qui toutes ne se combleront pas. Cependant, et à l'aide des faits
recueillis sur chaque point de nos cinq arrondissements, il est possible d'affirmer la présence partout,
soit de ces Germains arrivés chez nous et comme par vagues successives, couvrant tout le pays pendant trois siècles, s'y étalant pour laisser passer d'autres flux et d'autres marées, soit de leurs héri-
tiers directs et nombreux, même de nos jours les races septentrionales restant très-prolifères. Il est
possible d'affirmer, si pressés déjà que soient les noms de leurs sépultures retrouvées de nos jours
seulement, qu'il y en a eu un bien plus grand nombre encore, c'est-à-dire à peu près dans tous nos
centres actuels de populations rurales, ou dans leur voisinage immédiat.

Nous sommes enfin sortis de ces nécropoles et de ces tombes fécondes en enseignements. Nous
n'y rentrerons plus que très-rarement et pendant peu de siècles. Désormais nous sommes abandonnés par nos guides expérimentés, les Baudot, les Cochet, les Troyon, les archéologues anglais
ou allemands. Nous pénétrerons dans les voies nouvelles sans autre direction que celle de rares
renseignements amis, de nos propres recherches et de quelques bribes de documents fort vagues
puisés çà et là.

C'est ainsi qu'on sait très-peu de choses sur l'exercice des arts sous les premiers Mérovingiens.
Qui a dessiné, fondu, ciselé et doublé d'or ou d'argent ces bijoux originaux dont nous avons tant
parlé? Qui a frappé ces monnaies dont l'absence, dans nos sépulcres, est tout à fait remarquable,

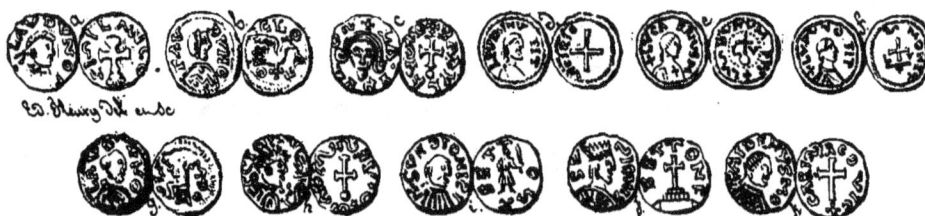

Fig. 279. — Monnaies mérovingiennes : A, B, C, D, E, F, G, de Laon. — H, I, J, de Soissons. — K, de Quierzy.

mais qui ont circulé cependant, puisqu'on en rencontre çà et là, par hasard, de rares spécimens
avec les noms de nos monétaires et sortant des ateliers attachés à ces villas qui nous occuperont
bientôt. A peu près toutes ces monnaies sont des *triens* ou tiers de sol d'or. Je donne ici (fig. 279)
un certain nombre de ces pièces frappées, aux temps mérovingiens, dans celles de nos localités où
le fisc royal établit des monnaieries. Ces monnaies sont au nombre de onze et me sont fournies par

les livres et mémoires les plus autorisés[1]. En voici la liste avec description et lecture des légendes.

LAON. A. Face, tête nue de roi, *Lavdvno* F pour *fit*. Revers, croix pattée et montée sur fleuron, dans le nom du monétaire que je lis *Sigilmico*, tandis que M. Dessains lit *Sigilaico*. — B. ꜰ, tête coiffée avec habit brodé dans *Lavdvno*. ʀ, un oiseau qui vole au-dessus d'une croix, avec *cloato* qui est l'adjectif accolé jadis au nom latin de Laon, *Lugdunum, Laudunum,* pour le distinguer de ceux des autres villes appelées aussi *Lugdunum* comme Lyon : *Lugdunum cloatum,* ou *clavatum,* Laon-le-Cloué, surnom non encore expliqué jusqu'ici. On a prétendu, la science de l'étymologie semblant tout permettre, que *Laudunum, Lugdunum* voulait dire en celte *Montagne du Corbeau,* d'où un oiseau sur la monnaie de Laon. Est-ce le corbeau celte ? Bouteroue y voit un paon. « Il ne m'a « paru tel, » dit Le Blanc. Ce qu'il y a de plus certain, c'est que d'autres pièces mérovingiennes montrent des oiseaux portant la croix au bec. — C. ꜰ, sous une croix, tête nue vue de face, ce qui est rare, avec le nom de Laon ainsi orthographié *Lavdvnos*. ʀ. *Badvlphvs Mo.,* pour *monetarius*. En haut petite croix pattée, et au centre grande croix pattée au-dessus d'un disque. Les numismatistes s'accordent à reconnaître à ce triens une certaine ressemblance avec les monnaies byzantines du temps. — D. ꜰ, tête de roi avec diadème perlé et manteau ; lég. *Levdvnv. fit* pour *Laudunum,* nom non encore aperçu avec cette orthographe. ʀ, dans un cercle perlé, longue croix avec le nom du monétaire *Vicirio*. — E. ꜰ, tête avec diadème à double rang de perles, manteau royal avec une croix pectorale et le nom du monétaire *Lucarrius m*. ʀ. Lég. *Lvgdvnvm fit* autour d'un cercle perlé enfermant un globe crucigère accoté des deux lettres L. V., initiales du mot *Lvgdvnvm* ainsi répété deux fois. — F. ꜰ, tête ceinte d'une double bandelette, vêtement richement brodé dans la lég. *Lvdo fit*. ʀ, encadrement de perles avec nom du monétaire tronqué... *S. Monet*. Croix *haussée* et les deux lettres L. V. — G. ꜰ, encadrement guilloché. Tête nue d'un dessin différent et avec riche manteau dans le nom *Lavdvno*. ʀ, le poinçon n'a pas porté partout et l'encadrement est incomplet. Dans le nom du monétaire *Sigimvndo* où les trois lettres *mvn* sont représentées par une abréviation, on voit un petit personnage assis vers la gauche et levant ce que je crois être sa main, ce que des savants prennent pour une massue. Lelewell cite un autre triens de Laon avec nom du monétaire Betto qui signa plusieurs pièces soissonnaises.

SOISSONS. H. ꜰ, tête échevelée avec manteau dans la lég. *Svessionis* en caractères de fantaisie. ʀ, globe crucigère dans le nom écrit *Sevossionois*. — I. ꜰ, tête nue au-dessus d'un manteau avec lég. commençant par une croix SVᴇCIONIS, C à l'envers. ʀ, nom du monétaire *Betto* entourant un petit personnage debout au-dessus d'une croix de Saint-André et tenant à la main un bâton ou une arme. Le Blanc voit là une hache en souvenir du châtiment infligé à l'homme au vase de Soissons, que Clovis pourfendit de sa hache francisque, ce qui n'est pas acceptable, d'abord parce qu'à ce bâton ou haste n'est pas attaché un fer de francisque, ensuite parce qu'il est bien établi en numis-

---

1. Bouteroue, *Rech. curieuses des monnoies de France*, 1660. — Le Blanc, *Traité hist. des monnoies de France.* — J. Lelewel, *Numismatique du moyen âge*, 1835. — F. Dessains, *Recherch. sur les monnaies de Laon*, 1833. — E. Cartier, *Manuel de numism. mérov.*, 1848, etc.

matique mérovingienne que Clovis n'a jamais frappé de monnaie à son nom, pas plus que ses premiers successeurs, à l'exception de Théodebert, roi d'Austrasie, qui lutta énergiquement contre les prétentions des empereurs à la suzeraineté des Gaules et apposa fièrement son nom sur sa monnaie. — J. ꜰ, tête de roi à couronne radiée, souvenir des monnaies romaines, dans le nom *Svessionis*. ꜱ, *Betton F.*; au centre une croix *haussée* posée sur un perron à trois degrés. La croix posée sur un globe est dite aussi croix *haussée*. Nous verrons bientôt de belles et curieuses dalles de sépultures montrer, soit ciselées en creux, soit taillées en bas-relief, des croix *haussées* assises aussi sur perron, gradin ou piédestal à plusieurs degrés. Ces gradins sont très-communs sur les pièces des monétaires; ils prolongent leur existence jusqu'à la fin de la première race, mais en tombant insensiblement en désuétude, et ils disparaissent enfin à la fin du viiᵉ siècle [1]. MM. Henri Martin et Lacroix [2] citent un nouveau tiers de sol d'or trouvé en 1838 ou 1839 à Soissons et déposé au musée de cette ville, lequel montre une fois de plus le nom du monétaire Betto à la face, *Betto mo.*, dans la lég. *Svessionis fit*, et au revers une croix latine *haussée* sur un globe. Au dire encore de M. Henri Martin [3], un amateur de Mons possédait un tiers de sol d'or avec *Svessionis* à la face, et au revers le nom *Elalivs monet.* encadrant un calice surmonté d'une croix, le calice qui apparaît plusieurs fois sur les pièces des monétaires mérovingiens, mais ne se montre jamais que sur les monnaies de la première race, en désignant une fabrication du viiᵉ siècle, car il appartient surtout à des pièces du règne de Dagobert Iᵉʳ. Lelewel cite enfin comme ayant fonctionné à Soissons un monétaire du nom de Ragnola, mais dont il ne décrit et ne dessine pas les produits.

Qᴜɪᴇʀᴢʏ. K. ꜰ, tête nue de roi couvert d'un manteau dans le nom du monétaire *Baidenus mo.* ꜱ, une croix latine *haussée* sur une petite croix grecque dans le nom de la monnaierie *Carisiaco vic.*, *vic* pour *vico*, villa ou bourg royal dont nous reverrons bientôt le nom et où nos rois mérovingiens et carlovingiens signèrent tant de diplômes, de capitulaires, d'ordres de réunions d'assemblées politiques et religieuses, mall et conciles. L'atelier monétaire de Quierzy était encore en pleine activité du temps de Charles le Chauve qui y fit frapper des deniers d'argent avec cette inscription *Carisiaco palatio*. La monnaierie de Quierzy était alors palatiale, tandis que, sous les Mérovingiens, elle était sous la dépendance du fonctionnaire qu'on appelait monétaire; ainsi le Baidenus de la monnaie K de la figure 279. Lelewel cite un second monétaire qui fonctionna à Quierzy de 711 à 715 et s'appelait Fravar; on en a des triens à la croix accotée de l'*Alpha* à droite et de l'*Oméga* à gauche, et on ne sait sous quels rois Fravar fonctionnait. Il est bon d'ajouter, d'ailleurs, que les tiers de sol d'or des monétaires apparaissent seulement vers 555, la science moderne niant absolument les monnaies de Clovis.

A cette liste authentique de nos monnaieries qui se prouvent par leurs œuvres et les noms de leurs directeurs, l'*Histoire de Soissons* de MM. Henri Martin et Lacroix propose d'ajouter les noms

1. Lelewel, *Numism. du moyen âge*, t. I p. 29.
2. *Hist. de Soissons*, t. I, p. 179, 1839.
3. *Loco citato.*

de Vailly et de Château-Thierry : Vailly, parce que Lelewell cite une monnaie à croix haussée de *Vellaco. vic.* qui, suivant cet auteur, pourrait bien être Veulles-en-Caux, mais qui pourrait bien être aussi Vailly-sur-l'Aisne, jadis *Velliacum, Valliacum, Villiacum. Tidiriaco vi.* pourrait être attribué à Château-Thierry avec son monétaire *Sicoaldvs,* de même qu'on lui prête la médaille gauloise avec face timbrée du coq national et au revers une tête diadémée avec le nom incomplet *Tidiria...* (V. mon 1er vol., p. 160, grav. 84.) *Sesenno villa* du monétaire .....*ilgisilo* pourrait être, au dire de Bouteroue [1], ou Essommes auprès de Château-Thierry, ou Sissonne chef-lieu d'un des cantons de l'arrondissement de Laon, ou Sésanne en Champagne. Il faut cependant ne pas aller trop loin et même savoir s'arrêter dans le champ des hypothèses, tandis qu'il est certain que le tiers de sol d'or du monétaire *Dotiloran.* avec nom de *Veremvn.* précédé d'une croix, peut être sans crainte attribué à une monnaierie fonctionnant dans l'antique *Augusta Viromanduorum* placée à Vermand par M. Lelewell, opinion qui n'a plus guère de chance d'être adoptée aujourd'hui.

On sait où étaient placés ces ateliers de fabrication de pièces monétaires. Beaucoup de ces grandes villas royales et mérovingiennes que nous passerons en revue tout à l'heure possédèrent des monnaieries. Il n'en faut pour preuve que le mot qualificatif de *vic.* pour *vico* accolé au nom de *Carisiaco* [2] (Quierzy), de *Tidiriaco* [3], qu'on applique ou non ce mot à Château-Thierry, de *Vellaco vic* [4], si c'est bien là ou si ce n'est pas le nom mérovingien de Vailly. Les intendants de ces domaines recevaient en retour de leurs produits en nature des monnaies romaines d'or qu'ils refrappaient aux types adoptés par eux et signés de leur nom et de celui de leurs villas ou du palais royal, par exemple de Soissons. Comme ces villas possédaient, groupés dans leur enceinte, des ateliers nombreux où s'exerçaient, au profit du roi, de sa cour de leudes, de guerriers, de prêtres, de serviteurs et d'esclaves, tous les arts manuels, ceux de l'orfèvrerie, armurerie, tissage des étoffes, broderie, passementerie, peausserie, boucherie, boulangerie, etc., etc., il est probable que la fabrication de la monnaie était remise à l'orfèvre qui fabriquait les bijoux précieux dont nous nous sommes tant occupé, qui ciselait aussi et damasquinait les armes confectionnées et terminées par l'armurier son voisin. L'intendant, parmi ses fonctions, avait celles de monnayeur et d'essayeur. On le voit par l'exemple de saint Éloi, orfèvre et plus tard évêque de Noyon, qui fut l'essayeur de la monnaie frappée à Paris de 630 à 641. Des savants ont écrit que les monétaires mérovingiens étaient les descendants des anciens monétaires gallo-romains dont les fonctions étaient héréditaires à cause de leur importance, de leur spécialité et de leur responsabilité. On cite, par exemple, un Abbon, monétaire du fisc à .

1. *Rech. cur. des monn. de Fr.,* V, 20.

2. *Carisicum,* sur une monnaie de l'atlas de Damien de Templeux; *Cariciacum,* 605 (Aymoin); *Caraciacum,* 605, (Frédegaire); Karicy, 605 (Chron. de Saint-Denis); *Carisiaco villa,* dans les *Hist. de France,* t. II, p. 662. (*Dict. topog. de l'Aisne,* de M. Matton.)

3. *Castrum Theoderici,* 923. *Hist. de France,* t. IX, p. 54. M. Matton ne cite pas le nom de *Tidiriaco* qu'il aurait retrouvé comme appartenant sûrement à Château-Thierry.

4. *Vasliacus in pago Suessonico,* et *Vaesly* (dip. de Charles le Chauve); *Vesliacum,* 1143. (Cart. de Saint-Yved de Braine.)

Limoges, et saint Éloi, *Eligius*, dont les noms sont latins. Latin aussi semble celui de Betto, monétaire du fisc à Soissons; mais les noms de *Similgico* ou *Sigilaico* si l'on veut, de *Badulphus*, de *Lucarrius*, de *Sigimundo* qui ont signé les monnaies de Laon, de *Baidenus* et surtout de *Flavar*, monétaires fiscaux au vic de *Carisiacum*, sont d'origine incontestablement germaine, et si tout d'abord il fallut recourir aux monétaires gallo-romains et à leurs fils, il n'y a pas de raison pour croire que les descendants des envahisseurs francs ne surent pas plus tard partager avec les anciens vaincus la science et les bénéfices de la fabrication des triens ou tiers de sol d'or qui sont la véritable et à peu près l'unique monnaie de la première race, le sol d'or étant très-rare, et le fisc royal ayant multiplié l'émission des triens d'or, fraction très-commode au commerce, à l'échange, à tous les usages de la vie enfin. Cependant la monnaie laonnoise E de la figure 279 au globe crucigère, à la légende *Lvgdunum fit,* au nom de *Lvcarrivs,* est un demi-sou d'or, coupure extrêmement rare et que pour les besoins de mon dessin j'ai réduite à la dimension des dix autres dessins tous de triens, l'important ici étant moins de donner des représentations exactes de dimensions, que de fournir des figures, des légendes et des emblèmes typiques d'art et d'époque.

Au lieu de croire maintenant que les orfévres furent tous des Gallo-Romains, on semble, au contraire, penser que les intendants des villas firent tous leurs efforts pour fixer chez eux des ouvriers bourguignons qu'ils attiraient à prix d'argent ou qui étaient faits prisonniers dans les

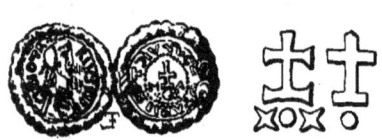

Fig. 280. — Monnaie et chrisme de Chlotaire II.

hasards des luttes qui durèrent si longtemps entre l'Austrasie et les rois soissonnais de la Neustrie. Pour trouver une monnaie au nom et à la figure d'un roi de Soissons, il faut attendre que Chlotaire II soit monté sur le trône. Ce prince, qui, à la suite de fortunes diverses, réunit en un seul les divers royaumes entre lesquels la France était partagée depuis la mort de son bisaïeul Clovis, battit monnaie à son propre nom; mais elle est toujours au monogramme de Marseille; et jamais de Soissons; par conséquent, je me contente de dessiner un de ses triens chrismés à la croix *haussée* sur un globe tantôt isolé, tantôt accoté de deux étoiles (fig. 280).

En parlant plus haut et pour la première fois des croix *haussées* sur perron, escalier ou réunion de degrés qui se montrent sur les monnaies authentiquement mérovingiennes, j'ai annoncé que ces emblèmes ainsi dessinés me serviraient à établir, authentiquement aussi par conséquent, la date de plusieurs dalles de couverture de sarcophages en pierre dont l'âge n'avait pas été bien fixé jusqu'ici. Ces dalles mortuaires (fig. 281, 282 et 283) sont les seules connues de ce style dans le département de l'Aisne jusqu'ici. On en compte quatre qui proviennent : les deux premières de l'abbaye de Fervaques près Saint-Quentin (fig. 281), la troisième de l'église d'Urcel (fig. 282) et la quatrième (fig. 283) de l'église de Glennes (canton de Braine). Je les ai placées en regard les unes des autres pour montrer leurs points de ressemblance générale.

Accompagnées de deux autres pierres gravées et mortuaires du moyen âge et dont je n'ai donc pas à m'occuper ici, les deux dalles de Fervaques ont été trouvées dans des fouilles pratiquées en 1863 au milieu de l'enceinte des jardins de cette abbaye. Leur forme, toute d'époque (fig. 281), est plus large à la tête qu'au pied. La première est longue de 2ᵐ,27 sur une largeur de 0ᵐ,95 en haut et de 0ᵐ,75 en bas. On y voit gravée au trait, c'est-à-dire en creux, une croix pattée décorée d'un besant au centre de rencontre, de quatre autres disques ou besants à l'extérieur de cette rencontre, et *haussée* sur un gradin de trois marches; la haste sous la croix s'accompagne à droite et à gauche par six demi-circonférences à arcs concentriques. La

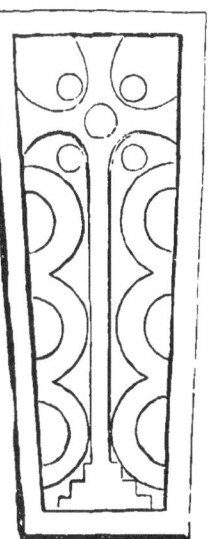 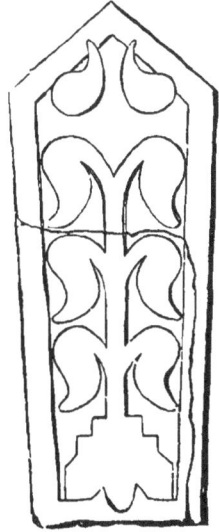 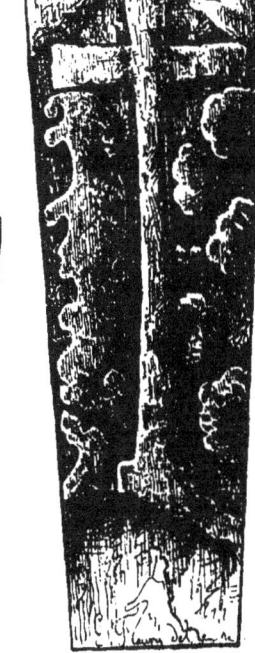 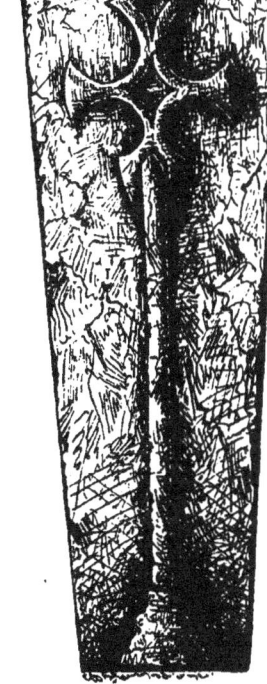

Fig. 281. — Couvercles de tombeaux mérovingiens, à Fervaques.   Fig. 282. — Dalle à Urcel.   Fig. 283 — Dalle à Glennes.

seconde dalle, brisée par le milieu et rendue fruste par l'usure, est à peu près de la même taille, mais s'amortit en triangle par le haut. La croix, *haussée* sur un gradin à trois marches aussi, mais plus élevé, se forme, toujours au trait et en creux, en haut par des larmes et en dessous par des végétations foliacées et à pointes tournées vers le bas; de semblables végétations sortent, deux à droite et deux à gauche, de la haste ou hampe elle-même. Ces dalles et celles que je signalais plus haut comme plus modernes appartenaient au pavage antique d'une petite chapelle évidemment détruite par un violent incendie. Par leurs ornements elles rappellent certains détails de tombeaux mérovingiens trouvés à Niort et publiés par le *Bulletin monumental* de M. de Caumont en 1862 [1].

---

1. M. Charles Gomart, *Étude sur l'abbaye de Fervaques.*

Quant aux deux dalles d'Urcel et de Glennes, elles sont sculptées l'une et l'autre et en vif relief dans une pierre très-dure, et leur haste repose encore sur des gradins comme la croix des monnaies mérovingiennes. La dalle de Glennes (fig. 283) est franchement pattée, présente deux évidements à son centre et sur son membre supérieur, et ne manque pas d'élégance. Quant à celle d'Urcel (fig. 282), si la croix y affecte plus de simplicité dans sa carrure aplatie, elle s'enveloppe en haut dans des reliefs simulant sans doute des nuages, mais sur ses côtés dans d'autres dessins dont les formes bizarres paraissent inexplicables jusqu'ici. Il serait difficile de décrire le motif de droite avec le développement de ses courbes insolites, tandis qu'à gauche on semble lire des moitiés de couronnes posées sans ordre apparent, d'aspect hiéroglyphique, mystérieux, ne permettant aucun essai d'explications et qui cependant doit avoir un sens. Le musée de Senlis possède quatre à cinq tombes à peu près semblables, muettes aussi, avec croix *haussées* aussi en relief et semblablement accotées de figures évidemment symboliques, sur l'une la forme de l'*Ascia,* sur l'autre le poisson placé en hauteur, le poisson si souvent sculpté, gravé ou peint sur des pierres tumulaires, sur des murs des catacombes de Rome et sur des bagues, ce symbole-formule dont le nom grec ICTVS est aussi éloquent que la représentation iconographique elle-même, en fournissant les initiales des cinq mots qui composent le nom du Christ et ses principaux attributs : Ἰησοῦς Χριστός, Θεοῦ Υἱός, Σωτήρ, *Jésus-Christ, Fils de Dieu, Sauveur.* Cette ressemblance des dalles mortuaires d'Urcel et de Glennes avec celles de Senlis était à noter, ces dernières possédant les plus vieux symboles du christianisme reproduits par les artistes des premiers siècles, les poissons surtout que nous allons bientôt faire apparaître sur les parois sculptées de nos plus anciennes cuves baptismales, petits mais intéressants monuments taillés dans la pierre si dure, si indestructible, que chaque église ruinée par la vieillesse ou par l'incendie remettait sa vieille cuve intacte à l'église qui lui succédait.

A mon avis, la dalle d'Urcel serait beaucoup plus âgée que celle de Glennes, la croix haussée s'y montrant bien plus simple et plus tranquille. Un document d'histoire locale permet, d'ailleurs, d'affirmer qu'elles ont été sculptées avant le x⁰ siècle. L'abbaye de Saint-Vincent de Laon a possédé jusqu'en plein xii⁰ siècle le très-profitable privilége de recevoir la dépouille mortelle de tous les personnages de condition et d'importance qui finissaient leurs jours dans la ville de Laon. Au dire de dom Wyard qui a écrit l'histoire de cette illustre et intéressante abbaye, son église était à la lettre pavée de dalles mortuaires du plus haut intérêt et des dates les plus variées. Les plus antiques étaient toutes muettes, c'est-à-dire ne possédant jamais d'inscription, et seul le nécrologe de l'abbaye pouvait faire reconnaître par leur position les personnages dont elles couvraient les restes mortels. Ainsi le chœur de l'église, place d'honneur, renfermait encore vers 1680, moment où dom Wyard écrivait son livre, « six tombes d'ardoise toutes simples et sans inscriptions, ce qui fait reconnaître « que leur antiquité remonte au ix⁰ siècle », lit-on dans dom Wyard ajoutant que parmi ces tombes était celle de Dido, évêque de Laon, mort vers l'année 892. Au x⁰ siècle, les dalles mortuaires commencent à porter des noms à Saint-Vincent. Ainsi celles de Roricon, trente-septième évêque de Laon, mort en 976, et de son successeur Adalberon, mort en 1038, portent ces courtes mentions : *Rorico episcopus, Adalbero episcopus*. On lit aussi cette simple inscription : *Melcannus abbas*, sur la dalle de Melchalan, abbé de Saint-Vincent, mort entre 948 et 970 environ. Pour rencontrer à Saint-Vincent les premières tombes gravées avec effigie du défunt revêtu de son grand costume, il faut redescendre en plein xi\` siècle avec dom Wyard qui nous décrit les dessins de la dalle d'Adélolaxaus, évêque de Laon, mort vers 1035. Il nous a conservé son inscription très-simple : *Adelolaxaus, laudunensis episcopus*, mitre fort basse, vêtement de forme archaïque, nom écrit depuis l'épaule droite jusqu'à la hauteur de l'orfroi. L'évêque Leothéric (1050-1052) est représenté dans un costume de même style, avec son nom gravé : *Leotericus, laudunensis episcopus*, et, à partir de cette époque, toutes les tombes adoptent la mode, si féconde en renseignements sur l'art et le costume, de représenter les personnages importants gravés sur les dalles de leurs sépulcres. L'absence de nom sur les deux dalles d'Urcel et de Glennes, jointe à la présence de la croix haussée, fait donc remonter ces deux monuments au ix\` siècle environ, celle d'Urcel me paraissant beaucoup plus vieille probablement que celle de Glennes, je le répète.

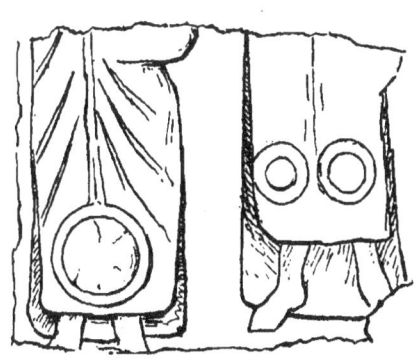

Fig. 284. — Mosaïque mérovingienne de Vailly.

Pour en revenir aux arts qui s'exerçaient dans les villas du fisc, par exemple à Vailly qui posséda une villa romaine d'où nous avons vu sortir tant de belles mosaïques décrites plus haut, je ne m'étonnerais pas qu'aux temps mérovingiens cette ville ait été aussi le centre d'une villa fiscale et que des ateliers de celle-ci soit sorti certain fragment qui détonnait sur l'ensemble de ceux auxquels la belle église de Vailly donna d'abord et retira ensuite son hospitalité pour les envoyer à la destruction. (Voir les pages 15 et 16 du présent volume.) Ce fragment (fig. 284) avait, à première vue, vivement attiré mon attention.

Il était grand et affectait la forme d'un carré long délimité au bas par une bordure d'encadrement formée par des cubes grossiers et de fort appareil. Sur cette bordure s'appuyaient trois personnages dont on n'avait ni la tête, ni les bras, ni la poitrine, mais seulement le bas des robes et, pour un seul que j'ai supprimé sur la figure 283, les jambes et un pied inutiles à reproduire. La robe du premier était blanche et à grands plis formés de cubes noirs. Elle était ornée tout en bas d'un médaillon circulaire, de la *callicula* dont on ne pouvait déchiffrer l'ornementation polychrome et qui ressemble à certaines pièces d'orfèvrerie ou de broderie ornant le bas de la tunique des évêques et prêtres de nos pierres tumulaires des xii\` et xiii\` siècles. Les premiers chrétiens avaient adopté l'usage d'orner de pièces d'étoffe de couleur pourpre, *calliculæ*, la partie inférieure de leurs vêtements le plus souvent, l'épaule quelquefois, et les peintures des catacombes de Rome nous offrent des exemples de cet usage [1]. Le second personnage portait une espèce d'étole blanche tombant sous le genou et ornée de deux de ces médaillons; les jambes se détachaient sur le ton brun de la doublure d'un manteau pendant jusqu'à terre. Du troisième on n'apercevait que deux morceaux de la robe à dessin rouge et partagés par un raccord grossier de ciment, ce qui prouve qu'avant même sa ruine cette mosaïque avait eu besoin de restauration. Comme on ne savait plus tailler et manier les cubes

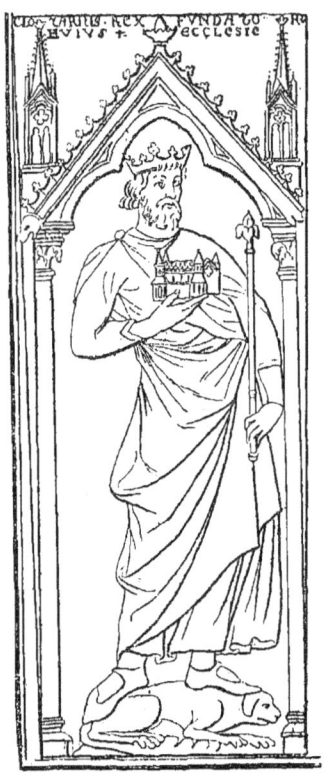

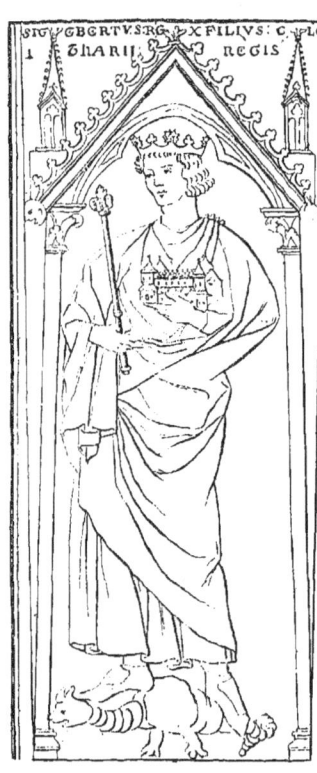

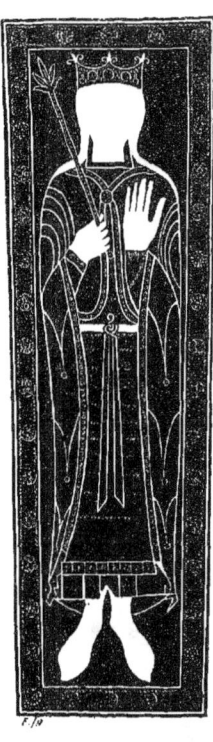

Fig. 285. — Statue de Chlotaire Ier,
roi de Soissons.

Fig. 286. — Statue de Sigebert,
roi d'Austrasie.

Fig. 287. — Tombe de Frédégonde,
reine de Soissons.

probablement, le restaurateur les avait tout simplement remplacés par un placage de mortier. La bordure était d'un très-grossier travail; les cubes, massifs, étaient pris dans les éléments fournis par le pays, le cliquart, des terres cuites, et ils portaient des traces d'incendie [2]. Le dessin raide de ces personnages, leur maintien empesé, la coupe de leurs vêtements qui semblaient ecclésiastiques,

1. *Dictionnaire d'Antiq. chrétiennes*, par M. l'abbé Martigny, p. 92.
2. Ed. Fleury. *La Civilisation et l'Art des Romains dans la Gaule belgique*. Décembre 1860.

l'étrangeté de ces médaillons ou *calliculæ*, ne procédant en rien de l'art et des vêtements romains, l'incorrection de la jambe et du pied, font songer aux miniatures de nos plus vieux évangéliaires ; et la raideur des personnages, leur disposition de face, leur juxtaposition, rappellent certaines peintures byzantines.

L'époque où furent construites nos primitives églises peut être indiquée comme date de la fabrication de cette mosaïque, ou, pour préciser davantage, les vi[e] et viie siècles ont dû dessiner ces figures dont l'attitude et la coupe des habits n'ont pour moi d'équivalents nulle part.

Nous manquons d'éléments utiles pour établir par la comparaison des costumes la date vraie de la mosaïque de Vailly. La statuaire du xiiie siècle, qui a multiplié dans l'ornementation des portails de nos grandes cathédrales, les représentations de nos premiers rois, les a affublés de vêtements de fantaisie. J'en pourrais donner pour exemples, et d'après Montfaucon, les cinq statues qui ornent la galerie des rois à la cathédrale de Paris et qui sont censées représenter Chlotaire Ier, sa femme Radegonde, Chilpéric, sa femme Frédégonde et Chlotaire II, par conséquent cinq personnages qui appartiennent essentiellement à notre histoire départementale. Les statues des rois Chlotaire Ier et Sigebert couchées sur leurs tombeaux à Saint-Médard de Soissons (fig. 285 et 286) ne nous fourniraient pas de points de comparaison plus utiles. Cependant la fameuse dalle émaillée de la reine Frédégonde, conservée dans l'église de Saint-Germain-des-Prés à Paris (fig. 287), nous montrera la robe de cette princesse échancrée par le bas pour laisser voir la naissance de la jambe, et allongée par derrière en façon de manteau. C'est à peu près la coupe du bas de la robe du personnage à gauche sur la figure 284. La forme du pied d'un des personnages de la mosaïque de Vailly est bien celle de Frédégondé sur sa tombe.

Il ne faudrait pas croire que je force la note en parlant de mosaïques au vi[e] siècle ; cet art brillait alors à Byzance et fournit des manifestations en France jusqu'au ixe siècle ; Grégoire de Tours signale des églises qui s'en ornaient de son temps. L'abbé

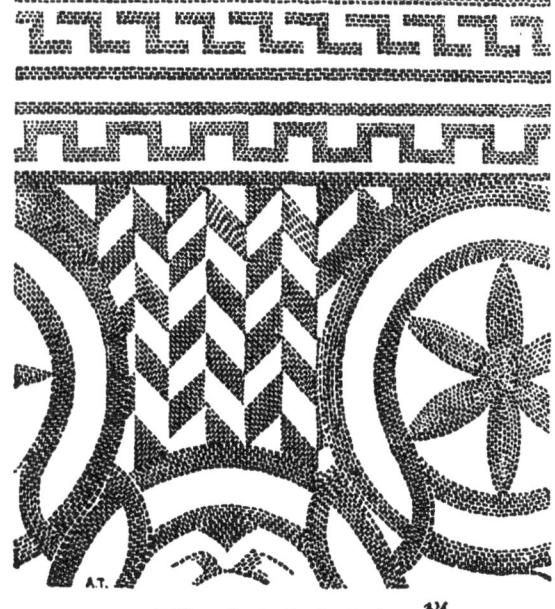

Fig. 288. — Mosaïque mérovingienne de la collégiale de Saint-Quentin.

Lebœuf[1] nous montre saint Pollade, évêque d'Auxerre, ornant de mosaïques à cubes d'or, imitation byzantine au plus haut chef, le monastère de Saint-Eusèbe, et M. Viollet-le-Duc[2] constate que l'usage de la mosaïque fut très-fréquemment utilisé « dans les monuments de l'époque « mérovingienne en Occident », non plus seulement en pavage comme aux temps gallo-romains, mais sur les murs de palais et des églises, notamment à Sully-sur-Loire, église qui paraît dater du IXe siècle. Si nous remontons bien au delà en arrière, c'est-à-dire jusqu'au VIe siècle, jusqu'au temps où saint Médard fut évêque d'*Augusta Veromanduorum*, soi-disant Vermand, c'est-à-dire entre 530 et 540, nous voyons la primitive église de Saint-Quentin, celle qui succéda à la *cella* de Sainte-Eusébie, s'orner d'une mosaïque rudimentaire de formes, brutale de dessin, mais qui succède immédiatement à celle de la belle époque gallo-romaine. Dans son *Mémoire sur les découvertes archéologiques faites dans le sous-sol du chœur de la collégiale de Saint-Quentin* (décembre 1865), M. Besnard, architecte très-distingué, nous apprend qu'elle fut retrouvée à 2m,40 au-dessous du carrelage actuel, qu'elle appartenait au troisième étage des huit dallages qu'il constata dans ses fouilles et placé juste sous celui que fit construire, en 804, l'abbé de Saint-Quentin Fulrad, cousin germain de Charlemagne par la main gauche. M. Besnard croit à une époque intermédiaire entre la construction de l'église de Saint-Médard et celle de la collégiale de Fulrad. A la ressemblance intime de cette mosaïque avec celles de bas ordre dessinées par les Romains, je prendrais volontiers parti pour saint Médard et pour le VIe siècle.

Quoi qu'il en soit, elle faisait partie d'un grand ensemble fort endommagé. Son meilleur panneau (fig. 288) avait 2m,20 dans un sens, et le reste était caché sous les substructions. Les cubes en sont blancs et noirs en marbre, rouges en terre cuite. Le décor se forme de grecques noires sur fond blanc pour l'encadrement, champ à dessins rhomboïdes blancs et noirs, espèce de *point de Hongrie* à rosaces à six rayons, et l'encadrement intérieur et circulaire se borde d'un liséré rouge. En résumé, le ton est terne, le dessin peu distingué, et le tout, après les mosaïques romaines, paraît barbare. Ce serait peu intéressant comme art, si on s'abstrayait de l'époque. A ce dernier point de vue, c'est une lueur, une pénombre dont il faut encore tenir compte. Comme sur la mosaïque de Vailly et ressemblance d'époque, les cubes de la bordure sont plus gros que ceux avec lesquels on a dessiné le champ et les dessins de ce pavage qu'on peut appeler artistique pour le temps.

Je ne veux pas quitter le vieux Saint-Quentin des Mérovingiens sans dire un mot d'une pierre inscrite et très-curieuse qui fut trouvée, en janvier 1826, dans les démolitions d'une tour du bastion dit du *Colombier*, à l'angle du rempart avoisinant un ancien cimetière gallo-romain dont j'ai parlé plusieurs fois déjà. La pierre était brisée, mais put être rétablie à peu près dans son entier et fut

---

1. Mém. concern. l'*Hist. civ. et eccl. d'Auxerre*, t. I, p. 140.
2. *Dict. raisonné d'arch.*, t. VI, p. 403.

déposée au musée de la ville. Elle a 0^m,12 sur 0^m,36 et portait en latin assez barbare (fig. 288) cette inscription [1] dont je donne la traduction en regard :

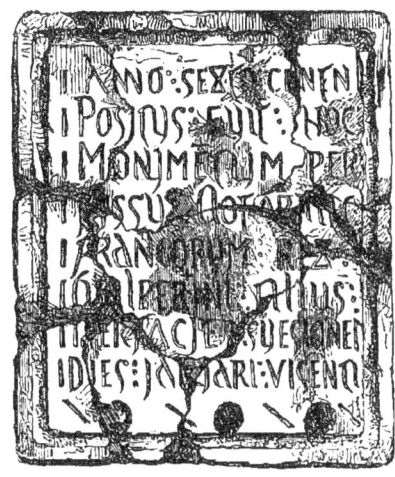

ANNO : SEXTO CENT. :	*En l'année six cent*
POSITUS : FUIT : HOC :	*fut posé ce*
MONUMENTUM : PER	*monument par*
JUSSU : CLOTARIUS	*ordre de Clotaire*
FRANCORUM : REX :	*roi des Francs*
CHILPERICI : FILIUS.	*fils de Chilpéric*
ITER : FACIENS : SUESSIONEM :	*allant à Soissons*
DIES : JANUARII VISENTI.	*le 20ᵉ jour de janvier.*

Fig. 289. — Inscription de Chlotaire II, à Saint-Quentin.

La pierre sur laquelle cette inscription a été gravée avec une réduction ici des cinq sixièmes, semble, à son grain, provenir d'une de nos carrières du Laonnois ou du Soissonnais. Elle se relève en forme de cadre et offre en bas les traces de trois scellements en plomb sur lesquels un sigle royal, ou monogramme, a peut-être été posé jadis. Elle a trait à un voyage accompli à Saint-Quentin par Chlotaire II retournant dans sa ville capitale de Soissons, en janvier 600, au moment où, tout jeune encore, puisqu'il était âgé d'environ douze ou treize ans, privé des conseils et de la direction de sa terrible mère morte en 598 après la victoire de Latofao sur les rois de Neustrie, d'Austrasie et des Burgondes, il venait de perdre la bataille de Dormelle et voyait mettre en discussion son petit royaume dont il fit plus tard un si grand empire lorsqu'en 617 il triompha décidément de la vieille Brunehaut qu'il livra à un si abominable supplice.

Le nom de cette grande reine, dont je n'aurai plus l'occasion de parler, m'amène à montrer que nos rois mérovingiens ne furent pas, les uns que des conquérants cruels, voluptueux et tyranniques, les autres que ces fainéants représentés toujours paresseusement montés sur ces chars dont Boileau a célébré la lenteur historique. Au sein d'une époque tristement rétrograde, ils surent installer quelque progrès, ce que prouve le nom de *Chaussée Brunehaut* qui, en plein XIXᵉ siècle, s'impose encore aux antiques voies romaines de nos contrées. En plusieurs de ses parties, notamment dans sa traversée du Vervinois, la vieille route romaine de Reims à Bavai (n° I des *Itinéraires* de M. Am. Piette) s'appelle encore la *Chaussée Brunehaut,* comme la fameuse voie

1. Je dois ce cliché à la complaisance de mon honorable ami M. Charles Gomart, de Saint-Quentin.

Cæsarea ou *Solennis*, de Rome à Boulogne par Reims, Soissons, Vic-sur-Aisne (n° III des *Itinér.*),
a conservé le nom de *Chaussée Brunehaut*, notamment sur les bords de la Vesle, au terroir de
Chassemy qui a un lieudit de ce nom. Le livre de M. Am. Piette me pourrait fournir plusieurs
autres exemples de ces appellations persistantes et qui témoignent des importantes restaurations
que cette reine intelligente, active autant qu'intrigante, fit subir à l'ancien réseau construit chez
nous par les Romains, notamment par Agrippa, réseau restauré déjà sous Septime Sévère et son fils
Caracalla, et finalement détruit à fond par les invasions des barbares et par leurs éternelles guerres
civiles. Ces restaurations de la grande viabilité dans le Soissonnais, dans le Laonnois, dans la
Picardie, même au sein des Flandres, fut entreprise par Brunehaut pendant qu'elle régnait sur
une grande portion de la Neustrie au nom de son petit-fils Childebert, et tandis que Frédégonde,
veuve de Chilpéric assassiné par sa femme, dit l'histoire, était réfugiée à Paris avec le seul enfant
qui lui restât, ce Chlotaire II dont la main sanglante ne centraliserait le pouvoir vingt-six ans
plus tard, qu'en se souillant du meurtre de sa vieille tante dont les légendes locales fixent le
supplice, ou tout au moins le dernier acte de ce supplice, sur le terroir de Laniscourt, à cette
pointe d'acropole sur lequel, en plein terrain préhistorique et en face de la montagne de Laon, se
voit ce grand rapport de terre qu'on appelle *la Tombe Brunehaut* et qui n'est qu'une butte d'observation gauloise et plus tard gallo-romaine. Laon a aussi sa *Fontaine Brunehaut* auprès de la gare
du chemin de fer du Nord.

Comme sa belle-sœur Brunehaut qui devint sa belle-fille quand elle eut épousé à Rouen le
jeune Mérovée, et même avant elle, le roi de Soissons Chilpéric avait aussi affecté un certain
amour de l'art. Il bâtissait des cirques et donnait des représentations théâtrales, imitant en cela
les Romains qui, quatre cents ans plus tôt, avaient élevé à Nizy-le-Comte, à Vervins, à Champlieu,
à Soissons, probablement encore sur d'autres points de notre sol, ces théâtres dont j'ai traité
amplement dans la première partie de ce livre et qui avaient sombré dans la ruine causée soit
par les invasions des Lettes et des Francs riverains du Rhin, soit par la réaction anti-romaine,
soit sous la pioche du démolisseur mérovingien cherchant des matériaux tout prêts pour l'édifi-
cation des villes nouvelles ou des églises chrétiennes. N'en ayant donc plus à son service pour
amuser ses peuples et les détourner de penser à se révolter contre sa dure tyrannie, le roi Chilpéric
en bâtit à Soissons et à Paris, selon Grégoire de Tours[1], pendant les dangers d'une guerre avec
son frère Gontramm, roi d'Austrasie : « *Quod ille despiciens, apud Suessiones atque Parisios circos*
« *ædificare præcipit, eis populo spectaculum præbens.* »

Où sont les ruines de ces cirques, de celui de Soissons notamment ? Telle est la question que
tous les savants se sont adressée depuis près de trois cents ans. Comme on ne les voyait réapparaître, les suppositions et les hypothèses se sont donné carrière. Celui-ci a posé son cirque sur
la colline qui domine le séminaire de Soissons, et, lorsque le génie y retrouva, sous la Restauration,

---

1. *Hist. Franc.*, lib. V, c. xvii.

les débris du théâtre romain, il affirma que Grégoire de Tours s'était trompé et que Chilpéric n'avait pas bâti de cirque, mais restauré seulement le théâtre dont j'ai donné, en mon premier volume, la description et les plans. Le roi chevelu se serait contenté d'y dresser des gradins de bois à la place de l'antique précinction. C'est l'avis de dom Grenier[1] et de M. Henri Martin[2]. Le Moine[3] écrit que si le cirque de Chilpéric n'a pas laissé de traces sur le sol, c'est qu'il consistait en une simple construction de bois destinée à des courses de chevaux et peu capable de résister à « l'injure des temps ». Ce sera là l'histoire de toutes nos primitives églises qui, de l'affirmation de certains, furent faites de bois seulement, ce qui dispense de toute recherche et de toute bonne raison ceux qui n'ont rien trouvé et rien su trouver. Quant à Leroux[4], il se montre un peu plus hardi. N'ayant pas plus que les autres rencontré cet introuvable cirque mérovingien, affirmé par Grégoire de Tours et que par conséquent on ne pouvait nier, il est tout heureux quand le génie lui livre, sur le monticule Saint-Jean, les débris romains, et il les proclame ceux d'un amphithéâtre ou d'arènes construites par Chilpéric, bien que le plan ne soit pas celui d'un amphithéâtre, mais d'un théâtre. En un temps plus rapproché de nous, un architecte très-célèbre a commis la même erreur à la fois pour Soissons et Champlieu. En dernière analyse, ce fameux cirque du vi[e] siècle n'a pas laissé de traces apparentes, sans qu'on ait jusqu'ici le droit d'affirmer une cause quelconque de destruction et un mode quelconque de bâtisse, et la conclusion à tirer, c'est qu'on ne sait pas mieux comment ont disparu tant de monuments plus solidement construits qu'un théâtre élevé pour des besoins d'un instant, ici on a le droit de dire pour une fantaisie. Dans un instant nous ne retrouverons pas d'autres traces de toutes nos villas royales des mêmes âges, que de grands mouvements de terre encore aujourd'hui épargnés par la culture, mais pour combien de temps ?

Parlons donc de ces habitations royales, de ces maisons aux champs et plutôt fermes que palais, de ces *villæ regiæ, villæ publicæ, villæ dominicæ, curtes regiæ, fisci, vici regis,* ou plus simplement *villæ* et encore *vici.*

César nous a appris[5] que les riches Gaulois possédaient tous, outre leur maison de ville, une habitation aux champs située soit au sein des forêts, soit sur le bord d'une rivière ou d'un ruisseau. « *Ædificio circumdata sylva... vitandi æstus causa, plerumque silvarum ac fluminum petunt* « *propinquitates.* » Le conquérant romain, qui n'aimait ni l'ombre ni la solitude, changea ces habitudes, et s'il recherchait toujours la fraîcheur de la rivière, comme dans ses villas d'Arlaines, de Ciry, de Bazoches, il déserta tout à fait la forêt et planta souvent son palais des champs sur des hauteurs, à Blanzy par exemple, et sur les deux collines du *Clair-Puits* et de *la Justice* à Nizy; le

---

1. Dom Grenier, dans son manuscrit sur le *Pagus suessionensis*
2. Henri Martin et Paul Lacroix, *Hist. de Soissons,* t. I.
3. Le Moine, *Antiq. de Soiss.,* t. II, p. 55.
4. Leroux, *Hist. de Soissons,* t. I, p. 104 et 111.
5. César, *Bell. Gall.,* l. VI, c. xxx.

riche Gaulois, propriétaire terrien d'une grosse fortune, adopta les mœurs des Romains, comme il avait adopté leur langue et leurs arts. Les Germains apportaient d'autres goûts qui rappelaient ceux des Gaulois d'avant la conquête. Les vainqueurs étaient à peine arrivés d'Allemagne depuis moins de cent ans, qu'ils reprirent possession des bois et des terrains bas abandonnés par les Gallo-Romains. La montagne fut délaissée pour la rive du cours d'eau, même pour le marécage, la campagne découverte pour les grands essartements dans les bois où la chasse était facile et toujours à la portée du maître; car c'est surtout le monarque qui aime à passer sa vie dans les grandes propriétés de l'ancien fisc romain, tandis qu'il a laissé les domaines d'ordre inférieur à ses fidèles des combats et à ceux des seigneurs gallo-romains qui ont les premiers tendu les bras au joug.

La villa du fisc mérovingien ne ressemble donc en rien à l'ancienne villa romaine. L'une se construit de bois, de torchis et de pierres de grossier appareil, quand l'autre se parait de beaux murs, de grandes assises, de colonnes de marbre, de peintures murales, de mosaïques artistiques, de statues, de tout ce que comportait le luxe inouï des quatre premiers siècles. La villa romaine multipliait ses petits appartements; mais la *villa regia* comportait des salles immenses où se réunissait toute la cour, la cour qui prit son nom d'une partie de l'habitation elle-même, *curtis*. Dans la villa romaine, l'*impluvium* est petit et ombreux; dans la villa mérovingienne, une cour immense, une basse-cour, même des cours de détails s'étalent en plein soleil, et, différence capitale, si les villas de Blanzy et de Nizy ne sont pas closes solidement, la villa de tous nos emplacements mérovingiens affecte l'apparence d'une forteresse. Elle s'est bâtie sur une terrasse ou plate-forme de rapport et s'enveloppe de retranchements élevés, *tunimus,* qui sont le résultat des excavations profondes ou fossés creusés pour recevoir les eaux soit d'un ruisseau, soit d'un marais saigné, soit d'un canal s'alimentant à la rivière voisine, et cette enceinte sur laquelle s'élèvent ou des haies épaisses et doubles, ou une forte palissade de corps d'arbres équarris, protége toute une population établie là à poste fixe, labourant, récoltant, fabricant, nous le savons déjà, vendant les produits de la villa quand celle-ci n'attend pas pour bientôt son souverain maître, lequel arrive lorsque sa suite a épuisé, dans un autre vic, les produits en nature qui, après la guerre, sont la principale source de revenu pour le trésor royal, ou quand une autre forêt n'a plus de gibier.

Nos contrées abondaient en ces sortes de villas bâties, aux temps mérovingiens, sur les cours de nos rivières, surtout de l'Aisne, de la Marne, de l'Oise, de la Somme. Le domaine actuel de Roucy qui borde l'Aisne, l'immense emplacement de Saint-Médard-les-Soissons, Quierzy sur l'Oise, Versigny sur l'étang et dans les grands bois de Saint-Lambert, etc., etc., étaient des *villæ regiæ.* Le nom du petit village de Coucy-la-Ville auprès duquel a été retrouvé un cimetière mérovingien intéressant au-dessus du marais autrefois considérable, est indicatif d'une villa, *Cociacum villa,* Coucy-la-Ville, et la vraie ville de Coucy est plus jeune avec son important château fort, la plus belle et la plus importante ruine militaire de France. Dès les premiers temps mérovingiens, le domaine de Coucy avait été donné à saint Remy par le roi Clovis que l'archevêque de Reims venait de baptiser, je ne dis pas de convertir.

On a dit que les villas mérovingiennes avaient été bâties tout en bois ; que Charlemagne a été le premier roi franc qui ait employé la pierre dans ses constructions [1] ; qu'on ne commença à bâtir en pierres qu'en 869 au moment où Charles le Chauve construisit une villa près de Saint-Denis, et on se fonde sur ce passage des *Annales bertiniennes* où il est dit : « *Ex ligno et lapide conficere* « *cœpit* », ce qu'on a traduit en principe par : « Il ne commença qu'alors à bâtir en bois et en « pierre » ; tandis qu'il fallait ne voir là qu'un petit événement local en traduisant tout uniment : « Et il commença à bâtir ce château en bois et en pierre. » On ne tient pas compte de ce fait, qu'à quelques lignes plus loin on montre, avec les mêmes *Annales bertiniennes*, le même roi construisant en pierre seulement un édifice à Pistes. Ici encore, il faut donc se défier des généralisateurs, et bientôt nous verrons M. Augustin Thierry faire rassembler tout un concile, une cour de justice chargée de juger un procès de lèse-majesté, dans une salle de bois de la villa Brennacum, parce qu'alors il n'y avait pas, au dire de M. A. Thierry, d'église à Braine, tandis que Grégoire de Tours ne parle ni d'une salle de bois, ni de l'absence d'église, mais de la réunion des évêques : « *Congregati igitur* « *apud Brennacum villam episcopi, in unam domum residere jussi sunt* », ce qui n'implique l'idée ni de palais, ni d'églises bâties en bois. Les partisans du bois comme matière et élément à peu près uniques des constructions mérovingiennes, avaient déjà affirmé, je l'ai montré plus haut, qu'en 576 Chilpéric avait bâti de bois, *more gallico,* son cirque de Soissons, et ils allaient beaucoup plus loin par conséquent que Grégoire de Tours qui n'avait pas parlé de *tabulis ligneis,* ce qu'il n'oublie jamais de faire quand il rencontre une église ou un édifice de bois, parce qu'il en a été frappé comme d'une exception. Une maison où s'est réfugié un ennemi politique de Chilpéric est de bois, d'après ce que nous raconte Grégoire de Tours, et il nous la montre envahie par les soldats du roi qui la démolissent et emportent les crampons de fer par lesquels se reliaient poutres, plafonds et parois.

Je crois donc aux villas royales non pas absolument bâties en bois, mais construites de maté-riaux très-légers [1] puisqu'ils n'ont pas laissé de traces sur le sol, il est juste de les reconnaître. M. Augustin Thierry reconnaît lui-même que la villa mérovingienne n'était pas toute de bois quand il écrit dans son premier récit des temps mérovingiens et en parlant de la villa Brennacum prise par lui comme type parfait du genre : « C'était un vaste bâtiment entouré de portiques d'architecture « romaine, quelquefois construits en bois poli avec soin. » Fortunat, ce célèbre parasite qui cultiva, au VIᵉ siècle, la savante et vieille gloutonnerie romaine, nous le verrons tout à l'heure, a décrit dans

---

1. M. Murville, *Essai sur les châteaux royaux, villas royales ou palais du fisc des rois mérov. et carlov. dans le département de l'Aisne.* In-8°, 1873.

2. C'est aussi l'avis de M. Viollet-le-Duc qui, traitant des villas mérovingiennes en son *Dict. d'arch.*, t. I, p. 313 vᵒ *Architecture,* dit : « Les rois francs bâtissaient des *villæ* en maçonnerie grossière et en bois, et les évêques des église « et monastères. »

ses épîtres les villas de chasse dans les forêts. Celles-là sont vraiment faites de bois d'après cette description claire et pittoresque :

> *Æthera mole sua tabulata palatia pulsant...*
> *Singula silva favens ædificavit opus.*
> *Altior innititur, quadrataque porticus ambit,*
> *Et sculptura lusit in arte faber* [1].

En résumé, si ce document est précis et formel quant a ce qui regarde la maison mérovingienne de chasse au milieu des forêts qui fournissaient, en plein milieu favorable, des matériaux employables sur l'heure et n'exigeant pas de transport, il n'en est pas de même pour les *villæ regiæ* à proximité des villes et des anciennes villas gallo-romaines, quelquefois bâties même sur les emplacements de celles-ci. Il est donc bon de s'abstenir de tout système absolu en matière encore si neuve et surtout d'affirmations semblables à celles-ci : « Les Francs ne bâtissaient qu'en bois [2]. »

Quierzy-sur-Oise (canton de Coucy-le-Château) est une de nos *villæ fiscales* qui attire le plus l'attention aux temps mérovingiens. C'est là que fut assassiné par les Burgondes Protadius, maire du palais de Brunehaut, son amant si l'on en croit les mémoires du temps, laquelle venait de conquérir le royaume de Soissons sur le malheureux Clotaire II. Charles-Martel, tombé gravement malade dans sa villa de Verberie (Oise) en 739, s'était fait transporter dans celle de Quierzy qu'il aimait par-dessus toutes ses autres maisons, et il y mourut. Le nom de Quierzy tombe à chaque instant de la plume des historiens de ces vieux temps. « *Carolus princeps... veniensque Carisiacum,* « *villam palatii super Isaram fluvium, valida febre correptus, obiit in pace, cunctis in gyro regnis* « *acquisitis,* » lit-on dans Frédégaire. Les Chroniques de Metz et de Fontenelle racontent toutes deux cet événement accompli selon la première « *ad Carisiacum villam super Isaram sitam* », et suivant le texte de l'autre, « *in Carisiaca villa qui est super fluvio Isera.* » Un abbé y vient demander au fils de Brunehaut, le jeune roi Théodoric, la réparation d'un dommage subi par son monastère, « *in* « *palatium villæ Carisiaci*. Théodoric, qui bientôt va succomber sous les coups de Clotaire II, signe des *placita* de « *Carisiaco palatio* » et de « *Crisiaco palatio nostro* ». Charles-Martel signe aussi des diplômes à « *Cariciaco villa in palatio nostro,* » de « *Crisciaco palatio,* » et plus haut j'ai publié les triens de Quierzy frappés par les monétaires Fravar et Baidenus, monnaies portant le qualificatif *vic* après le nom habituel de *Carisiaco*. On trouve encore les noms de *Charisago,* de *Careco villa,* de *Caraciate,* de *Chyriacus,* d'où est enfin venu le nom moderne de Quierzy, en passant par Kiérisy (1364), Quiérésy (1573), et Quiersis (1750).

Le palais du fisc à Saint-Médard ne jouissait pas d'une moindre notoriété et fut souvent habité par les rois de Soissons. La *villa Brennacum,* le *Brennacum* de Fortunat (560), le *Castrum super Vidulam nomine Braina* de 931 dans Flodoard, le *Potestas Brenniæ* dans le cartulaire de Saint-

---

1. *Venantii Fortunati opera.*

2. M. Martin Marville, *Essai sur les villæ royales,* etc., p. 13.

Crépin de Soissons en 1143 [1], vit se réunir le concile où fut traduit Grégoire de Tours, accusé de crime de lèse-majesté et de calomnie contre les mœurs de Frédégonde, et mourir les deux jeunes fils de cette reine emportés par une peste terrible qui régnait dans la contrée. C'est à Braine, « *ad* « *villam Brennacum* », que Chilpéric et sa femme reçurent la lettre de condoléance de Fortunat dont la poésie abonde en lieux communs et qui osa y faire le panégyrique de Frédégonde, la Messaline de ces temps étranges et dramatiques.

J'emprunte au livre de M. Martin Marville, cité déjà plus haut, plusieurs plans de villas ou

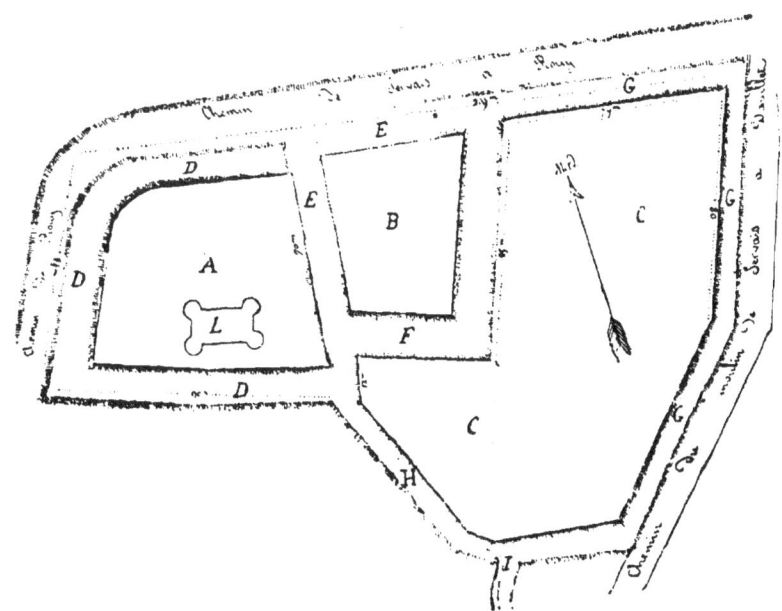

Fig. 289. — Plan de la villa mérovingienne de Silvacum.

royales ou particulières. Ces plans de domaines plus ou moins considérables sont plus utiles que de longues descriptions dont les détails seulement écrits ne seraient pas facilement compris et surtout s'oublieraient très-vite, en ayant encore le désavantage de ne pas présenter, utilement appréciable, un ensemble de notions indispensables en ce genre de monuments archéologiques sinon tout à fait neufs, au moins n'ayant pas été présentés souvent à la publicité.

Il s'agit tout d'abord du plan (fig. 289) de la villa royale de Servais (canton de Lafère), l'ancien *Silvacum palatium regium* d'un diplôme de Saint-Germain-des-Prés, *Silvaicum palatium* en 850, *Silvacum* en 868, etc. C'est un palais mérovingien d'abord, puis carlovingien comme Quierzy. On a là l'ensemble d'une grande habitation du temps : en A la cour d'honneur, *curtis*

1. M. Matton, *Dict. topog. de l'Aisne.*

superior où se trouvaient les appartements de maîtres, l'*atrium* ou *præaulium*, le préau, le *salutorium* où les visiteurs attendaient l'autorisation d'entrer, le *trichorum* ou salle à manger, le *consistorium* ou local immense préparé pour la tenue des assemblées politiques, des synodes, des fêtes d'apparat, plus les chambres à coucher, des bains qu'on appelait encore thermes, des promenoirs ou galeries couvertes, des cuisines, des lavoirs, tout ce qui était nécessaire enfin aux usages et aux besoins de la vie politique ou privée. — En B une seconde cour de détail bordée sans doute par les appartements destinés à la suite du roi. — En C la basse-cour ou *curtis inferior* où étaient construits les communs et dépendances : granges, écuries, bergeries, ateliers industriels, logements des domestiques et gens de tous services.

Les fossés de 10 mètres de largeur et couronnés de leurs revêtements de terre, plantés de haies épaisses ou de palissades, sont en D, et en E des fossés comblés depuis longtemps. Les fossés F ont encore 18 mètres de largeur, et ceux G sont en partie remplis. En H est un canal par où le ruisseau I, dit *le Ru de Briquemont* et qui arrive de Barizis, pénètre dans les fossés d'enceinte. Enfin on aperçoit en L les fondations et le plan d'un petit château du moyen âge flanqué de quatre tourelles.

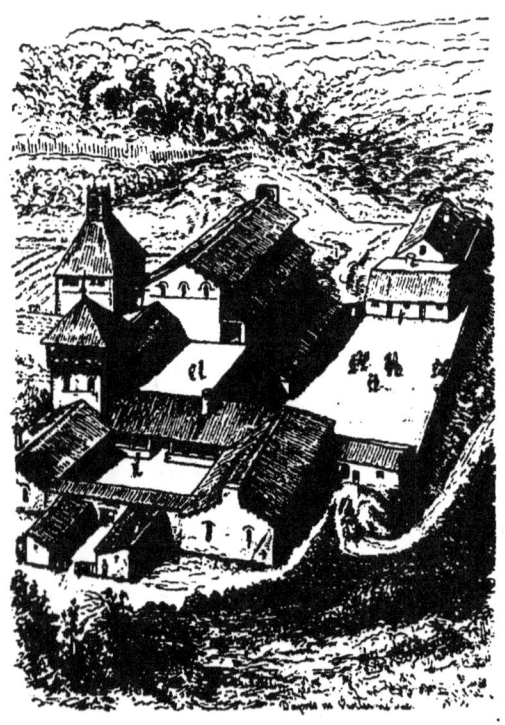

Fig. 290. — Vue cavalière d'une villa mérovingienne des bords de l'Oise.

On dirait que le plan du *Palatium Silvacum*, avec ses trois cours intérieures, a fourni à M. Viollet-le-Duc l'occasion de dessiner une de ces vues cavalières qu'il prodigue avec tant d'habileté. A l'aide de ce vol d'oiseau (fig. 290) il a construit idéalement la représentation d'une importante villa royale que M. Viollet-le-Duc, inspiré par la vraisemblance historique, place « non loin des « bords de l'Oise », dans son livre curieux *Histoire de l'habitation humaine*. Pour commenter et expliquer le plan de la villa de Servais, je ne pouvais mieux faire que de reproduire le croqu s intelligent de ce livre au chapitre : *la Gaule sous les Mérovingiens et les Carlovingiens*. Sur ce dessin idéal et cependant représentant si exactement la réalité, M. Viollet-le-Duc applique les détails connus. L'entrée principale, fermée d'une palissade, se compose d'une petite cour avec logement de portier et salle d'attente. On pénètre dans une cour plus vaste entourée de portiques assez bas et faits de charpente, lesquels donnent sur les logements des personnes attachées directement au prince. A l'angle de cette cour se voit une tour carrée à trois ou quatre étages. C'est la demeure du roi. Ce dernier étage forme une terrasse du haut de laquelle on jouit d'une vue étendue. Du rez-de-chaussée de cette tour on communique à la vaste salle donnant sur la basse-cour. C'est dans cette salle que se donnent les banquets et que se tiennent les assemblées solennelles. Un second portique s'ouvre sur la *curtis inferior* qui renferme les communs. La construction de tous ces bâtiments est faite « de petites pierres taillées et réunies par un mortier ». Les combles sont couverts de charpentes portant de grandes tuiles à l'ancienne mode romaine. Les intérieurs d'appartements sont revêtus de grossiers lambris et d'enduits peints comme, d'ailleurs, les charpentes

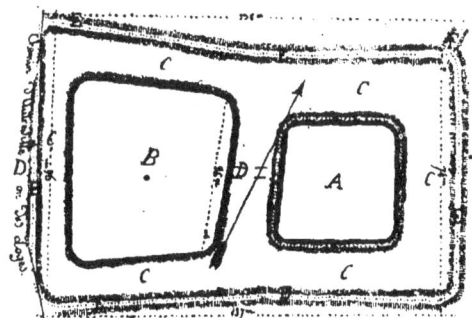

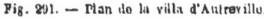

elles-mêmes.

Fig. 291. — Plan de la villa d'Autreville.

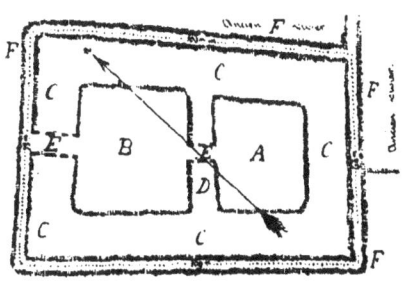

Fig. 292. — Plan de la villa de Camelin.

La chapelle est en dehors de l'enceinte avec les habitations des ouvriers agricoles, et l'ensemble comporte, suivant l'importance et l'étendue de la villa, une population de plusieurs centaines de personnes de tout rang, de tout âge, de tout sexe et de professions diverses.

Le plan de la villa de Quierzy comportait aussi trois enceintes : *aula*, *curtis superior* et *curtis inferior*. Un fossé, raccordé avec l'Oise, complétait la défense extérieure. Ce canal avait de 40 à 60 mètres de largeur, et ses dimensions démontrent comment les Normands purent y abriter leurs barques en 891. La villa fiscale de Crouy près Soissons, *Croviacus* de la vie de saint Médard dans le *Spicilège* de Luc d'Achery, *Croiacus* en 870, avait aussi trois cours, celle de la villa mérovingienne donnée par Chlotaire Ier au saint évêque, et les deux emplacements carlovingiens.

Des villas moins considérables ne possèdent que deux enceintes ; ainsi celle de Coucy donnée par Clovis à saint Remy, *Codiciacum* en 530, dans le testament de ce saint [1], *Chocis* sur un denier carlovingien frappé à Coucy [2], *Cociacum villa* dans Guibert de Nogent ; *Coucy villa* en 1158, dans le cartulaire de Prémontré. Je donne ici (fig. 291 et 292) les plans de deux de ces

1. Mgr Gousset, *Actes de la prov. eccl. de Reims*, t. I.
2. Dans le tome Ier, p. 32 des *Bull. de la Soc. acad. de Laon*, 1851.

villas d'ordre secondaire. 1° AUTREVILLE; *A, casa dominicata,* cour d'honneur surélevée de 4 mètres environ au-dessus du niveau des fossés; *B,* basse-cour ou *curtis inferior, C,* canaux avec une largeur de 15 à 22 mètres et d'une profondeur variable de 6 à 10 mètres; *D,* traces de pont; *E,* terrassements ou *tuninus* de 4 à 5 mètres d'élévation, avec plate-forme ou cheminement à la surface; *F,* écoulement d'eau. Un bois touffu recouvre ce vieil emplacement. — 2° CAMELIN. *A,* villa proprement dite; *B,* basse-cour; *C,* fossés de 15 à 18 mètres de largeur; *D,* fossés comblés assez récemment; *E,* passage actuel; *F,* rempart de terre avec cheminement à la crête. La villa de Camelin était tenue en arrière-fief du domaine royal au temps de Philippe-Auguste. A Deuillet auprès de Servais, *Selviaco adherentem,* dit Mabillon [1], on retrouve le tracé d'un *vic* que le cartulaire de Nogent-sous-Coucy nommait encore la *Cour-du-Roi* en 1372, et qui possédait deux enceintes, canaux, terrassements et grands viviers dont la place se lit facilement sur le sol aujourd'hui; mais

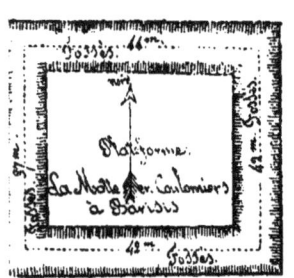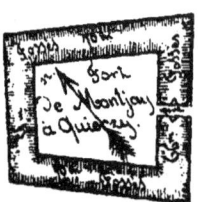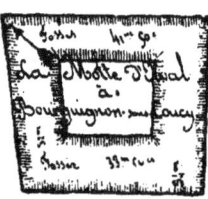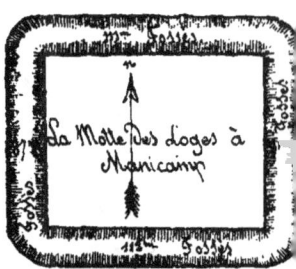

Fig. 293. — Plans de villas d'ordre inférieur.

la culture aura bientôt fait disparaître les restes de la digue. Il semble à peu près certain que la villa de Deuillet servait de dépendance au grand domaine de *Silvacum* auquel il confinait.

Bien que j'enferme les plans et descriptions de ces villas dans le chapitre consacré en apparence aux seuls temps mérovingiens, j'explique une fois de plus que cet âge se rattache intimement à la première époque des temps carlovingiens, les uns et les autres se reliant étroitement par le VIII° siècle entier et une bonne partie du IX°, ainsi que j'aurai encore une occasion prochaine de le faire remarquer. Une villa peut être de fondation mérovingienne et avoir survécu pendant l'ère politique qui suit; telle autre a été créée par les rois carlovingiens, mais sur le patron exact des temps précédents, et le besoin de ne pas redire deux fois les mêmes détails force, pour les nécessités d'unité, à comprendre dans une même étude tous les monuments d'une même famille.

Voici maintenant réunis (fig. 293) quatre plans d'emplacements de villas qui portent leurs noms dans leur enceinte unique, toutes d'ordre inférieur et de forme à peu près carrée, avec angles aigus ou rabattus. Elles appartiennent toutes quatre au canton de Coucy et constituent des mottes plutôt que de vraies villas, dans le sens absolu de ce mot appliqué aux possessions des rois d'origine

1. *De re diplom.,* p. 325.

germaine. L'enceinte du *Fort de Montigny* à Quierzy pourrait très-bien être une dépendance du grand domaine fiscal où Charles Martel finit sa glorieuse vie. Le *Palatium* de Manicamp peut avoir de même pour annexe la *Motte des Loges* avec butte de rapport et fossés d'enceinte.

Il ne reste plus à faire apparaître qu'un spécimen des anciennes villas des Francs, celles à formes rondes ou elliptiques comme à Pierremande et à Versigny (fig. 294), la villa de Pierremande à gauche de la gravure, et à droite celle de Versigny, la plus grande des deux et qui présente une seconde petite motte au nord-nord-est de sa circonférence. 1° PIERREMANDE. *La Motte de Pierremande* montre en A l'intérieur de l'emplacement, en B le talus de défense, en C le fossé d'enceinte; elle ressemble à un burgwall germain et est située au lieudit le *Taillis Hamelette* où M. Marville veut voir l'étymo-

logie *Ham-Letes*. — 2° VERSIGNY où il y a des traces préhistoriques, romaines, franques et féodales. Cette motte est située sur le terroir de Rogécourt. A, enceinte de la villa. B, vestiges de fortifications. C, retranchements ou *tunimus*. D, fossés d'enceinte. E, entrée.

Maintenant nous n'avons pas encore les villas des particuliers et grands seigneurs terriens. Fau-

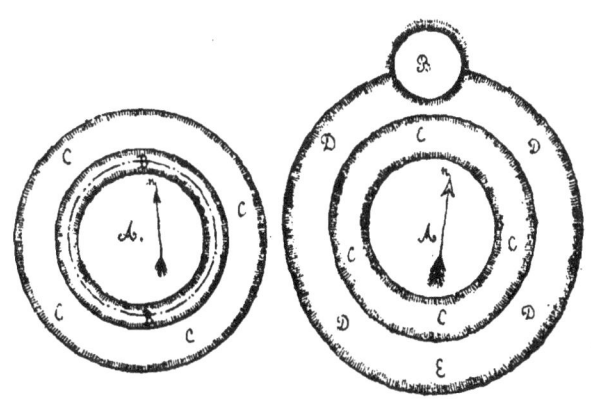

Fig. 294. — Plans de villas rondes et elliptiques.

drait-il les chercher parmi les quatre mottes de la figure 293, ou parmi d'autres semblables comme forme et de peu d'importance[1]? Je viens de nommer le village de Rogécourt qui serait la *cour* (*curtis* équivalent de *villa*,) d'un personnage du nom de Roger, *Rogeri curtis* en 1226, dans le grand cartulaire de Laon, *Rogericourt* en 1709 et 1729 dans les papiers de l'intendance de Soissons. C'est bien plus admissible que l'interprétation de M. Marville, *cour royale, regis curtis*, en faisant de Roger *royée*, comme à Laon la porte dite *Royée* était la porte royale et par laquelle les rois firent toujours leur entrée dans leur bonne ville. Il faut réellement voir la *curtis regia* dans Royaucourt du canton d'Anizy; mais je me refuse à voir avec M. Marville le Bois-royal dans le *Bois-Roger*, petit château qui dépend de Laniscourt, du même canton d'Anizy, et je me trouve solidement appuyé dans ma négation par un titre du grand cartulaire de l'évêché de Laon qui nomme ce Bois-Roger *Boscus Rogeri*, en 1236[2]. Tout en cherchant les traces des temps mérovingiens pour dissiper les

---

1. Le plan de Versigny, que j'emprunte au livre de M. Marville, n'est pas d'une exactitude parfaite, et la motte est plus elliptique que M. Marville ne l'a faite.

2. M. Matton, *Dict. topog. de l'Aisne.*

ténèbres qui les couvrent encore, ou tout au moins diminuer leur épaisseur, il faut cependant ne pas se mettre au labeur avec la volonté de trouver partout ces indices.

Je verrais plus volontiers la trace de ces anciennes villas particulières à Villesavoie (canton de Braine), *Villa Savoir* en 1150, *Villa Séver* au xiiᵉ siècle, ce qui alors me représenterait un ancien propriétaire gallo-romain du nom de Severus; à Villeselve surtout, canton et arrondissement de Saint-Quentin, *Villa in sylva;* à Pleine-Selve, *plena sylva,* en pleine forêt; à tous ceux de nos villages dont le nom commence ou se termine par le qualificatif *ville,* pour *villa,* leur servant comme de suffixe ou d'affixe; dans les La-Ville-aux-Bois (canton de Rozoy et de Neufchàtel) qui équivalent à Pleine-Selve, *Villa in bosco* ou *ad boscum;* dans les Villeneuve (canton de Fère), *Villa nova;* dans nos Neuville de partout, *Nova villa;* dans nos Villiers et Villers, *Villerium,* diminutif de *villa,* etc., etc.

J'aurais pu parler de la villa de Samoussy (canton de Sissonne), *Salmonciacum villa* dans les historiens de France en 765, *Salmonciagum palatium publicum* en 774 dans Mabillon, et où périt tragiquement Carloman, frère de Charlemagne et frappé à mort par un sanglier forcé par ce prince dans une chasse en forêt; de Corbeny où on reconnaît encore l'étymologie *curtis, Corbuacum* sur une monnaie mérovingienne qui fut frappée dans ce *vic* royal, *Villa Corbiniaco* dans le livre des miracles de Saint-Marcoul. Je n'eusse pu que me répéter en citant le diplôme de Charles-le-Chauve donnant à l'abbaye de Notre-Dame-de-Soissons les villas royales de Guny près Coucy, de Coyolles près Villers-Cotterets, de Villers-Cotterets lui-même, de Chaudun (canton d'Oulchy), de Molinchart, près Laon, *Molincatum,* etc. J'aurais préféré rencontrer quelques renseignements sur les habitations aux champs des descendants des Germains envahisseurs, comme les Bérold à Montbéraut au-dessus de Vorges, *Alodium de Beroldi curte,* les Hunoth ou Hénold à Monthenault (canton de Craonne), *Mons Hunoth* en 1143, *Mons Hunoldi* en 1159, *Mons Henodi* en 1340, dont j'avais déjà parlé à la page 244 de ma première partie, à l'occasion du lieudit le *Tour de la ville (villa),* à Monthenault. Le nom seul du propriétaire se retrouve avec peine, mais rien de sa propriété.

J'avais espéré de même en ressaisir la trace vivante dans l'œuvre poétique de Fortunat qui, arrivé dans les Gaules en pleine ère mérovingienne, avait entretenu des rapports suivis soit avec les rois, soit avec les grands personnages de nos contrées dans des circonstances qui me forcent, après avoir déjà parlé incidemment de lui, à lui consacrer un moment d'attention.

Venantius Honorius Clementius Fortunatus, né à Trévise et élevé à Ravenne qui fut longtemps la capitale de l'empire d'Occident, puis le centre de la puissance des Ostrogoths, possédait, à la place d'un grand talent, une inépuisable facilité d'improvisateur italien, beaucoup d'esprit et la volonté d'utiliser en vue de son succès ces qualités qui se joignaient à des mœurs plus que commodes. Il avait appris dans son pays le grand art de la flatterie. Ainsi armé en guerre, il vint chercher fortune dans les Gaules et y fit sa première apparition, en 566, à la cour du roi d'Austrasie Sigebert, juste au moment où ce prince recevait d'Espagne sa jeune femme qui devait devenir la fameuse Brunehaut de nos traditions locales. La cour était en fête. Le poëte prenait bien son temps. Aux massives démonstrations de son élégance barbare, le roi était fort aise d'unir celles moins grossières de la civilisation romaine, et Sigebert demanda au poëte latin un épithalame comme il en eût écrit pour les noces d'un empereur d'Occident.

L'œuvre n'était point difficile à improviser. Les bons modèles ne manquaient pas, nous l'avons vu aux noces d'Honorius avec la fille de Stilicon au commencement du vᵉ siècle. J'ai montré (pages 92 et 93 de ce volume) toute la cour d'Honorius se pâmant d'aise en entendant le poëte Claudien évoquer de l'Olympe païen Éros, sa mère Vénus et les Grâces pour servir de cortège à l'impératrice Marie. Les grands seigneurs austrasiens et leur jeune roi ne furent pas moins charmés de voir apparaître, dans les distiques latins de Fortunat qu'ils ne comprenaient pas toujours, l'Amour, « *torsit amoriferas arcu stridente sagittas forte Cupido volans* », et la blonde et nue Aphrodite, « *ambrosio violas admiscens amomo* », descendant des nuages pour livrer aux Nymphes la chambre nuptiale, « *casta cubilia* », qui va recevoir un nouvel Achille, — c'est le royal fiancé, — et une autre Vénus, « *altera nata Venus* », c'est la ravissante princesse dont la beauté fut souvent si fatale; c'est la fiancée plus belle que les Néréides, « *non ulla Napea pulchrior* », plus blanche que les lis, plus rose que les roses, celle dont l'éclat ne cède en rien au saphir, au diamant, au cristal de roche, à l'émeraude, enfin cette perle enfantée par l'Espagne : « *Novam genuit Hispania gemmam* ». Ainsi fut célébrée la radieuse beauté de cette femme dont le corps sera mis en lambeaux sur les chemins de nos routes qu'elle avait réparées.

Ainsi fut chantée cette union qui devait finir si tragiquement. Ainsi commença la réputation de cet Italien flatteur qui devait mourir, vers 609 et en odeur de sainteté, sur le siège épiscopal de Poitiers, après avoir semé ses paroles mielleuses et la banalité de ses épîtres en vers par toutes les Gaules et sur tous les grands et riches personnages qui, pour s'entendre louer en termes sonores et bien pondérés, avaient, à l'envi les uns des autres, hébergé, choyé, repu cet étranger qui continuait les traditions du parasitisme antique et payait facilement en compliments rhythmés l'opulente et plantureuse hospitalité dont témoigne toute son œuvre.

Fortunat vivait depuis longtemps auprès de Radegonde qui s'était réfugiée à Poitiers après avoir quitté son rude et grossier mari le roi de Soissons, Chlotaire Iᵉʳ, lorsque nous le voyons s'introduire deux fois avec sa poésie dans notre histoire locale. C'était en 580 et à l'occasion du fameux procès politique dans lequel était impliqué l'évêque Grégoire de Tours et qu'allait juger le concile convoqué à Braine. Le poëte adresse au roi Chilpéric une lettre en vers qui semble assez inutile et peu en situation, et dans laquelle surtout il n'est rien dit ni de l'accusé que cependant Fortunat connaissait particulièrement, ni des causes de sa comparution devant ses collègues de l'épiscopat français. La même année, et au moment où les deux jeunes princes Chlodobert et Dagobert venaient d'être enlevés par la peste qui éclata à Braine où le roi se trouvait encore avec toute sa famille, Fortunat envoyait à leurs parents désolés une lettre dont la licence poétique se porte presque jusqu'au blasphème : il compare la douleur de Frédégonde à celle de la mère des Machabées tombés sur le champ de bataille en défendant leur religion et leur patrie.

Longtemps peut-être avant de s'occuper de ces deux grands événements qui s'étaient accomplis dans la villa royale de Braine, Fortunat en avait visité une autre assez voisine et située sur les bords de la rivière d'Aisne. Il venait de parcourir les anciennes provinces belgiques [1], s'arrêtant dans toutes les riches demeures, recherché et retenu partout, « adonné volontiers aux plaisirs de la table, toujours « joyeux convive, grand buveur, improvisateur inspiré dans les festins donnés par ses riches patrons « soit romains, soit barbares, aimant à peindre en ses vers l'abondance et jusqu'à l'ivresse d'un « repas fourni pour lui seul [2] ». Il était enfin arrivé dans le Soissonnais et il y reçut d'un des principaux personnages du pays cette hospitalité fastueuse qu'il aimait et à laquelle il était habitué. Ce seigneur, nommé par Fortunat dans la curieuse épître que j'emprunte à ses œuvres [3], semble être d'origine germaine; il s'appelait Mummolen, nom dont le poëte latin fait *Mummolenus*. Il tenait une haute place dans les conseils du roi Chilpéric, et le poëte lui en fait honneur dans la lettre qu'il lui écrivit en le quittant pour s'embarquer sur la rivière, à la recherche sans doute d'un autre château où il se ferait encore héberger : « *Mummolenus enim qui celsi palatii regis altis consiliis crescere rite facit.* » Mais où était située cette villa d'où il partait si bien repu, « *pastus et ipse fui* » ? C'est ce que Fortunat ne nous dit pas, ni si elle était en amont ou en aval de Soissons. Elle bordait évidemment la rivière puisqu'en naviguant, « *fessus iter gradior* », il jouissait, à la tombée de la nuit, « *solis in occasu jam* « *fugiente die* », d'un frais paysage de grasses prairies et de rives verdoyantes : « *Cum super* « *undarum viridantes gramine ripas pascua conspexi.* »

Le début était attrayant. Il ne serait pas trompé mon espoir en retrouvant cette bienheureuse lettre au milieu de la foule de celles qui n'intéressaient pas mes recherches archéologiques sur une villa de grand seigneur mérovingien. Si la reconnaissance de l'estomac du poëte débordait déjà en louanges sentant encore le vin sur la noblesse des fonctions de son hôte et sur la beauté pittoresque de son domaine rural, elle devrait s'épancher sur l'élégance, la richesse et l'importance de sa maison, et j'allais sans nul doute trouver les détails techniques qui m'avaient fait défaut jusque-là. Je poursuivis donc ma lecture et ne trouvai tout d'abord que ces distiques où les mérites et qualités de l'amphitryon étaient chaudement célébrés :

> Inter concives merito qui clarior extat
> Quemque super proceres unica palma levat,
> Nobilitate potens, animo bonus, ore serenus,
> Ingenio solers et probitate sagax,
> Cui genus a proavis radianti luce corruscat;
> Moribus ipse tamen vicit honore patres.

Et la villa? et ses élégances? Il n'était ensuite question que de l'énorme repas auquel fut convié le voyageur, « *epulis expletus opimis* ». Des plats immenses, « *fercula magna quidem*

---

1. Hincmar, archevêque de Reims, *in vita S. Remigii*, raconte qu'un homme savant et habile dans la poésie, *metricis versibus*, lequel se nommait Fortunatus, parcourut le nord de la Gaule, *in his gallicis et belgicis regionibus, per diversa loca*, recherché par beaucoup de personnages puissants pour sa science et son mérite.

2. Aug. Thierry, *Récits des temps mérovingiens*. Cinquième récit.

3. *Venantii Fortunati opera*, lib. VII, carmen XIV.

« *dapibus cumulata benignis* », sont remplis à comble de viandes succulentes. Ce sont des montagnes de mets partout. Un poisson monstrueux nage dans un océan d'huile et non d'eau, « *ille natans* « *oleum pro undis* » ; il habite un plat et non les roseaux de l'abîme. Avant tout, on offre à ce convive si digne de son hôte des pommes douces que d'habitude on appelle de Perse ; « *attamen ante aliud* « *data sunt mihi mitia poma persica quæ vulgi nomine dicta fiunt* ». Mummolen se lasse en dondant, « *lassavit dando* » ; mais Fortunat ne se lasse pas en mangeant, « *sed non ego lassor* « *edendo* ». Le seigneur mérovingien pousse le poëte italien de la voix et de l'offre, et le glouton avale toujours, si bien qu'à la fin son ventre à bout de capacité proteste, gémit et se plaint tout haut. Tout à coup il se tend comme celui d'une femme grosse, et..... Le latin en ses mots bravant l'honnêteté, et la langue française ne sachant point tout dire, ici il n'y qu'à citer textuellement les vers d'un futur évêque de Poitiers, d'un directeur d'un couvent de nonnes :

> Mox, quasi parturiens, subito me ventre tetendi,
> Admirans uterum sic tumuisse meum.
> Intus enim tonitrus vario tumore fremebat,
> Viscera conturbans Eurus, et Auster erat.
> Non sic Eoli turbatur arena procellis,
> Nec vaga per pelagos puppis aducta tremit.
> Alter in alterius ructabat mole susurrus,
> Et sine me mecum pugna superba fuit.

Puis, tournant court brusquement, Fortunat présente ses vœux à son hôte : Maître, « *rector* », lui dit-il, sois longtemps sain et sauf avec ta noble épouse ; dans bien des années sois appelé grand-père, « *avus* », par une foule de tes descendants ; reste puissant et honoré ; ne connais que des temps heureux et puisses-tu te perpétuer en gaieté, « *et valeas dulces concelebrare jocos !* »

Voilà comment, cherchant une description pittoresque d'une maison aux champs de grand seigneur des VIᵉ et VIIᵉ siècles, je n'ai trouvé qu'un récit de repas digne de Gargantua et un détail de la vie luxueuse qu'un opulent Mérovingien menait dans sa villa.

Les vœux de Fortunat pour son hôte ne s'accomplirent pas. Mummolen, que Grégoire de Tours appelle Mummolus et qui semble, d'après cet auteur, avoir rempli à la cour de Soissons les fonctions de maire du palais, fut pris en haine par Frédégonde, expulsé plus tard de ses fonctions, mis à la torture et dépouillé de ses richesses.

Mais les temps ont marché. Nous en avons fini pour toujours avec la barbarie du VIᵉ siècle. Pendant le cours du VIIᵉ, il semble qu'on voie apparaître quelques lueurs comme d'une aurore colorant un point de l'horizon. Dès lors et pendant le VIIIᵉ siècle surtout, on peut constater des tendances marquées vers l'étude du passé romain qu'aujourd'hui nous honorons du titre de classique. Ce fut une passion poussée si loin chez quelques membres du clergé que certains firent un crime à l'archevêque de Trèves, Richbald, de trop aimer Virgile[1]. On se mit à copier des manuscrits dans nos plus

---

1. *Hist. littér. de la France*, t. IV, p. 228.

vieilles abbayes, par exemple à Saint-Vincent de Laon, dont la librairie s'honora longtemps de son grand nombre de volumes des plus vieux âges par malheur enlevés par les Anglais pendant la guerre de Cent ans. Dès le viiᵉ siècle, on les orna de grandes lettres dessinées et peintes. L'illustration des manuscrits datant donc des temps mérovingiens, et ces manuscrits constituant une série intéressante de nos plus anciens monuments, ce livre leur doit un moment d'attention, d'abord à leur titre de véritables antiquités départementales, ensuite parce qu'ils me permettront de commencer, à l'aide de deux arts plastiques, la démonstration de ce grand fait à la fois historique et artistique, à savoir qu'à un moment donné tous les représentants de l'art, dessinateurs, graveurs, orfévres, architectes, procèdent à la fois sous l'influence d'une même mode ou, si l'on veut, d'une même habitude indicative et typique d'époque et d'école. Pour l'instant et tout d'abord je ne montrerai que l'illustrateur de manuscrits et le ciseleur de bijoux dessinant absolument l'un comme l'autre dans des manifestations contemporaines. Lorsque j'aborderai l'étude de l'art roman dans nos plus anciens édifices religieux, cette méthode me servira à essayer d'établir la même contemporanéité d'école et d'époque entre un nombre plus considérable d'artistes. Au dessinateur des grandes lettres et au ciseleur-joaillier il faudra ajouter alors l'architecte et le sculpteur sur pierre.

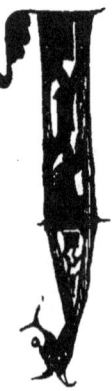

Fig. 295.

E me servirai donc comme démonstration de quelques capitales peintes recueillies dans les manuscrits mérovingiens de la belle et riche collection de la bibliothèque de Laon, n'y prenant, d'ailleurs, que les plus utiles et mettant en garde les lecteurs contre la prévention défavorable à puiser dans la première vue de ces capitales mal dessinées, lourdes et brutales d'aspect, toujours mal peintes de couleurs grossières. Il y aura un abîme entre ces dessins sommaires et les merveilles des miniatures du xiiᵉ au xvᵉ siècle. C'est le commencement d'un art, c'est tout dire. Le J par lequel débute le présent alinéa est copié sur le manuscrit 422 provenant de l'ancienne bibliothèque capitulaire de la cathédrale de Laon; c'est un in-folio sur vélin contenant le livre d'Isidore, évêque de Séville vers 600, et intitulé *Isidori ispalensis tractatu de natura,* volume que M. Ravaisson, dans son excellent inventaire des manuscrits de la Bibliothèque de Laon, attribue au viiiᵉ siècle d'après les caractères paléographiques de son écriture.

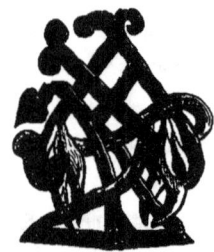

Fig. 296.

U point de vue très-important de la ressemblance, qui ne peut être fortuite, des motifs de décoration des manuscrits et des bijoux mérovingiens, il faut citer le curieux A majuscule du nᵒ 423, in-4ᵉ sur vélin trouvé encore (fig. 296) dans la succession de la cathédrale de Laon, autre copie du livre d'Isidore de Séville *de Natura rerum,* autrement appelé *Liber rotarum sancti Isidori ispalensis episcopi.* C'est le plus vieux manuscrit de la Bibliothèque de Laon qui peut le montrer avec orgueil, car tout et tous le datent de la fin du viiᵉ siècle avec M. Ravaisson. Il est plein de miniatures qui ressemblent trait pour trait à des fac-simile de la même époque donnés par le *De re diplomatica* du P. Mabillon, et à des majuscules publiées par M. Champollion-Figeac, dans le *Moyen Age et la Renaissance,* comme étant du vii⁰ siècle même un peu plus vieux.

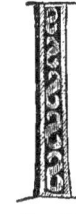

Fig. 297.

'E M P R U N T E au manuscrit 38, provenant de la même collection de Notre-Dame de Laon, *Sancti Hieronimi expositio in quinque prophetas, Joël, Jonas, Micheum, Isaïim et Abacuc,* in-folio sur vélin, et à peu près du même temps que le n° 242 ; j'emprunte, dis-je, au manuscrit 38 un J capital (fig. 297) où j'aperçois ces entrelacs que tant de boucles mérovingiennes ont offerts sur leurs plaques ou contre-plaques ici et là dessinés en forme de 8.

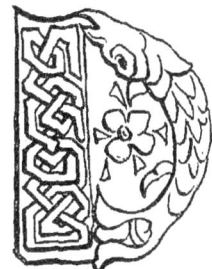

Fig. 298.

A N S ce livre vénérable, l'entrelacs apparaît partout, soit seul dans les montants des grandes lettres, soit dans les hastes unies à un poisson pour former par exemple le D majuscule et initial du présent alinéa (fig. 298), soit combiné avec des oiseaux au sujet desquels j'aurai bientôt à revenir tout particulièrement, soit enfin s'amortissant en tête de serpent comme sur le J de la figure 295. Ce motif de câbles à deux brins se croisant à lignes droites, ou se déroulant en courbes élégantes, se retrouve sur de nombreux bijoux de mes figures 219, *Boucles et plaques mérovingiennes de Verly, Lizy,* etc.; 227 et 228, *Bijouterie mérovingienne* de Caranda; 269, *Boucles à sigles de Chaillevet,* etc. Je le reconnais ciselé — non pas encore sculpté, — sur la pierre d'un sépulcre à Barbonval, sur une autre du cimetière de l'*Homme mort* à Geny (fig. 234), sur le plat-bord du couvercle en pierre de Chaillevet (fig. 236), trois monuments qui appartiennent incontestablement à l'époque dont je m'occupe en ce moment.

En traitant des mosaïques romaines à motifs de câbles sans fin (fig. 144, *Mosaïque au triton du Château d'Albâtre,* fig. 151, *Mosaïque de Bazoches*), j'ai dit que les artistes gallo-romains avaient multiplié ces ingénieux motifs de décoration « essentiellement romains en attendant qu'ils « devinssent mérovingiens ». L'enroulement de câbles du sépulcre de Geny (fig. 234) est une copie fidèle de la corde enroulée des mosaïques de Soissons (fig. 44), de Vailly, de Bazoches (fig. 151), etc. Cependant certains auteurs qui ont traité de l'illustration des manuscrits ont été chercher soit en Germanie, soit en Angleterre où d'habiles calligraphes avaient créé des écoles dès le vii⁰ siècle, l'origine de ces nœuds et de ces entrelacs que les écrivains saxons auraient employés avec des intentions mystiques. Ces auteurs déclarent donc symboliques ces entrelacs qu'on rencontre sur de nombreux monuments de pierre en Irlande et en Angleterre, comme sur des manuscrits.

Je ne puis consentir à aller chercher ni si loin, ni dans les régions éthérées d'un mysticisme hiératique, l'origine de ces entrelacs, de ces nœuds, de ces enroulements de cordes que l'on doit tout simplement à l'influence artistique des peintres, des sculpteurs et des mosaïstes romains dont l'œuvre tout entier n'avait pas péri avec ces monuments que les conquérants de race germanique avaient ruinés en si grand nombre, mais dont certains survécurent, ceux-là que les vainqueurs utilisèrent et à l'art desquels ils empruntèrent notamment ces nœuds sans fin, ces enlacements, ces câbles que nous retrouvons aujourd'hui sur leurs belles boucles de ceinturons, sur celles des baudriers, sur leurs fibules, bagues ou bracelets. Les Romains avaient importé ce décor; les Mérovingiens le leur empruntèrent et le livrèrent à leur tour aux artistes de la seconde race qui en firent usage jusqu'en plein x⁰ siècle[1].

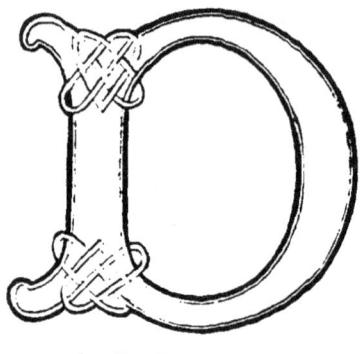

Fig. 299. — Lettre du 1ᵉ siècle.

ANS le manuscrit 67 de la Bibliothèque de Laon, *Commentaires de Pascase Radbert sur l'Évangile de saint Mathieu*, d'une écriture du x⁰ siècle, j'en trouve la preuve. Le grand D (fig. 299., préparé pour la couleur et qui n'a pas été peint, relie sa haste à sa panse par des entrelacs en haut et en bas. Du II⁰ siècle au x⁰, la tradition ne fut donc point interrompue même un instant. Nous poursuivrons l'entrelacs romano-franc bien plus loin encore, et jusqu'en plein cours du XII⁰ siècle, à l'aide d'un des trois petits monuments ménechmes que je vais dessiner.

On aperçoit dans les murs d'enceinte du cimetière de l'intéressante église de Trucy (canton de Craonne), où nous aurons bientôt l'occasion de revenir, un fragment de pierre cette fois plutôt sculptée que ciselée, bien que le relief soit peu prononcé, laquelle pierre offre (fig. 300) une rosace d'entrelacs, celle dont M. de Caumont a rencontré plusieurs fois l'équivalent exact, dit-il[2] « au « milieu de débris appartenant à *la période romane primitive* et dont les combinaisons se ren- « contrent souvent sur des agrafes et des objets en métal de *l'époque mérovingienne* ». Ici il faut dire que par *période romane primitive* M. de Caumont entend celle où furent construites nos plus anciennes églises et que ces mots sont pour lui applicables à *l'époque mérovingienne* qu'il nomme à la fin de sa phrase.

Il n'y a donc pas à douter après M. de Caumont qui s'aventure avec tant de précautions, on pourrait ajouter tant de terreur, sur ce terrain. Si maintenant nous interrogeons le manuscrit 68 de la Bibliothèque de Laon, *Évangéliaire*, petit in-folio sur vélin de la toute première moitié du IX⁰ siècle et provenant de la cathédrale de Laon, nous y trouverons le prologue *in Matheum* débutant

1. Dès 1862, j'avais émis cette opinion dans la première édition du premier volume de mon étude sur la collection des Manuscrits de la Bibliothèque de Laon. Les savants de l'Allemagne, notamment M. Schwaabe, en 1869, réclamant pour l'Allemagne la paternité du décor d'entrelacs retrouvé par eux sur des bijoux des tombeaux franco-germains, M. Eugène Muntz, dans un important mémoire sur *les Mosaïques chrétiennes de l'Italie*, publié dans le numéro de janvier 1877 de la *Revue archéologique*, combat victorieusement cette prétention avec les mêmes arguments qui m'avaient servi en 1862 et que je reprends ici. Rencontrant ces nœuds sans fin et ces entrelacs qu'il appelle des nattes, en les trouvant « si com- « muns à l'époque mérovingienne », l'abbé Cochet se rappelle qu'il les a vus aussi sur les chapiteaux de très-vieilles églises de la Normandie, notamment à Saint-Marcoul (Manche.; mais ce qui le surprend bien plus profondément, c'est qu'un de ses confrères les a retrouvés sur des mosaïques romaines : « Chose plus étonnante encore, M. l'abbé Lacurie les a rencontrés « sur une mosaïque gallo-romaine à Bernay (Charente). » (*Sépult. gaul., rom., franques*, p. 181.)

2. *Abécéd. d'arch. religieuse*, p. 29, avec un dessin rappelant absolument celui de ma figure 300.

par un splendide M majuscule d'or, bleu et blanc sur pourpre, dont je donne le dessin réduit au quart sur la figure 301. Cette lettre contient, entre ses bras faisant V, une rosace absolument semblable à celle du sarcophage de Trucy, et la même rosace (fig. 302) décore, en façon d'amortissement ou d'antéfixe, la pointe d'un pignon du xiie siècle à l'église de Cuiry-Housse (canton d'Oulchy-le-Château). J'aurai l'occasion probablement de dessiner d'autres antéfixes du même âge, mais plus ornés dans leurs complications, variations du même thème mérovingien. C'est ainsi que se transmettent les formes, de telle sorte qu'il faut se bien garder de dire trop vite d'une manifestation qu'elle est un prototype d'âge et de style. L'antéfixe de Cuiry-Housse, par exemple, n'est

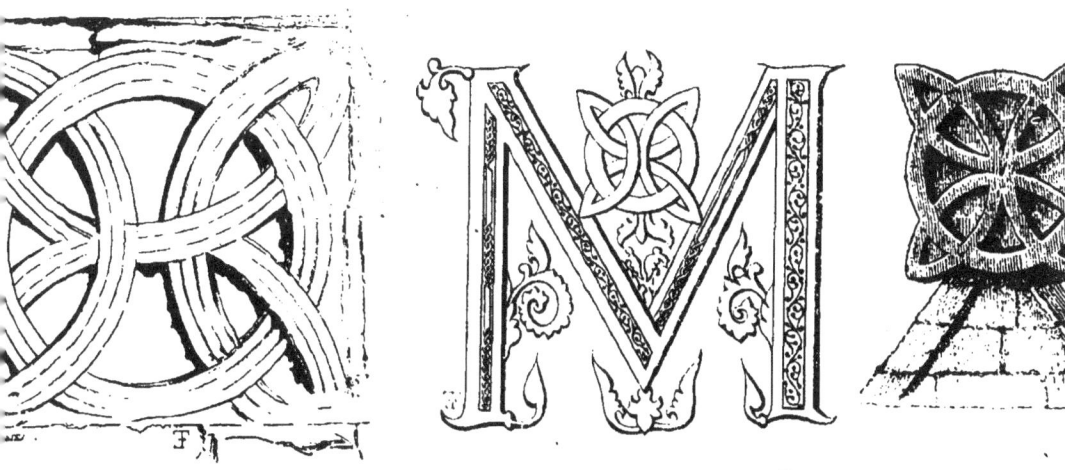

300. — Fragment de sépulcre mérovingien, à Trucy.

Fig. 301. — M capital d'un évangéliaire carlovingien, de la Bibliothèque de Laon.

Fig. 302. — Antéfixe du xiie à Cuiry-Housse.

point typique d'époque ou de style pour le xiie siècle, et il ne nous offre qu'une copie et un souvenir de troisième main.

Donc pour ces entrelacs dont l'origine n'est pas saxonne et par conséquent pas germaine, entrelacs que l'orfévrerie mérovingienne offre si souvent à notre attention et à notre étude, nous les retrouvons sur les manuscrits de la même époque et des siècles suivants, et il me semble inutile de puiser dans la quintessence d'un symbolisme exagéré, qui eut des bornes et qu'il ne faut pas voir partout, les causes si simples et naturelles d'une mode à laquelle tant d'honneur n'est pas dû, à mon avis du moins.

Il en est de même pour ces têtes et ces unions de serpents dont j'ai déjà parlé plus haut à propos de bijoux et dont je rencontre plusieurs exemples dans le manuscrit 423 qui m'a déjà fourni l'A de la figure 296. Ces monstres sur nos majuscules mérovingiennes sont exactement les mêmes que sur les bijoux et les manuscrits du temps. La même mode les propagea en même temps par la plume et le burin, et les serpents n'ont pas plus de valeur idéale que les entrelacs, je l'ai déjà dit plus haut à l'occasion de leur apparition sur des bijoux, le serpent n'étant pour moi qu'une forme nouvelle et pittoresque de l'entrelacs.

J'en dirai volontiers autant des représentations d'oiseaux que le calligraphe et le joaillier ont prodigués aux temps mérovingiens.

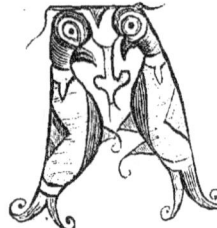

PPARTENANT sans contredit au type paléographique du manuscrit 423, le manuscrit 137 de la Bibliothèque de Laon, provenant de la Chartreuse du Val-Saint-Pierre près Vervins et qui contient les histoires de Paul Orose, disciple de saint Augustin, nous montre une certaine quantité de grandes capitales formées d'accouplements d'oiseaux entre eux (fig. 303), de poissons aussi, et plus souvent de poissons avec des oiseaux.

Fig. 303.

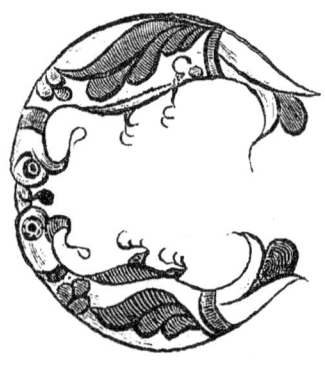

E ne serait pas une grande difficulté que de retrouver dans la bijouterie mérovingienne des fibules ornithomorphiques, comme auraient dit les Bénédictins dans leur diplomatique. Quatre de

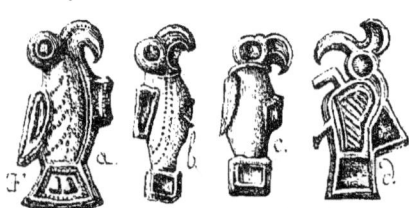

Fig. 304.

Fig 305. — Fibules de Caranda et de Sablonières.

ces fibules à formes d'oiseaux, et provenant des sépultures de Sablonières et de Caranda, apparaissent ici sur la figure 305, et j'en avais déjà donné des spécimens sur la figure 228. Ces

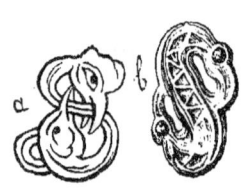

oiseaux, on les reconnaît aisément sur l'A et le C des figures 303 et 304, et en A de la figure 306 je mets en présence un S du manuscrit de Laon 423 (fin du VIIe siècle, je le répète), avec une fibule B à double tête d'oiseau que je copie sur la planche XXXVI de l'album de Caranda, afin de bien établir la communauté d'intention entre la plume de corbeau de l'illustrateur de manuscrits et le burin de l'orfèvre.

Fig. 306.

Les sépultures mérovingiennes du département de l'Aisne ne nous ont point encore fourni de fibules dessinées en forme de poisson, à moins qu'on ne réussisse à reconnaître ces animaux dans une plaque ajourée et bizarrement découpée de la tombe de la jeune Mérovingienne à *la Planchette* de Vervins. (Voir fig. 240, page 143 de ce volume.) Je ne puis donc invoquer en faveur de ma conviction un synchronisme sérieux des bijoux et des majuscules où le poisson se rencontrerait; mais celui-ci apparaît deux fois dans les belles planches consacrées par M. Baudot aux sépultures de Charnay et de Sainte-Sabine (Côte-d'Or), le bijou de Charnay étant composé d'émaux et de perles cloisonnées, et celui de Sainte-Sabine d'une feuille d'or avec filigrane et insertion de perle pour simuler l'œil[1].

Ici je ne pourrais offrir de représentations de poissons que sur la figure 298 et, cette fois en très-grand nombre, dans les manuscrits

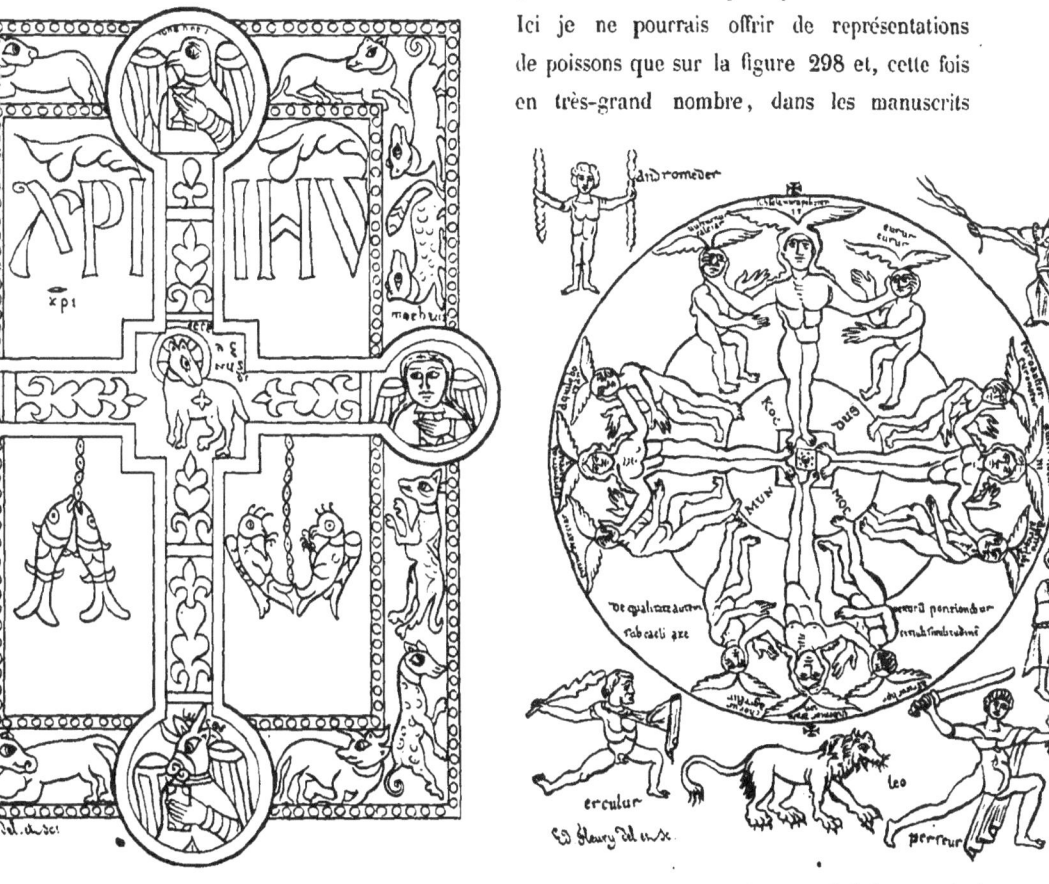

Fig. 307. — Frontispice d'un manuscrit mérovingien de la Bibliothèque de Laon.

Fig. 308. — La rose des vents et détails d'un manuscrit mérovingien, de la Bibliothèque de Laon.

mérovingiens de Laon n° 423 et 137. Avec le VIIIe siècle, le poisson disparaît. Dans les grandes lettres ornées des manuscrits il n'avait pas eu de signification symbolique, pas plus que les oiseaux. Ce sont des formes qui ont plu à un moment donné sur une grande lettre peinte ou sur un bijou, comme celles d'un chien, d'un cerf, de ce petit bœuf[2] trouvé dans une tombe de Lizy (fig. 265).

1. M. l'abbé Cochet (*Norm. sout.*, p. 363) dit aussi que de petites fibules d'Envermen « affectaient la forme de « poissons ».

2. « Ces sortes de représentations ne renferment pas chacune un sens allégorique. Nous avons toujours tenu pour « certain que souvent ces animaux (représentés sur les monuments chrétiens) ne se trouvent là que dans un but de pur

Cependant pour rester vrai et aussi pour donner un exemple intéressant de l'illustration des manuscrits du vm² siècle, je veux reproduire le frontispice curieux qui occupe le verso du premier feuillet du manuscrit de Laon n° 137 : les cinq livres d'Orose. Ici le symbolisme est patent. Le motif principal (fig. 307) est une croix grecque à la réunion des branches de laquelle se tient l'Agneau divin, le ventre décoré d'un quatre-feuilles et portant sur le côté de la tête ces mots: *Ecce Agnus Dei*. Chacune des branches de la croix se termine en un médaillon contenant un buste d'évangéliste à la tête duquel le dessinateur a substitué celle de l'animal qui le symbolise, et, de peur peut-être qu'on s'y trompât, tant ces représentations d'animaux sont barbares, les noms des évangélistes ont été écrits en latin. L'intérieur des montants de la croix est décoré de fleurons affectant la forme d'un cœur, le cœur qui joue un grand rôle dans les illustrations de la calligraphie de cette époque.

Dans les deux champs d'en haut se lisent abrégés les deux noms du Sauveur des hommes XPI (*Christus*) et IHV (*Jésus*).

Les compartiments inférieurs contiennent : l'un deux poissons suspendus par la tête à une chaîne qui tombe d'un des bras transversaux de la croix, et l'autre deux oiseaux affrontés, réunis par la queue et aussi suspendus à une chaîne. Il y a là, il faut le reconnaître, un problème de ce symbolisme iconographique dont les premiers siècles du christianisme ont prodigué les exemples et dont il faut tenir compte, tout en prenant ses précautions contre certaines tendances modernes à ne trouver partout que symboles. Se montrant accompagné de la croix et suspendu immédiatement au-dessous du chrisme, le poisson est mystique et mis là pour rappeler, par les lettres de son nom grec ICTVS, les initiales de la phrase grecque aussi et que j'ai reproduite quelques pages plus haut, en parlant des pierres tumulaires sculptées de Glennes et d'Urcel (fig. 281 et 282, page 201 de ce volume). Le poisson qu'on trouve souvent gravé sur les bagues, cachets, lampes et urnes funéraires des trois ou quatre premiers siècles chrétiens, rappelait les eaux du baptême où les fidèles se régé-nèrent et acquièrent la vie spirituelle de la grâce, comme le poisson est engendré dans l'eau et ne peut vivre hors de cet élément [1]. Mais que sont les deux oiseaux? Doit-on y voir les deux colombes dont saint Paulin, dans son épître à Sévère, disait :

> Quæque super signum resident celestæ columbæ,
> Simplicibus produnt regna patere Dei.

Sont-elles, avec l'abréviation du mot *Jésus*, la représentation de la douceur et de l'inno-cence du fils de Dieu mort sur la croix? Symbolisent-elles les âmes de ceux qui ont souffert et triomphé par lui, comme dans cette phrase de Tertullien applicable, semble-t-il, au frontispice du manuscrit d'Orose : « Il y a une chair particulière aux poissons, c'est-à-dire à ceux qui ont été

« ornement et par suite d'une tradition des arts de l'antiquité, et nous sommes heureux de voir cette opinion partagée par le « chevalier de Rossi dont l'autorité est si grande en archéologie. » (M. l'abbé Martigny, *Dict. des antiq. chrét.*, p. 35, aux mots : *Animaux représentés sur les monuments chrétiens.*)

1. Dans un autre sens, une pierre gravée et un sarcophage représentant le poisson tiré hors de l'eau par le Christ qui

« régénérés par le baptême; mais il y en a une propre aux oiseaux, c'est-à-dire aux martyrs? »

Enfin faut-il penser que cette réunion de poissons constitue l'OMÉGA et celle des oiseaux l'ALPHA accompagnant presque toujours la croix en ces temps reculés?

Ce problème de symbolisme, je le pose et n'essaye pas de le résoudre, pas plus que je n'entrevois la signification, et il y en a une, de ces animaux fantastiques, tous à la mine féroce et galopant ou accroupis dans le cadre enfermant la croix. Peut-être le peintre naïf des temps mérovingiens a-t-il voulu, par opposition aux types sacrés du Christianisme, figurer là les types pervers et menaçants du Paganisme qui, du temps d'Orose, agonisait en luttant et rôdait autour du troupeau des fidèles, *quærens quem devoret.*

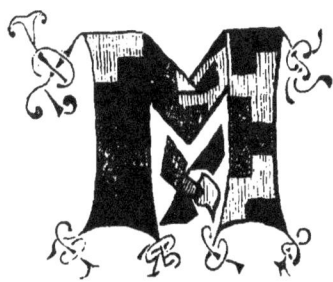

Fig. 309 — M du manuscrit 422,
de Laon.

MOINS ardue se présente l'explication de la figure 308. Je puise cette série de croquis assez sauvages dans le manuscrit de Laon 422 qui m'a déjà fourni l'I majuscule de la figure 295 et qui est une copie du *Tractatus de Natura* d'Isidore de Séville. C'est, au centre, une réjouissante rose des vents, et tout autour la représentation des constellations par des figures assez barbares, mais qui ne manquent pas de mouvement. Ce sont les personnages fabuleux ou les animaux qui ont donné, dès l'antiquité, leur nom aux principaux groupes d'étoiles dont le nombre et la configuration attirèrent constamment l'attention des astronomes. *Perseus* est vraiment bien campé et, comme homme, au point de vue de l'esthétique et de la statuaire, vaut cent fois l'*Andromedès* dont les formes ont dû peu le tenter. *Leo* ne manque pas de tournure, et l'*Hydre de Lerne* a pu trembler de terreur en voyant *Erculus* accourir en se fendant à fond. Je dois signaler en passant l'étrange ressemblance comme dessin, comme mouvement, de *Perseus* et d'*Erculus* avec certaines figures de la mosaïque romaine des *Jeux du Cirque* trouvée à Reims à la fin de 1860. *Leo* a la tournure aussi de certains animaux de ce beau débris de l'art romain[1]. Dans la pose exagérée de Persée et d'Hercule, on ne peut nier l'influence, affaiblie et qui va disparaître, de la statuaire antique[2].

Ma démonstration de l'absolue contemporanéité d'un certain nombre de produits des arts parallèles du dessin à la plume et du burin de l'orfèvrerie, si elle ne paraissait pas complète,

---

pêche à la ligne, sont les symboles du chrétien arraché à l'abîme des fausses religions et appelé à jouir des nouvelles doctrines. (Voir le *Dictionnaire des Antiquités chrétiennes* de M. l'abbé Martigny, qui cite une pierre annulaire des catacombes de Rome et où se voient deux poissons pendus à une ancre, ce qui se rapproche du motif dessiné sur ma figure 307.)

1. Voir le livre déjà cité de M. Loriquet sur la Mosaïque de Reims.

2. Dans une remarquable étude publiée, dans les *Mém. de la Soc. d'émul.* de Cambrai, tome XXVII, 1re partie, M. Durieux avait dit aussi, en parlant des manuscrits du IXe siècle : « On trouve dans les vêtements un faible souvenir « des draperies antiques. On voit dans les monuments une réminiscence de l'art romain. »

trouverait une nouvelle aide dans un emprunt que l'écrivain du vii° siècle fait à son confrère l'orfèvre mérovingien. Voici deux Q majuscules (fig. 310 et 311) copiés encore sur les manuscrits illustrés de la Bibliothèque de Laon marqués aux n°° 324 et 423, tous deux à peu près de même date. Privons chacune de ces lettres de son appendice caudal et nous aurons : 1° dans le Q de la figure 310 à droite, une fibule avec dessin central cruciforme et fait de cinq cabochons, comme j'en ai décrit (V. p. 171 du présent volume) plusieurs à Cugny, à Coucy-la-Ville, à Mons-en-Laonnois, à Lizy, etc. On peut comparer avec la grande lettre Q de la figure 310 la petite fibule que j'ai dessinée à gauche et en bas de la figure 265, *Bagues, bracelets, bijoux de Lizy*, Verly, etc. La planche 13 du livre de M. Baudot donne exactement le même type de fibule à croix d'émaux rouges et cloisonnés. 2° Sur la partie circulaire de la lettre Q de la figure 311 nous retrouvons le type d'une fibule en bronze à tête humaine qui est sortie il y a très peu de temps de la riche sépulture mixte d'Arcy-Sainte-Restitue et dont je publierai le dessin quelques pages plus loin. Malgré certaines différences de détails et de fabrication, ces analogies ne peuvent être méconnues et niées surtout.

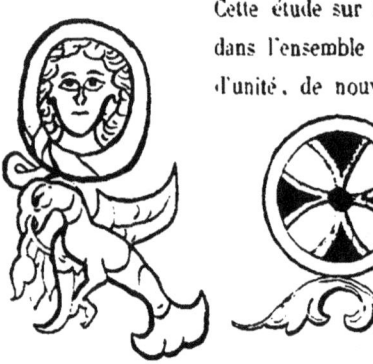

Fig. 311.—Majuscule du vii° siècle à type de fibule avec tête humaine.

Fig. 310. — Majuscule mérovingienne à type de fibule crucifère.

Cette étude sur les temps mérovingiens et leurs manifestations plastiques dans l'ensemble d'un grand département sembleront peut-être manquer d'unité, de nouveauté et d'originalité. Peut-être me taxera-t-on d'excès dans les détails. Ce sont là des défauts inhérents au sujet lui-même et surtout au peu d'attention qu'on lui a porté jusqu'ici. Cette abondance de détails, cette multiplicité de faits et de preuves conduisent cependant à cette déduction synthétique : à un moment donné, les habitudes, les mœurs, l'art des conquérants de la Gaule romaine, ceux au moins des provinces septentrionales, furent partout les mêmes à quelques exceptions près, en Germanie comme en Normandie, en Picardie comme en Bourgogne, comme en notre Ile-de-France, comme dans notre Brie champenoise. Ils se déterminent, se rappellent et se prouvent par leurs diverses manifestations, malgré l'éloignement, malgré les différences de caractères dans les populations. Ce livre aura donc fourni, je l'espère, en faveur de l'universalité des traditions, coutumes, usages et arts pendant les vi°, vii° et viii° siècles, des éléments utiles, comme il en avait fourni d'équivalents à l'étude des temps préhistoriques. Un ensemble aussi considérable que celui du département de l'Aisne n'est point à dédaigner par l'histoire.

P.-S. Ce livre a eu le singulier privilège de ne voir aucune de ses principales divisions livrée à l'impression sans être arrêtée par une découverte assez importante pour nécessiter l'adjonction d'un appendice à chaque chapitre spécial qui eût été exposé au reproche de ne pas être complet. Cette fois encore, il a fallu arrêter l'impression, non pas pour un simple détail de plus ou moins de valeur, mais pour attendre les résultats d'importantes fouilles entreprises depuis le commencement d'août 1877, dans la plus considérable et la plus curieuse de toutes les nécropoles mixtes dont il ait été jusqu'ici question dans ces pages. Je veux parler de celle d'Arcy-Sainte-Restitue (canton d'Oulchy-le-Château) dont j'ai déjà eu plusieurs fois l'occasion de citer le nom.

Pour ne m'occuper, au point de vue de la spécialité de ce chapitre, que du passé mérovingien d'Arcy-Sainte-Restitue, j'avais montré tout d'abord (page 77 du présent volume), cette localité autrefois grand centre de population, aujourd'hui modeste bourgade, possédant un cimetière où les débris romains s'étaient déjà montrés unis à des monuments d'époque franco-mérovingienne; fournissant ensuite, page 109 et figure 216, des vases à décors typiques de ce dernier temps; apparaissant à la page 111 et sur les figures 222 et 223, dans la nomenclature de nos plus anciennes nécropoles dressée par M. Lemaistre il y a plus de cinquante ans déjà, et j'y donnais trois spécimens de ses armes et poteries. Revenant à la page 113 sur le caractère complexe de ce cimetière qui, depuis cent ans, avait plusieurs fois attiré l'attention par l'inattendu des découvertes qui s'y accomplissaient, je disais : « La sépulture considérable d'Arcy-Sainte-Restitue, qui n'a été « que citée et doit être très-importante, est mixte comme celle de Quincy-Basse, etc. » Page 139, je constatais l'orientation parfaite des morts mérovingiens retrouvés par les fouilles anciennes, quelque insuffisantes qu'elles aient pu être, et plus loin enfin, page 155, je disais quel était le nombre des débris de cercueils de pierre taillés en forme d'auge ou de baignoire que ces vieilles fouilles avaient ramenés au jour et entassés au pied du mamelon de sable au sommet, sur les pentes et aux environs duquel les sépultures se serrent en un nombre que j'évaluais à plusieurs milliers, non sans crainte d'être taxé d'exagération. En plaçant ce cimetière au premier rang de tous ceux que j'ai fait apparaître, et même avant ceux de Caranda et de Sablonières, j'ajoutais, — et je suis plus heureux que surpris d'avoir été si bon prophète et d'avoir vu si soudainement se réaliser mon vœu presque au moment où il venait d'être formé, écrit et imprimé : — « C'est là « un problème des plus curieux à poser à notre archéologie locale, que celui de cette nécropole « immense, richissime et dont il faudrait confier l'étude à la fouille, à la patience, à la méthode et « à la libéralité de MM. Moreau. »

Avant de dire comment, au commencement d'août 1877, M. Moreau père, dont les recherches à Sablonières menaçaient d'être bientôt peu fructueuses, porta son attention sur la nécropole d'Arcy-Sainte-Restitue, il est nécessaire de donner succinctement l'historique des fouilles qui furent tentées avec plus ou moins de succès depuis le commencement de notre siècle, le souvenir de celles qui purent être faites à des époques plus anciennes et de leurs résultats étant tout à fait perdu. Je ne parle pas des violations qui dépouillèrent cette sépulture, comme tant d'autres, des richesses d'art déposées dans son sein par les siècles reculés. Tout ce que l'on sait de relatif aux trouvailles antérieures à notre temps se borne à ceci. En 1730, M. Andriot, prieur et curé d'Arcy, fit planter en ormes une partie de la butte sur la face du midi, là où se trouve le jeu de paume actuel, et alors on brisa des milliers de sépulcres de pierre dont les débris couvrirent longtemps le sol. En 1788, ces ormes furent arrachés et à leur place on replanta 400 peupliers, double opération qui amena une nouvelle destruction de tombes, et cela sans profit pour la science. La tradition locale parle de 5,000 sépulcres alors mis en pièces, et ce qui en sortit ou fut brisé, ou fut dispersé sans qu'il en soit resté de traces.

L'abbé Robert, qui fut curé d'Arcy-Sainte-Restitue de 1805 à 1824, année pendant laquelle il mourut âgé de soixante-huit ans, était un homme actif, studieux, ami des choses antiques. Malheureusement il manquait d'études préalables et de critique. De plus son imagination l'emportait souvent et trop loin. Il avait été vivement frappé de ce que le terrain avoisinant le cimetière de sa paroisse, de tout ce que ce cimetière lui-même laissaient si souvent sortir d'intéressant. Il écrivait beaucoup et, parmi ses nombreuses productions restées manuscrites, il en consacra deux spécialement

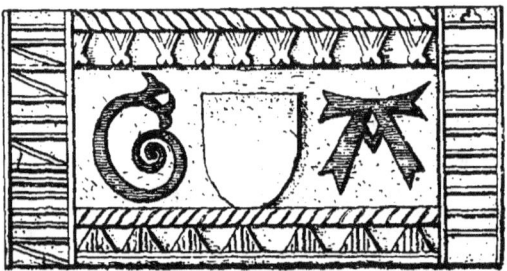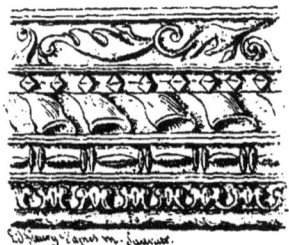

Fig. 312. — Fragments de sépulcres de pierre, à Arcy-Sainte-Restitue.

à l'*Histoire d'Arcy-Sainte-Restitue à l'usage des écoliers* et à un *Essai sur la sépulture gauloise d'Arcy-Sainte-Restitue*. Ce dernier opuscule, le seul qui nous intéresse, fut plusieurs fois remis sur le métier. Il en est fait mention dans la *Gazette de France* du 27 mars 1813. Une copie en fut déposée en 1820 à l'Académie des inscriptions et belles-lettres. D'autres copies ont circulé aussi, témoin celle qui a fourni les éléments d'un curieux article inséré dans l'ancienne *Revue archéologique* sous ce titre : *Antiquités mérovingiennes du moyen âge trouvées près de Soissons*. Cette copie anonyme était intitulée : *Dessins de quelques monuments celtiques découverts à Arcy-Sainte-Restitue, arrondissement et à quatre lieues de Soissons, département de l'Aisne*, et elle était accompagnée de croquis paraissant remonter au commencement de notre siècle, dit l'auteur de la note insérée dans la *Revue archéologique* qui publiait en même temps, et d'après eux, une planche gravée reproduite ici en fac-simile (fig. 312). Il va sans dire que je ne garantis en aucune façon la vérité de ces deux représentations de sarcophages antiques dessinés par l'abbé Robert exactement, je le veux, mais lesquels dessins ont pu, je le crains, ne pas rendre la vraie physionomie des monuments eux-mêmes. Pour certain, personne n'y reconnaîtra des sépulcres de pierre de cette époque gauloise à laquelle l'abbé Robert attribuait cette grande nécropole d'Arcy où il ne voulait voir absolument que des

produits de l'art de la civilisation des Gaulois. Le fragment de droite devait provenir d'un sarcophage gallo-romain du ıv⁰ au v⁰ siècle, et celui de gauche former un des deux côtés étroits d'un
sépulcre mérovingien dont le décor d'encadrement est reconnaissable et au centre duquel un
ciseau du moyen âge a gravé un écu flanqué de deux capitales majuscules d'une onciale de fantaisie qui pourrait bien appartenir au xıı⁰ siècle ou au xııı⁰. Je publierai plus tard un fragment de
peinture murale que j'ai retrouvée sous les voûtes du prieuré de Saint-Thibaut (canton de Braine),
laquelle doit être restituée à l'un des deux siècles que j'indique, et qui montre un G majuscule de
tournure absolument semblable à celle du G du sarcophage à gauche de la figure 312. Dans la
liste des seigneurs d'Arcy [1] je trouve : 1° en l'année 1221-1230 un Geoffroy Iᵉʳ d'Arcy, 2° en 1240
un Guy d'Arcy, tous deux chevaliers et ayant pu blasonner à leur écu et à leurs armes cette pierre
curieuse qui, sortie de la vieille nécropole on ne sait ni en quel temps ni en quelle occasion, fut
longtemps conservée encastrée au-dessus de la grande porte du château d'Arcy, lequel n'existe plus
aujourd'hui.

En effet, voici ce qu'écrivait *de visu* l'abbé Robert dans le manuscrit dont se servait l'auteur
de la note publiée par la *Revue archéologique,* et dans celui qui m'a été communiqué tout
récemment : « Cette pierre antique était conservée au vieux château d'Arcy. Sa largeur est de
« 2 pieds 3 pouces, et la hauteur de 1 pied 3 pouces. Au milieu de cette pierre est un écu où
« l'on voit en relief des lions, des chevaux, des hommes et des pals. Le cadre fait saillie d'un
« pouce sur le fond ; mais le tout ne forme qu'une seule pierre. » L'auteur de la note de la *Revue
archéologique* fait observer avec raison que les « meubles de ce blason n'appartiennent pas à la
« science héraldique ». Il aurait pu supposer que l'abbé Robert ne savait pas les premiers éléments
du blason, ou avait mal lu cet écu probablement très-fruste ; il n'appartient pas pour sûr, et pas plus
que les initiales dont il est accompagné, au temps où fut sculpté le cadre ornemental de cette pierre.

Quant au fragment de sépulcre gallo-romain, une note de la main de l'abbé Robert, apposée
au bas du dessin qu'il a fait de cette antique, nous apprend qu'il apparut au jour le 14 février 1807,
à la suite d'un éboulement qui s'opéra, au dégel, dans les talus supportant la nécropole et dominant à l'est le chemin d'Arcy à Fère-en-Tardenois. Ces croquis, les objets qu'ils représentent et la
notice de l'abbé Robert, si souvent remaniée et recopiée, prouvent que la sépulture était mixte,
c'est-à-dire gauloise, gallo-romaine, mérovingienne, du moyen-âge, et qu'elle reçut les restes
mortels des habitants d'Arcy jusqu'en plein xvı⁰ siècle et même de nos jours, puisque le cimetière
actuel est établi en plein centre et au sommet de la sépulture antique. En effet, ces croquis nous
montrent des vases gaulois très-intéressants d'avant la conquête, le sarcophage romain, plusieurs
plans de tombeaux mérovingiens accompagnés de leurs poteries typiques, des boucles, des fibules et
des colliers du même âge, et enfin des poteries du xvı⁰ siècle revêtues de la couverte d'émail vert
et stannifère qui fut inventée et vulgarisée à cette dernière [époque. L'abbé Robert nous parlant

_____

1. M. Melleville, *Dict. hist. et généal. du départ. de l'Aisne,* t. I, p. 24, v° ARCY-SAINTE-RESTITUE.

même d'épées en « cuivre jaune et dur comme l'acier », il semblerait, — si ce détail est exact, ce qu'on n'oserait affirmer en connaissant la réputation laissée par l'abbé Robert, — que le cimetière d'Arcy-Sainte-Restitue aurait contenu des armes de l'âge de bronze dont les témoignages, je l'ai dit, sont si rares dans nos contrées.

Voici les principaux renseignements que nous fournissent : 1° la copie de la brochure manuscrite de l'abbé Robert que j'ai eue à ma disposition et qui était intitulée : *Notice sur la ville de Soissons, le pays soissonnais et leurs antiquités;* 2° un article qu'il publia sur les localités intéressantes du département de l'Aisne dans l'*Annuaire départemental* en 1813 :

Cette sépulture couvrait toute la surface d'un mamelon sablonneux qui se trouve au sud du village, confine à l'est au chemin de Fère et offre une superficie d'un peu plus de deux hectares. Le cimetière moderne se trouve au sommet du tertre; un jeu de paume planté d'arbres se voit un peu plus loin vers la déclivité méridionale. C'était là qu'on dansait jadis, aux fêtes du village, sur les ossements de tant de générations à peine recouvertes par 30 centimètres de sable. L'abbé Robert croyait factice cette butte que M. Lemaistre, inspecteur des poudres et salpêtres, a reconnue comme naturelle et qu'il a facilement restituée au système géologique de la contrée avoisinante, pendant un voyage que ce savant fit, en 1826, à Arcy afin de contrôler les assertions de l'abbé Robert qu'il accusait d'exagération et d'enthousiasme. Non-seulement la butte recélait des tombeaux en énorme quantité, mais encore la sépulture se continuait ou poussait des annexes jusqu'à 240 mètres dans les terrains plats; car M. l'abbé Robert trouva, le 15 septembre 1817, une magnifique et grande pointe de lance en fer accompagnée d'ossements humains et d'un petit pot gaulois de terre noire, grossière et épaisse, sous un énorme grès enfoui auprès d'un chemin qui, passant au lieudit *Vaucelles,* conduit vers les bois au sud-ouest.

Les premières couches d'un sable gris qui tapisse le sommet du mamelon et qui sont de rapport, couvraient à peine une incroyable quantité de sépulcres de pierre tendre exploités depuis longtemps par les habitants d'Arcy pour la réparation ou même la construction de leurs maisons. Ils étaient disposés en longues lignes allant du nord au midi, les pieds-des morts étant donc tournés exactement à l'est d'équinoxe, disposition qui appartient, nous le savons, aux civilisations gauloise d'avant la conquête et franco-mérovingienne. En calculant le nombre des lignes de sépulcres d'après la surface du mamelon, la largeur et la longueur moyennes des sarcophages de pierre, M. Robert arrivait à une quantité approximative de 20,000 sépulcres dont le nombre probable était beaucoup réduit, peut-être trop réduit par M. Lemaistre. Après ma visite à Arcy, je croyais à 10,000 coffres de pierre ; mais M. Moreau pense qu'on peut en porter le nombre au moins à 15,000. Aussi l'abbé Robert écrivait-il avec raison : « Je doute qu'il y ait un endroit qui possède autant de tombes que « le cimetière gaulois d'Arcy », et telle était cette abondance, que le digne abbé donnait pour étymologie à son village d'Arcy le mot latin *area*[1] dont une des acceptions équivaut à *loculus,*

_____

1. L'abbé Robert, comme beaucoup de savants de cette époque, s'occupait d'étymologies et a risqué celles-ci pour

sarcophagus, tombeau de pierre, de marbre ou de terre cuite, dans lequel les Romains, suivant Pline et déjà de son temps, déposaient les corps des morts qu'on ne livrait pas à la crémation.

Ces sépulcres portaient 1^m,95 à 2^m,10 en longueur, 0^m,48 de largeur à la tête, environ 0^m,38 aux pieds. Quand on trouvait les couvercles, ceux-ci se formaient généralement de trois pierres mal rajustées et qui avaient permis les infiltrations de sable dont à peu près tous les sépulcres étaient remplis. Le fond de la cuve portait toujours un petit rehaut ou oreiller pour la tête qui, ainsi que les pieds, était reçue souvent dans une petite excavation taillée dans la paroi. Quelques tombes étaient accotées, comme calées, par des pierres. Le mort y était étendu sur le dos lorsqu'on le trouvait en place, et, à la différence de ce que j'ai signalé dans la majeure portion des sépultures mérovingiennes du département de l'Aisne, ils n'avaient pas les bras croisés *in modum crucis* comme sur les figures 245 et 246 (*sépultures de Brie et de Mons-en-Laonnois*), mais étendus le long du corps comme le mort de Seltzen de la figure 243. A peu près toute la couche mortuaire des temps mérovingiens ayant été violée plusieurs fois, les inhumations dans des fosses se montraient seules intactes à l'abbé Robert; cependant il écrit : « Dans certaines tombes, vides de sable parce « que les couvercles avaient été bien ajustés, on trouve les ossements bien arrangés, comme les « représenterait une belle gravure. »

Il croit avoir vu autour des tombes des débris pulvérulents de calcaire prouvant, suivant lui, que les blocs auraient été amenés et débités sur place en sépulcres, ce qui n'est guère probable. M. Moreau me donne en effet ce renseignement plus certain : la carrière qui a fourni ces nombreuses tombes est celle du *Fonds du ru de Chouy*[1] abandonnée depuis quelque temps, inaccessible pour ainsi dire et renfermant encore, dit-on, deux vieilles tombes de pierre, l'une grande et une d'enfant. Suivant M. Lemaistre, on exploitait encore ces carrières en 1826.

Les tombes ne portent ni signes chrétiens, ni moulures; cependant les fouilles récentes de M. Moreau ont mis à jour un sépulcre carré d'enfant taillé dans une pierre moulurée, mais qui doit provenir de l'entablement d'un édifice gallo-romain. M. Lemaistre avait vu aussi un coffre d'enfant, bien que l'abbé Robert affirmât n'en avoir jamais aperçu, fait prouvant, à son sens, que les enfants étaient déposés auprès des grandes personnes.

Comme je l'ai dit plus haut, toute la sépulture mérovingienne avait été violée et profondément troublée. Trouvant plusieurs têtes dans le même réceptacle mortuaire, l'abbé Robert croyait à des inhumations successives, ce qui était possible et ce qui s'était fait souvent, au mépris, nous le savons, des prescriptions des conciles et des évêques; mais M. Lemaistre ne s'y était pas trompé plus que les ouvriers qui fouillent aujourd'hui la nécropole sous la direction de M. Moreau. Tous reconnaissent les traces d'un trouble violent et prolongé.

les noms de quelques-uns des villages qui avoisinaient immédiatement sa cure d'Arcy-Sainte-Restitue : Servenay, *Servorum venatio*, la chasse aux esclaves fugitifs; Saponay, *Sapo*, au génitif *saponis*, centre de fabrication de savon!!! J'en passe et des meilleures. C'est ce qu'alors on appelait faire de la science.

1. *Ru*, en patois local, veut dire ruisseau.

J'ai dit déjà que l'abbé Robert avait trouvé et dessiné des agrafes, des boucles de bronze, des colliers de verroteries, le tout appartenant sans conteste aux types mérovingiens, et même « des épées argentées » ; mais comme le digne homme parle de boucles argentées dans la même ligne, il est difficile de croire qu'il ne se soit pas embrouillé dans sa description si sommaire cependant. Il assure que le petit pot mortuaire se trouve toujours en dehors de la tombe, entre deux lignes de sépulcres et à la hauteur de la tête du squelette. A l'entendre, il aurait trouvé des « armures » ; mais il ne les décrit pas et on ne peut guère y croire.

Il a rencontré et connu une seconde couche d'ensevelissements dans des fosses sous le lit supérieur des sarcophages mérovingiens, puisqu'il écrit : « Plusieurs tombes (sépulcres de pierre) « se trouvent placées sur des monceaux d'ossements » ; et croyant, comme l'ancienne archéologie qui dramatisait tout, à des cérémonies funèbres toujours sanglantes, il ajoute : « Ce sont sans « doute les ossements de femmes, d'amis, d'esclaves du défunt qui se sacrifiaient en son « honneur. » Il constate qu'on a trouvé en sa présence un squelette humain couché sur « la car- « casse d'un cheval », égorgé suivant le rite mortuaire dont témoigne César ; mais en même temps il donnait un démenti formel au texte des *Commentaires* affirmant que les Gaulois brû- laient leurs morts, les squelettes de l'homme et du cheval d'Arcy étant intacts et bien conservés, circonstance qui me donne l'occasion de dire combien le sol d'Arcy ménage mieux que ceux de Sablonières et Caranda les matières organiques et les ossements. Ainsi les fouilles modernes, si bien conduites et si attentives, signalent à Arcy la conservation extraordinaire des tissus, laine, toile et cuir, dont M. Moreau conserve plusieurs spécimens intéressants. L'abbé Robert affirme même avoir retrouvé des cheveux longs, cassant sous les doigts, rouges et couverts d'une matière grasse, fine, *criante* comme de la poudre à poudrer du siècle dernier, rensei- gnements relevés par M. Lemaistre avec une certaine incrédulité.

Il faut retenir ce détail intéressant et sérieux cette fois : l'abbé Robert croyait que la partie orientale de la sépulture d'Arcy, celle d'où était sorti, au-dessus du chemin de Fère-en-Tardenois, le fragment sculpté de sarcophage gallo-romain, devait avoir été réservée aux personnages de marque ; car il avait eu là aussi trois petits vases de pierre, bizarres de forme, finissant en cône et percés de trois trous au fond, comme si l'on écoulait jadis et par là sur la tombe soit le « sang des « victimes », soit « l'eau des libations lustrales ». Là encore et en 1804, un habitant, tirant du cimetière des pierres pour la construction de sa maison, avait éventré une petite voûte comme d'un caveau où étaient contenues plusieurs tombes entre lesquelles s'élevait un assez gros grès, « rond comme un tronçon de colonne enterré d'un pied et dépassant aussi d'un pied les tombes ».

Les dessins de l'abbé Robert restituent le fer d'une lance, large et profondément découpé sur les côtés, et l'immense fer, long d'un mètre et conique sans aucun accident de renflement, d'une javeline qui rappelle le *longisque in armis* de Lucain parlant de la dimension spéciale aux armes des Gaulois.

Pour en finir avec les récits de l'abbé Robert, il signale des inhumations plus jeunes et plus profondément creusées en terre que les rares fosses mérovingiennes. Les morts y ont, cette fois, non plus les bras étendus aux côtés, mais croisés sur la poitrine; leurs vases, — le bon abbé les croit du ixe siècle, — sont à l'extérieur revêtus d'émail vert, ressemblent tous à de grandes soucoupes « comme de nos tasses à café et ont la couleur de la poterie ordinaire du pays ». Ce sont des vases du xvie siècle au plus tôt, je le répète.

M. Lemaistre, dans ses articles de l'*Annuaire* de 1826, ajoute peu de détails nouveaux à ceux-ci. Cependant il rapporte, d'après les habitants du pays confirmant le dire de l'abbé Robert, qu'on a trouvé à Arcy « des tombeaux faits d'une pierre artificielle composée d'un mélange de « chaux et de tuf pulvérisé », ce qui s'était vu à Caranda. M. Lemaistre pense aussi qu'en général la taille des morts de la nécropole d'Arcy dépasse la moyenne de la nôtre aux temps actuels.

M. l'abbé Husson, curé d'Arcy depuis 1828 jusqu'en 1855 environ, aurait pu fournir quelques renseignements sur ce qui se passa là d'intéressant pendant son long exercice du saint ministère. Dans de trop courtes notes, il nous apprend seulement qu'en 1840 M. Moreau, de Fère, banquier à Paris, frère de M. Frédéric Moreau qui *fouille actuellement la nécropole d'Arcy avec tant de soins, de persévérance et de succès*, fit faire quelques recherches, découvrit un sépulcre de pierre très-bien taillé et vierge de sable, parce que son couvercle le fermait hermétiquement, ce qui est rare, nous le savons. Il contenait un squelette de grande taille, bien conservé, bien en position. Le long de la cuisse gauche, il avait une hache de fer oxydée et à un seul tranchant, sur le sternum une belle boucle en bronze, et l'on recueillit aussi un long fer de lance ou de javelot, et l'on ne nous dit pas si sa pointe était placée auprès de la tête, ou tournée vers les pieds.

En 1841 ou 1842, M. de Marsy, architecte de Paris, fit des fouilles dans la partie orientale qui longe le chemin de Fère. Il eut un cercueil avec couvercle bien taillé et qui contenait le squelette d'une jeune fille dont les molaires sortaient à peine de leurs alvéoles, toutes les dents ayant conservé l'émail le plus brillant. Il recueillit là des pendants d'oreilles en argent garnis de verroteries serties dans des feuilles d'or, un certain nombre de grains de verre coloré et de formes variées, une bague en argent avec châton, un bracelet ovale. Sur d'autres habitants d'autres sépulcres M. de Marsy fit ces remarques cranioscopiques : « La partie antérieure des crânes est « assez peu développée; presque tous offrent un front assez déprimé, fuyant en arrière, et la « partie postérieure est toujours développée en présentant de nombreuses et fortes protubérances. »

Une commission de savants appartenant au Comité archéologique de Soissons fit, en 1844, des fouilles qui ne furent point menées assez loin pour fournir des résultats très-importants. Cependant on recueillit et décrivit une quarantaine d'objets dont la plupart ont été déposés au musée de Soissons. Plus tard, et à deux reprises différentes, la Société archéologique de cette ville fit aussi pratiquer à Arcy des fouilles « qui n'ont pas eu tous les résultats qu'on pouvait en attendre », dit le rapporteur [1]. En effet, il vint alors des objets en assez petit nombre et du sein desquels rien ne

---

1. *Bull. de la Soc. arch. de Soissons*, t. III, 2e série, p. 255. Séance du 2 octobre 1871.

ressortait de bien saillant ni de bien nouveau. Les Sociétés savantes, quelque bien intentionnées qu'elles se sentent, quels que soient leur zèle et leur dévouement aux progrès de l'archéologie, ne possèdent généralement ni assez de ressources, ni assez de membres possesseurs absolus de leur temps et de leur liberté d'action, pour tenter et même espérer de mener à bien et à fin d'aussi lourdes et coûteuses entreprises que celle qui consiste à remuer, à étudier à fond le cube énorme de terre couvrant des nécropoles aussi vastes et compliquées que celles d'Arcy, Caranda, Sablonières, et celles à trouver un jour ou l'autre. A Arcy, je l'avais dit, il fallait M. Moreau, sa volonté, sa méthode, son indépendance et sa fortune, et aussi la complaisance des autorités municipales et des habitants qui facilitèrent les recherches par toute la bonne volonté et le désintéressement possibles, rare et heureuse réunion des circonstances indispensables pour assurer le succès d'une si longue, difficile et minutieuse entreprise.

J'ai montré M. Moreau à l'œuvre depuis la fin de juillet 1877 ; mais je n'ai plus à redire comment il procède. Voici le bilan de ses résultats après quatre-vingts jours seulement de recherches auxquelles j'ai assisté peu de temps, assez de temps cependant pour affirmer que pas un pouce de terrain ne restera sans étude, que pas une tombe ne passera inaperçue et inétudiée, que pas une ne conservera le moindre de ses secrets, et que de là il sortira un ensemble important, unique et dont les résultats seront admirablement classés et catalogués. Rien, cette fois, n'est donné à l'imagination, à l'exagération, au système. Donc voici ce bilan du travail effectif de trois mois environ, c'est-à-dire à la fin d'octobre, moment où je livre mon manuscrit à l'impression.

TOMBES. Cercueils de pierre du premier étage mérovingien, 400. Fosses du sous-sol, gallo-romaines et gauloises d'avant la conquête, 900. Total 1300.

SILEX TAILLÉS, plus de 1,000.

OBJETS EN FER, 200, dont : 6 haches, 3 lances ou framées, 20 scramasax, 1 épée, 40 lames de couteau, 30 plaques et 30 boucles de ceinturon ou de baudriers, 20 anneaux, 20 fermoirs de sacs ou bourses de ceinture, 1 bracelet, 8 alènes, 3 clés de tailles diverses, 3 serrures, 15 objets indéterminés.

OBJETS EN BRONZE, environ 300, dont : 2 haches, 30 plaques, 30 fibules diverses, 20 boucles d'oreilles, 20 bagues, 20 bracelets, 7 médailles gauloises, 18 médailles romaines, 2 balances, 80 boucles, anneaux, pendeloques, 5 pinces à épiler et 40 bouts de lanières, 1 fermoir de bourse ou sac, 10 styles et épingles, 1 rouelle ou plaque à jour, 14 boutons et objets indéterminés.

A quoi il faut ajouter 12 colliers de verroteries diverses et perles d'ambre, 30 médailles du Bas-Empire en argent et 4 torques en bronze.

VASES, 100, dont : vases de terre gaulois 40, vases gallo-romains de terre 12, et de verre 18, vases de terre mérovingiens 28 ; fusaïolles ou gros boutons en terre cuite 2.

Quelques remarques sont à faire à propos de cette collection d'objets parmi lesquels je ne veux mettre en relief que les plus intéressants et les plus rares.

Avant tout, il est bon de montrer, ce que personne encore jusqu'ici n'avait aperçu ou, si l'on veut, clairement établi, que la sépulture n'est point unitaire et que, au contraire, ses grandes divisions historiques et archéologiques s'y montrent très-tranchées. L'époque gauloise d'avant la conquête y a déposé ses armes, par exemple une épée dans sa gaîne de fer, ses vases typiques, ses torques et anneaux de bronze, ses médailles dont une avec petit personnage courant à droite et tenant une couronne dans une main, une torche ou une épée dans l'autre ; enfin un Gaulois s'y montre inhumé avec son cheval et, qui sait? avec son char peut-être ; car, avec l'abbé Robert, l'on ne peut compter ni sur une recherche poussée à fond, ni sur une description complète, ni sur une classification précise. Les Gaulois ont donné à M. Moreau une *olla* ou marmite de terre indiscutable. L'époque romaine lui fournissait, aux dernières nouvelles que je recevais de lui, deux vases de terre dite samienne, bol et bouteille de première force, sans parler d'autres vases du plus beau type et de la meilleure conservation, certains avec ornements en relief et pastillages de verre, etc.

Il faut insister ensuite sur ce point : jusqu'à l'arrivée des ouvriers de M. Moreau, aucun des fouilleurs n'avait ni remarqué ni constaté à Arcy la présence des silex taillés de main d'homme, incontestables, très-beaux et paraissant avoir très-peu servi. Ils sont plus rares à Arcy qu'à Caranda ; mais ils sont en assez grand nombre pour composer un fait archéologique dont on doive tenir compte. Bien que j'en aie ramassé au bas de la sépulture, on peut dire qu'on n'en trouve pas sur le sol. A première vue, il n'y aurait donc pas eu là de station préhistorique d'habitations, mais, semble-t-il, un centre de sépulture archaïque et des temps primitifs où les morts étaient enterrés presque à la surface et suivant un rite funèbre qui comportait le dépôt des silex dans la fosse. La civilisation gauloise a inséré ses morts dans ce sol léger et a commencé, comme à Caranda et à Sablonières, à troubler la nécropole préhistorique, dont les silex taillés ont été une première fois mêlés à toutes les profondeurs du sol remué de nouveau par les sépultures gallo-romaines encore plus profondes, et finalement l'impossibilité d'enfouir les sépulcres mérovingiens parmi les débris funéraires de la première couche, peut-être la volonté de ne pas troubler ces restes vénérables ont fait déposer ces sarcophages sur les inhumations des prédécesseurs, et c'est alors qu'on a entaillé sérieusement et circulairement tout le pied de la colline pour en rapporter au sommet le sable noirâtre, la terre naturelle du sol manquant pour recouvrir les épais sépulcres mérovingiens. De sorte qu'après cet apport, les silex préhistoriques, s'il y en eut à la surface du sol, disparurent aussi complètement que si leurs anciens maîtres et fabricants ne les y eussent jamais semés, comme ils l'avaient fait dans tant d'autres stations que j'ai nommées et décrites.

Il est certain qu'on a trouvé beaucoup de ces 1,000 silex logés dans les sépulcres mérovingiens[1]; mais il faut se rappeler que la presque totalité de ces coffres, (les *arcæ* de l'abbé Robert,) a été cherchée, visitée, violée et reviolée, dépouillée, témoin ces couvercles de sépulcres disparus, ces morts changés de place, promiscuité des tombeaux dont j'ai si souvent parlé. Ceux-ci, il a fallu les recouvrir, quand on leur eut enlevé leurs dépouilles. Les violateurs y ont rejeté pêle-mêle le

---

1. Lettre de M. Fréd. Moreau père, du 31 août 1877, sur les fouilles d'Arcy-Sainte-Restitue.

sable jaune naturel avec ses silex et le sable gris de rapport. Une fois de plus, le caillou travaillé a épousé l'arme de fer, la plaque de bronze, les bijoux, les médailles[1], les ossements des morts, et ceux-là à des places non pas toujours les mêmes, par conséquent non fixées par des rites mortuaires, mais accidentellement, ici sur le crâne auquel ils adhèrent encore, là sur la poitrine, ce que je constaterai plus tard en une circonstance digne d'attention[2].

Peut-être aussi faut-il croire que, comme à Lizy, les Mérovingiens, retrouvant ces silex et s'en inquiétant comme de choses inconnues et mystérieuses, en ont déposé plus d'une fois dans les tombes avec une intention votive. C'était une pierre extraordinaire, et nous connaissons l'amour et le respect dont on entourait encore les pierres en ce temps; je l'ai dit assez pour n'y plus revenir.

Si donc les silex jouent parfois à Arcy le rôle de pierre sacrée, ce serait au même titre, à mon

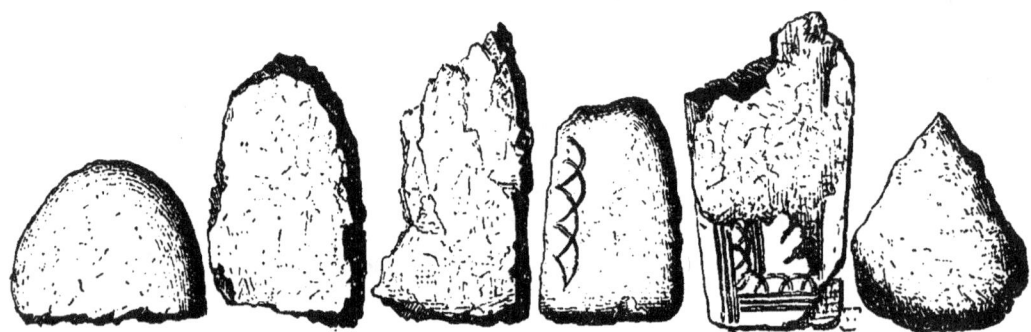

Fig. 313. — Pierres à superstition dans les sépulcres mérovingiens d'Arcy-Sainte-Restitue.

avis, que les calcaires à formes bizarres et inquiétantes, qu'avec tant d'étonnement nous avons vus apparaissant (fig. 275) dans les tombeaux mérovingiens de Sablonières et de Caranda. Ne les ayant jamais rencontrées que là, plus haut je les déclarais appartenant à une coutume locale, ou si l'on veut à une superstition du pays. Les revoyant une troisième fois à Arcy-Sainte-Restitue (fig. 313), je dois commencer à penser que cette coutume et cette superstition appartiennent à un rite mortuaire qui ne serait plus seulement local, mais de contrée et cantonal, bien qu'Arcy ne soit éloigné de Sablonières que de six kilomètres à peine, et cela jusqu'à ce que de nouveaux exemples forcent à croire à une mode plus répandue, si ces pierres singulières se retrouvent un jour dans les cimetières mérovingiens sur d'autres points du pays. Si je voulais aller aussi loin que M. Boucher de Perthes avec ses silex symboliques, je serais tenté d'écrire que les deuxième et troisième pierres de la figure 313 représentent des menhirs en petit. Ces six pierres, d'ailleurs, sont de la même nature que celles de Caranda : dures, calcaires, moulées au sein d'un milieu siliceux et antipathique. Deux d'entre elles ont reçu au burin un décor essentiellement mérovingien de demi-cercles se coupant pour former un motif courant

---

[1] et [2]. Lettre de M. Moreau, du 31 août 1877, sur les fouilles d'Arcy-Sainte-Restitue.

enfermé, sur la cinquième pierre, dans un cadre de filets. Leur taille varie de 0^m,32 à 0^m,60 environ. Elles reposaient entre les jambes des morts et ne sont point aussi nombreuses qu'à Caranda. Une de ces pierres, dont le dessin m'est parvenu trop tard pour que j'aie eu le temps de le reproduire, est un exemple à noter de ces jeux de compas avec segments de cercles se multipliant, s'entrecoupant et que j'ai signalés à Chaillevet, à Pommiers, etc., etc. La pierre votive, ou plutôt son fragment, inscrivait une partie de médaillon circulaire à courbes géométriques, entrelacées et se coupant avec une certaine élégance.

À la rareté des armes mérovingiennes, on peut dire des armes de l'époque gauloise aussi, il faudrait supposer que les anciennes populations d'Arcy étaient plutôt pacifiques et agricoles que guerrières, ce que j'ai déjà fait remarquer en parlant de Caranda et de Sablonières, emplacements cependant si voisins de la Marne où les sépultures analogues avaient été si fertiles en armes. Les rares armes de fer d'Arcy sont parfaitement conservées dans ce sol évidemment moins destructeur que les sables de Sablonières et de Caranda. Les pinces épilatoires si utiles aux Francs pour combattre les envahissements de leur barbe, nous le savons, se montrent là en certain nombre.

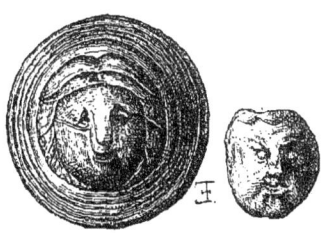

Fig. 314. — Fibule au repoussé d'Arcy,
et bouton de Sablonières.

Ces populations, si nombreuses, à en juger par l'immense quantité de leurs sépulcres qui, à la lettre, pavent la superficie de la butte d'Arcy, étaient relativement opulentes, si l'on en croit la valeur des métaux dont se composaient généralement leurs parures. Les colliers de verroteries n'y sont pas rares. Les métaux précieux y apparaissent sur un certain nombre de bijoux. Quant aux médailles, les plus précieuses étant de bas argent, elles sont peu nombreuses, eu égard surtout au chiffre extraordinaire de ces sépulcres de pierre qui, dans toute autre nécropole, seraient tenus comme demeures dernières, je l'ai montré, de personnages de quelque importance.

Il est plusieurs objets qui, pour leur nouveauté et leur valeur artistique, veulent être notés, je l'ai dit. Je citerai parmi eux une fibule (fig. 314) dont l'archéologie mérovingienne ne connaît pas encore les équivalents. Elle affecte la forme discoïde. La petite tête en relief énergique qu'elle montre a été obtenue au marteau, c'est-à-dire au repoussé. Elle procède du même art et du même faire qu'un bouton en bronze aussi et avec une tête en relief encore [1], provenant de Sablonières et coté n° 6 sur la planche VII consacrée à cette sépulture dans l'album de Caranda, bouton que j'avais réservé pour le publier à côté de la fibule mérovingienne d'Arcy.

---

1. Cette fibule et ce clou ressemblent beaucoup aux clous de métal ou d'ivoire en relief et à masques humains, que les Romains appelaient *bulla* et dont ils ornaient des ceinturons, des baudriers, des gaines, etc. Les deux objets dessinés sur la figure 314 pourraient ou provenir du travail d'un ouvrier gallo-romain, ou même avoir appartenu à des Romains opulents dans les demeures desquelles les auraient trouvés des soldats conquérants qui les auraient plus tard transmis à leurs familles.

La figure 315 montre réunies d'abord une balance mérovingienne A et deux fibules peu communes. Celle de droite E rappelle non par sa forme, mais par ses anneaux en relief, des fibules du premier âge du fer trouvées en Italie dans la nécropole de Golassecca sur les bords de Tessin [1]. La seconde D est faite à l'aide d'une plaque ou disque d'os, assez endommagée, incomplète et sur laquelle se lisent à la face et au revers, gravés en creux, des arcs de cercle formant un losange inscrit dans une circonférence décorée de petits cercles ponctués, laquelle s'enferme elle-même dans un cadre circulaire et tout uni. Le dessin de la face postérieure et illisible semble un peu différent. Ces sortes de fibules, qui sans doute se portaient sur la poitrine et fermaient une robe ou

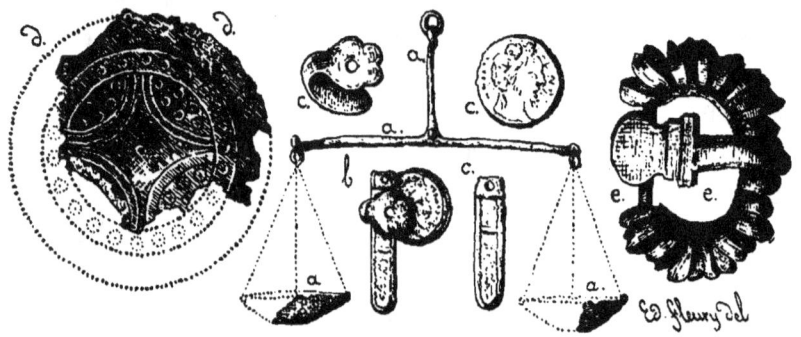

Fig. 315. — Balance et fibules d'Arcy-Sainte-Restitue.

un manteau de femme, sont rares, et l'on n'en signale de semblables dans aucune autre de nos sépultures mérovingiennes. M. Baudot [2] en a trouvé, dans le cimetière de Sainte-Sabine, une faite de corne de cerf plus grande (0[m],07 de diamètre) et plus riche, car elle était décorée de douze petits médaillons en feuille d'or, incrustés circulairement autour d'un treizième qui avait disparu. Le même archéologue avait eu, dans la sépulture de Ricey (Côte d'or), un autre disque aussi en os de 0[m],04 de diamètre et portant sur plat une figure semblable au dessin géométrique de la plaque d'Arcy : quatre segments de cercle ponctué entre deux traits en creux, encadrant un losange cette fois percé au centre d'un trou comme d'attache [3].

La petite balance A de la figure 315, et composée de son manche, de son fléau et de ses deux petits plateaux creux et en partie détruits par l'oxyde, apparut accompagnée de deux pesons : l'un complet B se forme par la réunion de deux médailles en bronze d'Antonin le Pieux, d'un montant de bronze, le tout serré dans un crochet de bronze et réuni par une goupille ; le second C. D. E,

1. Voir, dans le numéro de la *Revue archéologique* d'août 1877, l'article consacré à *Deux périodes du premier âge de fer,* et la planche xv, fig. 11.

2. *Sépult. des Barb.,* p. 281, planche xviii.

3. L'abbé Cochet, *Sépult. gaul. mérov.,* p. 195, parle de plaques carrées d'os à décor essentiellement mérovingien et tracé de même au burin. Il les croit ayant appartenu à la décoration de coffrets déposés dans les tombeaux.

désagrégé par suite de la destruction du rivet de bronze; la médaille C est encore un Antonin. Faut-il voir là l'attribut d'un monétaire établi au vic encore inconnu d'Arcy? Cette balance est si petite en effet, qu'elle n'a pu servir à peser que des monnaies d'or ou d'argent[1]. Une seconde balance de même forme et de même dimension, mais dont les plateaux sont plats, a été recueillie un peu plus tard avec un semblable peson complet et formé : 1° d'une médaille de bronze à l'effigie de Vespasien, 2° d'un montant guilloché, 3° et d'un crochet, ou pince, percé au centre par une goupille.

J'ai beaucoup parlé de l'entrelacs emprunté par les Mérovingiens à l'art romain ; mais je n'ai jamais pu en trouver de spécimens plus complets et gracieux que ceux d'une fibule en bronze et d'une terminaison aussi en bronze étamé de bout de lanière que je donne sur la figure 316.

Les autres bijoux semblaient d'abord ne présenter rien à noter comme sortant des formes ou du décor habituels. Cependant d'un sarcophage de pierre il est venu une belle bague chevalière intacte dont le chaton en bronze doré a un grenat taillé en forme de table dans un sertissage ou monture d'or. Je ne veux pas oublier non plus une autre bague en argent, anneau à huit pans et autour duquel est gravé un monogramme du Christ suivi d'une inscription qui a des lettres illisibles et d'autres espacées, précédant le mot vincit en petites capitales, tandis que la formule connue ne comporte habituellement que le mot *Christus*

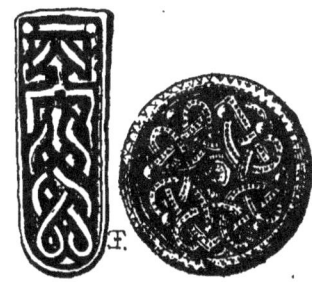

Fig. 316. — Bout de lanière et fibule en bronze d'Arcy.

ici représenté par un chrisme, parfois par un simple P, et celui de *Vincit*, XPICTOC NIKA. Une autre en argent offre sur son chaton l'A initial d'un nom propre dans un encadrement de petits points. La plupart des bagues d'Arcy sont fendues par le milieu, sans doute pour leur donner de l'élasticité.

Dans la quantité des fibules à formes plus ou moins connues, il en est une qui n'a pas encore son analogue jusqu'ici, je le crois. Elle appartient à la famille de celles qu'on appelle digitées ; mais les trois doigts ou palmes manquent et n'ont laissé que leurs traces sur la plaque d'argent à larges ornements de vermeil attachés par de petits clous ronds, de vermeil aussi. Un large chaton ellypsoïde, à gîte cloisonnant une pâte colorée, s'unit à une large et longue patte ou manche d'argent massif. Je regrette de n'avoir pu graver à temps cette pièce superbe comme art et dimensions.

Dans d'autres emplacements mérovingiens, j'avais signalé l'apparition de clés de fer, ainsi à Couvron et à Caranda; la nomenclature de M. Moreau parle de trois clés et de trois serrures,

---

celles-ci qui sont un attribut assez peu ordinaire des sépultures anciennes. Un squelette d'Arcy, parfaitement conservé et profondément enterré au-dessous d'une tombe de pierre, avait, auprès de l'épaule droite, une serrure conservant une partie de son mouvement. S'il faut admettre que les objets recueillis dans la tombe symbolisaient jadis la profession du mort, que par exemple une lance ou une épée n'appartiennent qu'à un guerrier ou à un chef, faut-il croire qu'un serrurier mérovingien reposait là avec cette serrure témoignage de sa profession? Une penture de porte avec son gond était retirée d'une autre tombe, en attestant une supériorité de fabrication supérieure à celle de semblables ferrements recueillis à Sablonières et à Caranda. Un troisième squelette, probablement d'une femme, avait à sa ceinture une grande clé de porte et une très-petite de coffret, une petite plaque de bronze à boucle carrée et à décor d'époque, près de la tête un style ou longue épingle en bronze, au cou un collier de perles de verre et sur la poitrine deux belles fibules digitées, dorées et ayant gardé leurs émaux. C'est ici l'occasion de dire que la population féminine des tombes d'Arcy paraît assez considérable, à voir le nombre des bagues, boucles d'oreilles, fibules mignonnes et à plaques d'argent et dorées, le tout plus élégant que partout ailleurs, de même que les perles y sont plus fraîches qu'à Caranda, où cependant les grosses plaques de bronze se montraient en général plus finement ciselées, d'après ce que M. Moreau fait remarquer dans ses lettres. Bien que je n'aie rien à dire ici de l'époque romaine, une tombe de femme de ce temps montrait un squelette ayant à la tête trois épingles de cheveux en argent, et un tout petit pot ayant dû renfermer une pâte parfumée. Du même temps, on a eu, entre autres vases, une très-jolie amphorine rouge et à deux anses.

Mais la plus intéressante de toutes les sépultures est une fosse creusée en terre et placée à l'extrémité est du cimetière, au voisinage immédiat du chemin d'Arcy à Fère, c'est-à-dire juste à l'endroit que l'abbé Robert tenait pour l'emplacement réservé aux personnages de marque, en raison de ses trouvailles exceptionnelles du fragment du tombeau sculpté, des vases de pierre, etc. Cette fosse contenait de nombreux et intéressants objets qui sont dessinés sur la figure 317 et méritent une attention toute spéciale. Ils ont été recueillis dès le second jour des fouilles ainsi parfaitement inaugurées. Enterrée à deux mètres au-dessous d'un sépulcre de pierre violé, cette fosse avait échappé à tout outrage. Son squelette, en excellent état, avait à la tête une petite bouteille de verre teinté de vert et de la forme d'un flacon, au cou un immense collier à plusieurs tours et composé de deux cents grosses perles d'ambre ou de pâte vitreuse D, tandis que les plus riches colliers de Caranda n'en possédaient que vingt-six, ou trente-trois, ou quarante, et au maximum quatre-vingt-six. Au bas du collier se voyaient pendues, au moyen de belières, trente monnaies romaines de Valentinien, Théodose, Honorius, etc., et à côté d'elles des pendeloques d'ambre H. Parmi ces pendeloques se remarquait en G une boule de fer météorique, ou plutôt de ce fer hydraté que renferment parfois les lambeaux de sables moyens qui dominent quelques points de nos montagnes [1] du Laonnois. J'ai déjà publié (fig. 277) le dessin d'une de ces boules sertie

1. Par exemple auprès des anciens moulins de Montbéraut (canton de Laon), dans une tranchée où une veine assez

d'argent et trouvée dans une sépulture de Sablonières, boule qu'on a regardée comme un amulette. Celle d'Arcy[1] n'en diffère que par sa moindre grosseur et par un détail de la belière.

Sur la poitrine du squelette enfin et à côté du globe ferrugineux, ornement ou amulette, brillait un croissant d'or pur J, du centre et des cornes duquel tombaient trois petits barillets d'or K, l'un un peu endommagé. Le vêtement dont le mort était couvert était retenu sans doute sur la poitrine

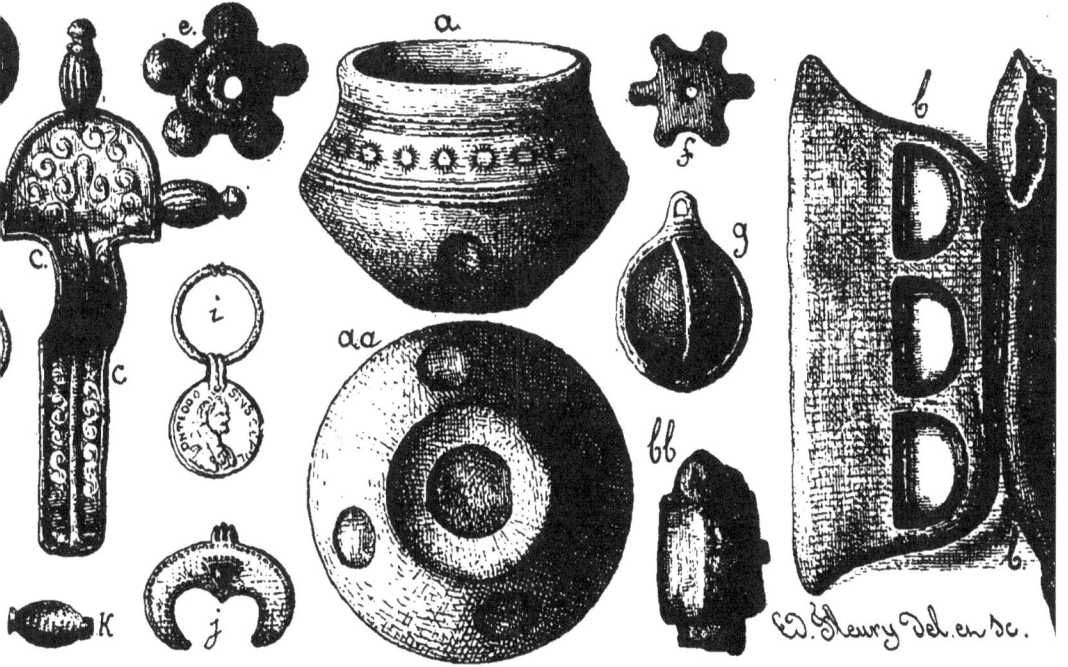

Fig. 317. — Tombe d'un prêtre franc payen (?), à Arcy-Sainte-Restitue.

Légende : A, petit pot de terre noire avec insertions de lentilles de verre vert. — AA, dessous de ce vase. — B, petite hache de bronze emmanchée avec un os. — BB, bout de ce manche avec virole en bronze. — C, fibule digitée et dorée. — D, graines de collier avec insertion de pâte de verre coloré. — E, F, gros grains de verre bleu. — G, boule en fer sertie d'argent. — H, pendeloque d'ambre. — I, monnaie romaine suspendue à un collier. - J, croissant en or. — K, petits barillets d'or pendant à ce croissant.

par ces singulières fibules digitées que l'on rencontre assez fréquemment dans les sépultures mérovingiennes, ainsi à Verly (fig. 265), et qui d'habitude ont cinq appendices en forme de doigts

épaisse de sable roux laisse apercevoir des rognons très-solides et très-durs d'un fer hydraté qui pourrait se tailler plus facilement peut-être que les fragments d'astéroïdes, ceux-ci certes peu communs dans nos contrées ou autre part. (V. d'Archiac, *Groupes des grès et sables moyens du département de l'Aisne*, p. 224.)

1. Les sépultures mérovingiennes de la Normandie et celles des environs d'Arras ont fourni, serties aussi dans l'or ou dans l'argent, de très-grosses perles de verre ou de cristal, de forme sphérique et qui sont l'équivalent des deux globes ferrugineux de Sablonières et d'Arcy. Childéric avait dans son tombeau une boule de cristal avec armature d'argent, laquelle pendait au collier du roi. On en a trouvé aussi en Angleterre dans des tombeaux réputés saxons. Les Romains pendaient des *bullæ* d'or au cou des enfants de nobles familles, et de cuir, *bullæ scorteæ*, sur la poitrine des enfants d'affranchis et de gens du peuple.

(V. planche xxxvi de Caranda et J de Sablonières, et celles des publications de MM. Baudot et Cochet), tandis que les deux fibules palmées d'Arcy ne montrent que trois appendices, le tout conservant des traces de dorure. Auprès de ces fibules reposait un silex taillé, petit et insignifiant de forme, qu'il ait été placé là intentionnellement et comme objet votif et de superstition, ou bien qu'il ait été contenu dans les rejets de terre dont la fosse fut remplie au jour de l'inhumation.

En continuant l'inventaire du mobilier de cette fosse, on trouve deux de ces gros grains à côtes, conoïdes et de terre cuite, auxquels on a voulu donner le nom de fusaïoles, plus trois boutons d'argent, deux boucles d'oreilles en bronze et intactes, des bouts de ceinturon ou ferrets en bronze ciselé; enfin, à droite des pieds, deux petits vases A et AA avec insertions de lentilles de verre, quatre en bas de la panse et un plus fort au milieu de la partie faisant fond, et à gauche une petite hache de bronze B de forme extrêmement curieuse, percée de trois trous, emmanchée d'un os assez gros, orné en haut d'un bout de bronze un peu détérioré et en bas d'une virole de bronze BB.

Telle est, en aperçu, cette sépulture qui tranche sur toutes les autres par le nombre, la richesse et l'originalité des objets qu'elle renfermait dans son sein. On l'a questionnée sur ses mystères et on s'est demandé ce qu'était le personnage important en apparence à qui elle avait donné un si long repos et qu'on dépouillait au profit d'une science que ni ses contemporains ni lui n'avaient certes pas prévue, quel était l'âge de cette inhumation et à quelle civilisation elle appartenait au juste.

La plus récente médaille de la suite des monnaies du Bas-Empire attachées au collier, celle d'Honorius mort à Ravenne en 423, semble autoriser à penser que l'inhumation du mort à la hachette de bronze appartient peut-être à la fin de la première moitié du v⁵ siècle, plus probablement à la seconde et à un de ces moments si troublés par les invasions des hordes germaines qui commençaient à s'établir solidement jusqu'en plein Soissonnais.

Évidemment ce squelette n'était pas celui d'une femme, tout encombré qu'il fût d'objets de parure et de futilité. Ce n'était pas non plus celui d'un guerrier; car il aurait emporté dans la tombe sa francisque, ou sa framée, ou son épée droite, ou son scramasax et son poignard. Il y avait bien là une hache; mais ce n'était pas une hache de combat, à en croire d'abord sa taille, car elle était large seulement de 0ᵐ,045, longue de 0ᵐ,103, ensuite son métal peu solide, le bronze encore diminué de force par les trois orifices percés à sa partie épaisse; de plus son manche était fait d'os, c'est-à-dire dépourvu de toute résistance et long seulement de 18 à 19 centimètres, par conséquent sans puissance d'abatage. Le bronze, enfin, était, au v⁵ siècle, abandonné depuis longtemps dans la fabrication des armes de guerre. L'était-il également chez les Francs et les habitants de la Germanie, ou chez les derniers sectateurs de l'ancien paganisme expirant, quand il s'agissait de ces attributs religieux qui devaient, au moins dans les cérémonies, distinguer extérieurement les ministres du culte polythéiste, un prêtre, un sacrificateur? Le bronze, métal plus précieux que le fer, ne devait-il pas, à l'exclusion de l'or, même de l'argent, être employé, dans une intention hiératique et symbolique, par ces populations surtout dont la superstition est notoire? Ce personnage, qui emportait dans la tombe cet attribut mystique de sa profession, n'était-il pas le prêtre d'une de ces peuplades germaines et païennes de Francs-Ripuaires qui envahirent si souvent la contrée et s'y implantèrent enfin solidement à la fin du ve siècle, en y important leurs coutumes, leur costume et leur art qui alors détonnaient en plein milieu gallo-romain, mais qui y domineraient bientôt? Ainsi s'expliqueraient assez facilement, semble-t-il, l'originalité et la spécialité de cette fosse franque et instructive au milieu de la couche inférieure des sépulcres romains, et sous la couche supérieure des sarcophages mérovingiens et carlovingiens?

Si la boule ferrugineuse et le pectoral ou croissant d'or sont ou ne sont pas des objets religieux ou de superstition dont les équivalents se retrouveraient à Rome et en Asie, je laisse la question à résoudre par de plus savants.

Quant aux deux petits vases noirs à insertions de lentilles de verre A, AA, ils sont absolument inédits et inconnus en archéologie qui s'enrichit là d'un type très-neuf.

Si je n'ai rien dit encore de la céramique mérovingienne d'Arcy, c'est qu'elle est trop connue et généralement trop peu intéressante comme forme et matière pour obliger à des redites. Elle y est plus fine et mieux tournée qu'à Caranda et Sablonières dont les vases les plus hauts sont dépassés comme taille par une poterie noire d'Arcy où je signale (fig. 318) un vase minuscule haut à peine de 0[m],02 et large de 0[m],035, qui est fait de terre de grès dont l'apparition se manifeste là pour la première fois, je crois.

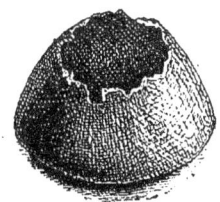

Fig. 318. — Petit vase de grès, d'Arcy.

Nous savons que l'abbé Robert avait constaté, grâce à des poteries vernissées, l'existence de sépultures qu'il attribuait au ixe siècle et qu'il faut restituer au xvie. M. Moreau a commencé à retrouver ces poteries à couverte colorée aux environs du cimetière moderne. Il a eu aussi une toute petite hachette de bronze qui ne peut être, à en croire son exiguïté, une arme de guerre, mais un signe d'honneur et de distinction. C'est un des rares représentants de cet âge du bronze si peu prodigue en manifestations sorties de notre sol départemental. Elle affecte exactement la forme d'un coin triangulaire, aplati sur ses deux faces larges, pointu par un côté et, de l'autre, pourvu d'un biseau très-prononcé.

Jusqu'à présent, il semble qu'on ne puisse pas encore se prononcer définitivement sur la question de savoir s'il existe des emplacements à peu près spéciaux à chacune des époques qui ont des sépultures à Arcy; on peut dire seulement que la contre-allée du jeu-de-paume a livré la plupart des sépultures gauloises ou gallo-romaines.

L'assertion émise par l'abbé Robert que tous les morts d'Arcy furent trouvés, de son temps, avec les bras allongés le long du corps, ne semble point exacte. En ce moment, on trouve les Mérovingiens ayant indifféremment, paraît-il, les bras étendus ou croisés sur la poitrine.

M. Lemaistre contestait l'affirmation par l'abbé Robert de l'insertion de nombreux débris de sarcophages mérovingiens dans les maisons du village. Il est certain, au contraire, que depuis le temps où la commune a vendu à des particuliers des parties de ce vieux cimetière, vente qu remonte à une trentaine d'années, les nouveaux propriétaires ont exploité comme carrière ces terrains dont les sépulcres de pierre gênaient la culture, et que plusieurs maisons ont été réparées ou entièrement construites avec les matériaux sortis de terre. Une grange importante vient d'être construite rien qu'avec les sarcophages tirés du sol par les ouvriers de M. Moreau, sarcophages déjà si nombreux que la commune va les faire servir à la construction de la clôture du cimetière moderne, et il lui en restera une grande quantité à vendre.

Pour me résumer, les fouilles se continuent donc à Arcy et toujours avec la même fertilité ; mais je n'ai pu pousser plus loin les détails qui dès aujourd'hui servent à recomposer un ensemble déjà considérable.

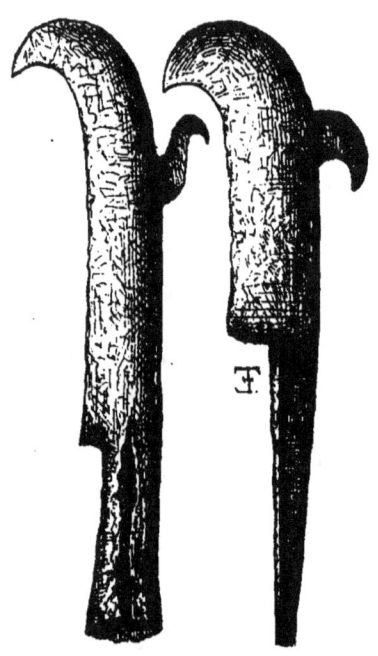

Fig. 319. — Fauchardes de Vendhuile
et de Condé-sur-Suippe.

Je crois devoir reproduire ici, et pour la seconde fois, l'arme singulière que j'avais donnée sur la figure 256 sous le nom de *Faucharde de Vendhuile* et qui semble appartenir par son crochet à la famille des angons. Des détails de la douille et du crochet ou hameçon fixé au dos de cette arme étaient inexacts, parce que je n'avais eu en ma possession qu'un dessin fait sur une échelle beaucoup trop petite. Je rétablis (fig. 319 et à gauche) dans toute sa vérité cet instrument apparaissant encore plus singulier avec son hameçon non plus dessiné en forme de croissant recourbé par en bas, mais remontant en l'air pour se terminer en pointe crochue, *adunca*. A côté de ce fer dont la destination n'est plus aussi facile à préciser, je donne, grâce à l'obligeance de M. Amédée Piette, la figure d'un autre fer qu'il a dessiné chez un cultivateur de Condé-sur-Suippe (canton de Neufchâtel). Il avait été trouvé dans un tertre abattu vers 1850 pour aplanir et régulariser la place de la commune. Peut-être y avait-il eu là ou un cimetière ou une sépulture isolée des temps mérovingiens auxquels cet instrument semble pouvoir être attribué. Cette fois, l'*hamulus* ou harpon se caractérise avec précision, quoique sans ressembler à celui du demi-angon de la collection de Mme la marquise de Saint-Chamans à Couvron et trouvé dans les fouilles entreprises par cette dame dans la sépulture mixte de *la Fortelle*. Ce fer ne se termine point par une douille, mais par une soie carrée qu'on introduisait de force dans un trou pratiqué dans la hampe de bois, et le point extrême de jonction, contre la partie large du fer, devait être solidifié par une virole de fer. Cette lame, fer et douille, portait environ une longueur de 0^m,30, et devait être plus large et robuste que celle de Vendhuile. Le musée de Saint-Germain en possède de semblables à peu près, sans qu'on puisse en préciser l'âge et la destination certaine.

VI

ÉPOQUE CARLOVINGIENNE

Au début de ce chapitre, de crainte d'erreur et pour s'entendre sur les dénominations, il faut revenir en peu de mots sur la théorie de l'art mérovingien, théorie qui se résume ainsi : il est né, ou, si l'on veut, il s'est solidement implanté sur notre sol national et départemental à la fin du vᵉ siècle, s'est développé au vıᵉ, s'est amélioré au vııᵉ, prospérait encore au vıııᵉ, moment où cependant il a décliné, et enfin il a disparu dans la première moitié du ıxᵉ pendant laquelle il s'est fondu dans un art nouveau. S'il y a donc eu deux races appelées par l'histoire l'une mérovingienne et l'autre carlovingienne, il n'y a eu qu'un art du vıᵉ siècle à la fin du vıııᵉ ; c'est celui qui, importé par les Francs-mérovingiens, leur a survécu pendant trois quarts de siècle en gardant leur nom, même sous leurs successeurs. Pour l'archéologie, il restera donc mérovingien à cause de sa naissance et de ses caractères typiques, et il ne s'appellera jamais carlovingien pour elle.

L'art carlovingien, et tout le monde sera d'accord sur ce point, c'est celui qu'ont importé les artistes byzantins et qui, par l'emploi de la coupole, de l'ornementation néo-grecque et de procédés nouveaux, influera sur la plastique des ıxᵉ et xᵉ siècles imités par le xıᵉ avec des modifications en rapport avec la marche du temps. Donc, au moment où certains vases, certains bijoux, certaines sculptures, certains ornements de manuscrits se confectionnaient encore selon les anciens prototypes, le dernier roi mérovingien était mort depuis bien du temps déjà et enterré dans sa pompe barbare et théâtrale ; mais l'influence de l'art mérovingien n'était pas descendue et enfouie avec lui dans sa tombe de pierre. Charles-Martel, qui battait, en 719 et auprès de Soissons, le dernier des rois fainéants de race germaine, s'habillait comme l'infortuné Chilpéric II, portait les mêmes bijoux, le même costume et les mêmes armes que le vainqueur ne quitta pas sous prétexte que les formes et les modes en venaient du vaincu. Le vainqueur et le vaincu descendaient de même race, de même famille, arrivaient du même pays. Ce n'était pas une guerre de conquête, mais une guerre civile, la guerre civile qui ne change rien ni à la langue, ni aux mœurs, ni aux modes de la nation qui s'entre-déchire.

Abandonnant donc l'art mérovingien agonisant sous les efforts et le souffle d'un esprit et d'un génie nouveaux, nous chercherons dans notre sphère d'études les manifestations incontestables de ceux-ci, sans espérer pouvoir indiquer l'âge précis des rares monuments dont je vais avoir à traiter. Ils sont d'ailleurs et malheureusement peu nombreux.

Si tout d'abord nous recherchons les productions plastiques de deux arts dont nous allons une fois de plus comparer les manifestations fraternellement similaires et se contrôlant l'une par l'autre, c'est-à-dire l'orfévrerie et l'illustration des manuscrits, nous ne serons pas exposés, même un

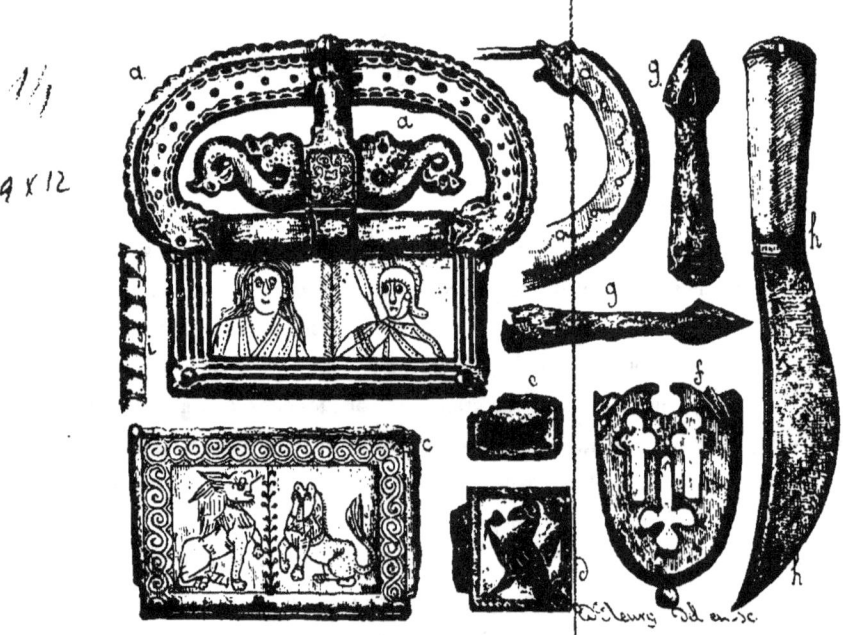

Fig. 320. — Bijoux et armes carlovingiens, de Landifay.

instant, à confondre les bijoux et les armes de la figure 320 avec ceux en si grand nombre que nous avons étudiés dans le chapitre précédent et consacré aux antiquités mérovingiennes. Les boucles de ceinturon et de grande taille A, B et C de la figure 320 et venant de Landifay (canton de Guise) ; les petites boucles D et E, la terminaison de fourreau de poignard ou d'épée F, ne sont plus massives, en puissant relief, fondues dans des moules, mais plates, plaquées de métaux précieux, couvertes d'ornements chanlevés, c'est-à-dire ciselés et découpés au burin par un trait en creux rempli d'un émail noir de facile fusion ou d'une pâte durcie au feu. Si nous connaissons déjà ces pointes ou fer de flèches GG dont l'époque gauloise nous avait donné à peu près les équivalents et que, sous le nom de *carreaux*, le Moyen-Age utilisera, le poignard H est pour nous de forme absolument nouvelle et attribuable à l'Orient, avec le renflement et la courbure de sa lame d'acier guillochée d'or et damasquinée, avec son manche d'ivoire cerclé d'une virole d'argent ciselé.

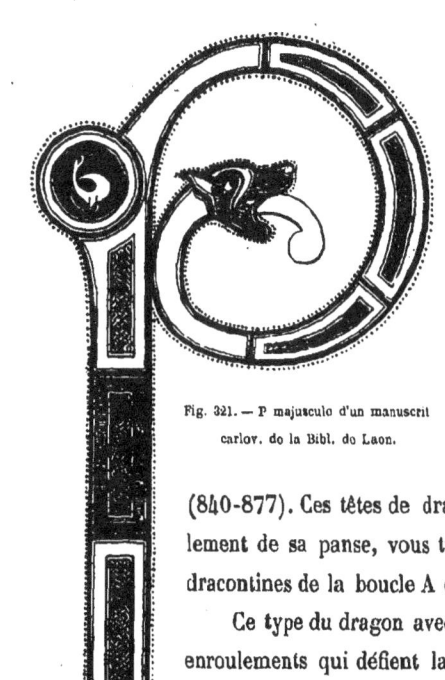

Fig. 321. — P majuscule d'un manuscrit
carlov. de la Bibl. de Laon.

ouR prouver la date de ces boucles, je ferai appel à l'illustration du remarquable manuscrit n° 6 de la bibliothèque de Laon, *Conciones concilii quarti lateranensis*, venant de l'abbaye de Vauclerc, appartenant au ix° siècle et auquel j'emprunte le P majuscule reproduit en tête de cet alinéa. C'est une des premières apparitions de cette belle famille de lettres dracontines qui régnera si longtemps en souveraine dans l'écriture de plusieurs siècles. Ce grand P (fig. 321) a son frère jumeau dans la Bible dite de Saint-Denis (Bibl. nat.), qui a appartenu au roi Charles-le-Chauve

(840-877). Ces têtes de dragons de la queue de la haste de ce P et de l'enroulement de sa panse, vous trouvez absolument leurs équivalents dans les têtes dracontines de la boucle A et de la portion de boucle B de la figure 320.

Ce type du dragon avec lequel des plumes exercées vont se jouer dans des enroulements qui défient la flexibilité serpentine, n'est pas nouveau pour nous. Des bijoux mérovingiens nous l'ont offert plusieurs fois uni à ces entrelacs que l'époque carlovingienne, à l'exemple des siècles précédents, a affectionnés, conservés et employés utilement. Le pointillé qui enveloppe entièrement le P majuscule à têtes de dragons et à entrelacs (fig. 321), ajoute un nouveau motif dans l'ornementation et se fait voir aussi dans le décor des plaques gravées A et C de la figure 318, en formant une preuve de plus de parenté intime et de contemporanéité. Le dragon et le pointillé font partie de ces souvenirs de l'art mérovingien, et on peut même ajouter germain, qui ne furent point abandonnés par les siècles suivants et qui forment trait-d'union entre deux tendances plastiques, je l'ai montré déjà; mais ce qu'il faut faire voir aussi, ce sont les décors byzantins se mêlant aux décors saxons dans les boucles de la figure 320.

Maintenant et sur un autre manuscrit du ix° siècle aussi, le n° 447 de la même bibliothèque, *Libri æthimologiarum Isidori junioris episcopi*, je copie ces deux petits personnages (fig. 322) d'un tableau généalogique, le père et la mère vêtus de longs manteaux, supportés par un entrelacs de cette époque, et en retrouvant le même type de dessin sur la plaque de boucle A, je ne puis pas ne point être frappé de cette ressemblance qui affirme la contemporanéité de ces deux images procédant du même faire sous la plume du calligraphe et sous le burin de l'orfèvre. L'oiseau de la petite boucle D a été copié sur ces belles étoffes asiatiques que le calife Haroun-al-Raschid envoyait en présent à Charlemagne [1]. La plaque C d'une boucle absente nous montre dans une de nos sépultures les

_____

1. Parmi les objets précieux envoyés à Charlemagne par le célèbre calife de Bagdad, une horloge sonnante, un

animaux affrontés que toutes les étoffes et tapis de l'Orient présentaient alors aux regards et que, d'ailleurs et en remontant beaucoup plus haut, on rencontre plus d'une fois dans l'art grec et romain [1]. J'ai déjà parlé de l'arrivée en France, et à la fin du VIIIe siècle, des artistes grecs que la stupide fureur des empereurs iconoclastes avait chassés. Bienheureux les peintres et les sculpteurs qui ne périrent pas alors dans les flammes des bûchers dont les matériaux se composaient de tableaux et de manuscrits à images [2].

L'empire de Charlemagne, qui confinait à l'empire grec, ouvrit toutes grandes ses portes à ces maîtres étrangers fuyant les supplices et la mort, et arrivant juste à temps pour prêter à un prince si ardent ami des lettres son plus puissant instrument de rénovation. Sous son petit-fils, Charles-le-Chauve, c'est-à-dire pendant la seconde moitié du IXe siècle, l'influence de la renaissance carlovingienne était à son apogée. Les peintres et les architectes grecs avaient eu tout le temps de faire l'éducation de nombreux élèves qui avaient propagé au loin les nouvelles formes artistiques aidées très-utilement par tous ces beaux manuscrits écrits pour les rois et donnés par ceux-ci à ces grandes abbayes dont les moines cultivaient seuls l'art alors et seuls le vulgarisaient.

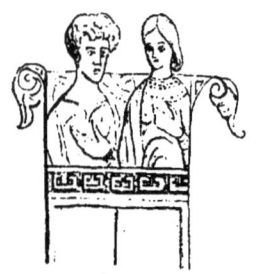

Fig. 322. — Du manuscrit 117 de Laon.

Si l'on s'étonnait que cette diffusion d'une formule progressive eût pu se compléter aussi vite, il faudrait se dire que les éléments de réaction avaient été semés depuis longtemps par les Gaules, au dire de Grégoire de Tours. Il nous raconte, en effet, que les ambassadeurs envoyés, en 581, par Chilpéric Ier à Constantinople pour complimenter l'empereur Tibère Constantin sur son avénement, rapportèrent à la cour mérovingienne de riches présents qui consistaient en vaisselle d'or, en ornements de toute magnificence, en armes précieuses, en étoffes splendidement brodées et dont les ornements consistaient, selon la mode asiatique, en animaux, en oiseaux, en fleurs inconnues. Le roi Chilpéric pouvait par orgueil feindre l'indifférence pour ces nouveautés brillantes de luxe et de goût; mais ce spectacle ne trouva pas toute la cour aussi froide devant cette magnificence témoignant d'une civilisation si avancée, et il est certain que ce spectacle n'avait pas été perdu pour tout le monde. Les premiers germes de réaction venaient d'être semés.

éléphant, des bijoux, des parfums, etc., Éginhard cite nommément des étoffes richement ornées de broderies d'or et de soie. (*Vita et gesta Caroli magni.*)

1. Parmi de très-beaux fragments de sculpture ayant appartenu à un monument gallo-romain de bonne époque, lesquels furent trouvés à Avenches (canton de Vaud, Suisse), M. Blavignac (*Hist. de l'arch. sacrée*, p. 330, pl. IX bis), cite une frise sur laquelle se voient deux griffons ailés, affrontés et ayant entre eux un grand vase sur la panse duquel ils posent une de leurs pattes de devant comme pour le garder ou l'assurer. Des frises gréco-romaines de terre cuite montrent des griffons ailés et affrontés accolant une fois un masque humain, une autre fois une fontaine où ils vont se désaltérer. (*L'Art pour tous*, XIe année, pl. 283.)

2. 775, mort de l'empereur grec Constantin Copronyme, l'un des plus terribles iconoclastes. 802, déposition de l'impératrice Irène, amie du culte des images, et nouvelle persécution sous Nicéphore. 820, assassinat de Nicéphore et arrivée au pouvoir de Michel-le-Bègue, le plus cruel suppôt de l'hérésie des iconoclastes.

Il est temps de donner quelques détails sur la trouvaille des objets qui composent la figure 320. En 1846 et lors de la construction de la route vicinale qui conduit de Courjumelle (canton de Ribemont) à Sains (arrondissement de Vervins), ils sortirent d'un cimetière mixte, gallo-romain et mérovingien, découvert aux environs de Landifay. Ils étaient au nombre de vingt et un : A, boucle complète avec plaque à deux personnages, bronze doré. B, boucle en bronze avec axe sortant des dents d'un serpent, la plaque très-plate à dessin losangé obtenu non par un trait de burin, mais au pointillé et encadré dans des points dorés. Ces deux boucles reposaient sur la poitrine du mort et y rattachaient par conséquent un manteau. Le ceinturon s'indiquait par la plaque de bronze doré C où sont représentés deux lions affrontés et encadrés dans des rinceaux sertis sur un plaqué d'argent. Trois anneaux servaient à suspendre à ce ceinturon le poignard H et probablement quelques objets détruits par l'oxydation. Trois petits fers de flèche GG se trouvaient à la gauche du squelette avec la petite plaque de bronze E, et une plus grande en bronze D représentant un griffon dont les plumes, les pattes, les yeux sont gravés au burin, tandis que tout l'animal ressort en relief sur un émail rouge dont les gîtes ont conservé quelques traces de couleur. Au même côté gauche gisait aussi l'ornement F, en bronze et élégamment découpé, d'un fourreau qui à sa forme ne paraît pas avoir pu appartenir au poignard K dont la longueur totale est de 0^m,265 : pour la lame de 0^m,152, pour le manche et la virole de 0^m,11. La plus grande largeur de la lame finissant en pointe recourbée est de 0^m,039, et de 0^m,029 auprès de la virole. En I on voit un fragment de baguette ronde et creuse en bronze qui semble avoir été doré ; elle est ouverte par derrière et a dû serrer un objet très-mince, étoffe, cuir ou bois. Cet objet n'indique pas son emploi. Une autre baguette cintrée, du même métal et du même dessin, et portant trois petits clous ou rivets, paraît avoir dû former les côtés du fourreau H.

Un très-beau peigne en ivoire fut aussi rencontré dans cette tombe où l'on ne trouva ni francisque, ni lance, ni vase.

Dans la planche XXXIV de l'album de Caranda, je retrouve sous le n° 2 une boucle qui a perdu sa plaque et que je reproduis en la fig. 323, parce qu'elle rappelle à peu près exactement la physionomie et l'ornementation de la boucle A de la figure 320. C'est la même forme, le même motif ponctué, le même travail au marteau par derrière, les deux mêmes têtes de serpent mordant le fil cylindrique ou axe sur lequel jouaient l'ardillon et la plaque dont il ne reste plus que des amorces. Ma figure 323 emprunte aussi à la planche XXIX de l'album si riche de Caranda deux petites plaques de bronze, plates aussi, travaillées aussi au burin et qui sont sœurs de la grande boucle, c'est-à-dire appartenant à l'art carlovingien, bien que toutes trois soient mêlées à des planches contenant des bijoux beaucoup plus anciens[1].

1. C'est ainsi que je trouve aussi des bijoux carlovingiens dans la planche X de M. Baudot (sépulture mérov. de Charnay), aux plaques 12, 13 et 14, dont l'une montre un accouplement de serpents ; mais M. Baudot avait fait ses réserves en faveur de l'époque carlovingienne qui pourrait réclamer là ses productions non encore reconnues et classées. M. l'abbé Cochet ne pensait pas non plus qu'on pût de son temps nettement distinguer et séparer dans les cimetières mixtes les

Dans une superbe fibule venue de *Caranda* (fig. 324), ou plutôt dans ce médaillon en argent et traité au repoussé, où se montre une figure en relief si bizarrement accoutrée, je ne puis voir que le style byzantin non pas imité en France, mais y ayant introduit ce remarquable bijou d'origine grecque. En parlant de ce magnifique joyau attaché à un collier de vingt-six perles d'ambre tombant sur la poitrine d'un mort qui avait au doigt une bague en argent avec monogramme surmonté d'une croix (voir plus haut, à la page 178, la bague représentée en bas et à gauche de la figure 271), la légende de l'album de Caranda ajoute que « l'on suppose mérovingienne la sépulture

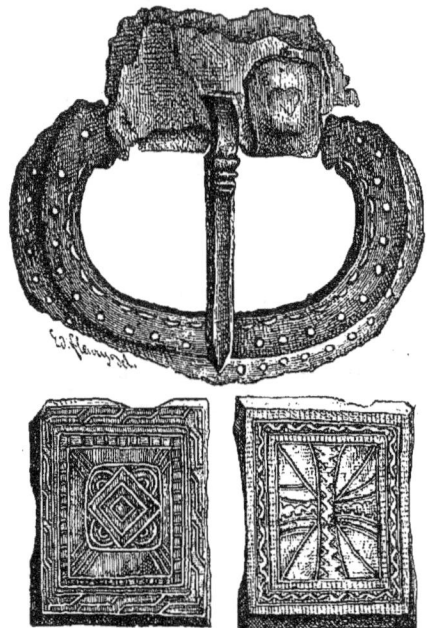

« dans laquelle ont été retrouvés ces objets divers ». C'est une réserve très-prudente. On donne cette fibule comme pouvant appartenir à l'art grec de la fin du vie siècle ou des premières années du viie. Pour rester vrai, je dois reconnaître qu'elle a été trouvée avec des plaques et contre-plaques massives, en fer, et pourvues de clous en bronze. J'ai fait, d'un autre côté, remarquer la ressemblance du monogramme de la bague citée quelques lignes plus haut avec celui

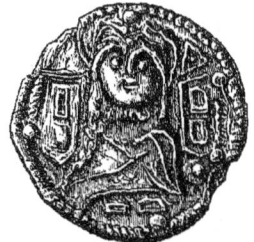

Fig. 323. — Boucle et plaques carlovingiennes de Caranda.   Fig. 324. — Fibule byzantine de Caranda.

de la monnaie d'Ébroïn, mort en 681 (fig. 272, page 179), mais je répète que les habitudes et manifestations artistiques dites mérovingiennes se sont poursuivies jusqu'aux abords du ixe siècle et peut-être plus tard.

Il n'y a pas de doute sur l'attribution d'âge qu'il faut donner à deux superbes fibules en or (fig. 325) trouvées, en 1865, dans une propriété située à Sery-lès-Mézières (canton de Ribemont), auprès d'un petit chemin nommé *le Tour-de-Ville*. Un certain nombre de sépulcres de pierre apparurent pendant des travaux de déblaiement pratiqués dans une grange, et l'un d'eux contenait des ossements, « des armes et des vases francs [1] ». Cette dernière indication ne serait pas suffisamment

produits artistiques des Mérovingiens de ceux des Carlovingiens. Il croyait donc fermement aux inhumations carlovingiennes qu'on n'avait pas encore le moyen sûr de reconnaître. Ce moyen, c'est l'illustration des manuscrits qui le fournit aujourd'hui.

1. M. Ch. Gomart, *Hist. de Ribemont*, p. 14. 1869.

précise si, avec ces objets et les deux fibules en question, on n'avait eu en même temps une obole de Charles-le-Chauve datant ainsi les deux fibules estampées sur une feuille d'or appliquée et soudée à une rondelle ou plaque de cuivre qui, malgré son oxydation, conservait encore les pattes servant à fixer ces bijoux ou agrafes sur le vêtement du mort, d'une femme, peut-on ajouter presque sans crainte de se tromper, car les femmes ont très-souvent une fibule sur chaque sein, et c'est ainsi qu'étaient placées les curieuses agrafes de la figure 325. Cette habitude a donc passé des temps mérovingiens à ceux qui ont précédé de très-près la cessation des inhumations habillées.

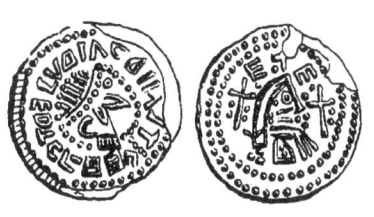

Fig. 325. — Fibules de Séry-lès-Mézières.

On voit dans le champ de l'une des deux fibules une tête diadémée à profil à droite et grossièrement figurée par des points et des lignes en relief. La légende inscrite entre les deux rangs de perles, et composée de capitales romaines, est à peu près indéchiffrable. Sur la seconde les lettres ainsi ponctuées E. T E, répondant à deux petites croix flanquées de perles, dominent une tête encore de profil et tout aussi sauvagement dessinée que la première.

Ainsi que je l'ai fait pour la numismatique locale des temps gaulois et mérovingiens, je donne ici quelques spécimens des monnaies frappées, sous les Carlovingiens, dans nos hôtels de monnaierie. Laon, par exemple, qui avait possédé un atelier monétaire sous les rois de la première race, le vit fonctionner aussi sous ceux de la seconde, et plusieurs spécimens de ce dernier temps

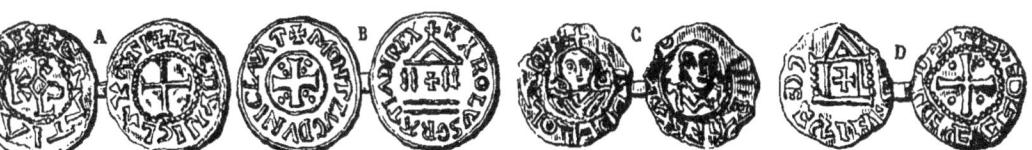

Fig. 326. — Monnaies carlovingiennes de Laon.

(fig. 326) sont arrivés jusqu'à nous. En A, je donne un denier d'argent de Charles-le-Chauve (840-877) ; à la face le monogramme de ce prince avec GRATIA DEI REX, et au revers le vieux nom de Laon LVGDVNI CLAVATI entourant une croix pattée dans un cordon perlé. En B, c'est aussi un denier d'argent de Charles-le-Simple (898-929), la légende KAROLVS DI REX enfermant un édicule avec une croix au centre et une autre en amortissement au revers ; dans le champ une croix cantonnée de perles et qu'entoure cette légende : MONT (pour *moneta*) LVGDVNI CLAV. Jusqu'en 1838, c'est-à-dire jusqu'au moment où fut publié un savant mémoire intitulé *Recherches sur les monnaies de Laon* et que l'on doit à M. F. Desains, on avait toujours cru que le droit de frapper monnaie n'avait été concédé aux évêques de Laon que dans le cours du XIᵉ siècle. M. Desains a

retrouvé une pièce que je lui emprunte et que je publie en C, sur laquelle se voit une tête de roi au
droit, et au revers un buste d'évêque indiqué par une croix. Le nom du prince est à peu près
indéchiffrable; mais celui de l'évêque montre assez facilement ADALBERO LAVD; or Adalberon a été
évêque de Laon de 979 à 1030 ou 1032 suivant les uns, et peut-être de 977 à 996 seulement suivant
les autres, et sous les rois Hugues et Robert. La quatrième, D, est considérée par M. Desains comme
une *monnaie muette* de Laon où il retrouve d'abord l'édicule de la pièce B, et ensuite les initiales ED
à la face et au revers qui signifieraient, suivant lui, *œdes episcopi*, témoignage du droit accordé à
l'évêque de frapper monnaie dans son palais.

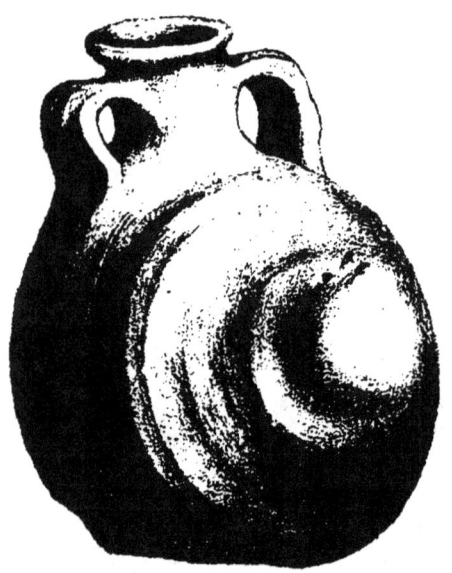

Fig. 327. — Gourde en terre de grès, de Caranda.

Je restituerais aussi très-volontiers aux
temps carlovingiens cette buire ou gourde en
terre grise de grès (fig. 327) que j'ai copiée sur
la planche XLVI de l'album de Caranda, n° 1, de
trois vases, tous attribués à l'époque mérovingienne. Ce vase original, aplati par derrière,
ayant la panse antérieure développée par des
renflements successifs, sort trop complétement
des types et habitudes de la céramique mérovingienne, pour qu'on se sente attiré vers son
chassement parmi les vases si connus de cette
époque qui ne semble pas, d'ailleurs, avoir
connu la terre dite de grès, ou ne l'a point
encore montrée dans aucun de ses vases, si ce
n'est dans le minuscule petit pot d'Arcy-Sainte-
Restitue (fig. 318), contre lequel il est bon de
faire ses réserves. Dès le IXe siècle, on voit cer-
tains vases de métal précieux, ornés de pierreries et ayant, prétend-on, appartenu à Charlemagne,
affecter cette forme de gourde à panses aplaties qui fut en si grande faveur jusqu'au XVIe siècle
auprès des fabricants de poterie de grès de l'Allemagne et des Flandres, forme conservée jusqu'à
nous dans ces vases grossiers que nos moissonneurs appellent *crapauds*, faits aussi de terre de
grès et assez épais pour conserver les boissons très-fraîches.

Je ne pourrais pas ne pas dire un mot des tombeaux carlovingiens qui ne diffèrent, d'ailleurs,
que fort peu des sarcophages des VIe, VIIe et VIIIe siècles. Une intéressante trouvaille faite, en
février 1852, dans l'abbaye de Saint-Médard où l'on posait des conduites d'eau, nous fournit trois
spécimens de sarcophages dont la figure 328 donne le plan et la coupe en perspective. Tous les trois,
à l'imitation des sépulcres de pierre d'Arcy-Sainte-Restitue possédaient, dans leur forme générale
plus large à la tête qu'aux pieds, des chevets pour reposer la tête du mort, l'un circulaire, le second
carré, le troisième trilobé. Dans ces coffres de pierre retrouvés en excellent état, les squelettes

avaient conservé leur pose d'inhumation (fig. 329). Le couvercle de l'un d'eux montrait une croix tréflée à la hampe et aux branches, et on avait gravé en creux au revers du couvercle une croix à double traverse, insigne qui devait naturellement faire penser qu'on se trouvait en présence de la tombe d'Agobard, d'abord archevêque de Lyon, puis moine de Saint-Médard où il mourut et fut enterré en 830. Le squelette était de grande taille, avait la tête penchée, les mains croisées sur la poitrine, et l'on eut des débris encore solides de sa robe de bure et de ses chaussures [1]. Deux de ces sépulcres sont conservés dans la crypte de l'abbaye. Le vieux cimetière de Nanteuil-la-Fosse avait fourni des tombes de pierre du même dessin, provenant encore de nos grandes carrières du Laonnois ou du Soissonnais, dont les produits se reconnaissent à leur couleur et à leur grain.

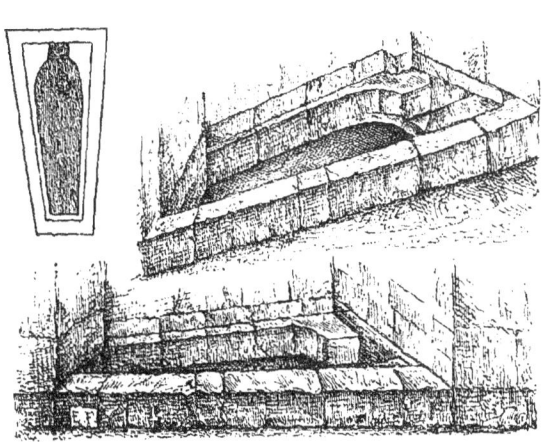

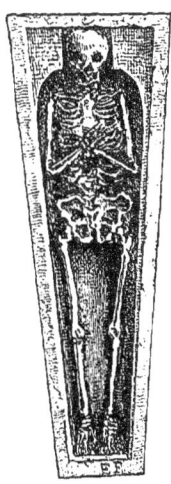

Fig. 328. — Sépulcres carlovingiens de pierre, à Saint-Médard.

Fig. 329. — Tombeau carlovingien de Saint-Médard.

Ainsi donc, du temps de Charlemagne et de ses successeurs immédiats, le rite de l'inhumation habillée durait encore. Il se perpétua jusqu'à la fin du IXe siècle et probablement au delà. On salait le corps du défunt. Comme jadis, on le revêtait encore de ses plus précieux habits; on déposait encore près de lui ses armes si c'était un homme, ses bijoux si c'était une femme, ses outils si c'était un artisan, moins de vases que par le passé, mais un petit pot contenant de l'eau bénite, ou une petite relique, même un fragment d'hostie consacrée. On couchait le mort dans un sarcophage de pierre s'il avait été puissant pendant sa vie, dans un coffre de bois s'il avait été un humble du siècle. On l'exposait à nu pendant quelques heures, parfois quelques jours, et le coffre ou de bois ou de pierre était enterré, l'un pour se décomposer bientôt, l'autre pour reparaître plus ou moins tôt à la lumière et nous fournir des détails utiles sur les coutumes et le costume de siècles déjà si éloignés de nous.

1. Communication de M. l'abbé Daras, alors attaché à l'Institut des sourds-muets de Saint-Médard. (*Bull. de la Soc. arch. de Soiss.*, t. VII, p. 48.)

Fig. 330. — M majuscule de l'Évangéliaire
de Louis-le-Débonnaire.

ais à partir de la seconde partie de la vie politique de la seconde race de nos rois, les tombeaux vont nous manquer, ou tout au moins cesser d'être fertiles en occasions de découvertes intéressantes au point de vue de l'archéologie et de la chronologie de l'art. Elle a complétement cessé, cette habitude antique de la sépulture telle que l'ont pratiquée les plus vieux habitants du monde et toutes les civilisations successives qui avaient confié leurs dépouilles mortelles à la terre comme à un gardien sûr chargé de nous livrer peu à peu, en temps opportun, à l'heure voulue, la collection immense et opulente des renseignements à l'aide desquels l'histoire se referait toute nouvelle. Désormais, nous ne rencontrerons plus rien qui ressemble aux foyers préhistoriques de Chassemy, aux grottes mortuaires de Baye, aux dolmens de Caranda et de Montigny-Lengrain, aux grandes nécropoles mixtes de Caranda, de Sablonières, de Chassemy et d'Arcy-Sainte-Restitue, à ces musées peut-on dire sans s'exposer au reproche d'exagération, où tout n'était peut-être pas en bon ordre et à sa place d'origine, où la science a souvent trouvé l'occasion de graves erreurs, mais où l'érudit et le chercheur peuvent marcher à peu près en sécurité, maintenant que la critique et l'expérience scientifiques ont fait d'immenses progrès. Donc avec la sépulture antique telle que l'ont pratiquée et enrichie tant de séries des siècles, il y a toujours eu et l'on aura encore longtemps de nombreuses occasions de trouvailles fructueuses; il y aura toujours du nouveau, de l'intérêt et du profit. C'est là la synthèse des pages nombreuses et de l'ample collection de dessins qui remplissent jusqu'ici mes deux premiers volumes.

Le culte des morts tel que le christianisme va désormais le pratiquer nous interdira l'espoir et les chances de ces précieuses découvertes, à part quelques cas très-rares, comme par exemple l'inhumation d'un évêque dans le sanctuaire de nos grandes cathédrales, à part la trouvaille de quelques mauvaises poteries sans valeur comme art et comme forme, et qu'un reste d'habitude archaïque enfouira encore auprès des morts jusque vers la fin du xv° siècle, parfois même un peu plus tard.

Ne comptons plus sur la fosse, sur le sépulcre, sur la chambre mortuaire, sur la nécropole. Leur ère est close pour toujours. Les ix° et x° siècles, eux aussi, ont eu un art, et il est perdu ou, si l'on veut, oublié. On ne devra plus le poursuivre dans les mystères mortuaires des entrailles de la terre, mais dans les fondations et les murailles de nos plus anciens édifices religieux. C'est là que les débris de nos églises ont été insérés méthodiquement, systématiquement, symboliquement et de façon à ce que l'édifice tombé pour une cause quelconque ne pérît pas, ne se perdît pas, mais se perpétuât dans le monument nouveau. Faisant appel à une méthode nouvelle, nous ne fouillerons plus la terre, mais nous questionnerons les murs et les vieilles pierres sculptées.

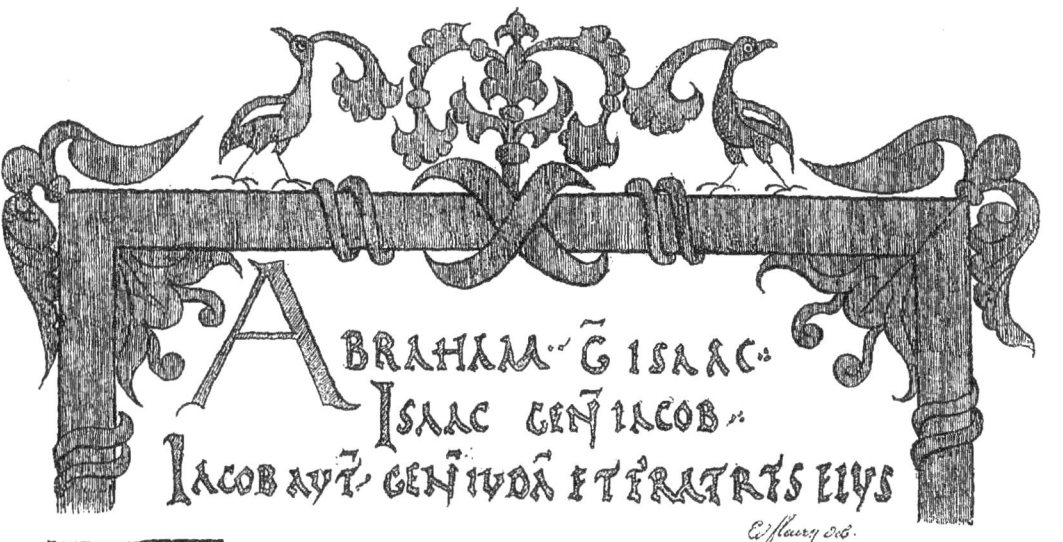

Fig. 331. — Encadrement de page de l'Évangéliaire carlovingien n° 68 de Laon.

Fig. 332. — Montant de page de l'Évangéliaire de Laon.

Malgré le peu d'espace dont je dispose, je veux terminer cet aperçu sommaire sur ce qui nous reste des souvenirs carlovingiens par quelques lignes consacrées à deux des plus remarquables témoignages de cette influence byzantine dont je parlais plus haut, c'est-à-dire à deux magnifiques manuscrits, l'un ont la bibliothèque de Laon s'honore, l'autre qui a appartenu pendant neuf cents ans à la grande et célèbre abbaye de Saint-Médard de Soissons, à laquelle il avait été donné par l'empereur Louis-le-Débonnaire en 827. Ce pourrait bien être un des premiers manuscrits écrits pour Charlemagne par les artistes grecs réfugiés en France. C'est à lui qu'appartiennent : 1° le grand M majuscule et à entrelacs (fig. 330) par lequel débute la page précédente; 2° la portion de splendide encadrement de page de la figure 333; 3° l'encadrement de page dont la figure 334 offre une partie; et 4° la grande miniature de début de l'Évangile selon saint Luc (fig. 335).

Fig. 333. — Encadrement de page de l'Évangéliaire dit de Saint-Médard, de Soissons.

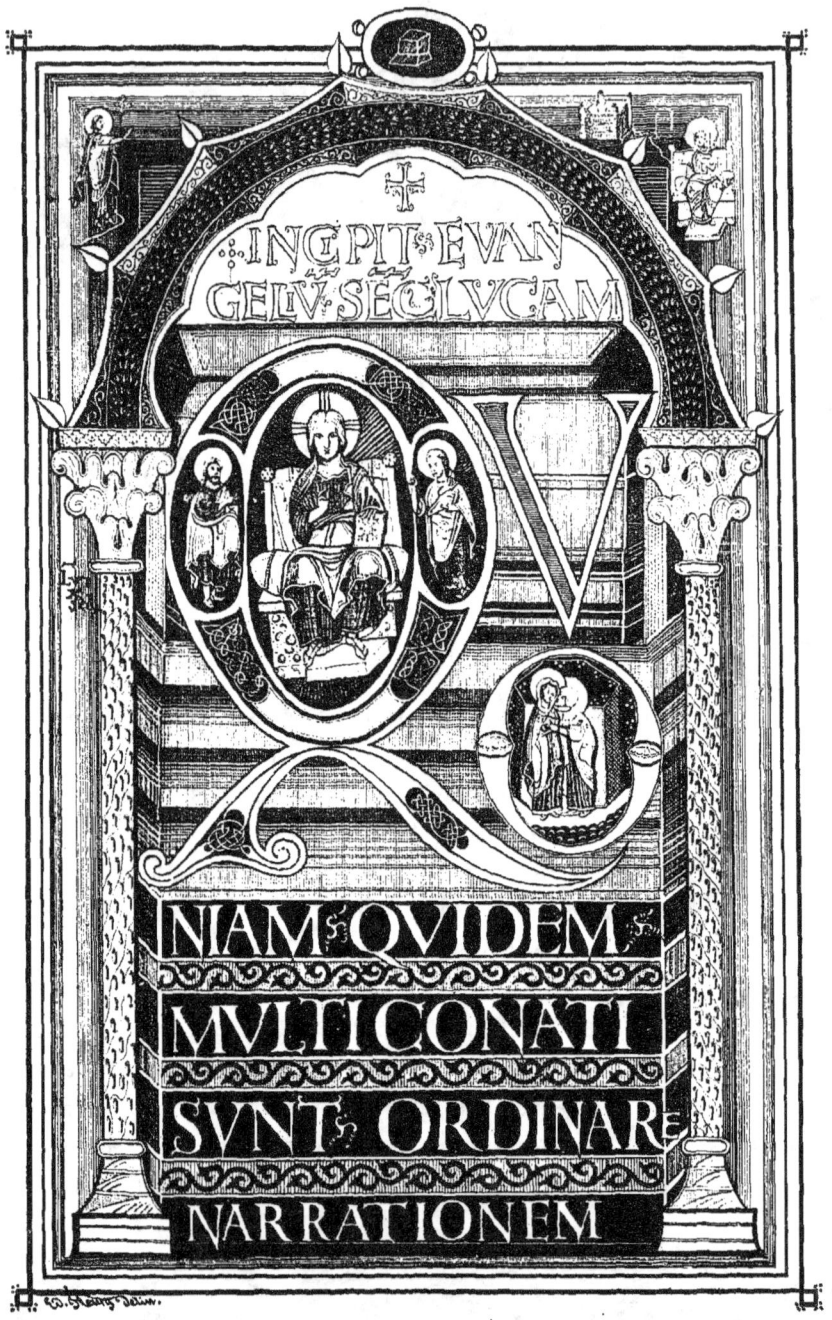

INCIPIT·EVAN
GELIVM·SEC·LVCAM

NIAM QVIDEM

MVLTI CONATI

SVNT·ORDINARE

NARRATIONEM

Fig. 235. — Miniature de l'Évangile de saint Luc, dans l'Évangéliaire donné, en 827, par Louis-le-Débonnaire,
à l'abbaye de Saint-Médard de Soissons.

Entre les essais informes de l'illustration mérovingienne qui subissait encore les influences brutales et barbares de l'art franc, et la perfection de l'Évangéliaire dit de Saint-Médard qui appartient aujourd'hui à la collection des manuscrits de la Bibliothèque nationale, entre son ampleur, sa hardiesse dans les représentations humaines de grande taille que je ne puis reproduire ici, l'emploi savant des couleurs qu'on y remarque, il y a un abîme franchi d'un seul bond. Voilà que s'ouvrent des sillons nouveaux. Voilà qu'on met un terme aux formules des siècles passés. Voici qui vaut mieux que tout ce que produiront les cinq siècles à venir. Ce beau manuscrit, dont il faudrait pouvoir graver ici toutes les peintures, — c'est le mot à employer, — constitue une individualité glorieuse qui fait relief sur le fond ténébreux de la barbarie dont il a fallu cependant chercher, étudier et noter les manifestations.

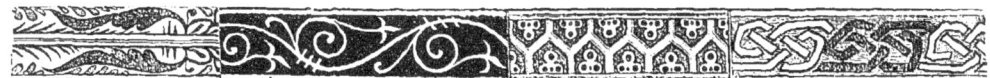

Fig. 331. — Montant de page dans l'Évangéliaire carlovingien, dit de Saint-Médard de Soissons.

Il personnifie, dans l'Europe septentrionale, un type, type de convention et systématiquement hiératique, c'est vrai, mais dont l'influence progressive s'exerça sur toute une époque.

L'*Évangéliaire* sur vélin, n° 68 de la Bibliothèque de Laon, et qui appartient à la seconde moitié du IXe siècle, n'a pas la même valeur artistique comme peinture; mais ses illustrations, grands titres, titres de second ordre, immenses majuscules ornées, cadres, fleurons, prologues sur vélin teint en pourpre foncé, font de lui une merveille d'un autre genre à laquelle il aurait fallu emprunter un certain nombre de ses grandes lettres hardiment jetées, d'admirable décor, d'ornementation touffue et de bon goût. Il m'a déjà fourni le grand M majuscule de la figure 301 avec sa roue d'entrelacs, et je lui emprunte une remarquable tête de page pour la généalogie du Christ (fig. 331) ainsi qu'une partie d'un très-intéressant montant de page (fig. 332) sur le médaillon et le montant duquel on sent enfin s'exercer le talent d'un vrai dessinateur. C'est là qu'il faut juger de l'habileté avec laquelle l'illustrateur chrysographe a traité le vieil entrelacs parfois rajeuni, mais qui va fournir là une de ses dernières manifestations.

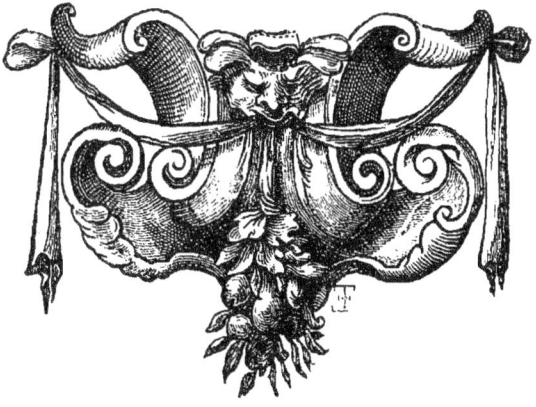

ROMAN PRIMITIF

J'emprunte à M. de Caumont, notre vénéré et regretté maître à tous, le titre très-juste de cette grande division de mon livre, titre qui dit tout ce qu'il veut dire et n'a pas besoin d'explication.

Je ne suis point arrivé sans anxiété à ce point de mon étude sur les richesses archéologiques du département de l'Aisne. Cette gêne d'esprit, je ne l'avais point dissimulée dans l'introduction à ce travail et dans les premières pages [1] où, parlant des résolutions prises, en 1873, par la Commission départementale du nouveau classement de nos monuments historiques, je disais que cette Commission dans son choix, et moi-même dans mon rapport au ministère de l'Instruction publique, nous nous étions trouvés en présence et avions dû nous préoccuper des idées déposées par M. Vitet, inspecteur des monuments historiques, dans son savant rapport de 1831. On avait dû se demander s'il fallait penser et admettre que ce document eût posé le jalon devant lequel on s'arrêterait avec respect, mais pour toujours, une sorte de *nec plus ultra,* en affirmant avec lui que, dans les contrées visitées par l'éminent inspecteur des monuments publics, notamment et particulièrement dans le département de l'Aisne, il ne reste « aucun débris qui soit antérieur au XIIe siècle », rien « de méro- « vingien », rien « de carlovingien », rien qui, « de la fin du IXe et du Xe siècle, soit parvenu jusqu'à « nous », rien qui prouve que « le XIe siècle ne soit pas presque muet aujourd'hui dans ces contrées », et enfin que tout démontre péremptoirement, au contraire, que « ce n'est guère que le XIIe siècle qui « commence à y donner signe de vie [2] », et encore faudrait-il croire que presque tout ce qui reste d'architecture dans ce pays est postérieur « au commencement et au milieu de ce siècle ».

Au contraire, certaines constatations et trouvailles opérées depuis plus d'une vingtaine d'années par l'archéologie qui a fait chez nous de si nombreux adeptes, de si notables progrès, de si sérieuses études et recherches dans des lieux inexplorés jusqu'alors et absolument inaperçus par M. Vitet qui,

---

1. Voir mon 1er volume, pages 13, 14, 15, 16, 17, 18 et 19.

2. Rapport de M. Vitet sur les monuments, bibliothèques, archives et musées des départements de l'Aisne, Oise, Marne, Nord et Pas-de-Calais, 20 février 1831, pages 3, 6, 9, 10 et *passim.*

d'ailleurs, n'avait pu tout étudier et visiter, n'autorisaient-elles pas à penser qu'il était temps de réagir contre des affirmations aussi radicales que celles posées par M. Vitet dans un document qui fit longtemps époque, école, doctrine et presque loi ? Ainsi fallait-il renoncer à apercevoir dans la crypte à trois niches de la collégiale de Saint-Quentin une construction sinon de la première église agrandie par saint Éloi, au moins de la seconde église élevée, au début du IX° siècle, en cet endroit entouré de vénération depuis tant de temps déjà? Dans certains chapiteaux archaïques et coloriés d'une autre vieille crypte encore, celle de Saint-Léger de Soissons, fallait-il voir des débris extrêmement anciens avec M. de La Prairie, le savant président de la Société archéologique de Soissons, qui n'hésite pas à dater du X° siècle cette crypte « plein cintre, avec ses colonnes « engagées et ses chapiteaux ornés de grandes feuilles sans relief [1] », opinion confirmée par celle de M. Viollet-le-Duc? Fallait-il renoncer à croire avec M. Viollet-le-Duc encore que les chapiteaux sculptés et de motifs archaïques trouvés, en 1835, dans les fondations du portail de l'église collégiale de Saint-Ived de Braine, étaient non-seulement plus anciens que le portail qui les recouvrait, mais qu'ils pouvaient être acceptés comme provenant de la construction de la primitive église de Braine élevée au VII° siècle, c'est-à-dire de l'oratoire dédié d'abord à Notre-Dame et ensuite à Saint-Ived? Fallait-il taxer d'erreur M. le comte de Galembert croyant, en 1857, trouver des attaches carlovingiennes à l'église de Chevregny (canton d'Anizy-le-Château) [2]; M. l'abbé Pécheur datant du XI° siècle des portions de la remarquable église de Glennes (canton de Braine) où il y avait un chapitre dès le IX° [3]; M. Hidé donnant le X° siècle pour date aux trois curieuses absides demi-circulaires de Bruyères (canton de Laon) [4] ? Fallait-il mettre en doute ou même nier l'authenticité de l'inscription gravée sur un pilastre de l'église de Nouvion-le-Vineux (canton de Laon) et constatant, je l'ai dit dans mon Introduction, que le clocher de cette église avait été bâti en 1051 et du temps du roi Robert? Pourquoi nos contrées, riches en argent, en ressources, en pierres tendres, n'auraient-elles pas obéi « à la maladie, à la manie de la bâtisse [5] » qui prenait toute l'Europe au X° et au XI° siècles, et comment auraient-elles, en ces vieux temps-là et plus que d'autres, échappé à cette influence épidémique et contagieuse, « à la passion commune », écrivait M. Vitet? Enfin pourquoi, quand on sait que rien ne se perd dans la nature et qu'on retrouve, après des milliers de siècles, les traces et empreintes géologiques des animaux invertébrés les plus ténus et les plus mous, des plantes les plus délicates et les plus fragiles, tout se serait-il absolument perdu des constructions que les VIII°, IX°, X° et XI° siècles ont pu ou ont dû poser sur notre sol?

La mise en lumière des fragments sculptés provenant de l'ancien prieuré ruiné de Saint-Thibaut (canton de Braine), aujourd'hui sauvés par leur entrée au musée de Soissons, d'autres chapiteaux à

1. Répert. arch. du canton de Soissons, p. 26.
2. Bull. de la Soc. acad. de Laon, t. VII, p. 15. (Séance du 17 novembre 1857.)
3. Bull. de la Soc. arch. de Soissons, t. XIV, p. 104. 1860.
4. Bull. de la Soc. acad. de Laon, t. IV, p. 58. 1854.
5. Rapport de M. Vitet, page 10.

personnages brutalement taillés dans l'église de Jouaignes du même canton et de la nombreuse et intéressante série de chapiteaux encore retrouvés en place, et en 1868, sous d'épaisses et multiples couches
de badigeon dans l'église hybride de Chivy près Laon, a donné lieu à une sérieuse discussion d'âge
et de style, discussion qui, débutant dans les Bulletins de la Société académique de Laon[1], a été portée
deux fois aux assises du Congrès des Sociétés savantes à la Sorbonne en 1868 et en 1872, pendant
cette dernière année aussi devant les membres de la Société française d'archéologie présidée par M. de
Caumont, plus tard au Comité des Sociétés savantes siégeant auprès du ministère de l'Instruction
publique, parmi plusieurs Sociétés savantes et dans des revues archéologiques. Sans qu'on se soit définitivement entendu et arrêté sur l'âge vrai de ces chapiteaux attribués du VIIIᵉ au XIᵉ siècle, les opi-
nions les plus diverses ont été échangées dans cette discussion partie de nos contrées, du milieu de nos
Sociétés départementales, et qui n'est ni tranchée définitivement, ni probablement à la veille de
l'être, je le reconnais volontiers, bien que la question ait déjà fait un grand pas en avant.

Sans donc y prendre parti et en préjuger les derniers résultats, la Commission départementale
de classement, dont la plupart des membres présents avaient visité, étudié et connaissaient les
monuments à propos desquels cette importante question archéologique avait été soulevée, ne les a
pas vus sans intérêt, parfois même sans une certaine surprise. En dehors de tout système préconçu,
elle les a crus dignes d'attention et les a signalés dans cet ordre : les chapiteaux de Saint-Thibaut,
ceux de Jouaignes et ceux de Chivy, ces derniers dont elle a demandé le classement en raison de
leur nombre et de l'enseignement qu'ils fournissent, ceux, d'ailleurs, de Saint-Thibaut n'existant
plus en place.

En résumé, il va donc s'agir d'une question et d'un sujet aussi importants que relativement
neufs en archéologie. Ils doivent être traités à fond et à l'aide d'exemples et de dessins dont le
nombre ne peut être trop multiplié. Cette question, je n'ai pas cru devoir la poser ; ce sujet, je ne
pouvais convenablement le traiter dans les deux chapitres consacrés aux temps mérovingiens et carlovingiens déjà surchargés de détails infinis et dont l'unité, peut-être compromise par ces détails, eût
alors souffert une atteinte irrémédiable. A chaque grande division, il eût fallu interrompre le travail
d'investigation et la discussion. Il valait donc mieux séparer l'époque aux noms historiques de
l'époque archéologique créée par M. de Caumont. Le bénéfice comme logique, unité et clarté de la
discussion, comme temps passé, devant donc être certain et considérable, je réunis ici en un seul
ensemble mes documents et l'argumentation qui se base sur eux.

Y a-t-il eu chez nous des églises dès le Vᵉ siècle, moment où la nation, mis à part les
envahisseurs encore païens, s'était à peu près tout entière convertie au christianisme ? — Quel fut
le mode de construction de ces primitives églises et furent-elles vraiment bâties toutes de bois ? —
Ont-elles laissé des traces appréciables, des débris qu'à leur art on puisse reconnaître et cataloguer ?

_____

1. T. XVIII, premier Mémoire de M. Ed. Fleury sur les Chapiteaux de Chivy, pages 1 à 27, et Mémoire de M. Dey,
p. 263 à 274, 1868. — T. XX, second Mémoire de M. Ed. Fleury, p. 419 à 477 avec planches, 1873.

Tels sont les problèmes sérieux qui se posent forcément aujourd'hui, comme ils se posaient exactement dans les mêmes termes il y a vingt-cinq ans et devant M. de Caumont, au moment où il nommait *romane primitive* l'époque dont je reprends l'étude en ce moment.

Il y eut certainement et au milieu du v⁰ siècle, c'est-à-dire lorsque le paganisme eut perdu la plus grande partie de ses adeptes, des églises non pas bâties sur le patron et dans les proportions de celles que nous voyons s'élever parmi nous, mais recevant plus ou moins convenablement, facilement et décemment, les nouveaux convertis dont le zèle, l'ardeur et le nombre forcèrent à construire des édifices déjà d'une certaine ampleur au sein des grandes agglomérations de population, de moindre taille dans les campagnes et en certaines occasions qu'on peut s'imaginer en se rappelant que sainte Eusébie fonda dans *Augusta Viromanduorum* une chapelle, une *cella*, où elle déposa le corps de saint Quentin retrouvé dans l'Oise. Grégoire de Tours, qui vivait deux siècles et demi seulement après la conversion à peu près générale des Gaules, nous apprend [1] que les disciples des sept évêques envoyés pour évangéliser ces contrées ne se contentaient pas de convertir les païens et de leur annoncer la parole de vérité, mais leur enseignaient à bâtir des églises.

Si l'on construisit alors des édifices en s'inspirant du plan si simple des premières basiliques de Rome, il dut arriver souvent aussi que l'on utilisa d'anciens temples gallo-romains, un *sacellum* ou petite chapelle payenne dans les localités rurales. Cette supposition est si naturelle qu'elle fut faite partout. Il suffit que jadis on fût frappé par l'aspect insolite d'une vieille église dont on ne savait plus ni l'âge ni l'origine, pour qu'on y crût voir un ancien temple payen utilisé par les prêtres du nouveau culte religieux, comme ils avaient consacré à la Vierge Marie ou à un Saint les anciennes pierres sacrées qu'ils n'osaient renverser. C'est ainsi que les anciens antiquaires du Soissonnais et toute la population virent longtemps les restes d'un petit temple romain dans l'église détruite après 1830 et qui, sous le nom de Saint-Pierre-à-l'Assaut, ou plus habituellement de Saint-Pierre-à-la-Chaux (de *calceia*, vieille chaussée), s'élevait (fig. 336) sur la partie ouest des remparts de Soissons et dans le voisinage immédiat de la voie romaine de Soissons à Noyon et Saint-Quentin (n⁰ xiv des *Itin.* de M. A. Piette [2]). On trouve les traces de cette attribution fautive sur une gravure du *Voyage en Picardie* de Delaborde (1787 ou 1788), laquelle est intitulée : *Vue d'un ancien petit temple appelé Saint-Pierre-à-l'Assaut*. Une autre gravure de la *France pittoresque* (vers 1830), dont je donne ici la reproduction, porte ce titre plus précis encore : *Temple antique à Soissons (Chapelle Saint-Pierre)*. M. Vitet, qui a vu et visité Saint-Pierre-à-la-Chaux debout encore en 1831, constate aussi cette ancienne tradition qu'il combat facilement en montrant que « c'est là tout simplement l'abside d'une « chapelle ou petite église dont la nef a été détruite. » Cette abside, il la croit du xii⁰ siècle dont, à son avis, « elle porte les caractères les plus incontestables ». J'y vois, au contraire, ceux du x⁰ au plus tôt dans la forme circulaire du monument, dans son édicule rond de gauche, dans son toit couvert

---

1. *Hist. des Francs.* Collection de M. Guizot, t. I, p. 24.
2. Voir mon Iᵉʳ volume, p. 191.

en pierres, dans ses ouïes en plein cintre où l'ogive n'apparaît pas une seule fois. L'absidiole centrale et plate, les campaniles et les contreforts à plusieurs plans seraient, à mon avis, plus jeunes de deux siècles, mais ces remaniements postérieurs et que bientôt nous rencontrerons partout, parce que partout ils ont été nécessaires à un moment donné. ne gênent pas l'attribution d'âge des restes primitifs d'un monument hybride.

Certains archéologues ont aussi tenu pour un restant de temple payen l'abside très-ancienne de l'église de Vicilarcy (canton de Braine) dont je donne un croquis en la figure 337. Personne n'acceptera cette opinion; mais cette abside, qui rappelle celle de Saint-Pierre-à-la-Chaux dans la forme

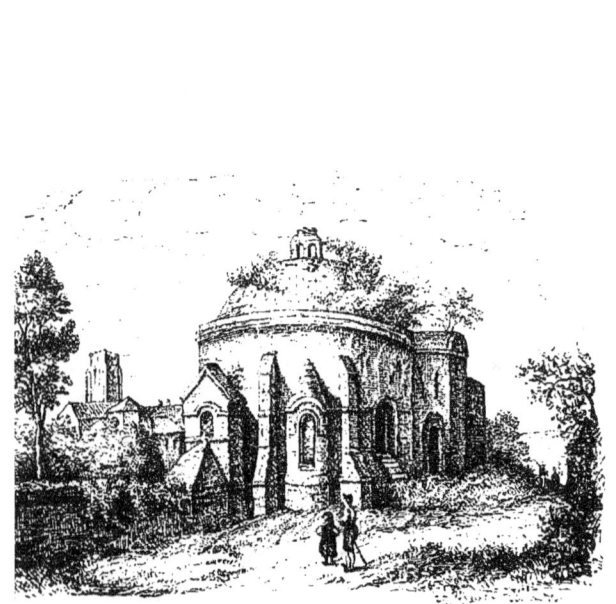

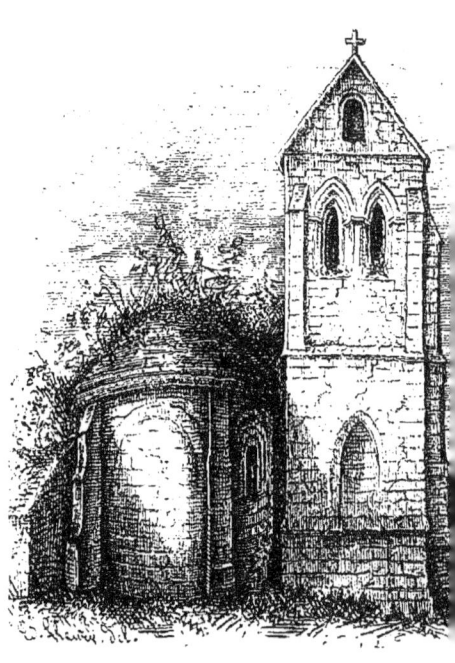

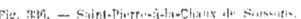

Fig. 336. — Saint-Pierre-à-la-Chaux de Soissons.　　　　　Fig. 337. — Abside de l'église de Vicilarcy.

générale, doit être tenue comme appartenant au plus tard au xi⁰ siècle. et je la reculerais volontiers plus loin. La preuve d'hybridation se prouve par le clocher carré et excentriquement posé sur le côté gauche de l'église de Vicilarcy, ce clocher daté par la fin du xii⁰ siècle.

Dès ce moment on. peut donc affirmer que rien ne nous est resté des temples payens fondés chez nous pendant les trois ou quatre premiers siècles de la domination romaine, si ce n'est peut-être ces substructions retrouvées, il y a une trentaine d'années, dans l'église de Surfontaine et d'où est sortie la petite idole de la figure 183, et celles de Chevennes retrouvées de même sous l'église où l'on a eu des fragments de colonnes romaines sciées en long et par moitié. Ce sont là des indications permettant de penser que les temples furent utilisés par nos premiers chrétiens, et plus tard remplacés par de véritables églises; mais en ces deux circonstances intéressantes, on ne trouve aucun élément pour une restitution des formes et dimensions de ces temples.

Avons-nous plus de renseignements vivants et utiles sur les basiliques urbaines et rurales qui, aux premiers siècles de notre ère, se substituèrent aux édifices du polythéisme latin? Sommes-nous autorisés à croire que nous possédons en place un important débris des vi⁰, vii⁰ viii⁰ et ix⁰ siècles, par exemple une cryte, une nef, même « un mur reconnaissable et impossible à nier », et, si je ne parvenais pas à faire ma preuve, faudrait-il en conclure que les Mérovingiens, si solidement assis sur notre sol départemental, n'y aient pas élevé des monuments religieux? On ne s'est pas aussi nettement prononcé; mais on a affirmé qu'ils bâtissaient en bois toutes leurs églises comme leurs villas et palais, et on a invoqué des témoignages dont j'ai déjà fait justice. Ainsi M. Augustin Thierry prétendant, je le répète, que le concile de Braine, qui devait juger Grégoire de Tours, dut, à défaut d'église, « siéger dans la grande halle de bois qui deux fois chaque année, lorsque le roi Chilpéric, « résidait à Braine, servait aux assemblées nationales des chefs et des hommes libres de race « franque [1], » j'ai montré que c'était là un argument sans valeur, car Grégoire de Tours ne parle, en cette importante circonstance, ni d'église absente, ni de halle construite en bois, mais dit simplement : « *Congregati igitur apud Brennacum villa episcopi, in unam domum residere jussi sunt* [2]. »

Le fait de la construction en bois d'une notable quantité d'églises en ces vieux âges est constant et indéniable. Grégoire de Tours lui-même cite l'église de Saint-Martin de Rouen bâtie *ligneis tabulis* sur les remparts de la ville. L'église Notre-Dame-des-Martyrs d'Amiens était construite aussi *ligneis tabulis* et fut entièrement brûlée par les Normands au ix⁰ siècle. En 504, Clovis avait bâti en bois l'église de Strasbourg. Les Anglais ne connurent pas d'autres matériaux pendant longtemps, et c'est encore avec leur aide qu'on construit des temples en Norwège. Les *œuvres de charpenterie* avaient alors leur nom; les églises ou monuments de bois étaient faits à la gauloise, *more gallico*, disait-on par opposition à ceux bâtis à la romaine, *more romano*, c'est-à-dire de pierre. Voici cependant la contre-partie de ces renseignements. En 630, on voit un évêque de Cahors construire de pierre sa cathédrale et, en 632, Dagobert bâtissait en pierre aussi l'abbaye de Saint-Denis. En 676, saint Bénédict, abbé de Vearmouth en Northumberland (Angleterre), demandait en Gaule des maçons « *qui sibi lapideam ecclesiam, juxta romanorum, quem semper* « *amabat, morem facerent* ». Bède-le-Vénérable [3], qui cite ce fait, dit encore que Nectars, roi des Pictes (Écosse), écrivit, en 710, à l'abbé Geolfrid, successeur de saint Bénédict, pour le prier de lui faire venir de France des architectes « *qui juxta morem romanorum, ecclesiam de* « *lapide in gente ipsius facerent* ». Voici un fait tout local. Si du temps de Chilpéric (561-584), il n'y avait pas encore d'église à Braine, une collégiale en pierre y fut élevée par saint Ouen,

---

1. A. Thierry, *Récits des temps mérov.*, t. II, 5⁰ récit.

2. Grégoire de Tours, *Hist. Franc.*, lib. V, *apud Script. rer. gallic. et franc.*, t. II, p. 261.

3. *Hist. ecclés. de l'Angl.*, lib. VI, c. xxi.

c'est-à-dire probablement vers la moitié du viie siècle[1]. Donc, prétendre que toutes les églises étaient en bois, *more gallico*, serait aussi exagéré que d'affirmer que toutes, en ces temps reculés, furent bâties en pierre, *more romano*.

L'architecture est un reflet du génie d'un peuple, a-t-on dit et écrit, en ajoutant avec raison que les milieux géologiques et climatériques où vit ce peuple ont nécessairement modifié les caractères de cet art. Ainsi les peuplades préhistoriques du Laonnois et du Soissonnais se sont creusé des creuttes dans les strates tendres de notre système de calcaire grossier ; les tribus de la vallée du Petit-Morin perçaient des trous dans la craie de la colline, et celles de la vallée de la Somme des souterrains-refuges dans la craie aussi, mais de la plaine, tandis que les hordes qui n'avaient pas rencontré un milieu friable et facilement attaquable, pratiquaient un simple trou en terre et le couvraient de branchages. Je cite ces exemples remontant à la naissance des sociétés pour montrer comment l'homme a utilisé de tout temps, et avec l'esprit d'invention qui le caractérise, les circonstances locales au milieu desquelles il s'établissait, soit de son choix, soit à la suite des exodes et migrations que certains faits violents et plus forts que sa volonté lui imposaient.

Comment ont donc bâti les Francs-mérovingiens après s'être installés chez nous et s'être convertis à la civilisation chrétienne? N'ont-ils employé que le bois à l'exclusion de la pierre? Autant vaudrait affirmer que l'ensemble des populations préhistoriques n'a habité que des creuttes parce qu'on en constate une notable quantité dans certains de nos cantons, ou bien seulement des grottes crayeuses parce que certaines vallées de la Marne en sont pleines, ou bien des souterrains-refuges parce qu'on en a rencontré beaucoup dans les arrondissements de Saint-Quentin, de Péronne et de Cambrai, tel mode d'habitation excluant constamment tel autre. D'un fait connu il ne faut pas conclure contre un autre fait tout aussi scientifique. La seule affirmation possible et admissible, celle qui ne se base plus sur une hypothèse pouvant enfanter l'erreur, c'est que l'homme s'est servi pour ses constructions de tout ce qui lui a été commodément utile, bois, terre et pierre, bois tendre et bois dur, pierre facile à tailler et pierre qu'il n'a pu entamer qu'après de longs tâtonnements dans la fabrication de ses outils, terres argileuses dont il a composé des carreaux desséchés au soleil d'abord et plus tard solidifiés au feu. Il faut ajouter qu'il a tiré parti de tout à la fois, lorsqu'il a tout trouvé sous sa main bois, pierre et argile, ce qui arrivait sur notre sol heureux où affluaient à la fois tous les matériaux que trop souvent on ne rencontre qu'isolés sur d'autres points du globe. Nos forêts étaient immenses et peuplées d'essences de toutes les qualités. Nos carrières sont nombreuses, souvent affleurantes et riches en calcaires d'origine et de contexture très-différentes. Nos gisements d'argiles se rencontrent souvent à fleur de terre.

Il en faut donc nécessairement conclure que les Mérovingiens et les Carlovingiens construisirent leurs monuments en bois là où la forêt présentait ses ressources, en pierre là où la carrière se montrait commode à exploiter, en carreaux et en briques là où les terres fortes pouvaient se

---

[1]. Carlier, *Hist. du Va'ois*, t. III, p. 184.

recueillir et préparer sans mal ; et plus d'une fois ces trois natures de matériaux s'unirent pour former des constructions en ces temps dont nous nous occupons et qu'il ne faut pas tenir, comme le font trop d'esprits exagérés, pour sauvages, pour livrés à la barbarie primitive. Le Gallo-romain vivait auprès du Franc envahisseur, lui enseignait par l'exemple ses habitudes, ses arts, ses méthodes non encore perdus, qui périclitèrent, c'est vrai, et faillirent sombrer au sein d'un grand cataclysme social, religieux et politique, mais qui insensiblement reprirent courage, reparurent et furent utilisés par les conquérants. Ceux-ci, il faut ne pas le nier, se fondirent et se perdirent vite dans la masse indigène plus nombreuse que la masse envahissante, et douée, nous le savons, d'une incroyable puissance d'assimilation.

J'ai à citer des autorités sérieuses et de valeur à l'appui de cette idée que le milieu géologique exerce une véritable influence sur l'architecture. « Si des hommes, » dit M. Viollet-le-Duc [1], « naissent « sur un territoire boisé, ils se serviront naturellement de bois pour se faire des abris ; mais s'ils se « trouvent au milieu d'une contrée où le bois est rare et où la pierre ou le limon abondent, ils se « feront des demeures avec ces matières... Si des hommes nés sur un territoire très-boisé et ayant « par suite pris l'habitude de construire en bois, se transportent sur un territoire dépourvu de « grands végétaux, ils se servent des matériaux nouveaux mis à leur portée, mais en ayant une « disposition à conserver les formes et apparences données par leurs anciennes constructions de « bois. »

Voilà le principe ; nous allons le voir appliqué à nos circonstances locales. M. d'Archiac, dans le savant livre qu'il a consacré à la description géologique du département de l'Aisne [2], montre comment la proximité de nos carrières de calcaire grossier influe sur l'hygiène et l'agrément des maisons même de petits particuliers, et il ajoute : « Le voisinage du calcaire grossier n'a pas eu « non plus une moins grande influence jadis sur le développement de l'architecture religieuse. Ainsi « dans les cantons du département de l'Aisne où ce calcaire fournit de bonnes pierres d'appareil, on « retrouve beaucoup d'églises de villages qui appartiennent aux styles roman ou byzantin des xe, xie et xiie siècles. » Comme nous, M. d'Archiac n'aperçoit pas de restants d'édifices antérieurs au xe siècle, et il ne les nomme pas ; mais il nous est utile en montrant la vulgarisation de ces excellents matériaux locaux à ces lointaines époques auxquelles M. Vitet refusait toute construction religieuse et qui auraient tout bâti en bois, suivant d'autres archéologues.

Il faut dire que la réaction contre cet absolutisme de la négation se fit jour de très-bonne heure, sous l'influence d'un autre inspecteur des monuments historiques, M. Mérimée qui avait visité le Midi et y avait su reconnaître un assez bon nombre de débris des plus anciennes constructions religieuses, par exemple à Saint-Honorat des îles Lérins, à Saint-Quénin près Vaison, etc.

M. Mérimée tenait l'église Saint-Honorat pour être de beaucoup antérieure au xe siècle,

1. *Histoire de l'habitation humaine*, p. 358.
2. *Groupe du calcaire grossier*, 3e étage, calcaire grossier moyen, p. 252.

« à cause de la rudesse de sa construction. » Quant à l'église de Saint-Quénin, il y trouve des chapiteaux de style si étrange, une abside de forme si extraordinaire qu'il n'hésite pas à y voir les débris de l'antique église ruinée par les Sarrasins au milieu du viii° siècle, et il dit : « Il faut « observer que ces chapiteaux, bien qu'historiés, n'ont aucun rapport avec ceux des xi° et xii° siè-« cles. » M. Charles Lenormant avait résolûment nommé le viii° siècle comme date d'origine de Saint-Quénin dont la construction devrait être reportée à la fin du vi° siècle ou au commencement du vii°, si l'on en croit le frère Anselme Boyer dans son *Histoire de l'église de Vaison.* M. Révoil [1] croit à la construction de Saint-Quénin sous Charlemagne. M. Ramée [2] ne la rajeunit que d'un demi-siècle à peine et croit qu'elle a été bâtie sous Charles-le-Chauve (840-880).

Un jeune architecte de Paris, M. Alphonse Baillargé, qui habita quelque temps le Soissonnais et y fit de sérieuses études archéologiques, publia, dans le numéro de l'*Argus soissonnais* du 5 novembre 1844, un mémoire sur *les Églises primitives* de la contrée, mémoire qu'il imprima ensuite et dédia à M. Mérimée. Là sont signalées nommément plusieurs églises où réellement on reconnaît sans peine des parties plus anciennes qu'on le pense généralement : Vic-sur-Aisne, Fontenoy (canton de Vic-sur-Aisne), Oulchy, Condé-sur-Aisne (canton de Vailly), etc. Qu'y aurait-il là d'étonnant ? M. de Caumont connaît et dénomme l'architecture mérovingienne, s'il « n'en a pas « aperçu des traces nombreuses » ; il l'appelle, nous l'avons vu, *romane primitive*, lui donne pour dates de naissance et d'expansion les v°, vi°, vii°, viii° et ix° siècles, et il cite des églises et des débris qui lui appartiennent. Le savant et laborieux abbé Cochet avait publié, quelques années avant sa mort, une série de chapiteaux qu'il proposait comme mérovingiens dans une trop courte notice.

Je pourrais citer encore de nombreux passages du livre de M. Blavignac [1] où, dans son chapitre second, il traite de l'architecture du vi° siècle au ix°, époque qu'il appelle *école sacerdotale primaire,* parce que tous les architectes d'alors étaient ou des prêtres ou des moines. M. Viollet-le-Duc, qui place son archétype au xiii° siècle et lui sacrifie tout, est cependant forcé çà et là de reconnaître l'existence d'une école d'architecture mérovingienne. Pour lui, il n'y avait pas en Occident « une « coupole plus ancienne » que celle de Saint-Quénin, et il définit la sculpture après les grandes invasions franques « un métier abâtardi, vulgaire, négligé, brutal » ; mais ces défauts à eux seuls suffiraient pour démontrer qu'elle a existé, et c'est sur ce patron que j'appliquerai tout à l'heure les curieux fragments que je vais faire apparaître en si grand nombre.

J'ai dit déjà que je m'expliquerais avec un excès de précautions pour les écoles, leurs principes et les savants qui les ont exposés et défendus ; mais aussi ce livre, destiné à être répandu dans les centres où l'archéologie s'étudie et s'élabore, m'est trop utile pour que je n'y applique pas les idées et la méthode que je travaille depuis trente ans, que j'ai exposées dans des mémoires

1. *Arch. romane dans le midi de la France.*
2. *Hist. génér. de l'arch.*

qui ont soulevé la discussion, idées, d'ailleurs, qui n'ont point effrayé tout le monde et qui paraissent avoir fait quelque chemin.

LES CUVES BAPTISMALES. — J'ai toujours pensé que, à défaut des plus primitives églises disparues sous l'influence de tant de causes violentes ou naturelles, il fallait aller chercher des témoignages de l'art des plus vieux siècles chrétiens dans nos cuves baptismales taillées dans une pierre solide, résistante et presque impérissable. Elles sont très-nombreuses, très-belles, faites de marbre ardoisier très-dur, bien conservées dans les divers arrondissements du département de l'Aisne, et on ne les a point assez étudiées au point de vue de leur âge et de leur sculpture, l'un extrêmement ancien, l'autre très-intéressante.

Je tiens pour la plus vieille cuve celle que l'on voit gisante dans le cimetière de la curieuse église de Concevreux (canton de Neufchâtel). Elle est taillée dans un bloc considérable de grès

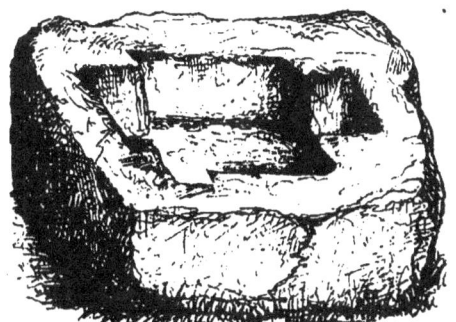

Fig. 338. — Cuve baptismale de Concevreux.

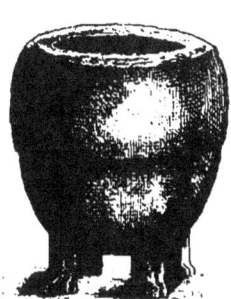

Fig. 339. — Cuve baptismale de Lor.

compacte et à peine équarri (fig. 338), dans l'épaisseur duquel se voit creusée une excavation en forme de croix. Elle a : longueur, 1^m,58 en dehors œuvre et 1^m,10 en dedans ; largeur, 1^m,37 en dedans et 0^m,80 en dehors. L'excavation cruciforme a de 0^m,30 à 0^m,35 de profondeur. L'épaisseur externe du grès est de 0^m,55, et ses quatre angles sont abattus plus à vif qu'on ne le voit sur ma figure 338. Lourde et massive, elle était destinée à être déposée, en vue du baptême par immersion, à l'entrée de la primitive église. Le catéchumène se plaçait au centre, les genoux pliés, la tête courbée, et y recevait l'eau qui s'écoulait par un orifice percé au fond de l'excavation et à l'extrémité droite d'un des côtés étroits de la croix. Sur l'un des plats-bords des côtés longs, l'on aperçoit, à chacun des deux bouts, deux petites cavités où était scellée l'extremité bifurquée de deux tiges verticales de fer auxquelles se rattachait sans nul doute une autre tige horizontale d'où devait tomber une étoffe servant à dérober aux yeux des fidèles [1] le prêtre et le catéchumène nu qu'on allait baptiser. On peut presque affirmer le IVe ou le Ve siècle. M. de Caumont signale dans la crypte de

1. Cette étoffe se voit formant aussi les petits et très-primitifs baptistères où il semble que le prêtre et le chrétien à baptiser pouvaient seuls pénétrer. (V. Albert Lenoir, *Arch. monast.*, t. I, p. 102, fig. 61 et 62, Baptistères.)

l'église de Spire une antique et énorme cuve baptismale et cruciforme qui servit sans doute depuis les premiers temps chrétiens jusqu'au xii° siècle, moment où elle fut remplacée par des fonts de baptême en bronze. Ce vénérable monument daterait par sa forme celui de Concevreux.

En 1847, on voyait, dans le jardin d'une maison de Soissons et servant de bassin à un jet d'eau, une cuve de pierre encore qui ressemblait à celle de Concevreux par sa forme rappelant extérieurement et intérieurement la croix grecque, et, détail de plus de cette similitude, la vasque ou cavité présentait la même profondeur de 0ᵐ.35. M. de La Prairie[1], qui informait ses collègues de cette trouvaille, ajoutait que cette forme de cuves baptismales était extrêmement rare en France et que probablement il n'en existait pas de semblable dans tout le diocèse de Soissons.

Je serais assez porté à croire que le second rang comme ancienneté devrait être donné à la cuve baptismale de l'église de Lor du canton de Neufchâtel aussi, laquelle est faite de marbre ardoisier et affecte la forme, très-inusitée de même, d'un grand vaisseau de bois (fig. 339)[2], si je

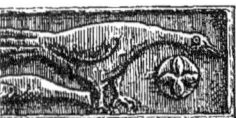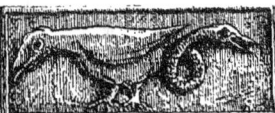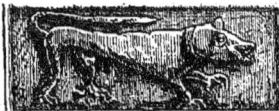

Fig. 340. — Développement de la cuve baptismale de Neuve-Maison.

ne trouvais à Neuve-Maison (canton d'Hirson) et à Prouvais (canton de Neufchâtel) deux cuves, la première de forme carrée (fig. 340) et la seconde à développement circulaire (fig. 341) qui me fournissent ces animaux évidemment symboliques[3] et apparaissant si souvent sur les monuments chrétiens des ii° et iii° siècles, surtout dans les catacombes de Rome, le poisson et les oiseaux dont j'ai déjà eu plus haut l'occasion de parler en m'occupant du manuscrit mérovingien n° 137 de Laon (fig. 307 et page 227 plus haut). Le poisson sur une cuve baptismale symbolise tout naturellement le chrétien revivifié par l'eau consacrée ; le paon qui l'accompagne est toujours pris par les interprètes de l'antiquité chrétienne[4] pour le symbole de la résurrection méritée par la fidélité au devoir dont l'emblème est le chien du troisième compartiment de la figure 340.

Je dois faire remarquer tout d'abord que les quatre pieds de la cuve de Lor (fig. 339) ne lui appartiennent pas plus qu'à la cuve de Prouvais n'appartient la base taillée en fût ou en tambour de colonne avec griffes du xii° siècle. Généralement ces cuves reposaient à terre dans les églises de villages et, dans les baptistères annexés aux grandes églises, sur des maçonneries auxquelles on

1. *Bull. de la Soc. arch. de Soissons*, t. 4, p. 57.

2. M. Albert Lenoir cite dans l'église de Vieux-Saint-Jean, à Perpignan, une cuve en forme de cuvier de bois liée avec des cordes.

3. M. de Caumont (*Dict. d'arch. religieuse*), retrouvant, et dans les mêmes cadres exactement, des animaux semblables à ceux de ma figure 340 sur une frise d'une vieille église ruinée d'Auxerre, n'hésite pas à les dater du vii° siècle.

4. Aringhi : *Roma subterranea*, cité par l'abbé Martigny dans son *Dict. d'antiq. chrétiennes* au mot Paon.

accédait par plusieurs degrés[1]. Les grands bassins circulaires creusés d'abord dans le sol pour conférer le baptême par pleine immersion avaient été remplacés par ces cuves plus petites, lorsque l'immersion fut modifiée par suite des exigences de nos climats septentrionaux qui ne ressemblaient pas comme température à celui de la Judée. On dut exhausser ces cuves, lorsqu'à la fin du VIIIe siècle on commença, d'après le témoignage d'Alcuin (mort en 804), à abandonner le mode de l'immersion pour celui de l'infusion, au moment où l'on ne construisit plus de baptistères, où

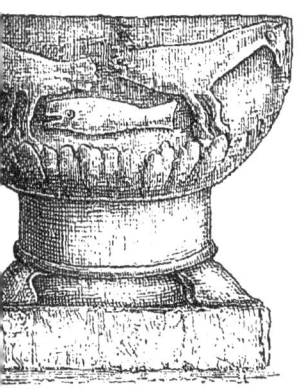

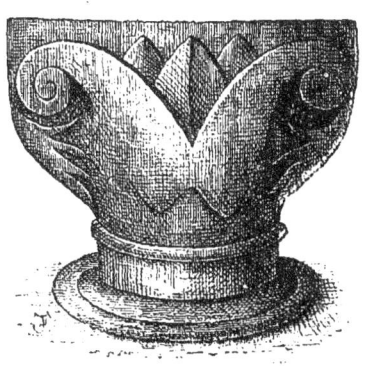

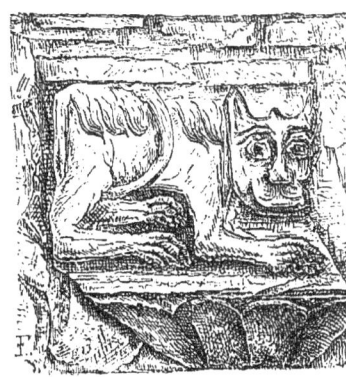

341. — Cuve baptismale de Prouvais.

Fig. 342. — Cuve baptismale de Bosmont.

Fig. 343. — Cuve baptismale à Chivy.

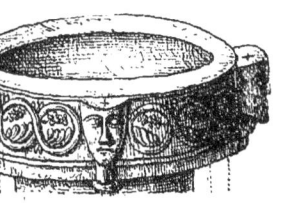

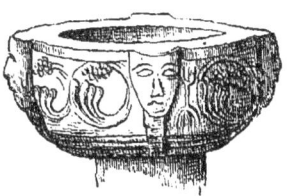

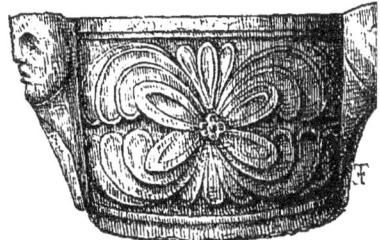

341. — Cuve baptismale à Corbeny.

Fig. 345. — Cuve baptismale d'Érlon.

Fig. 346. — Cuve à Doufligneroux

l'on dut déplacer les cuves pour les déposer soit dans des chapelles latérales, soit dans les angles des églises. Sans entrer dans le débat sur le moment précis où cessa réellement le rite de l'immersion totale, soit qu'on accepte l'affirmation, qui semble trop absolue, de Mgr de Fitz-James écrivant dans son rituel que « le baptême par infusion a prévalu du XIIIe au XIVe siècle », soit qu'on penche, en s'appuyant sur l'autorité des synodes de Cambrai en 1300, de Reims en 1330, et de Beauvais en 1554, à croire à l'immersion jusqu'au cou de l'enfant sur la tête duquel le prêtre versait l'eau contenue dans un petit vase, « cum bachino », les archéologues sont d'accord sur ce point : le baptême se donnait depuis très-longtemps dans les vieilles cuves dont je viens de repro-

1. M. Albert Lenoir, Arch. monast., t. II, p. 112.

duire les nombreuses images, et qui étaient assez vastes et profondes pour que les enfants pussent y être immergés dans l'eau tiédie sans nul doute[1].

M. Albert Lenoir nous montre[2] l'Italie construisant encore en plein IXe siècle des baptistères à bassins enterrés, pendant qu'à la même époque on sculptait déjà, dit ce savant, nos curieuses cuves offrant les dispositions les plus variées : celles-ci ressemblant à un chapiteau roman décoré de

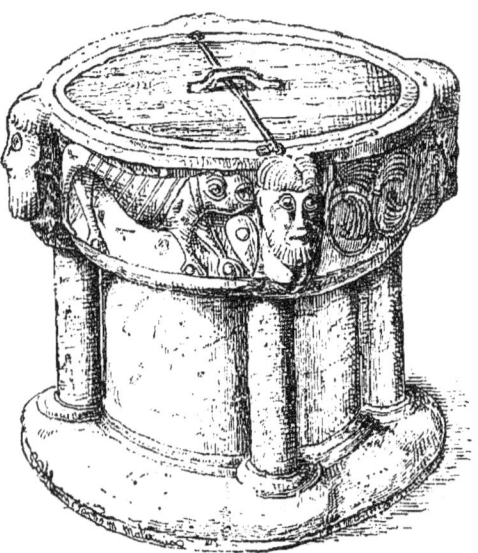

Fig. 347. — Cuve baptismale de Lesquielles-Saint-Germain.

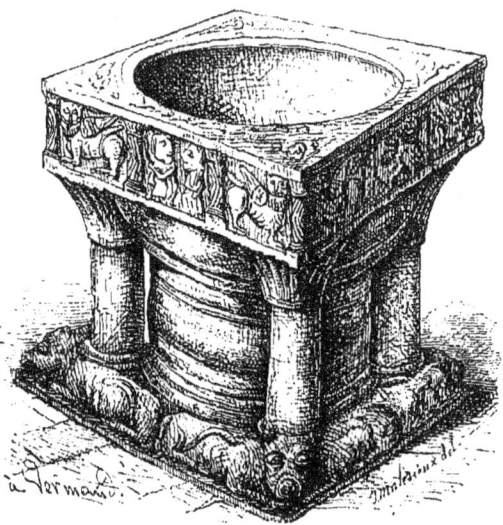

Fig. 348. — Cuve baptismale de Vermand.

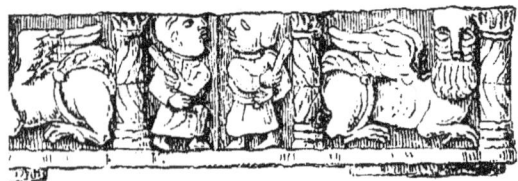

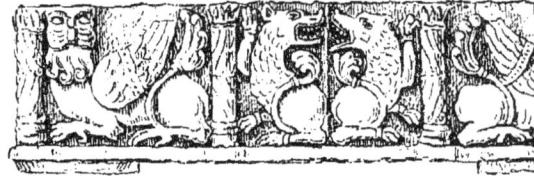

Fig. 349. — Développement de deux des bas-reliefs de la cuve baptismale de Vermand.

feuillages et de volutes (fig. 342), comme à Bosmont (canton de Marle); d'autres avec des animaux affrontés comme sur un grand débris inséré et conservé dans le mur du cimetière de l'église de Chivy (fig. 343); d'autres en forme de corbeilles tantôt couvertes de figures perdues dans des enroulements de feuillages (fig. 344, 345 et 346), comme à Corbeny (canton de Craonne), à Erlon (canton de

---

1. Telle est l'opinion que, dès 1847, M. l'abbé Poquet soutenait devant la Société archéologique de Soissons tout récemment fondée. (Bull. de la Soc. arch. de Soissons, t. I, p. 61, séance du 6 avril 1847.)

2. M. Albert Lenoir, loco citato, p. 411.

Marle) et à Bouffignereux (canton de Neufchâtel), tantôt libres de rinceaux, mais peuplées d'animaux fantastiques (fig. 347) comme à Lesquielles-Saint-Germain (canton de Guise), et tantôt enfermées (fig. 348 et 349) dans des arcades et alternant, comme à Vermand, avec des personnages à longue barbe, ailés et à corps léonins, qu'on dirait copiés sur des bas-reliefs assyriens[1]. Les deux cuves de Vermand et de Lesquielles-Saint-Germain ne reposent plus sur une base monopode et de rapport moderne, mais sur des colonnes cantonant leurs angles et qui leur appartiennent, ce qui semble leur donner moins d'âge que je n'en attribue aux cuves de Lor, de Prouvais et d'Erlon, par exemple, car les premières n'ont jamais été destinées, comme celles-ci, à être d'abord posées à terre.

Bien d'autres cuves, sinon aussi intéressantes, du moins conçues sur le même patron, appartiennent à des églises de nos contrées. Je regrette de ne pouvoir donner, faute de place, celles surtout de Coucy-le-Château et de Nouvion-le-Vineux près Laon, qui sont de toute beauté et de toute valeur. Celle de Nouvion se décore, preuve de contemporanéité, des mêmes rinceaux qu'on rencontre sur les fonts baptismaux de Neuve-Maison, de Corbeny, d'Erlon (fig. 340, 344 et 345).

J'aurai plus tard l'occasion de reproduire les cuves baptismales des xiiᵉ et xvᵉ siècles. Elles présenteront de telles différences avec celles dont j'ai parlé qu'il ne viendra à l'esprit de personne de leur attribuer la même date de naissance.

Les Cryptes. — Construites en sous-sol, ne subissant pas non plus les influences destructives soit des agents atmosphériques, soit des accidents habituels et des événements politiques et sociaux, les cryptes doivent, tout aussi bien que les vieilles cuves baptismales, nous fournir d'utiles renseignements sur nos origines chrétiennes. La crypte, souterraine, *martyrium, confessio,* fut souvent fondée aussitôt après la cessation de la persécution, pour recevoir, ainsi que l'indique son nom latin *martyrium,* les reliques longtemps cachées d'un apôtre mis à mort, d'un saint personnage ayant aidé à la conversion d'une grande contrée, souvent d'un canton, plus souvent d'une simple localité villageoise. Ainsi nous avons vu sainte Eusébie élever à Saint-Quentin, pendant le ivᵉ siècle, une chapelle pour laquelle fut creusé un caveau, un *martyrium,* dans le sein duquel fut enfermé le corps de saint Quentin, et ce caveau était si profondément enfoui que saint Éloi, le recherchant au viiᵉ siècle, ne le retrouva, nous le savons, qu'après de longues hésitations. Il est certain que Bazoches (canton de Braine) eut, dès le ivᵉ siècle, une crypte où furent recueillies les reliques des saints Rufin et Valère martyrisés par Rictiovare, comme Soissons posséda aussi de très-bonne heure le *martyrium* de saint Crépin et de saint Crépinien mis à mort en même temps que les deux receveurs du domaine impérial de Bazoches. Bien d'autres exemples seront cités et autoriseront à penser non pas que ces

---

1. Les deux figures 347 et 348 sont copiées sur des croquis publiés par M. Malézieux, de Saint-Quentin, dans *le Vermandois,* année 1873. Je dois les dessins des cuves 340, 341, 342, 344 et 345 à l'inépuisable complaisance de M. Am. Piette, vice-président de la Société archéologique de Soissons, et dont les portefeuilles sont d'une si grande richesse en documents graphiques de tous les âges.

cryptes primitives et bâties à la hâte nous aient été conservées soit en totalité, soit par parties, mais qu'elles ont été remplacées par celles qu'on fonda dans les églises élevées à la fin du vi° siècle, dans le cours du vii° et surtout du ix°.

Ainsi, à Saint-Quentin, il ne faudrait pas faire remonter jusqu'au milieu du iv° siècle et à sainte Eusébie la construction de la crypte conservée dans le sous-sol de la collégiale. A saint Éloi, retrouvant, en 641, le *cumbum* ou sarcophage gallo-romain de saint Quentin (V. fig. 211 et page 98 du présent volume), peut-être pourrait-on attribuer la portion en plein cintre de cette crypte dont je donne

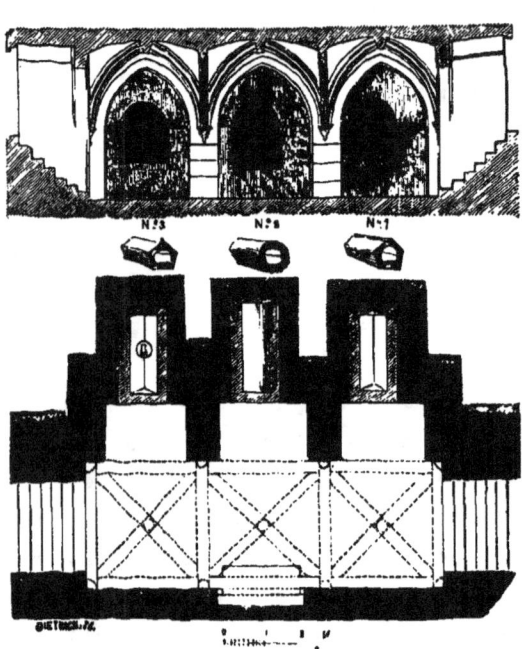

Fig. 350. — Plan de la crypte de Saint-Quentin.

ici le plan (fig. 350). Cette attribution ne semblerait pas déraisonnable, puisque cet évêque d'*Augusta Veromanduorum* agrandit singulièrement son église cathédrale, au dire de saint Ouen, son biographe : « *Ecclesiam* « *quæ exigua conenientibus populis* « *videbatur, eximio opificio ampliatam* « *decoravit.* » Si maintenant on se rappelle que l'église de Saint-Quentin fut reconstruite par Fulrade, petit-fils de Charles Martel, « *venerabilis con-* « *structor hujus ecclesiæ* », qu'elle fut consacrée pour la partie terminée par le pape Étienne II en 816, et achevée en 823 ou 824, peut-être pourra-t-on penser que Fulrade construisit aussi le caveau souterrain. En principe, il n'en faudra pas moins reconnaître que le *martyrium* est d'origine extrêmement ancienne et que, étant de sa nature à peu près indestructible comme les cuves, il se transmit d'une église ruinée à une église nouvelle.

On accède à la crypte de Saint-Quentin par deux escaliers de dix-neuf degrés et s'ouvrant de chaque côté du chœur. A première vue, on reconnaît deux styles bien distincts : 1° trois niches (anciens *loculi* des *sepulcra* gallo-romains), dessinées en plein cintre et où sont renfermés (1, 2 et 3 du plan, fig. 350) les tombeaux de saint Quentin 2, de saint Victorice 1 et de saint Cassien 3; 2° une chapelle, ou couloir, ogivale et construite au xiii° siècle, d'après des documents authentiques [1].

1. M. Charles Gomart, *Notice sur l'église de Saint-Quentin,* 1873. C'est à M. Gomart que je dois la communication du plan de la crypte de cette belle collégiale.

Les trois *loculi ou arcuata* n'auraient point une date certaine dans ce fait que Hugues, abbé de Saint-Quentin, y a transporté, le 25 octobre 825, les corps des trois martyrs; il prouve seulement qu'ils ne sont point postérieurs à cette date, et que les Mérovingiens, si on penche pour eux, ou les Carlovingiens, si on leur attribue cette partie de la crypte, bâtissaient des monuments de pierre.

Nous nous trouvons en présence de la même situation avec la crypte de l'abbaye de Saint-Médard de Soissons. Est-ce là un caveau que Chlotaire Ier aurait construit et dans lequel il aurait déposé, peu de temps avant sa mort arrivée en 558, le corps de saint Médard décédé lui-même vers 555? La crypte a-t-elle été bâtie avec l'église élevée une trentaine d'années après la mort de ce prince? Ou enfin l'aurait-elle été en même temps qu'une nouvelle église construite en plein IXe siècle, c'est-à-dire vers 840, et inaugurée en 841?

L'histoire sait que saint Médard, évêque d'abord de Saint-Quentin, puis de Noyon après le transfèrement de son siège de la première de ces deux villes dans la seconde, permit, à son lit de mort, à Chlotaire qui le tenait en grande estime, de transporter son corps à Soissons dans un monastère que le roi se proposait d'y fonder sur le tombeau du saint prélat. C'est dans la villa du fisc royal de Crouy, *Croviacus,* que Chlotaire commença à bâtir ce monastère auquel il abandonna la propriété du domaine. Le biographe anonyme de saint Médard (IXe siècle) raconte ainsi la translation des saintes dépouilles de l'évêque de Noyon et la construction du tombeau où elles furent enfermées : « Il y avait là une campagne où se traitaient les affaires du fisc royal, *quo hæc agebantur* « *ex ditione regalis fisci,* qui s'appelait *Croviacus,* autrefois consacrée au culte profane des idoles. « Quand on y fut arrivé, on confia à un tombeau le corps du saint prêtre, *commendatur tumulo* « *beatissimi sacerdotis corporis gleba,* et sur cette tombe, *tumbam,* on érigea provisoirement, *pro* « *temporis opportunitate* [1], un petit appentis, *tugurium,* formé de minces tiges d'osier, *exili vimine* « *contextum,* en attendant qu'on pût bâtir à ce grand serviteur de Dieu un monument digne du roi « et de la dévotion des fidèles. »

En racontant le même événement deux cents ans plus tôt, Grégoire de Tours, qui semble s'être inspiré d'un document dont l'écrivain anonyme du IXe siècle eut sans doute connaissance à son tour, se sert presque des mêmes termes : « *Erat super sepulcrum sancti cellula minutis contexta* « *virgultis* [2]. »

Dans le mot de *sepulcrum* employé par Grégoire de Tours, dans ceux de *tumulo* et de *tumbam* que nous donne l'écrivain du IXe siècle cité plus haut, est-il permis de voir une crypte dans le sens grammatical, historique et archéologique de cette sorte de construction mortuaire? On a émis à ce sujet des doutes appuyés sur des bases sérieuses, et on a fait remarquer que les deux écrivains anciens auxquels sont empruntés les extraits qu'on vient de lire, n'ont ni l'un ni l'autre prononcé le mot *crypta,* bien qu'il fût bien connu et admis dans la langue latine usuelle, dans celle aussi des

---

1. Par ces mots : *pro temporis opportunitate,* il faut sans doute entendre la mort du roi Chlotaire qui arrêta la construction du monastère fondé par ce prince dans le vic de Crouy.

2. Grégoire de Tours, liv. IV, c. 19.

monuments épigraphiques des catacombes de Rome où tout le monde et surtout les premiers auteurs chrétiens avaient vu et connu la *Crypta juxta corpus S. Crescentionis,* la *Crypta nova* au cimetière de Balbine, etc. On pourrait répondre à cette objection que le mot *sepulcrum* contient implicitement l'idée de *crypta* ou caveau subterranéen. Ainsi le *sepulcrum familiare* de la *Planchette* à Vervins (fig. 203 et 204), et celui de Proix (fig. 205), les quatre petits *sepulcra* carrés, bâtis en pierres et retrouvés, cette année, par Mᵐᵉ la marquise de Saint-Chamans dans ses fouilles de *la Fortelle* à Couvron, sont des constructions cryptuaires, de vraies cryptes, et, comme le dit M. Albert Lenoir[1], si la sépulture était pratiquée, comme elles le furent souvent, en plein sol, on dut établir autour du « sarcophage un caveau « praticable; des escaliers furent « disposés pour y descendre. « Le sarcophage y demeura « sous sa forme première ou fut « remplacé par un autel-tom- « beau comme ceux des cata- « combes ». On ajoute que Fortunat, dans son poème sur la vie de saint Médard, se servit indifféremment des mots *tumulus* et *sepulcrum* dans le sens romain et signifiant un

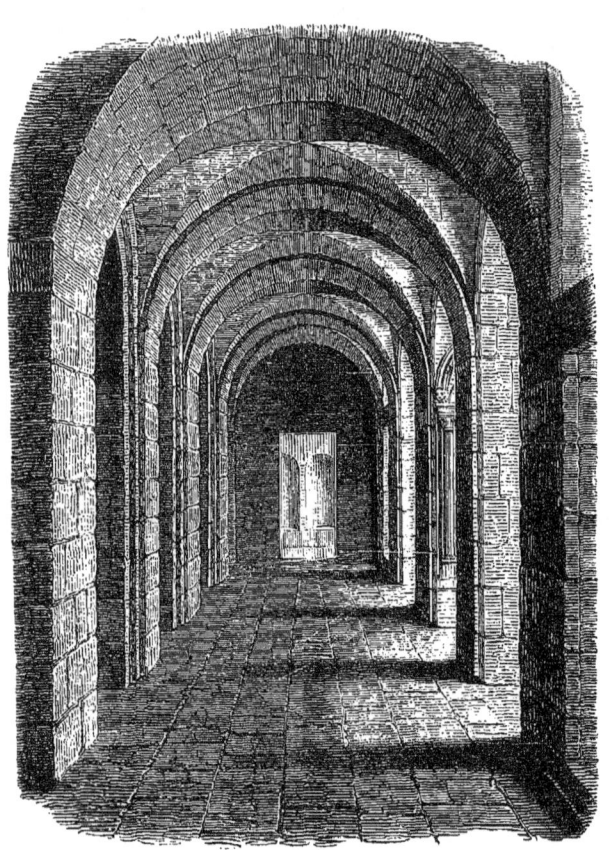

Fig. 351. — Galerie dans la crypte de Saint-Médard.

édifice contenant en sous-sol une chambre mortuaire ou crypte, et à rez-de-chaussée une basilique, laquelle s'appelait à la fois ou *sepulcrum* ou *basilica.*

Cependant, il faut reconnaître que le texte de l'auteur anonyme de la vie de saint Médard se montre peu favorable à cette interprétation. En parlant de l'inhumation du roi Chlotaire au vic de Crouy, il ne dit pas que le corps du roi fut enterré auprès du saint évêque qu'il avait tant aimé et

---

1. *Archit. monast.,* t. I, p. 240.

vénéré; mais, comme s'il avait eu peur que plus tard on ne le comprît pas bien, il précise et affirme que le roi fut enterré non dans un caveau où reposait le pontife, mais devant son tombeau, et il se sert une seconde fois du mot *tumulum* : « *Ante gloriosi pontificis tumulum honestam merito obtinuit* « *sepulturam.* » Quant à son fils Sigebert, assassiné en 575 par les sicaires de Frédégonde, et que Chilpéric fit rapporter à Soissons et enterrer à Saint-Médard, l'écrivain anonyme du IXᵉ siècle ne laisse pas même un instant soupçonner qu'on l'ait enfermé dans un caveau, dans une crypte, et il dit tout simplement que le roi son frère fit placer en grand honneur son corps à côté de celui de Chlotaire : « *Lateris patris sui junctus, honorifice depositus ac sepultus,* etc. »

Il faut donc, à mon avis, renoncer à penser que la crypte de Saint-Médard ait été construite du vivant de Chlotaire, le *tumulus, tumba, sepulcrum,* étant sans doute provisoire comme la petite chapelle de claies d'osier que Grégoire de Tours ne trouva plus existante en 580. Un peu plus tôt et toujours d'après le biographe anonyme de saint Médard, une église avait été élevée dans de sérieuses conditions : « *mira latomorum peritia* ». C'est après la dédicace de cette église que l'ancienne *cellula,* construite en bois léger et en 558, disparut, au témoignage de Grégoire de Tours qui écrit : « *Et dedicato templo fuit amota.* » Dans cette église nouvelle et définitive, on transporta incontestablement les corps de saint Médard et des deux rois déposés alors et très-probablement dans une véritable crypte ; mais ce serait déjà, et comme à Saint-Quentin, une église de seconde main et qui était destinée à une vie très-courte, puisqu'elle disparut tout entière « *funditus* « *destructa* », pour être remplacée, en 840, par un édifice beaucoup plus vaste et nécessité par l'immense concours de pèlerins qu'attiraient dans l'abbaye les reliques de saint Sébastien et de saint Grégoire apportées de Rome en 824.

Ces détails sont, d'ailleurs, très-importants et à retenir : à Saint-Quentin, à Saint-Médard, probablement comme sur beaucoup d'autres points, une simple *cella, cellula,* ou chapelle, s'élève en matériaux légers, *eximi vimine contexta* ou *minutis contexta virgultis*. Elle est insuffisante ou indigne bientôt. On la reconstruit, *mira latomorum peritia,* plus ample et plus ou moins tôt, et quand la nouvelle église a vécu deux siècles environ, il faut la détruire de nouveau vers le milieu du IXᵉ siècle, *funditus destructa,* pour la reconstruire de fond en comble, peut-être trop précipitamment, peut-être sans lui donner assez de solidité pour porter des voûtes plus élevées que jadis, des clochers trop massifs et trop lourds, des additions compromettantes pour l'arc plein cintre qui éclate, parle haut de ruine plus ou moins prochaine, parce qu'on ne l'a pas doté de contreforts assez puissants, et il faudra, aux XIᵉ et XIIᵉ siècles, chercher d'autres formes et refaire pour la troisième fois ces œuvres reprises pour la deuxième par le IXᵉ siècle, et pour la première par le VIᵉ qui les avait reçues parfois du IVᵉ ou du Vᵉ.

Ce n'est pas là un système. L'hypothèse s'appuie déjà sur deux faits accomplis absolument dans les mêmes conditions et, à la même époque, sur deux points différents de la même contrée et dans deux monuments dont s'occupe notre plus ancienne histoire religieuse et départementale.

Pour revenir à la crypte de Saint-Médard, si nous n'avons pas eu plus que pour celle de Saint-

Quentin sa vraie et incontestable date d'origine, nous savons celle où elle apparaît authentiquement pour la première fois, par conséquent celle après laquelle elle ne peut plus avoir été bâtie. En 841, l'empereur Charles-le-Chauve convoqua tous les prélats de son royaume pour la translation des reliques de saint Médard, de saint Sébastien, de saint Grégoire et d'une foule d'autres bienheureux. On les enleva de la crypte pour les exposer dans la nouvelle église. Nithard, chroniqueur contemporain, raconte en ces termes cette cérémonie accomplie avec une grande solennité : « *Rege ipso*

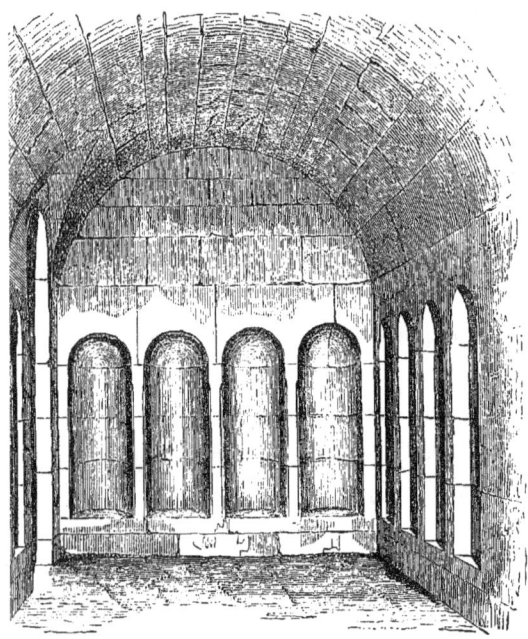

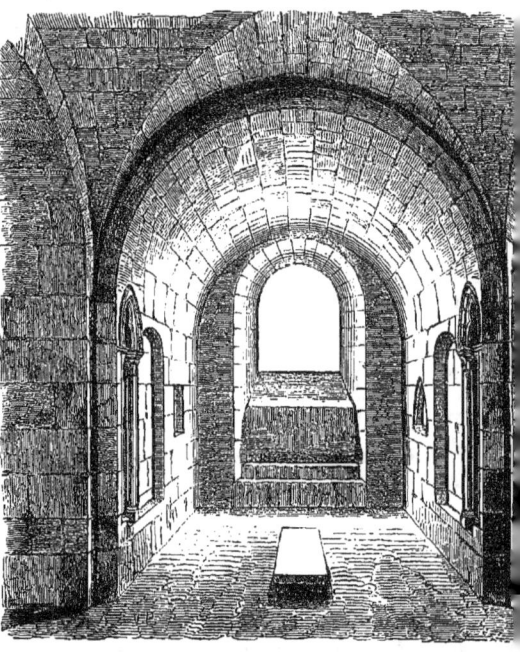

Fig. 352. — Détails de la crypte de Saint-Médard.   Fig. 353. — Détails de la crypte de Saint-Médard.

« *sancti Medardi feretrum bajulante sanctorum reliquias propriis humeris impositas,* et inferiori « *crypta in basilicam novo opere ampliori spatio donatam transtulere* [1]. »

Incontestablement Nithard appliquait non à la crypte, mais à l'église seulement, cette partie de phrase où il parle de reconstruction : « *In basilicam novo opere ampliori spatio donatam.* » La crypte d'où l'on remontait les reliques préexistait donc à l'église. Celle-ci est carlovingienne ; mais la crypte paraît mérovingienne, qu'elle ait été construite soit par Chlotaire, ce qu'il semble difficile d'admettre en présence des textes, soit par son successeur, ce qui doit être plus vrai.

Il paraît peu nécessaire de combattre l'attribution de cette crypte au XIe siècle par quelques archéologues. M. Vitet, dans son rapport [2], n'admet pas non plus cette date et fournit ainsi ses

1. *Gall. christ*, t. IX, p. 406.
2. *Loco citato*, p. 8

raisons : « Ce grand caveau est si simple, si régulier, ses murs sont tellement à angles droits, sans
« un filet, sans une moulure, qu'on y trouve beaucoup d'analogies sinon avec les constructions des
« Romains, du moins avec celles qu'on peut supposer avoir été en usage dans les premiers siècles de
« la conquête ; » ce qui semble revenir à dire que la crypte est mérovingienne. On est donc étrange-
ment surpris de lire un peu plus loin que M. Vitet tend « à penser que cette crypte, quoique fort
« ancienne, *est postérieure à l'an 1000* », parce qu'elle se termine « par cinq absides et qu'elle com-
« munique à l'église supérieure par deux escaliers correspondant aux latéraux de l'église ». Or,
l'inspection du plan (fig. 354) ne fournit pas de ces constructions terminales qu'on puisse technologi-

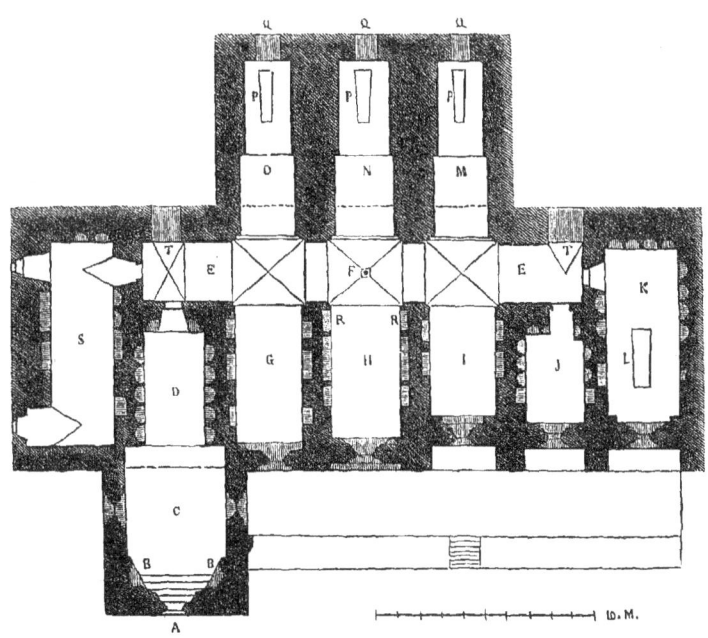

Fig. 354. — Plan de la crypte de Saint-Médard de Soissons.

quement appeler absides, et les escaliers, pratiqués dans l'église du xiie siècle, l'ont été en des temps
plus ou moins modernes pour les besoins du pèlerinage. Entre des raisons fournies par le désir
d'étayer un système et le texte si précis de Nithard, on n'hésitera pas, je crois. C'est ici l'occasion
d'étudier le plan (fig. 354) de cet édifice souterrain.

Il présenterait une grande régularité, si le xiie siècle probablement n'y avait ajouté une
espèce de pronaos A. B. B. C., preuve de ce remaniement dont M. Vitet ne tient pas compte. En
s'abstrayant donc de cette addition placée excentriquement, l'ensemble du monument se compose de
sept chapelles S. D. G. H. J. J. K., et de trois petites nefs O. N. M. prenant jour par Q. Q. Chapelles
et nefs sont séparées par une galerie transversale E. F. E. de 20 mètres de longueur sur 2^m,50 de
largeur, et aboutissant aux deux chapelles S. K. fermées et qui occupent toute la largeur du grand

parallélogramme à chacune de ses extrémités, tandis que les deux autres chapelles D. J. sont fermées aussi, mais occupent moins d'espace. Les trois chapelles G. H. I communiquent donc librement avec les compartiments M. N. O. et, à l'aide de la galerie E. F. E., composent une sorte de croix à trois branches inégales et formant six oratoires distincts et séparés entre eux par des murs énormes de refend sur lesquels reposent des voûtes en berceau. Au centre F. se trouve un puits privé de margelle et fouillé sans résultats bien sérieux, il y a environ quarante ans. On y eut alors une tête de pierre sculptée qu'on supposa avoir appartenu à la statue de Chlotaire.

C'est dans le compartiment central H. qu'était placé le tombeau si révéré de saint Médard. A droite et à gauche, en R. R., se trouvaient ceux de Chlotaire et de Sigebert recouverts de dalles gravées. Les statues couronnées de ces deux rois, sculptées, je l'ai dit, au xIII° siècle et que j'ai reproduites plus haut sur les figures 281 et 282, occupaient les premières niches marquées sur le plan tout près de la galerie. Dans les grandes chapelles fermées S. K. des extrémités, et dans celles pointées G. I. J., on remarquait (fig. 353) des excavations en forme de niches demi-circulaires, ou de sièges pratiqués dans le plein des murs.

En P. P. P. des petites nefs M. N. O., on a placé les trois sarcophages retrouvés en 1852, dont j'ai donné le plan et les coupes sur la figure 327 et sur l'un desquels se lit le nom gravé de Hildeboldus. Enfin en L. se voit la dalle mortuaire de l'abbé Dupont mort vers 1845 étant directeur de l'institut des sourds-muets créé et installé par Mᵍʳ de Simoni dans l'ancienne abbatiale de l'abbaye de Saint-Médard [1].

Les « cinq absides » aperçues par M. Vitet n'existent donc pas sur ce plan. Si l'on y voulait voir des absides, ce serait tout au plus dans les trois compartiments M. N. O. qui, ajourés en Q. Q. Q., font saillie sur le grand rectangle du plan.

Si nous cherchions les origines et les analogies de ce tracé rectiligne dans les cryptes latines de Rome et même de France, nous ne les y trouverions pas, tout étant plat ici, presque toutes les cryptes offrant ailleurs, et au contraire, une abside curviligne [2]. A Saint-Médard, le tracé et ses divisions forment un type inconnu d'église souterraine.

Quant à son extérieur, il n'y faudrait pas chercher d'indications de date, et, à part les débris de deux fenêtres en plein cintre, on n'y constaterait que des remaniements modernes; la terrasse cache entièrement les vieux revêtements de pierre. L'intérieur seul parle haut d'antiquité avec ses arcades romanes trapues et basses, avec ses assises massives, brutales, qui se voient jusqu'à la naissance des voûtes construites en plus petit appareil (fig. 353), avec cette absence de « filets et de moulures » qui avait frappé M. Vitet par son archaïsme qu'il sentait et contre lequel il a conclu cependant.

1. Renseignements fournis par M. l'abbé Poquet qui a écrit, en 1863, une notice sur *la Crypte de l'ancienne abbaye de Saint-Médard-lès-Soissons*, dans le volume publié par la *Commission des antiquités départementales de l'Aisne*, et une autre notice sur *le Pélerinage de Saint-Médard*.

2. Le *Dictionnaire raisonné d'architecture* de M. Ernest Bosc signale cependant dans l'église de Lastingham une crypte rectangulaire dont il donne le plan, mais sans indication d'âge (1ᵉʳ vol. p. 546, au mot CRYPTE).

La crypte a conservé de nombreuses traces de peintures, surtout dans les niches où l'on a rencontré des tiges et des fleurs que certains ont voulu tenir pour des restes « de peintures carlovin-« giennes au blanc d'œuf ».

Pour retrouver des peintures sérieusement anciennes, il fallait les aller chercher dans la crypte de l'abbaye Saint-Léger de Soissons, dans la partie la plus ancienne réduite aujourd'hui à un simple compartiment A de 12 mètres de long (fig. 355), et voûtée en plein cintre, soutenue par des arcs massifs retombant sur d'énormes piliers romans, courts, carrés, trapus, cantonés sous l'arcade par une forte colonne engagée. Les chapiteaux, qui seraient absolument cubiques si un léger chanfrein

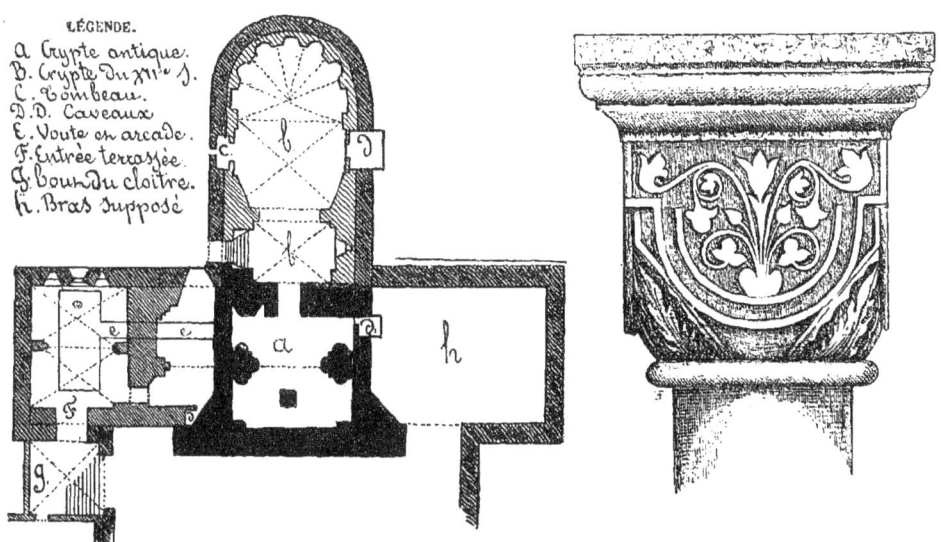

Fig. 355. — Plan de la crypte de Saint-Léger de Soissons.　　Fig. 356. — Chapiteau peint de la crypte de Saint-Léger.

ne s'abaissait sur l'astragale, affectent une forme tellement insolite que M. Viollet-le-Duc[1] reproduit celui que nous lui empruntons ici (fig. 356), lui reconnaît « une physionomie toute particulière », le déclare fort remarquable et plus vieux que les chapiteaux de pur style rhénan[2], et enfin le date « du Xe siècle ». Il se complète en le rangeant au nombre « des chapiteaux retrouvés dans des « parties carlovingiennes des églises françaises de l'Est ». Nous voilà loin déjà des affirmations de M. Vitet. De l'astragale et sur le petit chanfrein naissent des feuilles finement découpées. Un double ruban enveloppe toute la panse du chapiteau, et le champ se décore d'un fleuron à tiges minces et

1. *Dict. d'arch.*, t. II, p. 507, v° CHAPITEAU.

2. Un chapiteau cubique de la cathédrale de Spire (XIIe siècle) est exactement taillé et décoré comme celui de Saint-Léger de la figure 356, ce qui prouve une fois de plus qu'il ne faut pas trancher la question d'âge d'une forme architectonique dans une contrée d'après la forme équivalente adoptée dans un autre pays, celui-ci ayant pu copier tardivement ce qui était inventé ailleurs et depuis longtemps.

s'épanouissant largement par en haut. M. Viollet-le-Duc signale des traces de peinture polychrome : fonds d'ocre, dessins en blanc ; évidemment toutes les couleurs n'ont pas été aperçues[1]. On ne peut trop regretter que les chapiteaux peints de Saint-Léger de Soissons aient été grattés à une époque assez récente. La sculpture en est fine et en méplat. Dans son *Répertoire archéologique du canton de Soissons*, M. de La Prairie, président de la Société archéologique de Soissons, se prononce pour « le xe ou xie siècle », lui si réservé d'habitude sur ces délicates et difficiles questions d'âge. C'était déjà, en 1844, son opinion nettement manifestée dans le mémoire qu'il présenta à la Commission des antiquités départementales de l'Aisne en ces termes : « Les énormes chapiteaux de ces colonnes « sont ornés de sculptures d'une grande simplicité et de peu de relief. D'après tous les caractères de « cette partie de la crypte, on doit en faire remonter la construction au xie siècle et peut-être au xe. »

Ici je pense encore qu'il faut refaire pour Saint-Léger le travail de recomposition que nous avons essayé déjà pour les vieilles églises de Saint-Quentin et de Saint-Médard, et ce sera en même temps l'occasion de donner un aperçu sur la chronologie des plus anciennes églises de Soissons, sans abandonner les cryptes sur lesquelles tout n'a pas été dit encore.

On est à peu près d'accord sur ce point historique. Ce fut vers 366 et sous Théodose que s'accomplit l'œuvre de destruction du temple de Soissons, ruine à laquelle saint Onésime, septième évêque de cette ville, apporta une ardeur extrême et dont j'ai déjà parlé. Plusieurs chapelles, plutôt que des églises, s'élevèrent dans les faubourgs et probablement dans cet ordre, d'après les anciens historiens de Soissons : 1° Notre-Dame-des-Vignes ; 2° Saint-Waast ; 3° Saint-Victor devenu Saint-Léger au viiie siècle ; 4° Saint-Pierre-le-Viel[2] ; 5° Saint-Remy ; 6° Saint-Germain ; 7° Saint-Julien ; 8° Saint-Jacques ; 9° Saint-Martin ; 10° Saint-Étienne ; 11° Saint-Pierre-à-la-Chaux, et 12° Saint-Quentin. Cet ordre de date de naissance se prouverait[3] par l'ordre que tenaient dans les processions les anciens *prêtres-cardinaux* ou chefs titulaires de ces paroisses ; aux premiers siècles de l'Église, ils formaient le conseil de l'évêque et tenaient une des places d'honneur dans les conciles et synodes de la paroisse ecclésiastique de Reims.

Les corps des saints Crépin et Crépinien avaient reçu la première hospitalité dans une première crypte appartenant à un chrétien de Soissons. Après la persécution, ils furent transportés dans un véritable *martyrium* qui fut construit, dans le ive siècle, en un cimetière ouvert auprès du château romain de Crise, et tout semble autoriser à croire que là, et dès le vi[e] siècle, fut élevée une église remplacée plus tard par celle du monastère de Saint-Crépin-en-Chaye.

On sait que l'église Saint-Waast, construite au vi[e] siècle, avait succédé aussi à une chapelle,

---

1. M. Bosc, dans son *Dict. raisonné d'arch.* et au mot CHAPITEAU, parle aussi, mais sans détails, du chapiteau colorié de Saint-Léger qu'il reproduit en chromolithographie sur sa planche xix où le fond n'est pas peint d'ocre, mais d'or, ce qui ne peut plus se contrôler.

2. L'église Saint-Pierre-le-Viel était assise sur l'ancien château de Crise. (V. fig. 96, *Plan de Soissons à l'époque gallo-romaine*, p. 193 de mon 1er volume.)

3. Leroux, *Hist. de Soiss.*, t. I, p. 131.

cella, bâtie dans un cimetière où saint Onésime avait été enterré. A l'année 366 pendant laquelle Valentinien Ier séjourna à Soissons, on attribue l'érection des *cellæ*, *cellulæ*, de Saint-Victor et de Saint-Pierre-le-Viel, celle de Saint-Victor qui fit place à la première église de Saint-Léger. Celle-ci ne dut être élevée qu'au vııı^e siècle, le saint dont elle porte le nom ayant vécu sous Chlotaire III, ayant été chassé par le fameux Ebroïn et n'ayant été décapité qu'en 680. Une *confessio* ou crypte ayant reçu quelques reliques de ce personnage qu'on tint pour un martyr, il serait donc possible que les restes les plus vieux (A du plan 355), de la crypte de Saint-Léger[1] et le chapiteau de la figure 356 appartinssent à la *confessio* souterraine construite dans l'église du vııı^e siècle, et par conséquent qu'ils fussent plus anciens encore que ne le pensent M. Viollet-le-Duc, M. Bosc et M. de La Prairie.

Si des faubourgs de Soissons nous rentrons dans cette ville, nous assistons au même spectacle de la création de cryptes sur lesquelles on élève, au ıv^e siècle, des oratoires cédant, au vı^e, la place à des églises qui périssent plus tard. Par exemple, auprès du temple d'Isis renversé pendant le ıv^e siècle, et à l'aide de ses débris, on éleva un oratoire dédié à la sainte Vierge et qui, plus tard, devint une cathédrale bâtie sous l'invocation des saints Gervais et Protais. Dès 646, cette primitive cathédrale de Soissons est mentionnée par saint Ouen[2]. Cette église avait évidemment son *martyrium* comme celles des faubourgs.

Il semblait qu'à Laon comme à Soissons, les deux villes ayant été aussi riches l'une que l'autre en vieilles églises, on aurait dû retrouver aussi des cryptes antiques. L'église Saint-Pierre-le-Viel ou le-Vif passe pour avoir succédé à un oratoire souterrain « où les chrétiens se rassemblaient dans « les temps de persécution[3] ». N'ayant rien trouvé là, je croyais à plus de chances avec une sorte de chapelle souterraine située dans une maison qui avoisine l'ancienne église Saint-Julien détruite vers 1820. Avant la Révolution, c'était un centre de processions et d'un pélerinage dont la mémoire n'est point encore perdue. On allait prier dans ce réduit souterrain où la tradition locale voulait que saint Génebaud, premier évêque de Laon. eût accompli une dure pénitence de sept ans pour avoir cohabité avec sa femme dont il eut deux enfants. Plusieurs anciens manuscrits laonnois disent que ce « caveau » où saint Remy enferma Génebaud fut depuis couvert « d'une chapelle élevée « sous le nom de Saint-Génebaud et qui se voit dans le cimetière Saint-Julien[4] ». Laurent[5] affirme même que ce caveau était une de ces « *cryptis* où Dieu était adoré en cachette lors de la persé- « cution et qui fut depuis ledit caveau de saint Génebaud ». Le fait du péché et de la pénitence de cet évêque ont été fort discutés par la critique; mais celui de l'existence du caveau n'a été nié que

---

1. En traitant plus tard de l'église actuelle de Saint-Léger de Soissons, j'aurai à m'occuper de la partie ogivale de la partie relativement moderne de sa crypte.

2. *Audœnus in vita sancti Eligii.*

3. Melleville, *Hist. de Laon*, t. I, p. 89.

4. *Épitome abrégé des choses les plus remarquables qui se sont passées sous les évêques qui ont gouverné l'Église de Laon*. (Plusieurs copies dont trois appartiennent à la bibliothèque de Laon.)

5. *Abrégé de l'histoire de Laon*, 1655.

par dom Lelong[1] ; il écrit en effet que Génebaud se retira « dans une cellule comme dans un tom-
« beau ». Quant aux deux historiens modernes de Laon, ils ont accueilli sans discussion la tradition locale. M. Devismes[2] dit : « Saint Génebaud subit sa pénitence dans un souterrain qui était
« une espèce de tombeau, » et à l'appui de son assertion, il cite le chroniqueur Flodoard et son
Histoire de l'Église de Reims. Trois fois M. Melleville parle aussi de tombeau ou caveau : 1° « Saint
« Remy l'enferma dans une espèce de tombeau creusé près de l'église Saint-Julien à Laon[3] ; » 2° «On
« voyait près de l'église Saint-Julien le caveau où saint Génebaud accomplit sa pénitence[4] ; »
3° « Saint-Remy l'enferma dans un caveau creusé, etc.[5] »

J'ai visité cette ancienne chapelle souterraine où se faisaient les processions d'avant la Révolution. Évidemment elle a conservé des traces d'antiquité, par exemple des restes de peintures
murales qui semblent dater du xii° ou du xiii° siècle, et, en fouillant le sol, l'on y a recueilli de
débris gallo-romains, conduites d'hypocaustes et grandes tuiles indiquant un âge reculé, mais qui
ne se précise pas dans une voûte en berceau comme celles de toutes les caves de Laon. J'ai dû me
reporter aux textes primitifs pour voir si jadis on croyait à une crypte dont alors mon livre eût dû
s'occuper, et ce n'est pas sans une vive surprise que j'ai trouvé dans Flodoard, invoqué en témoignage
par M. Devismes, ce passage que je cite textuellement : « *Sic demum cum dignis exhortationibus*
« *indicit animato pœnitentionis*, structaque mansioncula fenestellis parvis illuminata cum oratorio
« (*quæ adhuc secus ecclesiam S. Juliani manere feruntur*), *in ea concludit* (S. Remigius) *epis-*
« *copum*[6]. — Étant construite une petite maison éclairée de petites fenêtres et pourvue d'un ora-
« toire (lesquels se voient encore, dit-on, subsistant auprès de l'église de Saint-Julien), saint Remy
« y enferma l'évêque. » La légende tombait donc devant un texte aussi clair et formel. Saint Génebaud n'avait jamais habité un caveau, une espèce de tombeau, une crypte souterraine, mais une
petite maison éclairée par plusieurs petites fenêtres et dont une pièce servait d'oratoire au pénitent.
Une autre légende locale, qui pourvoyait de cryptes le sous-sol de la cathédrale de Laon, n'avait
pas de fondements plus sérieux. Une recherche attentive, faite vers 1853 par une commission
de la Société académique de Laon, n'a pas amené plus de résultats que les investigations poussées
à fond au moment où commencèrent les grands travaux de réparation entrepris à la cathédrale de
Laon et poursuivis depuis vingt-cinq ans par l'État.

Nous allons être plus heureux dans une de nos plus belles églises de la campagne, c'est-à-dire
à Mont-Notre-Dame (canton de Braine) où nous convient d'importants restes d'une crypte très-
ancienne et conservant encore en place des débris intéressants de sculpture, après en avoir perdu
qui avaient une bien autre valeur.

1. *Hist. du dioc. de Laon*, 1788.
2. *Hist. de Laon*, t. I, p. 13, 1822.
3. *Bull. de la Commiss. d'antiq. départ. de l'Aisne*, dans une notice sur l'ancien diocèse de Laon, p. 125, 1844.
4-5. M. Melleville, *Hist. de Laon*, t. I, p. 88, et t. II, p. 20.
6. *Maxima biblioth. veter. patrum eccles.*, t. XVII, contenant Flodoard, lib. I, cap. xiv, p. 545.

Il y aurait eu jadis à Mont-Notre-Dame une métairie royale et un château qui appartinrent à un seigneur carlovingien, Gérard de Roussillon, époux d'une fille de Pépin Ier, roi d'Aquitaine. Gérard aurait fondé, au IXe siècle et au sommet de la butte isolée, une église dédiée à Marie-Madeleine [1]. Dans la pratique, le nom de la sainte se dédoubla et on ne garda que celui de Marie. On oublia plus tard à laquelle des Marie l'édifice fut d'abord consacré, et de Marie l'usage fit Notre-Dame. Le village et sa montagne changèrent aussi de nom. Celui de Sainte-Madeleine-au-Mont serait de la sorte, et par la suite des siècles, devenu Mont-Notre-Dame. L'église du IXe siècle

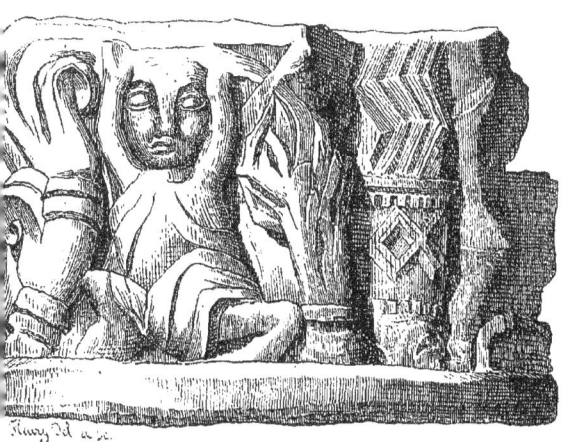

Fig. 357. — Chapiteau de la crypte du Mont-Notre-Dame.

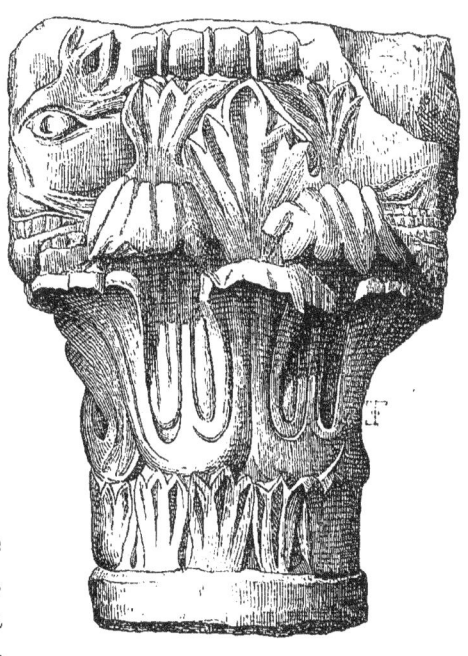

Fig. 358. — Chapiteau de Bazoches.

disparut, et à sa place fut bâtie celle du XIIIe; mais de la première il est resté une notable partie de crypte qui, enfouie et mieux protégée que l'église, ne périt pas tout entière. Jadis elle se composait de plusieurs caveaux de forme carrée au dehors, circulaires en dedans. Il en a été conservé trois travées dont les voûtes en arêtes reposent sur des piliers bas de taille, trapus et ornés de chapiteaux curieux. Le plus intéressant de tous, qui n'existe plus (fig. 357), mais qui nous a été conservé par un dessin du *Voyage en Picardie* de Taylor, présente l'arrangement le plus bizarre, le plus brutal, au milieu de décorations presque impossibles à décrire, d'une figurine humaine à grosse tête, au nez droit sans narines et accompagné de gros yeux saillants, dont les bras levés vers le tailloir se collent aux joues du personnage; le corps est couvert de draperies qui se relèvent entre les jambes nues et démesurément ouvertes. Le décor d'entourage se forme, à droite du personnage, d'un grand

1. *Mons-Sanctæ-Mariæ in pago Tardanensi* (Gall. christ.) 964. — *Mons-Beatæ-Mariæ*, 1239. — *Mons-Beatæ-Mariæ-Magdalenæ*, 1267 (Cart. de l'abb. d'Igny). — *Beata-Maria-de-Monte*, 1296. — (*Dict. topog. de l'Aisne*, par M. Matton.)

fleuron à pétales échevelées, à la gauche, d'un fleuron de même nature, d'une sorte de colonnette ornée de chevrons ou bâtons rompus sur un cordon de denticules, et enfin, à l'extrémité du chapiteau, d'une tige à feuilles rudimentaires. C'est brutal, inattendu; cela se raccordera parfaitement à tout ce que diverses localités du même canton de Braine vont nous offrir de plus sauvage comme art.

Par exemple, il y a quarante ans, on conservait dans la chapelle Saint-Rufin à Bazoches, c'est-à-dire à deux pas de Mont-Notre-Dame, un chapiteau (fig. 358) d'étrange aspect. D'une architrave plate partait un premier rang de palmettes en forme de mains ouvertes comme nous en retrouverons bientôt à Saint-Thibaut et à Chivy. Le calathe ou corbeille se complétait par des épanouissements d'acanthes si bien dessinées qu'on les croirait descendues d'un chapiteau romain, tout cela presque classique, surtout très-élégant de formes; puis, au second étage, un fouillis assez confus de palmettes séparait deux horribles figures de démons grinçant des dents, ricanant et tenant la place des volutes classiques, un des deux masques très-endommagé. L'ensemble se couronnait par un de ces chapelets de perles séparées par une moulure saillante, motif qu'on n'est pas habitué à voir se compromettre au milieu de sculptures aussi féroces que les têtes d'angles de ce chapiteau. On sent là les influences du passé latin se combinant avec celles de l'art germain, celui que certains nomment saxon, de même que sur les bijoux et les manuscrits s'étaient intimement liés l'entrelacs romain et le serpent germain.

C'est que la conquête ne modifie pas immédiatement les mœurs, les habitudes, la maison, l'architecture du vaincu pas plus que sa langue, soit que le conquérant ait violemment et tyranniquement essayé de faire adopter ses traditions, son langage et son art par le peuple envahi, soit qu'au contraire il procède par la douceur et même qu'il se soit plié aux usages de la nation sur laquelle il venait de poser sa main puissante. Il faut du temps pour préparer un compromis, sinon une fusion complète où chacun apportera du sien, une de ces alliances hybrides et portant sa date non pas d'années, mais d'époques. On ne peut expliquer autrement le chapiteau de Bazoches, importante localité où nous retrouvions plus haut un nom romain, des bordures courantes d'oves romains (fig. 137), des peintures murales romaines (page 5 de ce volume), des mosaïques romaines (fig. 151), deux monuments romains brûlés l'un sur l'autre (page 25 du présent volume), par conséquent d'autres édifices romains non ruinés, même peut-être en ruine, si l'on veut, et dont les chapiteaux ont pu fournir les modèles des feuilles d'acanthe du premier étage et le chapelet d'oves du chapiteau de la figure 358, tandis qu'à son étage supérieur transformé en abaque carré, grimacent les monstres copiés sur les manuscrits dits saxons des VIIe et VIIIe siècles.

Prenons maintenant le sentier ombreux et pittoresque qui de Bazoches conduit au petit village de Saint-Thibaut (canton de Braine aussi). En haut de la colline, on aperçoit avec une grande tristesse les ruines d'une église intéressante au plus haut chef et deux fois livrée à la dévastation, d'abord après 1840, époque où la plupart de ses matériaux furent vendus pour être enfouis dans la construction d'un chemin vicinal, ensuite en 1862 où ce qui avait été épargné fut renversé sans ressources, par exemple la nef aux chapiteaux dont il va être parlé. Le plan, levé d'après ce qu'on voit encore des substructions, montre un petit porche carré précédant une nef à trois galeries qui se reliaient avec un chœur à transepts très-larges, et l'édifice se terminait par un sanctuaire absidal en cul-de-four accompagné de deux petites chapelles absidoïdes demi-circulaires aussi. Ce sanctuaire, qui constituait là partie la plus ancienne de l'église, existait probablement antérieurement à la seconde moitié du xi° siècle, époque de la fondation par les Chatillon, seigneurs de Bazoches, d'un chapitre de clercs réguliers, auxquels des religieux de Marmoutiers succédèrent en 1084. Les transepts, vivants encore, sont consacrés aux besoins de la culture et sont décorés par une frise de modillons

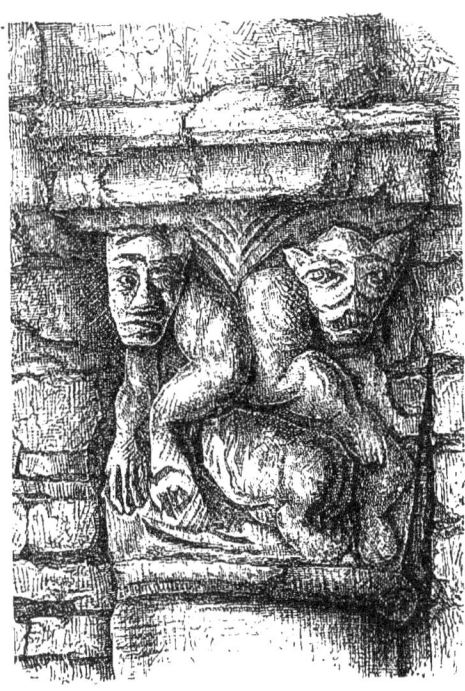

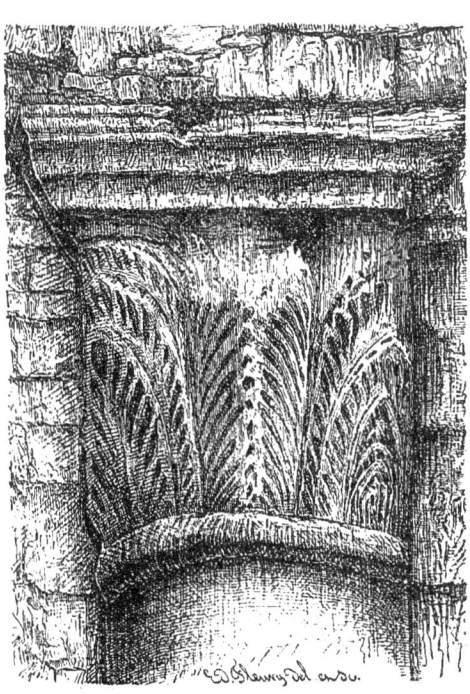

Fig. 359. — Chapiteau aux monstres, de Saint-Thibaut.　　　Fig. 360. — Chapiteau à palmes, de Saint-Thibaut.

à têtes d'hommes et d'animaux grossièrement taillées et séparées entre elles par des ornements bizarement ovoïdes, parfois carrés et dont certains ne sont point à leur place.

La nef en ruine et privée de ses toits et de ses voûtes semblait appartenir au xi° siècle par ses longues colonnes à bases s'amortissant en griffes rudimentaires et aiguës. A la simple vue, il était certain que les murs de cette nef avaient été remaniés peut-être plus d'une fois, à en juger par l'incohérence et le peu de ressemblance de leurs pierres d'appareil. Sur les piliers engagés, on remarquait un certain nombre de chapiteaux archaïques, à tailloirs très-divers, à angles abattus de telle sorte, à astragales si endommagées à l'extrémité de la nervure, qu'il fallait admettre de suite que ces chapiteaux n'étaient pas là à leur place primitive, ce qu'attestaient aussi des bouts de frise ne se rattachant à rien. Un de ces chapiteaux étranges et difformes représentait les images de deux monstres ou démons (fig. 359) adossés et assis sur un animal, peut-être leur victime, qui n'était reconnaissable qu'à ses pattes de derrière, le tout grossier, brutal, sauvage, même féroce. Sur d'autres chapiteaux se lisaient des chevrons, des triangles aboutés, des combinaisons linéaires de carrés traversés par des traits droits, des enroulements filigraniformes, des palmettes (fig. 361) des motifs comme d'arêtes de poisson (fig. 360), la plupart forçant à se rappeler certains dessins et ornements courants des vases et bijoux qui sortent journellement de nos sépultures tenues sans conteste pour franco-mérovingiennes par la nouvelle archéologie. J'ai reproduit bien des fois ces triangles aboutés, ces chevrons de la figure 361 sur les pots des figures 216 et 248, etc., etc. Le chapiteau de la

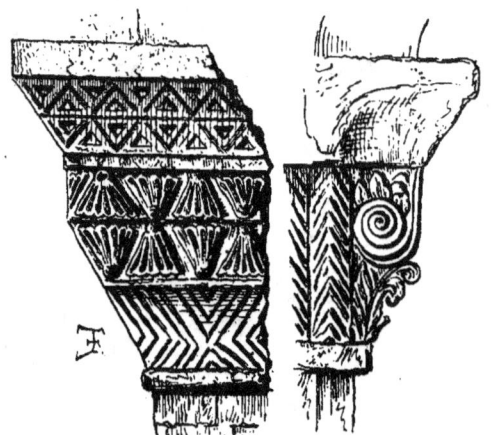
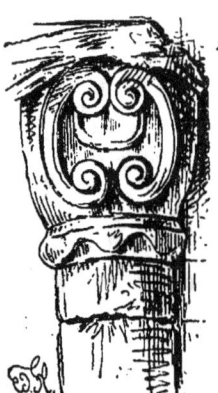

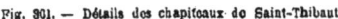

Fig. 361. — Détails des chapiteaux de Saint-Thibaut.   Fig. 362. — Un chapiteau à cartouche, de Saint-Thibaut.

figure 362 nous donne un spécimen de décor moins commun, une espèce de cartouche sur la panse et de méandre sur l'astragale.

Çà et là, d'ailleurs, se remarquaient à Saint-Thibaut des débris sculptés en dehors de ce style et qu'on pouvait sans crainte attribuer au roman dit d'imitation, c'est-à-dire au xi° siècle, et à l'époque où fut élevée l'abside que j'ai signalée plus haut. Puis, ouverte dans le mur latéral gauche et extérieur de la nef, se voyait une ravissante porte géminée du xiii° siècle, avec des arcs aigus et une archivolte élégante décorée de tulipes. Le presbytère dont quelques traces subsistaient, appartenait au xiv° siècle avec ses machicoulis, et un petit logis à tourelles avec encorbellement témoigne des habitudes du xv°. C'est donc là un ensemble essentiellement disparate. A quel temps appartiennent les chapiteaux qui n'ont pas de similaire dans tout notre xii° siècle connu, et qui évidemment n'étaient point à leur place d'origine dans la nef de Saint-Thibaut ?

M. l'abbé Poquet, en rendant compte de la visite que la Société archéologique de Soissons venait, suivant ses bonnes habitudes de chaque année, de faire aux ruines de Saint-Thibaut, disait déjà en 1858 [1] : « En considérant ces chapiteaux d'un caractère si prononcé, si différents de tout « ce qu'on voit même dans nos plus vieilles églises du Soissonnais, on sent qu'on est en présence « d'une des plus antiques époques de l'architecture dans nos contrées, ou au moins d'une tradition « d'art qui doit remonter bien haut. » Ce qu'il n'est point inutile de rapeler encore et de citer ici, c'est le passage d'une communication faite, le 7 juillet 1862, à la Société archéologique de Soissons par un de ses membres les plus actifs et les plus regrettés, M. S. Prioux qui, proposant d'acheter ces précieux débris qu'on renversait alors, s'exprimait en ces termes : « Nous n'aurions même « plus aujourd'hui à sauver ce qui reste et ce qui disparaîtrait peut-être bientôt, si l'attention d'un « architecte éminent, dont le nom fait autorité en ces matières, M. Viollet-le-Duc, n'avait été « appelée sur ces précieux débris qu'il considère comme l'une des choses les plus curieuses de la « France. Ce savant architecte et archéologue nous a chargé, dans le cas où la Société de Soissons « ne pourrait pas les conserver, de les acquérir au nom de l'État, pour les faire transporter dans « la crypte de la basilique de Saint-Denis où tant de débris de l'*époque mérovingienne et carlovin-* « *gienne* sont déjà rassemblés [2]. » C'était l'avis que j'avais émis dès 1856, lorsque le premier j'étudiais et dessinais les chapiteaux de Saint-Thibaut.

Avant de quitter cette église, j'ai besoin de faire remarquer sur la figure 361 : 1° l'apparition d'une volute d'angle mal dessinée, rudimentaire et qui ne fait pas saillie sur la panse cubique du chapiteau. Dans un instant, nous la retrouverons à peu près semblable et fréquente à Chivy ; 2° les exemples de ces chanfreins, ou abatages d'arêtes, à l'aide desquels les divers membres du chapiteau, tailloir, panse et astragale, se préparent et se soudent. L'architecture romane primitive en a fait grand usage [3]. Je les ai déjà signalés sur le chapiteau cubique et peint de la crypte de Saint-Léger (fig. 355). Ils sont indicatifs de vieille époque et nous les retrouverons nombreux à Chivy, à Trucy, à Montchalons, à Chevregny, partout où se constatera l'élément archaïque. Ce chanfrein qu'on utilisera longtemps d'ailleurs, se montre tantôt veuf de tout ornement (fig. 359 et 360), tantôt chargé de décors divers (fig. 361).

On a d'autant plus le droit de regretter la disparition de cette intéressante église, que sa ruine est due au plus futile des motifs. Elle était annexe de celle de Bazoches où l'on se proposait de placer une chaire en bois dont le prix s'élevait à 200 francs que le conseil de fabrique ne possédait pas et qu'on lui procura en vendant les matériaux de l'église de Saint-Thibaut à l'entrepreneur d'un chemin vicinal alors en construction. Les deux tiers de l'édifice étaient déjà entrés dans le gros œuvre de la route, quand l'autorité départementale intervint pour arrêter une destruction complète [4]. Peut-être le chapiteau de la figure 357 provient-il de Saint-Thibaut.

1. *Bull. de la Soc. arch. de Soissons*, t. XII, p. 127.
2. *Bull. de la Soc. arch. de Soissons*, t. XVI, p. 165, 1863.
3. M. Bosc, *Dict. rais. d'arch.*, p. 380, v° CHANFREIN : « A l'époque romane, le chanfrein a joué un rôle assez « important dans la composition des profils. »
4. Communication à la Société arch. de Soissons par M. l'abbé Lecomte, vicaire de Braine, sous ce titre : *Vandalisme dans le Soissonnais*. (T. I, p. 39 du 1er vol. des Bull. de la Soc. arch. de Soiss. 1847.)

Si du village de Saint-Thibaut nous gagnons maintenant celui de Jouaignes assez voisin et toujours appartenant au riche canton de Braine, nous y trouverons encore une église de pièces et de morceaux, à raccords des xiie, xiiie et xvie siècles. Sa partie la plus vieille est la nef, ou plutôt le côté gauche de la nef à arcades plein-cintre, très-basses et retombant sur des piliers barlongs, courts, épais, trapus et cantonés de colonnes engagées sous l'arcade. Celle qui se relie à l'arc triomphal montre sur ses colonnes engagées les deux seuls chapiteaux sculptés que la nef possède aujourd'hui, et ils méritent une égale attention. Le premier, qui appartient au pilier de la nef, est massif et fait saillie au-dessus d'une colonne trop faible de calibre pour lui. Il est ainsi décoré (fig. 363) : sous la dernière nervure du tailloir, nervure tirebouchonnée, pend au centre de la

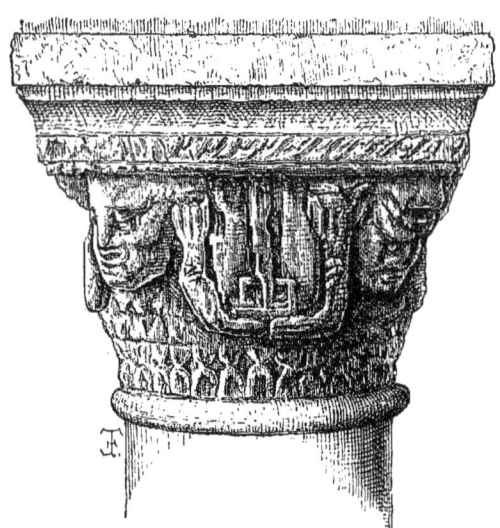

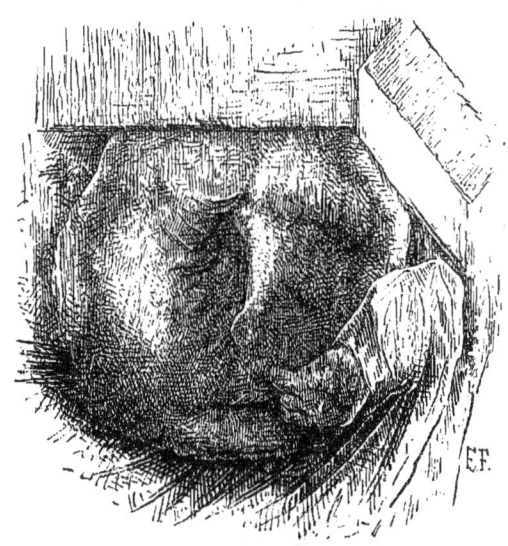

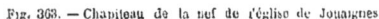

Fig. 363. — Chapiteau de la nef de l'église de Jouaignes.   Fig. 364. — Chapiteau de l'arc triomphal de l'église de Jouaignes.

panse une chaîne finissant en boucle et tombant aux deux tiers du chapiteau. De chaque côté de la chaîne, en façon de volute, comme nous le verrons à Chivy, se montre un horrible masque humain sans chevelure et dont le front touche au tailloir ; ce masque s'attache à des palmettes triangulaires n'essayant même pas de simuler un buste, et les bras, ne procédant que du vide, se relèvent pour s'accrocher, en façon de griffes bestiales, au tailloir et à la hauteur des yeux du masque. Au-dessus de l'astragale ou boudin, deux plans de fleurons triangulaires et appointés se superposent et servent de base au décor de monstres. Rien n'est comparable à la brutalité de cette sculpture, brutalité qui n'est dépassée que par celle d'un restant de chapiteau qui couronne, vis-à-vis, le pilastre gauche de l'arc triomphal. Ce chapiteau a été maladroitement entamé par un curé pour faire place aux moulures d'une laide chaire en bois, et par cette mutilation qui est bien dans les habitudes de trop de prêtres de campagne, une figure de face a ainsi disparu de dessous le tailloir, le masque de l'angle droit manquant aussi. Heureusement le ciseau du menuisier a laissé intacte la tête simiesque (fig. 364) qui tient lieu de volute à l'angle gauche du chapiteau. Ce masque est plus hideux et sauvage encore que les deux de la colonne d'en face. Ce monstre, homme ou démon, de ses ongles enfoncés dans sa bouche s'arrache le coin des lèvres et fait d'horribles grimaces, motif qui se répète assez souvent dans nos plus vieilles églises et ne s'explique pas raisonnablement. La description écrite ne peut rendre cette hideur des traits et de l'expression, cette rudesse de la taille, cette rage du ciseau. D'où viennent ces sculptures qui n'ont d'analogues et de correspondantes dans aucune partie de l'édifice, puisque les chapiteaux des autres piliers du côté gauche de la nef sont nus, il faut le répéter? Du même temps et du même décor de palmettes cette fois tombant à deux étages et la pointe en bas en façon de stalactiques très en relief, un joli et fin chapiteau à dentelles couronne une colonnette au coin d'une fenêtre de la sacristie de la même église. Il paraît donc certain que l'architecte du xiiᵉ siècle a voulu utiliser un côté de la nef antique caractérisée par ses travées très-basses et les trois vieux débris de la primitive église ; si c'était lui qui les avait fait tailler, il en aurait posé du même style et du même faire non pas seulement sur deux piliers de la nef, mais sur tous.

Le Soissonnais ne sera pas la seule partie du département de l'Aisne qui nous offrira ces insertions de vieux débris dans des monuments plus jeunes. Le Laonnois nous en donne des exemples dont il faut tirer parti. Ainsi M. Midoux, membre de la Société académique de Laon et dont le nom sera bientôt prononcé bien des fois dans ce livre et avec des éloges mérités, remarqua, tout en haut d'un des murs latéraux de l'église de Vaux-sous-Laon, une pierre sculptée en bas-relief, bloquée et comme perdue dans une assise. Elle n'était évidemment ni à sa place d'origine, ni contemporaine de la frise romane qui décore cette muraille et lui fait entablement. Entre le style brutal, banal aussi, des modillons de cette frise qui appartient au plus tard à la seconde moitié du xiᵉ siècle, et le style original, brutal et violent de la sculpture retrouvée par l'œil sagace de M. Midoux, il y avait un abîme, des siècles de distance, c'est certain. Voici ce qu'était cette sculpture comme dessin et comme art : une petite figure, à tête et corps de face, se tient debout sur des jambes dont les pieds sont tous deux de profil et tournés vers la gauche. La tête énorme, d'un ovale pointu par en bas, est extrêmement incorrecte, les deux yeux touchant le nez, celui-ci constituant un triangle, et la bouche s'indique seulement par un trait ou *rictus*. C'est un travail d'enfant, pour ainsi dire. Le corps est enveloppé d'une espèce de manteau à peine tracé. De son bras droit démesurément allongé et plié gauchement, cet homme s'arrache la bouche, comme le fait le monstre humain dessiné sur le chapiteau de l'arc triomphal de l'église de Jouaignes (fig. 364). C'est le même geste, la même attitude, la même signification ; mais laquelle? Nous n'avons plus l'intelligence de ces emblèmes qui maintenant sont lettres mortes pour nous. Ce sont là des fantaisies au moins bizarres dans des édifices religieux ; mais toutes les vieilles églises en ont. Évidemment, la sculpture retrouvée par M. Midoux n'était pas gauloise, comme certains le pensaient d'abord ; il faut n'y voir, je crois, qu'un débris de monument chrétien et sans nul doute provenant de l'église qui, à Vaux, précéda celle que nous connaissons aujourd'hui, et c'est ce qu'indiquerait la différence, signalée avec raison par M. Midoux, entre la pierre dure et solide de cette sculpture et les matériaux tendres et friables de l'église actuelle.

L'importance comme plan, décoration et style de l'église de Trucy (canton de Craonne), me forcera à consacrer en son temps toute une monographie à ce remarquable édifice que j'attribue au XIe siècle comme ensemble et presque en totalité; mais j'irai tout d'abord y chercher quatre chapiteaux dont l'origine remonte incontestablement plus haut. Ils appartiennent à deux groupes de colonnes géminées et engagées dans deux des quatre pilastres massifs qui portent le clocher placé au-dessus du chœur, c'est-à-dire au centre de l'église et à la rencontre de l'abside, de la nef et des bras peu développés des transepts. A gauche et face au sanctuaire, les colonnes accouplées et canto-

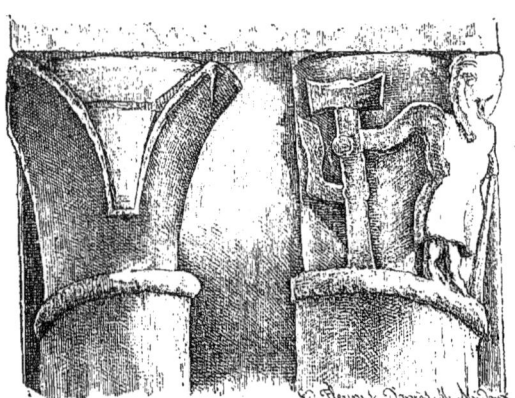

Fig. 365. — Chapiteaux à gauche du chœur de Trucy.

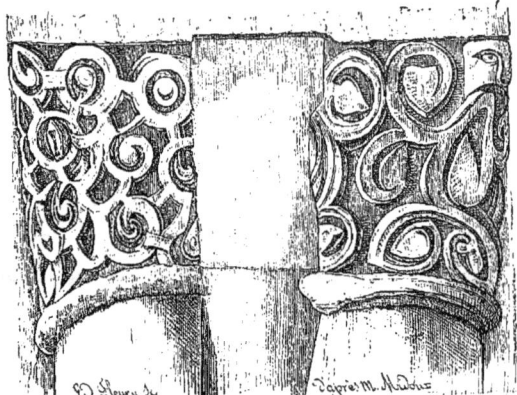

Fig. 366. — Chapiteaux à droite du chœur de Trucy.

nant le pilier portent en guise de chapiteaux deux fragments de sculpture très-différents l'un de l'autre et qui jamais n'ont pu appartenir à un même chapiteau soit du IXe ou du Xe siècle, soit du XIe. C'est évidemment, exemple identique à ce que nous constaterons bientôt à Chivy, un raccord de sculpture provenant d'une église antérieure et qui est en bien plus haut relief que tout ce que nous étudierons en son temps dans l'église de Trucy. D'un côté (fig. 365), je vois un vase de forme arrondie allant en s'évasant, espèce de pot à fleur, et posé dans des feuilles sans nervures et vigoureusement dessinées, motif très-neuf et de moindre largeur que la colonne qui porte son astragale. De l'autre côté et séparé par un certain intervalle, un second fragment incomplet, mutilé, de chapiteau sur lequel se voit un personnage en pied, vêtu du *sagum* gaulois, notre blouse, et qui tient de la droite ou une bipenne, hache à deux tranchants, ou un immense marteau à deux têtes, que saisit aussi la main gauche d'un autre personnage dont le corps n'existe plus. Sont-ce des guerriers, ou des architectes et sculpteurs[1]? L'homme entier tient aussi de la main gauche un semblable

1. Sur des chapiteaux romans de l'église de Saint-Pierre-aux-Liens (cathédrale de Genève), qui fut rebâtie de 930 à

instrument dont la mutilation ne laisse plus apercevoir que le long manche et un appendice, tranchant de hache ou tête de marteau, l'appendice faisant symétrie étant peut-être perdu dans la muraille.

Les colonnes jumelles correspondantes, à gauche, sur le pilier faisant encore face au sanctuaire, présentent le même phénomène d'un couronnement à l'aide de deux fragments semblablement étrangers l'un à l'autre par la pierre et le décor, mutilés encore et qui par leur style aussi détonnent dans l'ensemble similaire de Trucy, séparés tous deux encore par un assez large intervalle, et montrant (fig. 365) l'un à gauche des motifs filigraniformes à entrelacs assez serrés, le second, un réseau, mais plus large, de rinceaux rattachés en entrelacs aussi, dont la naissance part de la bouche d'un masque incomplet et mutilé. Ce double décor offre cette particularité remarquable : les champs faisant fonds sont peints de vermillon dont on retrouve des traces nombreuses, de telle sorte que les ornements en méandres s'enlèvent vivement sur les fonds colorés en façon de taille d'épargne,

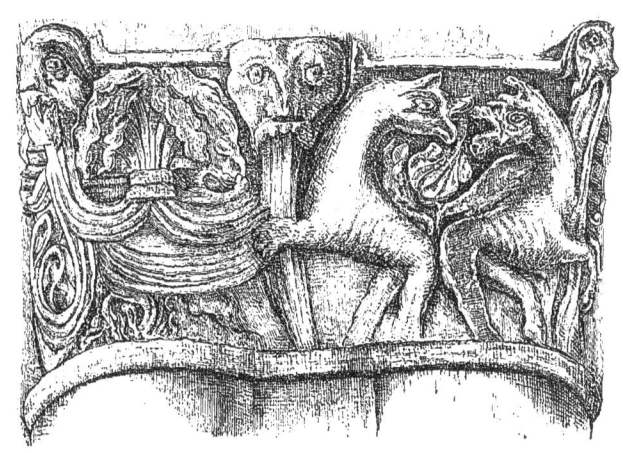

Fig. 367. — Chapiteau jumellé du XIe siècle, dans le chœur de l'église de Trucy.

comme les filigranes métalliques des boucles mérovingiennes à émaux cloisonnés se détachaient sur l'émail rouge translucide qui délimitait le dessin.

Au contraire, et comme si l'on eût pris à tâche de fournir à l'étude future la preuve démonstrative du raccord adultère cité deux fois quelques lignes plus haut, des chapiteaux cette fois d'un seul bloc et d'un motif unitaire, couronnent parfaitement les deux colonnes jumelles et engagées sur les faces des piliers du chœur qui regardent la nef et la porte principale de sortie. Sur le premier chapiteau de droite et face à la nef sont trois masques de bêtes (fig. 367) avalant des rubans qui enferment d'un côté des palmettes, de l'autre deux quadrupèdes affrontés et se menaçant de la gueule. Sur le chapiteau de gauche, des palmettes dont la partie haute et mutilée a été restaurée récemment et de la façon la plus gauche.

A première vue, je le pense, on reconnaîtra que les chapiteaux des figures 365 et 366 ne ressemblent en rien comme art, style et date, à celui de la fig. 367. Ils ne ressemblent pas davantage

1034 sur un plus vieil édifice, on reconnaît bien l'architecte ou le sculpteur tenant le maillet du maître; mais le manche de cet outil est très-court et sa tête ronde et massive. (Blavignac. *Hist. de l'arch. sacrée*, p. 289, pl. LXXIII, fig. 1 A.)

à la très-remarquable et originale archivolte du grand portail occidental de l'église de Trucy que je donne ci-contre (fig. 368), bien que sa vraie place serait au chapitre que je consacrerai au xie siècle dans mon prochain volume; mais j'avais besoin de bien poser : d'abord, à l'aide de cet élément utile de comparaison, l'absence de contemporanéité entre la sculpture des deux chapiteaux jumellés des figures 365 et 366 et celle du restant de l'église de Trucy, ensuite la fréquence des insertions d'anciens débris dans les nouveaux édifices religieux. Je ne fais que signaler ici cette belle page d'architecture religieuse qui veut être étudiée et décrite à fond. Je me contenterai d'en constater en ce moment l'importance comme art, en mettant toutefois en vif relief les soins et la patience de M. Midoux qui, sous la crasse du temps et de nombreux badigeons, en a retrouvé bien des détails perdus, bien des traces de polychromie, avant de se mettre à l'œuvre de la reproduction la plus attentive et la plus consciencieuse.

L'insertion de matériaux antiques dans des églises nouvelles n'appartient pas exclusivement au département de l'Aisne; elle tient à deux causes, l'une systématique et symbolique, l'autre toute de circonstance et artistique.

L'introduction au splendide ouvrage de M. Henri Révoil, l'*Architecture romane du midi de la France,* me fournit un exemple de cette habitude dès les plus vieux âges et trop pieuse pour étonner. A Saint-Saturnin d'Apt, dans un oratoire souterrain attribué au viiie ou au ixe siècle, on aperçoit des débris de sarcophages gallo-romains sciés en deux parties et insérés dans les piliers de cette crypte. « Ne peut-on voir, » dit M. Révoil (page 9), « dans l'emploi de ces sépulcres une attention « toute particulière pour ces matériaux vénérés sans doute comme ayant renfermé les restes de « quelques corps saints? » On ne pourrait expliquer autrement l'introduction d'un chapiteau archaïque et du vi^e siècle dans l'église du xiie de Vertou, et des tables « mérovingiennes », affirme M. de Caumont, dans les murailles de Saint-Jean de Poitiers.

On a un exemple, aussi curieux que probant de ces habitudes du clergé et des architectes dans le portail de l'église San-Michele à Pavie, immense construction plate et triangulaire à toutes les hauteurs de laquelle on aperçoit avec surprise semés çà et là, sans plan, sans rime ni raison en apparence, mais avec intention, de vieilles pierres sculptées, montrant l'une un monstre qui dévore un enfant comme sur le chapiteau de Saint-Thibaut cité plus haut (fig. 359), l'autre une sirène, l'autre une Ève peu décente, l'autre des monstres à cheval sur des hommes, l'autre des hommes chevauchant des monstres, l'autre des fleurs impossibles, en un mot le plus étrange mélange de fantaisies qu'on ne dirait pas chrétiennes si on ne les rencontrait dans un édifice religieux. Il est certain que la primitive église de Pavie fut brûlée en 924 par les Hongrois et rétablie dans le xie siècle. Était-ce une raison pour assurer que les sculptures disparates et bloquées au hasard dans ce portail appartenaient au xie siècle? On l'a dit et l'on a erré, comme ont erré certains archéologues qui dataient toute l'église du vi^e siècle et de l'art lombard. Les débris ne dataient pas plus l'édifice que l'édifice ne datait les sculptures.

Ce sont donc là comme chez nous, à Vaux-sous-Laon, à Trucy, etc., etc., des débris d'église

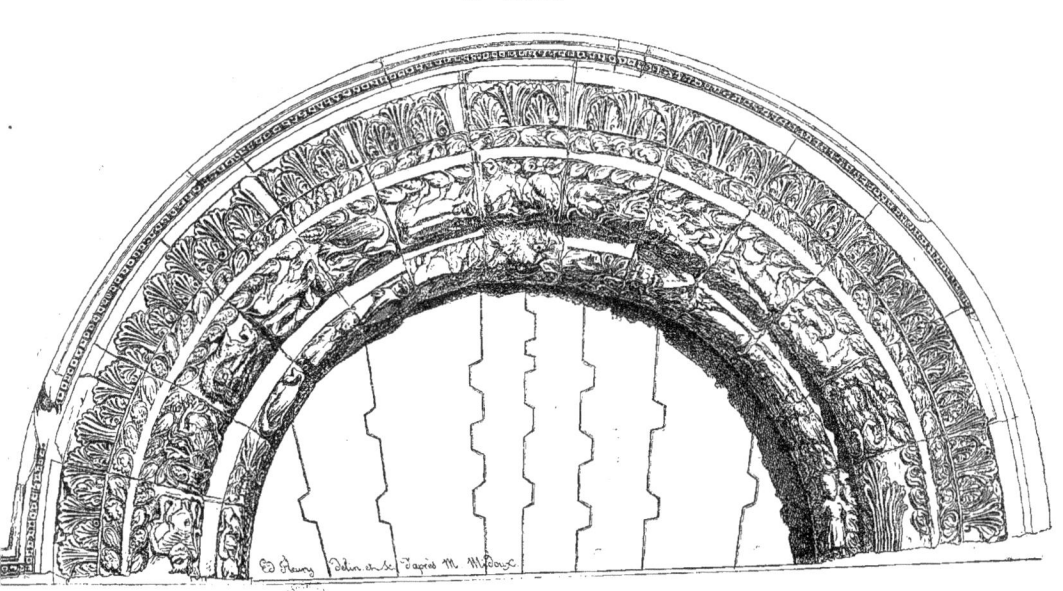

Fig. 308. — Archivolte du portail de l'église de Tracy (canton de Craonne).

primitives qu'on a voulu systématiquement, symboliquement, conserver et insérer dans la nouvelle à construire, *per modum continui*, disent les règles que l'on appelait Canons des Apôtres, règles qui ne datent pas peut-être des premiers jours du christianisme, mais tout au moins des premiers siècles. Par cette introduction d'une pierre sculptée de l'antique église dans la nouvelle, on perpétuait la tradition, *per modum continui*. Ce n'étaient plus deux édifices, mais le même qui se continuait naturellement.

Voici un exemple relativement moderne, tout voisin de notre département et probant. L'église d'Ennemain (canton de Ham, Somme), à peu de distance de Vermand (Aisne), appartenait au chapitre de la cathédrale de Reims. De style roman, probablement du xıᵉ siècle, et ruinés par les guerres du xvᵉ siècle, le sanctuaire, le chœur et les transepts durent être rebâtis alors et remplacés par des constructions du style ogival flamboyant, ce que plus tard nous verrons faire si souvent chez nous. A son tour, la vieille nef romane périclita et fut remplacée, à la fin du xvııᵉ siècle, par une nef et un clocher nouveaux « où l'on incrusta quelques fragments et des débris de l'église « primitive[1] ».

D'un autre côté, pourquoi le constructeur et l'architecte d'une église à refaire, auraient-ils dédaigné et perdu de bons matériaux qui n'avaient pas souffert, des chapiteaux agrémentés qui ne demandaient de dépenses ni d'invention, ni d'argent, et dont l'œil ne s'était pas encore déshabitué? L'architecte qui bâtit Saint-Remy de Reims au xᵉ siècle y fit même entrer des débris payens, des colonnes et des chapiteaux provenant sans doute d'un ancien temple. Dans l'église de Saint-Sébastien de l'abbaye de Saint-Médard de Soissons, on voyait deux belles colonnes de granit « qui paraissent « des antiques et dont on ne sait pas l'origine », écrit Le Moine[2].

Quel est l'âge vrai, la vraie date de naissance des débris de Jouaignes et de Saint-Thibaut, qui ne ressemblent à rien de ce qui les entoure? Quel est l'âge des courtes, minces et élégantes colonnettes prismatiques et du haut en bas décorées de rinceaux, qui sont sorties du blocage de vieilles murailles dans le cloître de la cathédrale de Laon, et des débris sculptés que l'on a trouvés noyés dans les fondations du portail de cette même église, au commencement de la hardie, ample et complète restauration qui assure à ce beau monument plus de durée qu'il n'en a accompli jusqu'à nos jours? Quelle est la vraie date des chapiteaux de l'église de Chivy (canton de Laon) qui, eux, ne sont plus perdus, renversés, isolés, mais groupés, nombreux et pouvant par conséquent constituer un ensemble important et utile à conserver à l'étude, à la science et à l'art?

Le plan de l'église de Chivy (fig. 369) ne manque pas d'ampleur : nef principale en plein-cintre accotée de deux latéraux très-bas à ogives, c'est-à-dire plus jeunes que la nef du centre, et

---

1. M. l'abbé Poquet, *Vie de saint Rigobert, archevêque de Reims*. 1876. (Note de la page 112.)
2. *Hist. de Soissons*, t. II, p. 146. — M. Viollet-le-Duc, *Dict. d'arch.*, au mot COLONNE, dit : « Toutes les « fois que les architectes romans purent trouver des colonnes antiques, ils ne manquèrent pas de les employer. Dans « les cryptes normandes on rencontre souvent des monolithes de marbre qui sont des dépouilles des monuments « antiques. »

sur le latéral droit s'ouvre un petit porche. Un chœur central, avec transepts peu saillants, tous trois voûtés en ogives, et enfin un sanctuaire à voûtes d'ogives très-aiguës, qui ont cédé, se sont tassées et sont soutenues par un arc de décharge fort laid, du plus désagréable aspect et surbaissé en façon d'anse de panier ; c'est un raccord du xiv° ou xv° siècle ; aux côtés du sanctuaire deux chapelles absidales demi-circulaires et à voûtes en plein-cintre. Le sanctuaire avait autrefois cette forme et la même voûte en cul-de-four ; mais au xiii° siècle, comme il menaçait ruine, on l'a repris à fond, allongé un peu et muni d'un mur absidal plat sur le modèle de celui de la cathédrale de Laon, et de la voûte ogivale qu'on a dû restaurer plus tard encore et à son tour, et pourvoir de l'arc de sûreté en anse de panier, quand elle menaça de s'affaisser. Sans parler de la différence notable des styles, ces raccords et remaniements s'accusent, à l'extérieur du sanctuaire, par des dissemblances frappantes entre les appareils de la chapelle plate du centre et ceux des deux absidoïdes latérales et demi-circulaires. Le rajustage est maladroit, incorrect, et explique l'écrasement du compartiment central.

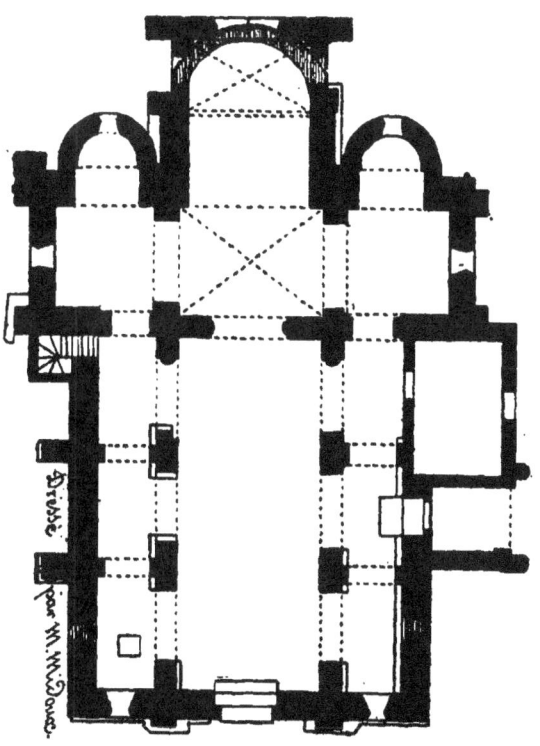

Fig. 369. — Plan de l'église de Chivy.

Le clocher carré et massif, à fenêtres ogivales et qui manquent d'ornementation, est placé au centre de l'édifice et sur le chœur, tous deux du xii° siècle. Le portail à fronton triangulaire et fort simple, appartient à la même époque et montre une jolie porte plein-cintre et à endentures, dont le tympan offre une coupe ingénieuse de pierres taillées à angles rentrant les uns dans les autres pour assurer la solidité. L'arc de la porte repose sur des colonnettes à chapiteaux romans d'imitation.

C'est donc à l'extérieur comme à l'intérieur et dans les combinaisons générales, une réunion très-incohérente de fragments d'époques diverses, et cette diversité s'accuse encore à l'extérieur par l'apparition à la base, et comme assises du portail, de grands et gros grès qui appartiennent à une précédente église sur les fondations de laquelle le xii° siècle a assis son portail. Lorsqu'on examine l'intérieur avec soin, on retrouve ces grandes et solides assises faisant saillie au-dessus du sol dans le collatéral de droite dont l'appareil est de moindre taille, et, de plus, le pilier engagé dans la façade intérieure du portail à droite (fig. 370) s'asseoit sur une base B très-large, très-près de terre et décorée de moulures A s'amortissant en griffe pointue et archaïque, tandis que le pilier cor-

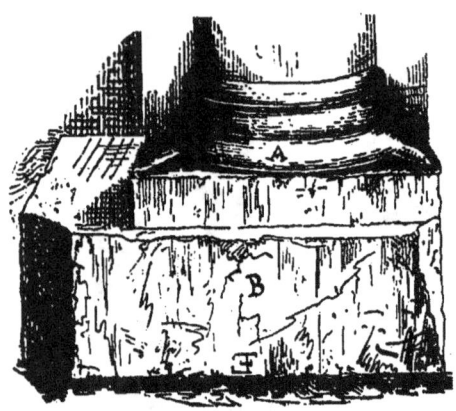
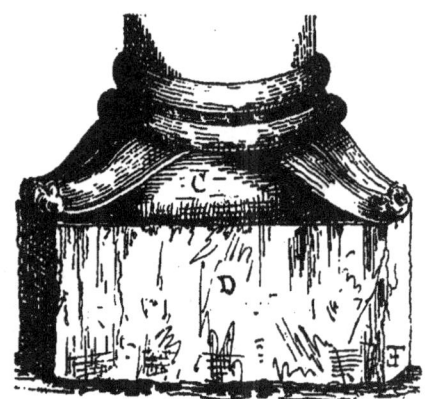

Fig. 370. — Base romane à Chivy.   Fig. 371. — Base du XIIᵉ siècle à Chivy.

respondant à gauche de la porte (fig. 371) s'appuie sur une étroite base cubique, haute de 0ᵐ,50 envi-ron, D, et ornée d'une moulure C de la famille de celles de la cathédrale de Laon, c'est-à-dire du XIIᵉ siècle. Le chœur est ogival, mais précédé d'un arc triomphal à plein-cintre, surélevé et qui

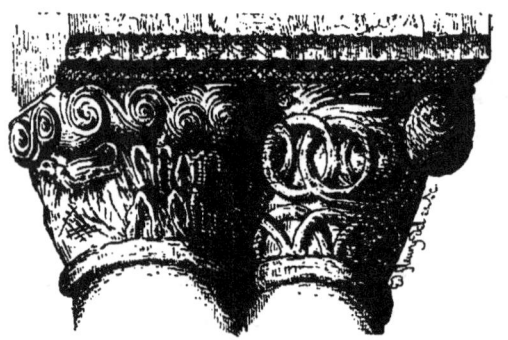
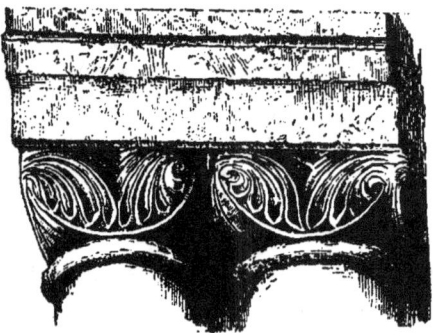

Fig. 372. — Double chapiteau archaïque à Chivy.   Fig. 373. — Double chapiteau du XIIᵉ siècle, à Chivy

montre, circonstance peut-être unique, à la fois deux tailloirs superposés et distancés largement l'un de l'autre. Enfin, témoignage incontestable de remaniement et d'hybridation, un chapiteau géminé des colonnettes accouplées du chœur, se compose de deux fragments de chapiteaux étran-gers l'un à l'autre, d'ornementation différente, l'un (fig. 372), composé de volutes d'enroulements et de palmettes superposées, entre lesquelles un oiseau en vif relief vole à gauche, tandis que le second se décore d'entrelacs de demi-anneaux en bas, plus haut d'anneaux pleins, et au plan supérieur de fleurons qui finissent en une grosse et lourde volute d'angle. Le tailloir dont ces deux fragments maladroitement rajustés se couronnent, ne leur appartient pas. Dans ce chœur encore, et placées l'une en face de l'autre, comme à Trucy, et comme si l'on avait jadis voulu prouver que leurs chapiteaux ne provenaient ni de la même époque, ni du même style, se voient aussi deux colonnettes géminées ou accouplées qui (fig. 373) supportent un chapiteau appartenant évidemment au xiiᵉ siècle, c'est-à-dire au roman d'imitation. Le tailloir de la figure 373 ne ressemble en rien au tailloir de la figure 372. Le simple rapprochement suffit pour démontrer l'absence de contemporanéité entre ces chapiteaux, de même qu'il l'avait démontré entre les deux bases (fig. 370 et 371).

Après ce manque d'unité, ce qui frappe vivement dans l'église de Chivy comme détails, c'est la multiplicité des chapiteaux sculptés, opulence au moins comme nombre et qui contraste vivement

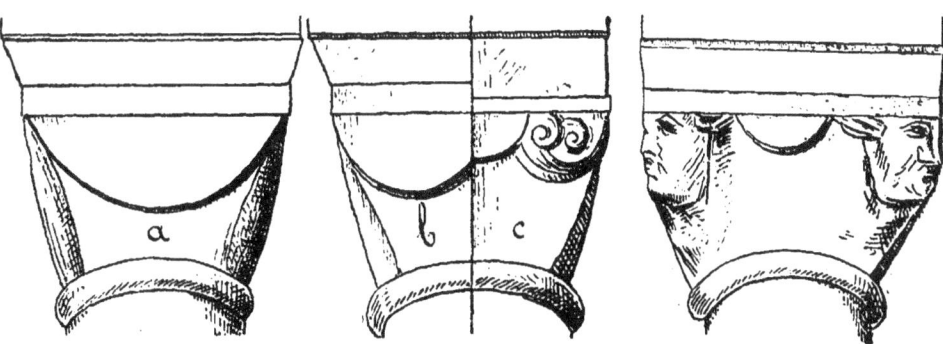

Fig. 374. — Chapiteaux-types, de Chivy.　　　　Fig. 375. — Chapiteau à masques, de Chivy.

avec la pauvreté décorative de l'édifice. Étant admis que la face de tous les piliers rectangulaires sur la nef est plate et n'offre jamais de sculptures, chaque pilastre ne possède donc qu'une moitié de chapiteau orné sur les faces latérales entre les arcades et sur la face tournée vers les petites nefs qui possèdent aussi leurs colonnes engagées avec tailloirs et chapiteaux ornementés, ainsi que le chœur et l'arc triomphal, en tout vingt-deux chapiteaux sans compter quelques petites consoles sculptées aussi, et tous, il faut le faire remarquer, de motifs différents. C'est une débauche d'imagination dans le dessin linéaire.

Ils composent trois séries bien distinctes dans un type unique : un chapiteau cubique formé d'un tailloir à trois plans qui repose sur une moitié de dé plus large en haut qu'en bas, généralement à angles rabattus. Sur ces chapiteaux types (fig. 374), l'ornementation consiste en chanfreins sur les côtés et moitié de circonférence A, en chanfreins encore avec deux segments d'arcs aboutés sur le chapiteau bilobé B dont une moitié seulement est figurée ici, et de deux volutes rudimentaires rattachées entre elles par une moitié de circonférence C, le tout s'attachant à une astragale non ornée. Une fois, ces volutes d'angle font place à deux masques énormes (fig. 375) et pourvus d'oreilles pointues. Huit chapiteaux d'ornementation plus que sommaire composent cette première série.' La seconde série, dans le même type général cubique, mais plus ouvragée, plus ou moins profondément fouillée, plus ou moins brutalement ou habilement sculptée, compte treize chapiteaux, tant à l'arc triomphal que dans le sanctuaire et le latéral de droite. Enfin, les chapiteaux de quatre colonnes accouplées et engagées (fig. 372 et 373) dans les pilastres du chœur qui supportent le clocher.

De ces trois séries, c'est la seconde surtout qui sollicite et mérite l'attention. Les tailloirs, toujours à trois plans, rarement de hauteurs égales et de moulures semblables, sont le plus souvent privés d'ornementation. Cependant le chapiteau du premier pilier de la nef, face au portail, et celui du deuxième face au chœur, portent, au premier étage du tailloir, des losanges traversés par un trait horizontal, espèce de frette en langue héraldique. Le tailloir du chapiteau de l'arc triomphal,

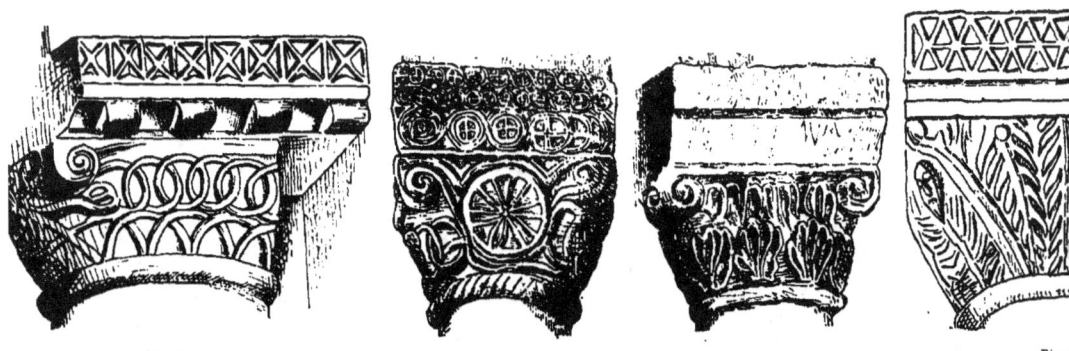

Fig. 376.　　　　Fig. 377.　　　　Fig. 378.　　　　Fig. 3

à gauche et face au portail, a ses trois plans ou nervures décorés d'un dessin courant de triangles, d'ovoïdes pointus qu'une barre coupe de biais (fig. 376). Sur deux autres tailloirs se voient des entrelacs d'anneaux ou roues (fig. 376 et 377) enfermant des croix grecques ou étoiles. Si la plupart du temps, l'astragale ou boudin est unie, deux fois elle se décore de nattes ou câblés (fig. 377).

La panse du chapiteau est naturellement la partie qui, par son ampleur, se prêtait le mieux à l'ornementation. C'est là que le sculpteur antique, quel que soit son âge, a donné carrière à sa fantaisie. Il a souvent partagé le ventre du chapiteau en deux parties inégales (fig. 376 et 378) dont la décoration varie dans ces nombreux motifs linéaires : nombreux enroulements filigraniformes (fig. 377), palmettes ou feuilles¹ ici à un seul lobe et inégales de forme et de grandeur, là à cinq lobes inégaux dont les quatre plus grands et une petite foliole adventice donnent l'idée d'une main largement ouverte (fig. 378); triangles aboutés par la pointe; câbles et nattes (fig. 377); entrelacs

---

1. Quelque laide et incorrecte qu'elle se montre, cette palmette trilobée ou à cinq feuilles des chapiteaux de Chivy (fig. 377) et de Saint-Thibaut (fig. 361), est cependant un dérivé, un souvenir lointain de l'acanthe conventionnelle des Romains et qui, formée de feuilles pointues, tantôt de laurier et tantôt d'olivier, s'étale sur tant de monuments antiques. (V. *Dict. d'arch.*, de M. Bosc, vº ACANTHE¹

sans fin d'anneaux ou de demi-anneaux passant les uns dans les autres (fig. 376 et 380) pour aboutir aux deux volutes terminales et grossières qui, sur le deuxième pilastre de la nef, sont remplacées, on l'a vu, par deux masques en vif relief; billettes surmontées d'entrelacs d'anneaux; feuilles de fougères (fig. 379) ou peut-être accouplements d'arêtes de poisson descendant du haut vers le bas du chapiteau, motif identiquement semblable à celui d'un des chapiteaux de Saint-Thibaut (fig. 361), ce qui indique à peu près une même date de confection dans un type et des habitudes donnés; enfin roues et rosaces plus ou moins grandes, parfois reliées par un ruban, parfois enfermant une petite croix au centre (fig. 377).

Dans cette décoration linéaire, plus ou moins ingénieuse, on rencontre deux ou trois fois des oiseaux aux ailes éployées, et, singularité sur laquelle on n'avait pas droit, ce semble, de compter, une moitié d'épée à poignée étroite, à garde démesurée, à lame large vers la poignée et s'amincissant vite vers la pointe, et dont le pommeau se surmonte d'un oiseau (fig. 380) qui bat des ailes, l'épée probablement symbolique comme les oiseaux. Enfin on ne s'étonne pas moins de trouver sur deux chapiteaux de petites têtes humaines (fig. 379 et 380) perdues dans l'ornementation courante. Ces têtes, encadrées dans un

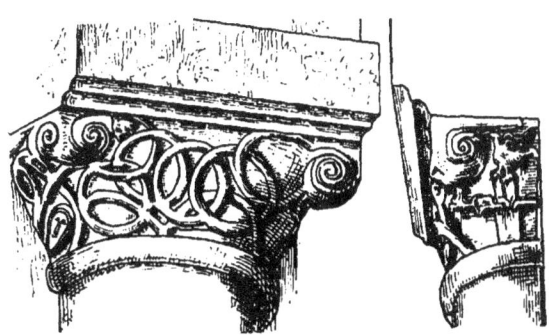

Fig. 380. — Chapiteau de Chivy avec petite tête et oiseau sur une épée.

médaillon, sont bizarrement allongées, ellyptiques, larges par le haut, étroites et pointues par le bas.

Je reproduis, pour la seconde fois et pour les besoins de ma démonstration, en A et B de la figure 381, les parties des deux chapiteaux de Chivy (fig. 376 et 380) où ces singulières petites figures font leur apparition. A côté d'elles, en C D E, je donne trois fragments de chapiteaux aussi que j'emprunte au livre de M. Blavignac, *Histoire de l'architecture sacrée dans les diocèses de Genève, Lausanne et Sion* (page 59, planche xii). Ils proviennent de l'église de Romainmoutiers, laquelle, commencée au viiie siècle et consacrée en 755, aurait bien pu être terminée plus tard et ne nous indiquer comme date certaine que le ixe siècle. Ces trois chapiteaux nous montrent aussi des têtes ou des personnages isolés comme à Chivy, les uns et les autres ne se ressemblant pas évidemment, mais appartenant à une même habitude d'époque et d'école.

Pour trouver d'autres têtes cette fois à peu près identiques de forme et de style à celles des chapiteaux de Chivy, je n'ai qu'à copier, dans le livre de l'abbé Cochet, la grande boucle de la vallée de l'Eaulne[1], dessinée en haut de ma figure 382. Ce sont les mêmes traditions, le même art, les

1. M. l'abbé Cochet, *Normand. sout.,* chap. V, p. 385, pl. xv.

mêmes formes appliqués à la bijouterie, à l'orfévrerie et cette fois non plus à l'illustration des manuscrits, mais à l'architecture. La plaque à une tête de Caranda (fig. 264), celle à quatre têtes de Buzancy (fig. 263), m'avaient fourni déjà ce même et bizarre motif d'ornementation retrouvé aussi à Château-Thierry et typique d'époque, puisque je le revois sur la seconde boucle de la figure 282 et venue de Londinières[1], et en Bourgogne dans les planches de M. Baudot.

L'influence mérovingienne n'est donc point niable surtout si, poussant plus loin la comparaison, je prends les frettes du tailloir du chapiteau A sur la figure 381, et si je les mets en com-

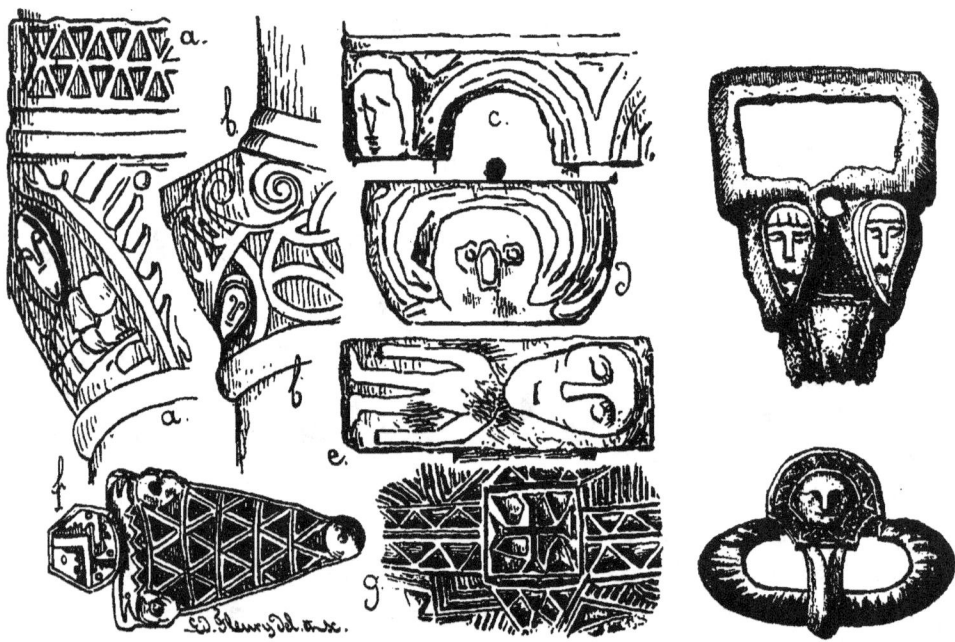

Fig. 381. — A B, fragments de chapiteaux de Chivy avec petites têtes. — C, D, E, fragments de chapiteaux de Romainmoutiers, avec têtes. — F, boucle de la vallée de l'Eaulne. — G, détails d'une boucle de Caranda.

Fig. 382. — Boucles de la vallée l'Eaulne et de Londinières.

paraison d'abord avec le dessin linéaire de la boucle F de la même figure 381, qui est sortie des sépultures franques de la vallée de l'Eaulne[2], ensuite avec les détails G (fig. 381) d'une des plus belles plaques mérovingiennes de la collection de Caranda (pl. xxxii). Je le répète encore : cette influence artistique qui inspira la ressemblance intime entre les entrelacs, les nattes, les frettes, les serpents, les dragons, les chimères des bijoux, des manuscrits et des églises d'un même temps, entre les zigzags des vases et des archivoltes de portails et de fenêtres des édifices religieux, il ne faut pas la

1. Abbé Cochet, *Norm. sout.*, p. 245.
2. *Id., Id.*, p. 15.

dater d'une année, même d'un règne de roi, même de l'existence d'une race entière de rois, mais, en attendant des renseignements plus complets et plus nombreux, d'une série d'années, je l'ai écrit déjà, d'une grande *époque* historique et artistique qu'on peut enfermer entre le commencement du VIIe siècle et la première moitié, peut-être la fin du IXe, époque dont l'influence s'exerça jusque sous les premiers Carlovingiens qui cependant protégeaient, depuis un certain nombre d'années déjà, un style absolument hostile et que bientôt on devait appeler roman.

Ce n'est point là une illusion. A un certain nombre d'années près, les boucles mérovingiennes et les deux chapiteaux avec têtes de Chivy sont frères et contemporains par ces petites figures elliptiques, pointues, bizarres et noyées dans une ornementation typique aussi de triangles aboutés, de frettes, de chevrons et d'entrelacs. L'archéologie tout entière a été frappée de cette parenté, de cette ressemblance intime entre la décoration des vases, bijoux et sépulcres franco-mérovingiens et celle des chapiteaux de Chivy, par conséquent des chapiteaux similaires de Saint-Thibaut. Les procès-verbaux de deux des séances du congrès des Sociétés savantes en 1868 et en 1872, le compte rendu de la première de ces séances au *Moniteur universel,* un travail de critique sur l'attribution d'âge pour les chapiteaux de Chivy, l'étude de ces chapiteaux dans une séance de 1873 du Comité des Sociétés savantes qui fonctionne au ministère de l'instruction publique, tout le monde enfin a constaté, non sans surprise, cette coïncidence saisissante de style et de motifs de décoration communs aux chapiteaux de l'église de Chivy et à la bijouterie scientifiquement admise comme franco-mérovingienne.

Cette ressemblance est plus frappante encore quand on se place en face du seul chapiteau qui, à Chivy, s'illustre d'une scène à personnages, celui de la colonne engagée dans le premier pilier de la nef, face au bas côté droit (fig. 383). Sur le tailloir, un ruban, ou entrelacs de grands anneaux, s'enroule autour d'une baguette qui coupe le motif en deux parties égales. Sous cette nouvelle espèce d'entrelacs ou nœuds d'amour, entre les deux volutes habituelles, trois figurines en pied se dessinent aussi grossières, barbares, laides et grotesques qu'on puisse le supposer. C'est presque aussi hideux que certaines idoles indiennes ou mexicaines plutôt. Relativement à leurs corps étriqués et courts, leurs têtes sont monstrueuses. Deux de ces grotesques font face au spectateur; le troisième pose de profil avec son corps sans proportions, son visage barbu à longue oreille et à l'œil boursouflé. Il est assis et allonge une jambe maigre que certains affirment se terminer par un pied de bouc qui, d'ailleurs, se lit mal sous les brutalités d'une pierre trop fruste. Il semble qu'une sorte de nimbe enveloppe la tête du personnage du milieu, que le magot assis soutient sous le bras droit et que le troisième grotesque supporte aussi de son bras droit.

Cette représentation sauvage et enfantine cache évidemment, comme les oiseaux et l'épée, une intention, sans nul doute une intention chrétienne, d'abord parce qu'elle orne un édifice chrétien, ensuite parce qu'elle comporte un accessoire du symbolisme catholique, une grappe de raisin grossièrement sculptée avec peu de relief sur le côté droit qui fuit et derrière le personnage assis. La grappe de raisin est la figure mystiquement parlante du sacrement de l'Eucharistie. Donc, parce qu'on voit là un raisin et un personnage à pied de bouc, si tant est que sa jambe se soit jamais terminée par un appareil fourchu, il ne faudrait pas conclure, avec certains archéologues, à un souvenir du culte de Bacchus, à un pampre païen et à un satyre. Tout au plus le pied de bouc autoriserait-il à penser au diable dont la présence n'est certes pas rare dans les sculptures de nos églises. D'autres personnes ne croient pas au pied de bouc, mais à une scène de la Passion, à un *Ecce Homo*. Pour rester sincère, c'est peu facile à expliquer, et il est plus commode de montrer la brutalité de l'art quand, aux époques lointaines, d'aussi profonde décadence, il s'est essayé à s'at-

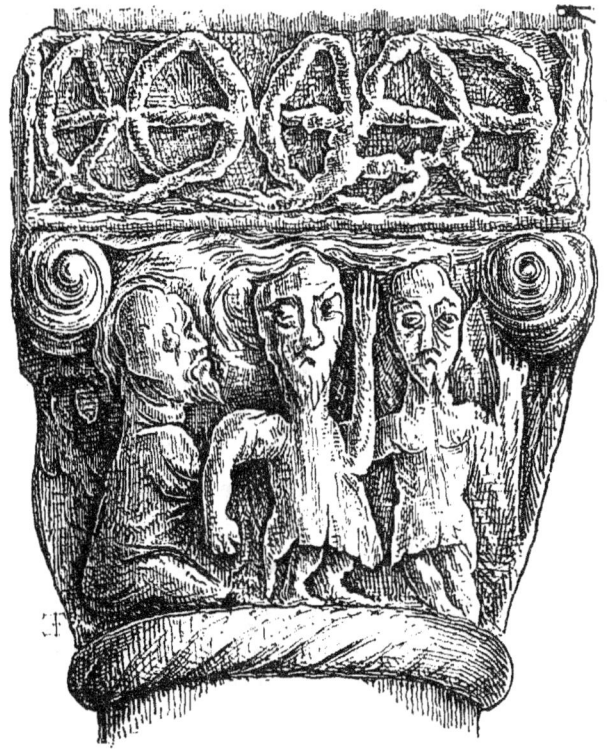

Fig. 383. — Chapiteau à personnages, de Chivy.

taquer non plus à l'ornementation purement linéaire et qu'il savait encore traiter avec plus ou moins de talent et de réussite, mais à la représentation du corps humain qu'il ne pouvait que dénaturer de la façon la plus déplorable.

Les figurines de Chivy, par le style, par le dessin, par l'imperfection des lignes et les gestes, rappellent essentiellement celles d'un bas-relief en marbre du musée de Narbonne, représentant le triomphe de la Croix, bas-relief signalé par M. de Caumont, dans son *Bulletin monumental*, comme contemporain de médailles wisigothes sur lesquelles il semble copié. Pour aider à constater la ressemblance saisissante entre les figurines du chapiteau de Chivy et celles de bijoux mérovingiens connus de tous les archéologues comme appartenant à l'art des viie et viiie siècles, j'ai voulu dessiner auprès d'eux (fig. 384) : en A et B une fibule et une boucle mérovingiennes de la vallée de l'Eaulne (Normandie); en C un décor très-connu à la fois d'un vase mérovingien du cimetière franc de Chaillevet près Laon, et d'un petit pot de Londinières (Normandie) ; en D et en F deux agrafes mérovingiennes de Balme (Suisse) représentant Daniel dans la fosse aux lions ; en E enfin, une agrafe burgonde de Mâcon et sur laquelle Daniel, toujours adoré par les lions, est représenté auprès du prophète Abacuc, tous deux nommés dans une légende en caractères de l'époque.

Dans tous ces petits monuments, c'est le même décor linéaire, c'est la même attitude, le même costume, le même mode de dessin, le même procédé de l'ébauchoir et du burin, la même laideur et

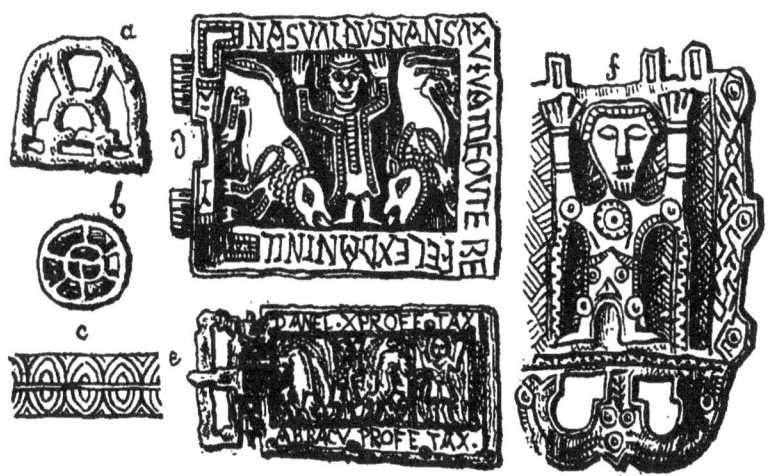

Fig. 384. — Boucles à personnages et décors mérovingiens.

la même incorrection que je me borne à signaler comme preuves surabondantes de parenté dans la ressemblance, tout en rappelant cependant que M. Vitet avait raisonné de même, en trouvant à Saint-Venant (Nord) un baptistère sculpté « *de la manière la plus barbare* » et l'autorisant à écrire (page **36** de son rapport) que ce monument « est très-probablement du xe et même du ixe siècle ; il « est d'un type *trop grossier* pour appartenir *soit au* xie *siècle, soit même à l'époque de Charle-* « *magne* ». Après M. Vitet, M. Viollet-le-Duc avait dit que « la sculpture dans les Gaules et après « les grandes invasions n'est point un art, mais un métier s'abâtardissant de plus en plus. *Au point* « *de vue de l'exécution, rien n'est plus plat, plus vulgaire, plus négligé* [1] ». M. Mérimée avait affirmé que l'église Saint-Honorat, des îles Lerrins, était une des plus anciennes et des premières parmi celles qui furent élevées dans les Gaules, « à cause de la rudesse de sa construction ». En raison du style archaïque des débris et de la forme extraordinaire de l'abside de Saint-Quénin près Vaison

1. *Dict. d'arch.*, t. VIII, p. 163, v° SCULPTURE.

(Vaucluse), **M.** Mérimée assignait à ces débris « une date très-reculée » et faisait remarquer que « les chapiteaux de Saint-Quénin, bien qu'historiés, n'ont aucun rapport avec ceux des xi⁰ et « xii⁰ siècles », et plus loin il ajoutait : « On ne peut même conclure au x⁰ siècle. »

Il n'est point inutile, d'ailleurs, d'ajouter qu'il est sorti du cimetière de Chivy des tombes que, à leur structure et aux vases qu'on y a trouvés, il faut déclarer mérovingiennes.

La troisième et dernière série des chapiteaux de Chivy nous montre quatre de ces petits monuments accouplés sous les arcades en plein cintre qui mènent du chœur aux chapelles absidales. Sous un tailloir unique et toujours à trois plans, deux chapiteaux, d'un modèle plus petit que ceux de la nef, couronnent deux colonnes accouplées; un seul est monolithe. Trois offrent des motifs exactement répétés sur chacun des chapiteaux jumellés et dont j'ai donné un spécimen sur la figure 373 : deux palmettes ici s'engendrant à trois étages, là retenues dans une draperie ou cadre formant un demi-cercle. Il faut attribuer ces trois premiers au xii⁰ siècle, qui n'a probablement pas retrouvé assez de vieux chapiteaux pour orner toutes ses colonnes lors de la reconstruction d'alors. Comme contraste frappant, j'ai déjà signalé plus haut (fig. 372 et page 300) le quatrième chapiteau face à l'absidoïde de droite, lequel se compose, sous un tailloir de rapport, de deux moitiés de dés coniques à ornementation archaïque, mais très-diverse.

Avec les quatre consoles à têtes humaines supportant les arêtes des voûtes du chœur et qui sont du xii⁰ siècle, après les trois chapiteaux jumellés et attribués à ce même temps, il n'y a plus rien à signaler de l'art de cette seconde époque.

Il faut cependant peut-être lui restituer la décoration polychrome dont deux ou trois des plus vieux chapiteaux de Chivy ont montré des traces au nettoyage; le rouge et le bleu ont été seulement signalés comme couleur. Cette coloration peut aussi être archaïque comme à Trucy.

Pour me résumer, ce qui semble donc certain à cette heure, ce qui ressort de cette étude, c'est que : 1° les chapiteaux de Chivy, qui n'ont pas de similaires parmi ceux que le xii⁰ siècle a taillés et semés à profusion dans le Laonnois et le Soissonnais, appartinrent à une autre église, sans doute à celle dont la base en grès se montre sous le portail; 2° les fragments disparates et accouplés du chapiteau géminé signalés plus haut, furent rapportés après coup sous un tailloir qui leur est étranger; 3° un autre chapiteau du collatéral droit, quand on entre par le petit porche, n'a pas non plus son tailloir à lui appartenant, et on introduirait une lame de couteau dans la fissure très-apparente qui les sépare; 4° un autre chapiteau de droite encore est à peine inséré dans la muraille; il n'est que plaqué pour ainsi dire, et le mortier dont le maçon du xii⁰ siècle s'est servi, s'étant effrité et désagrégé, on voit facilement que le fragment sculpté n'a pas d'épaisseur, de *queue* en style du métier, qu'il ne fait pas corps avec le pilastre dont il semble qu'un faible effort le séparerait; 5° des deux bases des colonnes engagées dans la face intérieure du pignon du portail, l'une est près de terre, assise sur une pierre de grand appareil et montre une *griffe* pointue; l'autre est élevée et s'amortit en *griffe* enroulée; 6° enfin, en sortant de l'église et sur la face méridionale du clocher du xii⁰ siècle et veuf de toute autre ornementation qu'un mince bandeau de petites arcatures aveugles sous les fenêtres ogivales, on aperçoit à la rencontre d'une saillie faisant larmier et bloqué isolément dans l'appareil, un fragment de sculpture orné de frettes enfermant une petite croix avec des palmettes à nervures prismatiques et en éventail; c'est l'insertion évidente ou d'un tailloir de vieux chapiteau, ou mieux d'un débris de la frise extérieure de l'ancienne église.

Tels sont les chapiteaux de Chivy dont la Commission départementale, je le répète, a demandé, en 1873 et d'une voix unanime, le classement, non pas certes à cause de leur beauté plastique, mais, au contraire leur grossièreté de taille et de dessin étant donnée, à cause de la valeur historique et artistique qu'ils revêtent comme une des manifestations les plus anciennes, quel que soit leur âge positif et vrai, de l'architecture chrétienne dans nos contrées.

S'ils peuvent être soumis maintenant à l'étude des archéologues, s'ils appartiennent à l'histoire de l'art et de l'architecture, on le doit à M. Midoux, membre de la Société académique de Laon et dont il a déjà été question plus haut. Grâce à son attention, à sa persévérance, ils sont sortis de dessous les nombreuses couches d'épais badigeon sous lesquelles ils étaient les uns tout à fait ensevelis et perdus, les autres illisibles et à peine entrevus. En 1868, M. Midoux les lava, les gratta avec la plus infinie précaution et les remit en lumière avec un soin et un succès qu'on ne peut trop louer et dont l'archéologie profite largement.

Peut-être aurais-je pu multiplier les exemples d'insertions de débris dans d'autres édifices; mais j'ai hâte de retrouver cette fois en place ces chapiteaux dont l'ornementation, selon l'expression pittoresque et souvent répétée de M. Albert Lenoir[1], « se compose de nattes, de tresses comme « on en voit dans tous les manuscrits carlovingiens à vignettes ».

À deux pas de la route moderne qui conduit de Laon à Vailly, au sommet de la ligne de partage des eaux de l'Ailette et de l'Aisne, au-dessus des pentes boisées où sont assises les petites communes de Filain et de Pargny (canton de Vailly), et dans les dépendances de l'antique domaine de Saint-Martin qui appartenait jadis aux archevêques de Reims, se trouve un petit oratoire dédié à sainte Berthe et qui n'est connu que des habitants du pays. Ils y viennent en pèlerinage et on s'y guérit de la fièvre, dit-on.

C'est une construction des plus modestes. Couverte par des exhaussements naturels du terrain, elle ne s'apercevait pas de bien loin et ne se faisait remarquer, il y a quelques années, que par ses formes sommaires et par sa façade ruinée (fig. 385), aux trois quarts démolie et dont la porte à chambranles de grand appareil noyé dans le blocage du pignon, se surmontait d'un immense linteau fait d'une seule pierre et taillé en polygone irrégulier. Refaite récemment, cette façade a perdu sa physionomie archaïque et rustique, sa vieille porte et son linteau qu'on aurait pu et dû garder. En plan (fig. 386), l'oratoire présente un ensemble rectangulaire[2] divisé en deux compartiments de

---

1. *Arch. monast.*, t. II, p. 13 et *passim*.

2. « Les plans de ces petits monuments forment le plus souvent un rectangle. » M. Alb. Lenoir, *Arch. monast.*, t. I, p. 90.

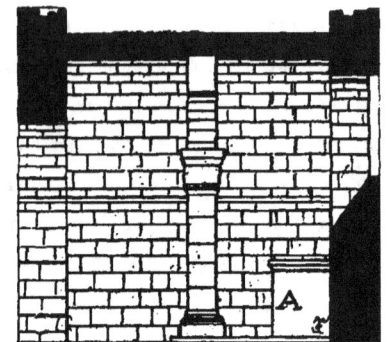 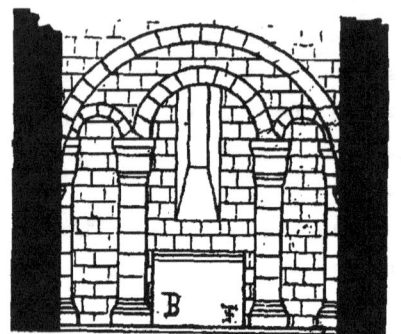

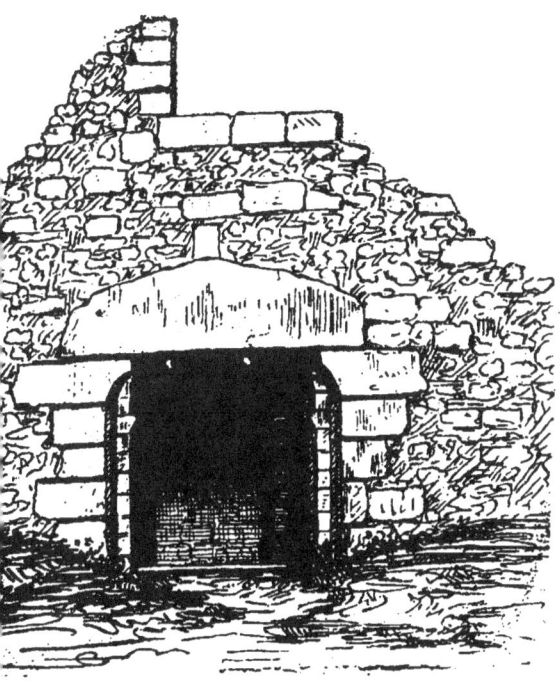

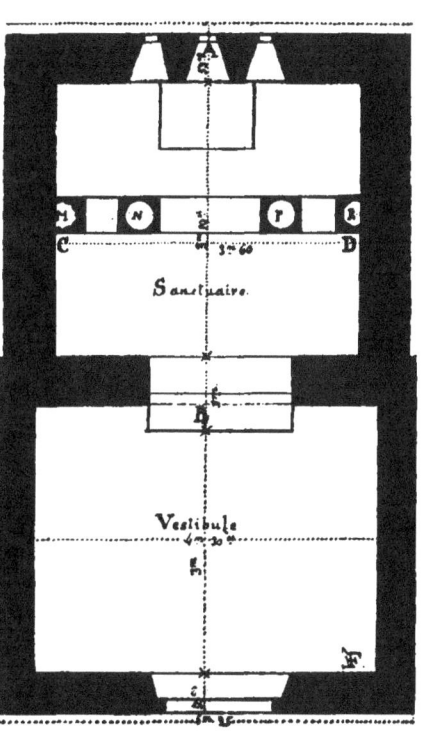

Fig. 385. — Façade de l'oratoire de Sainte-Berthe.

très-petites dimensions : 1° une espèce de *narthex* ou vestibule, large en dedans œuvre de 4^m,30, en dehors de 5^m,25, long de 3 mètres d'un palier à un autre, et 2° le sanctuaire qui, de C en D, a une largeur de 3^m,60 [1], sur une longueur de 3^m,10. Cette exiguïté de proportions rappelle certains des plus anciens édicules, *oratoria*, qui précédèrent les églises primitives dont nous avons parlé bien des fois sans pouvoir en montrer de spécimens, et où les premiers chrétiens se réunirent librement après les persécutions. Généralement ces *oratoria* se composaient d'une nef étroite et d'un édicule, niche ou abside qui contenait l'autel, tandis que celui de Sainte-Berthe à Filain se termine à l'est par un mur plat, disposition qui, d'après MM. Gailhabaud et Albert Lenoir [2], se retrouve aussi dans un oratoire du viiiᵉ siècle à Cividale-del-Frioul et dans un très-vieil oratoire de l'abbaye de Saint-Bertin. Ressemblance de plus entre les deux oratoires de Sainte-Berthe et de Cividale du Frioul [3], celui-ci avait une fenêtre au-dessus de sa porte d'entrée composée d'un chambranle à la romaine, le linteau se formant d'une seule pièce de marbre, comme celui de la figure 385 l'était, à Filain, d'une seule pierre dure, disposition adoptée dans la plupart des édifices byzantins.

Ce n'est pas que j'attribue l'oratoire de Sainte-Berthe au viiiᵉ siècle, époque où fut construit celui de Cividale du Frioul. Tout au plus le ferai-je remonter à une époque avancée du siècle suivant, et voici mes raisons. Berthe, fille du comte Rigobert, mariée à un seigneur nommé Sigefroid, comte de Pontinensi et qu'elle perdit de bonne heure, fit bâtir, en 682 et en l'honneur des saints Omer, Waast et Martin de Tours, un monastère à Blangy près Hesdin (Pas-de-Calais). Elle s'y retira et y mourut en 725 en odeur de sainteté. Les religieuses du couvent de Blangy durent se retirer devant une invasion des Normands. Le corps de la Sainte fut d'abord exporté en Allemagne en 895 et plus tard ramené en France et à Blangy par les clercs Albuin et Ebroic qui le déposèrent dans une châsse sous l'autel de la Vierge. Cette translation fut signalée par plusieurs miracles. On voit un certain nombre de femmes célèbres du ixᵉ siècle mises par leurs prénoms sous le patronage de sainte Berthe, et tout semble donc autoriser à croire que, au moment de la translation des reliques de l'ancienne abbesse de Blangy, on construisit à Filain, sous l'influence d'un archevêque de Reims et dans son domaine de Saint-Martin, le petit oratoire qui appelle notre attention en ce moment.

Son extérieur ne se distingue par aucune ornementation. Il en est de même du vestibule qui n'avait pas même de toit et jadis n'a possédé sans doute qu'un plancher de bois. Le sanctuaire seul nous offre de l'intérêt. Il est voûté en berceau (fig. 387), ce qui lui est encore commun avec l'oratoire de Cividale-del-Frioul, et ce qui est rare partout ailleurs pour tous ces petits édifices. En C D du plan (fig. 386), il est partagé en trois compartiments inégaux par deux demi-piliers engagés M et R du plan, et par deux colonnes N. P, dont les chapiteaux absolument carrés (fig. 389 et 390) s'ornent, sur leurs tailloirs vigoureusement chanfrenés, de frettes, de damiers (pil. M) et de simples moulures en retraite (pil. R). Les panses sont plus variées comme décor : des chevrons (col. N et pil. R),

---

1. L'oratoire antique de l'abbaye de Cîteaux avait 5 mètres de largeur seulement.
2. *Monum. anciens et modernes.* — M. Alb. Lenoir, *Arch. monast.*, t. II, p. 5 et 13, fig. 306.
3. Le Frioul, ancienne province de l'empire autrichien sur les bords de l'Adriatique.

une sorte de grecque (pil. N), un fleuron (col. P), en somme des motifs trop connus pour qu'on s'y arrête une fois de plus si ce n'est pour montrer, une fois de plus aussi, qu'ils étaient à la mode depuis longtemps, qu'on ne s'en est pas encore débarrassé à la fin du IXᵉ siècle d'où ils passeront aux deux suivants. Cependant il faut noter cette circonstance aussi rare que curieuse : chacun des demi-piliers M et R a sa panse divisée en deux étages dont le plus haut montre, dans une moulure en saillie, sur le pilier M, un entrecroisement losangé de lignes droites, et sur le pilier R une série d'arêtes de poissons. Ces motifs très-simples ne sont pas sculptés et traités en relief, mais burinés en creux, comme les orfèvres carlovingiens gravèrent aussi en creux des motifs identiques sur quelques pièces de leur bijouterie. Je crois cet exemple unique dans nos contrées.

L'autel, qui est au fond du sanctuaire et adossé à la muraille, est surmonté par une petite fenêtre en plein cintre et extrêmement étroite, signe de grande antiquité [1], et elle s'accote de deux *oculi* à ébrasement intérieur et réunis par des moulures à la fenêtre (fig. 394). C'est, je crois en être sûr, le seul exemple de ce mode d'éclairage dans les églises de nos contrées. A Cerny-en-Laonnois, nous rencontrerons aussi l'*oculus* antique [2], mais isolé et employé seulement dans un pénitencier unique aussi dans nos contrées. On ne peut trop insister sur l'antiquité de l'*oculus*, surtout quand il est simple ou circulaire, et non ovoïde ou trilobé. Ces petites baies nous venant des Romains qui perçaient souvent d'un *œil* rond la partie haute des tympans de leurs frontons, ont été employés dans l'architecture chrétienne et primitive, dans les plus anciennes basiliques de Rome, dans les premières églises de l'Occident qui les transmirent aux édifices du roman secondaire, mais sous la forme développée de roses ou roues de fortune dont les dimensions, exiguës tout d'abord, s'amplifièrent jusqu'à devenir des causes de destruction ou tout au moins de danger pour les portails.

En terminant, j'ajouterai que généralement les *oratoria* antiques possédaient un *septum*, ou clôture à mi-corps, qui séparait la nef du sanctuaire et servait de table de communion, parce que les séculiers ne devaient jamais entrer dans le sanctuaire [3]. Le *septum* portait parfois une grille, parfois des colonnes par l'intervalle desquelles se donnait la communion. A Sainte-Berthe, le *septum* affecte une autre forme; il se compose (fig. 386) d'une maçonnerie pleine qui s'avance entre le sanctuaire et le narthex et s'ouvre au centre de l'oratoire pour recevoir deux marches dans une baie fermée jadis et probablement par une porte à claire-voie.

---

1. « Les fenêtres, dans toutes les constructions romanes au VIIIᵉ siècle et plus tard, sont excessivement étroites. » (Viollet-le-Duc, *Dict. d'arch.*) — Révoil, *Églises rom. du Midi*. — « La petitesse et l'étroitesse des fenêtres est un des caractères « secondaires qui peuvent servir à apprécier les productions de l'école sacerdotale primaire qui dura jusqu'au IXᵉ siècle. » (Blavignac, *Hist. de l'arch. sacrée*, p. 75 et 76.)

2. « L'*oculus*, de la basilique chrétienne *primitive*, est une baie circulaire avec ébrasement intérieur et qui était percée « dans un mur pignon. » *Dict. d'arch.* de M. Viollet-le-Duc, au mot ŒIL, t. VI, p. 421. M. Viollet-le-Duc ajoute qu'on ne trouve plus guère la trace de cette tradition antique que dans certaines églises romanes au midi de la Loire.

3. Dom Martène, *Voyage litt.*, t. I, p. 229. — Ducange, vᵒ CANCELLUS. dit : « *Sæculares... non inter sacros cancellos* « *ordinibus debitis attentare accedere.* »

Au moment de finir ce volume, il est nécessaire de résumer en peu de mots les caractères principaux des quelques monuments dont je rattache les débris plus ou moins considérables à l'époque romane primitive telle que la définissent des archéologues sérieux à l'opinion desquels je me rattache.

A Chivy (fig. 371, 373, 375, 376, 377, 379, 383) et à Saint-Thibaut (fig. 361), on retrouve un souvenir brutal, incorrect, effacé, de la volute romaine qu'aux viiie et ixe siècles on voyait peut-être encore sur quelques restes de monuments gallo-romains; mais des influences nouvelles ont modifié singulièrement cette formule vieillie et qui tend à tomber dans l'oubli. Aussi tantôt la volute se diminue jusqu'à ne plus sortir du profil du chapiteau à Saint-Thibaut (fig. 361) et à Chivy (fig. 373, C, et 383); tantôt elle cède la place à des masques humains, comme à Chivy (fig. 374) et à Jouaignes (fig. 363 et 364). Le plus souvent la volute disparaît entièrement, par exemple à Saint-Thibaut (fig. 359, 360 et 362), à Trucy (fig. 363 et 364), à Chivy (fig. 373 A et B, 378), à Sainte-Berthe (fig. 389, 390).

La panse du chapiteau est un cube parfait à Sainte-Berthe (fig. 389 et 390), à peine diminué en s'unissant à l'astragale à Saint-Thibaut (fig. 359 et 360), se rétrécissant insensiblement en cône renversé à Jouaignes (fig. 362) et à Trucy (fig. 366), s'arrondissant plus sensiblement à Chivy (fig. 371, 373, 378), et se chanfrenant enfin sur ses côtés à Chivy (fig. 373 A, B, C, 378).

Les tailloirs se forment toujours de plusieurs plates-bandes inégales et dont une a ses angles abattus en biseau ou chanfrein plus ou moins prononcé. Les profils d'abaques et de bases se renouvellent, et petit à petit la transformation s'accuse plus sensiblement. La distribution des feuillages n'est plus la même que dans l'architecture romaine des ive et ve siècles; je ne parle pas de l'antiquité classique; exemple Bazoches (fig. 358). On voit apparaître les figures humaines grossièrement ou bizarrement taillées comme à Mont-Notre-Dame (fig. 357), à Jouaignes (fig. 363 et 364), à Trucy (fig. 365), à Chivy (fig. 374, 378, 379 et 383); les animaux fantastiques et impossibles, les monstres à Bazoches (fig. 358), à Saint-Thibaut (fig. 359), à Jouaignes (fig. 363 et 364), à Trucy (fig. 367), et tous se mêlent à une flore aussi inattendue où certaines palmettes ont la prétention de continuer l'acanthe classique.

Les colonnes ne seront plus galbées, mais franchement cylindriques, et bientôt on se mettra à les chanfrener et à aplatir leurs faces. Elles se sont raccourcies dans tout le nord de la France. Les cordons des bases ainsi que les astragales des chapiteaux se décorent de moulures diverses et de nattes comme à Chivy (fig. 376 et 383). Les griffes naissent aux angles des bases comme à Chivy encore (fig. 369). Enfin des motifs décoratifs que l'antiquité ne connaissait pas envahissent tous les membres des chapiteaux : nattes, frettes, chevrons et contre-chevrons, damiers[1], que nous

1. En parlant de la frise de Saint-Martin de Laon qu'il déclare appartenir au xe siècle et peut-être même au ixe, M. Vitet, dans son rapport, page 433 et en note, cite au nombre des motifs qui décorent cette frise antique « un cordon de

connaissons trop bien pour en citer de nouveau des exemples. Les têtes-plates et modillons sont nés déjà sur les frises, puisqu'à Saint-Martin-au-parvis de Laon M. Vitet lui-même les croit du x° siècle et même du ix° : « Je ne serais pas éloigné de croire que ces modillons ou masques, « sculptés avec une extrême grossièreté, ne soient un ouvrage du ix° ou du x° siècle[1]. »

Et si enfin nous nous demandons quels sont les types architectoniques qui ont pu guider les architectes des édifices romans, ceux que je crois bien retrouver et plus tard montrer entiers, nos monuments carlovingiens nous fourniraient une réponse facile à trouver dans les illustrations élégantes de leurs pages et dans les portiques de leurs tables de concordance. Où trouver un meilleur type de chapiteau cubique à personnages tout dessinés et prêts à être copiés que celui que je trouve (fig. 392) dans l'Évangéliaire donné en 827 à l'abbaye de Saint-Médard de Soissons par Louis-

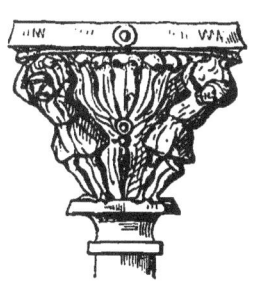

Fig. 392. — Chapiteau de l'Évangéliaire de Saint-Médard.

le-Débonnaire au moment où ce prince allait se prosterner devant les reliques de saint Sébastien et de saint Grégoire qui arrivaient de Rome et furent déposées dans la crypte mérovingienne. Ce manuscrit nous montrait, traités en camaïeu ou brun, ou bleu, ou rouge et or, avec tailloirs posés sur des figurines ou sur des masques de bêtes, cinq chapiteaux qui sont les prototypes incontestables de ceux que trop d'archéologues concèdent généreusement au xii° siècle, et dont celui-ci a dû emprunter la meilleure partie, à mon avis du moins, aux églises qu'il était forcé de reconstruire sur l'emplacement et avec les matériaux de celles ou qui périclitaient, ou qui ne suffisaient plus aux besoins religieux des populations croissantes.

Ces cinq chapiteaux appartenaient à la série des portiques entre les colonnes desquels sont toujours tracées en lettres d'or ou de vermillon les tables de concordance des textes des Évangiles entre eux. Ce sont des arcs de triomphe où l'illustrateur grec de manuscrits du ix° siècle se plaisait à représenter les détails des édifices qu'il avait connus dans sa patrie, arcades ornementées richement, cintres de couronnement, archivoltes, chapiteaux illustrés, fûts et bases des colonnes[2], non pas créés par son imagination, mais servant de témoignages à l'architecture alors en honneur dans le Levant. L'Évangéliaire n° 68 de Laon, auquel j'ai emprunté plus haut mes figures 301, 331 et 332, contient une riche série de treize de ces portiques (fig. 293) surtout curieux à étudier pour l'archéologie parce que les miniaturistes les ayant peints au commencement du ix° siècle sur des manuscrits que nos rois ont bientôt donnés à de grandes abbayes où la littérature et les arts se cultivaient, où s'élevaient les artistes du temps, orfèvres, dessinateurs et architectes, les moines constructeurs y trouvaient

---

« damiers creux et pleins ». Ce motif qu'on remarquera si souvent sur les églises des xi° et xii° siècles y est donc et simplement un emprunt à de plus vieux âges.

1. Rapport de M. Vitet déjà cité. P. 7 en note.

2. Mêmes dispositions de portiques en plein cintre, mêmes arabesques, mêmes colonnades, mêmes chapiteaux romans, mêmes couleurs, dans les canons de l'Évangéliaire du roi Lothaire. (M. de Bastard.)

des idées nouvelles, des types plus parfaits et nouveaux que ceux dont ils usaient jusque-là, et parce qu'ils purent donc appliquer cette perfection dans les nombreuses églises qu'ils élevaient alors, ainsi que nous l'avons vu, dans les abbayes de Saint-Quentin vers 820, de Saint-Médard de 820 à 840, de Saint-Léger de Soissons en même temps à peu près, etc., partout enfin.

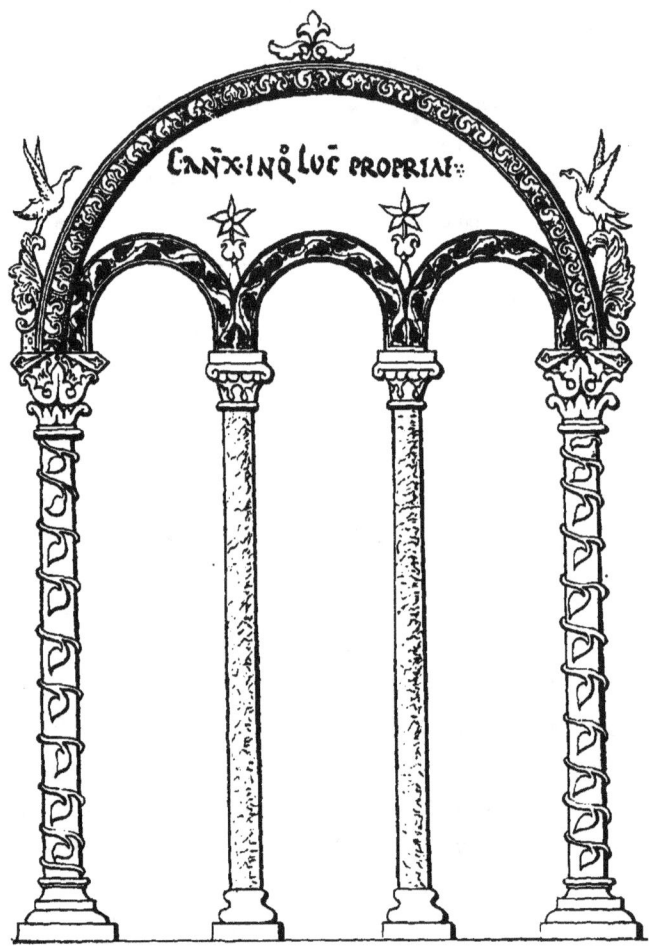

Fig. 393. — Portique byzantin dans l'Évangéliaire carlovingien de Laon.

Ce résumé était nécessaire pour déblayer le terrain devant mon troisième et dernier volume qui pourra de la sorte poursuivre d'une traite, et sans s'arrêter aux discussions d'âges et de principe, l'étude de l'architecture religieuse du Xe siècle au XVIe.

(Ce dernier volume contiendra aussi les chapitres relatifs à l'architecture militaire et au fortifications de nos villes et villages, des châteaux de tous ordres, des abbayes, des églises et fermes aux champs; à l'architecture civile, depuis le Moyen-Age et la Renaissance jusqu'à la fin du XVIIᵉ siècle. Des tables analytiques des matières, des noms des lieux et des personnes y seront jointes.)

FIN DE LA DEUXIÈME PARTIE.

TABLE

DES

GRAVURES DE LA DEUXIÈME PARTIE

TABLE

DES

CHAPITRES DE LA DEUXIÈME PARTIE

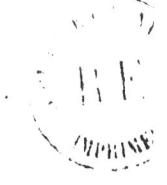

ERRATUM

ligne	26	au lieu de	*Isis aux mille noms,*	liro	*Is*
—	4 (2ᵉ note)	—	*excès de pluie devenu,*	—	*e:*
—	3	—	*tenu par la main droite,*	—	*te*
—	3	—	*circonstance, présente l'empereur,*	—	*ci*
—	20	—	*à partir de 1830,*	—	*à*
—	4	—	*auges de pierre,*	—	*a*
—	9	—	*toutenue,*	—	*t(*
—	2	—	*la main de l'outil,*	—	*l(*
—	25	—	*récoltant, fabricant,*	—	*r(*
—	27	—	*il est juste de les reconnaitre,*	—	*il*
—	6	—	*en dondant,*	—	*e:*
—	48	—	*Mᵍʳ de Simoni,*	—	*M*
—	11	—	*recueilli de,*	—	*r(*

PARIS. — Impr. J. CLAYE. — A. QUANTIN et Cᵉ, rue Saint-Benoît. [457]

Isis aux dix mille noms.
excès de pluie, devenu.
tenu par la main gauche.
circonstance présente,
  l'empereur.
à partir de 1820.
auges de plâtre.
toute nue.
la main et l'outil.
récoltant, fabriquant.
il est juste de le recon-
  naître.
en donnant.
M^{er} de Simoni.
recueilli des.

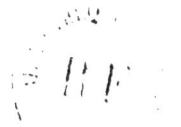